作者近照

大学时代留影

作者在静思

作者在书房

1985年作者（右三）赴香港考察金融保险市场与中保集团董事长王宪章（右四）等集团领导人合影。

作者在香港与中再（香港）公司副总经理谭贵荣（右一）、中国（新加坡）保险公司总经理王思韶（中）合影。

从1987年起南开大学与北美精算学会联合培养中国精算硕士研究生，作者是该项目的中方负责执行人。图为作者（左一）与母国光校长（中）参加北美精算学会会长（右一）赠送纪念品仪式。

图为作者（左一）与母国光校长（左二）和北美精算学会会长及夫人（左三、左四）合影。

作者（右一）主持中国平安保险集团公司董事长马明哲（左二）和集团副总经理李刚（左一）的博士毕业论文答辩。

作者（右二）在金融学会年会上与中国证监会主席刘鸿儒（左一）和平安保险集团董事长马明哲（左二）交谈。

作者（右）在1993年亚太金融学会研讨会上发言。

作者（右）与新加坡保险学院院长（左）合影。

1993年9月参加亚太地区金融研讨会。图为作者（左二）与香港、澳门及台湾地区代表合影。

作者（右二）于1993年赴新加坡考察金融保险市场。图为与新加坡国会议员、国际合作保险协会主席、新加坡聪总英康保险公司总裁陈钦亮先生（左一）互赠纪念品。

1994年作者（左）与英康保险公司总经理默尔（右）交谈。

作者于1994年访问马来西亚英美保险公司。图为作者为英美保险公司做学术演讲。

图为作者（右一）与马来西亚英美保险公司总裁（中）、总经理（左一）合影。

1999年10月作者赴美国旧金山、纽约、华盛顿、芝加哥等地考察,并参加北美精算学会庆祝成立五十周年大会。图为会议组织者(中)与作者(右)交谈。

图为作者(左二)与参加北美精算学会成立五十周年纪念会的中国代表团成员合影。

作者与部分博士生合影。

刘茂山文集

刘茂山 著

南开大学出版社
天　津

图书在版编目(CIP)数据

刘茂山文集 / 刘茂山著. —天津：南开大学出版社，2013.12
　ISBN 978-7-310-04357-6

Ⅰ.①刘… Ⅱ.①刘… Ⅲ.①经济学—文集 Ⅳ.①F0-53

中国版本图书馆 CIP 数据核字(2013)第 274684 号

版权所有　侵权必究

南开大学出版社出版发行
出版人：孙克强
地址：天津市南开区卫津路 94 号　　邮政编码：300071
营销部电话：(022)23508339　23500755
营销部传真：(022)23508542　　邮购部电话：(022)23502200
*
唐山天意印刷有限责任公司印刷
全国各地新华书店经销
*
2013 年 12 月第 1 版　　2013 年 12 月第 1 次印刷
240×170 毫米　16 开本　40.25 印张　6 插页　717 千字
定价：78.00 元

如遇图书印装质量问题，请与本社营销部联系调换，电话：(022)23507125

自 序

我的大半生已经过去。我想用"一"、"二"、"三"、"四"、"五"、"六"这六个数字来概括我的前半生。

所谓一，就是回顾我的大半生，从一生事业的角度来看，我只做了一件事，就是从事教育工作。从 1952 年开始从事教育工作起，到 2002 年我在南开大学退休为止，共从事教育工作整整 50 年。在这 50 年中，除前 6 年从事林业部干校教育之外，其余 44 年，都是在南开大学度过的。所以，我可以自豪地说，我的一生都奉献给了新中国的教育事业。

所谓二，是指若从创建的角度来说，我在大半生的教育工作中，有两件事可称之为创建。其一是为南开大学创建了保险专业和风险管理与保险学系。就南开大学教育发展史来说，在 1984 年之前，无论是在旧中国，还是在新中国，在南开大学的专业设置中，从没有过保险专业，更没有风险管理与保险学系。1984 年，在我担任金融系主管学科建设的常务副主任期间（我于 1992 年担任金融系主任），在学校有关领导的支持下，与中国人民保险公司商定在南开大学开办保险专业，同年由我招收了 2 名保险专业的首届硕士研究生，并于 1985 年招收首届保险专业本科生。此举为南开大学填补了有史以来专业设置上的空白。1996 年南开大学创建了风险管理与保险学系，我担任首届系主任，从此南开大学增添了一个具有创新性的新系。其二是在学校有关领导的支持和北美精算学会的协助下，于 1988 年创建了中国首例联合培养精算人才的教育模式，在国内率先开始培养中国自己的精算专业人才。在 1988 年之前，在中国，包括旧中国和新中国，都没有从事精算教育、培养精算人才的院校和机构，更没有从事精算工作的专业人才。1988 年，南开大学与北美精算学会开创了联合办精算教育之先河，为我国培养了首批精算专门人才。我作为这个项目的责任人和执行人，在创建中国精算教育和培养中国精算人才方面做了一些有益的工作。

所谓三，是说我在几十年的教育生涯中，涉及经济学、金融学和保险学三个学科领域。从 1958 年起到 1982 年，这 25 年中我一直从事经济学的教学和科研工作，从助教做起到升任讲师。从 1982 年参与重建金融系并担任常务副主任起，我开始步入金融学科领域。从1984年与中国人民保险公司联合创建南开大学保险专业起，我又开始涉足保险学科领域。在1988年以前，我虽然涉猎金融和保险两个学科领域，但主要精力是用于金融学的教学和研究；而从1988年起至2002年退休为止，我在这段时间里则主要是以从事保险学科的教学和科研为主。这段时期也是我从副教授到教授，再到博士生导师的发展时期。

所谓四，是说在几十年的教学生涯中，先后对北美（美国和加拿大）、新加坡、马来西亚和我国香港等四个国家和地区进行过考察、访问、调研和讲学活动。在北美，我出席了北美精算学会成立50周年纪念会和学术研讨会，访问了北美精算学会总部，交流了精算教学经验；在马来西亚，我访问了马来西亚国立保险公司并作了专题学术报告；在新加坡，我访问了新加坡国立大学、新加坡理工大学和新加坡保险学院等院校，并且详细考察了新加坡职总英康保险公司和大东方寿险公司，参加了亚太地区金融保险理论研讨会，作了专题演讲，出席了国际合作保险联合会议，同时还在新加坡《联合早报》上发表了多篇文章；而对我影响最大和使我受益最深的是对我国香港地区的访问，我在香港除了访问了香港中文大学、香港大学、香港理工大学和香港保险学院之外，大部分时间用于对民安、太平、中再和中国人寿等多家保险公司和金城、汇丰、渣打等多家银行，以及香港证券交易所等多家资本市场机构的考察。这些都为我后来从事金融和保险学科的教学和科研工作奠定了坚实的基础。

所谓五，是指我在几十年的教学和科研工作中，先后编写出版了五本具有一定水平和教学实用价值的专著及教科书。这五本书是：《社会主义初级阶段的金融市场》、《保险学原理》、《保险经济学》、《保险发展学》和《国际保险学》。在这五本著作中，尤以《保险经济学》最为突出。它不仅观点新颖、资料翔实、论证充分，而且文字与语言也很精练和流畅，可以说这是我国最早也是最全面地论述保险商品理论、揭示保险经济关系的书籍。它既是我多年进行科学研究的成果汇总，也是一部比较实用的教科书。因此，该书被当时的国家教委（今教育部前身）评选为最优秀的教科书之一，并被授予国家级科研优秀成果二等奖。

所谓六，是说我在几十年的教学生涯中，发表了百余篇论文。其中有创新性的、有较高学术和应用价值的有六大论点：在保险领域中创建性地提出"保险本质论"、"保险商品论"和"保险发展论"三大论点；在金融领域创新性地提出"金属货币贬值论"和"新中国发行股票、债券等资本形式和开放资本市场"的理论；在经济学领域较早地提出"对外经济开放论"。

这本文集，是在我所发表过的各类论文中选择一些具有代表性和具有更大保存价值的文章,共分为保险理论、金融、政治经济学和保险教育学四个部分。在保险理论部分,建议着重阅读有关"保险本质论"、"保险商品论"和"保险发展论"方面的文章;在金融部分,可着重看有关"货币理论"和"新中国资本市场"方面的文章;在政治经济学部分,可着重翻看有关我国改革开放以来的"沿海中心城市对外开放的理论"。

从客观上说,我所发表过的各类文章,都是在一定客观条件和环境下写作的,都会受当时的环境和条件的局限。随着时代的变迁和条件、环境的变化,这些文章都有应当修改和完善的地方。但为了保持文章原来的面貌和引起大家对当时的形势和环境及背景的回忆,还是保留文章原貌为好。所以在文章的文字和观点上我都没有作任何改动。希望大家能把我的文章放回到当时的背景和环境下来考察我的观点和思想。更希望大家提出不同的建议、意见和批评,以利于我的提高。

刘茂山
2013 年 4 月

目 录

保险理论

有计划的商品经济与社会主义保险 ………………………………………… 3
论保险基金的运用与社会主义保险业的发展 …………………………… 11
保险在国民经济中的地位 …………………………………………………… 18
关于社会主义国营保险企业经济效益的几个问题 ……………………… 29
关于马克思保险基金思想的几点理解 …………………………………… 40
中国香港保险市场和保险管理的调查 …………………………………… 48
中国香港保险市场与保险管理 ……………………………………………… 59
略论社会主义保险企业的经济效益 ………………………………………… 69
关于社会主义保险经营的几个理论问题 ………………………………… 76
社会主义保险市场 …………………………………………………………… 86
略论保险经营的财务稳定性 ……………………………………………… 111
论保险商品 …………………………………………………………………… 119
关于我国经济保障系统工程体系的探讨 ………………………………… 128
中国保险市场将吸引外资 …………………………………………………… 136
新加坡合作保险对中国具有特殊意义 …………………………………… 139
关于建立和完善中国保险市场的几个问题 ……………………………… 143
合作保险与中国保险市场 …………………………………………………… 147
中国保险市场发展新趋势 …………………………………………………… 151
社会保障制度改革与企业制度改革 ………………………………………… 154
保险的含义、本质和职能 …………………………………………………… 159
论保险的错位及其危害性 …………………………………………………… 178
高新科技进步在保险领域中所引发的变革 ……………………………… 183
保险发展研究 ………………………………………………………………… 191
论保险业的最大风险——兼论保险的本质及其回归 …………………… 200

论中国保险发展特色 …………………………………………………… 209
中国保险发展需要重点协调的十大关系（上）………………………… 218
中国保险发展需要重点协调的十大关系（下）………………………… 226
保险的图解和文解 ……………………………………………………… 234
保险知识经济研究 ……………………………………………………… 239
保险业在构建和谐社会中的作用 ……………………………………… 247
创造性思维能力与保险企业的核心竞争力 …………………………… 255
"阳春白雪"和"下里巴人"
　　——"国寿新简易人身两全保险"问世有感 ……………………… 260
中国保险发展特色道路探讨 …………………………………………… 264
寻求保险科学发展之路 ………………………………………………… 276
论我国人身保险产品发展的大方向——三论保险的本质 …………… 283
从保险消费观视角分析我国保险业的发展 …………………………… 291
我国保险业科学发展问题探讨
　　——兼论保险资本的特殊性质及其运动规律 …………………… 303

金　融

沿海城市利用外资要研究的几个问题 ………………………………… 335
沿海城市利用外资的方向和形式 ……………………………………… 339
关于货币和货币流通的几个理论问题 ………………………………… 342
对中国人民银行专门行使中央银行职能的几点认识 ………………… 354
对建设具有中国特色的社会主义银行的几点认识 …………………… 361
谈谈我国充分实现银行职能作用的外部条件 ………………………… 365
沿海开放城市经营证券和开放国内证券市场问题 …………………… 371
论我国社会主义金融规律 ……………………………………………… 380
逐步建立以金融调控为主体的国民经济调控体系 …………………… 390
我国建立证券市场的必要性 …………………………………………… 397
略论我国社会主义金融市场 …………………………………………… 411
中国香港的资金市场 …………………………………………………… 420
社会主义金融市场的理论模式 ………………………………………… 449
新加坡考察报告 ………………………………………………………… 467

政治经济学

试论计划商品经济的客观依据 …………………………………………… 487
试论经济体制改革的理论基础及其应用 …………………………………… 492
社会主义政治经济学应该研究两重含义的生产关系 ……………………… 502
试论沿海经济中心的战略任务 ……………………………………………… 509
对我国经济组织形式的探讨 ………………………………………………… 516
对"计划经济为主、市场调节为辅"的几点认识 ………………………… 522
发展股份经济的客观必然性 ………………………………………………… 527

保险教育学

《社会主义保险学》导言 …………………………………………………… 541
《灾害经济学》的研究对象和任务 ………………………………………… 548
《保险管理学》导言 ………………………………………………………… 553
《保险经济学》导言 ………………………………………………………… 558
《保险学原理》绪论 ………………………………………………………… 566
关于"社会经济保障学"的构思 …………………………………………… 577
《国际保险学》导论 ………………………………………………………… 588
《保险发展学》导言 ………………………………………………………… 597
坚持三个面向培养现代金融人才 …………………………………………… 610
保险教育要跟着市场走 ……………………………………………………… 613
关于中国精算业的回顾与展望——中国精算教育的起源 ………………… 617
保险科学发展观与保险教育 ………………………………………………… 625
后　记 ………………………………………………………………………… 631

保险理论

有计划的商品经济与社会主义保险

党的十二届三中全会关于经济体制改革的决定中明确指出,我国的社会主义经济是以公有制为基础的有计划的商品经济。这一论断是对马克思主义政治经济学和科学社会主义理论的新发展,对建设有中国特色的社会主义具有深远的理论和现实意义。对于社会主义保险事业来说,其意义尤为深远,具体说,至少有以下几点。

一、奠定了社会主义保险长期存在的客观基础

(一)保险属于商品经济范畴

在社会主义社会里,保险是否应当作为一种独立的经济活动而存在?在党的十一届三中全会以前,对这个问题的回答是否定的。国内保险业务停办20年的历史事实就是证明。这个问题的发生既非偶然现象,也不是某个人在决策上的失误,而是我们对社会主义经济的性质或特点,在理论认识上的失误的必然结果。长期以来,我们在理论上一贯坚持社会主义经济是计划经济,并把计划经济与商品经济对立起来的观点;在实践上我们实行的是高度集中的计划经济体制。而在计划经济体制下,保险是没有其存在的客观基础的。这是因为,"保险"作为一个经济概念,属于商品经济的范畴。保险既是商品经济发展到一定阶段的必然产物,同时又是商品经济必不可少的重要的组成部分,也是商品经济正常运转的必要条件。保险是整个商品经济运转机制中的一个重要环节,有了这个环节,整个商品经济机制就会正常运转,缺少这个环节,商品经济机制就不完整、不健全,商品经济的运转就会失常,长期下去就会影响商品经济的发展。

为什么说保险是商品经济的范畴呢?大家知道,商品经济的核心内容,就是不同的生产资料所有者或不同的经济利益的承担者之间的等价交换关系,通过等价交换使双方在使用价值上得到替换,在价值上得到补偿。而保险作为一种经济关系正是以双方是不同的经济利益的承担者为前提的一种经济关系。保险关系的基本内容,就是按照经济合同,由被保险人向保险人交纳保险费,由

保险人建立保险基金，并对遭灾受损的被保险人进行合同规定责任范围内的经济补偿。这种经济关系显然是以不同的经济利益承担者为前提的。

十一届三中全会以前，我国实行的是计划经济，即经济权力和经济利益高度集中统一的经济体制。从经济关系来说，这种经济体制实际上是国家包企业，企业包个人，归根结底是国家包个人，大家都吃国家的"大锅饭"。在这种计划经济体制下，既不存在建立保险经济关系的客观基础，也不存在实行保险的内在要求。如果勉强实行保险，也不会长久，最后必然遭到被取消的厄运。

（二）有计划的商品经济是社会主义保险存在的客观基础

党的十一届三中全会以后，在理论上开始突破社会主义经济是计划经济的观点，特别是把社会主义经济与商品经济对立起来的传统观点，承认社会主义社会还必然存在着商品生产和商品交换。与此同时也开始恢复国内保险业务。但由于我们在理论上不认为社会主义经济就是商品经济，而只是存在着商品生产和商品交换，本质上还是计划经济。因而国内保险业务的存在和发展必然受到很大的限制。党的十一届三中全会明确了社会主义经济是有计划的商品经济，而不是存在商品生产和商品交换的计划经济。这就为社会主义保险的存在和发展奠定了客观基础。因为，有计划的商品经济，就其经济关系的内容来说，仍然是商品经济关系。它与一般商品经济不同的地方，主要在于它是以生产资料公有制为基础和在国家统一计划指导下的商品经济，而不是以私有制为基础的那种完全由价值规律自发调节的市场商品经济。尽管有上述区别，但它仍然是商品经济，商品经济的一般条件和一般规律仍然发生作用。具体说来，有计划的商品经济意味着在社会主义社会里，存在国家、企业和个人三方面各自相对独立的经济利益，并且还必须通过各种经济形式和经济手段来实现三方面各自应得的经济利益。这种经济关系，不仅为社会主义保险提供了客观基础，同时也产生了兴办社会主义保险事业的内在要求。因为，在计划商品经济关系下，国家、企业和个人都是相对独立的经济实体。各自都有其特殊的经济利益和特定的责、权、利范围。各自都要对自己的经济利益和经济损失负责，也要对自然灾害和意外事故所造成的经济损失负责补偿。而保险则是在商品经济条件下，进行经济补偿的主要形式。可见，有计划的商品经济是社会主义保险存在的客观基础；保险是有计划的商品经济的内在要求。

（三）社会主义保险将会长期存在下去

对于社会主义保险，我们不仅要认识它存在的客观必然性，而且还要看到它存在的长期性。社会主义保险的长期性，决定于有计划的商品经济的长期性，而有计划的商品经济的长期性，则是由有计划的商品经济存在的经济条件的长期存在性决定的。

在我国，决定有计划商品经济的最基本的条件有两条：一是生产资料所有制形式的多样性；二是社会主义劳动的谋生性。而这两个条件都不可能在短期内消失。从劳动的谋生性来看，马克思在《哥达纲领批判》中明确说过，社会主义社会的劳动还是谋生的手段，社会还必须默认这种差别，并且还要默认按照劳动的差别来领取个人生活消费品是一种"天然特权"。这种天然特权，一直存在到进入共产主义。也就是说，在整个社会主义历史时期，劳动的谋生性都始终存在。这样说来，就是到了各种所有制都过渡到单一的社会主义全民所有制之后，只要还没有达到按需分配的共产主义社会，全民所有制经济内部仍然存在着商品货币经济关系，也就必然是有计划的商品经济，也就是说，一直到进入共产主义社会以前，社会主义经济就仍然是有计划的商品经济，因而也就必然存在着社会主义保险。

从生产资料所有制形式的多样性来看，在我国也不是短时期内就可以消失的。这是由我国的基本国情决定的。对我国的所有制结构具有决定意义的基本国情主要有以下三条：一是我国生产力发展水平的多层次性；二是我国人口多、劳动力多，特别是农业人口和农业劳动力多，而可耕地面积少，因而待业人口多；三是我国财力、物力不足。这三个因素综合起来，决定我国必然在长期内存在多种所有制并存的局面。据统计，我国有十亿人口，其中八亿农民，而农业劳动力则有三亿多，全国有可耕地面积15亿亩左右，平均每个劳动力不足三亩耕地，这说明我国农村大批潜在的农业劳动力需要开发利用。而这些农业劳动力的开发利用，不可能由全民所有制的大企业来吸收，只能在农村就地消化，农村开发利用这批劳动力的主要途径，是发展多种所有制，推行多种经济，形成全民、集体和个体同时并举的新局面。既然长期存在着多种所有制结构，也就必然长期存在着有计划的商品经济，从而社会主义保险也就必然存在下去。

二、确定了保险在国民经济中的地位

有计划的商品经济既为社会主义保险提供了客观基础，同时又确定了保险在社会主义国民经济中的地位。

（一）保险是社会主义分配体系中的一种再分配形式

保险在国民经济中的地位，首先体现在保险分配与其他各种分配形式之间的关系之中。

保险分配与财政分配之间的关系极为密切。两者之间存在着相互制约和相互补充的内在联系。相互制约的一面表现在财政收入与保险费收入之间的数量关系上。财政收入和保险收入都是来自社会总产品,并且都涉及 C、V、M 三个部分。在一定时期内(如一年)社会总产品的数量及其三部分的比例构成是一定的。从而可供社会提取的数量也是一定的。在这个一定的数量内,财政收入增多了,保险费收入就会减少。反之,保险费收入增多,财政收入就会减少。相互补充的关系表现在,财政收入中有一部分是用于包括补偿灾害损失和社会救济的后备基金,一旦发生灾害可用于补偿经济损失,恢复正常生产和正常的经济生活,这实际上是对保险分配的一种补充。而保险基金则是专门用于补偿灾害损失的资金,一旦发生自然灾害,便可用于补偿经济损失,既可保证社会生产的正常进行和社会生活的安定又减轻了财政的负担。可见,保险分配与财政分配各自都有其自身的特点和地位,二者只能相互制约,相互补充,而不能相互替代。

保险分配与企业财务分配,也是社会主义分配体系中既有联系又有区别的两种分配形式。企业财务分配是社会主义分配体系中的初次分配形式。通过企业财务分配把企业所创造的总产品分为 C、V、M 三部分。其中 M 部分又分为两大部分,一部分为企业上交给国家的税收,另一部分是企业留下的利润。

目前,我国保险理论和实践中,人们对保险费的"出项"问题有不同的认识。有人认为,社会主义保险是发展社会主义经济所必需的社会必要劳动的一部分,因而,保险费用应当列入成本项目。有人认为,保险费用并不是在生产过程中实际消耗的物化劳动和活劳动,不应列入成本,而应当从企业的留成利润中支出。还有人认为保险费是保证整个国民经济正常发展的必要的后备基金,对整个国民经济来说都是必要的劳动支出,因而,保险费应当从国家税收中支出,从税前支付保险费。从马克思主义的保险理论来看,无论是资本主义社会,还是社会主义社会,保险基金都是来自维持劳动力再生产所必需的劳动时间以外的剩余劳动时间。在资本主义社会里,保险费和资本家的利润,都是剩余价值的一部分,属于利润范畴。在社会主义社会里,保险费虽然是维持劳动力再生产所需要的劳动之外的剩余劳动,但对整个社会来说它乃是社会再生产顺利进行的资金保证,因而属于必要劳动范畴,应当列入企业生产成本项目,从而使企业保险费用的支出有固定的资金来源。

通过以上的分析可以看出,企业财务分配与保险分配之间,也是相互补充、相互制约的关系。

保险分配与信用之间也是相互制约和相互补充的关系。信用属于资金再分配范畴。资金来源主要吸收企业暂时不用的流动资金和居民储蓄的货币。企业和个人参加保险,交纳保险费,也是来自企业和个人的资金和货币。在一定时间内，企业和个人的资金是一定的，保险和信用之间就存在着互相争占资金和货币的矛盾。但从另一方面来看，银行信贷资金也可以借给企业和个人作为补偿应付灾害损失之用，起到保险基金所起的作用。而保险基金在未使用之前可以存入银行，作为信贷资金的一个来源。

价格与保险分配的关系更为直接。如前所述，社会主义保险费用应当列入生产成本。这就可能出现以下几种情况：一种情况是保险费列入成本后，商品价格不变，国家向企业征收的税额不变，这等于减少企业的自留利润，使企业自留利润的一部分，转化成为保险费；第二种情况是价格不变，企业留利也不变，这实际上是减少了国家的税收额，以税顶替了保险费；第三种情况是企业留利，国家税收都不减少，而提高商品价格，在这种情况下，保险费最终是广大消费者来承担。

上述分析表明，保险分配在社会主义分配体系中处于重要的地位，是社会主义分配体系中不可缺少的一种形式。

（二）保险是社会主义再生产过程中的一个重要的环节

社会主义保险在国民经济中的地位，还表现在保险在社会主义再生产过程中与生产、流通和消费各个环节之间的相互关系中。

保险与生产的关系的主导方面是生产决定保险。生产决定保险，首先表现为生产的存在决定保险的存在，因为保险的对象是生产的结果，没有生产就没有可保对象，也就谈不上保险；其次是生产发展的规模决定着保险的规模；第三是生产的形式决定保险的形式。生产虽然对保险具有决定意义，但保险对生产也有积极的影响。甚至在某个侧面上也决定着生产。如当企业发生意外灾害而遭损失，由于企业参加了保险而获得了补偿资金，使企业迅速恢复了正常生产，或者由于企业没有参加保险，又没有及时得到其他形式的补助资金，使生产遭到中断或萎缩。这两种情况都明显地表现出保险对生产的积极影响。

社会主义保险与流通都处于生产与消费的中间环节，二者是互相制约的关系。从一方面说，社会主义流通制约着保险。首先，保险基金是来自投保单位和个人的保险费。保险费是以商品的价值形态——货币形式交纳的，各投保单位先要出售自己的商品，把商品变成货币，才能交纳保险费，从而才能建立起保险关系。其次，只有通过流通才能实现对受灾企业的经济补偿。保险给予企业的只是价值的补偿。价值形式不能直接用于恢复企业的生产和经营，而必须用货币购买各种商品，才能使企业恢复生产和经营，保险关系才能最终实现，而由货币到商品的转化必须经过流通。最后，流通领域中的财产也是保险的对象，流通的深度和广度制约着保险的规模和范围。

另一方面，保险也制约着流通，首先是流通领域中各类企业一旦遭灾受损，参加保险的单位及时得到补偿，迅速恢复经营；没有参加保险的单位，经营受阻。其次，流通中待流通的商品一旦遭灾受损，其价值得不到补偿，与这些商品的价值相交换的商品流通就无法进行，价值也无法实现。

由于他们的商品价值得不到补偿，有待于同这部分商品相交换的商品流通就不可能进行。这明显地表现出保险对流通的制约关系。

社会主义保险与消费的关系，也是相互制约的关系。这首先表现为保险制约着消费。直接与消费相联系的社会主义保险，主要是指家庭财产保险和各种形式的人身保险。在社会主义社会里，家庭财产仍然属于公民私人所有，是家庭成员正常生活的基本的物质保证。一旦发生自然灾害和意外事故，使家庭财产受到损失，参加保险者可以获得经济补偿或给付，恢复正常生活；而没有参加保险的家庭或个人，若无其他资金补助来源，家庭或个人的生活消费就会遇到困难。当然，消费对保险也有制约关系，正常的消费可以促进生产和流通，进而促进保险事业的发展。

总之，保险与生产、保险与流通、保险与消费之间存在着相互促进和相互制约的关系，保险是这些关系中的一个不可缺少的要素，是社会主义再生产过程中不可缺少的一个重要环节。

（三）保险是调节社会主义经济活动的一种重要的经济形式

保险不仅是社会主义经济的重要组成部分，而且还是调节社会主义经济活动的一种重要的经济形式。保险作为一种经济调节形式与其他各种经济形式相比，有其自身的特点。价格对经济的调节作用，主要是通过价格的提高或降低来刺激或抑制生产和流通。税收对经济的调节，主要是通过征税或免税以及税率的高低来刺激或限制生产、流通和消费。财政对经济的调节主要是通过财政预算经费的支出和分配，调节国民经济各部门的比例关系和生产力在各地区的布局。信贷对经济的调节主要是通过贷与不贷，贷多贷少和利率的高低来鼓励或限制生产、流通和消费。

社会主义保险对经济的调节，在一般情况下不是采取保与不保和提高或降低保险费的形式来调节经济的。而主要是通过对保险费的收入和使用来实现调节作用的。因为，参加保险的企业和个人，既有生产领域的，又有流通和消费领域的；在生产领域中既有第Ⅰ部类的，又有第Ⅱ部类的，从货币所代表的实物来看，既有生产资料，又有生活资料。而保险的使用，尽管各类险种要单独核算，但保险费使用的结果，必然使各个领域和各个部类、各个部门、各个地区之间的物质资料相互流动，这实际上就是对国民经济的调节作用。

三、为社会主义保险开辟了新领域、提出了新要求

有计划的商品经济既为社会主义开辟了新的领域，同时又对社会主义保险提出了新的要求。这种新要求，总的说来，就是社会主义保险要与有计划的商品经济的要求相适应，并要有利于促进社会主义经济的发展，要把保险转移到有计划的商品经济的轨道上来。具体说来，主要有以下几点。

第一，是扩大保险的领域和范围。在有计划的商品经济条件下，保险的领域，包括生产、分配、流通和消费各个领域；就所有制关系来说，包括全民所有制、集体所有制、个体所有制以及中外合资，外商独资经营等多种所有制形式；从各产业类别来看，包括工交、农林牧副渔各种产业。总之，社会主义的各个经济领域、各个方面，都是社会主义保险的活动领域。

第二，要改变社会主义保险企业的经济结构。有计划的商品经济包括着多种形式和多种层次的所有制结构的企业和事业单位。与这种所有制结构相适应，社会主义保险企业也应当是多种形式和多层次的结构。因此，要打破目前这种只有国营保险企业一统天下的局面。要根据不同的情况和不同的条件，根据国家保险企业管理条例的规定成立国营、集体合作性质的保险组织，形成一个多种形式和多层次的社会主义保险机构体系。

第三，要按照有计划的商品经济的原则和方式经营社会主义保险。有计划的商品经济要求保险企业必须是相对独立的自负盈亏的经济实体，必须按照社会主义商品经济规律的要求和原则来经营。社会主义商品经济经营的基本原则，是在社会效益与企业效益相一致的前提下，取得企业经营的最高效益。社会主义保险企业尽管与一般企业在经济效益的具体指标上有所不同，但这一基本原则仍然是适用的。社会主义保险企业的经营也必须讲求经济效益，必须在有利于促进社会经济发展，有利于人民生活的安定的前提下，取得合理的经济收入，做到社会效益与企业效益的统一。为此，保险企业的经营要着重抓好扩大保户和保险金额、合理地组织分保和有效地营运保险基金三个环节。

有计划的商品经济的另一个经营原则，就是开展企业之间的合理竞争。今后保险企业之间以及保险企业与保险合作社之间，允许开展合理的竞争，在竞争中改进工作，提高效率，取得经济效益。

第四，要按照有计划的商品经济的方式和手段来管理社会主义保险。有计划的商品经济对社会经济活动的管理主要是通过市场和经济手段，同时采用必要的行政手段。社会主义保险企业的内部管理和国家对保险企业的管理，都要与有计划的商品经济的这一要求相适应，采取以经济手段为主、行政手段为辅，

经济手段与行政手段相结合的管理方式。无论是保险企业的内部管理，还是国家对保险企业的管理，最根本的目的，是充分调动和发挥保险企业和职工发展社会主义保险事业的积极性、主动性和创造性，把社会主义的保险事业办得更好，为社会主义经济的发展多做贡献。

总之，我国以城市为重点的经济体制改革已经开始。城市经济体制改革的发展，必然会带动保险体制的改革，而这一改革的总趋势，是要把经济搞活，要适应商品经济各条经济规律的要求。对于保险体制改革，我们必须有充分的思想准备。

（原载于《保险研究》1985年第2期）

论保险基金的运用与社会主义保险业的发展

我国的社会主义保险事业方兴未艾,积极扶持和促进保险业的发展,是我国社会主义经济建设和经济体制改革的客观需要。社会主义保险事业的发展需要多方面的条件相配合,而保险基金的运用与其发展的关系尤为密切。可以这样说,保险基金能否得到合理的运用,直接关系到社会主义保险事业的兴衰。因此,本文就如何运用社会主义保险基金及其对社会主义保险事业发展的重要意义,谈一些个人的看法。

一、社会主义保险基金的外延和内涵

社会主义保险基金的外延和内涵,是指社会主义保险基金的量的范围和质的规定性。目前,在理论上对其量的范围和质的规定性还存在着某些误解。这些误解影响着对保险基金的正确运用和社会主义保险事业的发展。为了更好地研究保险基金的运用问题,有必要对以下几种误解予以澄清。

1. 把保险费和保险基金误为一谈。例如,有学者说:"保险基金是通过法定或合同的方式,由各单位或其他组织或个人在确定的条件下,缴付规定数量的保险费而建立起来的一种货币基金。"(李菇华等:《保险学概论》第25页)。从严密科学的角度来看,上面的表述至少有以下几点不足。第一,缩小了保险基金的范围。这里所说的保险基金仅仅是指属于商业保险或保险公司经营的保险基金而言,而将保险公司以外的单位自保基金和国家后备基金中的保险基金排除在社会主义保险基金的范围之外,显然是不妥当的。按照马克思在《哥达纲领批判》中所说的,保险基金并非是指商业保险基金,而是指作为国家的后备形式的保险基金。这种形式的保险基金不是来自个别投保单位或投保个人的保险费,而是从社会总产品中的直接扣除。从我国的实践来看,作为完整的社会主义的经济补偿制度,应当包括保险公司经营的保险、国家后备保险和单位自保在内的完整的社会主义保险体系。因此,单位自备的保险基金和国家后备形式的保险基金,也应当属于社会主义保险基金的范围之中。第二,就商业保险而言,其保险基金也不是仅仅来自保户缴纳的保险费。任何一个保险公司在其开办之初都必须自筹一定数额的货币资金充当保险基金，例如我国的中国人民保险公司就有五千万元人民币的自有保险基金，因而这种表述就有一定的片面性。第三，这种表述还会造成这样一种误解，好像保户所缴纳的全部保险费都形成保险基金。而事实上并非如此，其中有一部分是作为保险公司经营保险业务费而被消耗掉了。总之，保险费和保险基金是既有联系又有区别的两个范畴，不能混为一谈。

2. 把保险基金与保险利润误为一谈。我国现行的保险企业征税办法，就是这种误解的明显例证。按照现行税则，保险公司要向财政缴纳 5%的营业税、55%的所得税和 15%的调节税。所得税和调节税都是对企业的纯盈利征收的税种，而保险公司所缴纳的所得税和调节税都是出自保险基金。很显然，这是把保险公司的保险基金当作保险公司的盈利了。然而，保险基金本身并不是保险公司的盈利，而是保险公司对被保险人（包括经济单位，以下同）的负债或自有资金。分析一下我国保险费的组成，这个问题就清晰可见了。我国现行的保险费，从大的方面说，可以分为非保险基金和保险基金。非保险基金主要是保险企业在经营保险业务过程中的各类费用支出和保险企业提取的公益金等。保险基金包括赔款准备金、责任准备金、其他准备金和总准备金，前几项准备金是属于将发生灾害事故的应赔基金或未了责任可能发生的灾害事故的应赔基金或应付保险金，显然不属于利润范畴。总准备金虽然在近期内可能不会被作为赔付资金而支出，因而暂时以"盈余"的形式存在着，然而从长期看，它是用来补偿巨大灾害和意外事故的准备金，而且或迟或早必将作为补偿基金而赔付出去。因此，从本质上说，总准备金是对投保人的负债而不是盈利。还应当看到，虽然这几种准备金都是保险基金，然而，总准备金才是具有后备意义的保险基金。如果把这部分基金作为保险公司的盈利而以税收的形式收归财政所有，保险基金不就化为乌有了吗？

3. 把补偿性扣除误认为积累性扣除。马克思在《哥达纲领批判》中阐述社会主义总产品分配时，讲了三项经济上必需的扣除。对这三项扣除马克思分别使用了三个概念：第一项扣除是用来"补偿"消费掉的生产资料部分；第二项扣除是用来扩大再生产的"追加"部分；第三项扣除是用来"应付"不幸事故自然灾害等的后备基金或保险基金。很明显，第一项扣除是属于补偿性的扣除，是对过去的物化劳动转移到此次生产过程的产品中的原有价值的扣除，它的功能是维持原有规模的简单再生产。第二项扣除是积累性的扣除，是对在此次生产过程中新投入的劳动所形成的新价值的扣除，它的功能是用来扩大再生产。第三项扣除，从形式上看，既不属于补偿已消耗掉的生产资料的补偿性扣除，也不属于用于扩大再生产的积累性扣除，然而从本质上考察，它属于补偿性的扣除。因为从整个社会来看，每年都有一定数量的自然灾害和意外事故发生，都会毁掉一定数量的物化劳动，从而都使简单再生产的条件受到一定的损失，因而每年都要从上年扣除的保险基金中得到一定数量的物质补偿，使简单再生产得以顺利进行。这部分用来补偿灾害事故所造成的损失的物质资料视同于在生产过程中实际消耗掉的生产资料，因而保险费用和保险基金的扣除，实际上是对由前一生产过程创造的、用于补偿这次生产过程灾害损失的物质资料的扣除。因此这是属于补偿性的扣除。这就是保险基金的质的规定性。保险基金的这种质的规定性，决定了保险基金不是盈利，不能用作积累和扩大再生产。如果硬要把保险基金当作利润，通过税收转为积累资金用于扩大再生产，就是"杀鸡取卵"，靠牺牲简单再生产来搞扩大再生产，这不仅使扩大再生产不可能实现，而且连正常的简单再生产也难以维持。

综上所述，社会主义保险基金量的范围应当包括保险公司等保险企业的保险基金、国家后备基金中用于保险的那部分基金和企事业单位自保基金这三部分的货币基金；社会主义保险基金的质的规定性，是对在社会主义生产过程中用于补偿灾害和事故损失而耗费掉的物质资料价值的扣除。

二、社会主义保险公司直接运用保险基金的必要性

就一般而论，社会主义保险基金的全部内容，即保险公司的保险基金、国家后备基金中的保险基金和单位自保基金，都需要加以运用，不过，其中最有意义的还是以保险公司为主体的、对其所掌握的那部分保险基金的运用。下面论述的是有关这方面的保险基金的运用，其他形式的保险基金的运用，其理相通，不再赘述。

在社会主义条件下，保险公司有没有必要和可能直接运用保险基金？对这个问题目前尚有不同的认识。有些人否认社会主义保险公司直接运用保险基金的必要性和可能性。我认为社会主义保险公司直接运用保险基金不仅是必要的而且是必然的。这是由社会主义有计划的商品经济和保险经济发展的一般规律决定的，具体说是由以下几个因素决定的。

首先是由社会主义保险基金的性质和特点决定的。已如前述，社会主义保险基金是一种补偿性质的基金，它的最终用途是补偿和给付。由于自然灾害和意外事故的发生具有必然性和偶然性同时存在的特点，保险基金也就具有备用性和实用性同时并存的特点。保险基金在不断地收入和赔付的过程中，有一段闲置不用的时间，由于保险基金在收入和赔付的时间上具有差异性，因而总有

一部分保险基金暂时不用于赔付或给付,这就为保险基金的运用提供了可能性。又由于社会主义经济仍然是有计划的商品经济,保险基金作为货币资金具有不断运动和增值的性质和要求,它要在生产和流通领域的不断运动中发挥资金的职能作用,并增大自身的量。如果把这部分保险基金以静态的形式放在那里等着用于补偿经济损失或给付保险金,就违背了商品经济和货币资金的客观要求,因而对社会主义保险基金的运用,乃是有计划商品经济条件下货币资金运动规律的内在要求,

其次是由保险公司的性质决定的。我国的社会主义经济既然是有计划的商品经济,保险就是有计划商品经济的一个有机的组成部分,保险经济活动也就必然是一种商品经济活动,从事商品经济活动的保险公司也必然是社会主义的企业。保险公司作为一个企业应有其自身的责、权、利,并通过对责、权、利的运用实现其在经济上的独立核算、自负盈亏。保险基金的运用是保险公司的正常业务活动,也是保险公司行使自己权利、发挥职能作用的重要体现。

再次是由保险经济发展的规律决定的。当前,保险作为一种经济行为已经成为国际现象。各国保险经济的发展尽管有其各自的特点,然而作为保险,一般亦有其共同的规律性。世界各国保险经济发展的共同趋势是:保险的范围越来越广,保险竞争日趋强化,保险费率趋于下降,保险公司从保险费收入中所得盈利无几,甚至出现亏损。英国是一个保险经济十分发达的国家,可是该国有些保险公司的保费入不敷出,常常亏损,只得靠对保险基金的直接运用所获得的利润,来贴补由于保险费低廉而造成的亏损,借以使保险经济和保险公司能够继续存在和发展下去。据统计,1982年英国的340家保险公司的业务量增加了14.5%,而经济上却亏损了12.5亿英镑;当年保险基金运用额为102亿英镑,获利76亿英镑,除弥补12.5亿亏损外,还盈余63.5亿英镑(参见《中国保险》1985年第2期)。事实说明,在当今世界竞争条件下,如果没有保险公司对保险基金的直接运用,并用其盈利来贴补直接保险业务的亏损,保险事业的存在和发展几乎是不可能的。因此,保险公司直接运用保险基金不仅是保险公司自身重要的业务内容,而且更是其存在和发展的重要前提条件之一。

最后,我国的具体国情决定了我国的保险公司必须直接运用保险基金。我国现阶段的经济是不发达的商品经济。商品经济决定了必须发展保险事业;商品经济不够发达又决定了企业和个人的经济实力不足,因而所能负担保险费用的能力有限,这是一个矛盾,它限制着我国保险业的发展。目前天津保险业发展的基本状况是:财产保险方面,中央直属企业几乎全部没有参加保险;农业保险的范围也很小,而且参加保险的一般都是对保户有利、使保险公司赔钱的

行业，家庭财产保险投保者也是微乎其微，只有地方国营企业由于属于地方管理，多少带有点强制性地使其大部分企业参加了财产保险，但亦不很稳定。人身保险局面尚未打开。据了解，全国保险业发展的基本状况与天津的状况相近似。影响我国保险事业发展的因素是多方面的，然而保费偏高、经济负担较重是其中的主要原因。试想，如果保险公司不收取保费，或收较低的保费，我国保险事业的发展状况，恐怕就不是现在这个局面了。可见，矛盾的焦点在于保险费率偏高，这个矛盾不解决，我国的保险事业很难发展起来。而保险公司直接运用保险基金获得合理盈利，降低保险费率是解决这种经济矛盾的重要途径。

三、社会主义保险公司运用保险基金的基本原则和主要形式

社会主义保险与一般保险既有共同性的一面，又有其特殊性的一面，因而社会主义保险公司运用保险基金，既要遵循保险基金运用的一般原则，又要坚持社会主义保险基金运用的特有原则。总起来说，社会主义保险基金的运用至少要遵循以下几条基本原则。

1. 必须遵循资金返还的原则。这是由保险基金的一般性质决定的。保险基金是补偿性的货币资金，它的基本职能是补偿由灾害事故所致的经济损失和人身保险金的给付。保证提取，不误使用，是保险基金实现职能的基本要求，因而，对保险基金的使用必须是定期使用，按期返还。这是保险基金运用的一般原则，社会主义保险基金的运用也必须遵守这一基本原则。

2. 要坚持有利于发展社会主义经济的原则。这是由社会主义经济的性质和特点决定的。社会主义经济是有计划的商品经济，它不同于一般商品经济的突出特点是社会生产经济的计划性。而发展社会经济满足人民的需要，是计划性的集中体现和计划性所服从的基本原则。社会主义保险基金的运用也必须从这个基本原则出发，按其要求考虑运用方向、投放数量、时间、空间和具体投放标的。只有如此，才能有利于社会主义经济的发展，有利于满足社会需要。如果不顾社会经济发展的需要，单纯追求保险公司的盈利，那就违背了社会主义保险基金运用的基本原则。

3. 要遵循区别对待的原则。参加保险的具体行业和投保的具体标的是各不相同的，各种不同的危险标的，发生自然灾害和意外事故的条件、几率以及赔付程序和赔付额度亦是各自相异的，从而各类保险标的对保险基金的需求也很不相同。有些保险标的，例如农业方面的养殖业和种植业，发生灾害的几率高，偶然性大，随时可能出现赔付的需要，其保险基金用于赔付的几率就高，因此不宜作长期性和固定性的投放。有些保险标的，例如职工养老金保险，需要给

付的时间和金额都比较稳定，而且保险费从收缴到给付的间隔时间也较长，其保险基金就适于投放较大标的和较长时期的建设项目。总之，要根据保险标的的特点及其对赔付的不同要求，来确定运用保险基金的方向、项目、时间、空间，而不能一律对待。

4. 坚持保险公司盈利和向国家纳税的原则。社会主义保险公司要不要盈利，要不要向国家纳税？对这个问题人们的看法还很不一致。有人主张社会主义保险公司既不应该盈利，也不应该向国家纳税。我认为，社会主义保险公司既然是社会主义企业，就应要盈利，又要向国家纳税。因为，社会主义保险公司与一般保险公司在企业性和商品性上相同，商品经济和商业经营原则同样也适用于社会主义保险公司。自负盈亏，取得盈利，壮大自身是商品经济的一般原则，也是保险公司经营的一般原则。保险公司有盈利，当然应该向国家纳税。如果强调保险公司既不应盈利，也不必纳税，这实际上是把保险公司当作事业单位或"慈善机关"了。否定保险公司的企业性质是与有计划商品经济的性质不相符合的。

社会主义保险公司的特殊性质不在于要不要盈利和要不要纳税，而在于它的盈利和纳税的来源是二重的。一重是来自保险费。社会主义的保险费率应当降到最低限，这个最低限一般包括以下几个要素：（1）用作补偿和给付的保险基金，这是基本的；（2）保险公司的最必要的各项开支；（3）保险公司的微利。这个微利应当是多少，要视不同险种、险别而定。保险公司从保险费用中所得到的微利，包括应向国家缴纳的税款。保险公司的盈利和税款的另一重来源，是保险公司对保险基金的运用而取得的盈利。这部分盈利率和税率应当视保险基金投放的部门和行业而定，原则上应当与社会上从事同种生产、经营活动的企业一视同仁。保险公司的盈利、自身发展所需要的资金和向国家纳税的主要来源，是对保险基金运用的盈利，而不是其所收取的保险费。

社会主义保险公司运用保险基金的形式，要因情而定。从发展的趋势来看，保险基金的运用主要有以下几种形式：一是向银行存款，获取银行利息，这种形式虽然获利较少，但可以随时支取，能够保证赔付和给付保险金的需要，因而是必要的；二是由保险公司直接向社会放款，这种形式较比向银行存款能够得到较高的利息收入，有利于增强保险公司的经济实力，但放款要有一定的期限，如随时提用不如在银行存款提取方便；三是保险公司购买股票等有价证券，投资于生产建设和经营领域，使保险企业与其他各类经济企业实现内在的结合，这种形式可以得到较高的股息收入，有利于保险事业的发展，但占用资金的时间较长并要承担一定的风险；四是保险公司直接投资和经营企业，这种形式可以获得更多的利润，但承担风险更大，投资更多，占用时间更长，一旦经营不善，将会蒙受经济损失。

四、保险公司运用保险基金的基本条件

保险公司运用保险基金必须具备哪些基本条件呢？

就外部条件来说，至少要有以下几条。首先，是思想条件。由于我国的商品经济不够发达，保险事业尤为不足，人们对保险基金的运用缺乏必要的认识。在一些人的头脑中，甚至认为社会主义保险公司直接运用保险基金，是违背社会主义原则的不轨行为。在这种思想认识水平上，很难说得上保险基金的运用问题。为此，必须采取有效的形式，积极宣传社会主义保险和运用保险基金对于社会主义现代化建设的重要意义。其次是国家要明文规定允许保险公司独立自主地运用保险基金，并且要有关于保险公司直接运用保险基金的法律规定。考虑到我国经济法规尚不健全和制定法规的复杂性，为了尽快开展保险基金的运用活动，国家可先制定出"保险基金运用暂行条例"，在实践中逐步完善。最后形成法律。再次，需要形成一个国内金融市场和证券交易市场。保险公司无论向社会直接放款，还是购买有价证券，还是直接投资于各类产业，都必须借助金融市场和证券市场来融通资金。目前我国尚未形成国内金融市场，应当积极创造条件，尽快促其形成。

就保险公司内部而言，需要具备以下几个基本条件。首先是保险公司内部要有一个相应的机构，负责研究国内外保险基金运用的情况和经验，组织保险基金运用活动。其次是要培养运用保险基金的专门人才。目前有些保险公司已有运用保险基金的愿望和要求，但苦于无专门人才而告吹。再次是必要的物质条件。我国国内保险业务停办了20年，到1980年才正式恢复起来，一些最初步的物质设施尚很缺乏，因此，改善保险公司的物质条件也成为保险公司运用保险基金和发展社会主义保险事业的重要前提。

（原载于《南开经济研究》1985年第6期）

保险在国民经济中的地位

一、保险在产品分配体系中的地位

产品分配存在着多种形式，保险是其中的一种。保险在社会主义产品分配体系中的地位，存在于各种分配形式与保险分配形式之间的关系之中。因而，要知道保险在社会主义分配体系中所处的地位，就必须分析保险分配形式与其他各种分配形式之间的关系。

1. 保险分配与财政分配之间的关系

保险分配和财政分配，是社会主义分配体系中既有区别又互相制约的两种分配形式。社会主义的财政分配，是以社会主义国家为主体的集中的价值分配形式，是通过国家预算的财政收入和财政支出的形式进行的。财政收入来自社会总产品中的 C、V、M 各个部分。其中 C 是指固定资产折旧费中的国家提取部分，V 是指居民和各种服务行业上缴给国家的税收部分，M 是指剩余产品价值中，国家征税的部分，这一部分是国家财政收入的主要来源，占全部财政收入的绝大部分。财政支出除用于行政、国防、文教、卫生等各项事业开支外，大部分是用于维持简单再生产和实行扩大再生产的各项经济事业。财政分配既参与社会产品的初次分配，又进行国民收入的再分配。它涉及社会再生产的各个环节和国民经济的各个部门，对整个国民经济的发展具有重大的影响。因而，财政分配在整个社会主义分配体系中，居主导地位。

与财政分配不同，保险不参与社会产品的初次分配，而只参与国民收入的再分配。同时，社会主义保险分配形式也不同于社会主义财政分配形式。社会主义保险分配，是通过收取保险费、建立保险基金和支付补偿资金、给付保险金的形式实现的。保险费用的来源和财政收入来源一样，也是来自社会总产品的 C、V、M 三个部分。其中 C 是指生产性企业财产保险应交纳的保险费。这部分费用所代表的生产资料的实物形态，虽然没有消耗或磨损，但它是为一旦发生意外灾害而造成实物损失的及时补偿所作的准备，是维持正常生产所不可缺少的资金储备，因而将其视为与固定资产折旧费一样，构成产品成本的一个组成部分。V是指人身保险和家庭财产保险所交纳的保险费，是个人消费资金的一部分。M是指非生产性单位财产保险所交纳的保险费。这些单位本身不创造价值，保险费只能来源于社会剩余产品。保险基金的用途是用于经济上的补偿和给付，它波及社会再生产的各个环节和国民经济的各个部门，以及社会经济生活的各个方面。从保险金的来源和使用，可以看出保险与国民经济的内在联系和保险在社会主义分配体系中的重要地位。当然，相对于财政分配来说，保险分配形式属于次要地位，因为从财政分配和保险分配的资金数量上看，财政收入的资金数量远远大于保险费收入的数量。从资金的使用范围来看，虽然保险基金的使用也涉及国民经济和社会经济生活的各个方面，并且有一部分保险基金也可以形成积累基金用于社会扩大再生产，但保险基金的基本用途是为恢复灾后简单再生产提供经济补偿，这是保险分配的特点。

保险分配与财政分配这两种分配形式之间存在着相互制约和相互补充的内在联系。相互制约的一面表现在财政收入与保险费收入之间的数量关系上。如前所述，保险收入和财政收入都来自社会总产品，并且都涉及C、V、M三个部分。在一定的时期内（如一年），社会总产品的数量及其三部分的构成比例是一定的，从而可供社会提取的数量也是一定的。在这个一定的数量内，财政收入增多了，保险费收入就会减少；反之，保险费收入增多了，财政收入就会减少。相互补充的关系一方面表现在，财政收入中有一部分是用于包括补偿灾害损失和社会救济的后备基金，一旦发生灾害可用于补偿经济损失、恢复正常生产和经济生活，这实际上是补充了保险分配的不足。另一方面表现在，财政后备基金的用途是多方面的，使用的方向和数量都不是固定不变的，一旦发生灾害损失，财政只能根据现有后备基金的状况，对遭灾受损者给予补助或救济，后备基金多则多补、少则少补、没有不补。而保险基金则是专门用于补偿灾害损失的资金，一旦发生灾害损失，就必须按照条款规定履行经济补偿。这种建立在合同关系上的经济补偿，既可以保证社会生产和生活的正常进行，又减轻了财政的负担。可见，保险分配和财政分配二者是相互依存、互相补充的。

有一种观点认为，既然保险基金和财政后备基金都来自社会总产品，而且都可以用作补偿经济损失，就没有必要采取财政和保险两种分配形式，因而主张用财政分配取代保险分配。这种观点混淆了财政和保险这两种分配形式所体现的不同的经济关系。保险分配所体现的是经济合同关系。交纳保险费是被保险人的义务，补偿经济损失是保险人的义务；反之，收取保险费是保险人的权利，按合同索赔是被保险人的权利，因而，保险经济关系是以合同形式表现的经济义务与经济权利之间的关系，"保险费"与"补偿"是保险关系中利益关系的体现。财政分配所反映的是无偿性的强制关系。企业遭灾受损，财政没有补偿义务，只是量力而行给予补助。"补偿"与"补助"是两种不同的关系，补偿有保证，补助无保证。补偿有明确的量的规定，必须按保险合同的规定补偿，补助无量的规定，可以多补，也可以少补。保险对经济损失的"补偿"和财政对经济损失的"补助"，对经济的恢复和人们生活的安定的保证程度是不同的，因而，财政分配形式不能代替保险分配形式。

2. 保险分配与企业财务分配的关系

保险分配与企业财务分配，也是社会主义分配体系中既有联系又有区别的两种分配形式。如前所述，保险分配是社会主义分配体系中再分配的一种形式，而企业财务分配则是社会主义分配体系中的初次分配形式。通过企业财务分配把企业所创造的总产品分为 C、V、M 三部分。其中 C 是企业在此次生产过程中消耗的生产资料的价值和固定资产折旧的价值。V 是企业在生产过程中支出的工资。M 是在此次生产过程中所创造的剩余产品的价值。按我国目前企业的财务分配，在 M 中又分为 M_1 和 M_2 两部分。M_1 是企业以税利形式给国家提供的积累资金。M_2 是企业的利润留成资金。在 M_2 中又分为企业生产发展基金、职工福利基金和企业后备基金。在企业后备基金中包括一部分企业自备的保险基金。企业自备的保险基金不是向保险人交纳的保险费，而是企业自留的保险基金。按照经济发展的需要来说，无论是全部投保的企业，还是部分投保的企业，或者是完全自保的企业，都必须有自留的保险基金，所不同的只是留存的保险基金有多有少。

目前，我国保险界对保险费的"出项"和来源问题尚有不同的认识。有人认为，社会主义保险是发展社会主义经济所必需的，是社会必要劳动的一项内容，也是企业全体人员的必要劳动的构成因素，因而保险费应列入成本项目。有人认为，保险费并不是在生产过程中实际消耗的物化劳动和活劳动，不应列入成本，而应当从企业留成利润中支出。还有人认为，保险费是整个国民经济正常发展的必要的后备资金，对整个国民经济来说是必要的劳动支出，因而，保险费既不应列入企业成本，也不应从企业留成利润中扣除，而应当减少国家税收量，以税收转化为保险费。事实上，在资本主义社会里，保险费和保险资本家所得到的利润，都是剩余价值的一部分，属于利润范畴。在社会主义社会里，保险费可以视同固定资产折旧费一样，是必要的劳动，因而可以列入生产成本项目，也即来源于生产成本。

通过以上分析可以看出，企业财务分配与保险分配有着密切的联系。这种联系，一方面表现为互相制约，即在一定时间内，企业生产的总产品（总产值）

是一定的，交付保险费，意味着企业可留利润的减少；另一方面又表现为互相补充，即保险分配从企业中收取一定数量的保险费，形成保险基金，企业一旦遭灾受损便可得到经济补偿，为企业正常的财务分配创造了条件，保障了企业经营的稳定性与经济核算的完善。至于企业财务分配留有一定数量的自留保险资金，可以用来应付保险分配形式之外的补偿需要。

3. 保险分配与信用分配的关系

保险分配与信用分配都是社会主义分配体系中的再分配形式，但二者又有区别。保险再分配的资金来源是被保险人的货币收入和资金收入的一部分。这部分收入作为保险费交给保险人之后，被保险人便失去了对这部分资金和货币的所有权，所得到的是遭灾受损后的经济补偿权，保险基金的用途是补偿经济损失和支付保险金。这部分资金支出后，保险机构便失去了对这部分资金的所有权，转化为受灾单位和个人的所有权。可见保险再分配形式，是资金和货币所有权的再分配。

信用再分配的资金来源，除信用机构（银行、信托投资公司、信用社及其他金融机构）少量自有资金外，绝大部分是来自企事业单位和个人暂时不用的资金存款和货币储蓄，均属于暂时不用的社会闲置资金。在金融机构存款的单位和个人并不失去对这部分资金和货币的所有权，而只是暂时转让资金和货币的使用权，以换取利息的收益权。信用资金的运用，是金融机构向需要使用资金的单位和个人发放贷款，获得贷款的单位和个人所得到的并不是这部分货币和资金的所有权，而只是暂时的使用权。可见，信用再分配，主要是对社会暂时闲置的资金和货币的使用权的再分配，因而，保险再分配和信用再分配，是两种不同内容和不同意义上的再分配。

保险再分配和信用再分配，虽然是两种不同内容和不同意义的再分配，但二者之间也存在着内在联系。这种联系表现为：一方面，保险基金在没有使用之前，可以存放在金融信用机构，作为信贷资金的一个重要来源；另一方面，信用机构也可以向遭灾受损单位发放短期贷款，把信贷资金暂时转化为生产资金或消费资金，在这种场合下，信贷资金可以作为保险的经济补偿的补充，但信贷资金分配的特点是借款人要将本金加付利息按期归还，而保险分配的特点是赔款的补偿，是被保险人的权利。

4. 保险分配与价格分配的关系

价格也是社会主义分配体系中的一种再分配形式。价格分配形式的一个突出的特点，在于它的综合性质。价格的变动不仅会影响国家、地方、企业和个人相互间的经济利益关系，而且也会影响地方之间、企业之间、个人之间的经济利益关系。价格分配形式与财政、企业财务、信用、保险等各种分配形式，都存在着密切的联系。

价格分配与保险分配之间的关系更为直接，它对保险事业的发展有重要的影响。一如前述，在社会主义条件下，企业的保险费用应列入生产成本项目。这就有可能出现以下几种情况：一种情况是，保险费列入成本后，商品价格不变，国家向企业征收的税额不变。在这种情况下，等于减少企业的利润量，企业的保险费用实际上出自企业的利润。第二种情况是，价格不变，企业留成利润额不变，在这种情况下，企业缴纳保险费实际上是降低了税收额，减少了国家财政收入。第三种情况是，企业留成利润和国家税收都不减少，相应地提高商品的价格。在这种情况下，生产生产资料的企业的保险费，由购买这种产品的企业承担；生产消费资料的企业的保险费，由购买这种产品的消费者来承担。无论是生产生产资料的企业，还是生产消费资料的企业，其保险费最终都转嫁到消费者身上，由广大消费者来承担。以上三种情况都表明，价格在这里起了再分配的作用。从长远的观点来看，企业的保险费应当列入生产成本，同时相应地提高商品的价格，因为，在社会主义条件下，保险是社会再生产正常进行的必要条件，也是消费者不断取得正常收入的必要条件。企业的保险费由广大消费者承担，也是理所当然的。由此可见，保险分配与价格分配之间存在着密切的联系。

二、保险在再生产中的地位

以上分析了保险在社会主义分配体系中的地位，下边要在此基础上，进一步分析保险在社会主义再生产中的地位，并进而分析保险在整个国民经济中的地位。

国民经济是一个有机的整体。社会生产过程包括生产、交换、分配和消费四个环节。这四个环节周而复始地不断运动，形成永不停息的社会再生产过程。其中，生产是社会再生产的起点，消费表现为终点，交换和分配是联结生产和消费的中介。如前所述，保险属于分配环节，是分配环节中的一种再分配形式，对保障社会再生产的不间断地进行有重要意义。保险之所以是国民经济活动中不可缺少的组成部分，是因为保险这一再分配过程具有作用于各个环节的特点，社会再生产的全过程同它都有密切关系。为确切而具体地说明保险在社会再生产中所处的地位，必须分析保险与社会再生产诸环节的关系。

1. 保险与生产的关系

保险与生产之间存在着密切的关系。这种关系的主要方面，是生产决定保险。生产对保险的决定关系，主要表现为以下几点。

首先，保险属于分配环节。分配归根到底是对生产物的分配。没有生产，也就不可能有分配，从而也就不可能有保险。其次，社会主义生产发展的规模，决定着社会主义保险发展的规模。只有社会主义生产规模的不断扩大，社会主义保险的范围和规模才有可能随之发展和扩大。第三，生产的性质决定保险的性质。在资本主义条件下，生产的资本主义性质，决定了资本主义保险是资本存在和运动的一种形式，是资产阶级剥削劳动人民的一种手段；在社会主义制度下，生产的社会主义性质，决定了社会主义保险是保证社会生产正常进行和安定人们生活的经济手段。第四，生产形式决定保险形式。一定的生产形式，会出现与之相适应的保险组织。高度集中的生产体制，会出现国家专营的保险形式，随着我国经济体制改革的深入发展，随着生产经营方式的多样化，保险形式也将出现新变化。生产决定保险，这是生产与保险相互关系的一个方面，而且是主要方面。但保险对生产也有积极的影响，甚至在某个侧面上也决定着生产。例如，当企业发生意外灾害而遭受损失时，或者由于企业参加了保险而获得了补偿资金，使企业迅速恢复了正常生产，或者由于企业没有参加保险，又没有及时得到其他形式的补助资金，使生产遭到中断或萎缩，这两种情况都明显地表现出保险对生产的决定作用。

不仅如此，从保险基金的来源和使用中可以看出，保险基金是来之于生产，用之于生产，是社会主义社会再生产过程中不可缺少的构成要素，它有利于巩固和发展社会主义的生产关系。

正确认识保险与生产之间的辩证关系，可以使我们树立起保险必须从生产出发，为生产服务，同时又不能低估保险对生产，乃至对全社会的作用。

2. 保险与流通的关系

流通是指以货币为媒介的商品交换，在商品经济条件下，流通成为社会再生产过程中具有决定意义的环节。分配与流通，都是联结生产与消费的中间环节，同处于生产与消费之间的中介地位。二者之间存在着密切的联系，并互相发生影响。社会主义经济是有计划的商品经济，价值仍然是社会财富的代表或表现形式。因此，社会主义对产品的分配，就必须通过对价值的分配来实现。生产企业所生产的商品，通过流通环节把商品卖出去，使商品的价值得到实现，才有可能进行分配。从这个意义上说，没有社会主义流通，也就没有社会主义的分配。另一方面，从商品的购买者来说，只有通过分配，获得一定数量的作为价值形式的货币，才有可能购买各自所需要的商品，商品流通才有可能进行，商品的价值才能够实现。从这个意义上说，社会主义的分配，又成为社会主义流通的前提条件。没有社会主义分配，也就不可能有社会主义流通。可见，在社会主义条件下，流通和分配之间的关系是互相依存、互相制约和互为条件的关系。

社会主义保险与社会主义流通之间的关系也是这样。从一方面说，社会主义流通制约着社会主义保险。首先，保险基金是来自各个被保险人的保险费。保险费是以商品的价值形式——货币形式交纳的。投保单位在交纳保险费之前，必须先出售自己的商品，把商品变成货币才能交纳保险费，从而才能建立起保险关系。而由商品变为货币，必须经过流通。这是流通制约保险的一个突出表现。其次，只有通过流通才能实现保险对被保险人的经济补偿。因为，保险给予被保险人的是财产价值的补偿。价值形式不能直接用于恢复企业的生产和经营，而必须用货币购买各种物质资料才能恢复企业的生产和经营，保险关系才能最终实现，而由货币转化为商品也必须经过流通。这是流通制约保险的又一重要表现。最后，流通领域中的所有财产都需要保险为之提供服务。流通发展的深度和广度，制约着保险的规模和范围。

从另一方面说，保险也制约着流通。首先是流通领域中的各类企业，一旦遭灾受损，那些参加保险的单位便会及时得到经济补偿，迅速恢复经营；而那些没有参加保险的单位，经济补偿无保证，经营活动受阻碍，这表明保险制约着流通。其次，流通领域中不仅有流通企业的固定资产，而且还有待流通的各种商品。一旦受损，不仅商业企业的固定财产遭损，而且待流通的商品也遭受损失。这部分商品的价值如得不到补偿，原来与这些商品价值相交换的商品的流通就无法进行，价值也就无法实现。例如，生产自行车的企业有待于出售自行车以获得货币去购买钢材，生产机器设备的企业有待于出售机器设备以获得货币，用来发放工资和购买各类消费品，等等。由于他们的商品在流通过程中遭灾受损而得不到价值补偿，有待于同这部分商品相交换的商品流通就不可能进行。这说明了保险对流通的制约作用。

3. 保险与消费的关系

保险与消费的关系，实际上是分配与消费关系的一个侧面，分配与消费的关系，首先表现为分配制约着消费。生产出来的产品，只有经过分配才能进入消费，而且人们消费的总水平取决于积累和消费的分配比例。至于每个人所能够消费的数量及其差别，还要取决于按劳分配原则的实现程度和具体的工资制度。

社会主义保险是社会主义再分配的一种特殊形式，它与消费有着密切的联系。这种联系首先表现为保险制约着消费。直接与消费相联系的保险，主要是指家庭财产保险和各种形式的人身保险。在社会主义社会里，家庭财产仍然属于公民私人所有，是家庭成员正常生活的物质资料。一旦发生自然灾害或意外事故使家庭财产遭受损失，将为家庭经济生活造成困难。如果参加保险的家庭遭灾受损，便可及时得到相应的经济补偿，使家庭经济生活迅速恢复正常；如果是没有保险的家庭遭灾受损，其经济损失的补偿得不到保障，家庭消费就会发生困难。

人身保险是对被保险人在发生死亡、伤残、丧失劳动力等约定事件时提供物质保证。在没有参加保险的情况下，上述事件一旦发生，当事人及其家庭成员的生活消费，就不能正常进行；相反，参加人身保险，上述情况一旦发生，被保险人或其受益人便可得到应得的经济给付，个人及其家庭的消费有了可靠的经济保证。

可见，保险对消费具有一定的影响和制约作用。当然，消费对保险也有一定的影响。正常的消费可以促进生产乃至整个国民经济的扩大和发展；不正常的消费也会抑制生产和整个国民经济的发展，从而制约着保险事业的发展。

通过对社会主义保险与生产、保险与流通和保险与消费的相互关系的分析，可以看出，社会主义保险是社会主义再生产过程中一个不可缺少的内在因素，在社会主义社会再生产体系中，处于重要的地位。

三、保险在社会主义经济调节形式中的地位

1. 保险是调节社会主义经济的一种经济形式

任何一种经济都有其自身的调节形式，社会主义经济也是如此。社会主义经济是以公有制为基础的有计划的商品经济。

从经济调节形式的角度来看，社会主义商品经济与资本主义商品经济相比，一个最显著的区别，在于资本主义商品经济是在社会生产的无政府状态下进行的，而社会主义商品经济却是有计划发展的。所谓"有计划"，就是社会对整个国民经济实行有意识的、自觉的组织和管理。马克思和恩格斯都曾经明确地阐述了这个观点。他们认为，在全社会占有一切生产资料的社会主义社会里，社会生产是有计划进行的。资本主义社会生产的无政府状态，将被有计划的自觉的组织所代替。也就是说，在以私有制为基础的资本主义商品经济条件下，经济活动是由市场自发地进行调节的，整个国民经济处于无组织状态。而以公有制为基础的社会主义商品经济，则是由社会自觉地运用尽可能反映市场实际供求的各种形式进行调节和管理的，因而整个国民经济的发展基本上是处于有组织的状态。马克思和恩格斯的这个思想，对于我们今天的社会主义社会仍然具

有指导意义。至于实现有计划发展的具体调节形式，还需要我们运用这一基本原理结合我国的具体情况，在实践中逐步地建立和完善。根据我国的实践经验来看，社会主义经济应当采取多种调节形式。就大类来分，可以分为行政手段和经济手段两类。在行政手段调节形式中，又可分为计划调节形式和国家法律、方针、政策和直接发布的行政命令等形式。就经济调节手段而言，可分为价格、税收、信贷、利息和保险等多种形式。行政手段调节经济的特点，在于它的指令性或强制性。经济手段调节经济的特点，在于它的诱导性和利益性。

过去，由于我们在理论上不承认社会主义经济是有计划的商品经济，把商品经济与社会主义计划经济对立起来。因而片面强调单一的计划调节，而忽视甚至排斥经济手段调节的必要性。因而像价格、税收、信贷、利息等等这些调节经济的有力杠杆都没有被充分利用起来。至于保险既不被认为是社会主义经济的必要形式，更未被认为是社会主义经济的调节形式，而被看作是资本主义所特有的经济形式，从而曾经遭到被取消的厄运。

社会主义保险不仅是社会主义商品经济的重要组成因素，而且同价格、税收、财政、信贷、利息等共同构成调节社会主义经济的经济形式体系。它是调节社会主义经济的不可缺少的经济形式之一。与其他各种经济调节形式相比较，保险调节形式有其自身的特点。价格对经济的调节作用，主要是通过价格的高低，直接调节供求关系，通过调节供求来调节生产。国家可以根据国民经济发展的状况，通过价格和价值的背离程度，来有意识地抑制某种生产或流通，或刺激某种生产和流通，从而达到调节经济的目的。税收对经济的调节，主要是通过征税和免税、提高税率和降低税率的手段，刺激或抑制生产和消费。财政是国家调节经济的重要杠杆，国家可以通过财政预算收入和支出，决定积累与消费的比例，决定各部门之间、各地区之间的投资比例，从而控制整个国民经济的发展规模和方向。信贷和利息调节经济的特点是：国家通过控制信贷资金总额度、信贷资金发放的原则和利息率的浮动幅度，从总体上控制信贷资金投放的规模和方向，银行根据国家规定的信贷资金投放原则和利息率的浮动幅度，根据资金供求状况和经济发展状况，运用银行信贷资金的投放，进行调节经济活动。

保险对社会主义经济的调节，在一般情况下，既不是通过单位和个人是否参加保险的形式来实现，也不是通过增收或减收保险费的办法来调节。因为，社会主义保险的根本目的是为了促进经济的发展和人们生活的安定，而不是单纯地为了利润。因此，凡是应该保险而又可以保险的单位和个人，都应当参加保险。同时，收取保险费要合理，在可能的限度内降低保险费，以减轻投保人的经济负担。社会主义保险对国民经济的调节,集中体现在把千家万户交纳的保险费组成集中的保险基金,又通过经济补偿的形式转移给遭灾受损的被保险人。这种调节形式实际上是调节各部门、各地区、各企业之间的物化劳动和活劳动的分配关系。因为,第一,在商品经济条件下,一定数量的价值形式,代表着一定数量的使用价值,保险调节的价值形态,实际上调节的是实物形态。第二,参加保险的单位和个人,既有第Ⅰ部类的,又有第Ⅱ部类的,在各部类内部又有不同行业之分。他们所交纳的保险费,从其所代表的实物形态来看,既有生产资料,又有生活资料。而保险基金的使用对象,既有对第Ⅰ部类的经济补偿,又有对第Ⅱ部类的经济补偿。因而通过对保险基金的调剂分配,保险调节着各部类、各部门和各行业之间的物化劳动和活劳动的分配关系。第三,通过保险基金的运动形式还可以把暂时闲置的准备金用之于扩大再生产或把消费基金转化为积累资金。通过个人交付的保险费(人身保险、养老年金保险等)积聚起来的巨额的保险基金,在一定时期内可以用之于扩大再生产,又具有把消费资金直接转化为积累资金的性质。这些都是保险调节经济活动的本质内容。如果看不到保险这种经济调节形式的特点,就不能认清保险也是调节社会主义经济活动的一种重要的经济形式。

2. 保险调节与计划调节的关系

社会主义社会的计划调节,是指国家通过其所编制的国民经济计划,对经济所进行的调节。计划调节的主体是代表全民利益的国家。计划调节的出发点和归宿点,是国家的整体利益和长远利益。国家编制经济计划的客观依据,是社会主义基本经济规律、有计划按比例发展规律和价值规律等经济规律。因此,计划调节实际上是国家在行使决策权,是国家调节经济的一种手段。

保险是一种经济利益关系。保险调节实际上是保险在调节各方面的经济利益关系,因而属于经济手段之列。但保险这种调节形式又有不同于其他经济手段的特点,如前所述,社会主义保险的根本目的是为发展经济、安定生活提供经济保障。无论是国家还是保险企业,都不应以利润作为衡量保险企业经济效益大小的唯一标准,而应当在促进经济发展和安定人们生活的前提下,取得合理的盈利。从这个意义上讲,保险调节又具有计划调节的某些特点。

3. 保险调节与市场调节的关系

社会主义社会中的市场调节,是指在国家政策、法令允许范围内,国家对某些产品的生产和流通不作计划,让价值规律自发地进行调节。参与市场调节活动的,主要是社会主义企业、集体企业和个体经营户。调节市场经济活动的主要形式是自发价格。参与市场活动的企业或个人进行经济决策的主要出发点,是企业或个人的经济利益。因而,社会主义市场调节的实质,是价格和企业或个人的经济利益关系的调节。社会主义保险关系既然是一种经济利益关系,那么,社会主义的保险调节就必然与市场调节有联系,并在一定程度上受市场调节的制约。但是,由于社会主义保险具有促进社会经济发展和安定人们生活的特殊任务,所以,社会主义保险不能为价值规律的自发作用所左右,社会主义保险企业不能完全以市场状况和盈利大小为转移,而必须考虑被保险人负担保险费的能力,并对经济发达地区与经济不太发达地区之间、经济各部门之间、危险程度及防灾设施优劣之间,在保险费率上加以调节。

根据上述对保险在社会主义分配体系中的地位、保险在社会主义再生产中的地位和保险在社会主义经济调节形式中的地位的分析,可以看出保险在社会主义国民经济中居于重要的地位,是国民经济活动中的一个必不可少的环节。

(原载于《社会主义保险学》,中国金融出版社 1986年版)

关于社会主义国营保险企业经济效益的几个问题

社会主义国营保险企业存在不存在和要不要讲求效益？如果说社会主义国营保险企业存在并且必须讲求经济效益，那么，它的客观依据是什么？社会主义国营保险企业讲求经济效益有什么意义？怎样衡量国营保险企业的经济效益？应如何提高国营保险企业的经济效益？如此等等，这些都是关系到社会主义保险企业和保险经济健康发展的重大理论问题和实际问题。本文就上述几个问题，谈一些个人的认识。

一、社会主义国营保险企业讲求经济效益的客观依据及其内容

毋庸置疑，社会主义国营保险企业不仅存在，而且必须讲求经济效益。这是因为经济效益是与商品经济相联系的经济范畴。这一方面是说，只有在商品经济条件下才有讲求经济效益的必要性和可能性；另一方面是说，只要有商品货币经济关系存在，就必须讲求经济效益。而社会主义国营保险企业是建立在有计划的商品经济基础之上的。有计划的商品经济要求社会主义保险企业必须讲求经济效益，也就是说，有计划的商品经济，是社会主义国营保险企业存在并且必须讲求经济效益的客观依据。

什么是经济效益？尽管人们有多种多样的不同解释，但有一点是共同的，即大家都认为，经济效益的最基本内容是：生产或经营过程所耗费的劳动与所得的劳动成果之间的比例关系或比较关系。有些同志为了更明了地说明问题，把这种对比关系扼要地表述为"最小"和"最大"的关系，即用最小的劳动耗费，取得最大的经济成果。这样表述虽然不尽完备，但已经表明"经济效益"这一概念所包含的本质内容。这个最本质的内容是：经济效益是一种特定的经济关系。这种经济关系包括两层含义：一层是从生产力的角度来看，它反映的是所费劳动和所获成果之间的比例关系；另一层是从生产关系的角度来看，它反映了两个不同的生产者之间的等价交换关系。上述关于经济效益的定义，即

"用尽量少的劳动耗费和物质消耗,生产出更多符合社会需要的产品"。这是所费与所得的比较。这种所费和所得之间的价值量的比较,只有在商品经济条件下才有其必要性和可能性。因为在自然经济条件下,生产者自己生产,自己消费,所费和所得都属一个人,所费和所得既没有比较的必要,也没有比较的可能。所谓没有比较的必要,是因为他所追求的是满足生活需要的使用价值,不论花费多少劳动都是要生产的,也就是说没有进行经济核算的必要。而在商品经济条件下,生产者不是为了自己消费,而是为了出卖、为了交换别人的商品而生产。要交换就需要比较所费和所得的关系,因而才有进行经济核算的必要。所谓没有进行比较的可能,是因为在自然经济时期还没有货币可用作比较的工具。所以,所费与所得之间的比较即经济效益,是以商品经济关系为基础的经济范畴。

经济效益不仅是以商品经济为基础的,而且与价值规律的要求也是完全一致的。从流通领域来看,价值规律在流通领域中要求等价交换,而经济效益就是通过等价交换才得以实现的。例如,在小商品经济条件下,某甲花费价值60元的物化劳动和40元的活劳动,生产出价值100元的10吨煤,与某乙花费价值60元的物化劳动和40元的活劳动,生产出价值100元的10匹布相交换。甲乙双方的所费和所得的价值量是相等的,双方在使用价值上得到替换,价值上得到实现。

经济效益虽然是在流通过程中实现的,却是在生产过程中形成的。因而,经济效益与价值规律的一致性,不仅表现在流通过程的等价交换上,同时也表现在生产过程中只能花费社会必要劳动量上。经济效益不仅要以流通中的等价交换为基础,而且还必须以在生产过程中花费社会必要劳动量为前提。因为取得经济效益的关键是生产出符合社会需要的产品。这里所说的符合社会需要的产品,首先是指产品的种类和这种产品的数量和质量与社会所需要的数量和质量相符合,也就是说社会花费在这类产品的劳动总量要与社会需要相一致。其次是说每一个单位产品所耗费的劳动量要与社会的必要劳动量相一致。只有如此,才能在生产过程中形成经济效益,从而才能在流通中实现经济效益。而经济效益在生产过程中的上述要求,正是价值规律在生产领域中的作用内容。价值规律在生产领域中表现为社会必要劳动量规律。而所谓社会必要劳动量,既要求在每个产品的生产上花费社会必要劳动总量时间,又要求在每类产品的生产总量上也要花费社会必要的劳动总量。超出了这两个必要劳动的界限,就都是社会所不需要的,因此,从社会的角度来看,经济效益中所说的"尽量少的劳动耗费"就是指社会必要劳动耗费,而生产出更多的产品就是生产出相应数量的产品。也就是说，从国家考核保险企业经济效益的标准来说，只能以社会必要劳动时间（也就是从社会角度来看的最少的劳动）为标准，而从个别企业来说，它可以低于社会必要劳动时间，用比社会必要劳动时间更少的时间生产出更多数量的产品，从而得到超额效益。

社会主义经济是有计划的商品经济，也就是以公有制为基础的商品经济。有计划商品经济与资本主义商品经济在本质上是根本不同的。这种不同集中表现为社会主义商品经济是建立在公有制基础之上，因而是不存在剥削关系的商品经济。而资本主义经济则是建立在私有制基础上，因而是存在剥削关系的商品经济。然而，社会主义经济既然是商品经济也就必然存在着商品经济的基本范畴。价值规律是商品经济的基本规律。经济效益是商品经济一般规律和一般范畴。有计划的商品经济必然存在价值规律和经济效益。这首先是因为社会主义的国营企业，是独立核算、自负盈亏的商品经济实体，它不仅要对国家垫付的原有固定资产和流动资金的完整无缺负责，而且还要通过自己的经营活动使企业不断发展和扩大。而企业自我发展扩大的经济来源，主要是来自企业自身的经济效益。也就是说国营企业自身的经济效益，是其自行发展和扩大的经济源泉。

其次，作为独立核算，自负盈亏的国营企业，承担着以税收和利润的形式向国家提供积累的任务，国营企业为国家提供积累的经济来源，只能是靠企业自身的经济效益，也就是说，国营企业的自身的经济效益，不仅是企业自身的发展，扩大的经济源泉，同时也是社会主义整个国民经济不断发展的物质基础。可见有计划商品经济是社会主义国营企业讲求经济效益的客观依据。

社会主义国营保险企业，虽然与社会主义国营工商企业有很大的区别，但就其作为国营企业这一基本性质来说，是完全一致的，社会主义国营保险企业和工商业和其他各业的国营企业一样，也必须讲求经济效益。所以，有计划的商品经济也是社会主义国营保险企业讲求经济效益的客观依据。

社会主义国营企业，是为社会提供保险服务的劳务性保险企业，它本身并不直接生产或直接经营物质产品。这一点决定了国营保险企业的经济效益与国营工商企业的经济效益在具体内容和表现形式上有一定的差别，然而，就经济效益的基本原理来说，国营保险企业与国营工商企业又是相同的。按照经济效益的一般原理即经济效益是所费和所得之间的比较关系的原理，国营保险企业的经济效益可以大致表述为：以尽可能少的活劳动消耗和物质消耗为社会提供尽可能多的符合需要的保险劳务。从社会立场来看，社会所付出的是一定数量的物化劳动和活劳动，所得的是一定形式和一定量的保险劳务。这种效益关系的实质是保险部门所花费的物化劳动和活劳动总量与社会所承认的劳动量之间的双比关系。这种对比关系表现为所费之货币（包括固定资产折旧费、各项经营管理费、防灾减损费、职工工资和工资以外的活劳动支出所形成的新价值，以及用于经济补偿和给付、货币支出）、所得之货币量（包括保险企业所提供的防灾减损劳务所节省下来的货币量、经济补偿和给付的货币以及通过补偿和给付所能带来的新增货币量等）的比较。从劳动价值论和价值规律的原理来说，社会所费的货币总量等于社会所得的货币总量，两者是等价交换关系。社会通过保险劳务所得到的货币量，就是对保险企业所提供的劳务所得到的货币量，就是对保险企业所提供的劳务所得到的和形成的货币量的"承认"，因而保险企业所提供的一切被社会所承认的劳务都是保险的社会经济效益的内容。

从国营保险企业的立场来看，所费的是上述各项支出货币量所得到的超过上述各项支出的货币总量以上的增加额，即保险企业的盈利部分。这部分盈利是来自包括在社会所承认的经济效益之中的、由保险公司支出超过工资以上的部分活劳动。由此，我们可以得到以下五点认识。

第一，社会主义国营保险企业的经济效益一般表述为：保险企业所提供的保险服务之所值与社会所承认的保险劳务之所值之间的量的比较关系。

第二，国营保险企业的社会经济效益表现为被社会所承认的、由保险企业所提供的全部保险服务之所值。因而，保险企业的社会经济效益，来源于保险企业所提供的保险服务活动。

第三，国营保险企业的自身经济效益表现为保险企业所提供的超出工资以上的那部分活劳动之所值，即利润。因而，保险企业的自身经济效益，包含在社会经济效益之中。

第四，保险企业经济效益中的"最小"支出是指社会必要劳动时间。最大所得集中表现为合理赔付、安全保险和防灾效果。

第五，个别国营保险企业的保险服务支出可以低于或高于社会必要劳动时间，从而可以得到额外盈利或发生亏损。

二、社会主义国营保险企业讲求经济效益的意义

社会主义国营保险企业讲求经济效益具有十分重要的意义。

首先，社会主义国营保险企业，是全民所有制的企业。按照社会主义基本经济规律的要求，和工商等国营企业一样，都必须把满足社会生产和人们生活的需要作为根本目的。而取得经济效益则是满足社会需要的经济前提。因而社会主义保险企业必须把要求社会经济效益放在第一位。这就要求国营保险企

从社会主义的实际需要出发，积极开办社会所需要的保险种类，并主动设计和不断推出新险种，努力扩大承保范围，积极主动做好理赔，并配合有关单位开展防灾、减损和风险管理工作，为社会主义国家提供优质保险服务，恢复和促进社会主义国民经济的发展和人们生活的安定。

应当强调指出的是，社会主义保险企业讲求保险的社会经济效益并不是不顾实际可能，不顾承保质量，盲目扩大承保范围和责任范围，也不是把主要精力放到防灾、减损工作上去，更不是不顾理赔原则，不讲赔付质量，任意扩大赔付范围和提高赔付程度。应当明确，并不是承保责任范围越大，花费在防灾、减损工作上的力量越多，赔付率越高，保险的社会经济效益就越大，而是要讲合理承保范围，合理防灾赔损和合理的赔付率。超过合理的限度，不仅不会提高保险的社会经济效益，反而会降低社会经济效益。所谓合理，就是实事求是，符合社会需要，超过了社会需要的限度，这就是浪费。

其次，社会主义保险企业是独立核算、自负盈亏的经济实体。它不仅要保全国家的固定资本和流动资金的完整无缺，而且还必须自我发展，自行壮大，而自我发展和自行壮大的物质基础就是保险企业自身的经济效益，也就是保险企业的盈利。保险企业为了取得盈利，就必须降低劳动耗费，节省物质消耗，采用新技术和科学管理方法，提高劳动生产率等一系列措施。而所有这一切措施，集中表现为使保险企业物质劳动和活劳动支出等于或低于社会必要劳动量，从而实现用尽量少的劳动支出，提供尽可能多的，被社会所承认的保险服务，使保险企业获得平均赢利，既壮大了保险企业自身的实力，又促进了整个保险事业的发展。

保险企业讲求自身经济效益的另一方面的意义，还在于它可以通过对不同的险种的经济效益的比较，淘汰那些效益低或亏损的险种（这是因为不符合社会需要所致），选择那些效益高、赢利大的险种（这反映了这些险种符合社会需要），或开拓新险种，通过这种选择开展适当而合理的竞争，使社会需要的险种得到发展，社会不需要的险种被限制乃至淘汰。

保险企业通过讲求自身经济效益活动，在各种保险企业之间展开合理竞争，就可以使保险企业优胜劣汰，增强社会主义保险企业乃至整个保险事业的活力。

第三，从国家对保险企业的管理的角度来看，通过对各个保险种类经济效益的比较，掌握各类保险种类和保险企业的经营情况及其被社会所承认的程度，从而作出对保险业的各项决策，对那些有利社会经济发展和人们生活安定的险种和企业，给予大力扶持，对于少数"得不偿失"或不为社会所需求的险种和企业加以限制，乃至取缔。

第四，从社会主义国家对整个风险管理和建立社会主义经济保障制度的角度来说，通过对保险活动的经济效益与财政后备、民政救济、企业自保社会保险等各类社会保障形式的效益的比较，对全社会范围内的不同保障需求作出适合其特点和效益最佳的保障形式的决策，适合采用保险形式的就采用保险形式，适合财政后备的就采用财政后备形式，适合民政救济、企业自保和社会保险等形式的，就分别采取与其相适应的形式，做到各得其所，建立起符合社会主义国情的经济保障制度。

总之，社会主义国营保险企业讲求经济效益，既有利于保险企业自身的壮大，又有利于社会主义保险的发展，更有利于建立完备的社会主义经济保障制度。

三、考核社会主义国营保险企业经济效益的主要指标

由于社会主义国营保险企业是全民所有制的国营企业，因而国家必须对其经营成果和经济效益进行必要的考核。既要考核就需有考核的指标和尺度。社会主义国家可以从不同的要求和不同的角度对国营保险企业进行考核，因而可以有不同的考核经济效益的指标和尺度，甚至可以设计一套考核保险经济效益的指标体系。然而，最能反映国营保险企业经济效益的指标和尺度，主要是保险平均成本利润率指标、保险平均赔付率指标、保险平均赔付率成本率指标和保险基金运用平均盈利率指标。

保险平均成本利润率指标，是指在一定经济技术条件下，大多数的国营保险企业每经营一定额度的保险金额，所得到的纯收入与平均成本的比率，也就是社会所承认的成本盈利率。保险平均成本利润率应当等于保险平均价格减去保险平均成本，利润率应当等于保险平均价格减去保险平均成本，再除以平均成本，用如下公式表示：

$$保险平均成本利润率 = \frac{保险平均价格 - 保险平均成本}{保险平均成本} \times 100\%$$

保险平均价格，是在一定经济、技术条件下，大多数国营保险企业每承保一定额度的保险金额，所应得到的保险费。也就是被社会所承认的必要的保险额。其具体内容包括平均赔付额、平均折旧费、平均经营费、平均防灾减损额、平均巨灾准备金、平均税收和平均利润等多种要素。

平均成本，是指在一定的经济、技术水平条件下，大多数国营保险企业每承保一定额度的保险金额所应付出的物化劳动和形成工资部分的活劳动的全部支出，即上述保险平均价值中除去平均利润以外的全部内容，用如下公式表示：

$$\text{保险平均成本} = \text{保险平均价格} - \text{保险平均利润}$$

考虑到在保险平均价格已定的前提下,保险平均利润与保险平均成本之间,是此长彼消的关系,即保险平均成本升高,保险平均利润则降低;保险平均利润升高,保险平均成本就必须降低。如果把平均赔付额列入保险平均成本之中,就会出现保险平均利润与保险平均赔付额二者之间互为消长的关系,即要想多得利润,就要降低赔付额,要想增加赔付额就是减少保险利润。从而使保险企业的利润指标和赔付额指标互相对立起来。在现实生活中就有可能发生某些保险企业为了提高本企业的利润率,而采用该赔不赔和该多赔少赔的不正当行为,从而使企业利润率指标与社会赔付率指标互相矛盾。为了避免这种对立情况的发生,在考核保险企业的平均利润率指标时,把保险平均赔付额从保险平均成本中拿出来,单独列项,专门用作保险赔付。并且单独核算,有剩余时积累起来用作以后的赔付,而不作为盈余列为利润;若有不足或当年遭到超过平均赔付率以上的巨灾、巨损时,也不减少当年应得的平均利润,而从巨灾准备金中支出。这样保险平均赔付额的增加或减少,都不直接与保险企业平均利润的增减相联系。

保险平均成本利润率指标既是衡量国营保险企业自身经济效益的指标,同时也是衡量国营保险企业经营管理水平的综合指标。因为,在保险平均价格一定的条件下,保险企业的利润,是与保险成本互为增减的关系,要想得到平均利润,保险企业的成本必须符合由社会必要劳动量所决定的平均成本水平,如果高于社会平均成本水平,保险企业的利润就要减少,甚至亏损;如果要想提高利润水平,就只能依靠加强经营管理,提高工作效益,减少物化劳动和活劳动消耗,使成本降低到社会必要劳动时间以下(即社会平均成本以下),从而得到超额利润。又由于把赔付额从成本中独立出来,单独核算,企业不能采用减少赔付的办法来增加盈利。因此,在这种条件下,保险企业的利润率越高,说明该企业经营管理得越好,企业自身的经济效益越高,社会效益也就越好,从而可以消除保险企业的自身经济效益与保险社会经济效益相互矛盾的弊病。

保险平均赔付率指标,是考核国营保险企业社会经济效益的重要指标。所谓保险平均赔付率,是由社会必要劳动时间所决定的,社会所承认的赔付标准,也就是在一定经济和技术水平条件下,大多数保险企业承保一定保险额度所应赔付的金额与所收保险费额度的比率。用如下公式表示:

$$\text{平均赔付率} = \frac{\text{平均赔付额}}{\text{平均保险费}} \times 100\%$$

平均赔付率既不应过高,也不应过低。平均赔付率过高,乃至超过 100%

而企业发生亏损，说明保险费率订得太低，满足不了实际赔付的需要，平均赔付率过低，有较多的赔付基金赔不出去，说明保险费率定得太高，超过实际赔付的需要，加重了保户的负担。

保险平均赔付率在客观上是有一定的标准的，并且是可以计算出来的。这种客观标准和计算方法是：在运用概率原理计算出来的保险损失额的基础上，增加一个适当的稳定系数（一般是5%左右）算出平均赔付额，平均赔付额与平均保险费总额度之比，就是平均赔付率。

平均赔付率是考核国营保险企业社会经济效益的主要指标。在一般情况下社会主义国营保险企业应当实现的是平均赔付率指标，而不应过低和过高。赔付率过高的原因或者是因为保险费率定得太低，不能满足实际赔付的需要，或者是因为承保质量和理赔质量过低，这两种情况都说明保险企业经营管理不善，应该改善经营艺术，提高管理水平。如果赔付率过低，其原因或者是因为保险费率定得过高，超过了实际赔付的需要，不仅增加保户负担，而且有大量资金被占压而不能运用，或者是由于保险企业采取不正当的经营手段、当赔的不赔、应该多赔的少赔，过多地积累赔付资金，没有充分发挥保险的补偿作用，这两种情况都不利于保险社会经济效益的发挥。

一如前述，从国家完善对国营保险企业的管理角度来看，保险赔付资金应当专款专用，单独核算，保险企业没有实现平均赔付率所剩余之资金，不得算作保险企业的利润，而要存入专门户头，备用赔付，从而使赔付资金与企业利润脱钩，借以避免衡量保险企业自身经济效益的利润指标与衡量保险企业经济效益的赔付率之间互相矛盾的弊病。

平均赔付成本率，是指在一般条件下，大多数国营保险企业完成同等数量的赔付额所花费的平均费用与赔损额度之比率。例如某甲国营保险企业实现100万元的赔付额，花费了1万元的费用，某乙国营保险公司同样实现100万元的赔付额度，则花费了1.5万元的费用，某丙国营保险公司则花了5千元，甲、乙、丙三个保险公司的赔付成本率分别为1%，1.5%和0.5%。这三个数字反映了甲、乙、丙三个保险企业的经营管理水平不同，从而引起三个企业的保险社会经济效益和企业自身经济效益都不相同。

平均赔付成本的内容包括折旧费、经营管理费、防灾减损费和工资等多种因素。由于这些因素都是实际的物化劳动和活劳动的消耗，消耗量越大，成本就越高，从而平均赔付成本率也就越高，反之，这些因素的实际消耗越小，成本就越低，平均赔付成本率也就越低。因此，平均赔付成本越低，保险企业的社会经济效益和企业自身的经济效益就越高。

保险资金运用平均盈利率指标，是指社会主义国营保险企业对保险基金的运用取得的利润额。在我国现阶段，由于种种原因，国营保险企业的保险基金还没有得到充分的运用。然而，从长期的观点来看，国营保险企业合理运用保险基金是保险企业经营活动不可少的重要一环，甚至是关系到保险企业能否不断发展壮大的关键性一环。社会主义国营保险企业运用保险基金的根本目的是充分发挥社会资金的作用，提高资金利用率，增加社会物质财富，同时也是为了提高保险企业的经营效益，增强保险企业自身的保险实力，促进保险事业的发展，而保险企业资金运用的经济效益集中表现在资金运用的盈利水平上，因为，从社会的角度来看，在正常的情况下，资金运用的盈利是来自保险所提供的被社会所承认了的各项活动或劳务，取得的平均盈利水平越高，意味着被社会所承认的劳动的数量和质量也就越多，对社会的贡献也就越大。从保险企业看，保险企业所取得的资金运用盈利符合社会平均盈利水平，说明保险企业资金运用活动符合社会要求的，得到了社会承认。如果得到的盈利超过资金运用的平均盈利水平，意味着这些保险企业的资金运用比大多数企业运用得更好，因而得到更多的盈利，这有利于推动保险企业更好地运用保险基金。

上述各项考核指标，并不是考核国营保险企业经济效益的全面指标，更不是完整地考核指标体系，而仅是几项主要考核指标。然而，如果能够抓住这几项主要指标进行认真的考核，不仅可以基本上解决对国营保险经济效益的考核问题，从而有利于提高国营保险企业自身经济效益和社会经济效益，而且也有利于促进社会主义国营保险企业和整个社会主义保险业的健康发展。

四、提高国营保险企业经济效益的主要途径

不断提高国营保险企业经济效益，是社会主义经济发展的客观要求，也是社会主义国营保险企业和社会主义国家的一项重要任务。一般而论，提高保险企业经济效益的具体途径和方法是多种多样的，然而，就我国的社会主义客观实际来看，最主要的途径有以下四条。

一是在扩大承保范围、增加保费额度的同时，更要注重提高保险质量。

无论是保险企业的社会经济效益，还是保险企业的自身经济效益，都必须以一定的承保范围和一定额度的保费收入为前提。因为，从社会经济效益来说，承保范围越广，保费收入越多，意味着保险的覆盖率越高，赔付能力越强，实际补偿支出金额也就越多，从而对恢复社会生产、安定人们生活的作用也就越大，保险的基本经济职能也就越容易实现。从保险企业自身的经济效益来说，保险企业的利润量取决于两个因素：成本利润率和保险费额度。在成本利润率

一定的前提下，保险企业获得利润量的多少，取决于保费收入的数量。所以，保险范围的扩大和保费数量的增加，就成为提高保险企业经济效益的前提。因此，国营保险企业应当在可能的限度内，积极主动地扩大承保范围，增加保费收入，为不断提高保险经济效益创造条件。

然而，扩大承保范围和增加保费收入，只是为提高保险经济效益提供了可能性。把这种可能性变为现实性的关键，在于保证和不断提高保险质量。所谓保险质量主要是指展业、承保、理赔和结算各个业务环节的质量。如果只注意数量而不注意质量，承保范围的扩大和保费的增加，并不能带来企业利润的增长，相反还可能出现利润下降的结果。因此，只有既注重数量，又注重质量，使数量和质量统一起来，才能提高保险企业的经济效益。就我国当前的情况看，更要注意提高保险质量，特别是承保和理赔的质量，在提高质量的前提下，稳步发展数量。

二是在以保险直接业务为主的前提下，积极配合有关部门开展风险管理和防灾减损活动。

保险的基本职能是补偿灾害所造成的经济损失和对意外事故造成的人身伤亡的给付，因而，保险企业的主要活动，是开展保险业务活动。保险企业应当把主要精力放在开展宣传、展业、承保和理赔等直接保险业务活动上，这是提高保险经济效益的基础。然而，在以直接保险业务为主的前提下，配合消防、交通管理、医疗、气象、防洪、地震等有关部门，共同做好风险管理和防灾、减损工作，通过这些活动，或者做到防患于未然，减少灾害事故发生的几率，也是提高保险经济效益不可缺少的重要活动，因为避免了可能发生的灾害损失，或者是减少已经发生的灾害事故可能发生的损失。这既是更高层次的保险社会经济效益，又为保险企业节省了赔付资金，增加了企业盈利，提高了保险企业自身的经济效益。因而，保险企业在以直接保险业务为主的前提下，积极配合有关部门开展防灾减损活动，是提高国营保险企业经济效益的重要途径。

三是改善经营和加强管理并重。

保险业务经营和保险企业管理与保险效益的关系极为密切。不断改善保险业务经营和不断加强保险企业管理，是不断提高保险经济效益的重要途径。就我国现阶段的实际情况来看，保险业务经营中的效益潜力和保险企业管理中的效益潜力都很大，应当明确提出向经营要效益，向管理要效益的口号。也就是说既需要改善保险业务经营的技艺和方法，提高经营水平，又需要加强保险企业管理，提高工作效率。所谓改善保险企业经营，主要是按照商品经济原则和价值规律要求，把保险公司作为独立核算、自负盈亏的企业来经营保险业务。

该保又能保则保，不该保的或不能保的则不保，该赔则赔，不该赔则不赔，该赔多少就赔多少，而不能把保险当作慈善事业和福利救济事业来办。那种不顾条件盲目承保，不讲原则随意赔付，不计成本，不讲核算的做法，是不符合社会主义保险经营原则的，应该彻底摒弃。加强保险企业管理，包括加强展业、承保、核单、理赔和财务等直接保险业务的管理，保险企业的人、财、物的管理以及与保险企业有关的风险管理，等等。其中特别是要加强保险直接业务活动的管理。通过加强管理做到责权分明，制度严谨，关系协调，渠道畅通，互相促进，提高效益。

四是把培养人才作为提高保险经济效益的根本大计。

保险业务活动是一项专业性、技术性和科学性很强的经济活动。作为一个完整的保险企业，应当拥有懂专业、懂科学技术、懂经济、懂法律、懂经营管理等的多方面专业技术人才，并且还应有从事保险业务、保险市场、保险经营管理方面的调查研究专门人才，才能把现代保险企业经营管理得好，才可能取得较高的保险社会经济效益和保险企业自身的经济效益。在当前尤其缺乏的是懂业务、善经营、会管理的人才。没有这些专门人才，要想取得很高的经济效益是不可能的。因此，当务之急是下大力气培养保险业务人才和保险经营管理人才。这是提高保险经济效益的根本大计和根本途径。

保险人才的培养，保险企业有义不容辞的责任，然而，主要的责任还在于国家教育部门和担负管理保险企业责任的国家管理部门。国家教育部门和保险企业管理部门与保险企业应当相互分工，互相配合，协同作战，千方百计地把保险人才提高到一个新的水平，从而为提高保险企业的经济效益奠定牢固的基础。

（原载于《安徽保险》1987年10月号）

关于马克思保险基金思想的几点理解

马克思关于保险基金的思想，是指导我国保险事业的发展和保险学科建设的理论基础。因此认真学习、正确理解和灵活运用马克思的保险基金思想，无论对于我国保险事业的发展，还是对保险学科的建设，都是十分必要的。当前人们对保险基金的认识颇不一致。由于认识上的不一致，对我国保险事业的发展和保险理论研究都带来一些不利的影响。而这种认识上的不一致，往往是来自对马克思的保险基金思想的不同理解和不同态度。为了促进人们尽快地达到对保险基金的统一认识，本人就马克思的保险基金思想的几个问题，谈一些个人的理解。

一、关于保险基金和后备基金

马克思在《哥达纲领批判》（以下简称《哥批》）中，在论述未来新社会的分配原则时，把用来应付不幸事故、自然灾害等的经济上的必要扣除，称为"后备基金或保险基金"（《马克思恩格斯选集》第3卷第9页）。人们对马克思的这段话产生了不同的理解。有人认为，马克思在当时已经预见到了社会主义社会也会有商业保险。这里所说的"后备基金"和"保险基金"是两个不同的概念。前者指的是由国家财政扣除的后备基金，后者指的是由保险公司单独经营的商业保险基金，并以此作为建立社会主义保险公司、发展社会主义商业保险的理论依据。我认为这是对马克思本意的误解。因为就马克思的整个思想体系来说，他认为商品经济是与私有制相联系的经济范畴，而社会主义就是要消灭私有制，因而社会主义也就不存在商品经济和包括保险在内的一切与商品经济相联系的经济范畴。具体到《哥批》一书，马克思更是明确肯定了社会主义社会是不存在商品货币经济的。他说："在一个集体的、以共同占有生产资料为基础的社会里，生产者并不交换自己的产品，耗费在产品生产上的劳动，在这里也不表现为这些产品的价值。"（《马克思恩格斯选集》第3卷第10页）既然不存在商品货币经济，当然也就不可能存在商业保险公司和通过商业保险公司建立起来的货币形态的商业保险基金。因而，以马克思在这里对保险基金的论述，作为建立社会主义商业保险公司和商业保险基金的理论依据，是不恰当的。据我个人理解，马克思在《哥批》中所说的"后备基金或保险基金"，不是两个不同的概念，而是同义语的并用。马克思的本意是说，在社会主义社会里，由于仍然存在着自然灾害和意外事故，并且会对社会再生产过程中的生产资料造成损失。为了补偿因灾害事故而损失掉的生产资料，保证社会再生产的不断进行，必须在社会总产品中扣除一部分后备基金，这部分后备基金的功能与资本主义社会保险基金的功能相雷同，因而也可以称为"保险基金"。但这里所说的保险基金并非与后备基金相并列的另外的一种基金，而是后备基金的同义词。

可是，由于现实生活中的社会主义经济并不是马克思所设想的那种由社会直接组织生产和直接分配生产物的产品经济，而是有计划的商品经济。在有计划商品经济条件下，作为商品经济基本规律的价值规律仍然存在并发生作用。有计划商品经济条件下的企业，还是独立核算、自负盈亏的经济单位。它不仅对由于经营管理不善所造成的经济损失负责，而且对由自然灾害和意外事故所造成经济损失，也主要由企业自己负责补偿，国家只能给予必要的"补助"。而企业对自然灾害和意外事故所致经济损失之补偿，除企业自备一部分补偿基金之外，主要是通过商业保险的形式来解决。因而，在社会主义制度下，商业性的保险公司和由商业保险公司建立起来的保险基金也就必然存在。因而，对自然灾害和意外事故所造成的经济损失的补偿，就有三种不同性质的货币基金，即企业自备补偿基金、国家财政后备基金和保险基金。这里所说的保险基金，和马克思在《哥批》中所说的保险基金，虽然字面相同，但实际内容是不同的。《哥批》中马克思所说的保险基金是指社会后备基金，这里所说的保险基金是不同于后备基金的商业性保险基金。这就发生了经典作家的论述与社会主义现实经济生活不一致的矛盾。

怎样解决这个矛盾呢？在有的教科书和文章中，学者们采取广义保险基金概念和狭义保险基金概念同时并用的办法来解决这一矛盾。他们把马克思在《哥批》中所说的保险基金理解为广义的保险基金即财政后备基金；把保险公司通过保险形式建立的保险基金，称为狭义的保险基金。由此就产生了两个内容不同的"保险基金"概念。由于两个不同内容的保险基金概念并用，便给保险实际工作和保险理论研究都带来许多不便。从保险实际工作来看，由于广义的保险基金与后备基金两个概念混用，有人往往有意无意地把保险形式的保险基金解释为财政后备基金，进而用财政后备基金代替商业保险基金，用财政代替保险，甚至取消保险。我国从1959年至1979年长达20年时期内取消保险，就是这种概念混淆的具体体现。另一方面，既然保险基金和财政后备基金是同一事物，就出现了把保险基金作为国家后备基金收归国有，由财政统一使用的怪事。这显然不利于保险事业的发展。对保险理论研究来说，往往由于人们对保险基金概念的理解和使用的不一致，而产生许多不应有的争论，影响理论研究的顺利进行。为此我建议，把马克思在《哥批》中所说的保险基金称为"后备基金"，把保险公司以保险形式建立起来的保险基金，称为保险基金。

二、关于保险基金的范围

马克思关于建立保险基金必要性的思想，是建立在自然灾害和意外事故的发生及其对社会经济生活所致损失之不可避免性的基础之上的。这个基本思想是完全正确的。但是马克思所论述的是灾害事故对不变资本或生产资料所致的补偿问题，而没有包括灾害事故对生活资料和劳动力所致损失（损害）的补偿（给付）问题。例如在《资本论》中论述资本主义建立保险基金的必要性时说："这个不变资本在再生产过程中，从物质方面来看……总是处在各种会使它遭到损失的意外和危险之中……因此，利润的一部分，即剩余价值的一部分，从而已体现新追加劳动的剩余产品（从价值方面来看）的一部分，必须充当保险基金。"（《资本论》第3卷第958页）又说："从整个社会的观点来看，必须不断地有超额生产，也就是说，生产必须按大于单纯补偿和再生产现有财富所必要的规律进行——完全撇开人口的增长不说——以便掌握一部分生产资料，来消除偶然事件和自然力所造成异乎寻常的破坏。"（《资本论》第2卷第193页）马克思强调自然灾害和意外事故对生产资料所致损失补偿，是完全必要的，然而，在现实经济生活中，处于"遭到损失的意外和危险之中"的，不仅仅是生产资料，和生产资料一样，生活资料和劳动力，也是处于经常会遭到损失的意外和危险之中的。而且事实上由自然灾害和意外事故对生活资料和劳动力所造成巨大损失或损害的情况，是经常发生的。这些损失或损害，同样严重影响社会生产的正常进行和社会生活的安定。因而，对生活资料的损失和对劳动力的损害所进行的经济补偿或给付，是社会再生产的不断进行和社会生活的安定的必要条件。而对这些损失或损害的经济补偿或给付，也需要通过保险基金的形式来实现。因此，保险基金的范围，就不仅仅限于对生产资料损失的补偿。

不仅如此，从作为生产的人身要素的劳动力来看，不仅意外事故和自然灾害会对其造成损害，而且人生的自然规律会使人生病、衰老、死亡，从而会使劳动者的劳动能力减退或丧失，减少或断绝经济收入来源。由此，会使本人及其家庭成员减少或失去生活来源。这些虽然不属于自然灾害和意外事故所致之经济损失，但也需要通过保险基金的形式得到经济给付，因而，也属于保险基金范围。

总之，保险基金所包括的范围，应当比马克思所说的范围要广得多。它应当包括以下三个方面：（1）补偿因自然灾害和意外事故所致生产资料之损失所需要的基金；（2）补偿因自然灾害和意外事故对生活资料所造成的经济损失所必需的基金；（3）给付因自然灾害、意外事故和自然规律所致之人身伤、残、病、退、死所需要的基金。

三、关于保险基金的功能

据我个人理解，马克思关于保险基金的功能，主要是讲了两项。一项是"分摊损失"的功能；一项是"补偿损失"的功能。关于分摊损失的功能，马克思说："补偿风险的保险费，只是把资本家的损失平均分摊，或者说，更普遍地在整个资本家阶级中分摊。从这个平均分摊的损失中，必须扣除保险公司的利润，即扣除投在保险事业中并担负这种平均分摊职能的资本的利润。"（《马克思恩格斯全集》第26卷第3册第393～394页）马克思在这段论述中，虽然讲的是"保险费"和"保险资本"的职能，但实质上是讲保险基金的功能。因为，保险基金是由两部分资金构成的：一部分是保险费中扣除保险公司的费用和利润的剩余部分；另一部分是保险公司自有资金中用于补偿损失的那部分。这两部分资金合起来构成保险基金。因此，马克思所说的保险和保险资本的职能，也就是保险基金的功能。马克思还认为，保险基金分摊损失的功能，只是把个别投保人的损失平均化了，但不能减少损失。因为，"就社会总资本来考察，这样平均化的损失仍然是损失"（《资本论》第2卷第155页）。

保险基金的另一项功能，是"补偿"损失的功能。马克思在《资本论》中论证了保险基金的必要性之后说："这种基金是收入中既不作为收入来消费，也不一定用作积累基金的唯一部分。它是否事实上用作积累基金或者只是用来补偿再生产上的短缺，取决于偶然的情况。"（《资本论》第3卷第958页）马克思的这段论述说明，保险基金的特殊功能在于它是既不能用于消费，也不能直接用于积累，而是用来"补偿"再生产上的短缺。至于是否可以用作积累，取决于自然灾害和意外事故何时发生以及事故发生后所造成经济损失的程度。如果用作补偿再生产上的短缺还有剩余时，也可以用作积累。因此，保险基金用于积累是偶然的，用于补偿损失是必然的，是保险基金固有的功能。关于这一点，马克思在《哥批》中表达得更为明确。在那里他把保险基金明确地规定为是"用来应付不幸事故自然灾害等等的"基金。

马克思关于保险基金的上述两项基本功能的思想，是完全正确的，并且对我国今天的保险事业和保险理论的发展，仍有现实指导意义。然而由于马克思把保险基金局限于对生产资料损失补偿的范围内，因而对保险基金功能的论述，也具有一定的局限性，它主要是指保险基金对人身保险的"给付"没有包括在保险基金的功能之中。那么，对人身保险金的"给付"是保险基金的一种什么功能呢？我认为这种人身保险的给付行为，可以称之为保险基金的"均衡消费"功能。因为，人身保险基金形式和使用大致有三种情况：一是身心健康、工作能力正常的在职就业人员，他们为了使自然灾害、意外事故所致之人身伤、残、亡之后，本人或家属的生活有可靠保证，而投保人身险；二是在职就业人员，为了使因人生自然规律所致之衰、病、亡之后，本人或家属的生活有可靠的经济来源，而投保人身险；三是父母为尚无工作能力的子女投保人身险，一旦子女遭受意外伤害，亦可到经济给付。这三种形式的人身保险与财产保险的最显著的区别在于：财产保险基金的使用，是对已经存在的、因灾害事故而灭失了的财富的补偿，而人身保险基金的使用，则不是对已经存在的财产损失的补偿，而是用节省下来的过去生产的财物，用于将来生活消费的需要。这种通过"给付"形式体现出来的、用节省下来的过去生产的财物，来满足将来生活需要的"功能"，我们可以称之为保险基金的"均衡消费"职能。

这样，我们可以把保险基金的功能概括为：分摊损失、补偿损失和均衡消费三项功能。

四、关于保险基金的来源

据我理解，马克思认为，不管资本主义社会，还是社会主义社会，保险基金最终都是来源于社会剩余劳动所创造的剩余产品或剩余价值。如他在论述资本主义保险基金的来源时说：为了补偿自然灾害和意外事故所致之经济损失，"利润的一部分，即剩余价值的一部分，从而只体现新追加劳动的剩余产品（从价值方面来看）的一部分，必须充当保险基金"（《资本论》第 3 卷第 958 页）。又说："对于由异常的自然现象、火灾、水灾等等引起的破坏所作的保险，和损耗的补偿及维修劳动完全不同。保险必须由剩余价值补偿、是剩余价值的一种扣除。"（《资本论》第 2 卷第 198 页）这两段论述非常明确地肯定了资本主义保险基金，是来源于剩余价值。马克思虽然没有直接论述社会主义保险公司单独经营的保险基金的来源，但是他论证了社会主义社会"用来应付不幸事故自然灾害等的后备基金或保险基金"，是社会总产品中的一种扣除（参见《哥达纲领批判》）。这部分扣除是由人们的剩余劳动所创造的剩余产品的一部分。马克思关于保险基金来源于剩余价值的思想，从根本上说是完全正确的。因为，无论是财产保险基金，还是人身保险基金，虽然表现为价值形态上的扣除，但实际上是对生产资料和生活资料的扣除，二者都必须有个前提：就是这种扣除必须是在除了维持人们的最低生活水平和社会简单再生产还有剩余的条件下，才有可能进行。如果连人们的最低生活水平和社会简单再生产都难以维持，就根本不可能进行后备性的和保险性质的扣除。因此，保险是以剩余劳动为前提的，保险基金是由剩余劳动创造的剩余产品或剩余价值的一部分。

马克思关于保险基金来源于剩余价值的理论，在我国现实生活中的应用引起了这样一个争论：就是生产企业的财产保险的保险费，是出自企业生产成本，还是出自企业利润？如果出自企业利润，对于有盈利的企业来说就会直接减少企业利润留成，企业积极性不高；对于亏损企业来说，不是拖欠保险费，就是拒绝保险，这两种情况都不利于社会主义保险业的发展。如果出自企业成本，是否违背马克思关于保险基金来源于剩余价值这一基本原理？我认为社会主义生产企业的财产保险费应出自企业成本，这并不违背保险基金来源于剩余价值的原理。因为，在社会生产力水平发展到除维持人们的最低生活水平和社会简单再生产的高度以后，从社会再生产的一般条件来说，建立保险基金"补偿再生产上的短缺"，对任何社会来说都是必要的。问题是在资本主义制度下，社会生产的实质是剩余价值生产，是资本家剥削工人的手段，是资本的生产。从阶级观念来看，保险对资本家来说是必要的，对工人来说是不必要的。工人所创造的保险基金，对工人来说也是不必要的。工人花费在生产这些商品上的劳动不是必要劳动，而是剩余劳动。这部分剩余劳动时间所创造的价值是剩余价值。因而，在资本主义社会里，保险基金是由工人的剩余劳动时间所创造的剩余价值的一部分。

在社会主义制度下，由于社会生产是劳动人民为自己创造社会财富的手段，因而社会主义生产是劳动人民自己的生产。而作为社会再生产不断进行的重要保障的保险基金，对劳动者来说也是必要的，因而创造保险基金所花费的劳动也是必要劳动。这种从阶级观点来分析的必要劳动，从社会生产一般观点来看，同时又是维持人们的最低生活水平和社会简单再生产所必要的劳动之外的剩余劳动。因而二者并不矛盾。至于从企业经营的角度来看，是把保险费列入成本，还是出自企业的利润，这并不是本质问题，而是要看怎样做有利于保险业和整个社会生产力的发展。从我国的实践经验来看，还是把保险费列入成本为宜。因为，把保险费列入成本，可以使企业的保险费有可靠的来源，保险基金有稳定基础。这样既有利于保险事业的发展，也有利于社会主义经济的发展。

把保险费列入企业成本会不会减少国家财政税收？这取决于商品价格是否

提高和企业留利是否减少。一般来说，保险费列入企业成本之后，会有以下几种情况：一种情况是商品价格不变，企业留利不减少，财政税收就会减少；另一种情况是商品价格不变，国家税收不减，就会减少企业留利；再一种情况是企业留利不减，财政税收不减，就必然提高商品价格，把保险费转嫁到消费者身上，由消费者来承担。我认为，从长远和发展的观点来看，在价格体系理顺、价格水平合理、工资制度可以随价格调整的条件下，保险费列入成本之后，应当提高商品的价格。这样既有利于保险事业的发展，又有利于正确处理生产企业、国家财政和保险企业之间的关系，同时也有利于社会经济的发展。

按照马克思的理论，产品成本是由C+V组成的。C是在生产过程中实际消耗掉的生产资料价值，V是在生产过程中由劳动者消费掉的生活资料价值。C和V都是代表在生产过程中实际消耗或消费掉的生产资料和生活资料。而保险费是一种预先扣除，在此次生产过程中并没有真正消耗这些生产资料或生活资料。把没有消耗掉的物质资料的扣除列入产品成本是否违背马克思的劳动价值论？我认为并不违背。因为。我们如果仅从生产的一次过程来看，是先扣除，后遭损，再补偿的过程，即扣除—遭损—补偿。然而，如果我们从不断进行的社会再生产过程来看，可以把此次扣除看作是对上一次损失的补偿。即扣除—遭损—扣除，补偿—遭损—扣除，补偿—遭损—补偿：第二次扣除，是第一次损失的补偿；第三次扣除，是对第二次损失的补偿；第一次扣除，是一个先行积累。连续不断地扣除，连续不断地更替原先的积累，使社会经常保持一定数量的保险基金。这并不违背马克思的劳动价值论。

五、关于保险基金和补偿基金

据我所看到的马克思的部分著作中，并没有直接论述保险基金和补偿基金的内在联系，更没有把保险基金与补偿基金两个概念等同起来。我国有些著作和论文，在论述社会主义经济补偿制度时，往往把作为经济补偿制度的物质基础的补偿基金与马克思在《哥批》中所说的后备基金或保险基金等同起来，其具体内容包括以下三项：（1）企业自筹后备基金；（2）国家财政后备基金；（3）保险基金。有的为了表明这里所说的保险基金不同于马克思在《哥批》中所说的保险基金，在保险基金前面再加上"保险"二字，叫作保险保险基金。

我认为，上述三项内容不论是包括在后备基金内，还是包括在保险基金之内，还是包括在补偿基金之内，都有不足之处。如果用"后备基金"来概括这三项内容，即后备基金包括：（1）企业自筹后备基金；（2）国家财政后备基金；（3）保险基金。这样就混同了保险基金与财政后备基金的本质区别，在实践中就会发生把保险基金当作财政后备基金来使用的问题。这当然不利于保险事业的发展。如果用"保险基金"来概括这三项内容，不仅同样存在混淆保险基金与财政后备基金的界限问题，而且还会出现两个"保险基金"概念。这对保险实践和保险理论的发展，都是不利的。如果用"补偿基金"来概括这三项内容，也有不全和不确切的弊病。所谓"不全"是指在生产过程中耗费掉的生产资料的价值的扣除，也是补偿基金的一部分，而这里所说的"补偿基金"则没有包括这部分基金。所谓"不确切"是指在保险基金中用于给付人身保险的那部分资金，并不属于"补偿基金"。因而，用补偿基金来概括上述三项内容，同样不利于保险理论和保险实践的发展。

  基于以上分析，我建议引进"经济保障基金"这一新概念。经济保障基金包括以下四项内容：（1）企业自筹保障基金；（2）国家财政后备基金；（3）社会福利基金；（4）保险基金。与此相联系，应当建立以保险基金为基础的经济保障基金体系和以保险为主体的社会主义经济保障制度。

（原载于《保险研究》1987年1月号）

中国香港保险市场和保险管理的调查

一、中国香港保险市场的形成和发展概况

中国香港的现代保险业，是从1840年中英鸦片战争期间英资财团大肆渗入我国经济市场以后开始产生的。香港保险市场形成并发展成为现在东南亚地区的保险中心和世界保险市场的一个重要组成部分，大体上可以分为三个阶段。

第一个阶段：从1840年鸦片战争开始，到1941年太平洋战争爆发。中国香港的保险业最先是由英国商人开办的。1841年，英资仁记洋行在香港设立机构，当时的主要业务是经营航运和贸易，同时，附带经营保险代理业务，这是香港最早出现的现代保险业务和保险组织。随后，英资怡和、太古、太平、旗昌等洋行也先后来到香港经商，同时也代理港外保险公司在香港的保险业务。香港最早的一家保险企业是英资於仁保险公司。这家保险公司早在1835年就在广州开业经营保险，后来在香港开设分公司。此后，随着香港对国内转口贸易的发展，香港保险公司陆续增多。从19世纪下半叶到1937年中国抗日战争爆发前，香港的保险公司主要是英资公司，也有少数的香港商人办的华资公司。抗日战争开始后，国内有些保险公司到香港开设分公司，同时香港本地商人及华侨商人也相继开设保险公司。由于战争的关系，香港的转口贸易有了较大的发展，而转口贸易大部分是通过海运进行的，因此，香港的水险业务发展很快，成为香港保险业的主要险种。据当时统计，1941年，在香港出保单承保香港保险业务的保险公司总数为100家。这些保险公司并不都是在香港设立保险机构，多数是保险公司设在英国，委托在香港的英资洋行代理保险业务。这个阶段的香港保险市场，是由英资操纵和垄断的保险市场。

第二阶段：从1941年至1979年以前。在1941年至1945年的第二次世界大战期间，中国香港经济受到严重影响，保险业几乎处于停顿状态。1945年第二次世界大战结束后，香港保险业又重新恢复和发展起来，这主要是由于在国内解放战争时期，大量洋货经香港进口，香港的转口贸易发展很快。华资和美资保险公司不断出现。全国解放前夕，英资和美资在大陆开设的保险公司纷纷

撤到香港。国内商人有的也把资金撤到香港投资保险业,保险业呈现发展景象。这个阶段香港保险业发展的一个重要特点,是由以代理性质为主,变为各国保险集团在香港自设公司为主,并且发展成为同业竞争激烈,业务复杂的国际性保险市场。

第三阶段:从1979年至今。香港是我国领土的一部分,香港经济与国内经济、政治休戚相关,特别是在1997年即将到来的情况下,我国对香港的基本政策以及中英关系如何,对香港经济、政治有极大的影响,从而对香港的保险业亦有至关重要的意义。我国自1979年以来的对外开放、对内搞活政策的贯彻执行,特别是"一国两制"方针的提出以及中英关系的圆满解决,使香港政治安定,经济增长,保险业发展,保险市场繁荣、发达。香港保险市场中,华资保险公司和中资保险公司逐步兴起,并占据越来越重要的地位,一百多年来英资洋行代理多家外国保险公司保险业务的情况虽然仍旧存在,英国注册的保险公司及伦敦劳合社在香港仍享有某些特权,但由于各国资本纷纷在香港开设分支公司和中资公司及当地华资公司的兴起,英资保险公司的垄断地位已在削弱,中资和华资的保险业务比重已有很大增长。

二、中国香港保险的需求与供给

(一)中国香港的保险需求

中国香港当地对保险的需求总的来说是逐步上升的趋势,据香港上海汇丰银行估计,1984年保险业共收保险费约80亿港元。全港对保险的需求,从险种到险别来看,按大类分有寿险、非寿险和意外保险三大类。在非寿险中又分为水险和火险。水险主要是投保货物运输险和船舶险。在货运险中包括水路运输、陆路运输和航空运输各种险别。由于香港转口贸易比重较大,而转口贸易多为水路运输,因而对水上货物运输保险需求较大。船舶保险在20世纪60年代末、70年代初中期需求较旺,70年代后期和80年代以来,由于水陆运输不景气,船舶保险的需求锐减。火险是香港保险需求最大的险种。这一方面是由于香港转口业务量很大,外来转运暂时停放的货物很多,对火险产生极大需求;同时,香港本港又是世界上最大的购物中心之一,世界各地都到香港来销货和购货,这些物品都要求投保火险;另外,香港的工业发展很快,工业企业迅速发展起来,这也产生对火灾保险的需求。意外伤害保险的需求,在香港也逐年增长,除汽车第三者责任保险和雇员赔偿保险由港府法律规定强制保险,因而产生意外险需求外,盗窃、现金、人身意外、旅行平安、公众责任、建筑工程及安装工程等各类保险的需求也逐步增长。

在中国香港，人寿保险的需求不是很旺盛，特别是传统的寿险需求更少。当前总的趋势是储蓄性和投资性的人身保险的需求在逐步上升，而传统的纯生命保险的需求在减少。

按照投保者的身份和保险方式来分析保险需求，大致可以分为以下三种需求情况。

1. 企业单位投保商业保险

这是香港的主要投保人，也是对保险的最大需求者。他们投保各类水险、船险、财产险、火险和人身保险。

2. 个人投保商业保险

这主要是指在香港居住的居民投保家庭财产保险和人寿保险。总的说，香港居民个人保险需求低下，特别是个人投保人寿险的需求更少。香港有500万人口，个人投保人寿险的仅占人口的5%～7%，而日本有95%的人口、欧洲有70%～80%的人口投保个人人寿险。据调查，这种情况与传统习惯有直接关系，特别是对传统的纯人寿保险不仅需求很低，甚至有反感。

3. 自保需求

香港有一些单位不投商业保险，而采取单位自保的形式。例如香港行政机构及其下属的许多机关，就不参加商业保险，而采取自保形式。再如，香港中华巴士公司和九龙巴士公司的汽车车身由公司自保，只是将自保能力所不及的部分，向保险公司投保。

（二）中国香港的保险供给

保险的供给是指保险市场中所提供的经营保险业的企业即保险公司的数量，提供的保险品种和险别以及总承保能力。

1. 香港保险公司的数量及其构成

据香港当局保险管理处统计，到1985年底，全港共有保险公司288家，各类分支公司、代理公司和经纪公司的总数为1280多个，其中代理公司和经纪公司约1000个，在港保险从业人员为8980人。

在288家保险公司中，又有各种不同的情况。按照各种不同的分类标准，可把保险公司的构成分为以下几种情况：

（1）按注册国别分。在288家保险公司中，在香港注册的有129家，其余159家的总公司分别在26个国家和地区注册，在香港开设分支机构。在这159家境外注册的保险公司中，英国52家，美国31家，日本8家，百慕大8家，新加坡7家，瑞士7家，加拿大6家，法国5家，中国5家，新西兰4家，印度和荷兰各3家，其他20家。

（2）按保险专业分。寿险公司 50 家，非寿险公司 202 家；兼营寿险和非寿险公司 36 家。

（3）按所属财团分。香港各大财团都有自己开设的保险公司，各保险公司也都分属于不同的财团，各财团除经营财团内部企业的保险业务外，也经营财团外部企业的保险业务。这些财团主要有：会德丰财团下属有茂泰保险及再保险公司集团；英之杰财团下属有香港分保物产保险公司集团；新鸿基地产公司下属有新鸿基地产保险公司；何鸿燊、李兆基地产集团下属合众保险公司；包玉刚环球投资集团下属环球水火险公司；汇丰财团下属汇丰保险集团；新昌财团所属的健峰保险集团；太古财团所属太古保险、太古皇家保险集团；怡和财团所属怡和保险顾问集团、隆德保险集团；先施集团所属之先施人寿保险、先施保险置业、先宝保险集团；永安财团所属永安人寿保险、香港家庭保险、永安火水险、平安保险。

（4）按所属银团分。香港的银行和保险的关系密切，为了不使"肥水流入外人田"，银行办保险使银保为一家，因而香港不少保险公司分属于各个银行。据调查，恒生、永隆、永亨、东亚几家银行开有银联保险公司；海外信托、盘谷、香港工商银行开有亚洲保险公司；海外信托银行开有海外保险公司；恒隆银行开设恒信保险公司；广东银行开有香港上海联保险公司；嘉华银行开有嘉华安美保险公司；新鸿基银行开有新鸿基保险公司；友联银行开有友谊保险公司；康年银行开有中国康年人寿保险公司；远东银行开有东南亚保险公司；东亚银行开有东亚安拿人寿保险公司；华侨银行开有华侨保险公司；华联银行开有华联保险公司；等等。

（5）中资保险公司。中资在香港和澳门共有 7 家保险公司，即民安保险公司、中国保险公司、澳门中国保险公司、太平保险公司、中国再保险（香港）公司、中国人寿保险公司香港分公司、中国保联投资公司，其中以民安保险公司为中资最大之保险公司。

（6）香港汽车保险局。香港除有私人经营的保险公司外，还于 1980 年 12 月建立一个香港汽车保险局。这个汽车保险局是由香港当局和各寿险公司共同出资开办的。经营汽车保险的保险公司必须参加汽车保险局。保险公司把买保险的车主缴付的汽车保险附加费交给该局，作为中央基金。这项基金对以下几种情况的汽车保险给予给付：

①汽车肇事后逃跑而找不到肇事者；

②没有投保汽车险的汽车司机造成的车祸致使第三者受伤；

③由于车主不遵守保单条款而使保单无效或已关闭的公司的投保者所造成

的车祸受伤者。香港汽车保险局不以盈利为目的，而是以保障因汽车肇事致伤者的经济利益为宗旨。

（7）香港出口信用保险局。香港出口信用保险局成立于1966年，它不以盈利为目的，而是香港当局为了支持出口贸易而成立的组织。它的任务是对出口商由于进口国的政治、军事和政策变化，或者由于进口商破产等原因，使商品的价款不能回收而造成经济损失给予补偿。

2. 香港的保险种类和险别

英国保险法规定，不允许一家保险公司兼营寿险和非寿险。因而，从保险公司经营的品种来说，分为寿险公司和非寿险公司。香港1983年的保险条例规定，一家保险公司可以兼营寿险和非寿险，也可以单独经营寿险或非寿险。因此，香港的保险公司分为寿险公司、非寿险公司和综合经营公司。

具体说又分为多个险种和险别。仅寿险就有100多个险别。按照香港保险法规定，香港提供的主要险种有寿险和年金保险、结婚及生小孩保险、长期疾病保险、临时疾病保险、意外伤害保险、路上运输工具保险（汽车车身保险）、火车运输责任保险、飞机保险、船舶保险、财产损失保险、火灾及自然灾害保险、公众责任保险、保证保险、营利损失保险、法律费用保险和建筑工程责任保险，等等。

三、中国香港保险中介

作为保险市场除了有供（保险公司）、求（投保人）双方之外，还有保险中介。所谓保险中介，在香港保险市场上，主要是指保险中间人、公证行、律师等法人单位或个人。

（一）保险中间人

保险中间人分为推销员、代理人、经纪人和保险顾问等多种类别。

推销员是专门为保险公司推销保险业务的。他们不是保险公司的在编人员，而是专门为保险公司推行业务的中间人。推销员按照一定的比例提取推销费。

保险代理人可以是个人，也可以是法人单位。他们有自己的主要业务活动，同时代理保险业务，但又不办理保险具体业务，只是向保险公司介绍业务。特别是银行利用向客户贷款的机会，向自己所属保险公司或委托其代理业务的保险公司，推荐保险业务。在港的13家中资银行，有240家分支机构，都代理中资保险公司的保险业，代理人收取一定数额的代理费。

保险经纪人是保险公司开展保险业务的主要借用力量，在外国和我国香港地区都实行保险经纪人制度。经纪人有自己的组织——经纪人公司，公司有组长和经理,保险公司与经纪人签订协议,协议规定佣金数量(按保险费的百分比):火险经纪人的佣金占保险公司收取的保险费之 40%~45%,其他险种比火险稍低一些。协议还规定在一定期限内,经纪人没有成功地向公司介绍业务,就要停止协约关系,经纪人在签订协约后尚未介绍业务取得收入之前,可先向保险公司借支,尔后从其应得业务费用中扣除。如果经纪人领了津贴,但没有介绍业务而解除协约者,他借公司的钱一半由公司承付,一半由经纪组长承付。

保险经纪人的主要职责是向保险公司介绍业务。香港的经纪人制度很发达,保险公司自己的专业在职人员并不多,分支机构也不很多,公司的保险业务主要靠经纪人招揽。如美国友邦保险公司是香港最大的一家保险公司,它的业务量约占香港寿险业务量的 40%,但它的公司机构并不很大,主要是靠经纪人开展业务。据 1985 年 11 月底统计,该公司有经纪人 1500 多人,大大超过公司在职员工人数。

外国的保险公司为了争取到较好的经纪人和提高经纪人的业务水平,专门免费对经纪人进行训练。据行家分析,代理人制度不如经纪人制度好。代理人都是有雇主的。香港的法律规定,任何雇员没有取得雇主同意而收受礼品、金钱都算犯法,收授双方都要负法律责任。而雇主一般不同意他的雇员用更多的时间去搞代理业务。经纪人则是没有雇主的专门从事保险经营活动的人员,他们不受法律和雇主的约束,可以集中精力招揽业务。

保险顾问也是保险市场中充当保险中介的一种从业人员。他们对保险业务比较精通,更主要的是他们能够为投保人设计最佳投保方案。尤其是对集团性的经济组织,由于所属企业的业务品种繁多,需要投保多种险别,往往由于投保不当而多花保险费,取得的保险效益却不理想。保险顾问可以为这类企业集团设计出经济实惠的最佳投保方案。举例来说,香港怡和保险公司的顾问为香港油麻地轮船公司设计一个投保方案,使其节省 50%的保险费,保险顾问是保险市场新兴的一种中间人,他们所设计的保险方案被称为"一揽子"保险,这在外国和香港是一种很有市场的投保方式。

(二) 公证行

公证行是保险市场中另一种形式的保险中介。它是私人开设的公司性质的组织,是专门为保险公司和被保险人之间的纠纷作公正判断的行业。非寿险的保险标的,发生灾害事故后,投保人首先通知保险公司(报告)出险情况,并要求索赔。保险公司一般是邀请公证行一同前往出险现场进行实际勘察。公证行对出险原因、损失情况、损失金额、责任属谁、是否应赔、应赔多少等提出书面报告,作为处理此案的主要依据。在一般情况下,公证行的意见都能够得到承认,如果双方对公证行的"公证"有争议,可以在公证行的主持下协商解决。若调节无效,或对公证行之"公证"有很大的分歧,可以通过法律解决。

保险公司启用公证行的公证人,要给付佣金,佣金的多少因事而定。

在法律健全的社会里,保险业与公证行之间的联系十分密切,没有公证行,就不可能有保险业的发展。特别是在国际保险市场上,各保险公司互相分保,以及再保险公司专门经营的再保险业务所发生的各类索赔案,都是通过公证行出证后按照公证行的意见处理的。公证行可以使各分保公司之间的信用得到充分的保障,因此,是保险市场不可缺少的一环。

(三)律师行

在香港,律师行是私人开设的法律服务机构。从保险的角度来看,律师是必不可少的,不仅国际之间的保险关系需要通过律师依据国际法和保险法进行辩护取得胜诉或合理处理,而且在国内出险后往往也需要律师出庭依法相争,取得公证处理,尤其是汽车第三者责任险,更需要律师从中公断。因为汽车第三者责任险所保的是汽车所撞坏的人和物,对人和物所需赔付的数量出入很大,尤其是对人的赔付出入更大。由于汽车司机或者车主买了第三者责任险,出了险造成之损失由保险公司负责赔付,司机和车主不甚关心,往往是对方提出要求,都会得到他们的同意,而事实上并不需要赔付那么多,这时候律师出面,有助于公正解决。

香港的律师出庭辩护费用很贵。律师行的律师分为一般律师和大律师两种。大律师在高等法院有发言权。出庭一次要1万港元,一般律师不能在高等法院发言,只能在普遍法院出庭辩护,一次也要3000港元左右。

香港是崇尚法制的地区,处处按法律行事。因此对律师的需求量很大,在经济和保险方面,需要经济法和保险法方面的专长充当律师,而且报酬很高,所以,香港的律师和律师行很多。

四、中国香港保险业的经营情况

中国香港保险业和当前世界保险业的情况一样,是保险供给大于保险需求,同业间竞争激烈,保险责任扩大,保险费率下降,直接保险业务入不敷出,靠运用保险基金获得利润来弥补直接保险业务之亏损。不过由于香港保险业受转口贸易发达之影响及香港工商业之发达,保险经营情况比世界其他保险市场的情况要好一些。香港的保险业险种和险别很多,因篇幅所限,不能一一介绍,现就其主要险种和险别扼要报告如下。

（一）火险经营情况

火险是香港的主要险种之一，1985 年火险保险费收入约 5 亿港元，在各类险种中火险仍然是有利可图的险种。但由于保险供给大于保险需求，使保险费率一直徘徊在较低的水平。

香港火险经营遇到两大困难。一是各种不同的工业集中在同一幢工厂大厦之中。各种工业的风险程度不同，一旦出险互相影响很大，但保险又不能按危险程度最大的行业收费，因此保险公司承保的风险增大。二是楼房管理不善，许多防火通道都堆放着大量货物，一旦起火，消防车和灭火器械很难运入楼内，严重影响施救。这样，使保险公司承担更大的风险，给保险经营带来不利因素。

香港火险的保费是由火险公会规定的，火险公会要求所有会员公司都要遵守公会所规定的费率，但由于同业竞争激烈，各保险公司多以扩大保险范围、大打折扣的方式降低保险费率，所以火险公会所规定的费率，基本上失去了约束力。

香港火险保险单除保障火险或电击直接引起之财物损失外，还包括火灾引致楼房倒塌造成的损失以及消防员施救时造成的损坏，例如救火时打破门窗，使用灭火器材引致之水渍及化学泡沫渍等，还包括山泥倾泻及地陷所造成之损失，亦列入火险保单之中。

一般火险只承保财物之实际损失，至于火灾发生后引起之业务中断、生意停顿，以致无法赚得预期利润，以及停业期间应支付给雇员的工资、房租、水电费、银行利息，可另行投保营业损失保险。

香港火灾发生率较高。1984 年发生火警 14500 多宗，火灾损失超过 1 亿 3 千万港元，多层大楼平均每日 30 宗火灾，日平均损失 30 多万港元，纺织、塑料业最易起火。1984 年香港湾仔工业大厦发生着火 75 小时、损失达 8000 万港元之大火，但香港火险总的说来还是有利可图。

（二）水险经营情况

香港的水险包括货运险和船舶险两大类。船舶险大部分由伦敦保险市场承保，香港主要是承保货运险。近年来，由于香港对外贸易大为增长，特别是香港的转口贸易更是猛增。中国对外出口、韩国对中国的出口货物，以及我国台湾和大陆之间的贸易，都在香港购买保险。香港的货运险还包括空运货物保险。近几年香港空运保险增长很快，香港总出口货值中空运占 25%。

由于运输险承保能力过剩，同业竞争激烈，致使费率一降再降。1985 年大约降了 10%～20%。

船舶险方面，由于新船增加，载重吨位过剩，运费低，船舶租金亦低，船东亏损大，负债多，船舶业处于低潮。可以说是第二次世界大战以后最长的一次。

船舶保险很不景气，一方面是船东要求降低保费；另一方面，由于船舶出险率高，保险公司连年亏损，很多保险公司不再承保船舶险。据香港保险公会统计，1984年会员公司接获的索偿额由1983年的3666万港元增至7416万港元。同期超过10万港元的赔案由98宗上升至120宗，其中最大的赔案损失达1974万多港元。

值得注意的是，近年来令人怀疑的赔案大量增加，1984年有若干艘船只及其所载货物报称沉没，但却没有伤亡报告，也没有遗迹及残骸被发现，大部分船主及机房日志都失踪，有些船主所报失事时的天气与附近船只的报告不符，保险公司已对此等蓄意凿沉船只讹骗保费案件展开侦查，人们把这类沉船事件称为"鬼船"，据说这类"鬼船"事件在世界船舶保险业中亦经常出现。总之，香港水险行业是赔钱的买卖。

（三）意外险经营情况

意外险包括汽车险、雇员赔偿保险、盗窃险、人身意外险、商品责任险、建筑工程一切险、旅游保险和医疗保险等许多险别。这里仅介绍几个主要险别。

1. 汽车险

香港当局规定，车主必须购买汽车第三者责任险。香港法律对驾车人造成人身伤亡之赔偿责任没有最高限额规定，所以保险公司对第三者责任险的投保人所提供的保障也是无限的，至于第三者财物损失之最高赔偿额为200万港元。除第三者责任险是法定强制保险外，车主还根据需要为自己的汽车加保火险及盗窃险，或投保综合险，即碰撞、翻车、自燃、爆炸、电击、盗窃、他人恶意破坏、风灾、水灾及自然灾害等多种意外所致车身损失之保险。汽车保险的保费，是按照各类车辆的汽缸容积和保额大小来计算的。

汽车保险是亏本生意。1984年香港共发生车祸5万宗，有2万人伤亡，平均每日车祸近50宗，死亡一人，平均每宗交通事故损失38000港元。车祸造成之人身伤亡，每宗损耗63万港元。

过去几年，由于种种原因倒闭的保险公司有五家，它们是：新加坡保险公司、百福保险公司、苏格兰保险公司、京都保险公司和曼彻斯特保险公司。

2. 雇员赔偿保险

香港当局规定，凡受雇于各行业的员工（外国工人除外），不论收入高低和是否体力劳动者，在受雇期间若因工作而发生意外或染上职业病而致伤或死亡，雇主须依法按规定标准给予赔偿，此外，如果伤亡起因是由雇主疏忽造成的，雇员或其家属还可按照民事诉讼法的程序向雇主索取赔偿。在不成文法中，雇主的责任是无限的，法院一般判定较高的赔偿金。

从1983年7月1月起雇员的法定工伤赔偿限额大幅度提高。赔偿多少与雇员的年龄挂钩，年龄越小，获赔款越多。因工伤死亡最高赔偿限额24万2千港元，最低为8万1千港元，永久丧失全部工作能力最高赔偿27万6千港元。最低为9万2千港元，受伤又需要他人照顾者赔款11万1千港元。

1984年香港工业意外5万多宗，丧生者70多人，每天有一百几十人受伤，每5天有一人死亡。建造业意外占工业意外总数的40%，占因工死亡人数的三分之二。在过去的三年中，工伤事故赔偿超过8亿2千万港元。

3. 盗窃险

在香港每逢春节期间，是窃贼抢劫最猖獗的时期。抢劫的主要对象是珠宝行和金店。保险公司对这类保险业务不予承保，或要求有足够的防范设施以高额保险费承保。

此外，人身意外险、商品责任险、建筑工程一切险、旅游保险和医疗保险等，都属于意外险这一险种之列。由于篇幅所限，不再一一介绍。

（四）再保险

中国香港是东南亚地区的保险中心，同时又是国际再保险中心之一。香港现有20家再保险公司，多是国际保险集团的成员。近年来，由于世界各地的再保险公司过剩，再保险竞争亦十分激烈，再保费率呈下降趋势。香港的再保险公司不仅经营本地保险分保业务，还承保世界各地的分保业务。香港本地分保业务多为火险、水险和各种意外险。目前香港再保险业务处于低潮时期。

（五）人寿保险

中国香港人寿保险总的说来是不发达的。大致说香港从20世纪60年代后期才开始发展寿险业务。在寿险业务中约有三分之二是团体寿险，三分之一是个人寿险。从1984年寿险业务有较快的增长，保费收入估计约13亿港元。寿险增长的主要原因，一是买楼置业者大增，对寿险的需求大增；二是从事保险的人才增多，宣传工作大增；三是英美等国国内寿险基本饱和而到中国香港展业。但总的说来香港寿险仅仅是开始阶段，投保人士不到总人口的10%，而日本投保人身险的占总人口的90%以上，欧美各国亦占80%～90%左右。

香港寿险业务分个人寿险和团体寿险两大类。个人寿险包括短期保险、终身保险、储蓄保险和终身年金险等，团体人寿保险又称雇员福利保险，在香港仅有几十年的历史。团体人身险包括：死亡赔偿及伤残津贴、团体医疗保险、团体退休金保险、意外保险，等等。

总体说来，香港保险市场供过于求，有 288 家保险公司进行激烈的竞争，保费低下，亏损严重，使某些险种和部分保险公司处于不景气状态。一般说来，水险和火险已近饱和，人身意外险、旅游险、雇员赔偿险、医疗保险、寿险和退休年金保险，还有发展余地。

由于竞争激烈，保险向新品种发展。首先是由单纯的财物保险，逐步向财经损失保险发展，例如信用保证险等。其次是由单项保险向综合保险发展，还有政治保险、绑架保险等，以及专业责任保险如律师、医师、会计师的责任保险等，都有所发展。

虽然目前中国香港保险业的若干险种处于不景气状态，但一方面，由于香港是中国大陆转口产品的中转站，为香港保险业提供了良好的条件；另一方面，香港又是侨汇、中国大陆投资和旅游消费的主要资金来源，与中国大陆经济紧密相连，中国经济的发展会带动香港保险业的发展；再有，香港是国际金融中心，本地工业亦在不断发展，这也是香港保险业大发展的良好条件，因此，香港保险业的前途是广阔的。

（原载于《保险研究》1987 年 2 月号）

中国香港保险市场与保险管理

笔者对我国香港保险市场做了些调查，现就其中的几个主要问题，扼要叙述如下。

一、中国香港保险市场的形成和发展概况

中国香港的现代保险业，是从 1840 年中英鸦片战争期间英资财团大肆渗入我国经济市场以后开始产生的。香港保险市场的发展，大体上可以分为三个阶段。第一个阶段：从 1840 年鸦片战争开始，到 1941 年太平洋战争爆发。1841 年，英资仁记洋行在香港设立经商机构，附带经营保险代理业务，随后，在广州开业的英资於仁保险公司来香港开设分公司。中国抗日战争爆发前，香港保险业内主要是英资公司，也有少数的港商办的华资公司。抗日战争开始后，港商及华侨商人相继开设保险公司。据统计，1941 年在香港出保单承保香港保险业务的保险公司总数为 100 家。第二阶段：从 1941 年至 1979 年以前。第二次世界大战期间，香港保险业几乎处于停顿状态。"二战"后，香港保险业才又重新恢复和发展起来。新中国建立前夕，英资和美资在大陆开设的保险公司纷纷撤到香港。国内商人有的也把资金撤到香港投资保险业，保险业呈现发展景象。第三阶段：从 1979 年至今。自 1979 年以来，受祖国"对外开放、对内搞活"政策的影响，特别是"一国两制"方针的提出，使香港政治安定、经济增长，保险业呈繁荣、发达景象。

二、中国香港保险的需求与供给

中国香港当地对保险的需求，总的来说呈逐步上升的趋势。据香港上海汇丰银行估计，1984 年保险业共收保险费约 80 亿港元。全港对保险的需求，按大类分有寿险、非寿险和意外保险三大类。在非寿险中又分为水险和火险。水险主要是投保货物运输险和船舶保险。在货运险中包括水路运输、陆路运输和航空运输各种险别。由于香港转口贸易比重较大，且多为水路运输，因而对水上货物运输保险需求较大。船舶保险在 20 世纪 60 年代末期需求较旺，70 年代

后期以来，由于水路运输不景气，船舶保险的需求锐减。火险是香港保险需求最大的险种。这是由于香港转口业务量很大，外来转运暂时停放的货物很多，对火险产生极大需求；同时，香港又是世界上最大的购物中心之一，到香港来销货和购货者，都要求对货物投保火险；另外，香港工业企业的迅速发展，也产生了对火灾保险的需求。意外伤害保险的需求在逐年增加。除汽车第三者责任保险和雇员赔偿由港府法律规定强制保险外，人身意外、旅行平安、公众责任、建筑工程及安装工程等各类保险的需求也逐步增长。香港人寿保险的需求不很旺盛，特别是传统的寿险需求更少。当前总的趋势是储蓄性和投资性的人身保险的需求在逐步上升，而传统的纯生命保险的需求在减少。

按照投保者的身份和保险方式来分析保险的需求，大致可以分为三种需求情况：（1）企事业单位投保商业保险。这是香港的主要投保人，也是对保险的最大需求者。他们投保水险、财产险、火险和人身保险。（2）个人投保商业保险。这主要是指在香港居住的居民投保家庭财产保险和人寿保险。总的说，香港居民个人保险需求低下，特别是个人投保人寿险的需求更少，个人投保人寿险的仅占香港500万人口的5%～7%。（3）自保需求。香港有些单位不投保商业保险，而采取单位自保的形式。例如香港行政机构及其下属的许多机关，就采取自保形式。

保险的供给是指保险市场中保险公司的数量、保险品种和险别以及总承保能力。据香港当局保险管理处统计，到1985年底，香港共有保险公司288家，各类分支公司、代理公司和经纪公司的总数为1280个，其中代理公司和经纪公司约1000个，保险从业人员为8980人。香港288家保险公司中，在香港注册的有129家，其余分别在26个国家和地区注册，在香港开设分支机构。这些境外注册保险公司有：英国52家、美国31家、日本8家、百慕大8家、新加坡7家、瑞士7家、加拿大6家、法国5家、中国5家、新西兰4家、印度和荷兰各3家，其他20家。288家保险公司若按专业分，则有：寿险公司50家，非寿险公司202家，兼营寿险和非寿险公司36家。

香港各大财团都有自己开设的保险公司，例如，会德丰财团的茂泰保险及再保险公司集团；英之杰财团的香港分保物产保险公司集团；新鸿基地产公司的新鸿基地产保险公司；李兆基地产集团的合众保险公司；包玉刚环球投资集团的环球水火险公司；汇丰财团的汇丰保险集团；新昌财团的健峰保险集团；太古财团的太古保险、太古皇家保险集团；怡和财团的怡和保险顾问集团、隆德保险集团；先施集团的先施人寿保险、先施保险置业、先宝保险集团；永安财团的永安人寿保险、香港家庭保险、永安火水险、平安保险。

香港的银行和保险的关系密切。为了不使"肥水流入外人田",银行办保险使银保为一家,因而香港不少保险公司分属于各个银行。据调查,恒生、永亨、东亚几家银行开有银联保险公司;海外信托、盘谷、香港工商银行开有亚洲保险公司;海外信托银行开有海外保险公司;恒隆银行开设恒信保险公司;广东银行开有香港上海联保保险公司;嘉华银行开有嘉华安美保险公司;新鸿基银行开有新鸿基保险公司;友联银行开有友谊保险公司;康年银行开有中国康年人寿保险公司;远东银行开有东南亚保险公司;东亚银行开有东亚安拿人寿保险公司;华侨银行开有华侨保险公司;华联银行开有华联保险公司,等等。

中资在香港和澳门共有7家保险公司,即民安保险公司、中国保险公司、澳门中国保险公司、太平保险公司、中国再保险(香港)公司、中国人寿保险公司香港分公司、中国保联投资公司,其中最大的为民安保险公司。香港除私人经营的保险公司外,还于1980年12月建立了一个香港汽车保险局。这是由香港当局和各寿险公司共同出资开办的。经营汽车保险的保险公司必须参加汽车保险局。保险公司把买保险的车主缴付的汽车保险附加费交给该局,作为中央基金。这项基金对以下几种情况的汽车保险给予给付:(1)汽车肇事后逃跑而找不到肇事者;(2)没有投保汽车险的汽车司机造成的车祸致使第三者受伤;(3)由于车主不遵守保单条款而使保单无效或已关闭的公司的投保者所造成的车祸受伤者。

香港当局为了支持出口贸易,于1966年设立出口信用保险局。该局的任务是对出口商由于进口国的政治、军事和政策变化,或者由于进口商破产等原因,使商品的价款不能回收而造成的经济损失给予补偿。

按照香港保险法规定,香港提供的主要险种有寿险、年金保险、结婚及生小孩保险、长期疾病保险、临时疾病保险、意外伤害保险;路上运输工具保险(汽车车身保险)、火车运输责任保险、飞机保险、船舶保险;财产损失保险、火灾及自然灾害保险、公众责任保险、保证保险、营利损失保险、法律费用保险和建筑工程责任保险;等等。

三、中国香港保险中介

所谓保险中介,在香港主要是指保险中间人、公证行、律师行等法人单位或个人。

保险中间人分为推销员、代理人、经纪人和保险顾问等多种类别。推销员不是保险公司的在编人员,而是专门为保险公司推行业务的中间人。推销员按照一定的比例提取推销费。保险代理人可以是个人,也可以是法人单位。他们有自己的主要业务活动，同时代理保险业务。保险经纪人是保险公司开展保险业务的主要借用力量。国外和中国香港地区都实行保险经纪人制度。经纪人有自己的组织——经纪人公司。保险公司与经纪人签订协议，并规定佣金数量（按保险费的百分比）。火险经纪人的佣金占保险公司收取保险费的40%～45%，其他险种比火险稍低些。保险经纪人的主要职责是向保险公司介绍业务。香港的经纪人制度很发达，保险公司的专业人员并不多，公司的保险业务主要靠经纪人招揽。如美国友邦保险公司是香港最大的一家保险公司，它的业务量约占香港寿险业务量的40%，但它的公司机构并不很大，主要是靠经纪人开展业务。据1985年11月底统计，该公司有经纪人1500多人，大大超过公司在职员工人数。保险顾问也是保险市场中充当保险中介的一种从业人员。他们对保险业务比较精通，并能为投保人设计经济实惠的最佳投保方案，使其取得理想的保险效益，他们所设计的保险方案被称为"一揽子"保险。这在外国和香港是一种很有市场的投保方式。

公证行是保险市场中另一种形式的保险中介。它是私人开设的公司性质的组织，是专门为保险公司和被保险人之间的纠纷作公正判断的行业。公证行对出险原因、损失情况、损失金额、责任归属、是否应赔、应赔多少等提出书面报告，作为处理此案的主要依据。公证行的意见一般都能得到承认，若双方对"公证"有争议，可在公证行主持下协商解决，当调节无效或对"公证"有很大分歧时，再通过法律解决。保险公司启用公证行的公证人，要给付佣金。

律师行是私人开设的法律服务机构。从保险的角度来看，律师是必不可少的，不仅国际间的保险关系需要通过律师依据国际法和保险法进行辩护取得胜诉或合理处理，而且在国内出险后往往也需要律师出庭依法相争，取得公证处理。律师行的律师分一般律师和大律师，大律师在高等法院有发言权；一般律师不能在高等法院发言，只能在普通法院出庭辩护。

四、中国香港保险业的经营情况

中国香港保险业和当前世界上保险业的情况一样，是保险供给大于保险需求，同业竞争激烈，保险责任扩大，保险费率下降，直接保险业务入不敷出，靠运用保险基金获得利润来弥补直接保险业务之亏损。香港保险经营具体情况如下。

火险是香港的主要险种之一，在各类险种中火险仍然是有利可图的险种。但由于保险供给大于保险需求，使保险费率一直徘徊在较低的水平。香港火险经营中有两大难题：一是各种不同的工业集中在同一幢大厦之中，各种工业的风险度不同,一旦出险,互相影响很大,但保险又不能按风险度最大的行业收费,因此保险公司承保的风险增大;二是楼房管理不善,许多通道堆放着大量货物,一旦起火,消防车和灭火器械很难进入,严重影响施救。这样,保险公司承担了更大的风险,给保险经营带来不利因素。香港火险保险单除保障火险或电击直接引起之财物损失外,还包括火灾引致楼房倒塌造成的损失和消防员施救时造成的损坏,以及山泥倾泻及地陷所造成的损失等。香港火灾发生率较高。据统计,1984年发生火警14500多宗,火灾损失达1.3亿港元。多层大楼平均每日30宗火灾,日平均损失30多万港元。

中国香港的水险包括货运险和船舶险两大类。船舶险大部分由伦敦保险市场承保,香港主要是承保货运险。香港船舶保险很不景气,一方面是船东要求降低保费,另一方面,由于船舶出险率高,保险公司连年亏损,很多保险公司不再承保船舶险。据香港保险公会统计,会员公司接获的索偿额在1983年是3666万港元,到1984年增至7416万港元,同期超过10万港元的赔案由98宗上升至120宗,其中最大的赔案损失达1974万多港元。至于货运保险,由于香港运输险承保能力过剩,同业竞争激烈,致使费率也一降再降,1985年大约降了10%~20%。

意外险包括汽车险、雇员赔偿保险、盗窃险、人身意外险、商品责任险、建筑工程一切险、旅游保险和医疗保险等许多险别。这里仅介绍如下几个主要险别。

1. 汽车险。香港当局规定,车主必须购买汽车第三者责任险。香港法律对驾车人造成人身伤亡之赔偿责任没有最高限额规定,所以保险公司对第三者责任险的投保人所提供的保障也是无限的。至于第三者财物损失之最高赔偿额为200万港元。汽车保险的保费,是按照各类车辆的汽缸容积和保额大小来计算的。汽车保险是亏本生意。1984年香港共发生车祸5万宗,有2万人伤亡,平均每日车祸近50宗,死亡一人,平均每宗交通事故损失为3.8万港元,车祸造成之人身伤亡,每宗损耗63万港元。

2. 雇员赔偿保险。香港当局规定,凡受雇于各行业的员工(外国工人除外),不论收入高低和是否体力劳动者,在受雇期间若因工作而发生意外或染上职业病而致伤或死亡,雇主须依法按规定标准给予赔偿。在不成文法中,雇主的责任是无限的。从1983年7月1日起雇员的法定工伤赔偿限额大幅度提高。因工伤死亡最高赔偿限额为24.2万港元,最低为8.1万港元;永久丧失全部工作能力最高赔偿为27.6万港元,最低为9.2万港元;受伤又需要他人照顾者赔款11.1万港元。1984年香港工业意外5万多宗,丧生者70多人,每天有一百几十人受伤。在过去的三年中，工伤事故赔偿已超过 3.2 亿港元。

3. 盗窃险。在香港每逢春节期间，是盗窃抢劫最猖獗的时期。抢劫的主要对象是珠宝行和金店。保险公司对这类保险业务不予承保，或要求有足够的防范设施以高额保险费承保。

中国香港是国际再保险中心之一。现有 20 家再保险公司，多是国际保险集团的成员。香港的再保险公司经营本地保险分保业务和世界各地的分保业务。近年来，由于世界各地的再保险公司过剩，再保险竞争十分激烈，费率趋于下降。香港再保险业务也处于低潮时期。

中国香港人寿保险总的说来是不发达的。它在 20 世纪 60 年代后期才开始发展寿险业务，其寿险业务中约有三分之二是团体寿险，三分之一是个人寿险。个人寿险包括短期保险、终身保险、储蓄保险和终身年金险等。团体人寿保险又称雇员福利保险，包括：死亡赔偿及伤残津贴、团体医疗保险、团体退休金保险、意外保险，等等。从 1984 年起，寿险业务有了较快的增长，保费收入估计约 13 亿港元。但这仅仅是处于开始阶段，投保人士尚不到总人口的 10%。

总体说来，香港保险市场供过于求，288 家保险公司进行着激烈的竞争，保费低下，亏损严重，使某些险种和部分保险公司处于不景气状态。一般说来，水险和火险已近饱和，只是人身意外险、旅游险、雇员赔偿险、医疗保险、寿险和退休年金保险，还有发展余地。由于竞争激烈，保险向新品种发展。首先是由单纯的财物保险，逐步向财经损失保险发展，例如信用保证险等。其次是由单项保险向综合保险发展，还有政治保险、绑架保险等，以及专业责任保险如律师、医师、会计师的责任保险等，也有所发展。

五、中国香港保险市场管理

中国香港对保险市场的管理主要是通过法律手段和保险同业组织进行的。其中保险法和实行保险法的行政机构是保险市场的主要管理手段。香港保险法是 1983 年通过的。保险法规定成立两个委员会：一个是保险咨询委员会，其成员是香港当局各部门的官员，主席是香港当局财政司（相当于国内各省的财政厅长），这个组织的任务是向香港总督报告香港保险业的情况，提出建议，起咨询作用；另一个委员会是保险监理处。在香港当局有一个注册处，统管各类企业注册事宜。保险监理处是其中的一个分支，专门负责对保险公司的监督和管理。它对保险公司的监理，主要是执行保险法，对违反保险法的保险公司给予处理，其主要内容有：

1. 对保险公司开业的起码资金额度的规定。保险法规定：保险公司要有足够的偿付能力,要有最低限度的开业资本,单项保险(寿险或非寿险)起码为500万港元,综合性保险起码为1000万港元,法定保险项目汽车第三者责任险和雇主责任险至少要有1000万港元。

2. 法律规定建立保险公司之前必须做到:具有起码的资本额度,否则不能开业;主要有起码的偿付能力;主要负责人要经过监理处审查,政治条件、经验水平不足者或犯过法的人不能充当保险公司的主要负责人;分保计划安排要合理;要按照批准项目经营。

3. 法律规定建立保险公司之后必须做到:公司只能经营批准的险种,增加新险种要重新申请,并要增加新开业资本;主要负责人的情况有变化要随时调整,如经理犯罪或发现经理原来有犯罪史,应予更换。

4. 对保险公司资金运用的限制。前些年保险资金的运用出现亏损现象,特别是购买黄金亏损更甚。五年前1盎司黄金500多美元,次年最高价格降为322美元,造成保险公司大量亏损,影响赔偿能力。政府不允许把保险基金都投向购买黄金,一旦发现这种情况,命令企业作出报告,并要求公司转变投资方向。如果发现保险公司经营不善,则要求保险公司提供全部经营情况,并责令公司限期改善,如果有大的亏损,强令公司倒闭。法律还规定保险基金和经营资金必须在香港当地保留一个适当的比例,不能把资金全部转移到境外,所留资金的数量要与承担的经济责任相适应。

5. 资产监督。公私要分开。不管是在香港注册(总公司在香港)还是在外地注册在香港开设的分公司,都要把经理个人的私产与公司的资产严格分开。公司资产的重大转移要向监理处报告。公司高级管理人员与公司的财务往来关系要分开。例如公司经理、副经理以上人员向公司借钱买楼房或购买其他大型财产,都要向监理处报告,而且每年都要在年报上公布实况,包括借款数额、利息多少、偿还期限,等等。保险公司每年要请会计师协会的会计师查账,经会计师签字后报监理处,监理处根据会计师的意见,来审核保险公司的财务账目是否合法,如有违法之处,由监理处重新查账,并根据查账结果予以处理。寿险公司除要有会计师查账外,还要有精算师查账并签署意见,财务报告才能生效。

6. 保险监督。每个公司经营多少个品种,账目必须分开建立。保险费的收入和赔付详情必须按险种严格分开,不允许搞一揽子会计。如果发现某个险种资金少、责任大,监理处要求增加这个险种的准备金。若增加准备金无资金来源,则强令公司停办该险种。

保险监理处如果发现以下情况之一者,就要对公司加以干预,以致责令停业；违背开业时的规定；负债过多，偿付能力差；主要负责人发生变化；提供假情况，造假账，分保不当。另外，若公司成立不足五年，或新任经理不足五年的保险公司，监理处可以无条件地要求公司提出任何方面的材料，以供监理处审查、监督。

香港当局对保险市场的管理，除运用法律形式外，还运用保险公会进行协调。保险公会是由各类保险公司自行组织、自愿参加的同业公会组织。公会对经营的险种、险别、费率等根据保险市场发展情况，随时作出若干规定，对有关事宜加以限制。凡参加公会的会员公司都要遵守公会的规定。不参加者不受约束。但在竞争中会员公司互相协作，对非会员公司采取竞争措施，不利于非会员公司的发展。因此，保险公会对保险市场的管理，起到相当积极的作用。目前，香港有两个保险总会：香港非寿险保险总会和香港寿险总会。另外，还有香港火险公会、香港意外险公会、香港水险公会、香港华商保险公会、香港华人寿险公会等公司会员公会。此外，还有香港人寿保险从业员协会和香港汽车保险局等个人会员公会。

六、几点体会

（一）保险业必须以经济为基础，不仅要以本国、本地区的经济为基础，还要以国际经济为依托。香港保险业是从20世纪60年代中期开始大发展的，到70年代才逐步形成一个较发达的国际性的保险市场和东南亚保险中心。香港保险市场之所以在这个时期兴旺发达起来，其基础在于这个时期的香港经济和金融业有了较快的发展。特别是进入70年代以后，中国四化建设事业的发展与国际经济往来频繁，世界上150多个国家和地区与中国发生经济、技术往来关系，其中相当多的国家和地区是通过香港与中国大陆往来的，因此带动了香港内外贸和转口贸易的发展。海外游资纷纷投向香港，并想通过香港投向大陆，从而又推动了香港金融业的大发展并成为世界金融中心之一。在内外贸易和金融业的推动下，香港的工业、建筑业及其他产业也有了较迅速的发展。这一切都为在香港投资赚钱创造了条件。外国金融和保险业也纷纷到香港开设银行和保险公司。有些产业财团自己建立了保险公司，有的银行集团建立自己所属的保险公司。这些公司不仅为本财团、银行服务，而且也对外开办保险业务。另一方面，香港当地工商业和金融业的发展，为了"肥水不流外人田"，也纷纷建立保险和再保险公司。由此促成香港保险业的大发展和保险市场的繁荣、兴旺。香港的经验表明，保险业必须以国内外经济和金融的发展为前提。同时也证明，保险对经济和金融的促进和保证作用，也是不容忽视的。而且只要经济发展了，保险必然要与其相适应地发展。

（二）政策对保险的兴衰至关重要。香港保险业的发展是以经济和金融的发展为前提的。而经济和金融的发展，又是与香港当局的开放政策密切相关的。在一定意义上讲，香港经济是由其所奉行的开放政策推动起来的。在经济上，香港当局允许外资企业自由入境开设各类工商企业和实行自由进出口政策；在金融方面，实行外汇自由、开放黄金市场和股票与债券自由买卖等开放政策；在保险方面也实行自由开放和自由竞争的政策，这才有香港经济和金融、保险的大发展。可见，没有香港当局的开放政策，也不会有香港保险业的今天。由此得到的借鉴意义是，国家和政府的政策如何，对我国保险业的发展具有决定性的意义。

（三）广泛实行代理人、经纪人制度，是发展保险业的重要方法。香港的保险公司虽然很多，但保险公司的专业人员并不多。全港有保险分支机构约1200多个，而保险专业人员尚不足9000人。每个保险公司分支机构平均不过7～8人，但他们所开展的业务范围包括香港本地的业务和世界各地的分保业务。这主要是保险代理人和保险经纪人发挥重大作用。这种制度既有利于广泛发展保险业务，又有利于提高保险公司的经济效益，这是一条好经验、好办法。我国保险事业的范围包括广大农村和城市，包括工商各行各业，包括八亿农民和两亿城镇居民，业务范围之广泛举世无双。如果都通过保险公司专业人员自己去开展业务，不仅机构和人员庞大，经济效益低，而且也很难满足我国对保险的需求。因此代理人和经纪人制度，在我国应当是发展保险业的重要手段。

（四）合理地运用保险基金，是当前和今后发展保险业的重要环节。当前香港和国际保险市场的总形势一样，是保险供给大于保险需求，同业竞争相当激烈。直接保险业务亏损，靠运用保险基金所获利润弥补直接业务的亏损，成为维持保险公司生存和发展的条件。不仅如此，从商品经济的客观要求看，运用保险基金，使其在运用中增值，乃是商品价值规律的客观要求。因此，保险公司直接运用保险基金，发展保险事业，乃是保险经济自身的运动规律。这一点在香港地区是必然的，在全国也应当是不可缺少的。

（五）加强管理是保险市场健康发展的前提。香港保险市场是一个自由的保险市场，然而又是一个很有管理的市场。自由和管理不仅不是绝对对立的，而且是互为条件的。没有管理的市场，是不可能有发展的市场，因而也是没有前途的市场；没有自由，也就失去了管理的对象，管理本身就不存在了，因此，管理是任何社会、任何时期的保险市场都不可缺少的。问题在于用什么手段管理和如何管理。香港的经验表明，采用法律和同业公会形式管理保险，是行之有效的管理手段。我们也应吸取香港管理保险的经验，既运用法律形式进行管理，也可以组织各种类型的保险公会，以民间自管形式来辅助政府管理。

（原载于《南开经济研究》1987年2月号）

略论社会主义保险企业的经济效益

不断提高保险企业的经济效益,是社会主义保险经营的直接目标,而提高保险企业的经济效益,需要正确的理论作指导。本文仅就社会主义保险经济效益的几个理论问题,谈点认识。

一、保险经济效益的涵义

保险经济效益,是经济效益的一般原理在保险经济中的具体体现。经济效益一般原理的基本内容是:在生产或经营过程中所耗费的物化劳动和活劳动与所取得的符合社会需要的经济成果之间的比较关系或比例关系。这里的关键是符合社会需要。只有符合社会需要的劳动及其所形成的经济成果,才是形成经济效益的劳动和成果。所谓"符合社会需要"有两层意思:一层是说某种劳动及其成果必须是社会所需要的劳动和成果,如果它根本不为社会所需要,也就无经济效益可言;另一层是说,虽然某种劳动及其经济成果是为社会所需要的,但如果这种劳动支出的总量及其所形成的经济成果总量,超过了社会需要的总量,则超过部分不能形成经济效益。而且超过部分越多,浪费也就越大。在物质生产领域中,符合社会需要的产品,就是经济效益的物质内容;投入生产中的物化劳动和活劳动总量与被社会所承认的产品所包含的社会必要劳动总量之间的比例系数关系,就是取得经济效益的程度。这个比例系数越大,经济效益就越高。

保险经济活动,不是直接的物质生产经营活动。它是通过为社会提供经济补偿和给付及防灾减损而为社会提供经济保障的劳务活动。保险经济活动,虽然不直接生产或增加物质产品,但它可以减少物质损失,保存物品价值,并通过经济补偿和给付来尽快恢复物质生产并形成新的物质财富。因而,保险经济活动是恢复、保存和形成新追加价值的社会劳动。

由于保险经济活动有其自身的特点,保险经济效益也有其特殊的表现形式,按照经济效益的一般原理,保险经济效益可大致表述为:以尽可能少的活劳动耗费和物质消耗,为社会提供尽可能多的符合社会需要的保险劳务。其实质是保险经济活动所耗费的物化劳动和活劳动的总量与被社会所承认的保险劳务成果所含之社会必要劳动总量之间的比较关系。这种比较关系表现为保险经济活动各项费用之货币总量（其中包括保险固定资产折旧费，各项经营管理费，防灾防损费，职工工资和用于经济补偿和给付的货币支出，等等）与被社会所承认的各项保险劳务所值的货币量（其中包括由于保险企业提供防灾防损劳务而避免损失的那部分物质产品的货币量，保险企业提供的经济补偿和经济给付的货币量，以及由于经济补偿恢复生产而增加的那部分产品的货币量的总和）之间的比较关系。这里的关键仍然是保险经济活动是否符合社会需要及其符合社会需要的程度。首先是全社会范围内的保险经济活动所支出的劳动总量，是否符合社会对保险经济活动所需要的劳动总量，如果超出了社会需要，则超出部分不能形成保险经济效益。其次是某个险种和险别所支出的劳动是否符合社会需要。如果某个险种或险别根本不为社会所需要，则支付在其上的全部劳动就不能被社会所承认，也就不能形成保险经济效益；某个险种或险别虽为社会所需要，但为其所付出的劳动量超出了社会需要，则超出部分也不能形成保险经济效益。

保险经济效益也可以从社会经济效益和企业经济效益两个方面来考察。保险经济活动的社会经济效益具体表现为有形效益（或直接效益）和无形效益（或间接效益）两种形态。有形部分包括保险经济补偿的货币或实物和防灾、防损所避免或减损的物质产品。无形的保险社会经济效益，是指由于保险企业提供了经济保障，使那些没有发生灾害损失的投保者，也得到经济保障；并由于有了经济保障而使企业敢于发展经济，勇于革新技术，使生产和经营得到扩大和发展，这是保险经济效益所特有的内容。保险企业的经济效益，集中表现为保险企业的盈利。

保险的社会经济效益与保险企业的经济效益之间，既有一致的一面，又有矛盾的一面。其一致表现为，保险企业的经济效益是保险社会经济效益的基础，保险企业经济效益的提高，为保险业的进一步发展和取得更大的社会经济效益创造了物质条件。保险社会经济效益的提高，意味着保险经济补偿职能和防灾减损职能的充分发挥，这不仅有利于促进国民经济的发展，而且有利于提高保险业的声誉，扩大保险业务，从而为保险企业取得更大的经济效益创造了条件。两者矛盾的一面表现为，在保险费收入额度一定的前提下，保险的社会效益的提高（主要指保险企业对保户的赔付额），可能带来保险企业经济效益（即利润）的减少；同样，保险企业经济效益（即利润）的提高，也可能带来保险社会经济效益即赔付额的减少。因此，必须正确处理二者之间的关系，其主要方法是确立科学的考核保险经济效益的指标。

二、考核保险企业经济效益的主要指标

社会主义国家考核保险企业经济效益的主要指标是：保险平均成本利润率、保险平均赔付率、保险平均赔付成本率和保险基金运用平均盈利率。保险平均成本利润率指标，是指在一定经济技术水平条件下，大多数保险企业每经营一定额度的保险金额所得到的收入与平均成本的比率，即社会所承认的成本盈利率。用公式表示。

$$保险平均成本利润率 = \frac{商品价格总额}{同名货币的流通次数} \times 100\%$$

保险平均价格，是在一定经济技术条件下，大多数保险企业每承保一定额度的保险金额所应得的保险费，也就是被社会所承认的必要的保险费。其具体内容包括平均赔付额、平均固定资产折旧费、平均经营管理费、平均防灾减损费、平均巨灾准备金和平均利润等多种要素。

保险平均成本，是指在一定经济技术条件下，大多数国营保险企业每承保一定额度的保险金额所应付出的物化劳动和形成工资的那部分活劳动的总和，其中包括平均赔付额、平均固定资产折旧费、平均经营管理费、平均防灾减损费和平均巨灾准备金，即上述保险平均价格中扣除平均利润后的全部内容。保险平均成本本应包括保险赔付额和巨灾准备金在内，但考虑到在保险平均价格已定的前提下，保险平均利润与保险平均成本之间，是此长彼消的关系。如果把每个企业的个别赔付额列入保险平均成本之中，就会出现保险平均利润与保险赔付额二者互为消长的关系，即要想多得利润，就要降低赔付额；如果增加赔付额，就会减少保险利润。在现实经济生活中，就可能出现为了提高本保险企业的利润率，而采取该赔的不赔或该多赔的少赔的错误做法。为了避免这种情况的发生，在考核保险企业的平均成本盈利率指标时，不把企业的个别赔付额列入成本，而只把社会平均赔付额列入成本。又由于通过科学方法计算出来的社会平均赔付额，从长期来看迟早是要赔付给保户的，但由于自然灾害和意外事故的发生具有很大的偶然性，如某年发生灾害损失很少，则当年的实际赔付额就低于社会平均赔付额；某年发生巨灾损失，当年的实际赔付额就会大大超过社会平均赔付额。由此，各自然年度的平均成本利润率就出现高低起伏。这种由自然因素造成的平均成本利润率的起伏，往往掩盖了保险企业经营管理好坏的真实情况，从而影响国家对保险企业经营状况的正确评价。因此，在考核平均成本时，剔除平均赔付额因素，将其另外列项，单独考核。少灾之年，

实际赔付率会低于平均赔付率,而企业也只得平均利润,节余部分作为巨灾准备金积累起来,用作巨灾之年的赔付;大灾之年,实际赔付率会高于平均赔付率,不足赔付部分从巨灾准备金中支付,使企业在大灾之年仍能得到平均利润。

保险平均成本利润率指标既是衡量保险企业自身经济效益的指标,也是衡量保险企业经营管理水平的综合指标。因为,在保险平均价格一定的条件下,保险企业的利润是与保险成本的增减相联系的。要想得到平均利润必须使保险成本符合由社会必要劳动量决定的平均成本水平。如果高于社会平均成本水平,则企业利润下降,甚至亏损;如要提高利润水平,就只有靠加强经营管理,提高工作效率,减少物化劳动和活劳动的消耗,使个别成本低于社会必要的平均成本,从而取得超额利润。在这种条件下,保险企业的利润率越高,社会效益也就越好,实现了保险企业自身经济效益与社会经济效益的一致。

保险平均赔付率指标,是考核保险企业社会经济效益的重要指标。保险平均赔付率是由社会必要劳动时间决定的、社会所承认的赔付标准,也就是在一定的经济技术条件下,大多数保险企业承保一定的保险额度所应赔付的金额与所收保险费额度的比率,可用公式表示如下:

$$平均赔付率=\frac{平均赔付额}{平均保险费}\times 100\%$$

计算平均赔付额是有一定客观标准的,其计算方法是:在运用概率论和大数法则原理计算出来的保险费损失额的基础上,增加约5%的安全系数。

平均赔付率是考核保险企业社会经济效益的主要指标。在一般情况下,社会主义保险企业应当实现平均赔付率指标,而不应过高或过低。赔付率过高,其原因或是由于保险费率定得太低,不能满足实际赔付的需要,或是因为承保质量和理赔质量过低而加大赔付额,这两种情况均属保险企业经营管理不善。赔付率过低,其原因或是因为保险费率定得过高,超过了实际赔付的需要;或者是由于保险企业采取不正当的手段,该赔的不赔,该多赔的少赔。这样,不仅增加了保户的负担,而且在目前保险企业尚不能充分运用保险基金的情况下,会积压大量保险基金,不仅影响发挥保险的补偿作用,而且不利于保险社会经济效益的实现。

平均赔付成本率指标,是指在一般条件下,大多数保险企业完成同等数量的赔付额所花费的平均费用与赔付额度的比率。例如甲、乙、丙三个保险企业,同样都实现100万元的赔付额,而某甲花费1.5万元,某乙花费1万元,某丙花费0.5万元。其个别赔付成本率分别为1.5%、1%和0.5%。当时的社会平均赔付成本率为1%。这时,某乙的个别赔付成本率恰好与社会平均赔付成本率相等；某甲则高于社会平均赔付成本率而亏损；某丙则低于社会平均赔付成本率而得到额外利润。上述事例表明，甲、乙、丙三个保险企业由于经营管理水平不同，从而它们的保险社会经济效益和企业经济效益也不同。

由于平均赔付成本包括折旧费、经营管理费、防灾减损费和工资等多种因素，所以平均赔付成本率的升降，意味着保险成本的增减。如果社会平均赔付成本上升，则保费就要增加；反之，保费则下降。一定时期内的社会平均赔付成本率是衡量保险企业赔付成本水平的尺度，高于者，说明经营管理不善，经济效益减少；低于者，说明经营管理水平高于平均水平，经济效益增长。

保险资金运用平均盈利率指标，是指在一定条件下，保险企业每运用一定数量的保险基金所得到的平均利润与所运用的资金额度的比率。例如某保险企业每运用 10000 元保险资金，平均得 700 元利润，其保险资金运用平均盈利率为 7%。目前，由于种种原因，国营保险企业的保险基金并未得到充分运用。但从长远来看，合理运用保险基金是保险企业经营活动的重要一环，是保险事业能否发展壮大的关键。社会主义国营保险企业运用保险基金越多，就越能充分发挥社会资金的作用，提高资金利用率，增加社会物质财富。同时，也能更好地提高保险企业自身的经济效益，增强自身的经济实力，从而促进保险事业的发展。因而，保险资金运用的平均盈利率成为衡量保险企业经营管理水平和经济效益水平的一个重要指标。

上述各项指标，只是考核保险企业经济效益的主要指标，而不是全部指标。如能抓住这几项主要指标进行认真考核，可以基本上解决对保险企业经济效益的考核问题，并能提高保险企业自身的经济效益和社会经济效益，从而促进社会主义保险事业的健康发展。

三、讲求保险经济效益的重要意义

首先，讲求保险经济效益有利于端正保险企业的服务方向。从社会主义基本经济规律的要求来说，社会主义国营保险企业必须把满足社会生产和人们生活的需要作为根本目的。因而，社会主义国营保险企业必须把讲求社会经济效益、为社会提供优质保险服务、促进社会主义国民经济的发展和保证人民生活的安定放在第一位。

应当强调指出，社会主义国营保险企业讲求保险的社会经济效益，并不是不顾实际可能和承保质量，任意扩大承保范围和责任范围，更不是不顾理赔原则，任意扩大赔付范围和提高赔付额度，而是讲求合理的承保范围、合理的防灾减损和合理的赔付率。所谓合理，就是实事求是，符合社会需要，符合价值规律和保险自身运动规律的要求。否则，就是对社会财富的浪费。

其次，有利于促进新险种的发展和保险企业的竞争。从社会主义保险企业自身的要求来看，社会主义国营保险企业是独立核算、自负盈亏的经济实体。它不仅要保全国家的固定资产和流动资金的完整，而且还必须自我发展，自行壮大，其物质基础就是保险企业自身的经济效益，即保险企业的盈利。

保险企业为了提高自身的经济效益，必须注意对不同险种的经济效益进行比较和选择，发展那些符合社会需要的经济效益高、利润大的险种，不断开拓新险种。通过企业间开展合理、适度的竞争，提高自我生存和自我发展的能力。

第三，有利于国家对保险业的管理。国家通过对各保险种类经济效益的比较，可以掌握各保险种类的效益高低和各保险企业的经营情况，从而对各类险种和各类保险企业作出正确的决策。对有利于社会经济发展的经济效益高的险种给予大力支持；反之，对少数经济效益低下，不为社会所需要的险种，则加以限制乃至取缔。

第四，有利于国家建立合理的经济保障制度。从社会主义国家对整个风险管理和建立社会主义经济保障制度的角度来说，国家通过对保险、财政后备、民政救济、企业自保和社会保险等各类经济保障形式经济效益的比较，就可按照社会各行业、企业和个人对各种不同的保障需求，分别采取适合其特点的经济保障形式，从而建立起符合我国国情的经济效率最佳的社会经济保障制度。

四、提高保险经济效益的主要途径

（一）在扩大承保范围，增加保费额度的同时，注重提高保险质量。保险企业自身的经济效益和社会经济效益，都必须以一定的承保范围和一定额度的保费收入为前提。从社会经济效益来说，承保范围越广，保费收入越多，意味着保险覆盖率越高，赔付能力越强，其保障社会生产、安定人民生活的作用也就越大，保险的基本经济职能就越易于实现。从保险企业自身的经济效益来说，保险企业的利润量取决于成本利润率和保险费额度。在成本利润率一定的前提下，保险企业所获利润的多少，取决于保费收入的数量。因此，国营保险企业应在可能限度内，积极扩大承保范围，增加保费收入，为不断提高经济效益创造条件。但是，要实现这一点，关键在于不断提高保险质量。所谓保险质量主要是指展业、承保、理赔和结算等各个业务环节的质量。如果不注意保险质量，承保范围的扩大和保费收入的增加，不仅不能给企业增加盈利，相反，还可能出现利润下降乃至亏损。

（二）在搞好直接业务的前提下，积极配合有关部门开展风险管理和防灾减损活动。保险的基本职能是补偿灾害所造成的经济损失和对人身保险的经济给付。因而，保险企业要把主要精力放在开展宣传、展业、承保和理赔等直接保险业务活动上，这是提高保险经济效益的基础；然而，配合消防、交通管理、医疗、气象、防洪、地震等有关部门，共同做好风险管理和防灾减损工作，做到防患于未然，减少灾害发生的几率，避免可能发生的灾害损失，或者减轻已经发生的灾害事故的损失，这也是取得保险经济效益的重要措施。

（三）改善经营和加强管理。这是不断提高保险经济效益的重要途径。目前，在我国保险业务经营和保险企业管理中，经济效益的潜力很大。因而，既要注意改善保险业务经营的技术和方法，提高经营水平，又要加强保险企业管理，提高工作效率。所谓改善保险企业经营，主要是按照商品经济原则和价值规律的要求，把保险公司作为独立核算、自负盈亏的经济实体来经营保险业务：对该保而又能保的则保，不该保或不能保的则不保；该赔则赔，不该赔的则不赔；该赔多少，就赔多少，决不能把保险当作慈善事业和福利事业来办。那种不顾条件随意承保，或不讲原则随意赔付等不计成本、不讲核算的做法，都是不符合社会主义保险经营原则的，应当彻底摒弃。加强企业管理，包括加强展业、承保、核单、理赔和财务等直接保险业务的管理，保险企业的人、财、物的管理以及与保险企业有关的风险管理，等等。其中特别要加强保险直接业务活动的管理，通过加强管理，做到责权分明，制度严谨，关系协调，渠道畅通，互相促进，提高效益。

（四）把培养人才作为提高保险经济效益的根本大计。保险业务活动是一项专业性、技术性和科学性很强的经济活动。作为一个完善的保险企业，应当拥有懂专业、懂科学技术、懂经济、懂法律、懂经营管理等多方面知识的专门人才。只有这样，才能把现代保险企业经营管理好，才可能取得较高的保险社会经济效益和保险企业自身的经济效益。因此，当务之急是下大力气培养保险业务人才和保险经营管理人才。这是提高保险经济效益的根本大计和根本途径。

（原载于《南开学报》1988年第1期）

关于社会主义保险经营的几个理论问题

社会主义保险经营有许多理论问题需要研究。这里仅就其中的几个急需解决的问题，谈一些个人的看法。

一、社会主义保险经营的客观依据

保险经营活动是在人们的主观意识支配下进行的一种实践活动。这种活动只有符合社会需要，才能取得良好的期望后果。而我们的经营活动若要符合客观需要，就必须寻找到进行保险经营活动的客观依据。因为，只有对保险经营活动的客观依据有一个比较清醒的认识，才能自觉地确立我们的经营方针、经营目标、经营方式和经营决策等，这是关系到保险经营成败的重大问题。因此，正确地认识社会主义保险经营的客观依据，是保险经营中所需要研究的首要的理论课题。

社会主义保险经营的客观依据是什么呢？我认为是有计划的商品经济及其基本经济规律。因为，保险经济是国民经济整体中的一个组成部分，保险的经营活动必然受到整个国民经济的性质和体制的制约，要与整个国民经济的性质和要求相适应。我国现阶段的国民经济是有计划的商品经济，而社会主义保险则是有计划商品经济的一个组成部分。因而保险的经营活动必须以有计划商品经济为依据，也就是要以有计划商品经济的客观经济规律为依据。在有计划商品经济的条件下有许多经济规律发生作用。然而，对于社会主义保险经营具有特别制约作用的是社会主义的基本经济规律和价值规律。

因为，有计划的商品经济，是以生产资料公有制为基础的商品经济。它与一般商品经济有本质区别的一面，又有相通的一面。有计划的商品经济与一般商品经济，特别是与资本主义商品经济相区别的一面在于，有计划的商品经济是以生产资料公有制为基础的，是以没有剥削的等价交换关系为本质内容的商品经济。在生产资料公有制基础上产生的社会主义基本经济规律，对有计划商品经济的经济活动具有决定性作用。相通的一面在于，有计划的商品经济与资本主义商品经济都是商品经济。既然都是商品经济，作为商品经济的基本规律——价值规律就必然存在并发生作用。

这就是说，社会主义基本经济规律和价值规律是社会主义保险经营必须遵循的客观经济规律。那么，社会主义的基本经济规律和价值规律的内容是什么呢？按照一般说法，社会主义基本经济规律的内容是：用在先进科学技术基础上使生产不断增长和不断完善的办法，来满足全体社会成员的不断增长的物质和文化生活需要。这条基本经济规律要求社会主义一切经济活动，都必须从满足社会需要出发，要以采用先进技术和发展生产为手段，以满足人们不断增长的物质和文化生活的需要为根本目的。价值规律的基本内容有两项：一项是在生产过程中由社会必要劳动量决定商品的价值量；另一项是在流通中要以价值为基础进行等价交换。价值规律在社会主义经营方面的作用，则要求一切经济活动都要以经济效益为中心，以取得最佳的经济效益为企业经营活动的直接目标。

社会主义的经济活动既要遵循社会主义基本经济规律的要求，又要遵循价值规律的要求。把社会主义基本经济规律和价值规律的作用统一起来，综合起来，就是经营原则上要求以满足社会需要为根本目的，以取得最佳经济效益为直接目的，实现二者的统一。社会主义基本经济规律和价值规律的上述内容和要求也适用于社会主义保险经营活动。社会主义保险经营方针、经营目标、经营方式、经营内容和经营决策，都要以社会主义基本经济规律和价值规律的要求为客观依据，要与上述要求相适应。

二、社会主义保险的经营目标

依据有计划的商品经济的客观要求，社会主义保险经营的目标应当是实现根本目标和直接目标的统一。所谓根本目标，就是最大限度地满足社会对保险的需求。所谓直接目标，就是取得保险经营的最佳经济效益。二者的统一，则表现为通过取得最佳经济效益，来满足社会对保险的需求。因而，取得最佳经济效益则是社会主义保险经营的中心点和落脚点。为此，我们要对保险经济效益问题作些具体分析。

首先，要明确"经济效益"的基本概念。尽管人们对"经济效益"有各种不同的解释，但是有一点是共同的，即大家都认为，经济效益的最基本内容，是生产或经营过程中所耗费的物化劳动和活劳动与所得到的被社会所承认的成果之间的对比关系或比较关系。虽然人们对经济效益的基本内容已经清楚了，然而，人们对这一基本内容的理解尚有差异。为了加深对经济效益的理解，我想强调说明以下几点：

第一点应当明确，经济效益的实体是在生产或经营过程中所支出的人类劳动，劳动是经济效益的唯一源泉。从现象上看，经济效益表现为用一定量的各种实物产品和活劳动，生产出一定的另外一种实物产品。例如用一定数量的砖、瓦、灰、砂、石等原材物料，建造成一幢楼房，这幢楼房，就是这些原材料和活劳动的经济效益。然而，从实质上看，这些原材料都是过去劳动的凝结物，都是物化劳动，而新建造的大楼则是物化劳动和建筑工人的活劳动的结晶。所以，经济效益是人类劳动的凝结物，效益的实体是人类劳动。

第二点应当明确，从社会的角度来看，并非任何个别劳动消耗都形成经济效益，而是只有社会必要劳动才形成经济效益。所谓社会必要劳动有两重含义。一重是说人们所生产的某种产品或提供的某种劳务必须是社会所必需的，也就是这种产品或劳务只有在为社会所需要时，才能形成经济效益；若不为社会需要，投入多少劳动，也不能形成经济效益；而且对社会需要的这种产品或劳务，也只能投入社会所需要的数量，超过这个数量的劳动或劳务也不能形成经济效益。社会必要劳动的另一重含义是说，社会对某一件产品的生产也只能花费一定量的劳动，超过这个劳动量的那部分劳动，也不能形成经济效益。所以，符合社会需要是形成经济效益的前提。

第三点应当明确，经济效益和价值是一致的。因为按照马克思的价值理论，社会必要劳动形成价值实体，即社会需要某种劳动才能形成价值，社会必要劳动量形成价值量，即社会对某类产品和某个产品只能花费一定量的劳动。而马克思关于价值的上述理论，也就是我们现在所说的经济效益的概念，二者是一致的。

第四点应当明确，社会经济效益和企业经济效益也是一致的。因为一方面从全社会来看，社会总产品的 C、V、M 三个部分都被称之为经济效益，例如新建成一幢社会所需要的大楼，这幢大楼的全部价值即 C、V、M 都是社会经济效益。其中 C 和 V 是原有效益的转移，虽然这部分价值在此次生产过程中又被社会所承认，形成社会经济效益的一部分，但它并没有使社会财富有新的增加，M 则是在此次生产过程中新形成的经济效益。而全社会的 C、V、M 的总和，则是被社会所承认的各个部门、企业和各个产品 C、V、M 的总和。然而，只有各个部门、各个企业和各个产品 C、V、M 的支出符合社会需要时，才能被社会所承认，才能取得企业的经济效益。这说明企业在生产过程中的全部劳动耗费符合社会需要的程度，是社会经济效益的基础。另一方面，从企业的角度来看，它把 C 和 V 视为成本，把 M 认为利润，即 M 为企业的经济效益。从这个角度来看，企业所追求的经济效益，是社会经济效益的新增部分即社会经济效益的一部分。因而，企业效益的总和就是社会新增效益的总量。企业经济效益，是社会新增经济效益的源泉。

其次，要明确保险经济效益的概念及其特点。毫无疑问，社会主义保险业也应当而且必须讲求经济效益，问题在于要研究保险企业经济效益的内容及其特点。社会主义保险企业是为社会提供保险劳务的服务性企业，它本身并不直接生产或经营物质产品，这一点决定了保险企业经济效益与一般工商业的经济效益的具体内容和表现形式有一定的差别。然而，就经济效益的基本原理来说，保险企业与其他各类企业的经济效益的基本概念又是相同的。按照经济效益的一般原理，社会主义保险企业的经济效益可以大致表述为：以尽可能少的活劳动耗费和物质消耗，为社会提供尽可能多并符合社会需要的保险劳务。保险经济效益也可以从企业经济效益和社会经济效益两个方面来考察。保险企业的经济效益与其他企业的经济效益一样，都集中表现为保险企业的盈利。而保险的社会经济效益则可分为有形效益和无形效益两种表现形式。所谓保险的有形效益，首先表现为因自然灾害和意外事故造成的经济损失的补偿；其次表现为由于采取防灾防损措施避免了一些灾害损失而节省下来的一部分社会财富。所谓保险的无形社会效益，是指由于保险活动为所有投保单位包括未发生灾害的投保单位，提供了经济保障。这种经济保障作用不仅表现为发生灾害后给予经济补偿，还表现为一种"安全感"。这种安全感会促进企业敢于进行技术革新，创造新产品，提高生产率，从而有利于增加社会财富。这种无形的经济效益是保险企业所特有的经济效益形式。

再次，要明确保险经营的根本目标和直接目标的一致性。如前面所述，保险经营的最终目标是实现根本目标和直接目标的统一。保险经营的根本目标是为社会提供最好的保险服务，满足社会对保险的需求；保险经营的直接目标是取得最佳经济效益。保险经营的根本目标与直接目标之间的关系，实质上是保险的社会经济效益与保险企业经济效益之间的关系。实现保险根本目标与直接目标的统一，实质上是实现保险社会经济效益与保险企业经济效益之间的统一。这是因为，保险的社会经济效益所包括的三项内容即补偿经济损失、进行防灾防损和提供安全保障，实际上就是保险为社会提供的保险服务的具体内容，也就是满足社会对保险需求的具体内容。因此，保险经营的根本目标与直接目标的统一，也就是保险的社会经济效益与企业经济效益的统一。

保险社会经济效益与保险企业经济效益二者之间既有一致的一面，又有矛盾的一面。二者一致的一面表现在，保险企业经济效益的提高，有利于为社会提供更多的符合需求的保险服务，而为社会提供保险服务的增多，又为取得更高的经济效益创造条件;二者矛盾的一面表现在,保险企业为社会提供的保险服务越多,所付出的物化劳动和活劳动也就越多,而在一定时期内,社会要求用于保险服务的物化劳动和活劳动的数量是有一定限度的,超过了这个限度,就不被社会所承认,从而也就不可能得到经济效益。所以,并不是为社会提供的保险服务越多,保险经济效益就越大;另一方面,就是在保险服务总量没有超过社会对保险的需求总量的前提下,由于企业为社会提供保险服务所花费的物化劳动和活劳动,是企业总支出的一部分,这部分费用增加,就会减少企业利润额,就会降低企业的经济效益。所以,保险企业为社会提供的保险服务费用的增加,可能使企业效益减少。

社会主义保险经营要防止两种倾向:一种倾向是为了提高保险企业的经济效益而减少对社会的保险服务,或者仅仅开展有利可图的保险种类和险别,不搞或少搞无利或微利的险种或险别,这样做就从根本上违背了社会主义基本经济规律的要求。另一种倾向是,片面强调为社会提供保险服务,而不讲求企业经济效益,乃至不惜亏本,一味强调为社会提供保险服务。这种做法不仅违背有计划商品经济和价值规律的要求,也不符合社会主义基本经济规律的要求。因为保险企业长期亏损意味着保险经营入不敷出,不仅没有为社会创造或保存财富反而浪费了大量社会财富,这怎么能满足人们日益增长的物质和文化需要呢?因此,既为社会提供保险服务,又能取得经济效益,才是社会主义保险经营的最终目标。

怎样才能达到这一目标呢?主要掌握以下几条:

第一条是要认识保险市场的运动规律,掌握保险需求与保险供给的对比关系及其变化情况,按照保险总需求提供保险总供给,使保险总供给与保险总需求保持平衡,从而为取得保险经济效益创造前提条件。

第二条是掌握每个险种和险别的供求情况。按照每个险种和险别的需求量,提供保险的供给量,使每个险种和险别的供求关系保持相对平衡,从而使每个险种和险别的经营也能够实现既满足需要、又取得最佳经济效益的目标。

第三条是提高保险企业经营管理水平,杜绝不合理的费用开支,降低经营费用,为保险企业增加盈利。这里要特别强调的是正确对待"理赔"开支。在这个问题上也要防止两种倾向。一种倾向是为了提高企业经济效益而"惜赔",即该赔的不赔,该多赔的少赔。这样做违背了社会主义保险的根本性质,失去了社会主义保险存在的意义。另一种倾向是"滥赔",不该赔的也赔,该少赔的多赔。这样做不仅违背社会主义有计划商品经济的要求,而且也违背保险的一般原理。因此,应当在合理赔付的前提下,尽可能降低一切费用开支,这是实现保险经营的根本目标和直接目标相统一的重要途径之一。

三、社会主义保险经营的内容

由于社会主义保险经济是有计划商品经济的一个组成部分，要与有计划商品经济的要求相适应，因而，从根本上说，社会主义保险经营的内容，是由有计划商品经济的内容和发展程度决定的。从长期看，有计划商品经济是随着社会生产力的发展而不断发展变化的，从而社会主义保险经营的内容和范围也不是固定不变的。然而，就一定时期来看，有计划商品经济的内容和发展程度又是一定的，因而，在一定时期内社会主义保险经营的内容和范围，又是相对稳定的。在现阶段按照我国有计划商品经济发展程度和要求，社会主义保险经营的基本内容应当包括以下三方面：一是围绕着经济补偿这一保险的基本职能而进行的直接保险业务活动；二是与保险补偿职能相联系的防灾、减损活动；三是保险基金运用活动。这三项经营活动既是互相联系、互相促进、不可缺少的，又是各自相对独立有主有次的。其中经济补偿是保险经营活动的主要内容，防灾、减损和保险基金的运用，是辅助内容。

当前在保险理论界和保险实务界中，对社会主义保险经营的内容及各项内容之间的关系上，存在着不同的看法。有的同志认为，经济补偿是保险的唯一职能，防灾、减损不是保险的职能，因而，经济补偿是社会主义保险经营的唯一内容，而防灾、减损则不属于社会主义保险经营的范围。这种认识显然是不妥的。社会主义保险经济，是建立在生产资料公有制基础上或者说是以生产资料公有制为主导的保险经济，社会主义保险经营的根本目标，是为了预防灾害的发生、减少灾害所造成的经济损失和通过经济补偿迅速恢复和发展经济，因而，灾前防范和灾后补偿都是社会主义保险经营不可缺少的内容，单纯的补偿不是社会主义保险经营的全部内容，也不符合社会主义基本经济规律的要求。另一些同志则认为，社会主义保险虽然包括经济补偿和防灾减损两项内容，但防灾、减损则是社会主义保险经营的主要内容，"以防为主"是社会主义保险经营的一条根本原则，因而主张把防灾、减损放在社会主义保险经营的首位。这种认识也有不妥之处。诚然，就社会主义国民经济整体运动来说，"以防为主"，把防灾、减损放在社会主义经济保障活动的首位，无疑是正确的。因为社会主义国民经济保障机制体系，是由多种不同职能的机制组成的。在这个机制体系中，有些机制主要是承担防灾、抗灾、减损和防止意外事故发生的职能，例如地震预测预报，防洪、抗洪、台风的预测预报，以及消防和交通管理等部门则属于此类机制；有些机制则主要是承担灾后补助，救济为主、预防为辅的职能，如财政、民政等部门则属于此类机制，有些机制则承担灾后补偿为主，灾前预防为辅的职能，如商业保险和社会保险等就属于这一类机制。在社会主义条件下，就这些机制的总体职能而言，应当是以灾前预防为主，灾后补偿为辅。然而，就社会主义保险来说，就不能以灾前预防为主，以事后补偿为辅，而应当是以灾后补偿为主，灾前预防为辅。如果我们认为保险也是以防为主，以补为辅，就会把主要精力放到防灾、减损方面，而把经济补偿和与经济补偿有关的保险业务放在次要地位。

在保险公司是否应当运用保险基金的问题上，也存在着不同的看法。有些同志认为，社会主义保险企业的基本职能就是搞经济补偿，至于保险基金的运用则不属于保险企业经营的内容，而是属于银行或其他金融组织的业务范围。我认为，社会主义国营保险企业直接运用保险资金不仅是必要的而且是必然的。这是由有计划商品经济和保险经济发展的一般规律决定的。具体说，首先，保险经济是商品经济一个组成部分，货币是商品价值的表现形式，商品价值的保值和增值是价值自身的内在要求。而保险企业对保险基金的直接运用，是保险基金保值和增值的主要途径。其次，就当代保险的性质来说，有些保险险种，特别是人身保险本身就具有投资性质。保户投保的目的不仅是为了得到经济补偿，而且也是为了获得利息或红利。保户所得之收益，大大超过其自身所缴纳的保险费数量，其超过部分是来自保险企业对保险基金的直接运用所增值的部分。如果保险企业只能把保险基金交由银行去运用，自己仅得到存款利息，是远远不能达到保户要求的。那样，保险基金的来源就会大大缩减，保险企业也会萎缩。第三，当代保险业之间存在着激烈的竞争，而降低保费，扩大承保责任，是保险业竞争的普遍手段。由此导致直接保险业务利润减少乃至亏损，其亏损部分往往是依靠保险企业对保险基金的直接运用所获得的盈利来弥补，因而保险企业直接运用保险基金则成为保险业的存在和发展的一个必不可少的内在要素。

四、社会主义保险经营机制

社会主义保险经营机制问题的实质就是要不要在社会主义保险经营中引进市场机制。所谓市场机制，就是价值规律、供求规律和竞争规律各自的内在要求之间既互相依存、又互相制约的关系。这种关系所形成的客观结果，就是市场机制的作用。价值规律的基本要求是在生产中由社会必要劳动量决定商品的价值量，在流通中以商品的价值为基础进行等价交换。价值规律的运动表现为商品价格的运动。供求规律的基本要求是，供给总是追随着需求，并且要与需求相适应。竞争规律的基本要求是，商品和资金自动地由价格低的部门向价格高的部门流动。价格、供求和竞争三者之间的相互关系是：价格上升，供给增加，资金向内流入，生产扩大；价格下降，供给减少，资金向外流出，生产缩减。这种相互关系就是市场机制的基本内容。引进市场机制就是要引进一定幅度内的自由价格、自由供求和自由竞争关系。而所有这一切又都是以多家经营、分散经营为前提。因为如果只有一家垄断、独家经营，价值规律、供求规律和竞争规律就无从谈起，从而也就根本谈不上市场机制的作用。在社会主义保险经营中引进市场机制的关键是要打破由中国人民保险公司独家经营保险的局面，形成多家办保险的格局。在党的十一届三中全会以后，人们的观念发生了很大的转变，认为市场机制是商品经济的一般机制而不是资本主义特有的产物，从而将其引入社会主义有计划商品经济之中，发挥市场机制对国民经济的调节作用。1983年中央决定建立中央银行，同时成立四大专业银行以后，特别是最近几年经过对金融市场问题讨论之后，在我国金融业已经初步引进了市场机制。然而，时至今日，人们在社会主义保险业要不要引进市场机制的问题上仍然存在着不同的看法。有的同志以保险的特殊性为由，强调保险只能高度集中不能分散，只能由中国人民保险公司一家经营，不能多家经营，更不能引进市场机制。我认为，在我国社会主义保险经营中，必须引进市场机制，改变由中国人民保险公司独家经营保险的局面，发展多种保险经营机构，实行以中国人民保险公司为主体、其他保险机构为辅的多家办保险的保险经营体制。之所以如此，是由以下几个因素决定的。

首先，是由商品经济和保险经济发展的一般规律决定的。马克思主义的基本原理认为，市场机制是商品经济必不可少的内在要素，而保险经济又是商品经济的一个组成部分，商品经济与保险经济是整体与部分的关系。既然整体中有市场机制，作为有机体一部分的保险经济中也就必然有市场机制。社会主义经济是有计划的商品经济，市场机制是有计划商品经济中的内在要素，而社会主义保险经济又是有计划商品经济的有机组成部分，因而，社会主义保险经济中也就必然存在着市场机制。

其次，是我国所有制形式的多样性决定了保险组织形式的多样性。我国现在处于社会主义初级阶段，在这个阶段上存在着社会主义全民所有制、集体所有制、个体所有制、股份所有制及各种形式的合作制等多种所有制形式。经济上的各种不同的所有制形式，要求有各种不同性质和不同形式的保险组织与其相适应，即除了全民所有制的保险企业外，还要有集体性质和合作性质的保险组织。特别是城市的集体企业的养老金保险、医疗保险，农村乡镇企业的财产保险、人身保险及农业、种植业、养殖业专业户的保险等，都要求有集体性质和互助性质的保险组织。单一的国营保险公司是远远不能适应多种所有制形式的需要的。

第三，生产力发展水平的多层次性决定了保险组织的多层次性。社会主义的保险企业不仅要有多种所有制和多种组织形式，而且由于我国的生产力发展水平是多层次的，由此又要求保险组织也必须具有多层次的特点。就总体而言，我国的生产水平是不高的，由此决定了我国无论是企业还是个人的保险费支付能力和水平是比较低的。具体而言，我国保险支付能力南部地区高，北部地区低；东部地区高，西部地区低；城市高，农村低；工业高，农业低。不同地区、不同的保险支付能力要求有不同的保险组织形式与其相适应，因而就必然出现不同层次的地区性、不同功能的保险组织。例如有的省区根据本省区的经济情况组织省区范围内的保险组织。有的地、县、乡可根据自身的经济力量组织相适应层次的不同功能的保险组织。这些组织就不一定是全民的国营保险公司，而可以是地方国营或其他形式的保险组织。从保险的供给方面来看，由于我国生产力水平低，所有的保险业务都由国营保险企业来承担，国家在人力、物力、财力方面都远远达不到要求，必须动员全社会的力量，多家办保险才能满足社会对保险的需求。

第四，风险的多样性和分布的不均衡性要求有多种形式和多种性质的保险组织。风险的存在是保险存在的自然前提。而风险的种类是多种多样的，就大类来分，可以分为纯自然灾害风险，人为与自然灾害相结合的风险，过失犯罪和意外事故风险以及人类自然规律即生、老、病、残、死风险等四大类。而每大类风险又分为许多种风险。例如纯自然风险就包括地震、洪水、干旱、风沙等许多种类。人为与自然灾害相结合的风险更是多种多样，例如由于人类使用化石燃料造成空气中二氧化碳比重增大，引起温度上升从而带来疾病、病虫害增加等多种风险；又如过量开采地下水，造成地面下沉，海水倒灌；无度开荒，造成的水土流失等都属于此类风险。再如过失犯罪、意外事故和人生自然规律的风险也是多种多样的。而且有些风险在地区之间和部门之间的分布又是不均衡的，往往是集中在某些地区或某个部门，带有地区性和部门性质。例如台风在我国主要是发生在东南沿海一带，风沙、旱灾主要发生在西北地区；交通运输工具风险集中在交通运输部门，石油化工风险主要集中在石化部门。上述种种风险的不同性质和不同分布，就产生了建立地区性、部门性和集体性保险组织的要求。因此在我国的社会主义保险经营中，必须引进市场机制，实行以中国人民保险公司为主，其他保险组织和经济保险组织为辅的多种类、多形式、多层次和多种性质的保险组织和保障组织并存的保险经营机制。

（原载于《保险研究》1988年第1期）

社会主义保险市场

第一部分　保险市场概述

一、保险市场的含义

何谓保险市场？由于人们对"市场"这一概念的含义有不同的理解，致使对保险市场的含义也有各种不同的认识。有人认为，市场就是交易场所，因而保险市场，就是进行保险交易活动的场所。有人则认为，市场是一种交易行为，保险市场就是"保险当事人双方所进行的交易行为"。上述几种理解，都有一定的合理成分，都从不同的侧面揭示了保险市场的某些内容和特征，然而，又都有不足之处。根据马克思主义关于市场的基本思想、现代科学技术和经济发展，对市场所引起的新变化，"保险市场"的确切含义应当理解为："由市场机制自动调节保险经济活动的系统工程体系。"上述定义包括相互联系、相互制约的三方面内容：即"市场机制"、"保险经济活动"和"系统工程体系"。这个定义表明保险市场是市场机制，保险经济活动和系统工程体系三个要素的统一体。其中市场机制是保险市场的决定性因素。因为没有保险经济活动，固然不能形成保险市场，然而仅仅有保险经济活动，而没有市场机制对保险活动的自动调节，也不存在保险市场。例如：在高度集中统一的计划经济体制下，保险活动是按照行政命令和指令性计划进行的，在这种条件下，虽然有保险活动，然而并不存在保险市场。又如：在奴隶社会时期的小手工业者之间相互保险，他们的互助共济行为不与市场机制相联系，因而也就根本不存在什么保险市场。只有市场机制自动调节的保险经济活动，才成为保险市场活动；或者说在保险经济活动中引进市场机制，便形成保险市场。

市场机制在保险领域中发生作用，必须具备一定的条件。这些条件主要有以下几个方面。

首先，参与市场活动的保险企业和投保人必须有自身特殊的经济利益，这是保险市场发生作用的内在动力,没有这种动力,就不会有市场机制的运动。

其次,保险价格即费率必须是自由浮动的价格,它应随着保险供求关系的变化而升降,否则费率既不能反映保险供求状况,也不能调节保险供求矛盾。

第三,保险供求必须能够随着保险费率的高低而自动增减,否则费率就不能实现对保险供求关系的调节作用。

在上述各项条件中,价格又是最重要的条件,价格既是指示器,又是调节器,它是市场机制中的重要环节。就保险市场而言,费率是保险市场机制的主要环节。它既是保险供求关系的指示器,又是调节器。

保险市场不仅是由市场机制自动调节的保险经济行为,而且还是一个系统工程体系。所谓系统工程,是相同或相似的事物按照一定的秩序和内部联系组合而成的整体。这个整体的各个部分共同完成某项功能。某一个系统又与其他系统相结合形成一个更高层次的系统,这个更高的系统完成一项更大的功能。就保险市场而言,构成保险市场的不是单一的组织或单一的机构。而是由许多组织和许多机制所组成的一个有机体。这个有机体又与其他有机体相结合,形成一个更高的有机体,共同完成对保险经济活动的调节和运转功能。

二、保险市场系统工程体系的构成

保险市场系统工程体系,包括以下五大系统。

一是保险需求系统。保险需求是构成保险市场的首要因素。没有保险需求,也就没有保险市场。保险市场需求系统,是由各种保险需求主体所组成的保险需求体系。其中包括有保险需求的各类生产、经营企业和各种经济组织,各类机关、团体、学校等行政机构和事业单位以及从事各类职业的有保险需求的团体和个人。上述各类保险需求主体,对保险的各种不同种类的需求,构成保险市场的需求内容和体系,成为保险市场的需求系统。

二是保险供给系统。其中包括国营保险公司、合营保险公司、合作保险公司、私人保险公司和政府设置的保险承保机构。保险市场的供给机制系统,是保险市场系统工程体系的重要构成要素。

三是保险中介系统。其中包括保险经纪公司或保险经纪人、保险代理公司或代理人、保险公证行、保险律师行、保险精算师行、保险会计师行等。保险中介系统,既不是承保人(保险供给者),也不是投保人(保险需求者),而是联结保险需求和保险供给的中间媒介。这些中介人或中介机构,虽然不直接经营保险业务,然而他们是保险市场体系中不可缺少的构成要素。

四是保险经济运行系统。其中包括有形系统和无形系统。有形系统有各类保险承保组织、保险交易所和保险交易中心；无形系统是由现代通信体系所构成的保险信息传递系统。保险运行的有形系统和无形系统，共同构成保险市场的运行网络体系。它是保险市场运行系统中必备要素。

五是保险市场调控系统。同任何经济活动都需要一定的和不同形式的调节和控制一样，保险经济活动也需要加以调节和控制。对保险市场的调节和控制，是通过其特有的调控体系实现的。保险市场的调控体系是由各种调控组织所采用的各种调控手段构成的。保险调控组织包括政府行政部门和民间成立的保险公会组织。政府部门和保险公会所采取的调控手段有经济手段，如限定保险费率；有行政手段，如限制保险市场的各种行政命令；有政策手段，如调节保险经济活动的各种政策；有法律手段，如保险法，保险合同法等。这些组织和手段构成保险市场的调控系统。

上述五个系统是保证市场的五大要素。它们相互联系、相互依存，共同构成一个完整的保险市场系统工程体系。

三、保险市场的种类

由于保险经济活动的内容、空间和程序的不同，保险市场分为各种不同的种类。现代保险市场，大体上可以分为以下几类。

（一）按照保险标的划分，可分为人寿保险市场和非人寿保险市场两大类。在非人寿保险市场中，又可分为财产保险市场、责任保险市场和保证保险市场等几种类型的保险市场。在财产保险市场中，又可为企业财产和家庭财产保险市场、运输保险市场和船舶保险市场等。在人寿保险市场中，又可分为普通人寿保险市场和特种人寿保险市场。在普通人寿保险市场中，又可分为死亡保险、生存保险和混合保险市场。在特种人寿保险市场中，又可分为简易人寿保险、团体人寿保险、个体人寿保险和年金保险市场等更具体层次的保险市场。

（二）从保险经济活动的程序来划分，可以分为原保险市场和再保险市场。所谓原保险市场，是指保险公司或其他保险组织与投保人之间所进行的保险经济活动。例如：工商企业向保险公司投保财产保险或居民向保险公司投保人寿保险等，都属于原保险或直接保险，从事这类保险经济活动的市场，称为原保险市场或直接保险市场。再保险又称分保，是指由原保险公司直接承保保险业务之后，又在保险公司之间进行分保和专业再保险公司对原保险公司的分保或再保险公司之间的分保，这种保险行为都称为再保险或分保，从事这种再保险活动的市场称为再保险市场。

（三）按保险经济活动所进行的空间来划分，可分为国内保险市场和国外保险市场。国内保险市场又可分为地区性保险市场和全国性保险市场。国外保险市场又可分为区域性保险市场和世界性保险市场。世界性的保险市场，一般都属于各国之间进行分保活动的再保险市场。当前最大的世界性的国际保险市场，有英国伦敦再保险市场、瑞士苏黎世再保险市场、美国纽约再保险市场和日本东京再保险市场。其中英国伦敦再保险市场是当前最大的世界性的再保险市场。

（四）从保险组织形式和承保方式划分，可分为保险公司市场，保险经纪公司市场（包括保险代理公司市场、保险顾问公司市场）和劳合社市场。保险公司和保险经纪公司市场都是以公司法人的资格，以正式保险单方式进行承保的保险市场，这是当前世界各国普遍采取的组织形式和承保方式。"劳合社"市场，则是英国所特有的一种保险组织形式和特殊的承保方式。"劳合社"本身并不是一个保险经济实体，它既不是一个独立的保险公司，也不是一个独立的保险公司集团，而是组织保险经济活动的形式和场所，类似金融系统中的证券交易所。

"劳合社"有其自身特定的章程。取得"劳合社"承保人和"劳合社"经纪人资格者，需要有一定的条件和审批手续。只有取得"劳合社"承保资格和"劳合社"经纪身份的人，才可以进入劳合社市场从事场内保险经济活动。而"劳合社"的承保人和经纪人则可以在"劳合社"以外的保险公司市场上进行承保活动。所以，"劳合社"是一个享有特殊待遇的保险组织和保险市场。

"劳合社"市场的承保方式，也不同于一般保险公司和保险市场的承保方式。"劳合社"的承保人不是以法人身份承保，而是以个人身份承保的，承保形式也不是由承保人与投保人之间直接签订保险合同，而是由"劳合社"经纪人受投保人的委托向承保人推销保险标的。同时，一般保险公司市场所承担的都是有限赔付责任，而"劳合社"承保人则是承担无限赔付责任。

"劳合社"虽然只是英国特有的保险组织形式，但由于它具有悠久的历史、丰富的承保经验、先进的承保技术、雄厚的保险基金和强大的保险技术人员队伍，因而，"劳合社"是当前最重要的国际保险市场，它的分支机构几乎遍布全世界。

第二部分　我国社会主义保险市场的萌芽

一、旧中国的保险市场

中国最早出现的保险业，是外国商人在中国开办的保险公司。1805年，英国商人在广州开设的"广州保险公司"，是外商在中国开设最早的一家保险公司。

1840年鸦片战争爆发后，随着帝国主义向我国的侵入，英商保险公司在上海、广州等地设立保险分支机构。1870年前后，外资财团先后在上海设立了保安、香港、太阳、巴勒和中华等保险公司和怡和、太古洋行保险部。由于所有保险条款和保险费都由英国控制的保险公会制定，因而，在20世纪以前英国保险公司垄断了中国的保险市场。进入20世纪以来，美国、法国、德国、瑞士、日本等国的保险公司相继来到中国开设保险公司和分支机构，经营寿险和运输保险。

中国民族保险业，最早从1875年由招商局在上海设立的附属保险机构开始出现的。1885年，出现了官督商办的"仁和"和"济和"两家保险公司，后合并为"仁济和"保险公司。1912年由黎元洪等官僚与海外华侨合办的"华安合群人寿保险公司"是中国人自办的第一家人寿保险公司。此后，中国民族保险业虽有发展，但十分缓慢。直到1930年，中国民族保险业只有保险公司30家。民族资本在旧中国保险市场上处于被垄断的地位。

中国官僚资本参与保险市场，始于20世纪30年代。1931年，官僚资本开设的中国银行投资创办中国保险公司。1935年，中央信托局成立保险部，实际上是为外国保险公司经营代理业务，是外资公司的代理部。

抗日战争时期，中国的保险业集中在上海和重庆。上海沦陷后，重庆成为保险主要集中地。然而，由于战争的影响，保险业和其他经济一样，没有得到发展。1945年，抗日战争胜利后，官僚资本和民族资本开办保险公司的总公司相继迁回上海，因而上海又成为旧中国最大的保险市场。由于外国资本不断增强，外资保险业也随之增长，并在中国保险市场上占据主导地位。虽然在保险公司的数量上华资公司多于外资公司，然而，由于外资的资本雄厚，并且控制了对外分保业务，因而，外资公司的承保能力远远超过华资公司。据统计，当时上海有保险公司238家，其中华商175家，外商75家，然而外商与华商承保能力相比，火险高出华商10倍，运输险高出60倍。解放前夕，由于外资公司的逃遁，华资公司也向国外转移，到1949年5月上海解放时，上海仅有华资保险公司129家。保险市场处于萎缩状态。

二、新中国的保险业

新中国成立后，接管了官僚资本保险公司，成立了国营的中国人民保险公司，改造了民族资本的保险公司，取消了多家办保险的市场体制，形成了由中国人民保险公司一家独营保险的垄断体制。直至党的十一届三中全会以前，中间虽几经变更，但由中国人民保险公司独家办保险的垄断体制，却始终如一。因而，在中华人民共和国成立以后，至党的十一届三中全会以前30多年的时间里,在中国,虽有保险业,但无保险市场。

三、社会主义保险市场的萌芽

党的十一届三中全会以后,随着我国经济体制改革的进行,我国的保险体制也开始进行改革;在保险体制改革的深入发展过程中,逐渐出现了社会主义保险市场的萌芽。所谓社会主义保险市场的萌芽,是指在社会主义保险经济领域中,开始出现市场机制的某些要素,并发生了作用。当前,我国社会主义保险市场的萌芽,主要表现在以下几个方面:

(一)保险组织开始出现多样化

保险组织多样化,是构成保险市场的重要因素。没有多样化的保险组织,仅有一家保险组织独家办保险,不可能形成保险市场。我国开始出现保险组织多样化局面,主要的表现是,在国内除了中国人民保险公司经营保险并且继续占据统治地位之外,又出现了多种形式的保险组织。其中有:(1)某些经济部门成立内部保险组织,承保部门内部的风险,例如石化部门承保自身的石化保险、交通部门承保自己的汽车保险、新疆生产建设兵团农牧业生产保险总公司承保本系统的农牧保险等;(2)某些政府部门成立社会性的保险机构,兴办各种社会保障和社会福利、社会救济性的保险,例如劳动人事部、民政部等均有类似的保险机构;(3)银行和其他金融机构成立商业性的保险机构,经营商业保险,例如交通银行、中信实业银行等都有自己的保险机构;(4)农村有各种形式的保险组织;(5)中国人民保险公司也开始建立纵向性的公司,例如人寿保险公司、涉外保险公司、再保险公司等。上述不同性质、不同形式、不同层次的保险组织的出现,是构成社会主义保险市场的重要因素。

(二)保险公司开始实行企业化

保险公司企业化是构成社会主义保险市场的另一个重要的因素。中国人民保险公司已经明确是社会主义性质的保险企业,而不是国家行政管理机关;其他各类保险组织和机构,都是企业性的组织和机构,都要逐步实现独立经营、自负盈亏,并且通过自身的经济效益维持其生存和发展。保险公司企业化,为社会主义保险市场的形成提供了一个重要条件。

(三)保险经营商品化

所谓保险经营商品化,是指保险企业把保险作为商品经营,按着价值规律的要求和等价交换的原则进行一切保险活动,承保和投保的关系实际上是"卖保险"与"买保险"之间的买卖关系,而不是把保险作为一种"福利"和"救济"事业来办理。这是保险市场的重要构成因素。

（四）保险费率开始浮动

费率是保险商品的价格。费率浮动化，由费率来调节保险供求关系，是保险市场的主要标志。我国现阶段的保险费率，虽然还没有完全浮动化和自发化，但是已经开始实行有限制的地区间的差别费率、季节性的浮动费率和由保险供求关系影响的灵活费率等，这些都为实行自发性的浮动费率创造了条件。

（五）国内业务开始分保

国内保险业务的分保活动，是保险市场的重要标志。目前，中国人民保险公司系统内部，实行了总公司与分公司之间的纵向分保、分公司与下属支公司的纵向分保、分公司下属各支公司之间的横向分保以及其他专业公司与中国人民保险总公司之间的分保等，这些都是保险市场的重要内容。

（六）竞争机制开始发挥作用

竞争是市场机制的功能。我国当前的竞争主要表现在一定限度内的浮动费率和差别费率的应用、客户与保险公司之间即保险供求之间的一定程度内的自由选择、保险新品种的设计和推出、保险服务项目的完善和发展以及保险资金的运用和转投等几个方面。

四、社会主义保险市场产生的原因

上述种种因素，虽然还不能形成完备的保险市场，然而，它们已经是社会主义保险市场的萌芽，而社会主义保险市场萌芽的出现，预示着我国社会主义保险市场的出现具有不以人们的主观意志为转移的客观必然性，一个完备的社会主义保险市场，在不久的将来必将出现。其原因主要有以下几点：

首先，它是由商品经济和保险经济发展的一般规律决定的。马克思主义的基本原理认为，市场机制是商品经济必不可少的内在因素，而保险经济又是商品经济的一个组成部分。商品经济与保险经济是整体与部分的关系。既然整体中有市场机制，作为有机体一部分的保险经济中也必然有市场机制。社会主义经济是有计划商品经济，市场机制是有计划商品经济中的内在要素，而社会主义保险经济又是有计划商品经济的有机组成部分，因而，社会主义保险经济中也就必然存在着市场机制。

其次，我国所有制形式的多样性决定了保险组织形式的多样性。我国现在处于社会主义初级阶段，在这个阶段中存在着社会主义全民所有制、集体所有制、个体所有制、股份所有制及各种形式的合作制等多种所有制形式。经济上的各种不同的所有制形式，要求有各种不同性质和不同形式的保险组织与其相适应，即除了全民所有制的保险企业外，还要有集体性质和合作性质的保险组织。特别是城市的集体企业的养老金保险、医疗保险、农村乡镇企业的财产保险、人身保险及农业中的种植业、养殖业专业户的保险等，都要求有集体性质和互助性质的保险组织。单一的国营保险公司是远远不能适应多种所有制形式的需要的。

第三，生产力发展水平的多层次性决定了保险组织的多层次性。社会主义保险企业不仅要有多种所有制和多种组织形式，而且由于我国的生产力发展水平是多层次的，由此又要求保险组织也必须具有多层次的特点。就总体而言，我国生产力水平是不高的，由此决定了我国无论是企业还是个人的保险费支付能力和水平也是比较低的。具体而言，我国保险支付能力南部地区高，北部地区低；东部地区高，西部地区低；城市高，农村低；工业高，农业低。不同地区、不同的保险支付能力要求有不同的保险组织形式与之相适应，因而就必然出现不同层次的地区性、不同功能的保险组织。例如：有的省、区根据本省、区的经济情况组织省、区范围内的保险组织。有的地、县、乡可根据自身的经济力量组织相应层次的不同功能的保险组织。这些组织就不一定是全民性质的国营保险公司，而可以是地方国营或其他形式的保险组织。从保险的供给方面看，由于我国生产力水平低，所有的保险业务都由国营保险企业来承担，国家在人力、物力、财力方面都远远达不到要求，而必须动员全社会的力量，多家办保险才能满足社会对保险的需求。

第四，风险的多样性和分布的不均衡性要求有多种形式和多种性质的保险组织。风险的存在是保险存在的自然前提，风险的种类是多种多样的，就大类来分，可以分为纯自然灾害风险，人为与自然灾害相结合的风险，过失犯罪和意外事故风险以及人类自然规律即生、老、病、残、死风险等四大类。而每大类风险又分为多种风险。例如：纯自然风险就包括地震、洪水、干旱、风沙等许多种类，人为与自然灾害相结合的风险更是多种多样，例如：由于人类使用化石燃料造成空气中二氧化碳比重增大，引起温度上升从而带来疾病、病虫害增加等多种风险；又如：过量开采地下水，造成地面下沉，海水倒灌；无度开荒，造成水土流失等都属于此类风险。再如过失犯罪、意外事故和人生自然规律的风险也是多种多样的，而且有些风险在地区之间和部门之间的分布又是不均衡的，往往是集中在某些地区或某个部门，带有地区性和部门性质，例如：台风在我国主要是发生在东南沿海一带；风沙、旱灾主要发生在西北地区；交通运输工具风险集中在交通运输部门；石油化工风险主要集中在石化部门。上述各种风险的不同性质和不同分布，就产生了建立地区性、部门性和集体性保险组织的要求。因此在我国的社会主义保险经营中，必须引进市场机制，实行以中国人民保险公司为主,其他保险组织和经济保障组织为辅的多种类、多形式、多层次和多性质的保险组织和保障组织并存的经营机制。

第五,既然在保险经济中存在着各种不同性质、不同层次、不同形式的保险组织,因而,也必然存在不同的费率和不同的供求关系以及不可避免的互相竞争的关系。价值规律、供求规律和竞争规律相互作用的市场机制,也就必然存在并且发生作用。因而,社会主义保险市场的出现和发展,是社会主义初级阶段的经济关系的必然产物。

第三部分 社会主义保险市场的经营

社会主义保险经济既然是商品经济,就必然要按照商品经济的规律和原则来经营。另一方面,社会主义的保险经济,又不是一般性的市场经济,而是有计划的商品经济,它又有别于一般市场经济的规律和原则。因而,必须探讨有计划商品经济条件下,保险市场经营的规律和原则。

一、社会主义保险经营的客观依据

保险经营活动是在人们的主观意识支配下进行的一种实践活动。这种活动只有符合社会需要,才能取得良好的效果。而我们的经营活动若要符合客观需要,就必须寻找到进行保险经营活动的客观依据。因为,只有对保险经营活动的客观依据有一个比较清醒的认识,才能自觉地确立我们的经营方针、经营目标、经营方式和经营决策等,这是关系到保险经营成败的重大问题。因此,正确地认识社会主义保险经营的客观依据,是保险经营中所需要研究的首要理论课题。

社会主义保险经营的客观依据是有计划的商品经济及其经济规律。因为,保险经济是国民经济整体中的一个组成部分,保险的经营活动必然受到整个国民经济的性质和体制的制约,要与整个国民经济的性质和要求相适应。我国现阶段的国民经济是有计划的商品经济,而社会主义保险则是有计划商品经济的一个组成部分。因而保险的经营活动必须以有计划商品经济为依据,也就是要以有计划商品经济的客观经济规律为依据。在有计划商品经济的条件下有许多经济规律发生作用。然而,对于社会主义保险经营具有特别制约作用的是社会主义的基本经济规律和价值规律。

因为,有计划的商品经济,是以生产资料公有制为基础的商品经济。它与一般商品经济有本质区别的一面,又有相通的一面。有计划商品经济与一般商品经济,特别是与资本主义商品经济相区别的一面在于,有计划的商品经济是以生产资料公有制为基础的,是以没有剥削的等价交换关系为本质内容的商品经济。在生产资料公有制基础上产生的社会主义基本经济规律,对有计划商品经济的经济活动具有决定性作用。相通的一面在于,有计划商品经济与资本主义商品经济都是商品经济。既然都是商品经济,作为商品经济的基本规律:价值规律就必然存在并发生作用。

社会主义基本经济规律和价值规律是社会主义保险经营必须遵循的客观经济规律。那么社会主义的基本经济规律和价值规律的内容是什么呢?按照一般说法,社会主义基本经济规律的内容是:用在先进科学技术基础上使生产不断增长和不断完善的办法,来满足全体社会成员的不断增长的物质和文化生活需要。这条基本经济规律要求社会主义一切经济活动,都必须从满足社会需要出发,要以采用先进技术和发展生产为手段,以满足人们不断增长的物质和文化生活的需要为根本目的。价值规律的基本内容有两项:一项是在生产过程中由社会必要劳动量决定商品的价值量;另一项是在流通中要以价值为基础进行等价交换。价值规律在社会主义经营方面的作用,就是要求一切经济活动都要以经济效益为中心,以取得最佳的经济效益为企业经营活动的直接目标。

社会主义经济活动既要遵循社会主义基本经济规律,又要遵循价值规律。把社会主义基本经济规律和价值规律的作用统一起来,就是在经营原则上要求以满足社会需要为根本目的,以取得最佳经济效益为直接目的这二者的统一。社会主义基本经济规律和价值规律的上述内容和要求也适用于社会主义保险经营活动。社会主义保险经济方针、经营目标、经营方式、经营内容和经营决策,都要以社会主义基本经济规律和价值规律为客观依据,并与上述要求相适应。

二、社会主义保险的经营目标

依据有计划商品经济的客观要求,社会主义保险经营的目标应当是实现根本目的和直接目的的统一。所谓根本目的,就是最大限度地满足社会对保险的需求。所谓直接目的,就是取得保险经营的最佳经济效益。二者的统一,则表现为通过取得最佳经济效益,来满足社会对保险的要求。因而,取得最佳经济效益则是社会主义保险经营的中心点和落脚点。保险经营的根本目的与直接目的之间的关系,实质上是保险的社会经济效益与保险企业经济效益之间的关系。实现保险根本目的与直接目的的统一,实质上是实现保险社会经济效益与保险企业经济效益之间的统一。

社会主义保险经营要防止两种倾向:一是为了提高保险企业的经济效益而

减少对社会的保险服务，或者仅仅开展有利可图的保险种类和险别，不搞或少搞无利或微利的险种或险别，因为这样做会从根本上违背社会主义基本经济规律的要求；二是片面强调为社会提供保险服务，而不讲求企业经济效益，乃至不惜亏本，一味强调为社会提供保险服务。这种做法不仅违背有计划商品经济和价值规律，也不符合社会主义基本经济规律的要求。因为保险企业长期亏损意味着保险经营入不敷出，不仅没有为社会创造或保存财富反而浪费了大量社会财富，这样也就不能满足人们日益增长的物质和文化需要，因此，既为社会提供保险服务，又能取得经济效益，才是社会主义保险经营的最终目标。

三、社会主义保险经营的内容

由于社会主义保险经济是有计划商品经济的一个组成部分，要与有计划商品经济的要求相适应，因而，社会主义保险经营的内容，是由有计划商品经济的内容和发展程度决定的。从长期看，有计划商品经济是随着社会生产力的发展而不断发展变化的，因此社会主义保险经营的内容和范围也不是固定不变的。然而，就一定时期来看，有计划商品经济的发展程度具有一定的内容。在一定时期内社会主义保险经营的内容和范围，又是相对稳定的。按照现阶段我国有计划商品经济发展程度和要求，社会主义保险经营的基本内容应当包括以下三方面：一是围绕经济补偿这一保险的基本职能进行的直接保险业务活动；二是与保险补偿职能相联系的防灾、减损活动；三是保险基金运用活动。这三项经营活动既是互相联系、互相促进、不可缺少的，又是各自相对独立、有主有次的，其中经济补偿是保险经营活动的主要内容，防灾、减损和保险基金的运用，是辅助内容。

当前在保险理论界和实务界，对社会主义保险经营的内容及各项内容之间关系上，存在着不同的看法。有一种观点认为，经济补偿是保险的唯一职能，防灾、减损不是保险的职能，因而，经济补偿是社会主义保险经营的唯一内容，而防灾、减损则不属于社会主义保险经营的范围，这种认识显然是不妥当的。社会主义保险经济，是建立在生产资料公有制基础上或者说是以生产资料公有制为主导的保险经济，社会主义保险经营的根本目标，是为了预防灾害的发生，减少灾害所造成的经济损失和通过经济补偿迅速恢复和发展经济，因而，灾前防范和灾后补偿都是社会主义保险经营不可缺少的内容。单纯的补偿不是社会主义保险经营的全部内容，也不符合社会主义基本经济规律的要求。另一种观点认为，社会主义保险虽然包括经济补偿和防灾、减损两项内容，但防灾、减损则是社会主义保险经营的主要内容，"以防为主"是社会主义保险经营的一条根本原则，因而主张把防灾、减损放在社会主义保险经营的首位。这种认识也有不妥之处。诚然，就社会主义国民经济整体运动而言，"以防为主"，把防灾、减损放在社会主义经济保障活动的首位，无疑是正确的。因为社会主义国民经济保障机制体系，是由多种不同职能的机制组成的。在这个机制体系中，有些机制主要是承担防灾、抗灾、减损和防止意外事故发生的职能，例如：地震预测预报、防洪、抗洪、台风的预测预报以及消防和交通管理等部门都属于此类机制。有些机制则主要承担灾后补助、救济为主，预防为辅的职能，如财政、民政等部门则属于此类机制。有些机制承担灾后补偿为主，灾前预防为辅的职能，如商业保险和社会保险等就属于这一类机制。在社会主义条件下，就这些机制的总体职能而言，应当足以灾前预防为主，灾后补偿为辅。然而，就社会主义保险来说，就不能以灾前预防为主，以事后补偿为辅，而应当是以灾后补偿为主，灾前预防为辅。如果我们认为保险也是以防为主，以补为辅，就会把主要精力放到防灾减损方面，而把经济补偿和与经济补偿有关的保险业务放在次要地位。

在保险公司是否应当运用保险基金的问题上，也存在着不同的看法。有人认为，社会主义保险企业的基本职能就是搞经济补偿，至于保险基金的运用则不属于保险企业经营的内容，而是属于银行或其他金融组织的业务范围。这种认识是不全面的。应当看到，社会主义国营保险企业直接运用保险基金不仅是必要的而且是必然的，这是由有计划商品经济和保险经济发展的一般规律决定的。其理由是：首先，保险经济是商品经济一个组成部分，货币是商品价值的表现形式，商品价值的保值和增值是价值自身的内在要求。而保险企业对保险基金的直接运用，是保险基金保值和增值的主要途径。其次，就当代保险的性质来说，有些保险险种，特别是人身保险本身就具有投资性质。保户投保的目的不仅是为了得到经济补偿，而且也是为了获得利息或红利。保户所得的收益，大大超过其自身所缴纳的保险费数量，其超过部分是来自保险企业对保险基金的直接运用所增值的部分。如果保险企业把保险基金交由银行运用，自己仅得到存款利息，是远远不能达到保户要求的。那样，保险基金的来源就会大大缩减，保险企业也会萎缩。第三，当代保险业之间存在着激烈的竞争，而降低保费，扩大承保责任，是保险业竞争的普遍手段。由此导致直接保险业务利润减少乃至亏损，其亏损部分往往是依靠保险企业对保险基金的直接运用所获得的盈利来弥补，因而保险企业直接运用保险基金则成为保险业的存在和发展的一个必不可少的内在要素。

四、社会主义保险经营的分保

分保是保险经营的重要手段或方法之一。社会主义国内保险业务要不要在国内分保,这是社会主义保险理论中的一个重要课题,需要认真地探讨,并给予科学的说明。有一种观点认为,社会主义保险不同于资本主义保险的一个重要方面,在于资本主义保险是私人的、分散的,因此需要采用分保经营方式;而社会主义保险是公有制的国家保险,它需要集中管理,统一经营,既不需要也不可能进行分保。这种认识是不对的,事实上,社会主义国内保险业务不仅需要分保,而且还需要逐步建立发达的国内保险业务的分保市场。这是由以下几个客观原因决定的:

首先,保险经营的一般规律,是社会主义分保的一般原因。承保风险和分散风险的统一是保险的一般规律。承保风险是保险企业经营的基本内容,承保风险的额度要与企业自身的偿付能力相适应,是保险经营的基本原则。按照自身承保能力吃足自留额,将超出自留额以外的风险通过分保方式分散出去,是保持保险业务经营稳定性的主要手段,也是实现保险经营一般规律的基本方法。因为承保和分保是同一过程的两个方面:承保是分保的前提,没有承保当然就没有分保;分保又是承保的基础,没有合理的分保作基础,就不可能有稳定的承保。从这个意义上讲,分保是保险的一个条件,没有分保也就没有保险。因而,分保是保险经营一般规律的客观要求。

其次,有计划商品经济的客观要求,是社会主义分保的根本原因。因为社会主义保险经营要实现价值规律,就必须使各级分公司成为相对独立的经营保险业务的经济实体。这样,在各个独立核算的保险业务经营单位之间就必然建立分保关系,通过分保实现保险业务经营的稳定性和保险财务的稳定性。可见,实行分保是有计划商品经济的客观要求。

第三,保险经营管理体制改革的深入发展,是社会主义分保的直接原因。在我国现阶段,由于旧经济体制仍然占据主要地位,有计划商品经济仍处于形成过程中,随着经济体制改革的深入,我国的保险体制也必然相应地改革。保险体制改革的基本方向,是按照有计划商品经济的要求,把高度集中统一的经营管理体制,改变成为计划机制和市场机制并存,中国人民保险公司和其他保险组织并存的多家经营保险的体制。因而,在中国人民保险公司与各种保险组织、中国人民保险公司分公司之间的横向分保以及中国人民保险公司内部总公司和分公司以及各分公司之间的纵向分保,就成为社会主义保险经营的必然趋势,也是社会主义保险体制改革的必然结果。

五、社会主义保险基金的运用

通过保险市场运用保险基金,是社会主义保险经营的重要内容。为此,对有关保险基金运用的一些基本问题,应当着重加以研究。

(一)社会主义保险基金的外延和内涵

社会主义保险基金的外延和内涵,是指社会主义保险基金量的范围和质的规定性。目前,在理论上对其量的范围和质的规定性还存在着某些误解。这些误解影响着对保险基金的正确运用和社会主义保险事业的发展。为了更好地研究保险基金的运用问题,有必要对以下几种误解予以澄清。

1. 把保险费和保险基金混为一谈。例如说:"保险基金是通过法定或合同的方式,由各单位或其他组织或个人在确定的条件下,缴付规定数量的保险费而建立起来的一种货币基金。"从严密科学的角度来看,上面的表述至少有以下几点不足:第一,缩小了保险基金的范围。这里所说的保险基金仅仅是指属于商业保险公司经营的保险基金而言,而将保险公司以外的单位自保基金和国家后备基金中的保险基金排除在社会主义保险基金的范围之外,显然是不妥当的。按照马克思在《哥达纲领批判》中所说的,保险基金并非是指商业保险基金,而是指作为国家的后备形式的保险基金。这种形式的保险基金不是来自个别投保单位或投保个人的保险费,而是从社会总产品中的直接扣除。从我国的实践来看,作为完整的社会主义的经济补偿制度,应当包括保险公司经营的保险、国家后备保险和单位自保在内的完整社会主义保险体系。因此,单位自备的保险基金和国家后备形式的保险基金,也应当属于社会主义保险基金的范围。第二,就商业保险而言,其保险基金也不是仅仅来自保户缴纳的保险费。任何一个保险公司在其开办之初都必须自筹一定数额的货币资金充当保险基金,例如中国人民保险公司就有5000万元人民币的自有保险基金。第三,表述还会造成这样一种误解,即似乎保户所缴纳的全部保险费都形成保险基金,而事实上并非如此,其中一部分是作为保险公司经营保险业务费而被消耗掉了。总之,保险费和保险基金是既有联系又有区别的两个范畴,不能混为一谈。

2. 把保险基金与保险利润混为一谈。我国现行的保险企业征税办法,就是这种误解的明显例证。按照现行税则,保险公司要向财政缴纳5%的营业税、55%的所得税和15%的调节税。所得税和调节税都是对企业的纯盈利征收的税种,而保险公司所缴纳的所得税和调节税都是出自保险基金。很显然,这是把保险公司的保险基金当作保险公司的盈利了。然而,保险基金本身并不是保险公司的盈利,而是保险公司对被保险人(包括经济单位,下同)的负债或自有资金。分析一下我国保险费的组成，这个问题就清晰可见了。我国现行的保险费从总的方面看可分为非保险基金和保险基金。非保险基金主要是保险企业在经营保险业务过程中的各类费用支出和保险企业提取的公益金等。保险基金包括赔款准备金、责任准备金、其他准备金和总准备金。前几项准备是属于已经发生灾害事故的应赔基金或未了责任可能发生的灾害事故的应赔基金或应付保险金，显然不属于利润范畴。总准备金虽然在近期内可能不会被作为赔付资金而支出，暂时以"盈余"的形式存在着，然而从长期看，它是用来补偿巨大灾害和意外事故的准备基金，而且或迟或早必将作为补偿基金而赔付出去。因此，从本质上说，总准备金是对投保人的负债而不是盈利。应当看到，虽然这几种准备金都是保险基金，然而，总准备金是具有后备意义的保险基金。如果把这部分基金作为保险公司的盈利而以税收的形式收归财政所有，保险基金实际上就不存在了。

3. 把补偿性扣除误认为是积累性扣除。马克思在《哥达纲领批判》中阐述社会主义总产品分配时，讲了三项经济上必需的扣除。对这三项扣除，马克思分别使用了三个概念：第一项扣除是用来"补偿"消费掉的生产资料部分；第二项扣除是用来扩大再生产的"追加"部分；第三项扣除是用来"应付"不幸事故自然灾害等的后备基金或保险基金。很明显，第一项扣除是属于补偿性的扣除，是对过去的物化劳动转移到此次生产过程产品中的原有价值的扣除，它的功能是维持原有规模的简单再生产。第二项扣除是积累性的扣除，是对此次生产过程中新投入的劳动所形成的新价值的扣除，它的功能是用来扩大再生产。第三项扣除，从形式上看，既不属于补偿已消耗掉的生产资料的补偿性扣除，也不属于用于扩大再生产的积累性扣除，然而从本质上考察，它属于补偿性的扣除。因为从整个社会看，每年都有一定数量的自然灾害和意外事故发生，都会毁掉一定数量的物化劳动，使简单再生产的条件受到一定的损失，因而每年都要从上年扣除的保险基金中得到一定数量的物质补偿，使简单再生产得以顺利进行。这部分用来补偿灾害事故所造成损失的物质资料视同在生产过程中实际消耗掉的生产资料，因而保险费用和保险基金的扣除，实际上是对由前一生产过程创造的、用于补偿这次生产过程灾害损失的物质资料的扣除，因此是属于补偿性的扣除。这就是保险基金质的规定性。保险基金的这种质的规定性，决定了保险基金不是盈利，不能用作积累和扩大再生产。如果硬要把保险基金当作利润，通过税收转为积累资金用于扩大再生产，就是"杀鸡取卵"，靠牺牲简单再生产搞扩大再生产，其结果不仅扩大再生产不可能实现，而且正常的简单再生产也难以维持。

综上所述，社会主义保险基金量的范围应当包括保险公司等保险企业的保险基金、国家后备基金中用于保险的基金和企事业单位自保基金这三部分的货币基金。社会主义保险基金的质的规定性，是对在社会主义生产过程中用于补偿灾害和事故损失而耗费掉的物质资料价值的扣除。

（二）社会主义保险公司运用保险基金的基本原则和主要形式

社会主义保险与一般保险相比，既有共同性的一面，又有其特殊性的一面，因而社会主义保险公司运用保险基金，既要遵循保险基金运用的一般原则，又要坚持社会主义保险基金运用的特有原则。概括起来，社会主义保险基金的运用至少要遵循以下几条基本原则．

1. 必须遵循资金返还的原则

这是由保险基金的一般性质决定的。保险基金是补偿性的货币资金，它的基本职能是补偿由灾害事故所致的经济损失和人身保险金的给付。保证提取，不误使用，这是保险基金实现职能的基本要求。因而，对保险基金的使用必须是定期使用，按期返还。

2. 要坚持有利于发展社会主义经济的原则

这是由社会主义经济的性质和特点决定的。社会主义经济是有计划的商品经济。它不同于一般商品经济的突出特点是社会生产的计划性。而发展社会经济，满足人民的需要，是计划的集中体现和计划性所服从的基本原则。社会主义保险基金的运用也必须从这个基本原则出发，按其要求考虑运用方向、投放数量、时间、空间和具体投放标的。只有如此，才能有利于社会主义经济的发展，有利于满足社会需要。如果不顾社会经济发展的需要，单纯追求保险公司的盈利，那就违背了社会主义保险基金运用的基本原则。

3. 要遵循区别对待的原则

参加保险的具体行业和投保的具体标的是各不相同的，各种不同的危险标的发生自然灾害和意外事故的条件、机率以及赔付程序和赔付额度各异，从而各类保险标的对保险基金的需求也不相同。有些保险标的，例如农业方面的养殖业和种植业，发生灾害的几率高、偶然性大，随时可能出现赔付的需要，其保险基金用于赔付的几率就高。因此，不宜作长期性和固定性的投放。有些保险标的，例如职工养老金保险，需要给付的时间和金额都比较稳定，而且保险费从收缴到给付的间隔时间也较长，其保险基金就适于投放较大标的和较长时期的建设项目。总之，要根据保险标的的特点及其对赔付的不同要求确定运用保险基金的方向、项目、时间、空间，而不能一律对待。

4. 坚持保险公司盈利和向国家纳税的原则

社会主义保险公司要不要盈利，要不要向国家纳税，对这个问题人们的看法很不一致。比如：有人主张社会主义保险公司既不应该盈利，也不应该向国家纳税，这是一种误解。社会主义保险公司既然是社会主义企业，就既要盈利，又要向国家纳税。因为，社会主义保险公司的企业性和商品性与一般企业相同。商品经济和商业经营原则同样适用于社会主义保险公司。自负盈亏，取得盈利，壮大自身经济实力，是商品经济的一般原则，也是保险公司经营的一般原则。保险公司有盈利，当然应该向国家纳税。如果强调保险公司既不应该盈利，也不必纳税，这实际上是把保险公司当作事业单位或"慈善机关"了。这就否定了保险公司的企业性质，是与有计划商品经济的性质不相符合的。

社会主义保险公司的特殊性质不在于是否盈利和纳税，而在于它的盈利和纳税的来源是二重的。一重是来自保险费。社会主义的保险费率应当降到最低限，这个最低限一般包括以下几个要素：（1）用作补偿和给付的保险基金，这是基本的；（2）保险公司最必要的各项开支；（3）保险公司的微利。这个微利应当是多少，要视不同险种、险别而定。保险公司从保险费用中所得到的微利，包括应向国家缴纳的税款。保险公司的盈利和税款的另一重来源，是保险公司对保险基金的运用而取得的盈利。这部分盈利率和税率应当视保险基金投放的部门和行业而定，原则上应当与社会上从事同种生产、经营活动的企业一视同仁。保险公司的盈利、自身发展所需要的资金和向国家纳税的主要来源，是对保险基金运用的盈利，而不是其所收取的保险费。

社会主义保险公司运用保险基金的形式，从发展的趋势来看，主要有以下几种：一是向银行存款，获得银行利息。这种形式虽然获利较少，但可以随时支取，能够保证赔付和给付保险金的需要，因而是必要的。二是由保险公司直接向社会放款。这种形式比向银行存款能够得到较高的利息收入，有利于增强保险公司的经济实力，但放款要有一定的期限，如随时提用不如在银行存款提取方便。三是保险公司购买股票等有价证券，投资于生产建设和经营领域，使保险企业与其他各类经济企业实现内在的结合。这种形式可以得到较高的股息收入，有利于保险事业的发展，但占用资金的时间较长并要承担一定的风险。四是保险公司直接投资和经营企业。这种形式可以获得更多的利润，但承担风险更大、投资更多、占用时间更长。一旦经营不善，将会蒙受经济损失。

（三）保险公司运用保险基金的基本条件

保险公司运用保险基金必须具备哪些基本条件呢？

它的外部条件有以下几条：首先是思想条件。由于我国的商品经济不够发达，保险事业尤为不足，人们对保险基金的运用缺乏必要的认识。在一些人的头脑中，甚至认为社会主义保险公司直接运用保险基金，是违背社会主义原则的。基于这种认识水平，很难谈及保险基金的运用问题。为此，必须采取有效的形式，积极宣传社会主义保险和运用保险基金对于社会主义现代化建设的重要意义。其次，国家要明文规定允许保险公司独立自主地运用保险基金，并且要有关于保险公司直接运用保险基金的法律规定。考虑到我国经济法规尚不健全和制定法规的复杂性，为了尽快开展保险基金的运用活动，国家可先制定出"保险基金运用暂行条例"，在实践中逐步完善，最后形成法律。再次，需要形成一个国内金融市场和证券交易市场。保险公司无论向社会直接放款，还是购买有价证券，还是直接投资于各类产业，都必须借助金融市场和证券市场融通资金。

就保险公司内部而言，需要具备以下几个基本条件：首先，保险公司内部要有一个相应的机构，负责研究国内外保险基金运用的情况和经验，组织保险基金运用活动。其次，要培养运用保险基金的专门人才。再次，是必要的物质条件。我国国内业务停办 20 年，直到 1980 年才正式恢复，缺少基本的物质设施，因此，改善保险公司的物质条件也是保险公司运用保险基金和发展社会主义保险事业的重要前提。

第四部分　社会主义保险市场的经济效益

社会主义保险的经济效益，是通过保险市场实现的，因而，保险经济效益是保险市场的重要内容。

一、保险经济效益的含义

保险经济效益，是经济效益的一般原理在保险经济中的具体体现。经济效益一般原理的基本内容是：在生产或经营过程中所耗费的物化劳动和活劳动与所取得的符合社会需要的经济成果之间的比较关系或比例关系。这里的关键是符合社会需要。只有符合社会需要的劳动及其形成的经济成果，才是形成经济效益的劳动和成果。所谓"符合社会需要"有两层含义：一层是说某种劳动及其成果必须是社会所需要的劳动和成果，如果它根本不为社会所需要，也就无经济效益可言；另一层意思是说，虽然某种劳动及其经济成果为社会所需要，但如果这种劳动支出的总量及其形成的经济成果总量超过了社会需求的总量，则超过部分不能形成经济效益，而且超过部分越多，浪费也就越大。在物质生产领域中，符合社会需要的产品，就是经济效益的物质内容，投入生产中的物化劳动和活劳动的总量与被社会所承认的产品所包含的社会必要劳动总量之间的比例系数关系，就是取得经济效益的程度。这个比例系数越大，经济效益就越高。

保险经济活动，不是直接的物质生产经营活动，它是通过为社会提供经济补偿和给付及防灾减损而为社会提供经济保障的劳务活动。保险经济活动，虽然不直接生产或增加物质产品，但它可以减少物质损失，保存物品价值，并通过经济补偿和给付来尽快恢复物质生产并形成新的物质财富。因而保险经济活动是恢复保存和形成新追加价值的社会劳动。

由于保险经济活动有其自身的特点，保险经济效益也有其特殊的表现形式。按照经济效益的一般原理，保险经济效益可大致表述为：以尽可能少的活劳动耗费和物资消耗，为社会提供尽可能多的符合社会需求的保险劳务。其实质是保险经济活动所耗费的物化劳动和活劳动的总量与被社会所承认的保险劳务成果所包括的社会必要劳动总量之间的比较关系，这种比较关系表现为保险经济活动各项费用的货币总量（其中包括保险固定资产折旧费、各项经营管理费、防灾防损费、职工工资和用于经济补偿和给付的货币支出等）与被社会所承认的各项保险劳务所值的货币量（其中包括由于保险企业提供防灾、防损劳务而避免损失的那部分物质产品的货币量，保险企业提供的经济补偿和经济给付的货币量以及由于经济补偿恢复生产而增加的那部分产品的货币总和）之间的比较关系。这里的关键仍然是保险经济活动是否符合社会需要及其符合社会需要的程度。首先是全社会范围内的保险经济活动所支出的劳动的总量，是否符合社会对保险经济活动所需要的劳动总量，如果超过了社会需要，则超出部分不能形成保险经济效益。其次是某个险种和险别所支出的劳动是否符合社会需要。如果某个险种或险别根本不为社会需要，则为其支付的全都劳动就不能为社会所承认，也就不能形成保险经济效益；某个险种或险别虽为社会需要，但为其所付出的劳动量超出了社会需要，则超出部分也不能形成保险经济效益。

保险经济效益也可以从社会经济效益和企业经济效益两个方面考察。保险经济活动的社会经济效益具体表现为有形效益（或直接效益）和无形效益（或间接效益）两种形态。有形部分包括保险经济补偿的货币或实物和防灾、防损所避免或减损的物质产品，无形的保险经济效益，是指由于保险企业提供了经济保障，使那些没有发生灾害损失的投保者，也得到经济保障，并由于有了经济保障而使企业敢于发展经济，勇于革新技术，使生产和经营得到扩大和发展，这是保险经济效益所特有的内容。保险企业的经济效益，则集中表现保险企业的盈利。

保险的社会经济效益与保险企业的经济效益之间,既有一致的一面,又有矛盾的一面。其一致表现为保险企业的经济效益是保险社会经济效益的基础,保险企业经济效益的提高,为保险业的进一步发展和取得更大的社会经济效益创造了物质条件。保险社会经济效益的提高,意味着保险经济补偿职能和防灾减损职能的充分发挥,这不仅有利于促进国民经济的发展,而且可以提高保险业的声誉,扩大保险业务,从而为保险企业取得更大的经济效益创造条件。两者矛盾的一面表现为,在保险费收入额度一定的前提下,保险的社会效益的提高（主要指保险企业对保户的赔付额）,可能带来保险企业经济效益（即利润）的减少,同样,保险企业经济效益（即利润）的提高,也可能带来保险社会经济效益即赔付额的减少。因此,必须正确处理二者之间的关系,其主要方法是确立科学的考核保险经济效益的指标。

二、考核保险企业经济效益的主要指标

社会主义国家考核保险企业经济效益的主要指标是:保险平均成本利润率、保险平均赔付率、保险平均赔付成本率和保险基金运用平均盈利率。

保险平均成本利润率指标,是指在一定经济技术水平条件下,大多数保险企业每经营一定额度的保险金额所得到的收入与平均成本的比率,即社会所承认的成本盈利率。用公式表示:

$$保险成本利润率 = \frac{保险平均价格 - 保险平均成本}{保险平均成本} \times 100\%$$

保险平均价格,是在一定经济技术条件下,大多数保险企业每承保一定额度的保险金额所应得的保险费,也就是被社会所承认的必要的保险费。其具体内容包括平均赔付额、平均固定资产折旧费、平均经营管理费、平均防灾减损费、平均巨灾准备金和平均利润等多种要素。

保险平均成本,是指在一定经济技术条件下,大多数保险企业每承保一定额度的保险金额所应付出的物化劳动和形成工资的那部分活劳动的总和,其中包括平均赔付额、平均固定资产折旧费、平均经营管理费、平均防灾减损费和平均巨灾准备金,即上述保险平均价格中扣除平均利润后的全部内容。保险平均成本应包括保险赔付额和巨灾准备金在内,但考虑到在保险平均价格已定的前提下,保险平均利润与保险平均成本之间,是此长彼消的关系。如果把每个企业的个别赔付额列入保险平均成本中,就会出现保险平均利润与保险赔付额两者互为消长的关系:要想多得利润,就要降低赔付额;如果增加赔付额,就

会减少保险利润。在现实经济生活中，就可能出现为了提高本保险企业的利润率，而采取该赔的不赔或该多赔的少赔的错误做法。为了避免这种情况发生，在考核保险企业平均成本盈利率指标时，不把企业的个别赔付列入成本，而只把社会平均赔付额列入成本。又由于通过科学方法计算出来的社会平均赔付额，从长期看迟早要赔付给保户的，但由于自然灾害和意外事故的发生具有很大的偶然性，如某年发生灾害损失很少，则当年的实际赔付额就低于社会平均赔付额；某年发生巨灾损失，当年的实际赔付额就会大大超过社会平均赔付额。由此，各自然年度的平均成本利润率就出现高低起伏。这种由自然因素造成的平均成本利润率的起伏，往往掩盖了保险企业经营管理好坏的真实情况。从而影响国家对保险企业经营状况的正确评价。因此，在考核平均成本时，剔除平均赔付额因素，将其另外列项，单独考核。少灾之年，实际赔付率会低于平均赔付率，而企业也只得平均利润，节余部分作为巨灾准备金积累起来，用作巨灾之年的赔付；大灾之年，实际赔付率会高于平均赔付率，不足赔付部分从巨灾准备金中支付，使企业在大灾之年仍能得到平均利润。

保险平均成本利润率指标既是衡量保险企业自身经济效益的指标，也是衡量保险企业经营管理水平的综合指标。因为在保险平均价格一定的条件下，保险企业的利润是与保险成本的增减相联系的。要想得到平均利润，必须使保险成本符合由社会必要劳动量决定的平均成本水平。如果高于社会平均成本水平，则企业利润下降，甚至亏损；如果提高利润水平，就只有靠加强经营管理，提高工作效率，减少物化劳动和活劳动的消耗，使个别成本低于社会必要的平均成本，从而取得超额利润。在这种条件下，保险企业的利润率越高，社会效益也就越好，实现了保险企业自身经济效益与社会经济效益的一致。

保险平均赔付率指标，是考核保险企业社会经济的重要指标。保险平均赔付率是由社会必要劳动时间决定的，社会所承认的赔付标准，也就是在一定的经济技术条件下，大多数保险企业承保一定的保险额度所赔付的金额与所收保险费额度的比率。用公式来表示：

$$平均赔付率 = \frac{平均赔付额}{平均保险费} \times 100\%$$

计算平均赔付额是有一定客观标准的，其计算方法是：在运用概率论和大数法则原理计算出来的保险损失额的基础上，增加约5%的安全系数。

平均赔付率是考核保险企业社会经济效益的主要指标。在一般情况下，社会主义保险企业应当实现平均赔付率指标，而不应过高或过低。赔付率过高，其原因或是由于保险费率定得太低，不能满足实际赔付的需要；或是因为承保质量和理赔质量过低而加大赔付额，这两种情况均属保险企业经营管理不善。赔付率过低，其原因或是因为保险费率定得过高，超过了实际赔付的需要；或者是由于保险企业采取不正当的手段，该赔的不赔，该多赔的少赔。这样，不仅增加了保户的负担，而且在目前保险企业尚不能充分运用保险基金的情况下，会积压大量保险基金，不仅影响发挥保险的补偿作用，而且不利于保险社会经济效益的实现。

平均赔付成本率指标，是指在一般条件下，大多数保险企业完成同等数量的赔付额所花费的平均费用与赔付额度的比率。例如甲、乙、丙三个保险企业，同样都实现100万元的赔付额，而某甲花费1.5万元，某乙花费1万元，某丙花费0.5万元。其个别赔付成本率分别为1.5％、1％和0.5％。当时的社会平均赔付成本率为1％。这时，某乙的个别赔付成本率恰好与社会平均赔付成本率相等；某甲则高于社会平均赔付成本率而亏损；某丙则低于社会平均赔付成本率而得到额外利润。上述事例表明，甲、乙、丙三个保险企业由于经营管理水平不同，从而他们的保险社会经济效益和企业经济效益也不同。

由于平均赔付成本包括折旧费、经营管理费、防灾减损费和工资等多种因素，所以平均赔付成本率的升降，意味着保险成本的增减。如果社会平均赔付成本上升，则保费就要增加；反之，保费则下降。一定时期内的社会平均赔付成本率是衡量保险企业赔付成本水平的尺度，高于者，说明经营管理不善，经济效益减少；低于者，说明经营管理水平高于平均水平，经济效益增长。

保险资金运用平均盈利指标，是指在一定条件下，保险企业每运用一定数量的保险基金所得到的平均利润与所运用的基金额度的比率。例如：某保险企业每运用10000元保险资金，平均得700元利润，其保险资金运用平均盈利率为7％。目前，由于各种原因，国营保险企业的保险基金并未得到充分运用。但从长远看，合理运用保险基金是保险企业经营活动的重要一环，是保险事业能否发展壮大的关键。社会主义国营保险企业运用保险基金越多，就越能充分发挥社会资金的作用，提高资金利用率，增加社会物质财富。同时，也能更好地提高保险企业自身的经济效益，增强自身的经济实力，从而促进保险事业的发展。因而，保险资金运用的平均盈利率成为衡量保险企业经营管理水平和经济效益水平的一个重要指标。

上述各项指标，只是考核保险企业经济效益的主要指标，而不是全部指标。如能抓住这几项主要指标进行认真考核，可以基本上解决对保险经济效益的考核问题，并能提高保险企业自身的经济效益和社会经济效益，从而促进社会主义保险事业的健康发展。

三、讲求保险经济效益的重要意义

首先,讲求保险经济效益有利于端正保险企业的服务方向。按社会主义基本经济规律的要求,社会主义保险企业必须把满足社会生产和人们生活的需要作为根本目的。因而,社会主义保险企业必须把讲求社会经济效益、为社会提供优质保险服务、促进社会主义国民经济的发展和保证人民生活的安定放在第一位。

应当强调指出,社会主义保险企业讲求保险的社会经济效益,并不是不顾实际可能和承保质量,任意扩大承保范围和责任范围;更不是不顾理赔原则,任意扩大赔付范围和提高赔付额度。而是讲求合理的承保范围、合理的防灾减损和合理的赔付率。所谓合理,就是实事求是,符合社会需要,符合价值规律和保险自身运动规律的要求。否则,就是对社会财富的浪费。

其次,有利于促进新险种的发展和保险企业的竞争。从社会主义保险企业自身的要求来看,社会主义保险企业是独立核算、自负盈亏的经济实体。它不仅要维护好国家的固定资产和流动资金,而且还必须自我发展、自行壮大,其物质基础就是保险企业自身的经济效益,即保险企业盈利。

保险企业为了提高自身的经济效益,必须注意对不同险种的经济效益进行比较和选择,发展那些符合社会需要、经济效益高、利润大的险种,不断开拓新险种。通过企业间开展合理适度的竞争,提高自我生存和自我发展的能力。

第三,有利于国家对保险业的管理。国家通过对各保险种类经济效益的比较,可以掌握各保险种类的效益高低和各保险企业的经营情况,从而对各类险种和各类保险企业作出正确的决策。对有利于社会经济发展、经济效益高的险种给予大力支持;反之,对少数经济效益低、不为社会所需要的险种,加以限制乃至取消。

第四,有利于国家建立合理的经济保障制度。从社会主义国家对整个风险管理和建立社会主义经济保障制度的角度看,国家通过对保险、财政后备、民政救济、企业自保和社会保险等各类经济保障形式的经济效益的比较,就可按照社会各行业,包括企业和个人对各种不同的保障要求,分别采取适合其特点的经济保障形式,从而建立起符合我国国情的、经济效益最佳的社会经济保障制度。

四、提高保险经济效益的主要途径

(一)在扩大承保范围,增加保费额度的同时,注重提高保险质量

保险企业自身的经济效益和社会经济效益,都必须以一定的承保范围和一

定额度的保费收入为前提。从社会经济效益看，承保范围越广，保费收入越多，意味着保险覆盖率越高，赔付能力越强，其保障社会生产，安定人民生活的作用也就越大，保险的基本经济职能就越易于实现。从保险企业自身的经济效益看，保险企业的利润量取决于成本利润率和保险费额度。在成本利润率一定的前提下，保险企业所获得的利润的多少，取决于保费收入的数量。因此，国营保险企业应在可能限度内，积极扩大承保范围，增加保费收入，为不断提高经济效益创造条件。但是，要实现这一点，关键在于不断提高保险质量。所谓保险质量，主要指展业、承保、理赔和结算等各个业务环节的质量。如果不注意保险质量，承保范围的扩大和保险收入的增加，不仅不能给企业增加盈利，相反，还可能出现利润下降乃至亏损。

（二）在搞好直接业务的前提下，积极配合有关部门开展保险管理和防灾减损活动

保险的基本职能是补偿灾害所造成的经济损失和对人身保险的给付。因而，保险企业要把主要精力放在开展宣传、展业、承保和理赔等直接保险活动上，这是提高保险经济效益的基础。然而，配合消防、交通管理、医疗、气象、防洪、地震等有关部门，共同做好风险管理和防灾减损工作，做到防患于未然，减少灾害发生的几率，避免可能发生的灾害损失，或者减轻已经发生的灾害事故的损失，这也是取得保险经济效益的重要措施。

（三）改善经营和加强管理

这是不断提高保险经济效益的重要途径。目前，在我国保险业务经营和保险企业管理中，经济效益的潜力很大。因而，既要注意改善保险业务经营的技术和方法，提高经营水平，又要加强保险企业管理，提高工作效率。所谓改善保险企业经营，主要是按照商品经济原则和价值规律，把保险公司作为独立核算、自负盈亏的经济实体，来经营保险业务。对该保而又能保的则保，不该保或不能保的则不保；该赔则赔，不该赔的则不赔，该赔多少，就赔多少，决不能把保险当作慈善事业和福利事业来办。那种不顾条件随意承保，或不讲原则随意赔付等不计成本、不讲该算的做法，都是不符合社会主义保险经营原则的，应当彻底摒弃。加强保险企业管理，包括加强展业、承保、核单、理赔和财务等直接的保险业务的管理，保险企业的人、财、物的管理以及与保险企业有关的风险管理等。其中特别要加强保险直接业务活动的管理。通过加强管理，做到责权分明、制度严谨、关系协调、渠道畅通、互相促进、提高效益。

（四）把培养人才作为提高保险效益的根本大计

保险业务活动是一项专业性、技术性和科学性很强的经济活动。作为一个

完善的保险企业,应当拥有懂专业、懂科学技术、懂经济、懂法律、懂经营管理等方面知识的专门人才,才能把现代保险企业经营管理好,才可能取得较高的保险社会经济效益和保险企业自身的经济效益。因此,当务之急是下大力气培养保险业务人才和保险经营管理人才。

(原载于《社会主义初级阶段的金融市场》,
南开大学出版社 1989年版)

略论保险经营的财务稳定性

保持保险经营的财务稳定性，既是国家对保险企业经营保险业务的基本要求之一，也是保险企业自我生存和发展的基本条件。因此，在理论上探讨保险经营财务稳定性的规律性，阐明其基本原理，对实现保险经营财务稳定性有重要的意义。本文就保险经营财务稳定性的几个基本理论问题，进行初步探讨。

一、保险经营财务稳定性的含义

目前，在我国保险界，对"保险经营财务稳定性"这一概念主要有两种理解。一种理解认为，保险经营的财务稳定性，是表示保险企业承保的业务实际发生的赔偿支出超过其收入的净保费的可能程度。就是说，保险经营的财务稳定性，表现为保险企业当年所发生的实际赔付金额与当年期望收入的纯保险费金额之间的对比关系。入能敷出，表示财务稳定；入不敷出，表示财务不稳定；入不敷出的量越大，则不稳定的程度越高。另一种理解认为，一个保险企业财务的稳定，表现在它所积累的保险基金足够履行可能发生的全部巨额赔偿责任；一个保险企业的财务不稳定，表现在它所积累的保险基金不足以应付突然发生的较大数额的赔款，如果发生巨额赔款则将会导致经营失败或影响其财务收支计划的平衡。这种理解是说，保险经营的财务稳定性，主要表现为保险企业所积累的保险基金数额与突然发生的巨灾、巨损所需之巨额赔款之间的对比关系。

上述两种理解，分别从两个侧面反映了保险经营财务稳定性的内容，因而，都有其合理正确的一面；但不足之处在于它们都没有反映出保险经营财务稳定性的全部内容。据我个人理解，保险经营财务稳定性的概念，应包括以上两种表述的全部内容，即：一是保险企业当年预期收入的纯保险费的额度，能够应付当年实际发生的正常年景的赔偿需要；二是保险企业以往积累的保险基金额度，能够应付当年发生的巨灾、巨损所致的超出正常年景巨额赔款的需要。达到上述两项标准的保险企业，其财务是稳定的；反之是不稳定的。基于上述分析，我们可以将保险经营财务稳定性表述如下：所谓保险经营的财务稳定性，是指保险企业当年预期收入的纯保险费和历年积累的保险基金的总和，与当年实际发生的正常年景所需赔款和巨灾巨损所需赔款总和之间的对比关系。当年预期收入的纯保险费和历年积累的保险基金的总和能够应付当年正常赔款和巨灾赔款的需要，则表明保险财务具有稳定性；反之则表明保险财务不具有稳定性。其不稳定的程度，取决于入不敷出的程度。

对保险财务稳定性作上述理解，有以下几点意义：

一是有利于实现保险业的稳定经营。由于保险经营的财务稳定性包括上述双重稳定的要求，保险企业既要按照科学计算的方法合理地收取保险费，建立当年正常赔付的各项赔偿基金，确保当年正常赔付的资金需要量，又要适度积累保险基金(一般称为总准备金)，确保突然发生的巨灾巨损赔付的资金需要量，从而为实现保险业务经营的稳定性奠定可靠的经济基础。

二是有利于实现保险的基本职能。保险的基本职能是对保险合同责任范围内的经济损失或人身损害，给予经济补偿或给付。保险财务具有可靠的稳定性，保险企业就有能力履行其对所承保的保险标的和人身所受之经济损失及身体损害给予足够的经济补偿或给付的义务，充分实现保险的基本职能。

三是有利于促进国民经济的发展和社会生活的安定。保险的主要作用之一是为国民经济的正常运转和人们生活的安定提供经济保障。保险的这种作用，是通过对其所承保的保险标的和人身的经济损失或身体损害给予经济补偿或赔付来实现的。而保险财务稳定性正是为实现上述作用提供了可靠的经济来源。

二、保险经营财务稳定性与纯保险费

保险经营的财务稳定性与纯保险费之间有着密切的联系，即合理的纯保险费收入，是保险经营财务稳定性的前提。因为，合理的纯保险费收入，可以保证正常年景的经济补偿或赔付的实现，这就意味着保险经营财务稳定性的基本实现。正常年景保险经营的财务稳定性，是整个保险经营财务稳定性的基础。在这个基础上，运用多年积累的总准备金，来应付巨灾巨损所致的经济损失，从而实现整个保险经营的财务稳定性。如果没有正常年景的保险经营财务稳定性作基础，仅靠总准备金是绝对不可能实现整个保险经营的财务稳定性的。由此可见，纯保险费的收入量是否合理，是保险经营财务稳定性的前提。因而确定合理的纯保险费的收入量对建立保险经营财务稳定性具有至关重要的意义。

合理地确定纯保险费的收入量，需要遵循科学的规律和运用正确的计算方法。当前，世界各国普遍采用的方法，是把以往若干年的平均保额损失率加上一定数量的危险附加率之和作为纯保险费率，来计算预期的纯保险费。如果以往若干年的平均保额损失率的数列选择是合理的，那么，这样计算出来的预期保险费数量，应当足以赔付保险事故的损失。然而，由于以往的平均保额损失率是各个年度的保额损失率的平均数，而实际上各年所发生的保额损失率往往是高于或低于平均损失率；实际发生的保险损失额，也往往高于或低于平均保险费的数额。这样按照概率论原理来说，每两年就会有一年的保费收入不够赔付当年实际发生的保险损失额。因此，为了提高保险经营财务的稳定性，还必须在平均保额损失率的基础上，增加一定比率的危险附加率，将平均保额损失率与危险附加率之和，作为预期的纯保险费率。

纯保险费率中的危险附加率，在纯保险费率中所占的比重，是运用数学中均方差方法计算出来的。也就是在平均保额损失率的基础上，加上一定数量的平均保额损失率的均方差。从数理上说，平均保额均方差，是代表实际发生的保额损失率与平均保额损失率之间差数的平均值。它的计算公式为：

$$\delta = \sqrt{\frac{\varepsilon(x-\bar{x})^2}{n}}$$

式中 δ 代表平均保额损失率的均方差；x 代表各年的保额损失率；$\bar{x}$ 代表各年保额损失率的算术平均值；n 代表数列的年份数量。

通过科学的计算与经济数据的对照，一般认为，应当在平均保额损失率的基础上，再增加2倍的平均保额损失率的均方差，作为纯保险费率比较适宜。就是说，按照这个标准收取纯保险费，既可以应付当年发生的保险损失的赔付需要，又不至于给投保人增加过多的经济负担。由于在合理地选择统计数列的前提下，平均保额损失率的2倍的均方差，大体上相当于平均保额损失率的20%左右，因而，通常的做法多是在平均保额损失率的基础上，增加20%的危险附加率，作为纯保险费率。

在纯保险费方面，有两个问题需要进一步明确。

一是纯保险费中包括不包括用于应付巨灾巨损所造成经济损失的费用即总准备金在内。我认为，应当包括。理由是，从理论上讲，在纯保险费率的计算中，既包括平均保额损失率，又包括平均保额损失率的附加率。按照平均保额损失率计算出来的保险费，是平均保险费，既然是平均保险费，就必然存在实际上发生的保险损失额高于或低于平均保险损失额的情况。低于平均损失额的年份，其节余部分可暂时储存下来，用于弥补高于平均损失额的年份；而高于平均损失额的年份，则可以从往年的储存中得到补偿。从较长的时期来看，实际发生的保险损失额，与低于或高于平均损失额的部分基本趋于一致。这就是说，按照平均保额损失率收取的保险费，基本上可以维持正常年景（即不出巨灾巨损的情况）的保险赔付需要。而平均保额损失率的危险附加率，则是平均损失率以上的附加部分。按照平均保额损失率和附加率收取的保险费，则包括平均损失额以上的附加额。这个附加额，在正常年景下，是不必用于保险经济补偿的，它被以总准备金的形式积存起来，用来应付超过正常年景以外的、突然发生的巨灾巨损的经济补偿需要。因而，认为纯保险费中包括总准备金是有理论根据的。从实践上看，保险企业的总准备金也正是从纯保险费中逐年积累起来的。因而说纯保险费中包括总准备金也是有事实根据的。

二是纯保险费中是否包括保险企业的利润。对于这个问题，虽然在理论上尚无明确的论证，但在我国的相关保险管理条例和保险实际工作中，是把保险企业的利润列为纯保险费的一部分的。例如，我国《保险企业暂行管理条例》中明确规定：国营保险企业税后利润除扣除必要的提留外，全部留作总准备金。这表明总准备金是保险企业利润的一部分。同时，也表明总准备金是保险费的一部分。而保险企业的保险费分为纯保险费和附加保险费两个部分。在我国保险企业财务上，附加保险费包括以下各项：①营业税；②代理手续费；③企业管理费；④工资及工资附加费；⑤固定资产折旧费。以上各项都不包括总准备金。既然附加保险费中不包括总准备金，那么，总准备金就肯定包括在纯保险费之中了，从而也就表明纯保险费中包含着保险企业的利润因素。

我认为，把利润列入纯保险费之中和把总准备金视为利润的一部分，无论在理论上还是在实践上，都是值得商榷的。在理论上，把利润列入纯保险费之中，是与确定纯保险费的理论基础相悖的。如前所述，纯保险费率是根据以往的平均保额损失率和平均保额损失的危险附加率的总和确定的。按照平均保额损失率收取的保险费，是用来偿付当年正常的保险损失的费用，具体分为已决赔款准备金、未决赔款准备金、未了责任准备金和其他责任准备金，以上各项赔付准备金显然没有盈利的因素；按照平均保额危险附加率收取的附加保险费，具体化为总准备金的形式，是用来应付巨灾、巨损的赔付费用。这部分总准备金虽然不一定在当年使用，但从长期来看，它最终还是要用于补偿投保人的损失的。因而，它是对投保人的负债，而不是保险企业的盈利。可见，把保险企业的利润列入纯保险费之中，是没有理论根据的。在实践上，把保险企业的利润列入纯保险费之中，从而把总准备金视为利润的一部分也很不利于保险企业的财务稳定性和保险业的发展。因为：第一，既然总准备金属于利润范畴，就要加大利润基数。而我国现行的税制规定，保险企业的盈利，要缴纳55%的所得税和15%的调节税，合计要缴纳70%的利得税。由于把总准备金列入利润之中，无形中加大了保险企业上缴利润的总量，减弱了保险企业的经济实力。

第二，既然总准备金属于利润范畴，就不能像各项赔款准备金那样在税前提取总准备金，而只能在上缴各项税收之后，才能提留总准备金，这样，必然是利多多留，利少少留，无利不留，使总准备金得不到可靠的保证。

第三，总准备金既是利润的一部分，按照一般规则，它既可以用作积累，也可以用作消费。在资本主义国家，它可以作为股息和红利来分配，也可以存留一部分，作为资本金扩充其资本金的数量，增大承保能力，至于在事实上是用作积累，还是用作消费，以及各自所占比重的大小，完全由保险企业自主决定，政府并不作政策性的规定。这样，就很难保证总准备金的提留。按照我的理解，保险企业的利润应当来自附加保险费。纯保险费与附加保险费之和形成全部保费。全部保险费扣留顺序应当是：已决赔款准备金、未决赔款准备金、未了责任准备金、其他赔款准备金和总准备金。以上各项扣除都是用作赔付的准备金。然后是固定资产折旧费、行政管理费、业务费、工资及其附加费。以上是保证保险企业简单再生产的最低需要的扣除，都属于成本范畴，所余部分属于利润范畴。在利润中，扣除所得税，调节税及其他税收，其余部分才属于保险企业自己可以支配的利润。至于这部分利润如何分配，是用作股息和红利分配，还是留作积累，以及各自所占的比重大小，应由保险企业自行决定。这样的扣留顺序，既可以保证当年正常年景赔偿需要的资金，又可以保证巨灾、巨损赔偿需要的资金，同时也可以保证国家税收和保险企业的盈利。从而有利于保险企业的稳定经营和发展。

保险企业的利润既然不包括在纯保险费之中，自然就包含在附加保险费之内了。因而，附加保险费，不仅要包括保险企业的各项费用，还应当包括保险企业的利润。在利润中应当包括国家税收和企业纯利润两个部分。企业纯利润中应当包括积累和消费两部分。消费部分以股息、红利或其他形式分配给股东和职工；积累部分应当转化为保险企业新增的资本金，借以扩大保险企业经营的业务量。

三、保险经营财务稳定性与偿付能力

保险经营的财务稳定性与保险企业的偿付能力有着紧密的联系。这种联系集中表现为保险企业的偿付能力制约着保险企业所能够经营的业务量，或者说，保险企业所经营的业务量，必须与保险企业的偿付能力相适应。因此，科学地阐明和计算保险企业的偿付能力，是实现保险财务稳定性的关键。

目前，我国保险界对保险企业的偿付能力存在着不同的认识。有些同志认为，保险企业的偿付能力，是指保险企业对自身所承保的投保标的的全部损失的赔偿或给付的能力。所谓全部损失既包括正常年景的不超过偏差范围的损失，又包括超出正常年景的偏差范围的巨灾损失。构成偿付能力的资金量，包括当年按照纯保险费率收取的全部纯保险费，历年积累的保险总准备金和保险企业的资本金三部分资金的总和。另一些同志则认为，保险企业的偿付能力，不包括对正常年景的不超出偏差范围以内的损失的偿付能力，仅指对超出正常年景的偏差范围的损失的偿付能力。这部分偿付能力的资金量，表现为总准备金和企业自有资本金的总和。

从一般的保险原理和当年国际上建立偿付准备金的习惯做法来看，后一种认识比较符合实际。从理论上讲，在正常年景不超过偏差范围的损失，没有超出按照平均保额损失率加稳定系数所收取的纯保险费数额的范围，纯保险费足以应付这个范围内的损失，不需要用另外的资金来偿付其经济损失，也就是说不需要有纯保险费以外的资本金作为偿付的后备资金。由于纯保险费全部是由投保人缴付的，它会随着保险金额的增加而增加，这种偿付能力是无限的，从而承保能力也是无限的。如果没有其他条件限制的话，保险企业的承保能力，便无所限制，甚至可以不需要有保险企业的资本金就可以经营保险业，这样使保险业成了真正的"无本生意"。而事实上，保险企业的自留承保能力，即可以自留的承保额度，是受其他因素制约的。当前国际上的习惯做法，是用保险企业资本金和历年积累的总准备金之和，来限制保险企业的自留承保额度的。这种限制既包括对每个危险单位的最高自留额的限制，又包括对每个保险企业的全部承保额度的限制。一般的做法是，保险企业对每个危险单位的自留额的最高限，不得超过其自有资本金和总准备金之和的10%；而每个保险企业的全部自留保险费的最高限，不得超过其自有资本金和总准备金之和的5倍。自留保费和资本金及总准备金之和恰好相当于在保险财务稳定性系数为0.1的条件下，保险企业所取得的纯保险费的120%。也就是说，保险企业每承保100元的纯保险费，要有20元的资本金或总准备金作为保障。可见，保险企业的自留承保能力并非无限的，它是受保险企业自有资本金和总准备金的数量所制约的。因而，只有把保险企业的资本金和总准备金视为保险企业的偿付能力，才具有保障保险企业稳定经营的实际意义。

四、保险经营财务稳定性与分保

保险经营的财务稳定性与保险分保也有十分密切的联系。保险经营的财务稳定性，在很大程度上要通过保险分保来实现。首先，已如上述，按照当前世界各国通行的惯例规定，为了保证保险经营的财务稳定性，保险企业所承保的每一个危险单位的最高自留额不得超过全部偿付能力（即自有资本金和总准备金之和）的十分之一；保险企业承保的自留保险费的总额，不得超过其全部偿付能力的 5 倍。为了实现上述要求，保险企业必须通过分保的方式，把超过自留额以上的业务，分给其他保险企业，借以维持自身的财务稳定性。

其次，保险财务稳定性的高低，直接取决于财务稳定性系数的大小。财务稳定性系数越大，其稳定性越低；财务稳定性系数越小，其稳定性越高。在理论上，保险财务稳定系数通常用 $k=\dfrac{\delta}{p}$ 来表示。

式中，k 为保险财务稳定性系数；p 为按照以往若干年的平均保额损失率加危险附加率之和计算出来的平均保额损失额（相当于纯保险费或保险赔付基金）；δ 为平均保额损失额的均方差。即当年实际发生的损失额（或赔付额）与平均保额损失额（或平均赔付基金）之间差数的平均数。

在 $k=\dfrac{\delta}{p}$ 的公式中，保险财务稳定系数 k 的数值越小，保险财务越稳定；k 的数值越大，保险财务越不稳定。而 k 的数值的大小，取决于平均保额损失额的均方差 δ 数值的高低。δ 的数值越高，k 的数值就越高，保险财务就越不稳定；δ 的数值越低，k 的数值也就越小，保险财务也就越稳定。而影响 δ 数值的主要因素，是以往若干年内各年的实际保额损失率之间差数的大小。这个差数越小，越趋于均衡，δ 的数值就越小；这个差数越大，越不均衡，δ 值就越大。而影响历年实际损失率的主要因素：一是同种风险承保数量的多少；二是同种风险每个危险单位承保的保额是否均衡；三是所承保的风险在空间上（地区上）的分布是否广泛和均衡。按照保险的一般原理，所承保的同种风险的单位（数量）越多，每个风险单位的承保额度越均衡，承保风险单位地区分布越广泛、越均衡，其保额损失率也就越均衡，平均保险损失率的均方差也就越小，从而保险财务稳定系数也就越低，保险财务也就越稳定。而所有上述要求，都需要通过保险分保来实现。这是保险分保对保险财务稳定性的最重要的作用之一。

再次，保险财务稳定性与保险企业盈利的多少也有直接的关系。在同等数量的保险偿付能力的条件下，保险企业盈利越多，就越可以将更多的盈利转化为资本金，从而增大保险企业的偿付能力，增强保险企业的财务稳定性。而在保险偿付能力一定的条件下，保险企业盈利多少，在很大程度上取决于保险分保的状况。在同等的保险偿付能力的条件下，保险分保得当，就可以多盈利；保险分保不当，就会少盈利，甚至亏损。例如在等量的保险偿付能力下，如何运用 PML 线进行合理的分保，对保险企业盈利的多少，就有很大的影响。所谓 PML 线是指每一个风险单位，每次出险可能发生的最高损失额，即最高赔偿额，在偿付能力的计算上，一般是把 PML 线假定为 100%，即假定每个风险单位每次出险的损失率为 100%。然而，大量的事实表明，每个风险单位，每次出险发生全损的情况是很少见的。据有关统计数据表明，在一般情况下，PML 线大约为 30%～50%左右。这样，保险企业就可以运用一定的偿付能力，合理地承保更多的保险金额，获得更多的盈利。又如，一般保险法规定，对每一个风险单位的最高自留承保额度，不得超过自有偿付能力的 10%。但是，在现代科学技术进步的条件下，可以将一个风险单位合理地划分为若干个风险单位，从而可以多承保一定的保险金额，取得更多的盈利。当然，上述做法都是在保证保险业务稳定经营的前提下进行的。这要依靠分保经营人员的素质和经验来灵活运用分保手段，为企业多盈利，而不可以盲目承保，冒险经营。

（原载于《南开学报》1990 年第 3 期）

论保险商品

一、保险商品的理论基础

对保险商品的分析和论证必须有正确的思想作为指导，而指导我们认识商品的理论基础，是商品经济的基本原理。所谓商品经济的基本原理，指的是经典作家对商品经济的本质的抽象和概括，而不是指经典作家对商品的某些具体的论述或具体的定义。这是因为，经典作家往往是从不同的角度，或者出于不同的目的，对商品进行论证或表述，因而就会有对商品的不同论述和不同的定义。例如经典作家在分析商品的使用价值时说过："商品首先是一个外界的对象，一个靠自己的属性来满足人的某种需要的物。"又说："物的使用性使物成为使用价值，但这种有用性不是悬在空中的。它决定于商品体的属性，离开了商品体就不存在。因此，商品体本身，例如铁、小麦、金刚石等等，就是使用价值，或财物。"[①]而经典作家在论述商品与产品的区别时指出："商品是一种二重的东西，即使用价值和交换价值。"[②]又说："商品本身是使用价值和价值的统一。"[③]经典作家在分析商品的不同形态时又说，"服务就是商品。服务有一定的使用价值（想象的或现实的）和一定的交换价值"[④]，如此等等。经典作家的这些论述，从不同角度和不同的侧面表述了商品的某些特点或特征。然而，又都有其一定的局限性。我们不能以其中的某一论述作为关于商品的唯一定义，也不能以此作为判定一物是不是商品的唯一尺度。

综观经典著作中关于商品经济的论述，可以看到经典作家商品经济理论的核心和精髓在于：商品的本质是一定经济关系的体现。这是贯穿经典作家商品经济理论的一条主线。在许多经典著作中，有关这方面的论述处处可见。其中，最有代表性的是马克思在《资本论》中关于商品交换关系的一段论述。他说：

---

① 《马克思恩格斯全集》第23卷，人民出版社1974年版，第47~48页。
② 《马克思恩格斯全集》第23卷，人民出版社1974年版，第54页。
③ 《马克思恩格斯全集》第23卷，人民出版社1974年版，第211页。
④ 《马克思恩格斯全集》第26卷Ⅰ，人民出版社1974年版，第149页。

"为了使这些物作为商品彼此发生关系,商品监护人必须作为有自己的意志体现在这些物中的人彼此发生关系,因此,一方面只有符合另一方面的意志,就是说每一方只有通过双方共同一致的意志行为,才能让渡自己的商品,占有别人的商品。可见,他们必须彼此承认双方是私有者。这种具有契约形式的(不管这种契约是不是用法律固定下来的)法权关系,是一种反映着经济关系的意志关系。……在这里,人们彼此是作为商品的代表即商品所有者而存在的,在研究进程中我们会看到,人们扮演的经济角色不过是经济关系的人格化,人们是作为这种关系的承担者而彼此对立着的。"[①]马克思的这段论述清楚地表明,一物作为商品既不在于它的物质内容,也不在于它的具体形态,而在于它是否体现人们之间的一定的经济利益关系。这种经济利益关系的实质是等量劳动相交换关系,即等价交换关系。不管是什么具体物质内容和何种具体形式的事物,只有充当等价交换关系的体现者,它才是商品,否则它就不是商品。即使是同一事物,当它体现等价交换关系时,在这种关系中,它就是商品;一旦它不体现等价交换关系,处于这种关系之外,它就不复是商品了。这是经典作家关于商品经济理论的核心和精髓,也是保险商品论的理论基础。我们用这种理论来观察和分析资本主义的保险,资本主义的保险显然是一种保险商品,因为资本主义保险体现了"卖保险"者和"买保险"者之间的等价交换关系。

经典作家关于商品的最一般的原理,也适合于社会主义社会,因而也是社会主义保险商品的理论基础。这是因为,社会主义经济也是商品经济。社会主义的商品经济,虽然在性质上与资本主义商品经济具有根本区别,但既然是商品经济,作为商品经济基本规律的价值规律也就必然存在并发生作用。社会主义保险是社会主义商品经济体系中的一个有机组成部分,它和社会主义的其他商品一样,都通行着等价交换原则,体现着社会主义保险当事人双方的等价交换关系,因而也是保险商品。

二、保险商品的形态和内容

商品是为了进行交换而生产的劳动产品。作为商品有三种存在形态,或者说是有三种形态的商品:一种是物质形态,一种是知识形态,一种是服务形态。所谓物质形态的商品,指的是能够满足人们的物质生活需要并以一定质量的实物构成的产品,如房屋、衣服、粮食、车辆等,都是物质形态的商品。这类商品已为人们所熟知。所谓知识形态的商品,是指产生于人们的头脑、存在于人

---

① 《马克思恩格斯全集》第23卷,人民出版社1974年版,第102~103页。

们的身体内部或以文字形式表现出来的某种技能和方法。这种商品主要是脑力劳动的成果，它没有凝结在某种物质形态上，它能够满足人们的生产和生活上的某种需要。像工程师的设计能力和图纸、医生的医疗能力和经验、教师的教学经验和能力等，都属于知识形态的商品。这一类商品已被越来越多的人认识和承认了。所谓服务形态的商品，是指由人们的服务性的劳动所生产的一种不表现为某种物质形态的商品。这种无形的商品和物质形态的商品一样，能够满足人们物质和文化生活的某种需要。像理发、旅游、电影、戏剧等，都属于这一类的商品。这类商品的特点是他们的劳动生产出一种服务，以这种服务满足人们的某种需要。这类商品的生产过程（即服务过程）和消费过程是同一个过程的不同侧面。生产过程表现为服务过程，同时就是消费过程。随生产，随消费，生产过程的完成，也是消费过程的结束。例如旅游业，旅游公司和导游的导游过程，既是导游者的劳动过程和旅游业的生产过程，又是旅游者的消费过程，导游完成的同时就是消费的结束。过去由于种种原因，人们不太注意这种服务形态的商品，甚至否认这种服务产品是商品。其实在100多年前英国的经济学家们就论述过这种服务劳动的特点。如亚当·斯密就说过："他们的服务通常一经提供即消失，很少留下某种痕迹。"马克思不仅同样论述过这种服务劳动的特点，而且明确指出："由于这种劳动以自己的物质规定性给自己的买者和消费者提供服务。对于提供这些服务的生产者来说，服务就是商品。服务有一定的使用价值（想象的或现实的）和一定的交换价值。"[1]从100多年后的今天来看，马克思的这一论述是科学的、正确的。

保险过程不是直接的物质生产过程，保险劳动不是直接的生产物质产品的劳动；保险过程也不是物质产品的流通过程，因而保险劳动也不是直接经营物质产品的劳动。保险劳动是服务性的劳动，它不仅服务于人们的生活，更服务于社会生产，因而保险是一种服务形态的商品。

保险商品虽然是服务形态的商品，但它又不同于旅游、电影、理发之类的服务形态的商品。因为旅游、理发等服务商品的生产过程和消费过程是完全同步进行的，边生产，边消费，生产过程的完成，同时就是消费过程的结束，没有任何物质产品可以提供给消费者。保险商品则不完全是这样。保险商品的生产过程包括展业、承保、防灾和理赔四个环节。在这四个环节中，向被保险人提供的既有此次生产过程所提供的服务，又有作为理赔的货币形态的商品。因而保险商品最后的完成形态表现为向被保险人提供的服务和赔偿的货币商品。

---

[1] 《马克思恩格斯全集》第26卷I，人民出版社1974年版，第149页。

所以保险商品分为两部分：一部分是在此次保险过程中所提供的服务，例如保险展业劳动为保户提供了安全保障并减少了损失的可能，这属于边生产边消费的服务形态的商品。另一部分，在理赔环节又为受灾保户提供了货币商品，这些用于理赔的货币商品，虽然不是保险劳动创造的产品，但是要通过保险劳动来筹措和给付，也是保险劳动的成果，因而也属于保险商品的内容。

三、保险商品的使用价值和价值

商品具有使用价值和价值二重属性，这是商品与产品的重要区别。一般产品仅有使用价值而无价值。因此，价值是商品所特有的范畴，是商品不同于产品的重要标志。不仅如此，商品的使用价值也不同与产品的使用价值。产品的使用价值是为生产者所消费，满足生产者自身需要的使用价值；而商品的使用价值则是为别人，为社会而生产，满足社会需要的使用价值。商品的这种使用价值只有通过等价交换才转移给消费者。商品的这种二重性，是一切商品所共有的特征。

保险商品和其他商品一样，也有使用价值和价值二重属性。保险商品的使用价值，是保障社会生产的正常秩序和人们生活的安定。保险商品的价值是生产保险商品所耗费的社会必要劳动。生产保险商品的社会必要劳动量，决定保险商品的价值量。保险商品的价值量由以下几部分价值构成：（1）保险经营过程中所使用的房屋、设备等固定资产转移的价值和其他费用；（2）保险企业职工的工资；（3）保险企业职工的剩余劳动所形成的利润；（4）补偿或给付金；（5）总准备金。用公式表示如下：

保险商品的价值量＝$A+B+C+V+m$

其中：

A 代表赔付或给付金；

B 代表总准备金；

C 代表保险过程所耗费的物质资料的价值；

V 代表保险职工工资；

m 代表利润。

用保险费的形式来表示，则净保费+附加保费的总和即等于全部毛保费所代表的价值量。上式中的 $A+B$ 相当于净保费的价值，$C+V+m$ 相当于附加保费的价值。

四、生产保险商品的劳动二重性

具体劳动和抽象劳动,是生产商品的劳动所特有的二重性质。具有劳动形成商品的使用价值,抽象劳动形成商品的价值。劳动二重性的原理是适用于一切商品的基本原理,生产保险商品的劳动和生产其他商品的劳动一样,也具有二重性质。

生产保险商品的具体劳动,是指为了实现生产保险商品的使用价值的目的,在一定的具体劳动方式下所进行的劳动。具体表现为展业劳动,承保劳动,防灾劳动和理赔劳动等各个工序的具体形式的劳动。这些工序的具体劳动是不同质的劳动,即展业劳动不同于承保劳动,防灾劳动也不同于理赔劳动。由于这些不同质的劳动所固有的物质规定性,便形成了各个工序不同的使用价值。而各个工序的使用价值的有机组合,便形成了保险商品的使用价值,即保险商品的有用性。

生产保险商品的抽象劳动,是指抽象掉保险商品生产过程中各个工序的具体劳动形式的劳动,即抽掉展业、承保、防灾和理赔这些具体的劳动形式的劳动。抽掉这些具体劳动形式的劳动,是同质的人类一般劳动。这种抽象劳动形成保险商品的价值。

保险商品的劳动二重性理论是对传统的价值理论的引申和发展。传统的政治经济学把生产物质产品的劳动成为生产劳动,生产劳动创造价值;把不生产物质产品的劳动称为非生产劳动,非生产劳动不创造价值。这些非生产劳动者的收入是由生产劳动者创造的。这种价值观反映了科学技术不发达时代的商品经济的局限性。随着科学技术的发展和管理科学在生产经营领域中的应用,科学技术、经营管理在物质生产中的地位和作用越来越重要;技术劳动、服务劳动和经营管理劳动是生产物质产品必不可少的劳动,而且所占的地位也日益重要。现代科学技术和生产力的发展证明,不仅直接生产过程中的劳动创造价值,服务和流通领域中的劳动同样创造价值。

生产保险商品的劳动二重性观点,为保险企业的盈利和保险工作者获得工资和奖励奠定了理论基础。按照传统的价值理论,保险属于非生产领域,因而它自身不创造价值(财富),保险企业和保险职工的收入是由物质生产部门创造的,通过再分配形式转移而来;保险企业的盈利和保险职工的奖金不是自身创造的,而是他人劳动成果的再分配。这种价值理论既不符合客观实际,更不利于发挥保险企业和保险职工的积极性。保险商品劳动二重性的理论则认为,保险劳动者的具体劳动创造了保险商品的使用价值,为社会生产了服务形态的财富，为社会作出了贡献；保险劳动者的抽象劳动创造了保险商品的价值，即被社会所承认的社会必要劳动。其价值量分为两部分：一部分是职工自身的工资；一部分是职工的剩余劳动所创造的价值，即企业的盈利。这部分盈利除企业自留一部分以外，还要向国家缴纳税金。企业自留部分，除用于发展保险企业之外，还用于提高保险职工工资和奖励。由此表明，保险职工的工资和奖励是由自己的劳动创造的，保险企业的费用和盈利来源于保险职工的生产劳动和经营管理劳动，这是保险企业自求生存和自求发展的来源和基础，而不是对他人劳动的占有。不仅如此，保险职工和保险业还为社会提供剩余劳动和剩余产品，为社会的发展作出积极的贡献。

五、保险商品的等价交换关系

商品是为交换而生产的产品。既然是商品就要交换，而且必须等价交换。保险商品的交换关系直接表现为个别保险企业与个别被保险人之间的交换关系；间接表现为保险企业总体与被保险人总体之间的交换关系，即保险人出卖保险，被保险人购买保险。

从价值形态来考察，个别保险人与个别投保人之间的交换好像是不等价的交换关系；保险人总体与被保险人总体之间的交换是等价交换关系。表示如下：

个别保险人与个别被保险人之间的交换关系

甲　　　　　　　　　乙
（1）保险人向被保险人提供 → 被保险人向保险人转移一定
　　　一定额度的安全保障　← 金额的赔付责任
　　　（假定 100 万元）　　（假定 100 万元）
　　　　　　　　经过交换
（2）取得了 100 万元的赔付 ← 取得了 100 万元的
　　　责任　　　　　　　 → 安全保障
（3）提供 100 万元的安全保 ← 取得了 100 万元安全保障所付出的
　　　障所收入的保险费 1 万元 → 1 万元保险费

1 万元保费的具体构成

C　200 元　⎫
V　600 元　⎬ 费用金 1000 元—附加保费 1000 元　⎫
m　200 元　⎭　　　　　　　　　　　　　　　　⎬ 毛保费 10000 元
A　—赔付金 8000 元　⎫—净保费 9000 元　　　⎭
B　—总准备金 1000 元 ⎭

经过交换

（4）得 1 万元保费 ⇌ 得保险单 0 元（保险单本身无价值）

若不出险

（5）得 1 万元收入 ≠ 未得补偿

若出险

（6）得 1 万元保费 ≠ 得赔付金 100 万元

但从保险经济关系的本质上看，二者还是等价的。因为，被保险人投保的实质不在于得到损失补偿，而在于获得安全保障。被保险人所付出的 1 万元的保险费，正是在其不出险而无损失条件下所换得的安全保障，即由保险人所提供的服务的价值；而在其出险后所得到的 100 万元的补偿，则是包括被保险人损失的实物商品在内的价值。从实质上看，被保险人投保之后，就得到安全保障。至于是否得到补偿对被保险人来说是一样的，因为被保险人之所以得到补偿，是因为受到了损失，而补偿量和损失量是相等的，并没有从补偿中得到更多的价值。

保险人总体与被保险人总体之间的交换关系。假定按照概率论和大数法则计算，出险损失率 1%（包括保险系数），附加费率为 0.1%，毛费率为 1.1%。

假设有 100 个投保人，每人投保额为 100 万元，投保总额为 1 亿元，共缴纳保险费 110 万元。出险单位的损失率为 100%（全损）。这种交换过程如下：

　　　　　　　甲　　　　　　　　乙
（1）提供 1 亿元安全保障＝转移 1 亿元赔付责任

交换后

（2）承担 1 亿元的赔付责任＝取得 1 亿元安全保障
（3）承担 1 亿元赔付责任＝取得 1 亿元安全保障
　　需收 110 万元保费　　需支出 110 万元保费

交换后

（4）取得 110 万元保费＝付出 110 万元保费
（5）出险后（1 家）损失 100 万元，甲付给乙 100 万元

甲　　　　　　乙
付出 100 万元＝收取 100 万元

（6）乙实际支付给甲 110 万元保费，得到 100 万元赔偿

甲得 110 万元付出 100 万元≠乙付出 110 万元得 100 万元

（7）实际上

甲补偿给乙 100 万元货币，　＝　乙得到 100 万元货币补偿
另提供 10 万元新增服务商品　　和 10 万元的服务补偿

新增加的 10 万元是甲在保险过程中新转移和新创造的价值

（8）具体分析 110 万元的构成

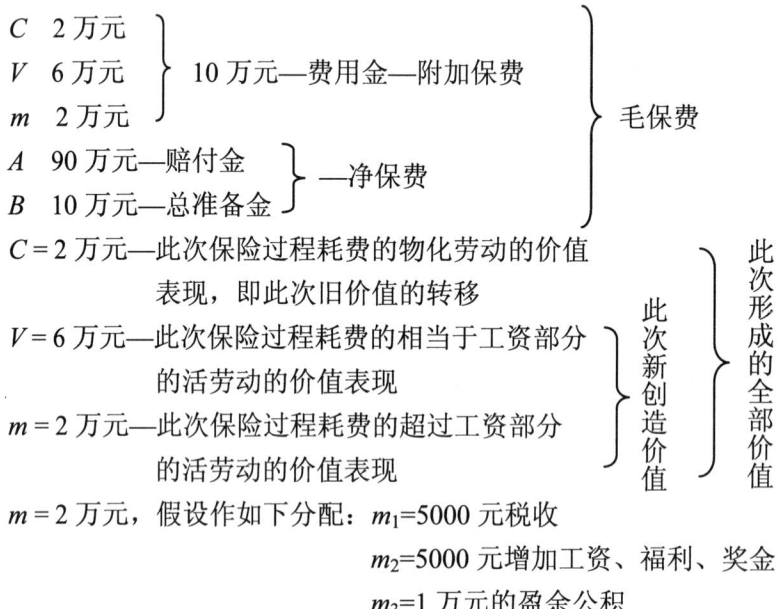

$m = 2$ 万元，假设作如下分配：m_1=5000 元税收

m_2=5000 元增加工资、福利、奖金

m_3=1 万元的盈余公积

结论：

1. 保险商品的个体交换关系和保险商品的总体交换关系都是等价关系；

2. 保险企业职工的工资是保险职工自己创造的，是相当于工资那部分活劳动的货币表现；

3. 保险企业的盈利是保险职工创造的，是相当于工资以上的那部分活劳动的货币表现；

4. 保险企业上缴的税收是保险职工创造的，是表现为利润的活劳动的一部分；

5. 保险企业职工的奖金和福利费是保险企业职工创造的，是表现为利润的活劳动的另一部分；

6. 保险企业的盈余公积也是由保险企业职工创造的,是表现为利润的活劳动的另一部分。

(原载于《保险经济学》,南开大学出版社,
1991年7月第一版,2000年7月再版)

关于我国经济保障系统工程体系的探讨

一、问题的提出

经济保障系统工程体系,是我提出并期望使社会承认和采取的一个新概念。在此时提出这一新概念,主要根据是:

1. 在方针政策方面,中共中央已把"建立健全养老保险和待业保险制度,逐步完善社会保障体系"作为十年规划和"八五"计划的一项重要内容。这说明建立健全我国的养老保险制度和完善社会保障体系,对我国社会主义现代化建设,具有十分重要的意义。实现上述要求既是我们党的一项重要政策,也是我们的一项重要任务。

2. 在实践中,目前我国从事与保障事业有关的机构有商业性保险机构、非商业性的保险机构,还有像新疆生产建设兵团举办的单位自保性质的保险组织,以及中国人民银行金融管理司这类的管理机关,还有已经开始筹建和引进的外资或合资保险公司。我国现实生活中存在着商业保险与社会保险之间的关系、商业保险与单位自保之间的关系、国内保险与国外保险之间等关系。正确认识和处理这些关系,是我国面临的一项重要任务。

3. 在理论上,我国提出有计划商品经济的理论仅有 10 年的时间,尚缺少对有计划商品经济条件下经济保障问题的总体研究,因而尚没有形成能够全面反映并指导现实的科学范畴和理论体系,致使在法律和政策上没有明确规定上述机构、组织和机关各自所应处的分工领域及其相互间的协作关系,因而不仅在商业性保险机构与社会性保障和单位自保组织之间存在争夺业务的竞争行为,而且,在中国人民保险公司与太平洋保险公司等这类商业性的保险公司之间也存在着不适当的竞争活动。

上述表明,加强对有计划商品经济条件下保障事业的总体研究,建立一个能够科学反映和阐明有计划商品经济条件下的保障事业的理论体系,以及与其相适应的组织系统和统一的管理机构,对于我国全社会范围的保障事业的发展,具有十分重要的指导意义。

二、经济保障系统工程体系的含义和内容

经济保障系统工程体系，作为一种客观事物，是全社会各种保障形式的有机整体，所有各种具体的保障形式，都是这个有机整体的组成部分。作为一个科学范畴，它是客观存在的经济保障系统工程体系这一客观事物的理论表现。

对于经济保障系统工程体系这一范畴的理解，应当注意以下三点：

首先，我们强调了"经济"保障。所谓经济保障，是把发展国民经济作为保障的出发点和落脚点，同时也是强调把经济作为实现保障的最根本的物质手段。因为任何保障都是要从发展经济出发，最终的目的都是为了发展经济，并且最终都要由物质资料来实现。

其次，我们采用了"保障"这一概念，而没有采用"保险"、"补偿"等概念，这不是因为这些概念不科学，而是因为这些概念都是经济保障各种具体形式的理论表现，都包括在经济"保障"这一概念之中。

最后，我们采用"系统工程体系"这一概念，而没有采用经济保障"制度"、经济保障"机构"或经济保障"体制"等概念，是因为这些概念都是经济保障"系统工程体系"中的具体构成部分的理论表现，它们也都是包括在"系统工程体系"这个总概念之中。

经济保障系统工程体系的内容包括经济保障制度、经济保障机制、经济保障组织和经济保障管理机构四个支系统，是由上述四个支系统所构成的一个有机整体。经济保障制度，包括经济保障的范围、保障层次、保障程度以及经济保障基金的来源与分配制度等。经济保障机制，指的是执行经济保障职能的各类基金形式。其中包括个人（家庭）储备金、企业储备金、社会救济基金、社会福利基金、社会保险基金、国家后备基金和商业保险基金。经济保障组织，指的是经营或经办经济保障业务的主体，其中包括单位或系统自保组织、保险公司组织、社会保险组织和国家后备基金组织四大类组织。经济保障管理机构，指的是执行经济保障管理职能的国家机关，它不经营或经办经济保障业务。

三、经济保障系统工程体系的理论依据

经济保障系统工程体系，作为一个科学范畴，是在马克思主义的经济学原理的基础上，借鉴现代系统工程理论对社会主义经济保障客观实践的理论概括。

现代系统工程理论认为，任何一个复杂的事物都是由一系列的系统所构成的。所谓系统，是一种自成体系的组织。这个组织是由相同的或相类似的事物按照一定的秩序和内部联系组合而成的整体。这个整体的各个部分共同完成某

项功能。某一个系统又与其他系统相结合形成一个更高层次的系统。这个系统共同完成一项更大的功能。比如，一个社会的国民经济，是由工业系统、农业系统、商业系统、交通运输系统和金融系统等许多系统构成的有机体。其中每一个系统都独立地完成某项功能。这些系统又形成一个更高的系统，共同完成国民经济的运转功能。

经济保障也是一个系统工程体系，是国民经济这个大系统工程体系中的一个支系统。经济保障系统工程体系，是由经济保障制度、经济保障机制等各个支系统共同组成的一个有机整体，各个支系统是这个有机整体的一个组成部分，它们共同完成社会的经济保障功能。

经济保障系统工程体系的构思，不仅运用了现代系统科学的原理，而且是以马克思主义经济学和马列主义关于建立经济保障的基本思想为理论依据的。

马克思主义认为，物质资料的生产，是一切社会存在和发展的物质基础。物质资料的生产是人们从事一切活动的出发点和落脚点。人们所从事的各项保障活动，也必须是从社会生产出发，又为生产服务。因而任何形式的保障的实质，归根结底，都是对社会生产的保障，即经济保障。

所谓经济保障，就其保障对象而言，不外乎是对劳动力和物质资料的保障。这就是说，任何社会都必须不断进行再生产，而劳动力和生产资料，是一切社会生产所必不可少的人身要素和物质要素，并且只有在这两种要素结合起来的前提下，才有现实的生产。而两者的结合，就必须以这两种要素的存在和有足够的供给为前提。然而，在现实生产过程中，由于各种风险的存在，不论是劳动者还是生产资料，都会经常遭受到不同形式和不同程度的损害或损失。为要维持连续不断的社会再生产，因各种风险的发生而损害或损失的劳动力和生产资料，都必须得到足够的恢复和补充。这就必须要有足够的物质资料的积累或储备作为物质保障，否则，社会生产就会中断，经济生活就不能正常运行。因而，任何社会都要建立与其相适应的经济保障体系。

马克思正是从社会再生产的角度来论述建立保险基金或国家后备基金的必要性的。如马克思在《资本论》中论述建立保险基金的必要性时说："这个不变资本在再生产过程中，从物质方面来看，总是处在各种会使它遭到损失的以外和危险中。""因此，利润的一部分，即剩余价值的一部分，从而只体现新追加劳动的剩余产品（从价值方面看）的一部分，必须充当保险基金"，"这也是剩余价值、剩余产品，从而剩余劳动中，除了用于积累，即用来扩大再生产过程的部分以外，甚至在资本主义生产方式消失之后，也必须存在的唯一部分"（《资本论》第3卷第958页）。马克思在这里非常清楚地说明了建立保障基金，是为了给社会主义再生产的连续进行提供经济保障。

不仅如此，马克思在论述建立社会主义社会的保险基金的必要性时，归根结底，也是从保障社会再生产的正常进行的高度出发的。如马克思在《哥达纲领批判》中论述道：社会总产品的必要扣除时，就包括"用来应付不幸事故、自然灾害等的后备基金或保险基金"，并且明确指出，这些扣除"在经济上是必要的"(《马克思恩格斯选集》第3卷第9页)。马克思在《哥达纲领批判》中还明确指出，在社会主义社会里，还要在社会总产品中扣除"为丧失劳动能力的人等等设立的基金"(《马克思恩格斯选集》第3卷第9页)。从经济学的角度来说，劳动力是社会生产的人身要素，劳动力的恢复和再生产，是社会再生产不断进行的前提条件之一。而无论是对在职职工发放工资，还是对退休职工发放养老金，以及对失业者或丧失劳动能力者发放失业保险金或救济金，都是直接或间接地为劳动力的恢复和劳动力再生产这一根本目的服务的，因而在经济上也是完全必要的。

基于对马克思主义基本思想的上述理解，我们认为，在我国建立经济保障系统工程体系，并采用这一科学范畴，来统辖一切具体的保障形式，是完全符合马克思主义基本原理的，是有充分的理论依据的。

四、我国经济保障系统工程体系各支系统之间的分工

在经济保障系统工程体系之中，其四个支系统各自处于不同的地位并应有明确的分工，执行各自的职能，实现各自的保障作用；另一方面，这四个支系统又互相联系组成一个更大的系统，共同执行一项更大的职能，实现对全社会的经济保障作用。其中经济保障制度系统，是整个经济保障系统工程体系的根本，它决定着经济保障的对象、范围、程度和经济保障的资金来源、资金构成，以及经济保障资金的使用方向、使用原则和使用数量，进而决定经济保障的性质和特点。因而，经济保障制度的基本职能，是规定经济保障总体结构及其社会性质和特点。经济保障机制系统，是整个经济保障系统工程的基础，它的基本职能是为各类经济保障的实现提供经济基础和物质保障。经济保障组织系统，是整个经济系统工程体系的枢纽，经济保障系统工程体系的一切职能和作用都要通过它来实现，它的基本职能，是依照经济保障制度的规定，筹集各类经济保障资金，并按照经济保障制度的要求，分配和运用各类经济保障基金，实现经济保障制度和经济保障机制的要求和职能。经济保障管理系统，是整个经济保障系统工程体系的关键，它的基本职能是依据法律和政策，对全社会的经济保障活动进行管理监督，保证经济保障活动沿着正确的轨道和方向发展。

五、我国经济保障系统工程体系各支系统内部的分工

经济保障系统工程体系各支系统内部的分工，是指经济保障制度、经济保障机制、经济保障组织和经济保障管理机构这四个支系统内部的分工。

1. 经济保障制度内部的分工。由于在我国现阶段存在着以公有制为主导的多种所有制并存的所有制结构，因而需要有反映不同所有制结构及其相应经济利益关系的经济保障制度。其中有适用于全民所有制的经济保障制度，有适用于集体所有制的经济保障制度，有适用于个体经济的经济保障制度，也有适用于包括各种所有制在内的经济保障制度。各种经济保障制度各自有其保障的对象、范围、程度，实现其各自特定的职能和作用，同时又互相配合，互相补充，共同完成全社会的经济保障职能。

2. 经济保障机制内部的分工。目前，我国的经济保障机制系统，包括个人（家庭）储备金、企业储备金、社会救济金、社会福利基金、社会保险基金、国家后备基金和商业保险基金等7种资金或基金形式。这种资金或基金形式在整个经济保障机制系统中处于不同的地位，承担着不同的分工。

在社会主义条件下，国家财政后备基金，是经济保障机制系统的主体，它承担着经济保障的主要任务。从生产关系的角度来说，它首先要保证全民所有制企业，特别是全民所有制的大中型骨干企业的正常运转。从风险种类来看，国家财政后备主要是用于解决由于像地震、大面积的洪涝或干旱等自然灾害所致的巨灾、巨损所需之物质资料的短缺，或者是用于解决由于国家计划失误等原因所造成的生产循环与周转中断的恢复所需之物质资料。这是其他任何形式的经济保障机制所不能承担的任务。也就是说，在社会主义制度下，国家后备基金在整个经济保障机制系统中处于主导地位。

社会保险基金和商业保险基金，是经济保障机制系统的两个主要的子系统。其中社会保险基金主要承担社会成员的养老、疾病、医疗、保健和失业补贴等恢复和再生产劳动力的任务，商业保险基金主要担任全社会的、除国家后备基金所承担的对生产资料的补贴以外的所有其他物质资料损失的补偿，以及社会保险基金所承担的人身保障以外的全部人身保险任务。

社会福利基金、社会救济基金、单位企业储备资金和个人（家庭）储备资金，是经济保障机制系统中的辅助机制，在经济保障机制系统中处于从属地位。其中社会福利基金主要执行为提高和改善社会成员的物质福利水平提供物质保障的职能。社会救济基金主要执行为解决部分临时发生困难的社会成员的生活问题提供物质保障的职能。企业（单位）储备资金主要执行由于种种原因而对

企业（单位）造成的经济损失（在企业所能承担的限度内）进行自我经济保障的职能。个人（家庭）储备资金主要承担因种种原因对个人（家庭）的人身或财物造成的损害或损失而进行自我经济保障的职能。这些辅助机制虽然在经济保障机制系统中处于非主导的地位，然而，又是这个完整的系统中必不可少的重要组成部分。这些机制各自的职能和作用只能由它们来完成，其他任何机制都不能代替和无法代替。

应当指出的是，上述各项基金的对象和保障的内容可能是交叉的，甚至可能是相同的，但是它们各自的资金来源及其方式是不同的，因而它们各自的保障原则和形式也是不同的。因此，各项不同的基金都有其各自独立存在的必要性，在资金的使用和管理上都必须保持各自的独立性，绝不能混同。

3. 经济保障组织系统内部的分工。经济保障组织系统，是经济保障系统工程体系各项活动的主要组织者和实施者。经济保障系统工程体系的一切职能和作用，都要通过这个组织系统来实现，因而它是在经济保障系统工程体系中占有非常重要地位的一个支系统。

目前，我国现行的经济保障组织系统就大类来说，是由单位（系统）自保组织、保险公司组织、社会保障基金和国家后备基金组织构成的。经济保障组织系统内部的分工，包括两个层次。第一个层次，是单位（系统）自保组织、保险公司组织、社会保障基金组织和国家后备基金组织之间的分工。第二个层次是单位（系统）自保组织、保险公司组织、社会保障基金组织和国家后备基金组织内部的分工。从我国当前的情况来看，对在这两个层次的分工都存在着不同的认识，并且由于认识上的分歧导致实践中互相"争地盘"和"争夺业务"的矛盾现象。对这种现象的发生应当从两个方面来看。一方面，这种现象的出现，反映了大家都愿意为社会主义的经济保障，为我国的经济体制改革作出贡献。这是一种积极性。另一方面，如果这种现象继续发展下去，将会影响我国经济保障事业的完善和发展，也不利于我国经济体制改革和现代化建设的深入发展。因此，需要在理论认识上，明确这两个层次的分工，划分各自活动的领域。

我认为，关于第一个层次的分工，就经济保障的人身对象来说，大概可划分为三个类别：一是社会福利、社会救济等具有福利性质的业务；二是养老、疾病医疗、卫生保健和失业补贴等比较集中、而且具有基本保障性质的业务；三是意外伤害、公共责任和投资与储蓄相结合的个人储备等比较分散的业务。在这三类业务中，第一类应当由社会保障基金组织来承办，保险公司不必介入；第二类应当以社会保障基金组织为主，保险公司为辅；第三类业务主要应当由保险公司来经营。国家后备基金组织只是在遇有大灾、巨灾而在较广泛范围内对人身及其家庭造成的经济损失给予暂时性的补助或救济，而不经办这类经常性的业务。

经济保障的物质对象包括企事业单位的财产和家庭财产。除国家后备基金组织，对遇有巨灾、巨损而对国营大中型骨干企业给予物质保证外，在一般情况下，这类业务主要应当由保险公司组织来经营。在社会主义条件下，各个大的单位或系统也需要一定数量的自保业务，甚至可以建立适当的自保组织形式，来经办单位或系统内的经济保障业务。但是，自保不能成为主要形式；单位或系统的大部分财产应当向保险公司投保，由保险公司在更大的范围内分散风险，筹措保险基金，组织经济补偿。这不仅符合概率论和大数法则的原理，而且也有利于提高经济保障的保障程度和节省费用开支，有利于按照经济规律和保险原则办保险，有利于提高经济保障的经济效益和社会效果。

关于第二个层次的分工，即单位或系统组织内部、保险公司组织内部、社会保障基金组织内部的分工，原则上讲都不能一家独办，排斥其他。因为在有计划商品经济条件下，市场和竞争机制是客观存在的。而且从一定意义上讲，在经济活动中的垄断容易保守，甚至会保护落后因素，使事物发展缓慢、效率低下。而适度地引进竞争机制，有利于提高效率，改善服务，促进事物的尽快发展。

从我国的实际来看，当前在经济保障组织系统内部，最为突出的是中国人民保险公司与太平洋、平安等其他商业性保险公司之间的业务划分问题。用通俗的话来说，就是对属于商业性保险业务，是由"一家办"，还是由"多家办"的问题。我认为，原则上讲应当是多家办，而不应当由一家独办。然而，在社会主义制度下，多家办保险应当坚持两条原则：一是保险公司的"家数"不能过多，不能像资本主义国家那样，保险公司"星罗棋布"，而应当控制到一个适度的数量。这不仅有利于管理，有利于节省费用开支，更主要的是有利于实现"适度"的竞争，防止像资本主义国家那种无政府状态的盲目竞争，归根结底有利于提高经济的效益，达到经济保障的最终目的。二是，在我国至少是在今后一个相当长的时期内，应当保持中国人民保险公司在整个商业性保险公司体系中的主导地位，在政策规定上要有利于维护中国人民保险公司的主渠道的地位。这不仅是因为中国人民保险公司有比较健全的组织系统，较雄厚的经济实力，集中较多的保险，人才和有较丰富的经营经验，更主要的是因为中国人民保险公司是社会主义国家所有的国营企业，尽管中国人民保险公司是按照保险原则和商品经济规律的要求经营保险业务的企业（这一点是不能否认的），然而，它的根本目的是为巩固和发展社会主义经济服务的,它按照价值规律的要求经营保险业务和盈利,只是为了提高效益,增加保险基金,壮大经济实力,是更好地为社会主义经济服务的形式和手段。从保证社会主义公有制经济占主导地位的角度来说,在社会主义国家存在着众多的保险公司中,必须有起主导作用并能左右保险市场的国营保险公司,这不仅在目前尚没有引进国外的保险公司加入国内保险市场的情况下是必要的,从长远看,将来对于控制和引导外资保险公司,使其在服从我国经济发展的需要的前提下经营保险业务,更是必要的。

4. 经济保障管理系统内部的分工,原则上讲应当是在有利于加强管理的前提下,实行分级管理。至于如何具体分工,还有待于在今后的实践与发展中,不断地总结经验,再作出理论概括。

(原载于《1992年保险年会论文集》,
《陕西保险(增刊)》,1992年3月出版)

中国保险市场将吸引外资

本文认为,中国保险市场的改革与开放,是中国整个国民经济改革开放的一个重要部分。了解和研究中国保险市场,无论是对于促进中国保险业的发展,还是对于希望涉足中国保险市场的外国投资者来说,都有重要的意义。

从历史上看,最早出现在中国大地的保险机构,不是中国人自己兴办的保险公司,而是英国商人于1805年在广州设立的"广州保险公司"。当时仅有这一家英资保险公司。

改革开放前的中国保险市场

1840年后,英国的一些保险公司在上海、广州、天津等地设立分支机构。1870年以后,一些外国财团先后在上海又建立保安、香港、太阳、巴勒和中华等保险公司和怡和、太古洋行保险部。

进入20世纪以来,继英国之后又有美国、法国、德国、瑞士和日本等国家的保险机构相继到中国开设保险公司或设立保险分支机构。

1949年以后,中国政府接管了外资保险公司,改造了华商私人保险公司,建立了中国人民保险公司。直到1979年中国实行改革开放以前,中国人民保险公司是中国唯一的一家保险公司,而且从1958年开始,中国人民保险公司停办了国内保险业务,只开办涉外保险业务,直到1980年才恢复国内保险业务。

中国保险市场的改革

中国,在1979年改革开放以前,实行的是以国家公有制和集体公有制为基础的经济制度和以计划作为调节手段的计划经济体制。与此相适应,中国的保险业也是以国家公有制为基础,以计划作为调节保险活动的主要手段的计划保险体制。

计划保险体制有以下几个特点:

一是保险机构单一,全国仅有中国人民保险公司这一家保险公司,全国的保险业务部由中国人民保险公司独家垄断,没有市场竞争;

二是保险机构政企不分,具有二重性;中国人民保险公司既是国营企业,又是具有一定管理职能的国家政策性金融机构;

三是没有市场费率,各种保险的费率都由国家统一规定,不允许浮动;

四是保险公司所取得收益的绝大部分都作为上缴利润交给国家用于财政支出,保险公司实际上是国家筹措资金的第二财政部。

中国保险起步晚,法制不健全,改革以来正在努力建立和完善保险法规。现在执行的有中国政府1983年公布的《财产保险合同条例》和1985年颁布的《保险企业管理暂行条例》。还有涉及保险法规的一些相关法律条文,如:《经济合同法》、《中外合资经济企业法》,以及《海商法》等。目前由中国人民银行(中央银行)组织的《保险法》起草小组已经提出了《中国保险法》的修改稿,预计不久将正式颁布实施。

中国保险市场所进行的改革,这些改革措施只是开始起步,今后随着整个经济体制改革的推进,保险市场还将继续深入改革。

中国保险市场必须开放

中国保险市场要不要开放?何时开放?这是许多国内外人士最关心的问题。特别是一些希望到中国开拓保险市场的外国客商更为关心。

从理论上和根本上讲,中国的保险市场必然是开发型的保险市场,必须对外开放。从实践上讲,目前中国保险市场已经开放了。一方面,中国各保险公司已先后在亚洲、欧洲和美洲建立了各自的业务机构或代表机构;另一方面,已有20多个国家的保险公司或保险经纪人公司先后在中国设立办事处。最引人注目的是美国友邦(AIA)保险公司已于1993年初在上海正式开业。这是中国改革开放以来引进的第一家外国保险公司。最近,美国友邦保险公司提出在中国投资5亿美元开发中国保险市场的发展计划。

今后,随着中国经济体制改革的深入和市场经济发展,中国的保险市场必将进一步地开放。这是由以下几点原因决定的。

一是世界经济发展的大趋势所推动的。在这种形势下,国家无论大小,制度不论异同都必须适应这个大潮流,顺其势而行之,因此包括世界各国保险市场在内的一切市场都必须是互相开放的。

二是保险自身发展的内在规律发生作用的结果。保险虽然起源于某些个别国家,具有国度的差别,然而就保险的一般规则和所涉及的范围来看,它本身就具有国际性和世界性的特点。如一份保险合同通过分保活动可以分散到世界各国来共同承担。

例如日本和中国台湾地区，为了保持自身保险业的发展，曾经严格限制外国保险公司进入境内达 20 年之久，但由于世界经济大潮流的冲击，他们都实行了开放政策。

三是从中国的具体条件来看，更需要开放保险市场。中国具有 11 亿人口，2 亿 5 千多万户家庭，上百万个企业，是一个庞大的人寿和财产保险市场。虽然中国近几年来国内保险业每年以 40% 的速度增长，但是由于原有基础差，中国保险在世界保险市场上是落后的。

1992 年中国全国的总保费为 380 亿元人民币，在世界总保费中仅占 0.21%。目前中国尚有近 8 亿人口没有参加人身保险，有近 2 亿户家庭没有参加家庭财产保险，有几十万个企业没有参加企业财产保险，这表明中国这个庞大的保险市场还有待于开拓。但是仅靠国内的力量来开发保险市场是有很大困难的，必须实行对外开放，引进更多外资保险公司共同开发。

四是从提高保险市场的经营管理水平和吸取外国保险经验的角度来看，也需要进一步开放保险市场。

中国保险市场刚刚起步，缺少经验，开放保险市场有利于吸收外国的经验。如亚细安地区的相互保险公司、保险合作社和自保公司等保险组织形式，以及保险代理人制度、保险经纪人制度、保险行会自律制度、保险基金投资制度和国家对保险业的管理等方面的经验部很值得中国借鉴。对这些国家开放保险市场有利于中国保险市场的健康发展。

对外开放须具备一定条件

当然，对外开放引进外国保险公司到中国国内经营保险业是有条件的，只有在具备了一定的条件的前提下才可以引进。最基本的条件至少有以下四条：

一是国内保险法制基本健全；

二是保险管理机构健全，管理人员有一定的管理经验；

三是国内已经形成保险市场公平竞争的机制；

四是民族保险业已初步成熟。

目前中国正在积极地创造这些条件，力争早日扩大保险市场的对外开放，吸引更多的外国客商开拓中国保险市场。

（原载于新加坡《联合早报》1993 年 10 月 7 日）

新加坡合作保险对中国具有特殊意义

1979年中国改革开放以前,实行的是计划经济体制,对职工的退休、养老、疾病医疗等,都由国家统一包揽下来,个人不必付出任何代价。

自从1979年中国进行改革开放以后,中国的社会保障制度也随之发生了深刻的变化,国家不再负担职工的疾病医疗、卫生保健和退休养老的全部费用,而是只负担其中的一部分,其余部分由企业(雇主)和个人(雇员)共同负担。

今后,随着改革开放的深入发展,国家负担的比率将会越来越少,而企业和个人负担的比率将会越来越大。企业和个人所承担的风险也就越来越多。企业和个人为了分散和转移风险,维持企业和个人的经营稳定性和生活的安定.就必须参加保险,通过保险形式来达到企业的稳定和个人生活的安定。

保险可以有多种形式如商业保险、合作保险、相互保险、集团自保等,各种不同的保险形式都有其各自的特点,适应不同的投保人的需要。多种保险形式相互配合,形成一个健全的保险制度。一般而言,中国对上述各种保险形式都是需要的。然而,就目前和今后一段时间来说,合作保险(含相互保险)对中国会具有更为重要的意义。

一、合作保险的特点

新加坡职总英康保险合作社(包括亚细安地区的相互保险)有以下五项基本特点。

(一) 公共性质

从所有权的法律关系上看,英康保险合作社既不同于私人股份有限公司,也不同于自保公司。私人股份有限公司和相互保险公司都是私人股份有限的公司。而英康保险合作社则具有公共性质。所谓公共性质,是说它既不是属于少数几个股东所有,也不是归某个私人集团所有,而是属于全体会员共有。

以英康为例,英康最初的120万元的注册基本,不是由某一个私人所支出,而是由职工总会及其所属各工会共同出资兴办保险合作社。目前英康的会员分为四类:发起会员1家(即职工总会).团体会员73家(即各工会),个人会员

1000多家，还有32万5691位普通会员。英康的财产属于这些会员共有。当然，每类会员对英康财产占有的数量不等。

（二）大众性质

所谓大众性质，是指保险合作社不是为少数富裕阶层服务的保险公司，而是以广大民众为服务对象，并尽量为他们提供方便的服务。例如英康保险合作社的服务宗旨，就是以中下层的工资收入者为主要服务对象，并以尽可能低的成本为会员（包括全体投保人）提供尽可能多的保险保障。

在这一宗旨指导下，英康保险合作社采取低保额、分散收保费（其他保险公司一般都采用每年交一次保费，英康为了减轻保户的负担则每月收一次保费）和采用尽可能方便保户的承保方式及程序，争得了大批的客户。目前，新加坡每6个投保人中，就有一位是英康的客户。

（三）互助性质

所谓互助性质，是说保险合作社所获得的盈利不是单纯的为少数股东所有，不是以为少数股东盈利为目的，而是以为广大会员提供保险保障、安定社会经济和稳定大众生活为根本目的。这一点从保险合作社盈利的分配方案中得到特别体现。

按照新加坡政府的规定，人寿保险分红保单盈利应返还给投保人80%，其余20%由股东分得。而英康保险合作社没有动用这部分资金，而是用来分配给保户或用作积累资金。这部分积累资金最终还是用在为保户服务上，体现了"取之于众、用之于众"的互助合作原则。

（四）福利性质

一般保险公司不是慈善机关和福利单位，而是以盈利为目的商业性企业，因而不具有慈善性和福利性的特点。合作保险则不完全是以盈利为目的商业性企业。它在很大的程度上具有社会福利性质。例如英康保险合作社，经常用自身的盈利赞助社会残疾人士医院、弱智教养费用和其他公益性的事业。

这一点对于其他私人保险公司纯属于义务捐赠，但对英康合作社来说，由于英康保险合作社的宗旨就是为社会大众，特别是为中下层收入阶层服务，因而上述各项捐赠和资助，就具有一定的责任性。

（五）协调性质

由于保险合作社具有上述四个特点，便产生出第五个特点，即协调性质。所谓协调性是指各方面的关系和矛盾比较容易取得一致的认识和行动。例如英康保险合作社包括以下三层关系：一是英康与广大客户（会员）之间的关系；二是英康管理人员与工作人员之间的关系；三是英康、职总和政府三方面的关系。由于英康是与广大客户（会员）的利益是一致的，所以这一层关系很容易协调；又由于英康工作人员大部分是合作社的会员，因而很容易与管理者在行动上协调一致；至于英康与政府之间，虽然没有直接的利益关系，但由于英康属于职总的下属，而职总与政府的关系十分融洽，并且由于英康又为社会提供多方面的资助与服务，帮助政府解决一些社会问题，因而便更容易与政府协调一致。这一点非常有利于英康的发展。

二、中国应引进合作社保险形式

合作保险对中国具有特殊意义，合作保险应当在中国保险市场中占有重要地位，中国应当更加注意引进合作保险的经验。这是因为合作社保险形式更符合中国的国情。具体说，有以下几点原因。

（一）所有制的公众性质更接近于中国

中国是社会主义国家，中国的市场经济是以公有制为主体或为基础的市场经济。无论今后怎样改革，这个基本点是不会改变的。在保险市场上也必须坚持以公有制为基础的基本方针。而合作保险制度，在所有制这一点上虽然不同于中国社会主义公有制的概念，然而它不是私人所有制，也不是少数几个大股东的股份制经济，而是广大社员（会员）所共有。就这一点说，更接近于公有制，更符合中国的国情，更容易被多数人所接受。

（二）基本宗旨更与中国相类似

中国从建国到现在乃至于今后，为人民服务始终是她的宗旨，这一宗旨永久不会改变。尽管目前有些公务人员甚至是高级职员存在着为个人私利而"徇私舞弊"，甚至腐化堕落现象，但这只是少数人的事。作为为人民服务的中国政府的根本宗旨是不会改变的。合作保险的宗旨也不是为少数人的利益牟私利，而是为广大中下层人士谋利益，为合作社会员服务。就这一宗旨而言，也与中国的国情相一致。

（三）中国经济发展的多层次性

中国的改革开放，需要破除旧的保障制度，建立和健全新的社会保障制度。另一方面，中国又是一个大国，全国各地区之间，城市与乡村之间，沿海开放的大都市与一般都市之间在经济发展上是不平衡的。人们的经济收入也有较大的差别，支付保险的能力也很不一致。这种客观经济情况必然产生对保障形式的多样化要求。就对保险机构而言，也会有不同的要求。一般说经济收入高的沿海大城市对各种商业保险的需求量会较多，而广大农村和中小城镇则对合作保险和相互保险的需求量会非常之大。

中国的经济基础在农业，中国的多数人口在农村和乡镇，他们对合作社早有了解，对合作保险有更大的需求。因此中国对保险合作社的引进应当给予充分的注意，它在中国保险市场中应占有重要地位，而且在某种意义上应当把合作保险作为中国引进的首选保险形式。

（四）中国人的心理态度

中国的保险业发展较晚，人们的保险意识也很淡薄，对保险认识上和思想上都不利于保险的发展。由于合作保险赔钱或赚钱都是合作社成员内部的事，肥水不会流入外人田，故而各方面的人士都需要和易于接受。

当然，新加坡与中国的国情有很大的不同，对于新加坡保险合作社的基本经验是应当借鉴的，但对于一些具体做法也要结合中国的国情来加以灵活的运用和调整。但是新加坡保险合作社的基本经验是适合中国国情的。中国应当特别注意引进新加坡保险合作经验，发展中国的合作保险市场，使合作保险在保险市场中占有重要的地位和比率。

（原载于新加坡《联合早报》 1993年11月3日）

关于建立和完善中国保险市场的几个问题

一、关于建立和完善中国保险市场的核心内容问题

保险市场是一个复杂的系统工程体系。这个体系是由保险组织（公司）系统、保险中介（保险代理人、保险经纪人和保险公证行等）系统、保险管理系统以及保险市场机制系统等许多个子系统共同组成的一个有机整体。在上述诸多的子系统中，保险市场机制系统是整个保险体系的核心内容。所谓保险市场机制是指保险价格（保险费）、保险供求和保险竞争这三者之间既相互制约又相互作用的关系。如果说保险公司、保险代理人公司、保险经纪人公司等保险组织机构和保险管理机关等要素是保险市场的"躯体"的话，那么，保险市场机制则是保险市场的"灵魂"，它是保险市场的核心和根本。我国目前已经建立起一些保险组织机构、保险中介机构和保险管理机关，已经初步形成保险市场的"躯体"。但是还没有建立起保险市场机制这一保险市场的"灵魂"。从这个意义上讲，我国尚未形成保险市场，或者说我国尚未建立起真正的保险市场。因此，建立我国保险市场的根本任务是要建立起我国的保险市场机制，只有建立起保险市场机制，中国保险市场才算真正建立起来了。

二、关于建立和完善中国保险市场的基础和难点问题

保险市场机制发生作用需要有一系列的条件。其中最重要的有以下四条：一是作为保险市场主体之一的保险公司必须有其自身特殊的经济利益；其次保险价格（费率）必须能够随着保险供求关系的变化而自动上升或下降；第三是保险供求要能够随着保险费率的升降而自动增加或减少；第四是保险企业能够随着保险的盈利或亏损而自行决定其开办或停业或倒闭。上述条件是以现代保险企业制度为其经济基础的，因此建立或完善中国保险市场的基础在于建立和完善中国的现代保险企业制度。这也是建立和完善中国保险市场的最大的难点。

三、关于建立和完善中国保险市场的责任主体问题

建立和完善中国保险市场,要通过一系列不同性质和不同层次的活动来实现。由于活动的性质和层次的不同,便有不同的责任主体。

概括言之,建立和完善中国保险市场的主要活动可以划分为改建、新建和改革三种性质和三个层次。无论是新建立保险公司,还是新建立保险代理人公司和保险经纪人公司,都不是这些被组建的公司自身所能决定的,而是由国家决策机构决定的。因而,这类活动的责任主体不在于保险企业自身,而在于国家决策机关。

改革包含三层含义:一是对中国人民保险公司这类原来按照计划经济模式建立的保险组织,要按照市场经济的要求改革成为现代保险企业;二是按照市场经济和现代保险企业制度的要求,改革原有的保险管理体制、管理制度、管理办法和相应的法律、法规和条款,使其与现代企业制度的活动规律相适应;三是按照市场经济和现代企业制的要求改革原有保险企业内部的经营管理体制,使企业的内部机制与外部机制相一致。在上述三项改革内容中,前两项的责任主体是国家保险管理机关和保险立法机关,第三项改革主要是由企业自身来完成的,因而其责任主体是保险企业。通过上述分析可以看出,建立和完善中国保险市场,虽然需要有关方面的共同努力和协作才能实现,然而主要责任主体在于国家经济体制改革决策部门、国家金融管理机关和国家有关的立法机关。

四、关于保险市场的经营规律问题

最近若干年来,在国际保险市场经营中,出现了经营直接保险业务亏损,保险资金运用盈利,用保险资金运用的盈利弥补直接保险业务的亏损,来维持保险企业的生存和发展的客观规律。因此,特别强调保险资金运用对保险业的意义,把保险资金的运用与直接保险业务同视为保险业务自身的内在组成因素。这一理论对我国的保险领域产生了重大的影响,其突出的表现就是以降低承保质量和不适当地降低费率为代价,来换取更多的保费收入,借以为保险资金的运用筹措更多的资金,以及不顾条件地追求保险资金运用的规模和数量,其结果造成了大量保险资金的投资有去无回而蒙受损失。我认为,不能把保险资金运用对保险业的意义强调到不适当的地位,更不能认为直接保险业务经营性的亏损是一般性的规律,而应当分别对不同险种进行具体分析。对于人身保险中的长期业务品种(如养老金等)来说,保险资金运用与直接保险业务是融为一

体的，保险资金运用是这类险种保险业务的内在构成要素。这是因为长期性人身保险业务是属储蓄性或投资性的业务，在计算收费返还标准时，已将通货膨胀率和资金运用收益率列入其中了。由于通货膨胀的影响和时间价值变化的影响，同一单位的货币量收费期的购买力高于返还期的购买力。因此必须通过保险资金的运用实现保险费的保值和增值，也只有如此才能使人身保险的长期业务得以生存和发展。从这个意义上讲，没有保障资金的运用，也就没有人身保险的长期业务。而对于财产保险和短期人身保险业务（如意外伤害险等）来说，由于保险期限短（一般为一年或一个周期），通货膨胀率不会很高，时间价值差额不会很大，而且多数险种为定值保险。这类险种的费率一般是按照历年平均保额损失率加上一个风险稳定系数，再加上一定数量附加保险费的公式来计算的。按照这个公式计算并收取的保险费，应当足够赔付或给付，而且还会有一定的盈利。这种险种的保险资金虽然也要加以运用，但这类保险资金运用的意义和作用，与长期人身保险业务资金运用的意义和作用，是根本不同的。在理论上明确这一点，对保险业的发展有非常重要的意义。因为如果认为直接保险业务经营性的亏损是客观规律，就等于承认直接保险业务的保险费率必然低于赔付率。这不仅在理论上是不正确的，而且在实践上就必然会不适当地降低费率。一味追求扩大保费收入，把保险作为获取资金的手段，而把资金运用和投资作为保险目的，这不仅扭曲了保险的本质和职能，而且还混淆了保险公司与投资公司之间的本质差别。这实质上是对保险业独立存在必要性的否定。不仅如此，还会用保险资金运用这种手段来掩护经营不善的保险企业，或因落后而应当被淘汰的保险品种，这是与市场经济规律背道而驰的不正常现象。因为按照价值规律的要求，保险费收入量与保险赔付量是应当相等的。如果长期出现直接业务亏损，则肯定是因为保险费低于保险价值，而保险费率低于保险价值不是因为计算有误，就是因为保险供给大于保险需求。解决的办法，若是前者，则应当通过精算手段解决误差问题；若是后者，则应当通过正常的市场竞争，淘汰劣等保险企业或劣质保险品种，进而减少保险供给，相对扩大保险需求，使保险费率上扬，达到保险价格与保险价值相一致。而采取用保险资金运用收入弥补由于经营不善而亏损或由于保险品种不为社会所必需而发生亏损的办法，无疑是在保护落后，阻碍进步。

五、关于中国保险市场国际化问题

为了适应对外开放的需要，对我国保险市场和保险管理体制进行一系列的改革，以及对我国原有的保险法规和保险条款进行适当修改，都是完全必要的。

但是近来在我国保险市场对外开放的研讨中出现了"中国保险市场国际化"和"与国际保险市场接轨"的提法。我认为这种提法的科学性是需要加以商讨的。何谓"中国保险市场国际化"？何谓"与国际保险市场接轨"？他们的基本思想是"中国的做法要与外国的做法相一致"，"外国怎么做中国就怎么做"。我对这种认识是否定的，因为这种认识混淆了"国际"保险市场与"国别"保险市场的界限。国别保险市场是指某个国家的保险市场。例如美国保险市场、英国保险市场、日本保险市场、中国保险市场，等等。国别保险市场的法律、法规、管理办法及保险条款等，都是从本国的实际出发制定的，都要适合本国的国情，反映本国的特殊条件。因此，各国的保险市场均有其自身特殊性质和特点。当然，各国的国情和条件亦有相同之处。因而各国的保险市场也有共性或相同之处，既有个性又有共性。这是任何国家的保险市场都具有的二重性质。任何所谓先进国家的保险市场形式，都不能成为适合全世界、所有国家都能接受的模式。

而所谓国际保险市场，则是指国与国之间的保险市场，它可以是两个国家之间的双边关系，也可以是三个国家之间的关系，还可以是多个国家的多边关系。科学技术越进步，社会生产越发达，国与国之间的关系也就越发展，参与国际关系的国家也会越来越多。在这种国际保险市场上，不管来自何处和何种类型的国家，都必须遵守共同的法律、法规和共同的保险条款。这样的国际保险市场也不可能与任何一个国家的保险市场完全相同。因此，只要有国家存在，就会有国际保险市场与国内保险市场的区别。二者只能互补而不能互替。因此，也就不存在本国保险市场"国际化"和"与国际保险市场接轨"的问题。明确这一点是十分重要的；它可以避免盲目地照抄照搬外国保险市场模式。把个别国家的保险市场规则，当作国际保险市场规则。

（原载于《金融时报》1995年1月2日）

合作保险与中国保险市场

一、合作保险的主要特点

相对其他保险形式而言,合作保险具有以下五个特点。

(一)公共性质

从所有权的法律关系看,合作保险具有一定的公共性质。所谓公共性质,是说它既不属于少数几个大股东所有,也不是归某个私人集团所有,而是属于全体社员所有。以新加坡职总英康合作社为例,英康最初的 120 万元注册资本,不是由某一个私人所支出,而是由职工总会及其所属各工会共同出资兴办的保险合作社。目前英康的会员分为四类:发起会员一家(即职工总会),团体会员 73 家(即各工会),个人会员 1000 多家,还有 325691 位普通会员。英康的财产属于这些会员共有。当然,每类英康会员对英康财产占有的数量不等。

(二)大众性质

所谓大众性质,是指保险合作社不是为少数富裕阶层服务的保险公司,而是以广大民众为服务对象,并尽量为他们提供方便的服务。例如英康保险合作社的服务宗旨,就是以中下层的工资收入者为主要服务对象,并以尽可能低的成本为会员(包括全体投保人)提供尽可能多的保险保障。

在这一宗旨的指导下,英康保险合作社采取低保额、分散收保费(其他保险公司一般都采用每年交一次保费,英康为了减轻保户的负担,则每月收一次保费)和采用尽可能方便保户的承保方式,争得大批的客户。目前,新加坡每 6 个投保人中,就有一个是英康的客户。

(三)互助性质

所谓互助性质,是说保险合作社所获得的盈利不是单纯地归少数股东所有,不是以少数股东的盈利为目的,而是以为广大社员提供保险保障和安定社会经济、稳定大众生活为根本目的。这一点从保险合作社盈利的分配方案中得以特别体现。按照新加坡政府的规定,人寿保险分红保单盈利应返还给投保人 80%,其余 20% 为股东分得。而英康保险合作社没有动用这部分资金,而是用来分配给保户或用于积累资金。这部分积累资金最终还是用在为保户服务上，体现了"取之于众，用之于众"的互助合作原则。

（四）福利性质

一般保险公司不是慈善机关和福利单位，而是以盈利为目的商业性企业，因而不具有慈善和福利性的特点。合作保险则不完全是以盈利为目的的商业性企业，它在很大程度上具有社会福利性质。例如英康保险合作社，经常用自身的盈利赞助社会残疾人士医疗、弱智教养费用和其他公益性事业。

（五）协调性质

由于保险合作社具有上述四个特点，便产生出第五个特点，即协调性质。所谓协调性质是指各方面的关系和矛盾比较容易取得一致的认识及行动。例如英康保险合作社包括以下三层关系：一是英康与广大客户（会员）之间的关系；二是英康管理人员与工作人员之间的关系；三是英康职总与政府方面的关系。由于英康与广大客户（会员）的利益是一致的，所以这一层关系很容易协调，又由于英康工作人员大部分是合作社的会员，因而很容易与管理者在运行上协调一致，至于英康与政府之间，虽然没有直接的利益关系，但由于英康是职总的下属，而职总与政府的关系十分融洽，并且英康又为社会提供多方面的资助与服务，帮助政府解决一些社会问题，因而更容易与政府协调一致。这一点非常有利于英康的发展。

二、合作保险在中国保险市场中应占有重要地位

合作保险对中国具有特殊意义，合作保险应当在中国保险市场中占有重要地位，中国应当更加注意引进合作保险的经验。这是因为合作保险形式更符合中国的国情。具体说，有以下几点原因。

（一）合作保险所有制的公共性质与中国接近

中国是社会主义国家。中国的市场经济是以公有制为主体（或为基础）的，无论今后怎样改革，这个基本点是不会改变的。在保险市场上也必须坚持以公有制为基础的基本方针。而合作保险制度，在所有制这一点上虽然不同于中国社会主义公有制的概念，然而它不是私人所有制，也不是少数几个大股东的股份制经济，而是广大社员（会员）所共有。就这一点说，更接近于公有制，更符合中国的国情，更容易被多数人所接受。

（二）合作保险的基本宗旨与中国政府的宗旨相类似

我国从建国到现在乃至于今后，为人民服务始终是政府的宗旨。尽管目前有些公务员、甚至高级官员徇私舞弊、腐化堕落，但这只是少数人的问题。中

国政府为人民服务的宗旨是不会改变的。合作保险的宗旨也不是为少数人牟私利，而是为广大中、下层人士谋利益，为合作社会员服务。就这一宗旨而言，也与我国的国情相一致。

（三）中国经济发展的多层次性需要合作保险

中国的改革开放，需要破除旧的社会保障制度，建立和健全新的社会保障制度。另一方面，城市与乡村之间，沿海开放的大都市与一般都市之间在经济发展上是不平衡的，人们的经济收入有较大的差别，支付保险费的能力也很不一致。这种客观经济情况必然产生对社会保障形式多样化的要求。就对保险机构而言，也会有不同的要求。一般说，经济收入高的沿海大城市对各种商业保险的需求量会较多，而广大农村和中小城镇则对合作保险的需求量会非常大。

中国的经济基础在农业，中国的多数人口在农村和乡镇，他们对合作社早有了解，对合作保险有更大的需求。因此中国对引进合作保险应当给予充分的注意，它在中国保险市场中应占有重要地位，而且在某种意义上应当把合作保险作为中国引进的首选保险形式。

（四）中国人的心态易于接受合作保险

中国的保险业发展较晚，人们的保险意识也很淡薄，这些都不利于保险业的发展。由于合作保险赔钱或赚钱都是合作社成员内部的事，肥水不会流入外人田，故而各方面的人士都可能接受。

当然，新加坡与中国的国情有很大的不同，对于新加坡保险合作社的基本经验是应当借鉴的，但对于一些具体做法也要结合中国的国情来加以灵活地运用和调整。总的看，新加坡保险合作社的基本经验是适合中国国情的。中国应当特别注意引进新加坡保险合作社的经验，发展中国的合作保险市场，使合作保险在保险市场中占有重要的地位和比率。

三、在中国推行合作保险的几点建议

为了更快更好地在我国推行合作保险，我提出以下几点建议。

（一）积极开展对合作保险的研究

要研究合作保险的一般特征和国际上推行合作保险的一般做法和普遍经验。在此基础上，更要着重把国际上的一般经验与中国国情结合起来进行研究，并提出在中国推行合作保险的方案、方法和步骤。应当建立学校、科研单位、政策研究机构和实务部门四结合的研究队伍，把理论、政策和应用研究紧密地结合起来。还可以聘请国外专家共同研究，便于吸取国外经验。

（二）选择典型地区进行合作保险试点

目前，在国内虽然对合作保险的研究尚不充分，但已经有了一定水平的研究成果。这些研究成果可以在国内选择适当的地区进行试点，探索和积累经验，以便在全国更广泛地推广。试点可以先从我国经济比较发达的地区开始，逐步推向经济较不发达的地区。试点的内容，可以包括农村的种植业和养殖业，也可以包括农村医疗和养老保险的试点，然后逐步扩大试点的内容。

（三）加强对合作保险研究和试点的领导和管理

无论是对合作保险的研究，还是对合作保险的试点工作，都需要政府的领导和管理。鉴于目前我国金融管理的实际情况，建议在中国人民银行保险司内，增设合作保险管理处，由该处统一负责组织和领导对合作保险的研究和试点工作。

（原载于《中国金融早报》1996年12月12日）

中国保险市场发展新趋势

笔者曾于1993年和1995年两度来新加坡与新加坡的保险界人士共同探讨和交流两国保险市场和社会保障制度问题,并在《联合早报》上发表过介绍和分析中国保险市场及新加坡合作保险等方面的文章,时过三年,中国保险市场又有新的发展并呈现出新的发展趋势,主要表现出以下几点趋势。

人身保险发展更迅速

1993年以前,中国保险市场是以财产保险业为主,人身保险业为辅的格局。近三年来,人身保险业务发展速度快于财产保险业务发展速度,人身保险业务量在全部保险业务量中所占的比例逐渐上升。据已有的资料表明,人身保险业务在全部保险业务中所占的比例,已经由20世纪80年代的三分之一上升到二分之一左右,并且今后还会呈上升的趋势。据预料,到公元2000年,将达到60%左右。中国保险市场之所以会呈现上述趋势,主要有以下几点原因。

首先,中国的经济体制正在从计划经济体制向市场经济过渡。在社会主义市场经济条件下,企业和个人面临的失业、疾病、年老、退休等风险,除了通过社会保险制度解决基本生活必需部分之外,必须通过商业保险的形式加以补充和提高。

其次,是中国的社会保障制度在改革。改革前的公费医疗制度和养老制度等仅限于国有企业和集体企业职工个人及国家干部范围之内。改革后的社会保障的对象,不仅包括上述人员,而且还包括全部城镇居民、个体经营者和全部农村人口。这些人除参加社会保险之外,还需要参加商业保险加以补充和扩展。

第三,中国的家庭结构及伦理观念的变化是人身保险业务发展的另一条主要原因。中国从20世纪70年代开始实行计划生育,家庭结构正在向三口之家的小家庭结构转化,家庭养老、养儿防老的观念正在逐步淡化,社会保险和商业观念正在被人们所接受。

第四,中国经济的稳步发展,居民收入的稳定上升,城乡居民储蓄大量增加。据统计,1996年的城乡居民储蓄余额高达4万亿元人民币。在存款利息率下降，而金融市场其他投资风险大、收益不稳定的条件下，购买各种人寿保险则是居民节余的货币保值和增值的一条重要的渠道。

国家垄断地位会减弱

1979年中国实行改革开放方针以前，保险业务被取消或扼制，仅保留涉外保险业务，其数量亦是微乎其微。从1980年开始恢复国内保险业务起到80年代末，中国保险业一直是由中国人民保险公司即国家保险公司一家独占。因而在此期间中国仅有国家保险，而不存在保险市场。

进入20世纪80年代后期，由于中国平安保险公司和中国太平洋保险公司的建立，在中国出现了三家全国性的保险公司，形成多家办保险的初步格局。

到20世纪90年代，中国保险市场已经形成多元化结构，有国营保险公司和民营保险公司，有寿险公司、财险公司和再保险公司，还有外贸保险公司和合资公司等。

今后，随着一些全国性和区域性保险公司的逐步建立，以及外资保险公司的进入，中小国保险市场的增多，作为国家保险企业的中国人民保险公司在中国保险市场中的垄断地位还是会减弱的，到一定的时机将会出现垄断与竞争并存，以竞争为主的局面，加快对外开放步伐。

近些年，中国经济对外开放的步伐和领域发展得相当迅速，但对金融领域和保险领域的开放进度和程度相对较为缓慢，其中保险业尤为突出，人们对此种现象发生的原因，有诸多分析，其中较多数的人士认为："一怕保费外流，二怕冲击民族保险业"是中国保险市场对外开放较慢的主要原因。

笔者却认为并非全然如此，中国经济对外开放，引进国外资本进入中国一向本着互惠互利的原则进行，这本身就意味着外国资本要获得一定的合法利润收益。工业是如此，商业是如此，金融和保险业同样是如此。为什么工业、商业对外开放不怕利益外流，而唯独保险业对外开放害怕保费外流呢？谁都知道保险是以提供经济补偿为其基本职能的商业行为，是责任与利益、权利与义务对等的经济关系，根本不存在"保费无偿外流"的问题。

笔者认为，金融开放比较慢的真正原因在于，中国的法律制度管理水平和周围环境尚不具备迅速对外开放保险市场的环境和条件。在这种情况下，贸然扩大保险市场对外开放，不仅对中国保户的利益不利，对保险公司的经营不利，而且外国保险公司的利益也难以得到保护，故此，要放慢中国保险市场对外开放的进度。

事实上，近几年来中国从未停止对外资的引入，继美国友邦保险公司之后，日本东京海上、加拿大宏利、瑞士丰泰等多家保险公司先后进入中国。今后，由于条件和经验逐步具备，外国保险资本进入中国保险市场的步伐将会加快，形式也会增多。

目前，外资进入中国保险市场可以采取四种具体方式：一是建立分公司；二是与中国建立合资保险公司；三是向国内保险企业参股；四是采用让中国公司代为出单的保险业务形式。至于各个国家的保险资本采取何种形式进入中国保险市场，要视具体情况而定。但合资保险公司可能会在一段时期内成为主要形式。

合作保险形式会有较大发展

中国目前的保险形式都是商业保险形式。商业保险公司是在商品经济高度发达的经济基础上产生的现代保险形式，也是现代保险的主要形式，但并非保险的唯一形式。合作保险和相互保险也是保险的重要形式。

商业保险是以盈利为目的的保险公司，它比较适应经济发达程度极高的国家、地区和经济收入很高的居民或人士。而合作保险或相互保险则不是以盈利作为经营的唯一目标，而是以发挥互助合作作用为宗旨。它比较适合于经济水平发展相对较低的国家或地区和经济收益较低的阶层或人群。

中国是一个发展中国家，经济发展很不平衡，农业人口居多。一般说来，农村和农民的经济发展程度与经济收益较低，在城镇中亦存在相当多的中、低收入者。

因此，中国在今后的一个相当长的时期内，将会发展合作和相互保险，或者说，合作和相互保险将会有较大的发展。其中特别是新加坡的职总英康合作保险形式对中国的国情更为适宜。我在多年考察职总英康合作保险形式后认为，英康合作保险形式在中国城市和乡村将会有很大的发展。

（原载于新加坡《联合早报》1997 年 4 月 15 日）

社会保障制度改革与企业制度改革

目前，我国的企业制度改革已经进入到深化改革阶段。企业制度的深化改革，与整个社会的其他方面的改革发生更加深刻、更加密切的联系。其中与我国社会保障制度改革之间的联系尤为紧密。正确认识和妥善处理二者之间的关系，对于我国经济体制改革的深化和社会主义市场经济体制的建立均具有非常大的意义。本文就此谈几点看法。

一、我国的社会保障制度改革

我国自 1949 年建国之后，逐步实行社会主义计划经济体制，在社会保障制度方面，没有建立与市场经济相适应的全面的社会保障制度，而是实行了一些具有福利性的措施。如1951年公布的在全民所有制职工中实行的《中华人民共和国劳动保险条例》，这是我国实施最广泛、项目比较齐备的一种社会保障制度。其中主要包括职工退休养老制度。另外一项是关于国家机关、民主党派、人民团体和事业单位实行的以单项法规颁布的条例。其中主要也是关于退休养老、疾病医疗制度，等等。对集体企业职工则要参照全民企业职工实施办法实行某些保险。这些保障制度虽然具有一定的积极作用，但是有明显的缺陷和问题。其主要的问题，一是保险范围过窄，对为数众多的城镇非在职人口，特别是对广大农村居民没有包括在保障范围之内；二是保障项目少，除退休和公费医疗外，其他如失业、住房等许多风险项目均未包括在内；三是保障程度低；四是受保人员不直接缴纳保险金；五是社会化程度太低不是全社会统一制度、统一标准、统一管理，而是以企业为单位进行"统筹"，实际上不是社会保障制度，而是"企业"保障制度。这种状况一直延续到1979年实行改革开放政策以前。

1979年党的十一届三中全会以来，伴随着我国经济体制的改革，社会保障制度也进行了改革。改革的总的方向和目标，是要建立起一套与社会主义市场经济体制相适应的社会保障制度和体系。改革的重点，一是养老保险制度，二是医疗保险制度，三是工伤保险制度，四是失业保险制度，五是住房制度。改革的主要内容是：扩大保障制度实施范围；增加保障项目，提高保障水平，扩大统筹范围，提高社会化程度；增加资金来源渠道，实行国家、企业和个人三方出资政策，建立个人账户制度。改革已经取得的成果是：（1）已初步建立在全省（直辖市）范围内统筹的，由国家、企业和个人三方出资的基本养老制度，以及在基本养老保障基础上的企业补充养老保险和个人储蓄养老保障相结合的多层次的养老保险体系；（2）已开始进行省（市）范围统筹的医疗保险制度的试点；（3）试行失业保险制度；（4）普遍实行住房制度改革，逐步建立起住房公积金制度。在资金筹集渠道和方式上，逐步实行了国家、企业和个人三条渠道出资和个人账户方式。

二、我国的企业制度及其改革

从1979年起，我国开始实行经济体制改革，开始实行的是对经济管理体制的改革，改革的中心集中在对企业的管理权力在中央与地方之间的划分上，也就是企业应由中央管，还是由地方管，或是说哪些权力归中央，哪些权力归地方的划分问题，而没有涉及企业自身的改革。这是改革的第一阶段。

改革的第二阶段深入到企业的外部环境的改革和企业的经营管理权限的改革。例如企业与国家的利益关系实行"拨改贷"，企业的流动资金全部由银行管理，以及下放给企业一定的经营管理权，等等。这些改革虽然比以前的改革深入一些，但仍没有涉及企业自身的根本性改革。自从我国明确提出我国经济体制改革的最终目标，是建立社会主义市场经济体制这一根本性的方针之后，我国的经济体制改革开始按照市场经济规律的要求进行深化改革。这种改革不仅涉及从总体上创造社会主义市场经济的条件和环境，培育全社会的市场运行机制，而且更突出的是对我国的国有大中型企业进行深化改革。其核心是要建立现代企业制度，培育企业内部的市场机制。

为了实现上述目标所采取的第一项最关键性的举措，是在国有大中型企业中，实行股份制改造，建立股份制企业制度。这一举措不仅涉及国有企业的国有资产的重新组合问题，还涉及私人股权问题和国有财产所有权和产权之间的划分问题。1993年12月29日我国颁布了《中华人民共和国公司法》，该法律改变了以往按照所有制对企业进行划分的做法，而严格依照股东对公司债务所承担责任的不同对公司企业进行分类，并由统一的公司法对其加以调整。这是我国经济体制改革和向市场经济体制发展的关键的一步，也是我国对企业制度改革所取得的最重要的成果。当前，我国对国有企业的改革，已发展到深化改革阶段，深化改革的主要内容包括：由对个别企业的改革，上升到对国有资产的总体性改革；从搞活个别国有企业，发展到从总体上搞活国有资产；从个别企业发展战略上升到实行大公司、大公司集团的发展战略；从单纯的扶持搞活政策发展到根据不同情况对现有的国有企业实行破产、资产重组和兼并政策。

由于上述企业深化改革直接涉及困难企业原有职工去留和职工的暂时失业和再就业问题，进而涉及职工的退休养老、疾病医疗、职工住房和失业期间的生活经济来源等一系列问题。我国原有的社会保障制度无法适应企业深化改革的需要，因此必须对我国的社会保障制度进行深化改革。

三、我国的社会保障制度改革与企业制度改革之间的关系

从理论上和从上述我国社会保障制度改革和企业制度改革的发展过程来分析，社会保障制度与企业制度改革之间存在着以下几层关系。

首先，应当明确，社会保障制度和企业制度是两种独立的客观事物，两者各自有其独立的存在和发展的客观条件和规律，因而各自有其独立地位。从历史发展过程来看，社会保障制是现代化工业社会即资本主义市场经济和制度的产物。由于现代化工业社会的发展产生出一系列的社会问题，统治者为了缓解这些社会问题，才开始建立社会保障制度；而当社会保障制度在一些工业化国家产生之后，又按照其自身的内在规律相对独立地发展变化着。这说明二者是可以相互独立和发展的。从这种认识出发，我们可以认为我国的社会保障制度改革和企业制度改革亦有其各自的独立性和稳中有各自的发展规律，在一定的条件下是可以各自独立进行改革的，不能认为在任何情况下，没有企业制度的改革就不可能进行社会保障制度改革；也不能认为，没有社会保障制度改革，企业制度改革就无法进行。事实上，我国的企业制度改革并非任何改革都需要社会保障制度与其相"配套"，而只是某些方面的改革必须有社会保障制度与其相呼应。同样，并非社会保障制度的任何改革都需要由企业制度的改革来推动，社会保障制度的某些改革，可以超前实现。同时，还应当指出的是，不能认为企业制度改革所需要的社会保障制度改革的条件具备了，企业制度改革就一定会成功；同样，也不能认为企业制度改革深入了，就为社会保障制度改革创造了时机和条件，社会保障制度改革就一定会成功。因此，明确二者的相互独立性，对于我国的改革实践活动是十分必要的。因为，只有认识到这一点，才有可能从二者的某一方面先进行改革,然后才有可能为另一方面的改革创造条件，推动另一方面的改革，因为世界上绝对同时起步的改革实践活动是根本不存在的。

其次，在一般情况下，企业制度改革处于主导的决定的地位，社会保障制

度改革处于从属的、被决定的地位，也就是说，在一般情况下是企业制度的状况和企业经济发展的程度，决定着社会保障制度的改革和发展。从上述历史事实可以看到以下几点：首先是由于现代工业制变的产生，才需要建立社会保障制度。其次，资本主义企业制度和市场经济，决定了与其相对应的市场经济类型的社会保障制度；我国的社会主义计划经济制度决定了与其相对应的计划经济型保障制度。

第三，社会保障制度的发展，最终受经济发展的需要所制约。当前西方经济发达国家进行社会保障制度改革的根本原因，在于现行的保障制度阻碍了生产力的发展；我国之所以要进行社会保障制度改革，是因为原有的社会保障制度不适应社会生产力发展的要求，需要通过改革来促进生产力的发展。

第四，还应当特别看到的是，社会保障制度发展的程度和水平取决于社会物质财富丰富的程度和可使用的资金数量。西方资本主义国家之所以可以能够在一段时期内实行高福利政策，搞"福利国家"、"福利社会"，是由于这些国家经济发展水平高；而现在他们又进行社会保障制度改革，缩小保障范围，减少保障项目，降低保障水平，是因为这些国家的保障水平，超出了他们所能承受的水平。我国目前社会保障所能实行的范围，保障项目和保障水平也必须从我国的实际情况出发，只能在我国的经济力量所能承受的程度内进行改革，超出这个承受程度，改革必将落空。

第五，也应当承认，在某种特定条件下，在一定特定时期内，社会保障制度改革在某个侧面上也会对企业制度的改革起主导作用。例如我国现阶段的企业深化改革已经进入到国有企业实行破产、资产重组和兼并的高度。这一举措直接涉及离岗职工的生活问题和社会安定问题，如果不能建立起失业保险制度，我国的企业深化改革就会受到阻碍。从这一点说，社会保障制度改革，对经济体制改革和企业制度改革，也具有一定的决定意义。

四、两点建议

从逻辑上讲，社会保障制度改革需要资金，其中特别是需要企业拿出资金；而企业要拿出资金就必须有盈利；企业要有盈利就必须进行企业制度改革；企业制度改革就必然要裁人，需要社会保障制度与其配合，需要进行社会保障制度改革；社会保障制度改革需要资金。这样转了一圈，最后又回到资金上来了，形成了一个不能自行解开的怪圈。这个怪圈怎样解开呢？

第一条，也是最根本的一条，就是要千方百计地在不需要社会保障制度直接相配合的方面，对企业进行深化改革，搞活企业，使其盈利，将企业盈利优先用于缴纳各项社会保障费用，使社会保障制度的改革"动起来"，为企业的深化改革提供保障，促进企业经济发展，再拿出资金来发展社会保障制度，使这个怪圈逐步变成良性循环圈。这样做虽然慢了一点，但这是一条根本出路。

第二条，在现阶段，实际上是处在某些方面特别是在职工养老保险、医疗保险和失业保险三个方面，不进行改革，企业深入改革就难以进行的状况。处在社会保障制度改革，对企业深入改革是有局部的、暂时的决定作用的状态。其中的关键问题是缺少社会保障制度改革所需之资金。这部分资金从哪里来？除了企业和职工个人尽最大努力拿出所能拿出来的资金，或者尽最大努力提高企业深入改革给企业和职工带来的压力的承受能力之外，可否由国家财政拿出一部分资金，作为社会保障制度深化改革的"启动基金"。这部分基金可以暂时借给企业作为缴纳社会保险费，或作为离岗职工补贴费用，使企业多余的职工临时离岗，实现企业深化改革。待企业深化改革成功创利后再归还国家。

（原载于《求知》1997年7月号）

保险的含义、本质和职能

通过对保险产生和存在的客观条件和基础的分析，可知保险是在上述条件和基础上产生和存在的一种客观事物。以下通过对保险这一客观事物自身的分析，揭示保险的含义、本质和职能。

一、保险的含义

（一）保险含义的演进

保险含义指的是"保险"这一概念所反映的是什么客观事物或客观现实，它要回答什么是保险的问题。和其他任何一个客观事物都有一个产生、成长、发展过程一样，保险作为社会经济保障体系中的一种客观事物，也有其自身的产生、成长、和发展的过程，与此相联系，反映这一客观事物的概念——保险的含义，也必然有一个演进的过程。从保险产生和发展的历史过程的角度来考察各个不同历史时期的保险既有共性的一面，又有其个性的一面。保险的共性决定保险的基本特征，即权利与义务相联系，集合社会多数人的经济积蓄，分摊或补偿少数人的经济损失或损害。保险的这种基本特征，是区分保险与其他事物的基本标准。保险的个性是在具有上述共性的前提下所具有的特殊内容和特殊性质。以此为标准对保险加以区分，大体可以区分为互助保险（相互保险）、合作保险、商业保险、单位自保和社会保险多种类别。

1. 互助保险（相互保险）

根据对已有资料的考证，保险的萌芽形态最早起源于海上保险已成为多数人的共识。但对海上保险最早是发生在何时、何地以及是如何发生的则有不同的认识。概而言之，海上保险的起源有"共同海损"说、"海上借贷"说、"合伙经营"说和"家庭团体"说。从互助保险的角度来考察，共同海损说较为适宜。据史料记载，大约在公元前2000年，在地中海沿岸从事海上贸易的商人，往往自发地结成船队出海做生意，有的船只在海上航行中，或因遭遇风暴袭击而沉没，或因触礁而船货尽损。凡遭遇此种灾害之商人，往往倾家荡产，结队同行而幸免于难的商人亦难保以后不遭遇此种劫难。在当时的科学技术条件下，人们既无力阻止灾害的发生，也无法事先预防或避免损失。只好寻求事后妥当的处理方法。经验告诉人们，采取一人受损，众人分摊的办法既能保持受害者的生活来源，又能保证其继续经营的条件。于是便自发地组织起来，签订一种契约。契约规定，凡在契约上签字的人，在海中遇到灾害事故所受之损失由全体签字人共同分摊。这种互助性质的分摊损失的做法，可视为海上保险的初始形态。

火灾是人类的一大天敌。一场大火之后往往家破人亡，遭灾幸存者也是生活无着。出于邻里之情，幸免于火灾的邻里们自发地共同出人、出物为其修建房屋，以使其继续生活下去。这种做法习以为常，人们便约定以后凡因火灾受损者，其损失由签约者共同分担。这种共同分担火灾损失的行为和做法，可视为火灾互助保险之起源。至于火灾互助保险之起源时间和地点，说法不一。有人认为火灾互助保险起源于1118年冰岛所设立的海波社（Hrepps）。该社对火灾所致之损失给予一定的补偿。到16世纪，德国北部有一种名为基尔特的组织，该组织以社员为对象，对社员所受之火灾损失给予救助性质的补偿。1591年德国汉堡由酿造业者组成的火灾救助协会（Fever Kontrakt）就是基尔特的一种组织形式。该协会规定，凡会员遭受火灾时，可由协会资助一定数额的重建家园之费用，使其生活有着落。

人身之意外伤害和生、老、病、死对人们的生存威胁甚大，互助性质的人身保险是人身保险的最初形式。互助性质的人身保险之起源有两种说法。一种说法认为，人身保险起源于海上运输商品奴隶死亡之保险，又扩展到对陆上奴隶死亡之保险；另一种说法认为，人身保险起源于基尔特制度、公典制度及年金制度之汇合而成。从互助保险的角度来看，基尔特制度更接近互助保险的性质。基尔特制度在中世纪的欧洲十分盛行。所谓基尔特制度实际上是一种互助性质的团体组织。其中人身保险之基尔特组织大约起源于13~14世纪，到了16世纪达到全盛时期。人身保险基尔特制度，是按照相同的职业组织起来的互助组织。其中包括工人基尔特、商人基尔特、士兵基尔特等多种具体形式。这些组织的共同功能都是由参加基尔特组织的成员出钱，建立一定的基金，并为该组织的成员在遇到生、老、病、死和意外事故致伤、致残、致亡者提供一定数额的经济救助。如英国的友爱社（Friendiy Society）、德国的互助金库（Hilfskasse）等社团组织即为人身保险互助组织。其中英国之友爱社最具有代表性。友爱社在其初期既具有相互救济的性质，又具有基于友爱之目的的纯救济性质。其后发展成为专以对社员及其配偶之死亡、年金、疾病、意外伤残等给予金钱补助为职能。

互助保险是保险产生的最初形式。其特点是提供保障的主体是参加互助组织成员自身，互助保险组织的成员既是保险人，同时又是被保险人；仅有管理机构，没有经营机构，不对外经营，不图赢利；凡退出组织者即失去享受保险的资格，入社与投保融为一体。

2. 合作保险

合作保险是在保险发展过程出现的另一种保障形式。对于合作保险与互助保险之间的关系，大体有两种认识：一种观点认为，合作保险与互助保险是同一客观事物的不同表述，二者并无差别；另一种观点认为，合作保险是互助保险的一种特殊形式，在形式上有所差别，但在性质上并无差别。然而事实上合作保险与互助保险不仅有形式上的差别，而且在性质上也有所不同。首先，互助保险没有独立存在的股本金和股东，也没有保险方与被保险方之区分。一切以参加互助保险为前提。参加者既是保险提供者，又是保险需求者，二者合而为一。而合作保险参加者要预先缴纳一定的股本金，缴纳股本金者为股东，同时也即是保险的提供者。保险的需求者可以是合作保险的股东，也可以是非股东，二者并非完全合二而一。其次，互助保险的参加者仅在互助保险的契约期内是该保险组织的成员，契约一旦终止，或中途退出契约关系，便不是该组织的成员，与该组织脱离了关系；而合作保险在缴纳股本金之后，即使不再参加保险契约，仅是不享受保险之保障，但仍然是该组织之成员，继续享有该组织的股东利益。第三，互助保险组织成员应缴纳之保险费，是在事后依实际损失或需要而定，事先并不确定。而合作保险则是事先缴纳保费，事后不再补缴。上述区别明显地表明，互助保险与合作保险无论在内容上，还是在性质上都存在着较大的区别。需要说明的是，互助保险与合作保险的上述区别，是指在互助保险和合作保险的初始阶段的情况。而现阶段的互助（相互）保险与合作保险之间的区别已发生变化。这种变化主要有两点：其一，互助保险的成员的保费也由事后均摊改为事先缴纳，这与合作保险相同；其二，原来意义上的互助保险，其服务范围仅限于各自组织的内部成员，不对组织成员之外提供服务，而且都是非营利性的组织，而目前的互助保险组织和合作保险组织的服务范围都超出了各自组织的内部成员，而且也都具有一定的营利性质。

合作保险发生的时间亦可以追溯到很久以前，然而典型的合作保险组织最早应当追溯到 19 世纪中叶，当时以英国的合作保险组织最为发达，其后，逐渐扩展到世界其他国家和地区。

3. 商业保险

商业保险又称经营性保险。从历史渊源来考察，商业保险是由互助保险和合作保险演进而生的，是保险发展的形式。从历史时期来考察，商业保险产生于17世纪中叶，成长于18世纪中叶。从空间来考察，商业保险发源于商品程度较高的英国。英国的海上保险业在相当长一段时间内由外国人所操纵。最初为汉萨商人，其后为意大利伦巴第（Lombards）人所取代。至伊丽莎白（Elizabeth）王朝，英国的海上保险由英国商人掌握。至18世纪中叶（1756年），曼斯菲尔德（Lord Mausfield）受命为首席法官之后，始对海上保险加以研究，编制了海上保险法。此保险法为商业保险发展之标志。英国皇家交易保险公司（Royal Exchange Asurance Corporation）和伦敦保险公司（London Assurance Corporation）成为英国经营海上商业保险业务之垄断性组织。建立个人保险组织的英国劳依兹（劳合社Lloyd's）是从事海上商业保险的创始人。劳依兹本为17世纪英国之茶商，开咖啡馆于塔街（Tower Street），逐渐发展成为海上保险商人之集合地。1892年劳依兹由塔街迁至仑巴街（Lombard Street），1774年又迁至垄断皇家交易所（Royal Exchange），成为英国海上保险业之中心。

火灾保险的商业经营发生的时间与海上商业保险发生的时间基本相同。1710年波凡（Charles Povey）创设伦敦保险人公司（Company on London Insurance），后改为太阳保险公司（The Sun Fire Office），以商业原则经营火灾保险业务。

人寿保险之商业化经营的时间，较海上保险和火灾保险为迟。虽然伦敦保险公司及皇家交易保险公司在经营火灾保险的同时，兼营一些人寿保险业务，但在费率计算和给付标准方面均不完备。到18世纪的40~50年代，辛浦森（Thomas Simpson）根据赫利氏之生命表之死亡率制成费率表和陶德森（James Dodson）依照年龄之差别计算的保险费率，使人身保险具有一定的科学基础，接近于商业保险性质。直到1762年伦敦公平保险社之成立，才是真正依据保险科学技术进行经营的商业性保险组织。

从上述可以看出，商业保险与互助保险和合作保险相比较，其最主要特点在于：首先，商业保险是一种保险关系，即保险人与被保险人是两个独立的主体，由保险人向被保险人提供保险保障，而被保险人向保险人缴纳保险费用；其次，商业保险是按照商品经济的基本原则进行经营的保险；第三，商业保险是以盈利为目的的商业行为。

4. 单位（部门）自保

单位（部门）自保是一种自我保障形式。它是由单位（部门）内部所属的各个相对独立的经济实体或法人实体按照各自风险的状况，缴纳一定保险费用，而组织一定规模的保障基金，用以补偿本单位（部门）的经济损失。单位自保虽然也遵循大数法则和分散风险的原则来组织保险活动，因此在技术上与商业保险无大差别；但在经济关系上，不同于商业保险。第一，单位（部门）自保并不严格按照商品经济的等价交换原则来运作；第二，单位（部门）自保的对象仅限于本单位（部门）内部而对外不承保；第三，单位（部门）自保不以盈利为目的，而是以自我保障为宗旨。

单位（部门）自我保障，是随着商品经济发展和企业及经济组织形成的集团化的发展而出现的一种保障形式。由于单位或部门形成自身的体系，而体系的规模发展到能够在自身内部分散风险和自担风险的程度，便可以依靠自身的力量承担一定的风险，建立自我保障体系。可见，单位（部门）自我保障形式，是以单位（部门）发展到一定的规模为前提的一种保障形式。它有别于个人（家庭）和单个企业通过个人（家庭）储蓄和企业提留一定的后备基金而自担少量风险的自我保障形式。

5. 社会保险

社会保险虽然与互助保险、合作保险和商业保险在性质上迥然不同，但就社会保险为劳动者提供一定的人身保障的功能而言，又与上述各类保险中人身保险之功能有相辅相成之处。故此，从这个角度，也仅仅是从这个角度来考察，社会保险亦可纳入保险之列。社会保险最突出的特点在于：它是以社会为主体，由社会向某些人提供一定程度的人身保障；它不以盈利为目的，而是以求得社会安定为宗旨；并且权利与义务之间虽然有一定的联系，但并不实行权利与义务相等的原则，实施方式上具有一定的强制性。

社会保险发生的直接原因，是 19 世纪后半期，由于资本主义商品经济，特别是由于工业之迅速发展，工资劳动者众多，并且工人自己组织的运动不断发生，直接冲击和威胁着政府当局的统治地位。在此情况下，社会保险成为各国政府为了缓解工人运动与政府之间的矛盾与冲突而采取的一种强制性政策和手段。社会保险兴起于德国。德国的首相俾斯麦（Otto von Bismark）为对付当时逐渐发展的社会民主党，除了采用各种高压手段之外，又采取改善劳工福利的办法，以挽救政府之危机。德国于 1883 年首创劳工疾病保险，1884 年开设伤害保险，1889 年又兴办老年保险及残废保险，并由国库拨给补助金，同时强制劳动者缴纳一定数额的保险费，实行强制性社会保险制度。其后，其他各国均效仿德国的做法而推行社会保险制度。

（二）保险的含义

理论界对"保险"这一概念的含义的解释颇多。概而言之，可将各种解释归纳为广义保险论和狭义保险论两大类别。广义保险论认为，保险基本特征在于互助性,即所谓"人人为我、我为人人"。因此认为凡是具有互助性的保险形式,皆为保险。按照这种理论,互助保险、合作保险、单位(部门)自保和商业保险均属于保险范畴。狭义保险论者认为,互助性只是保险之技术要求,它是一切互助性组织之共同要求,而并不是保险之特殊性。保险之特殊性在于在经济关系中的等价性质,即保险人与被保险人之间权利与义务对等的经济利益关系。因此认为只有建立等价交换关系且以盈利为目的的保险形式才是保险,其他一切保障形式均不属于保险范畴。

本文中所谓的保险是指这样的一种客观事物:保险是形式和内容的统一。保险的形式是以保险法律、法规为依据的保险合同。保险的内容是保险人遵循等价交换和赢利的原则,依照保险合同的规定向投保人收取一定金额的保险费,并以此形成保险基金;保险人对投保人承担保险合同规定范围内的经济补偿和给付责任;一旦发生保险合同规定范围内的事故,保险人依照保险合同对遭受损失的投保人(被保险人、受益人)给予经济补偿或给付。

按照上面保险含义的表述,保险具有以下五个要件。

1. 承保风险的不确定性

保险的第一要件是保险人所承保的危险事故必须具有不确定性。所谓不确定性首先是指危险事故是否发生的不确定性。确定必然发生的事故,保险人不会去承保;而确定不会发生的事故,不会有人去投保;只有那些有可能发生而又不一定发生的风险事故,才能作为保险的对象或标的。其次是危险事故发生时间的不确定性。对非寿险来说,如果已经知道事故发生的准确时间,就等于已知危险事故一定要发生,这种一定要发生的危险事故,不可能成为保险的对象;就人寿保险(包括生存保险和死亡保险)虽然可以确定人总会死亡的,但人们并不能知道某人何时死亡,因而才会有人寿保险存在,若能够确切知道某人何时死亡,就不可能有人寿保险存在。再次是危险事故发生的原因和所造成的后果的不确定性。所谓危险事故发生原因的不确定性,是指保险事故发生的原因,必须是"他动"所致,而不能是"自动"所致。人寿保险标的的自杀致死和财物保险标的自然灭失,均属于自动原因所致。这类原因造成的危险事故,不属于必须责任范围。业务上,若承保自动原因之风险事故,必须另行签订特定条款。

2. 损失补偿

损失补偿,是保险的第二要件。危险事故之发生,就其原因而言,有自然因素、人为因素和人生自然规律因素。自然因素如地震、火山爆发、洪水、干旱、雷击等自然现象所形成的事故。人为因素诸如战争、火灾、意外伤害致人伤残或死亡和失业等社会现象所致之事故。人生自然规律是指人受生理规律的作用而年老丧失工作能力、患病以及自然死亡等事故的发生。然而无论是什么原因引发的危险事故，都会不同程度地或对财产造成损失，或造成人的经济收入的丧失或减少。以财产为保险对象者称为财产保险。由于财产损失额度一般比较容易计算，可以按照损失额度进行补偿，故而财产保险称为损失补偿保险；而人身的价值难以计算，其损失亦难估价，而只能按照保险合同的约定金额给予补救或给付，因而人身保险一般实行约定金额保险。

无论是财产之补偿保险，还是人身之约定保险，其基本原则是相同的，即均以其损失或约定保险金额作为补偿或给付的前提。从这个意义上讲，损失补偿是财产保险和人身保险的共同原则。

损失补偿对被保险人和保险人均具有重要的意义，同时也是保险得以存在的前提条件之一。对被保险人来说，损失补偿原则，可以保证被保险人的损失得到赔付，使其经济和生活得以继续和安定；对保险人来说，损失补偿原则，也可以使其赔付有所依据，即有损失，则补偿；无损失，不补偿；多损失，多补偿；少损失，少补偿。损失是补偿的前提和依据，补偿额不得超过损失额。对保险制度来说，损失补偿原则是其区别于其他保障制度或经济行为的重要标志之一。

3. 被保险对象是多数人或企事业单位之集合体

保险的技术特征在于互助性，实现互助性之方法在于集合多数人之保费，补偿少数人之损失。因而，多数人或多数企业之集合体成为保险的要件之一。多数人或多数企事业单位之集合，也是分散风险保持保险经营稳定性的需要，同时也是大数法则和概率论之原理在保险中运用的条件。分散风险是保险的另一技术特性。数学中的大数法则和概率论原理告诉我们，在一定的外部条件下，在少量的同样事物中出现某种现象具有偶然性和不规律性，而在多数的同样事物中出现某种现象则呈现必然性和规律性；同样事物越多，某种现象出现的次数越趋于稳定。运用上述理论于保险中，即可以认为，在一定外部条件下，承保的同类风险标的越多，风险越分散，出现的概率和损失概率也就越呈现规律性和相对稳定性，以此来制定保险费率收取保险费的数量，越接近于实际损失额和赔付额。由此，便把保险经营建立在科学的基础上，使保险经营具有可靠性和稳定性。这实乃保险之技术基础。

多数人和多数企事业单位之集合，其数量以多少为宜？在理论上并无绝对数量标准。原则上，参加保险者的数量应以在投保人可能承担的保险费用的前提下，保险人的保费收入足够支付保险补偿或给付资金需要为最低标准，在技术上，集合的投保人和投保单位越多，越有利于保险的稳定和发展。理论上，纯保险费的收入额应当等于保险赔付或给付额。这表明保险的技术方法是由投保人集体积累的基金补偿投保人集体中少数人遭受的经济损失，体现了保险的互助性和调剂性。

多数人和多数企事业单位之集合形式，可分为直接集合和间接集合两种形式。直接集合形式，是指有相同危险之自然人或企事业单位，通过自行发起活动而集合为保险团体。原始的互助保险和合作保险属于此种类型。间接集合形式，则是通过保险公司作为媒介而组织的保险团体，现代商业保险属于此种类型。

4. 保险费之合理负担

合理负担保险费，是保险区别于其他各种保障形式（如互助保险、合作保险等）的重要标志之一，也是保险的要件之一。

承保标的缴纳保险费的多少取决于承保的风险之大小和保险金额的多少。原则上，承保标的的风险大，缴纳的保险费就多，风险小，缴纳的保费就少；保险金额多，缴纳的保险费就多，保险金额少，缴纳的保险费就少。风险的大小通常用险率来表示。风险率又称损失几率，损失几率包括损失频率和损失额度两个内容。损失几率对缴纳保险费的多少具有决定意义，它是缴纳保险费的客观依据。

保险费的公正性，是合理负担保险费的客观要求。所谓保险费的公正性，是指缴纳保险费的多少，要与投保标的损失几率相一致，使投保人的权利和义务相对等。公正保费制是相对均一保费制而言的。所谓均一保费制，是指不区别风险大小，均实行同一费率的保险费制度。均一费率制是原始互助保险和社会保险等使用的费率制度，它不适用保险制度。理论上，可以认为，个别费率制更具有公正性。所谓个别费率制，就是按照每一个保险标的损失几率制定保险费率，核收保险费。但这不符合大数法则的要求，不符合分散危险的保险原理，因而，在实践上是行不通的。理论上还可以认为，把相同的风险划归为一个危险群体，按照同质的风险群体费率核收保险费，使保费具有公正性。然而，在客观上两个性质完全相同的风险是不存在的。因此，同质风险费率制，也是不可取的。在实践中，能够做到的只能是按照同类或性质相近的风险划分风险群体，制定同类性风险群体费率，按照同类性风险群体费率，核收保险费，并以此来体现保险费的公正性。

正确地计算保险费率，是保险公正性的基础。统计和数学对正确的计算保险费率具有重要的意义。科学的保险费率是通过统计和数学的精确计算而得出的。然而,并非所有的费率都是建立在精确计算的基础之上的,因而,也并非所有保险品种的费率都是绝对精确的,而只能是相对精确。一般而言,人寿保险的费率的精确程度,高于财产保险的精确程度。这是因为,人的出生率、死亡率是比较规则的,历史的统计数据是比较精确的。根据历史的统计数据,运用数学原理计算出来的保险费率亦比较精确。而财产保险出险率和损失率受多种不确定因素的影响,其中有客观因素,也有人们观察和认识问题的角度和能力等主观因素,影响对实际出险率和损失率估计的正确程度,依此为据而计算出来的预期费率的精确程度不及人寿保险费率的精确程度。概而言之,无论是人寿保险,还是财产保险,其保险费的公正性,都是相对的,而不可能绝对精确。

5. 保险之经营与盈利

保险与其他保障形式的一个重要区别,在于它的经营性和盈利性。原始形态的互助保险、合作保险和社会保险等保障形式,虽然也具有风险的不确定性、众多个人或单位的群体性等现代保险的某些要件,但是它们均不具有保险的经营性和盈利性这一要件。

所谓保险的经营性,是指保险承办主体即保险公司,把保险作为买卖的对象,按照商品经济交换原则进行经营的商业保险行为。投保人与保险人不是同一个利益主体,而是截然分开的两个利益团体。

所谓保险的盈利性,是指保险公司经营的直接目的是为了获取利润,至于投保人之间的互助性,只是保险经营活动所产生的客观结果,而不是保险公司经营保险的主观目的。保险公司的利润,来自投保人所缴纳的保险费,是保险费中高于保险经营成本的那部分保险费。

总之,只有同时具有上述五个要件的保障形式,才是本文所谓的保险。其中,损失补偿、公正费率和保险经营与盈利,是保险所特有的要件。而保险的经营与盈利性,则是保险保障形式区别于其他保障形式的根本标志。依此为据,本文中所谓的保险主要是指以保险公司形式经营的商业保险。

(三) 保险与一些相似行为之比较

从现象上看,有一些行为与保险相类似,在认识上,容易把保险与这些相似行为相混淆,为了更清晰地了解保险概念,兹将保险与一些相似行为作一些比较。

1. 保险与互助保险

保险与互助保险既有共同性的一面,更有其差异性的一面。二者的共同性主要表现为以下两点:一是保险与互助保险均以一定范围的群体为条件;二是保险与互助保险均具有"一人为众，众人为一"的互助性质。保险与互助保险之差异主要表现为以下三点：一是保险之互助范围以全社会公众为对象，而互助保险之互助范围则是以其互助团体内部成员为限；二是保险之互助是其间接后果而不是直接目的，而互助保险之互助则是直接目的；三是保险是按照商品经济原则为盈利而经营的商业保险行为，而互助保险则是以共济为目的的非商业活动。由于二者有上述性质上的差别，使二者成为两种不同的事物。互助保险不属于保险范畴。

2. 保险与社会保险

保险与社会保险主要的共同之处有以下两点：一是保险与社会保险均以社会公众为对象；二是保险与社会保险均以缴纳一定的保险费为条件。保险与社会保险之主要区别有以下四点：一是保险的实施方式以自愿原则，而社会保险则是由法律或行政规定的强制性行为；二是保险以盈利为目的，而社会保险则是以社会安定为宗旨；三是保险是以"公正性"费率为准则，而社会保险则是以"均一保费制"为主要缴费原则；四是保险以现代企业制度为其经营主体，而社会保险则是以事业单位为经办主体。由于保险与社会保险在本质上存在根本差异（前者为商业性质，后者为社会性质），因而社会保险不属于保险范畴。

3. 保险与社会福利

保险与社会福利就其对社会经济生活起到安定作用这一点，有共同之处。然而保险与社会福利之间的差异是十分显著的：一是保险以商业保险公司为提供保障的主体，而社会福利则是以社会为主体；二是保险是以投保人缴纳保险费为前提，而社会福利则不以个人缴费为条件；三是保险以损失或收入减少为受益条件，而社会福利则无此限制，而是以国家规定的某些条件为依据；四是保险以补偿损失为己任，而社会福利则是以改善和提高公民的生活为宗旨。由于上述差别，社会福利不属于保险范围。

4. 保险与社会救济

保险与社会救济就其都是以一定的风险事故之发生而对人们的生产或生活带来一定的困难为条件这一点来说，具有相同之处。但保险与社会救济的根本性质是不同的：其一，保险风险事故是以保险合同规定的范围为限，而社会救济之风险事故则是以造成生产或生活的困难为前提；其二，保险风险事故所致之损失的补偿，以投保人缴纳的保险费为资金来源，并与所缴纳的保险费成等比关系，而社会救济资金来自国民收入之集中扣除，并且个别人所得到的救济金额与其对社会的贡献无直接关系；其三，提供保险补偿之主体，是商业保险公司，而社会救济是以社会为主体；其四，保险是商业行为，而社会救济是社会行为。概而言之，社会救济不属于保险范畴。

5. 保险与储蓄

保险与储蓄都具有以现在的积累解决以后之需要的特点。但保险与储蓄有以下明显的差异：一是保险是以一定的群体为条件，而储蓄则是以个人或单位为主体；二是保险属于他助行为，而储蓄属于自助行为；三是保险与储蓄的受益期限不相同，保险由保险合同规定受益期限，在合同生效期内，不论何时出险，均可得到补偿；而储蓄则以本息返还为受益期限；单纯的储蓄行为不属于保险范畴。唯独现代之保险与储蓄相结合之储蓄性保险，才属于人身保险之范畴。

二、保险的本质

保险之本质即通常所说的保险之定义。保险之定义与保险之含义是两个不同的范畴，分别回答两个不同的问题。保险之含义回答的是什么是保险的问题；而保险之定义回答的是保险是什么的问题，即保险的本质问题。

（一）关于保险的本质的几种见解

关于保险的本质问题，在中外经济学与保险学学者之间存在着不同的见解。这主要是由于人们站在不同的立场和不同的角度来观察保险这一客观事物而产生的不同的认识和观点。也可以认为是从不同的侧面反映出保险的本质，从而给保险以不同的定义。

1. 经济补偿制度说

这种见解是从社会经济制度的角度来认识保险而得出的结论。这种观点的代表人物之一，是德国的经济学家华格纳（A. Wagana）。他说："从经济意义上说，保险是把个别人由于未来特定的、偶然的、不可预测的事故在财产上所受到的不利结果，使处于同一危险之中但未遭遇事故的多数人予以分担，以排除或减轻灾害的一种经济补偿制度。"

2. 经济补偿合同说

这种见解是从法学的角度观察保险而得出的结论。英国的学者马歇尔（S. Marshall）说："保险是当事人的一方收受商定的金额，对于对方所受的损失或发生的危险予以补偿的合同。"德国学者马修斯（E. A. Masius）说："保险是约定当事人的一方，根据等价支付或商定，承保某标的物发生的危险，当该危险发生时，负责赔付对方损失的合同。"

3. 互助共济制度说

日本保险学家园乾治是这种观点的代表人物之一。他说："保险是多数经营单位，以合理计算的共同分担金作为经济补偿的手段，保障经济安定的互助共济制度。"我国的保险学教授王德祥也持有这种观点。他说："保险是一种社会互助性质的对自然灾害和意外事故损失进行经济补偿的手段。"这种观点是从社会学角度来考察所得出的结论。

4. 经济补偿制度和契约统一说

我国台湾保险学家袁宗蔚说："保险之意义，可由两个方面说之，一方面保险为达成某种效能之经济制度；另一方面保险为双方当事人之间的契约行为。在保险定义中自然包括此两方面的意义在内。"中国人民保险公司教育处编写的《保险培训教材选编》中说："保险的含义，可由两个方面予以说明：一方面保险是为达到某种效能的经济制度；另一方面保险是双方当事人之间的契约行为。"显然，这种观点是从经济制度和法学两个角度来观察保险而得出的结论。

5. 转移风险财务手段说

我国台湾保险学者宋明哲在他编著的《保险学》一书中说："从企业风险管理的角度来规范保险如下：所谓保险系指不可预期损失之转移和重分配的一种财务手段。"这种观点是从企业风险管理方法的角度对保险所作出的结论。

除了上述五种有代表性的观点之外，还有从数学、计算技术学、医学等诸多角度来观察保险，从而得出各自对保险的结论。

（二）保险的本质特征

上述关于保险的各种定义，即关于保险的本质的理论表述，是从各种不同的角度对保险的观察而得出的各自的结论。因而，都有其各自的合理性。然而，上述各种理论表述均未能从理论的高度概括出保险的本质。这是因为，上述各种表述均没能从保险所体现的最本质的关系的角度来考察保险。历史唯物主义的哲学原理告诉我们，经济关系是一切社会最本质的关系。政治关系、法律关系等等都是以经济关系为基础，是在经济关系的基础上所派生出来的关系，这些关系是由经济关系决定的并且是为经济关系服务的。尽管经济补偿制度说也涉及了经济内容，但并没有说明保险经济补偿制度所体现的是何种经济关系的补偿制度。因为，经济补偿制度可以有多种形式，各种不同形式的经济补偿制度，体现着不同内容的经济关系。例如社会保险、互助保险、单位自保等等，也是经济补偿制度。但是这些经济补偿制度体现的经济关系，均不同于保险补偿制度所体现的经济关系。因而，与保险有不同的本质。

保险体现的是一种什么性质的经济关系呢？保险所体现的是一种等价交换的经济关系。等价交换的经济关系就是商品经济关系。而体现商品经济关系的客观事物只能是商品。由此，我们可以把保险的本质定义如下：所谓保险是指保险人向被保险人提供的一种特殊商品,即保险商品。

(三)保险商品

1. 保险商品的形态内容

商品,就其形态来考察,可以区分为实物形态商品、技术形态商品、知识形态商品和劳务形态商品等多种形式。保险既不属于实物形态商品,也不属于技术形态和知识形态商品,而是一种劳务形态商品。所谓物质形态商品,指的是能够满足人们某种物质生活需要的以一定实物构成的商品。如房屋、衣服、粮食、车辆等都属于物质形态商品。所谓技术形态商品指存在于人体之内的某种技艺或技能,如工程设计人员的设计能力、施工人员的施工技能或技艺,等等。这类商品不是以其实物形式来满足人们的某种消费需求或生产需求。而是以人身体的既有技艺或技能来满足生产或社会消费需求。所谓知识形态商品,是指已存在于人们头脑之中的用来满足人们某种需要的科学知识。如医师的医疗知识和经验、教师的教学能力和经验等,均属于知识形态的商品。所谓劳务形态的商品,是指由人们的服务性的劳动所生产的一种不表现为某种实物形态的商品。这种非物质形态的商品和物质形态的商品一样,都能够满足人们的物质生活和精神生活的某种需要。像理发、旅游、电影、戏剧等,都属于这一类的商品。这类商品的特点是商品的生产过程和消费过程是同一个过程的不同侧面。随生产,随消费,生产过程的完成,也就是消费过程的结束。例如旅游业的导游、文艺业的一台文艺演出,均具有这样的特点。导游人员为旅游者导游,既是导游人员提供劳务生产劳务商品的过程,又是旅游者的消费过程;文艺演出既是文艺工作者生产文艺商品的过程,同时又是文艺观赏者消费文艺商品的过程。文艺人员演出的结束,也是观赏者消费过程的终结。

保险过程不是直接的物质生产过程,保险劳动不直接生产物质产品。保险过程也不是物质商品的流通过程,因而,保险劳动也不是经营物质商品的劳动。保险劳动是一种服务性的劳动,它既服务于人们的生活,又服务于生产。因而保险是一种劳务形态的商品。

保险商品虽然属于劳务形态的商品范畴,但它又有与旅游、理发、文艺之类的劳务形态的商品不同的特点。因为旅游等劳务形态的商品的生产过程和消费过程均没有实物商品参与其中;生产者不为消费者提供任何实物商品。而保险商品则不完全是这样。保险商品的生产过程包括展业、承保、防灾和理赔四个环节。在这四个环节中,向被保险人提供的既有此次生产过程所付出的服务劳动,又有作为理赔的货币形态的商品(这里只是提供货币商品,而不是生产货币商品)。因而保险商品的最后完成形态(从总体上看,而不是从某一个保险标的保险过程来看)表现为向被保险人提供劳务和用于理赔的货币商品。因而保险商品的内容包括两部分:一部分是保险人在展业、承保、防灾和理赔过程中所付出的劳务;另一部分是在理赔环节中为被保险人提供的用于赔付的货币商品。这一部分货币商品虽然不是保险人直接创造的,但它是通过保险人来筹措和给付的,因而,也属于保险商品的内容。

2. 保险商品的使用价值和价值

商品具有使用价值和价值二重因素。这是商品区别于一般产品的重要标志。因为一般产品仅有使用价值而无价值。不仅如此,商品的使用价值也不同于一般产品的使用价值。一般产品的使用价值是为生产者自身的消费而生产的使用价值。商品的使用价值则是为别人、为社会而生产的使用价值。

保险商品和其他商品一样,也具有使用价值和价值二重因素。保险商品的使用价值,是为社会生产的正常进行和人们生活的安定提供保障。保险商品的价值是生产保险商品所耗费的社会必要劳动。生产保险商品所耗费的社会必要劳动量,决定保险商品的价值量。生产保险商品的价值包括生产保险商品所耗费的活劳动所创造的新价值和转移到保险商品中的原有价值两部分。其具体构成如下:(1)保险经营过程中所使用的房屋、设备等各种实物资产所转移过来的价值;(2)用于补偿或给付的资金;(3)总准备金;(4)工资;(5)利润。

3. 生产保险商品的劳动的二重性

生产保险商品的劳动和生产其他商品的劳动一样,均具有具体劳动和抽象劳动二重性质。生产保险商品的具体劳动形成保险商品的使用价值;生产保险商品的抽象劳动形成保险商品的价值。

生产保险商品的具体劳动,是指为了实现生产保险商品的使用价值的目的,在一定的具体形式下所从事的劳动。其具体表现为展业劳动、承保劳动、防灾劳动和理赔劳动。这些不同工序的具体劳动是不同质的劳动,即展业劳动不同于承保劳动,承保劳动不同于防灾劳动,防灾劳动不同于理赔劳动。由于这些不同质的劳动,形成各个工序不同的使用价值。而各个工序的使用价值的结合,形成保险商品的使用价值,为社会生产的正常进行和人们生活的安定提供保障。

生产保险商品的抽象劳动,是指抽象掉保险商品生产过程中的各个程序的具体劳动形式的劳动,即抽象掉展业、承保、防灾和理赔这些具体劳动形式的劳动。这种抽象劳动形成保险商品的价值。

4. 保险商品的等价交换关系

一物之所以是商品而不是一般性的产品,不是由其物质属性决定的,而是由其体现的特定的经济关系而使然的。等价交换关系是商品经济的最本质的经济关系。凡是通行等价原则的经济关系，就是商品经济关系；凡是体现等价交换关系的物品就是商品。保险商品也同样通行等价交换关系。保险商品的等价交换关系直接表现为个别保险合同当事人双方和个别保险人与个别投保人之间的交换关系；间接地表现为在一定时间限度内全部保险人与全部被保险人之间的交换关系，即保险人出卖保险，被保险人购买保险的关系。

从价值形态来看，个别保险人与个别投保人之间的交换关系好像是不等价交换。因为，在投保标的出现保险合同责任范围的损失之后，保险人是要赔偿的。其赔偿额一般要大于其所缴付的保险费的数额。因而，在出险的情况下，从价值形式上看是不等价的。若在保单有效期限内，保险标的没有发生风险事故，保险标的没有遭受损失，投保人便没有从保险人那里得到补偿，保险费也没有得到返还。在这种情况下，从价值形式上看也是不等价的。然而，事实上，无论从保险的本质上分析，还是从保险经济关系的实际内容来分析，个别保险人与个别被保险人之间的交换关系都是等价交换关系。从保险的本质来看，投保人购买保险不是购买保险商品的价值，而是购买其使用价值。保险商品的使用价值是为投保人提供生产或生活保障。在正确计算保险费的条件下，保险费就是保险商品的价格，保险人一旦缴付了合同规定的保险费，保险交换关系已经结束，保险关系已经确立和生效。投保人就已经得到了保障。至于投保标的是否出险，被保险人是否从保险人那里得到补偿，只是保险商品的使用价值即保险实现的形式上的差别，而与是否等价交换无关。

从经济关系的实际内容来分析，发生损失得到补偿的投保人与没有发生损失没有得到补偿的投保人，其经济得失是一样的。没有得到补偿的投保人，是因为他没有受到损失，他所支付的保险费与其所购买到的保险商品的价值是相等的；发生损失而得到补偿的投保人，所得到的补偿量与其实际损量是相等的，他没有因为得到补偿而多得一分钱。因而，无论是否发生损失，是否得到补偿，都不影响保险商品的等价交换关系。

从保险经济关系的总体来分析，即从全部保险人与全体被保险人之间的经济关系来看，二者之间的等价交换关系显而易见。因为，在正确计算保费的条件下，在一定时期内全体投保人所缴付的纯保险费的数量，应当等于在此时期内，全体保险人补偿给全体被保险人因风险事故的发生而受到的损失量。至于被保险人所缴付的附加保费，则是其所购买的保险商品中所包含的保险人生产保险商品时所耗费的活劳动所形成的劳务商品中的一部分价值量。这部分价值量分解为保险人的工资和保险企业应得的利润。理所当然的应当归保险人和保险企业所得。这部分价值量是通过等价交换而实现的。

三、保险的职能

（一）关于保险职能的不同认识

在国内外的保险理论界和保险实务界中，对保险的职能存在着不同的认识。概括众家之说，大体上可以归结为四种观点：一是"单一职能"说；二是"双重职能"说；三是"多职能"说；四是基本职能和派生职能说。

"单一职能"说主张保险的职能只有一个，即"损失补偿"或称"补偿损失"。他们认为，"补偿"和"给付"是同一职能的不同表述。对于非寿险来说，补偿职能称为"损失补偿"；对寿险而言，补偿职能称为"保险金给付"。二者的实质是一样的。我国台湾保险学家袁宗蔚教授是这种观点的代表人之一。他在自己编著的《保险学》中说，"保险之机能，在于损失之补偿"，"损失补偿原则，无论财产保险或人身保险在应用本质上并无不同"。只是由于技术上的原因才使之有所差异。因为"人身保险对吾人因危险事故所致之损失，颇难正确加以估计，而财产保险则比较容易。因此，在财产保险方面，凡危险事故发生对财产价值实际所造成之损失，可评价决定而补偿之，故财产保险多数皆属于损失补偿保险"。而在人身保险方面，"危险事故发生所致损失之程度，颇难确定，而不得不采取预定方式"，即普通所说的定额保险。袁宗蔚还认为，损失补偿是个别保险合同的职能，而就整个保险制度而言，则是以确保经济生活之安定为目标。他说："盖自整个保险制度而言，应以确保经济安定为最终目标；但自个别保险契约而言，当以损失补偿为主要机能。"我国保险界还有一些学者持单一职能说。

"双重职能"说认为，保险区分为财产保险和人身保险两大类别。二者各自有其自身的职能。财产保险的职能是"损失补偿"，而人身保险的职能是"保险金给付"。我国保险学家陈继儒、李继熊教授等是双重职能说的代表。他们说，"人身保险和财产保险，是性质不尽相同的两类保险"，"财产保险的保险标的是财产或利益，当财产或利益受到保险事故损害时，保险给予经济补偿"。"人身保险的保险标的是人身，是人的生命和劳动能力。人是不能用金钱价值来衡量的，所以在人身保险中，保险人对被保险人或其收益人的保险金给付，不能认为是人的金钱价值的补偿，因而不属于损害赔偿性质。"由此可见，"组织经济补偿职能"是财产保险的职能；"组织保险金给付的职能"是人身保险的职能。

"多职能"说认为，保险有多种职能，其中主要职能有三项：一是"保障职能"，二是"分摊风险职能"，三是"补偿损失职能"。在补偿损失职能方面，又区分为财产保险的"补偿职能"和人身保险的"保险金给付职能"。

基本职能和派生职能说又称主要职能和附属职能说。他们把保险的职能区分为基本职能和派生职能或主要职能和附属职能两大类别，而在基本（主要）职能和派生（附属）职能的两大类别中，又区分为多种具体的职能。所以，基本职能和派生职能说实际上也是多种职能说。英国保险学家戈登 C. A. 迪克森认为，保险的主要职能有"风险转移"、"集合股金"和"公平保险费"三种具体职能。保险的附属职能有"企业动力"、"保障"、"防损"和"损失控制"四种具体职能。我国上海财经大学编写的《保险学原理》把保险的职能区分为基本职能和派生职能。保险的基本职能包括"分摊损失或分担风险"和"损失补偿"两项具体职能。保险的派生职能包括"投资职能"、"防灾防损职能"两项职能。

（二）保险职能与保险本质的关系

理论上讲，某一事物的职能，是该事物自身所固有的功能。它是由该事物的本质决定的。因此，事物的本质与其职能之间的关系，是事物的本质决定事物的职能，并要通过职能来体现；而事物的职能是体现事物本质的形式。例如货币的本质是固定充当一般等价物的特殊商品，货币有价值尺度、流通手段、贮藏手段、支付手段和世界货币五种职能。货币的这五种职能都与货币的本质即"一般等价物"有直接的联系，均体现着"一般等价物"的内容。正因为货币是一般等价物，才能充当价值尺度、流通手段、贮藏手段、支付手段和世界货币；反过来说，价值尺度、流通手段、贮藏手段、支付手段和世界货币之所以是货币的职能，也正是因为它们都体现了货币是一般等价物这一本质。因此，判断某种形式是否为该事物的职能的唯一标准，就是看其是否体现出了该事物的本质；反过来说，凡是体现某一事物的本质的形式，就是该事物的职能。

保险作为一种客观经济事物也通行这一原理。保险的职能与保险的本质之间的关系是：保险的本质决定保险的职能并要通过这一职能来体现；保险的职能体现着保险的本质，是体现本质的形式。因此，凡是体现保险本质的形式就是保险的职能；反之，凡是不体现保险本质的形式，均不是保险的职能。

（三）保险的职能

如前所述，保险的本质是由保险人的劳务所形成的一种特殊商品。保险商品的特殊性质不表现在保险商品的价值上。因为保险商品的价值与其他一切商品一样，都是人类一般劳动的付出。保险商品的特殊性质表现在保险商品的使用价值上。保险商品的使用价值是在等价交换原则下，为社会生产的正常进行和人们生活的安定提供经济保障。这正是由保险的特殊矛盾所决定的保险的本质之所在。也正是由于保险的这一特殊的本质决定着保险的职能只能是对保合同责任范围内的承保标的所发生的经济损失给予经济补偿。通过对承保标的的经济损失的补偿这种形式来实现保险为社会生产和人们生活提供经济保障这一本质要求。

（四）与保险职能密切相关的若干范畴

1. 分散风险，均摊损失

分散风险，均摊损失与保险的职能有着内在的、必然的联系。在原始保险时期采取事后补偿损失的情况下，损失补偿是按照保险标的的实际损失量，在参加保险者之间进行均摊，各个参加保险者应均摊的份额集中起来补偿给遭受损失的投保人。而均摊损失的同时也就将遭受损失的投保人的风险分散给所有的投保人。

在现代保险的情况下，采取预交保险费的形式来集中保险金以资进行损失补偿。预交的保险费是依据概率论和大数法则的原理，计算出来的为一定金额的保险标的提供保险所必需的金额。各个有相同风险的投保人所交纳保险费之和与投保标的的总体中可能遭受的损失额相一致，以资进行损失补偿。保险人对被保险人的保险费之集合，同时就是对损失在投保人之间进行了合理均摊，同时也是风险在投保人之间的分散。这种活动本身就已经实现了对全体投保人的保障。可见，分散风险和均摊损失与损失补偿，并不是两种独立的职能，而是同一职能的不同表现。

2. 防灾、减损

防灾是指保险人和被保险人共同采取保险合同规定的措施，对投保标的物不应发生的灾害进行防范；减损是指在保险标的发生灾害时，按照保险合同规定投保人和保险人应当采取的措施进行积极的施救，减少可能减少的损失。灾前的防灾和受灾时的积极施救与灾后补偿，是相辅相承的两个方面，共同构成保险的完整内容。从而使保险不仅仅是消极的灾后补偿，同时也是积极的行为。通过防灾、减损把灾害损额限定在损失补偿额的范围之内，使损失补偿得以实现。可见防灾、减损是实现保险职能的必备条件，而不是保险的另外一种职能。

3. 保险资金运用

保险资金的运用是指保险费暂时不用于赔付的各项准备金和较长期不用赔付的总准备金的各项投资活动，实现保险资金的保值和增值。保险资金运用，是实现保险赔付职能的重要的经济保证。因为，在人寿和储蓄性的保险中，保险人所收取的保险费中已经包括着保险费的预期投资收益，特别是长期人寿保险的保险费包含着相当长期的预期收益。只有实现保险投资预期收益额，才能保证保险人对投保标的的预期赔付额。如果保险资金不加以运用，或保险资金的运用未能达到预期收益额,保险补偿的职能就无从实现或不能充分实现。然而,保险资金运用的目的不是以追求最高收益为目标,而是以实现保险的赔付为目的。因此,保险资金运用并不是保险的职能,而是实现保险职能的经济保证之一。

(原载于《保险学原理》第五章,
南开大学出版社1998年版)

论保险的错位及其危害性

本文提出的"保险错位"问题,既存在于保险理论领域,同时也存在于保险实践和保险管理之中,并且已经在保险理论和保险实践中造成了严重的混乱和危害。如果不能及时纠正这种"错位",将会造成更为严重的后果。因此,很有必要对这一问题进行认真的讨论和研究,以便端正认识,纠正偏差,清除危害,促进保险业的健康发展。

一、保险错位的含义及其主要表现

保险与金融是既有联系又具有本质区别的两种客观事物。保险在本质上是社会经济保障制度中的一种保障形式,是社会经济保障系统工程体系中的一个支系统,因而它属于社会经济保障范畴,它的位置在经济保障领域之中;而金融则是资金融通的形式,属于资金流动和资金融通范畴,两者属于不同的范畴,归属于不同的领域,处于不同的地位。本文中所说的保险错位,指的是混淆保险与金融的本质区别,错把保险当作金融这样一种状况而言的。

在现实生活中,保险错位主要有以下几种表现:首先,在保险实践中,有的把保险作为集资的手段,把以保险名义筹集到的资金用于高回报的投资,借以获得高额利润;有的采取月末划入保费,月初归还保费的融资办法来扩大保费收入额,这实际上是以保险之名,行金融之实,完全背离保险的本质和职能;有的在保险资金运用中,把追求高收益作为直接目的,把资金投向高风险项目,而不顾保险投资的安全性和保险经营的稳定性,混淆了保险资金运用与一般金融投资之间的本质区别,颠倒了保险资金运用与保险稳定经营和发展之间的本末关系。其次,在学科设置和人才培养上,主张取消保险专业,把保险并入金融专业,在高等教育中不再培养保险专业人才。这实际上是否认了保险业务技术性、规律性与金融业务技术性、规律性之间的根本区别。第三,在政策上,把保险业与金融业视为同一行业,执行同一政策,而没有体现对保险业的优惠政策。第四,在管理体制上,把划归为主管金融行业的机构来管理。尽管管理机构主观上尽最大努力来管理保险,并且确实取得了一定成果,但从保险业自身性质、特点及其所处的地位来看,把保险划归金融主管机关来管理应属错位之举。

二、保险错位的严重后果

保险的错位,已经产生了严重后果,造成了一定危害,其主要表现有以下几个方面。

(一)保险名义供给膨胀,形成"保险泡沫经济"

保险需求与保险供给是构成保险经济关系的两个基本要素。保险供给与保险需求的基本平衡,既是保险正常发展的基本标志,又是保险健康发展的基本条件;而保险错位所带来的第一个严重后果是一方面,保险的实际有效供给受到抑制;另一方面,保险的名义供给膨胀,使保险的名义供给与实际供给之和大于保险有效需求,形成"保险泡沫经济",使保险市场长期处于供大于求的态势,从而破坏了保险市场正常发展的必要条件。

所谓保险名义供给,指的是以出售保险单收取保险费的形式,筹集大量资金而从事各类融资活动的行为,亦即名为保险、实为金融的各项活动。所谓"保险泡沫经济",指由保险名义供给所形成的过旺保险供给,及由此而引发的名为购买保险、实为投资的虚假保险需求与现实的有效保险需求不足并存的这样一种保险经济现象。这种现象在当代世界保险市场上并不少见,而在中国现阶段的保险市场上也同样存在。

(二)保险费入不敷出,直接保险业务亏损

这是因为:第一,由于保险错位导致一些保险企业偏离保险的基本职能,从单纯的融资观点出发,把保险作为筹集资金的手段,把通过资金运用获得利润作为目的。这些企业为筹集更多的资金而相互开展激烈竞争。其竞争手段之一,便是忽视保险成本,任意降低保费,扩大责任范围,不注意承保质量,以此形成大量的保险名义供给。第二,在保险供给大于保险需求形势下,迫使从事保险实际供给的保险机构,也不得不采取同样手段承揽保险业务,从而迫使保险企业在直接业务承保时就处于亏损状态,在亏损的状态中经营。

(三)保险公司冒险经营,基础不稳

稳定性和安全性是保险业务和资金运用的首要原则,也是保险企业生存和发展的基本要求。而保险错位的第三个严重后果,则是保险企业被迫冒险经营,使保险企业的基础处于极不稳定的状态。一方面,由于某些保险企业偏离损失补偿这一保险的基本职能,片面追求保险企业的盈利,而保险企业的盈利主要是来自保险费。在其他条件不变的情况下,保险费收入越多,保险企业盈利的可能性也就越大，而保险企业保费的多少取决于保险企业的承保总额度。保险企业承保总额度是由保险企业对每个风险单位的自留额度集合而成的。因此，为了多获利润，保险企业必须多留自留额，由此导致保险企业对每个风险单位的自留额及保险企业的总承保额均超过保险经济运行自身规律所要求的资本金与自留额比例关系，以及保险总资本金与总承保额之间的正常比例关系，使保险企业业务经营处于超负荷运转的极不稳定状态。另一方面，由于保险企业在不正常竞争状态下承揽保险业务时，以降低保费或扩大保险责任范围等手段吸揽业务，导致保险业务本身从一开始就大幅度亏损经营，必须依靠高回报率的投资来维持保险企业的生存。由此，迫使保险企业把资金投向股票、期货等高风险的项目中去，这样就把保险企业与高风险投资紧紧地拴在一起，金融市场任何一点波动，都会直接冲击保险企业的经营甚至直接影响保险企业的命运。

（四）削弱了保险的保障作用

保险之所以产生并能够得到发展壮大，成为世界范围一种经济保障形式的根本原因，在于它能够为社会经济的发展和人们生活的安定发挥保障作用。由于保险的错位，大大削弱了保险的这种保障作用。这是因为：第一，保险错位所形成的"泡沫保险经济"，是以保险之名、行金融之实，实际上发挥的是融通资金作用，而不是经济保障作用；第二，保险错位的"保险名义供给"，占去了大量本来可以用于发展保险的人、财、物力，从而减少了保险的有效供给，由此减少了对风险的保障作用。

（五）对保险学科发展、保险专业人才培养造成不利

保险与金融执行着各自特有的运行规律和各自不同的技术基础和手段。用金融代替保险的结果，必将影响保险科学的建设和保险专业人才的培养，并且必然会影响和阻碍保险的发展。

三、保险错位的原因

在实践中发生的保险错位现象，其根本原因在于理论和认识上的偏差。

首先，在理论上混淆了保险与金融在本质、职能和作用上的根本区别，把两种不同的事物视为同一事物。保险和金融各自所反映的矛盾是不同的，保险所反映的是由自然灾害、意外事故以及人生自然规律运动所造成经济损失、收入减少，经济正常运行和维持人们正常生活所需物质资料之间形成短缺（表现为货币短缺）的矛盾。保险则是在商品经济条件下，所产生的解决这一特殊矛盾的特定形式，这也就是保险的本质。由保险这种特殊本质所决定的保险基本职能，是对保险范围内的损失或损害给予"经济补偿"或"经济给付"，而保险

的作用则是通过其职能的实现，为社会经济正常运行和人们的生活安定提供经济保障。金融所反映的是，由于经济运动不平衡性所造成的货币资金在经济主体之间暂时性余缺与经济发展对货币需要量之间的矛盾，金融则是解决这一特殊矛盾的特殊形式，这也就是金融的本质。金融的基本职能是"融通资金"，金融的作用是通过融通资金职能的实现，来推动和加速社会经济的发展。可见，保险与金融反映着不同的特殊矛盾。

其次，从认识根源上看，把保险通过对有相同风险的、众多的投保人收取保险费而形成的保险基金，用于对少数遭受损失或损害的投保人的经济补偿或给付这一客观现实，看作是与银行通过储蓄或存款而形成巨额信贷资金，放贷给借款人的借贷活动相同的融资活动，是只看现象未看本质。从现象上看，保险补偿或给付与银行借贷行为有类似之处，然而在本质上，保险的经济补偿或给付是对"损失"或"减少收入"的补偿或给付，这里发生的是永久性的所有权的转移，是属经济学意义上的分配或再分配行为；而银行借贷则是一种贷出与借入的关系，这里所发生的只是除利息之外的货币资金使用权的暂时性转移，是属于经济学意义上的流通行为。

第三，最容易把保险视同为金融的是保险资金运用活动。应当肯定，保险资金运用对于保险业特别是对寿险业的发展具有重要意义，而且保险资金运用也确属融资活动。然而，它又有以下两点与金融活动相区别：一是保险资金运用虽然与保险有密切关系，但是保险资金运用，并不是保险自身直接保险业务的组成部分（保险的直接业务包括展业、承保、防灾、理赔四个环节），而是保险业务活动之外的行为，同时，保险公司也不能直接运用保险资金，必须成立独立的法人机构单独进行资金运用，因此，保险公司本身并没有直接运用保险资金进行金融活动的功能；二是保险资金的运用及其盈利对于保险公司来说，只是增强保险能力的一种手段，而不是保险公司的根本目的。保险公司运用保险资金的根本目的是为了增强保险的经济实力，保证保险的稳定经营，增强保险的偿付能力，为实现保险基本职能服务。

四、保险错位问题的解决

解决保险错位问题，是摆在我们面前的一项重要任务，为此，本人提出以下几点建议。

首先，必须在理论上正本清源，从基本原理上阐明保险的本质、职能、地位和作用。要在加强理论研究并在理论研究的基础上，开展有关保险定位问题的学术研讨活动。

其次，在政策上要严格限制、取缔和惩罚以保险为名行金融之实的"假"保险行为。

第三，大力培养保险专业技术和经营管理人才。应该逐步实现由经过各种层次的保险专业培养的专门人才来办保险，这有利于防止保险错位。

第四，在管理体制上，要树立社会经济保障系统工程体系观念，培育社会经济保障系统工程体系运行机制，建立独立的社会经济保障系统工程体系管理委员会，对整个社会经济保障系统工程体系，实行集中领导、统一规划、梯次管理、分头经办的原则。它不仅包括社会保险、社会福利、社会救济这几项传统的社会保障内容，而且还包括国家财政后备、合作（相互）保险、单位自保和商业保险等多种保障形式，并且各种保险形式之间既互相分工，又互相协作，形成一个社会经济保障系统工程体系，而商业保险则是这个社会经济保障系统工程体系中的一个支系统。整个社会经济保障体系，由社会经济保障委员会集中领导、统一规则、梯次管理、分头经办，有利于提高社会经济保障的总体效益。

（原载于《金融时报》1998年5月2日"理论研讨"专栏）

高新科技进步在保险领域中所引发的变革

20世纪80年代后期，特别是进入90年代以来，以电子通信技术、计算机及互联网技术和生物工程学为代表的高新科学技术的迅猛发展，正在改变着人们的经济生活、社会生活、政治生活和人们的思维方式。特别是由高科技进步所引发的经济自由化和全球经济一体化的浪潮，正在迅速地改变着世界经济面貌。保险是世界经济的重要组成部分，高新科技进步在推动世界经济变革的同时，也必然会引发保险领域的变革。认真研究高科技进步与保险业之间的内在联系，探索高科技进步在保险领域中可能引发的变革，不仅对保险从业者及保险业自身的发展具有重要意义，而且对于加强和完善国家对保险业的监督与管理亦具有重大价值。

据笔者对现有资料的分析，认为高新科技进步在保险领域中至少在以下几个方面引发了或正在引发着深刻的变革。

一、放宽监管，扩大开放，世界保险市场朝着全球一体化方向发展

在由高科技进步所引发的世界经济一体化和自由化的经济浪潮的推动下，世界保险市场也朝着自由化和一体化方向推进。特别是在1995年7月26日达成了全球多边金融服务贸易谈判协议之后，保险市场一体化的倾向更加明显。这一协议意味着全球90%的金融和保险市场获得开放。这个市场的资金总额包括20万亿美元的银行资产；20万亿美元的银行存款；10万亿美元的股票资本；10万亿美元的上市债券和2万亿美元的保险费收入。面对这一新的机遇和挑战，一些发展中国家在向市场经济过渡的过程中，加快了金融和保险改革步伐和对外开放进度。不少国家都采取了优惠政策，如智利、阿根廷、委内瑞拉、墨西哥和东欧、中国、印度、韩国、东盟等都相继打破国内保险业由国家垄断的局面而对外开放，吸引外国保险公司进入国内市场营业。据不完全统计，1995年，外国保险公司在亚洲各国和各地区开设的保险机构数为：新加坡48家、日本38家、巴基斯坦30家、马来西亚27家、印度尼西亚24家、韩国12家，以及中国大陆7家（包括合资）、香港地区120家、台湾地区32家。

如果说，发展中国家的自由化和一体化的趋势主要表现为对外开放，那么发达国家的自由化和一体化则表现为放宽监管，鼓励本国保险业向世界各地保险业渗透。以欧洲统一保险市场为例，这个根据欧盟的指令统一起来的保险市场，已建立了"设立公司自由"，"提供服务自由"和"单方保险审批"的制度，保户可以自由选择任何一家保险公司投保，欧洲以往因疆界分割各国保险市场的现象已不复存在，德国、韩国和我国台湾地区长期坚持对内严格管理和对外严格限制进入的政策，在世界一体化的推动下，也不得不放松管制，扩大对外开放。

特别突出的是日本。日本保险市场一直以管制严格，外国保险人难以进入著称于世。20世纪90年代以前外国保险公司在日本的市场占有率不足3%。在世界经济一体化的推动下，日本从90年代开始放宽管制并扩大对外开放。1994年6月28日，日本政府决定了279项放宽管制的政策，其中涉及保险的方面有四项，即：扩大自由费率适用范围；引入保险经纪人制度；改革新开发保险商品的审批程序，对某些保险新商品实行"呈报制"和日本国籍的外航船舶可以在国外直接投保。1995年3月31日，日本又实施"放宽限制计划"，涉及保险方面的内容有：新保险商品和费率实行"申报制"和寿险与非寿险以子公司方式互相渗透等内容。1996年4月1日起开始实行的新的保险法以"放宽限制与自由化"为基调。这标志着日本对保险严格管制政策的放弃。

在此影响下，美、日两国于1996年12月14日达成一项协议，其主要内容是：日本损害保险费率实行全面的自由化，允许国内寿险公司有条件地参与第三领域（健康险和意外伤害险），对外资保险公司将实行全面的自由化。1997年日本又通过了"推进放宽限制计划之再修订"新条文，旨在推进自由化和国际化进程。

上述情况表明，放宽管制、扩大对外开放和加速自由化进程等政策和措施，正在推动着世界保险市场向全球一体化方面发展。

二、购并、合并和兼并盛行，保险公司规模不断扩大，竞争趋向激烈

随着世界经济自由化、一体化进程的发展，保险公司之间购并、合并和兼并现象亦随之发展起来。这一现象，在20世纪80年代后期已初露端倪，90年代更加明显，在未来的一段时间将会持续发展。在直接保险公司之间，引人注目的购并行动有：1995年底，德国安联保险集团收购澳大利亚MMI保险集团14.6%的股份，旨在寻求在亚太地区的发展；1995年12月，美国安泰保险公司

将财产保险业务卖给了旅行者保险公司；1996年5月31日，伦敦人寿保险公司购并美国谨慎保险公司加拿大分公司，一跃成为加拿大第一大保险公司；1996年7月，英国皇家保险公司和英国太阳联合保险公司合并成立了皇家太阳保险联合集团；1996年11月，法国巴黎联合保险集团和安盛保险以互换股票的方式实行合并，建成新的保险集团，以该集团的账面价值论，成为欧洲最大、世界第二（仅次于日本生命）的大保险公司。

再保险市场的购并更为活跃，主要有：1995年，"苏黎世再"收购了Recapital；1996年初，法国最大再保险公司SCOR收购了美国"全美再"。1996年上半年，世界第三大再保险公司："美国通用再"收购"德国科隆再"；排位第四的"美国顾主再"收购"弗兰克纳再"和"阿城再"；"慕尼黑再"用33亿美元收购了"美国再"。1996年8月27日，"瑞士再"又从英国保诚手中购买了"通用再"，从而使自己成为办理人寿保险和健康保险业务的最大的再保险公司。

购并和合并活动还发生在保险中介市场上。如英国保险经纪人公司塞奇威克在科隆的子公司于1994年全部收购了德国保险经纪人MVM公司；在世界经纪人排位第二的美国怡安保险集团，于1996年10月15日以2.51亿美元购并了英国英之杰所属的国际经纪人公司Bain Hong，等等。总之，此次购并和合并涉及的范围之广，持续时间之长，规模之大，影响之深，都是空前的。

分析此次大规模购并和合并，主要原因有二：一是市场竞争激烈，为了增强自身的竞争实力而通过购并或合并之途来扩大企业规模；二是由于新科技的发展和应用以及自然和社会因素的变化，形成的巨型风险单位和高风险单位所发生的巨额损失赔付责任，需要有巨额资本才有可能实现稳定经营的目标，为此需要通过合并或购并来实现资本的积聚和集中。

三、保险公司与银行之间互相兼业，金融与保险互相渗透与融合

保险与金融是两种虽有联系但又有本质区别的不同事物，保险公司与银行则是分别经营保险和金融这两种不同业务的各自独立的企业。在历史上，曾经有过保险与金融两业混合经营的情景，但是由于二者混合经营存在着种种弊端，造成严重的不良后果，所以各国又普遍通过法律或行政规定，实行分业经营。然而，从20世纪80年代起，特别是90年代以后，保险与金融互相兼业和相互渗透现象又重新发展起来。

此次银行与保险相互渗透始于寿险业，后来发展到非寿险，而且渗透的方式也不断变化。

在欧洲，法国的渗透最为深入。据统计，1994年法国新增寿险保单的63%是通过银行销售的，而传统方式出售的保单几乎没有增长。法国农业银行于1986年成立了自己的保险公司——"普立地卡"，经营寿险业务。1994年欧洲通过银行销售的寿险保单收入占全部保单收入的比重分别是：法国为55%，荷兰为22%，西班牙为21%，比利时为20%，英国为16%，意大利为12%，德国为8%。在非寿险方面银行参与保险虽然晚于寿险，但也在逐步发展起来，通过银行销售的非寿险保单，西班牙占19%，法国占5%，德国占3%，荷兰占14%。在日本，从1994年初开始，允许银行从事保险的零售活动；在美国从1995年开始允许银行办理保险业务，并且正在积极游说政府争取立法支持。银行与保险渗透的方式多种多样：有代理关系，有的合资成立新的金融机构，有的互相合并或购并，还有的银行直接设计和销售自己的保单。荷兰于1991年由荷兰国民保险公司与荷兰邮政银行集团合并成立欧洲第一家综合性金融集团，业务遍布56个国家，半数职工、股东在境外；澳大利亚的康联集团于1995年收购澳大利亚新南威尔州立银行，成立"保险银行"集团，主要业务有保险、投资、金融及养老金管理；法国早在1986年就由法国最大的保险集团之一——甘集团，建立了"银行保险帝国"。

从数量上看，据欧洲保险管理委员会在1993年所发表的"关于金融联合企业的实际情况和法律问题"的报告中披露，英国是拥有这种企业最多的国家，共有17个属于保险公司的银行，其次是法国，9家保险公司拥有12家银行，同时，法国又是银行拥有保险公司最多的国家，在所有的欧共体成员国中，金融保险联合企业占市场份额的比例越来越大。

四、兼营产寿险业务，组建综合性保险公司和自保公司

从历史上看，保险经营经历过在同一个保险公司内部实行产寿险混合经营、产寿险分业经营和独立的产险公司和寿险公司单独经营的过程。

在20世纪80年代以前，产寿险两业以独立的保险公司单业经营为主要形式，80年代以后，特别是90年代以来，世界各国普遍地进行着保险经营体制改革，改革的主要倾向是在同一个保险公司内部实行产寿险兼营或通过建立子公司的形式，产寿险之间互相兼营，例如日本于1996年4月1日生效的新保险法中就明确规定，日本寿险和非寿险可以以其子公司的形式兼营。

截至1996年8月27日，已批准6家寿险公司、11家非寿险公司建立各自的子公司兼营非寿险及寿险业务，同时也可以兼营人身意外险、疾病保险、健康保险等保险业务。此外，欧美及世界其他国家和地区也有类似的规定。

随着保险兼营的实施，综合性的保险公司和专业自保公司的公司组织形式也相继发展起来，特别是专业自保公司的发展更为迅速。以英国为例，据统计，约有30%的英国工商企业将相当部分的危险自留；英国大企业交纳的全部保费中的49%流向自保公司。世界其他国家，如美国、德国、荷兰、北欧及马来西亚、新加坡等国家都在大力发展此类企业。美国的埃克森、莫比尔等大石油公司以及福特汽车公司的自保公司都拥有高于25亿美元的资本。目前，全世界已有自保公司3500家，母公司在美国的占30%。自保公司经营的品种除财产险外，已扩展到意外险和责任险等。

五、适应市场需求和竞争的需要，不断推出保险新品种

20世纪80年代后期，特别是90年代以来，市场竞争日趋激烈，同时由于新技术的发展和自然环境的变化，新的保险需求不断产生，为适应这种客观需求，保险品种不断创新，而且发展很快。

如国际卫星发射保险，20世纪80年代处于初创阶段，而1996年的保费收入超过10亿美元，接近国际航空保险的保费规模。

非寿险品种创新的主要动力之一是自然灾害和意外事故的增多、增大。如1995年1月17日，日本阪神大地震后，各保险公司纷纷推出与地震有关的新品种；20世纪90年代，全球变暖和气候反常，导致大量保险新险种的推出；针对恐怖活动和治安问题，产生了勒索及绑架保险和由于恐怖者破坏而造成商业损失保险；等等。险种创新的另一个原因是客户的需要。美国的口号是"只要客户需要，保险公司就承保"。最近美国设计出许多新保单和特种保单：如从被外星人绑架到宠物医疗，应有尽有。比较受欢迎的有："婚礼意外保险"、"收养子女失败保险"，等等。

在寿险方面，20世纪90年代以来，变额保险最受欢迎，如，美国变额年金保险占年金保单的50%以上，变额人寿保险占寿险的20%以上；日本的"严重慢性疾病保险"被称为"划时代的大型新保险商品"；英国1995年"疯牛病"的出现使人们产生"恐牛症"，保险公司便推出"人类疯牛病（克雅氏病）保单"，大获成功。

六、新技术引发了保险经营管理上的变革

在业务经营上，最引人注目的是电信网络和计算机技术带来的营销方式的变化。电话直销是其中的一项重要内容，1992年，法国安盛集团在法国首创了电话直销方式，并把这一方式推广到德国和西班牙，随后又被世界许多国家和

地区仿效。这种销售方式省却了中间环节,简化手续,处理迅速,价格便宜。

保单走上信息高速公路,是保险业经营方面的另一项改革。美国独立保险人协会在前不久发表的题为"21世纪的保险动向与预测"的调查报告认为,新技术特别是 Internet 网和 WWW 网将把保险业的交易引向革命化的进程,今后十年内企业险种的31%和个人险种的37%的交易将应用 Internet 网来完成。这必将影响客户的行为和保险公司的销售活动,它会减少对劳动力的需求量,提高效率和质量,降低成本,增加效益。同时,计算机网络为跨国公司的全球化经营和世界范围内的合作提供更为便利的条件。1994年,伦敦保险市场开始应用电子分保系统 ESP,使业务流转速度大为提高。

慕尼黑再牵头成立了世界上第一个再保险行业的电脑增值服务网(PINET)。该网络致力于全球再保险交易的自动化。目前,参加这一系统的成员公司已逾百家,并且还在迅速增加。

高科技在保险公司内部管理方面也引起很大的变化。首先是内部文档、数据处理电子化,使文件发送、存储查询速度加快,效率提高。其次是计算机系统和数学模型,在企业决策、承保、理赔、现金流转等环节的作用越来越大。第三是计算机网络的运用使全球范围内的风险管理成为可能。通过地理信息系统和业务数据相结合,可对世界范围内的承保风险进行直观分析和管理,借以提高全行业的风险管理水平。第四是在保险资金运用方面,计算机系统发挥着重要作用。1995年,日本野村综合研究所开发的"新时代"资金运用系统PLEIADES,对有价证券的买卖、计价结算进行自动化处理,保险公司利用这一系统,就可以准确地收集有关资金运用的全部信息,为资金运用取得优异效果提供可靠依据。

其他技术也广泛应用于保险领域。如防盗系统、导航系统对防盗和安全航行均有重要作用。特别是生物工程技术在保险中的应用更为明显。1995年末,英国保险人协会(ABI)提议,在人身保险方面对投保人根据遗传基因分类,收取不同的保费。因为现代遗传技术对有遗传倾向的癌症、心脏病、糖尿病等可以准确地测定出来,可以根据投保人是否有重大疾病,决定是否承保或决定其收费标准。

新科技在保险领域的应用,一方面提高了保险经营管理水平;另一方面对传统的保险市场体系和结构以及经营管理方式形成了强大的冲击,特别是对保险经纪人、代理人等中介机构的冲击更为突出,可以预言,高科技会对保险业和保险市场带来越来越深刻的变革。

七、巨灾风险增多促使新的风险管理方式产生

20 世纪 80 年代以来，在高科技成果广泛应用的条件下改变了自然环境，促使世界上频繁发生的巨大的自然灾害给保险业造成重创。1987 年到 1991 年的五年间，全球出现了由于气候变暖造成的灾害，总共损失 1620 亿美元，而 80 年代的 10 年中仅为 540 亿美元；这 5 年发生了 16 起超过 32 亿美元的巨大灾害，而 80 年代则没有发生过超过 10 亿美元的巨灾。1992 年，自然灾害和人为事故达到前所未有的高峰，创下了一年内保险损失 271 亿美元的最高纪录，比 1991 年增加 87%，仅在美国发生的安德鲁飓风就造成了 155 亿美元的损失。除自然灾害外还有人为事故，1992 年 4 月 5 日洛杉矶暴乱损失 7.75 亿美元；伦敦金融区爆炸事件损失 12.2 亿美元。

在巨灾巨损的情况下，保险公司除继续采用补足资本金、提足准备金和扩大再保险等传统的分散风险手段外，还利用新技术采用了新的风险管理手段来转移风险。

首先，保险公司与社会其他部门加强合作，力图控制或减少自然灾害和意外事故的发生。

如 1995 年 11 月 23 日，世界上 45 家大型保险公司签署了由日、英、德、瑞典和挪威 5 家保险公司起草的，由"联合国环境计划"UNEP 赞助的《保险业环境保证声明》，该声明认为，在高新科技迅速发展的情况下，地球环境问题是全人类共同面临的问题，其解决需全球国际间的通力协作，一方面，保险业有义务在自己领域内对此作出贡献，另一方面，其他相关部门或组织机构，亦应为此作出贡献，特别是社会防灾、防损机构更应当如此。由全世界各行各业通力协作预防风险的发生或减少灾害损失，是根本性的风险管理措施。

其次，将"风险金融"作为保险风险管理的新方法。所谓"风险金融"是指保险人从资本市场上筹集巨灾准备金，其形式是通过"保险证券"来集资。保险证券是一种可转让的有价证券，它与具体的保险业务相联系，募集来的资金用于补充特定险种的损失，其回报率由特定险种的盈利水平来确定。这样巨灾风险便由保险市场转移到金融市场，比单纯的用再保险来控制风险成本低，而且更加有效和有巨大的消化能力。美国的 Alexdex & Alexdex 公司在开发保险证券的过程中，使用计算机来模拟自然风险，并在保险证券的基础上进一步开发保险期货等衍生产品。美国独立保险人协会 NALL 在题为"21 世纪保险动向与预测"的调查报告中称："风险金融"将主导全球的保险业。美国保险业中有关资本金额为 2000 亿美元（财险与再保险），与金融市场的 20 万亿美元的资本

相比,小 100 倍。道·琼斯平均指数下降 10 个标准点会造成 340 亿美元的损失,比安德鲁飓风 155 亿美元的损失和北部地震 127 亿美元损失的总和还要大。金融市场完全有能力吸纳这种风险。

在美国还出现了利用计算机联网技术,采用"灾害期货"这种新的风险管理方法。这种方法使保险人得以将风险转移给投机者。"灾害期货"是由美国芝加哥期货交易所推出的一种合约,分为全国、中西部、西部和东部四种。保险公司可以在承保的同时购入相应地区的与保额等份的合同,一旦灾害损失大于预期,期货合同的市场价格就随之上升,保险公司可以从出售特有的期货合同的盈利中弥补赔款增大的损失;一旦灾害损失小于预期,则期货上的损失可以从承保盈利中加以弥补,保险公司的赔付因此可以稳定在预期水平上,不会由于巨灾而使保险人的财务稳定性受到冲击。这种方式只有在现代信息高速公路的条件下,才有可能被采用。

高新科技进步在保险领域中所引起的变革,今后还会继续发展下去。这不仅要求保险经营者随时研究高科技在保险业中所引起的新变化,以便更有效地经营,同时更要求国家在宏观上适应新的变化,不断修正管理规定,完善管理办法,变换管理手段,提高管理效率。

(原载于《保险研究》1998 年第 7 期)

保险发展研究

摘要： 在知识经济时代，保险发展成为保险变化的主旋律。坚持保险的本质是保险发展的大方向。保险业与金融业是两个相关度很高的协调发展的行业，二者只能互补，不能互替。社会经济保障系统工程体系是知识经济时代系统风险所形成的进行风险管理的客观机制。保险是社会经济保障系统工程体系中的重要组成部分。阶段性和连续性的统一，是保险发展的客观规律。保险已经经历了三个阶段，当前正在向第四个阶段迈进。

关键词： 保险发展；保险增长；保险本质；继承与创新；经济保障；保险规律

一、保险发展是当代保险的主旋律

保险增长和保险发展是保险变化的两种形式。保险增长通常是指保险数量的增加和保险品种的增多，它是保险经营者进行保险经营活动的直接结果，也是保险经营者切身利益的直接体现；而保险发展不仅包括保险数量的增加和保险品种的增多，还包括保险制度、保险机制和保险市场的变化和发展，以及保险的增长与国民经济、社会制度和社会文化发展之间的关系等诸多社会公益问题。

保险增长与保险发展之间是相辅相成、互相制约、互相作用，共同实现保险变化的关系。保险的增长是保险发展的物质基础，保险的发展则是保险增长的发展趋势和归宿。

保险增长与保险发展二者在保险变化中的作用以及保险发展所包括的内容，是随着经济和保险发展的程度的变化而变化的。一般说来，在经济和保险处于较低程度时期，保险增长的作用高于保险发展的作用，保险增长与保险发展之间的关系也比较简单；随着经济的发展和保险层次的提高，保险发展的作用和内容也将随着提高和发展，保险增长与保险发展之间的关系也越来越复杂。

当前已进入知识经济时代。在知识经济时代，由于客观环境的变化，保险增长与保险发展之间的关系更加复杂，保险增长与保险发展之间往往会出现不协调的现象，"有增长，无发展"，甚至保险的增长反而不利于保险的发展的现象也时有发生。这是因为，保险的增长往往是保险经营者从企业或行业的局部利益和局部立场出发来制订各自的保险行动计划、行为规范和设计保险品种。从其局部立场和局部利益的角度来看，其保险增长行为是有利的、合理的；但从保险整体或全社会的高度来看，其保险增长可能带来严重的消极的社会后果，因而是不利的和不合理的，是与保险发展相矛盾的增长。从知识经济时代的特征和整个社会的整体利益的高度即知识经济时代的价值观来观察，保险在本质上是社会公益事业，应当以保险发展为主旋律，保险的增长要服从保险的发展；保险的增长应当有益于整个国民经济的发展，有利于社会制度的改革，有利于人们精神文明的提高，有利于全体居民的生活改善；保险经营者应当在遵循上述原则下，从事保险经营活动，设计保险品种，选择营销方式和手段，获取应得利益；防止片面强调保险的增长而忽视保险的发展的倾向，做到保险增长和保险发展相统一，达到保险增长和保险发展"双赢"的目标。

二、保持保险的本质和职能，是保险发展的大方向

保险与其他任何事物一样都在不断地向前发展，保持保险的本质和职能，是保险发展的大方向。保险发展的这个大方向是通过保险的继承和创新的统一来实现的。

所谓保险的继承就是要继承保险的本质和职能；所谓保险创新就是在坚持保险的本质和职能的前提下，创造保险的新形式以及适应新形式的需要而发生的非根本性的、局部性的质的变化。其中包括保险产品形式、保险企业形式、保险经营和管理形式、保险风险分散和转移形式，以及保险基金运用形式等多种形式的创新及其非本质和局部性质的变化。这种形式上的和非本质的局部性的质的新变化，并没有改变保险的本质和职能，因而，我们把它视为保险形式的变化。保险的本质就是保险这种客观事物自身所固有的、内在的矛盾的特殊性质，或特殊性质的矛盾。保险自身所固有的特殊性矛盾，可以概括为：由于种种风险事故的发生对生产要素和生活资料所造成的损失而形成的生产要素和生活资料的短缺与社会经济发展和人们生活对生产要素和生活资料的需要之间的矛盾。在这里，风险事故造成的"损失"所致的生产要素和生活资料的"短缺"，是保险自身所固有的特殊性矛盾的"核心"内容，也是保险区别于其他任何事物所特有的"标志"。只要这个矛盾存在，保险就必然存在；只要这个矛盾的性质不改变，保险的本质就不会改变。

保险的质的规定性，同时也决定了保险所特有的职能。保险的职能是保险本质的外在体现。通过过去的积累"补偿"现在的短缺，或者通过现在的积累"补偿"未来的"短缺"，是由保险的本质所决定的保险所特有的职能。保险的作用是保险补偿职能的实现所产生的社会后果。保险补偿职能的实现所产生的直接后果，就是使短缺的生产要素和生活资料不再短缺，使社会生产活动能够继续进行，使人们的物质生活能够得到保障，从而发挥着为社会经济的发展、社会的安定和人们的生活提供物质保障的作用，使保险在国民经济和社会生活中居于"稳定器"的重要地位。

我们强调保险发展必须遵循保险继承与保险创新相统一的原则，就是强调保险的发展必须坚持保险的本质、职能和作用的大方向，在这个大方向的前提下实行保险创新。凡是坚持这个大方向的创新，都是属于保险的创新，都应当给予积极的肯定并推动其发展；凡是不符合这个大方向的"创新"，尽管这些创新很可能是适应客观需要而产生的新事物，但它与保险的本质相脱离，它们可以属于其他的什么新事物，但不属于保险创新和发展。

三、保险与金融是两个相关度较高的产业之间协调发展的关系

正确认识和处理保险与金融之间的关系，是保险发展过程中所遇到的一个重大课题，也是直接关系到保险和金融乃至整个国民经济如何发展的大问题。

保险与金融的本质区别在于，保险和金融各自均有其内在的固有的特殊矛盾。保险的特殊矛盾已如上述，是指由于各种风险事故的发生所造成的损失所致的生产要素和生活资料的短缺与满足不了社会经济正常发展和社会生活的正常运行对生产要素和生活资料的客观需要之间的矛盾。

金融有多种形式，但从金融的本质来看，各种形式的金融活动本质是共同的。即由于种种原因所形成的货币资金在需求者（人或空间，以下同）与供给者（人或空间，以下同）之间的暂时的相对的不平衡，通过货币资金融通达到暂时的相对的平衡。金融的这一内在固有的特殊性矛盾，决定了金融活动具有其自身的特殊性质，主要表现为以下几个方面。

第一，造成货币资金在供求之间的不平衡的原因不是由于遭到损失产生绝对的短缺造成的，而是由于经济运动的不平衡等原因造成的相对的、暂时的短缺或多余的不平衡。它与保险中由于风险事故发生所造成的损失所致的短缺在性质上是不同的。保险损失是绝对的损失、永远的损失。因而保险的短缺是绝对的短缺、永久的短缺。

第二，金融活动的最终结果（这里仅指资金融通的直接过程，不包括与资

金融通相联系的生产和流通过程）表现为，以货币形式表现出来的价值量在资金融通双方所持的数量可能会发生变化；以货币所表现的全社会的价值总量由于虚拟资本市场价格的变动也会发生变化。但货币形式所代表的社会财富总量是不会增加，也不会减少的。全社会财富活动总结果是"零和"，即不能由于金融活动而使社会财富的绝对量增加或减少。而保险活动全过程（展业、承保、防灾、理赔）的结果，不仅会出现以货币形式表现出来的价值量的绝对减少，而且也会出现社会物质财富数量的绝对减少。

第三，金融活动的形式大体上可以分为三类情况：一类是银行信贷业务（包括长期信贷和短期信贷）、各种债券业务和典当业务；另一类是股票的发行活动；第三类是在资本市场上从事的股票现货交易和期货、期权交易活动。抽象掉上述金融活动的中间过程，G——G′是金融运动的基本形式。G′包括 G+ΔG 两部分。G 是与运动开始的相等的货币量，ΔG 是运动过程结束时增加的货币量。而获得ΔG（利息、股息和赢利）是这种活动的出发点和归宿点，也就是金融活动的真正意义之所在，失去了ΔG，金融活动就毫无意义。

金融内在矛盾的这一特点，决定了金融活动是以盈利为目的的活动。这种盈利活动包括金融活动的双方即货币资金的贷出和借入者、债券的购买和出卖者，股票的发行、认购和交易者。因此对金融活动的参与者来说，"赚钱"是其动力和目的，为"赚钱"而从事金融活动是无可非议的事。而保险则不同。投保者不是为赚钱而投保。因为，从保险的本质来说，不允许投保人为赚钱而投保；从保险运行规则和规律而言，投保人也不可能通过投保来"赚钱"，更不能把投保作为发财的手段。

金融由于其自身固有的特殊矛盾不同于保险，因而与保险有着本质的区别。然而，金融和保险之间又存在着极其密切的联系。这种联系主要表现在以下几个方面。

一是企业组织形式上的联系。20 世纪 60 年代以来，特别是最近 10 年以来，金融与保险业之间的企业合并、购并和兼并活动日渐活跃，金融保险联合公司，保险金融联合集团等组织形式不断出现，这是保险与金融结合形式的新发展，并不改变金融和保险各自的本质，而且两者之间的合与分也不是绝对的：在一定条件下和一定时期内由于客观的需要，可能会"合"，在另一个时期和条件下又可能会"分"，应顺其自然自行发展为宜，而不宜利用人为的力量促使其合，或强令其分。

二是经营方式上的联系。例如金融兼营保险业务，保险兼营金融业务，这种兼业或跨业经营也只是金融与保险协作发展的一种形式，并不改变各自的本质。而且金融与保险之间是兼营、合营还是独营，在历史上也有多次反复。

这说明经营方式也不是固定不变的，它要随着条件的变化而变化。

三是风险转移方式的联系。保险公司是经营风险的特殊行业。保险公司将客户的风险集中到自身之后，还要向外分散风险。分保和再保是保险公司分散风险的主要方式和手段。近年来，由于风险单位的加大，巨险、巨灾和集中风险日益增多。适应这种形势的需要，保险公司以在"巨灾风险债券"、"保险风险期货"和"保险风险期权"等资本市场上规避风险的形式来分散保险风险。这是一种新形式、新创造，这种新创造不仅没有改变保险的本质，而且还有利于分散保险风险，有利于扩大保险公司的承保能力，更好地发挥保险的补偿职能和保障作用。

四是在保险和金融产品结合上的联系。保险产品，主要是寿险产品在形式上与金融的联系比较密切。有些产品不仅在形式上与金融有密切的联系，而且在产品的内容上也有相互间的交叉和结合。例如近些年来在国际上兴起的"分红保单"、"变额保单"和"投资联结产品"等多种寿险产品就是其中的代表形式。这些产品的共同特点在于，产品中既有保障内容又有投资的内容，是保障和投资的结合品。

这些产品的出现不是偶然的，而是适应广大客户的需要而产生的。这些产品的出现并不是问题，问题在于对这些产品的属性的认识上，大体可以分为三种情况：一是在产品中仅包含保险和投资两种内容，其中以保障内容占主要成分，投资内容占很少比重。这类产品应当属于保险的产品；二是在这类产品中投资因素占主要比重，保障因素所占比重很少，这类产品应归属于金融产品，而非保险产品；三是在新产品中不仅有保险因素和投资因素，还有其他因素，而且各种因素均不占主导地位，而是各种因素相融合重新组成为一种新事物。因此，这种产品既不属于保险范畴，也不属于金融范畴，而是属于一个新范畴。至于这种新产品属于什么范畴，如何命名则是有待于研究的新课题。

五是保险资金在运用上的联系。保险资金运用是保险与金融之间相关度最高、联系最紧密的现象，也是不少人把保险归为金融领域的一个重要的依据。应当承认，就保险资金运用本身而言，它的许多方面属于金融范畴。然而，我们应当注意的是：第一，保险资金运用并不等于保险的全部。保险的运行过程包括展业、承保（分保）、防灾、理赔四个环节。而保险资金运用，它是保险业务环节之外的一个相对独立的运行过程。至于保险资金是由保险公司单独成立投资公司来运用，还是委托基金组织，或其他投资机构来进行，可视环境和需要而定。第二，保险资金无论是由保险公司自身直接运用，还是委托其投资机构来运用,都只是为实现保险的本质和职能而服务的一种手段。保险资金运用及其增值并不是保险运行的目的,它必须服从实现保险的本质和职能的需要,这是保险资金运用的最终目标和目的。因此,保险资金运用的目的与一般资金投资的目的是不同的。第三,单纯以保险资金运用来论断保险属于金融范畴,也是与事实不符的。事实上,资金运用问题不仅是保险业存在这个问题,全社会的各行各业几乎都存在自有资金的运用和投资问题,而人们并没有因此就把各行各业都视为金融行业。拿社会保险来说,社会养老保险基金是世界资本市场的重要组成部分。养老保险基金运用的状况,不仅直接影响到社会保险职能的实现,而且还直接影响整个资本市场的生存和发展,足见社会保障基金运用的重要性。可是谁也没有因为社会保险要进行社会保险基金运用,而把社会保险划归为金融领域或金融体系。又如现在上市的产业公司,无论是其资金筹集还是资金增值与利润所得,都离不开金融市场,更离不开资金运用,难道这些产业公司也都属于金融领域吗?显然不是。因此,以保险资金运用作为论证保险属于金融体系的理由是不充分的。总之,保险与金融之间是两个相关系数很高的,但又是相互独立的事物;保险业与金融业是相关度很高协调发展的两个行业,二者只能协调发展,相互补充,而不能互相替代。

四、保险与社会经济保障体系之间是局部与整体的关系

如何正确认识和处理保险与社会经济保障之间的关系,是关系到保险发展的另一个重大问题。

社会经济保障系统工程体系是运用现代经济学、社会学和系统工程学原理来观察、认识社会经济现象所得出的一个新概念、新理论,以及运用这一新理论所揭示出来的新事物。它的基本内容是:从范围上讲,它是对全社会一切成员和一切社会财富的保障,而不是仅仅对社会中的某一阶层或某一部分成员的保障,或仅仅对社会中的某些财富的保障。从本质上讲,它是经济保障,所以称其为社会经济保障,是因为,从保障的出发点来看,是为了发展经济;从保障的对象来看,归根到底是对经济要素,即生产资料和劳动力的生产和再生产的保障;从保障实现的手段来看,都要通过物质资料来补偿,也就是要通过经济补偿来实现保障;从保障的结果是检验保障制度优劣的高度来看,要看保障制度是否有利于社会生产力的发展。凡是有利于促进社会生产力发展的保障制度,就是先进的保障制度;凡是不利于或者有碍于生产力发展的保障制度,就是落后的保障制度。北美、西欧等国家的社会保障制度的实施结果及其改革的现实,都说明了这一原理,即都说明了保障制度的经济性质。

这种社会经济保障体系，不是孤立的、互不相关的若干保障形式的简单协作，而是由互相联系、互相制约的多个支系统所组成的一个系统工程体系。这个系统工程体系是由保障制度系统、保障机制系统、保障组织系统和保障管理系统等若干个支系统所组成的一个有机整体。而在社会保障组织形式这一支系统中，又包括国家保障、社会保障、商业保险保障、相互合作保障、单位自我保障和家庭个人保障等多种保障形式，是这些保障形式所组成的保障形式的支系统。这个系统工程体系的各个支系统和各个支系统中的各种保障形式互相协作，相互配合，形成一个大的、全社会范围内的安全器或稳定器，共同完成社会经济保障的功能。

从社会经济保障系统工程体系的高度来看，保险属于社会经济系统工程体系中的保障组织形式支系统中的一种重要的保障形式，它与社会经济保障体系之间的关系，是局部与整体之间的关系。

五、保险发展的相对独立性和规律性

保险既然有其相对的独立性质，其发展就必然有其自身的规律性，即保险的发展是通过保险继承和创新的统一来实现的。保险的具体形式是由经济形式（经济关系）的特殊性质决定的，经济形式是由生产力的状况决定的，生产力的状况是由科学和技术水平决定的，因此归根结底，保险的具体形式是由科学和技术水平决定的；由于科学技术以及由科学技术所决定的生产力具有阶段性，所以保险的发展也具有阶段性质。有史以来，保险大体上经历了三个阶段，目前，正在向第四个阶段发展，如下表所示。

阶段	保险时代	年代	技术和生产力	经济形式	风险特征	保险本质	保障形式
第一阶段	古代保险	公元前 5000 年至公元 17 世纪末（大数法则在保险中运用之前）	简单协作 手工工具	自然经济	自然风险 人生风险[①] 意外风险	风险事故损失所致的经济要素的短缺与经济发展需要之间的矛盾	原始形态的国家保障、原始形态的互助保障、胚芽形式的商业保险并存
第二阶段	近代保险	17 世纪末至 19 世纪中后期（工业革命）	手工业、社会分工、工场手工业	以商品经济为主，商品经济与自然经济并存	自然风险 人生风险 意外风险 经济风险	上述矛盾范围的扩大与本质的增强	国家保障、互相合作保障、家庭保障、商业保险并存，商业保险为主要形式

阶段	保险时代	年代	技术和生产力	经济形式	风险特征	保险本质	保障形式
第三阶段	现代保险	19世纪后期至20世纪60年代（知识经济之前）	机器大工业	工业经济为主的发达的商品经济	自然风险人生风险意外风险与工业经济相伴随的各种风险	上述矛盾范围的扩大与本质的增强	国家保障、互助合作保障、单位自保、家庭保障、商业保险、社会保险并存，商业保险与社会保障为主要形式
第四阶段	当代保险	20世纪60年代以后	高新科技、世界经济一体化趋势	开始进入知识经济时代，高度发达的世界市场经济	自然风险人生风险人为风险② 与高科技和知识经济相伴随的各种风险和上述风险所形成的系统风险③	上述矛盾范围的扩大与本质的增强	国家保障、互助合作保障、单位自保、家庭自保、商业保险、社会保险诸种形式形成为社会经济保障系统工程体系

注：①"人生风险"是指人的生、老、病、死等这些人生自然规律所形成的风险。
②"人为风险"是指由于人们开发利用自然资源而造成的人为灾害之风险。
③"系统风险"是指由于高新科技进步和知识经济的发展，使各种风险的相关度日趋增强，形成一个互相联系、互相渗透、互相交叉的风险体系。

根据上表所示的保险发展规律，从中可以得出以下几点具体的认识。

第一，保险的胚芽形态产生于各种原始的保障形式。因而保险从其产生的那一天起就与其他各种保障形式具有相同的固有矛盾和共同的本质，它与其他各种保障形式属于同一领域（社会经济保障领域）的不同形式。

第二，保险是随着科学技术进步、经济形式和风险的发展而发展的。在保险发展的过程中，一方面是保险本质的不断增强和扩大，另一方面是保险形式的不断创新，通过保险本质的继承和保险形式的创新的统一，实现了保险的发展。

第三，由于科学技术和由科学技术所决定的生产力的发展具有阶段性质，从而决定了社会经济发展形式的多样性，而生产力发展的阶段性和社会经济形式的多样性，决定保险发展也必然呈现阶段性。例如由于数学科学对大数法则的发现及其在保险领域中的应用，和由生产力发展所决定的商品经济形式的出现和发展，使保险由原始形态发展到商业保险形态，从而使保险保障由古代保险的阶段进入到近代保险阶段；由于工业革命成功，机器大工业的普遍采用，使社会经济形式发展到工业经济时代，从而使保险由近代保险阶段过渡到现代保险阶段；由于以计算机和生物工程技术为代表的高新科技的进步及与其相伴随的知识经济时代的到来，使保险由现代阶段发展到当代保险阶段。

第四，随着科学技术和经济及风险的发展，保险与其他各种保障形式之间的相关度日趋增强。随着高新科技进步和知识经济的发展，各种风险之间的相关度不断提高和系统风险的形成，从而使各种保障形式形成为一个社会经济保障系统工程体系。使当代保险成为社会经济保障系统工程体系中的一个重要的有机组成部分。

（原载于《保险研究》2000 年第 11 期）

论保险业的最大风险
——兼论保险的本质及其回归

摘要：保险自身所独有的特殊矛盾，以及由保险的特殊矛盾所决定的职能和作用构成保险的本质；保险业务的承保活动过程和保险资金运用的活动过程的统一是实现保险本质的客观过程；偏离保险的本质是保险业的最大风险；保险业偏离保险的本质有客观原因和主观原因，是保险发展过程中的一个误会；保险业偏离保险本质的现实后果是严重影响保险的补偿职能的实现和保险的保障作用的充分发挥；保险业偏离保险本质的深远后果是可以导致保险业的萎缩和衰退；保险本质的回归是不以人们的主观意志为转移的客观趋势，是保险发展的必然回归。

关键词：保险业；风险；保险本质

Key Words：Insurance Industry；Risk；Nature of Insurance

保险业是经营保险商品的行业，具有一般行业所没有的特殊风险。本人认为保险业（包括寿险业和非寿险业，以下皆同）面临的最大风险，是保险业偏离保险的本质。本文就这个问题谈一些个人的认识，目的是与各位同仁交流学术思想，从交流中获得教益。

一、保险的本质

保险的本质就是保险自身所独有的特殊矛盾，以及由保险的特殊矛盾所决定的职能和作用。保险自身所独有的特殊矛盾是指由于自然的、社会的、经济的、人为的和人生自然规律（即人的生、老、病、死、残）等原因所形成的种种风险事故的发生所造成的生产要素和生活要素的损失（或减少），而形成的生产要素和生活要素的短缺，与满足不了社会经济的正常运行和人们生活的正常维持对生产要素和生活要素的需要之间的矛盾。简称为"短缺"与"需要"之间的矛盾。这一矛盾的根本特征在于：由于各种风险事故的发生导致生产要素和生活要素的损失，进而导致生产要素和生活要素的短缺而产生的、满足不了社会生产和社会生活正常运行对生产要素和生活要素需要之间的矛盾。

保险的特殊矛盾，决定了保险所具有的特殊职能。这种特殊职能也就是保险本质的经济内容。如前所述，保险的特殊矛盾是由于生产要素和生活要素的短缺所引起的，必须通过物质手段加以解决。这种用于补偿的物质手段只能来自维持简单再生产之外的生产要素和生活要素的"积累"。这里所说的积累，就是通过保险形式而积聚起来的保险资金。所以，保险的经济内容就是用过去的物质财富的积累补偿现在的短缺，或者用现在的物质财富的积累补偿未来的短缺。这既是由保险的本质所决定的保险的职能，同时也是保险本质的经济内容。

概括起来讲，保险自身所具有的特殊矛盾以及由这一特殊矛盾所决定的经济补偿（给付）职能和对社会经济的保障作用的统一，就是保险的本质。坚持保险的本质是保险业发展的大方向，偏离保险的本质则是保险业的最大风险。

二、偏离保险本质的表现

在现实保险经济活动中，往往会自觉或不自觉地出现偏离保险本质的现象。其中最重要的有以下几种表现。

一是在舆论宣传方面的偏离。如不强调保险在社会经济保障体系中的地位和作用，不强调保险的补偿职能和保障作用，不强调依据保险需求购买保险，而片面强调保险的金融功能。二是在保险产品特别是在寿险产品的开发方面的偏离。一方面对保障型的保险产品开发不足，认为传统的保障型的老产品不易推销，而对新的保障型产品的开发又困难重重，且效益不高，因而发展缓慢；另一方面，对投资型的保险产品推崇有余。有的保险产品，保障的比重很少（最少者仅为20%）。这类产品从性质上说已经不是保险产品了。其中，有的可称为高息债券；有的可称为投资基金。三是在保险业经营方面的偏离。不是把充分发挥保险的补偿职能和保障作用作为保险业经营活动的中心和重点，不注重发展具有保障功能的保险业务，而是热衷于发展那些保障功能不强，甚至完全没有保障功能的名为保险产品，实为"高息债券"和"完全代人理财"的"现金流承保业务"。四是在保险企业的财务管理方面的偏离。不坚持保险商品的等价交换原则，以降低保险商品的价格，甚至不惜以亏本为竞争手段来吸揽保险业务；不坚持保险经济活动（包括保险业务活动和保险资金运用活动）自身的财务平衡，对于保险经济活动所出现的暂时的保险企业的财务不平衡，通过保险资金运用之外的所谓的"保险投资"的高盈利来维持平衡，等等。

三、偏离保险本质的原因

首先是理论上的原因。在发达的市场经济国家把银行、证券和保险统称为金融业的三大支柱已经有较长时间了。我国在"引进"这一概念时没有从理论的高度对其进行分析和论证。银行、证券和保险三者之间的共性是什么？它们各自的特殊性和区别又是什么？这些问题都没有明确的解释。在这种情况下引用这种概念，自然会引导人们关注三者的共性和相同点，而忽视它们各自的特殊性和不同点，从而混淆了银行、证券与保险之间的不同点和本质区别。

从本质上讲，保险属于社会经济保障范畴，是社会经济保障制度的重要内容，是社会经济保障系统工程体系中的一个支系统。因而本人不赞同笼统地不加分析地把保险业与银行业和证券业并列为金融业的三大支柱。保险在哪些方面具有银行业和证券业等一般金融业所具有的特征呢？一是保险与银行和证券的存在形式一样，都是以货币为存在形式；二是以保险费形式形成的各种准备金的分散收取和集中使用的运动方式与银行存贷款和证券的买卖的运动形式有相同之处，而且都具有一定的资金融通的性质；三是保险资金的运用与银行放款和证券资金的运用，都具有投资的性质。那么是否根据以上这些相同之处就可以把保险等同于银行和证券呢？回答是否定的。这是因为：

第一，虽然保险与银行和证券都是以货币形式存在的，但它们的本质和职能是根本不同的。作为保险存在形式的货币在本质上就是一般的货币，它所实现的是货币的职能。在投保人缴纳保险费时，它实现的是货币的购买手段职能，它所买到的是保险所提供的保障，是保险商品的使用价值。投保人所缴纳的保险费的货币性质本身就注定了投保人投保的目的不是为了赚钱，而是为了寻求保障。当保险事故发生后，保险公司向投保人理赔（给付）的货币，所实现的是货币的支付手段职能，所支付的量与保险合同中约定的损失量是相等的。投保人没有从投保中获得比其损失的量多一分钱。所以，作为保险投保所缴纳的保险费从其运动的起点到其运动的终点，都在实现货币的职能。把这种经济关系人格化来考察，就投保人来说，投保人从其投保的出发点到他的归宿点都是为了寻求保障，除此之外别无他求，这也就是保险的经济本质的真正意义。银行和证券与保险不同。虽然银行吸收的储蓄和银行向外发放的贷款以及证券公司发行的证券也是以货币的形式存在，但这里的货币不是一般等价物意义上的货币，而是已经转为短期资本（银行储蓄和短期贷款）或长期资本（证券投资等）的货币了。它所实现的已经不是一般等价物的职能，而是资本的职能。资本的本性是自我增值性。银行业和证券业都具有资本的本性，都要不断地增值。

其运动形式是从货币到带来增量的货币。其运动的真实意义在于这个增量的货币，没有带来增量的货币，这种运动过程就毫无意义。把这种经济关系人格化，就向银行投入货币进行储蓄的储蓄者来说，从其出发点，到归宿点都是为了获利；就购买证券的证券投资者而言，就更是如此。这也正是银行业和证券业的经济本质，是它们存在和发展的真正意义所在，同时也是银行和证券业与保险业的本质区别。

第二，虽然保险与银行和证券都具有融通资金的特征，但保险只是徒有融资的形式，而无融资的内容。保险的融资形式表现为，有相同风险的投保人群对包括财产保险、各种责任保险和人寿保险的生存和死亡保险，通过缴纳保险费的形式把货币交给保险人形成风险损失补偿（给付）资金，再由保险人通过损失补偿或给付的形式补偿给少数遭受损失（损害）的人。从形式上看，是多数投保人通过保险人这个媒介，把货币融通给少数受损失的投保人。这种形式与银行把多数储户暂时多余的钱，集中到银行，再通过银行放贷给少数暂时缺钱的客户的形式极为相似，也同证券业通过证券公司实现的证券交易双方互相融通资金的形式很相似。然而，就其内容而言，保险融通资金的形式实现的是有相同风险的人群内部成员之间的"互助共济"的经济关系，以及对经济的保障作用。而银行和证券的资金融通形式参与的双方都是以获利为目的暂时让渡和收受资金的使用权（银行存款者和放款者），或出售和购买资金的所有权（证券买卖），实现的是参与资金融通的双方的价值增值即获利关系。这种价值增值关系，才是资金融通的本质内容。

第三，虽然保险资金运用具有一定的投资性质，但保险资金运用与银行和证券的投资在本质上是不同的。必须明确，科学意义上的保险资金，指的是由保险企业掌握的来源于保险又必须回归保险的以各种准备金形式存在的资金，而不包括那些以保险的名义"高息揽存"或"代人理财"吸揽的资金。因为这些资金既不是来源于保险，更不是回归于保险，而是单纯为了盈利而经营的资金。

还应当明确，保险资金运用并不是单纯的投资行为，从本质上说，它是保险承保业务活动的延续。因而，保险资金运用的收入也就是保险业务收入的转化形态，是保险承保收益的一个组成部分。而在实践中，保险资金运用的实际收入有可能高于保费的时间价值，也有可能低于保费的时间价值。只有超出保险费时间价值以上的这部分收入额才是真正意义上的保险资金运用的收益。而这部分收益，又必然归到保险资金中去，增强保险偿付能力和保障能力。因而，保险资金运用的根本目的是实现保险的价值，而不是为了获利，这与银行和证券资金投资具有实质性的区别。

其次是认识上的原因。在认识上主要有以下三点：一是认为保险商品特别是长期寿险商品总是不等价交换的。保险商品出售的价格总是低于保险商品的价值，因而，保险业的承保业务总是亏损的，必须依靠保险资金运用的收益来弥补保险承保业务的亏损。二是认为凡是保险企业以保险的名义筹集到的资金都是保险资金。三是把保险资金运用与保险承保业务并列为保险业运行和发展的"两个轮子"。这是一些模糊认识，它涉及市场经济条件下，保险经济运行的基本规律和准则问题，必须予以澄清。

关于第一点应当充分肯定的是：等价交换是市场运行的基本规律，当然也是保险商品交换的基本规律和基本准则。所谓保险商品的等价交换，就是指保险商品的理论价格要与保险商品的价值相等。保险商品的理论价格是以实收保费和保险资金运用所取得的保险时间价值之和的形式表现出来的。它包括保险商品的成本和利润两部分。等价交换的结果，不仅收回了生产保险商品的成本，同时也实现了保险商品的利润。这里应当特别强调的是，保险企业的盈利不是在保险商品等价交换以外，而是通过等价交换来实现的。只不过保险商品等价交换的表现形式有其自身的特点罢了。认为保险商品是不等价交换的，保险必然亏损是不正确的。

关于第二点，应当特别强调，保险资金是专指来自保险又回归到保险的资金。它主要包括保险资本金和来自保费的各种准备金等资金，而不包括以保险的名义所筹集的不是来自保险又不回归到保险的非保险性的各类资金。如果把上述非保险类的资金也算作保险资金，不仅扭曲了保险资金的性质，扩大了保险资金的范围，更严重的后果是为某些人以保险资金运用的名义，搞非保险性的投资活动打开了一个认识上的缺口。

关于第三点，即把保险承保业务与保险资金运用并列为保险业发展的"两个轮子"的提法虽然形象地表述二者都是保险经济运行过程的组成部分，但是这种提法缺少科学性。因为，这种提法没有明确二者之间的"本与末"、"主与次"、"重与轻"的关系。应当明确，（1）承保业务与保险资金运用二者之间的关系是：承保业务是"本"，保险资金运用是"末"，保险资金来源于承保业务，没有承保业务就没有保险资金，更不会有保险资金运用；（2）保险承保业务收益是保险企业收益的"主体"部分，而保险资金运用的收益只是保险企业的"次要"的补充部分；（3）因而，保险承保业务是保险企业生存发展的"重心"，保险资金运用是保险生存和发展的手段。

三是保险实践中的原因。保险实践活动中的偏离主要有以下两个方面：第一，由于在理论上混淆了保险业与银行业和证券业的根本区别，不是按照保险的规律办保险，而是按照银行和证券的规律办保险，从而导致保险企业更多地从事与保险资金运用无关的银行业和证券业的实践活动，偏离了以保险业为主体和重心的大方向；第二，错误地把非保险资金当作保险资金来运用，加重了偏离保险本质的倾向。

四是保险法制和保险监管方面的原因。保险实践活动受保险市场机制和保险法制及保险监管两个方面因素的制约。保险市场机制是客观因素，保险法制和保险监管是主观因素。保险市场机制因素对保险实践活动的制约作用是第一位的、决定性的，而保险法制和保险监管因素对保险实践活动的作用是第二位的、非决定性的。保险实践活动的健康发展是保险市场机制作用与保险法制和保险监管作用的最佳结合的结果。所谓保险市场机制作用与保险法制和保险监管作用的最佳结合，是指保险法制和保险监管必须以保险市场机制的客观要求为基础，反映保险市场机制的积极有利的一面，限制保险市场机制的消极不利的一面，引导保险实践活动向有利于实现保险本质的方向发展。

从最近十几年甚至几十年的国际保险实践活动发展状况来看，国际范围内的保险法制和保险监管引导保险实践向健康方向发展发挥积极作用的同时，也存在着对保险实践活动引导不利的一方面。这主要表现在以下三点：

第一，在保险法制方面，对保险业、银行业和证券业是分业经营还是混业经营曾经有过几次反复和变更。但是，在法律上作变更的同时，对保险业、银行业和证券业各业的界限缺乏严格的界定和科学的阐明。在保险法律上更没有明确在从事混业经营时"应以自身的行业为主"的法律规定。或者是"以本业为主兼业经营为辅"的规定，从而在质上模糊了各业之间的区别和界限，在量上没有严格法律限制。在利益的驱动下，保险企业更多的或更倾向于经营银行业或证券业，从而在一定程度上偏离保险业的本质，也就成为"事出有因"了。

第二，在法律上，对复合型的保险产品，主要是对保障型和投资型相结合的保险产品的保障成分与投资成分二者应占的比重没有做明确规定。这类产品中保障的比重偏小，而投资回报的比重偏大，甚至以投资为主导。在保险法律上就没有明确规定"保险产品必须符合保险本质，必须充分体现保险的保障职能的要求"，这样保险业逐步趋向银行业和证券业从而偏离保险业本质的倾向就难以避免了。

第三，在国际保险监管方面，也存在着缺陷。其中特别是对混业经营资格的监管上政策不明确。在保险实践活动中，至少是在一些国家内的保险公司，只要领到保监会颁发的一张保险经营执照，便可以同时经营保险业、银行贷放款业务和证券投资业务。保险监管机关对这种保险业偏离保险本质的倾向的监管和引导力度不够，使得这种倾向没有得到纠正，甚至蔓延下去。

综上所述，产生保险业经营活动偏离保险本质的原因有客观原因，即市场机制有些失灵的原因，又有主观原因，即保险法制和保险监管的原因。但归根结底主要的还是主观上的原因。因为市场机制的某些失灵，还是来自保险法制和保险监管不当或不利造成的。所谓监管不当，是指保险法制和保险监管条例违背了保险市场机制的客观要求，法律和条例本身就不利于保险业的健康发展；所谓保险监管不力，是指保险法律和保险监管条例本身是符合市场机制的客观要求的，是正确的，但保险监管机关在实施监管过程中，对法律和条例的要求贯彻不力，特别是对违背保险法律和条例规定的行为纠正不力。

四、偏离保险本质的后果

保险业偏离保险本质的后果是极为严重的，这种严重后果可以从目前的现实后果和深远后果两个方面来考察。

保险企业偏离保险的本质的现实后果，是严重影响保险的补偿职能的实现和保险保障作用的发挥。这是因为：第一，由于保险业不仅从事保障性的保险业务，同时还从事非保障性的业务。不起保障作用的非保障业务，只有保险之名，而无保险之实，这部分业务在保险企业的总业务中所占的比重越大，保险中的泡沫就越多，保险的补偿职能就越受限制，保险的保障作用就越弱。第二，一方面由于这种有保险之名，无保险之实的泡沫保险在总体上是以"保险的供给"方出现的，形成保险的"虚假"供给。由于这部分非保障性业务特别是投资业务在资本市场上能够得到投资回报，并用来弥补保险业务收益之不足，这样使得本来已经难以为继的应当通过市场机制的作用将其淘汰出保险市场的经营不善的保险企业，由于得到非保险性的保险投资收益的"补贴"而继续保留在保险市场中，使本来已经超过保险需求的"虚假"的保险供给继续扩张，使保险供给长期大于保险需求，从而使保险商品的价格长期低于保险商品的价值。这就使得真正从事保障性的保险资本很难进入保险市场。从而使具有保障功能作用的保险产品的增加严重受阻。另一方面，由于这种非保障性的保险投资收益可以在一定程度上弥补保险业务收益的不足，这在某种程度上妨碍了保险企业用更大精力了解保险新需求，创造保险新产品，扩大保险的有效供给，进而影响保险补偿职能的实现和保障作用的发挥。

保险业偏离保险本质的深远后果是导致保险业的萎缩和衰退。因为：第一，保险业偏离保险本质的业务活动，主要是以保险的名义，从事非保险性的以从社会上筹集资金为目的"现金流承保"活动。这类承保活动多数是以高息或高回报率为条件才能吸揽到的货币资金，而这类现金流的投保者向保险企业投入资金的目的也在于要从保险企业获得高额回报。为了实现这类投保人的获利要求，保险企业必然要把这些以保险资金的名义存在的货币资金投向那些高回报率的投资项目中去。而这些高回报率的投资项目必然是高风险的项目。这些高风险的投资项目往往会出现大规模、大额度的投资亏损。而一旦出现这种状况，这些保险企业就必然出现亏损，严重影响这些保险企业的正常经营，甚至会因此导致这些保险企业的破产，造成保险业萎缩的严重后果。

第二，在保险业内，那些偏离保险本质的保险经营者在理论和认识上就认为保险业务经营本身必然是亏损的，保险企业自己不能"养活"自己，而必须依赖于非保障性的投资业务盈利来"补贴"保险业务的亏损，保险企业才能生存和发展。这种认识实际上"等于"承认了在市场经济条件下，保险业自身没有独立生存和发展的环境和可能性。这种自我否定的理论和认识动摇甚至瓦解了广大保险职工发展保险业的信心和斗志，这是导致保险业自行衰退的思想基础。这种自我否定的思想，必然在实践中带来保险业逐步衰退的后果。

五、保险本质的回归

保险本质的回归不是人们的主观臆想而是保险发展的历史必然。本质的回归是指所有保险企业的活动都要以保险的本质为中心，都要围绕这一中心来运行，并且把实现保险的本质作为保险业一切活动的根本目标。应当指出：我们强调保险本质的回归，并且把坚持实现保险的本质作为保险业一切活动的目标，并不是因循守旧，否定改革和创新。恰恰相反，我们十分强调和重视保险的改革和创新。其中既包括保险实践活动的改革和创新，又包括保险理论、保险思想和保险科学的创新。然而保险业所进行的一切改革和创新都必须在坚持和遵循保险的本质的前提下来进行，保险本质的回归既是保险改革和创新的结果，更是保险发展的必然归宿。

保险本质的回归需要多方面的努力，并要进行大量的工作，概括起来说主要做好以下几个方面的工作：

第一，在理论上必须充分论证，保险在本质上（不是指现象）是属于社会经济保障范畴，保险制度是社会经济保障制度的重要组成部分，保险系统属于社会经济保障系统工程体系的一个支系统。

第二，在认识上必须充分肯定保险是一种特殊形式的商品，保险经济是商品经济，是整个商品经济的一部分，市场机制是保险商品经济运行的载体。保险经济的运行过程和保险商品的等价交换过程既包括投保人缴纳保费的活动过程和形式，同时也包括保险资金运用的活动过程和形式，是二者的统一过程；保险商品的等价交换的价值是既包括投保人缴纳的保费价值量，又包括保险资金运用的收益的价值量，是二者的总和。保险商品的价值量既包括成本价值量，又包括利润价值量。保险商品通过等价交换所实现的价值量，既包括保险成本又包括保险利润，实现等价交换就实现了利润，而保险利润则是保险业生存和发展的经济源泉。所以，保险业的生存和发展完全可以依赖于自身的价值活动（包括保费收取活动和保险资金运用活动）来实现，而不需要依赖保险经济活动之外的与保险资金运用无关的所谓投资收益来维持。只有树立起这种观念和认识，才能自觉地保持保险的本质。

第三，在保险实践活动中，必须始终坚持把为投保人的损失提供经济补偿，为社会经济发展提供经济保障的保险活动作为中心和主体，其他一切活动都必须围绕这个中心并为这个中心服务。所有保险企业都要和经济时代与时俱进。知识经济时代以高科技不断进步为基本特征。随着高新科技的不断进步而不断为新的生产领域和新财富的创造提供新空间。与此同时，高科技进步又带来了一系列的新风险。当然这种新风险所要求的保险服务比原有的一般风险所要求的保险服务具有更广、更深和更高的层次。开发这类的服务产品和服务领域，需要付出更艰苦的努力和更辛苦的工作。

第四，在金融法制和监管条例中，应当阐明保险、银行和证券各自的性质和特点，明确界定二者各自的活动领域和他们之间的分工与协作关系。对于保险业应当在法制上给予积极的支持和鼓励，对那些对社会经济具有特别保障作用的新产品、新服务以及经营这些新产品和新服务的保险企业应当实行优惠政策，乃至在经济上给予必要的资助；积极推出有利于推动和促进保障性产品和服务的法律、法规和政策。而对于那些从事保险资金的收取和运用之外的一切集资和投资活动的保险企业应当严加限制和惩罚，使保险企业把主要精力、财力和物力集中用于发展保险事业上来，借以保证保险事业在坚持保险本质的大方向的前提下健康、持续、蓬勃发展。

（原载于《南开经济研究》2003年第6期）

论中国保险发展特色

摘要：坚持科学发展观，从中国的客观实际出发，是做大做强中国保险业的根本保证。中国的特殊国情决定了中国保险业具有鲜明的特色。中国保险业发展的根本目标和宗旨，是为中国经济全面协调和可持续发展及全社会的安定提供经济补偿和经济保障；中国保险业在不同区域之间的发展方针，是城乡并重、东西南北中并举。中国保险业发展的鲜明特色还表现在资产产权结构、保险公司的组织形式和规模、经营方式、产品结构等方面。

关键词：科学发展观；中国特色；根本目标；城乡并重；产品结构；组织形式；经营方式；产品开发

中国的保险业和中国的其他行业一样，发展是硬道理。以人为本，全面协调和可持续发展的科学发展观是指导中国保险业发展的重要的理论基础；从中国的客观实际出发则是发展中国保险业的根本出发点。而把保险的一般原理与中国的客观实际相结合，则是研究中国保险发展问题的重要方法。这是因为，和世界上任何事物都是共性和个性的统一体一样，保险也是共性和个性的统一体。保险的共性是指适合于任何保险的一般原理及其发展的一般规律；保险的个性是指保险的一般原理和一般规律在不同时间和不同空间的特殊表现形式。所以研究保险的发展既要研究保险发展的一般原理和一般规律，更要研究保险的一般原理和一般规律在不同时间和不同空间的特殊的实现形式。

中国保险正是保险一般原理和一般规律与通过由中国的特殊国情决定的保险的特殊形式而实现其发展的。中国的特殊国情决定了中国保险发展之特色。因此，只有从中国的客观实际出发，才能找到适合于中国保险发展的特殊形式，才能找到中国保险发展道路的特色，才能开辟中国保险发展的新空间、新领域，才能使中国的保险沿着全面协调和可持续发展的道路发展下去。

中国最大的实际和最基本的国情可以概括为：中国是一个拥有13亿人口，农村、农业和农民仍然占有重要地位的，处于社会主义初级阶段的发展中国家。

中国的特殊国情决定中国保险发展具有哪些特色呢？

一、在中国保险业发展的根本目标和根本宗旨上的特色

这一特色可以概括为：为中国经济全面协调和可持续发展及全社会的安定提供经济补偿和经济保障是中国保险发展的根本目标和根本宗旨。这是由于中国是处于初级阶段的社会主义社会的性质决定的。这一社会性质决定了中国一切事业的发展都必须讲政治、讲大局。所谓讲政治、讲大局集中体现在把代表最广大人民群众的根本利益，一切从最广大人民群众的最根本利益出发，为最广大的人民群众谋利益作为指导思想和最高宗旨。

中国保险业讲政治、讲大局集中表现为，中国保险业的全部活动包括保险产品设计、展业、承保、防灾、理赔以及保险资金运用等各项活动在内，都必须以为中国经济的全面协调和可持续发展及社会安定提供经济补偿和经济保障为最高宗旨。具体言之，中国保险业在自身的发展进程中要正确处理好以下几方面的关系。

（一）处理好保险业自身的经济效益与社会效益发展之间的关系

这里所说的社会效益包括社会文化、社会道德以及社会思想意识等在内的社会后果。保险公司和其他任何企业一样，也必须讲求自身的经济效益。而且就保险公司自身的发展速度、规模与效益的关系而言，必须把经济效益放在首位，然而，就保险公司自身的经济效益与社会效益的关系而言，则必须坚持把社会效益放在第一位，保险公司自身的经济效益放在第二位，保险公司自身的经济效益必须服从并且要有利于社会效益原则。正确处理这种关系的原则应当是在服从和有利于社会效益的前提下，最大限度地追求企业自身的经济效益，实现社会效益和企业自身经济效益的统一。

（二）处理好保险经济与国民经济之间的关系

保险经济是国民经济的一部分。就二者的关系而言，国民经济是整体，保险经济是局部，国民经济是大局，保险经济是小局。保险经济的发展必须服务于和有利于国民经济的发展，而不是相反。讲政治、讲大局，就必须坚持保险经济的发展服从于国民经济发展的原则。保险经济的发展必须与国民经济的其他部门，包括金融体系内部的银行业、证券业等部门之间分工协作，互相促进，协调发展，要实现保险经济发展与国民经济发展的高度统一。

（三）处理好保险保障形式与其他各种保障形式之间的关系

保障形式是由风险的性质和特点、经济形式和生产力发展水平决定的。不同的风险性质和特点，不同的经济发展形式和不同的生产力发展水平决定与其相适应的保障形式。到目前为止，国内外已经存在的有社会保险、社会福利、

社会救济、互助保险、合作保险、自保和商业保险等多种保障形式。上述各种保障形式在客观上都有其各自相适应的保障领域，并形成一个风险保障形式系统，共同完成对全社会各种风险保障的功能。商业保险只是其中的一种保障形式，完成一种特定的保障功能。

中国的社会主义的社会性质在本质上决定了各种保障形式主体之间的根本利益和目标是完全一致的。根本利益和目标的一致性，就为各种保障形式主体之间自觉地建立起一个社会经济保障系统工程体系提供了必要性和可能性。对于各种具体的保障形式其中包括商业保险形式来说，社会经济保障系统工程体系就是整体，就是大局，而各种具体的保障形式就是局部，是小局。小局必须服从大局。一方面各种保障形式主体要充分发挥主动性，在属于自己的领域和空间内完成自己的保障作用；另一方面，各种保障形式主体之间又要积极主动配合，加强协作，共同完成社会经济保障的功能。就商业保险形式而言，一方面应当积极创造条件，开拓创造新产品，提供新保障，创造新的市场生长点为自身的发展开辟道路；另一方面又要积极加强与相关保障形式的配合与协调，实现商业保险的保障作用与整个社会经济保障系统工程体系的保障作用的统一。

（四）处理好保险行业与保险公司之间以及保险公司相互之间的关系

就保险行业和保险公司之间的关系而言，保险行业是整体、是大局，保险公司则是局部、是小局，保险公司的盈利和发展必须服从而且要有利于保险行业整体的发展，做到保险公司与保险行业的利益的统一。

在社会主义市场经济条件下，保险公司之间的竞争关系是客观存在的，因此，保险公司之间的竞争是必要的、不可避免的。但是由于在社会主义制度下，各个保险公司之间的根本利益是一致的，这种根本利益的一致性决定保险公司之间的竞争的根本目的是为了做大和增强保险业的整体规模和实力，推动全社会保险业的协调和可持续发展。这就决定了保险公司之间既要有正当的、合法的竞争，更要有密切的协作，达到共同发展的目的。

（五）处理好保险增长与保险发展之间的关系

保险增长与保险发展是保险变化的两种形式。保险增长主要是指保险数量的增加和保险品种的增多；保险发展不仅包括保险数量的增加和品种的增多，而且还包括保险制度、保险机制、保险市场和保险文化的发展与完善，以及保险增长与国民经济、社会生活和社会文化之间的关系等诸多社会公益问题。保险增长与保险发展之间是相辅相成、互相制约、互相作用，共同实现保险变化的关系。保险增长是保险发展的物质基础，而保险发展则是保险增长的归宿。

在当今的高度发达的市场经济时代，保险发展是保险变化的主旋律，要坚持保险增长要有利于和服从于保险的发展，在有利于保险发展的条件下，积极促进保险增长，实现保险增长与保险发展的高度统一。

二、中国保险产业在城市与乡村之间以及在东西南北中不同区域之间的发展方针方面的特色

中国保险产业在这方面的特色可以高度概括为：城乡并重，东南西北中并举。这也是由中国的特殊国情决定的。中国现有约13亿人口，其中，城市人口约占35%，农村人口约占65%。从全国的产业结构的分布来看，第二产业和第三产业大部分集中在城市，作为国民经济基础的第一产业的农业都集中在广大农村。这种情况表明中国城市经济的发展是带动整个国民经济发展的巨大推动力。城市经济的发展，需要由商业保险提供的经济补偿和经济保障，因而大力发展我国的城市保险是我国国民经济的发展和社会进步的客观需要。另一方面，这种情况同时也表明农村、农民和农业即所谓"三农"问题仍然是在我国社会结构中处于举足轻重的地位，对我国经济的发展和社会进步具有决定性意义。农民、农村和农业经济的发展，更需要通过商业保险形式（含合作保险、互助保险）得到经济补偿和经济保障。

中国在过去的20多年中，把保险业发展的重点放在城市中，从而使中国城市保险业得到了迅速的发展，这是完全必要的。然而，由于种种原因，却忽略了农村保险业的发展，使对农村、农民和农业保险的供给滞后于农村、农民和农业对保险的需求。

鉴于农村、农民和农业在中国所处的特殊的地位，迅速发展农村、农民和农业，对中国国民经济的发展和社会进步具有决定性的意义。而为农村、农民和农业提供经济保障，则是农村、农民和农业发展的必不可少的物质前提之一。因而大力发展农村商业保险（含合作保险、互助保险），通过商业保险的形式为农村、农民和农业提供经济补偿和经济保障是促进农村和农业发展的必不可少的保障形式。为此。在保险产业发展方针方面，应当提倡城乡并重的方针。所谓城乡并重是指在指导思想和方针上，应当把发展城市保险和农村保险放在同等的地位上。同时，鉴于农村保险存在着特殊的困难和阻力，因而在实际工作中要给予更多的关注和支持：一是对农村保险实行包括政策支持、资金支持、技术支持和人才支持在内的重点支持政策；二是应当下大力气，研究国家和政府应当采取哪种或哪几种对农村保险的支持政策；三是保险实务界应当研究开发适合于农村的保险产品和经营方式，积极主动推动农村保险业的发展。

东西南北中并举也是由我国的国情决定的。中国经济和社会发展极不平衡。概括地说，是东部比较发达，西部比较欠发达；南部比较发达，北部比较欠发达。在过去的几十年中，中国把发展经济的重点放在东部和南部的开发上，因而，中国的东部和南部经济发展比较快，社会进步的幅度也比较大，而西部和北部的经济和社会发展比较缓慢。与此相伴随的中国保险业也呈现与经济发展相类似的状况，即东部和南部保险业发展得比较迅速，而西部和北部保险业的发展比较缓慢。

近年来，中国政府已确定把西部和北部作为大开发的重点。随着这一方针政策的贯彻落实，中国的西部和北部经济必将会出现热火朝天的大发展局面。西部和北部的经济大开发，需要商业保险提供经济补偿和经济保障。为了适应中国西部和北部大开发的需要，中国的保险发展政策应适当加以调整。在继续关注东部和南部保险发展的同时，要更加关注西部和北部的发展，原则上讲，应当实行东部和南部与西部和北部同时并举的方针。所谓同时并举，是指二者都要发展，但二者并不一定处于同等地位，可以实行倾斜政策。但这种倾斜政策的倾斜方向不是固定不变的，可以根据实际需要调整政策的倾斜方向。就当前和今后一个相当长的时期内，中国应当实行适度的向西部和北部倾斜的保险发展政策。这种倾斜包括在资金、人才、物资和科学技术方面对西部和北部地区的扶持和支援，同时也包括给予西部和北部地区更宽松的保险发展方面的方针和政策。

三、在保险资产产权结构方面的特色

中国保险资产产权结构的特色应当是以国有保险资产产权为主导，多种保险资产产权同时并容的产权结构。具体说，就是国有保险资产产权必须在整个国家保险资产中占主导地位，在这个前提下，实现国有保险资产产权、集体所有保险资产产权、境内居民所有保险资产产权和境外居民所有保险资产产权并容的产权结构。这种产权结构最突出的特色：一是国有保险资产产权在国内保险产权中居主导地位。所谓主导地位是指国有保险资产产权对中国保险业的发展发挥调控和引导方向的作用，可以影响和左右整个中国保险业发展的大方向。二是集体所有保险资产产权应当在整个国内保险资产产权结构中占有适当的地位，而且在一个相当长的时期内应当占有重要地位。三是各种保险资产产权同时并容，其中外资保险资产产权应占有适当的比重，这种保险资产产权结构也是由中国的客观实际即特殊国情决定的。

众所周知，资产产权结构首先与社会性质直接相关。中国社会的社会主义性质决定和要求国有保险资产产权在全国保险资产产权结构中占有主导地位。其次,资产的产权结构是与社会生产力性质和水平紧密相关的。生产力的社会化程度和水平形成与其相适应的资产产权结构。中国的生产力发展水平是极不平衡的,是多层次的。生产力发展水平的多层次性决定了资产产权结构的多样性。就保险资产产权结构而言,可以有国有产权、集体所有产权,同时也必然存在着境内居民所有产权和境外居民所有产权等多种层次的产权并容结构。而中国众多的中小城市和广大农村地区则更适应集体所有的保险资产结构,因此,在一个相当长的时期内,集体所有的保险产权应当有所发展,占有适当的比重。

四、在保险公司组织形式及保险公司规模方面的特色

中国的特殊国情还决定了中国在保险公司组织形式和保险公司规模方面的特色。在保险公司组织形式方面,应当实行在各种形式的股份制公司占优势的前提下,各种形式的保险公司同时并存,但在一定时期内合作保险组织和互助保险组织应占有重要的地位。在保险公司规模上应当在大型的、综合性的集团公司占主导地位的条件下,实行大中小同时并存,而中、小型保险公司应占有较大的比重。这是因为保险公司组织形式和保险公司规模是由保险市场的需求状况决定的。打个比方说,保险需求所形成的保险市场好比是地球上的水域状况:有海洋,有大江、大河,也有小河流,与其相适应的航运工具有航空母舰,有万吨巨轮,有小火轮,还有小舢板。中国的保险市场由于生产力发展水平的层次性决定了中国保险市场需求的多样性。中国的大城市和东南沿海地区经济比较发达,居民收入较高,需要综合性大规模的现代化保险业,而中国的中小城市中的居民收入还不够高,特别是西部和北部地区的广大农村中的居民,它们的经济收入相对更低。他们所面临的风险都是些基本生活保障、基本医疗保障和子女受教育保障等最基本的风险。这种风险性质及其保障需求的特点需要有与其相适应的保险组织形式,而合作保险、相互保险等组织形式比较适合解决这种类型的特殊风险。因此,在中国还必须花费很大力气来发展合作保险和相互保险等适合于中国中小城市和广大农村居民需要的保险组织形式。

在保险公司规模上,必须发展一些集团化的、综合性的、大型的保险公司。因为这既是我国保险业发展的内在需要,也是中国保险业走向世界、实现国际化的客观需要。但是,中国的特殊国情仍然需要有大批的中小规模的保险公司来满足广大居民的保险需求。因此,在中国,无论在保险公司组织形式上,还是在保险公司规模上都不能强求一律,一味追求大而全的保险公司,而应当是各种类型、各种规模的保险公司的同时并存,同时更要注重中、小型保险公司

的发展。

五、在保险经营方式方面的特色

中国在保险业经营方面的特色是，集团公司应是集团公司统一管理，专业公司分业经营；兼业公司应是以本业为主兼业为辅；就全中国的保险市场而言，应是分业经营为主。这种特色是由保险经营性质、特点和中国的国情决定的。所谓保险经营的性质是指保险业的专业经营、兼业经营和混业经营各种经营方式的特殊性质。保险专业经营是指保险公司专门经营保险业务；保险兼业经营是指保险公司除经营保险业务外，还兼营一些银行业务、证券业务等非保险业务；保险混业经营是指保险公司同时经营保险业、银行业、证券业和资金管理等保险业以外的金融业务。对保险集团公司而言，混业经营和分业经营的根本区别在于各业经营成果的占有和分配原则及各业的资金管理原则。如果保险业、银行业、证券业和资金管理业务的经营成果归各个专业公司所有和分配，各自的资金和财产由各专业公司独立支配和运用，这种情况还是属于分业经营，只不过是各专业公司集中在一个集团公司内部，由集团公司统一指挥和管理，可谓集团公司统一管理，专业公司分业经营；如果是各个专业公司的经营成果归集团公司所有和分配，同时各专业公司的资金和财产由集团公司统一支配和运用，这种情况是属于混业经营的范畴。

所谓保险经营方式形成的特点，是指保险经营方式不是由人们的主观愿望随意选择的，而是由保险公司的外部环境和内部条件以及由保险公司所经营的产品的特点所决定的。对保险公司经营方式的选择产生影响的外部环境包括：整个国民经济的发展水平，市场机制发育的程度，国内金融和保险监管机关有关金融和保险经营方式的行政规定及监管能力和国家有关金融和保险经营方式方面的法律、法规。对保险公司选择经营方式的内部条件，主要是保险公司自身的管理水平和人员素质。保险公司要根据本公司的外部环境和内部条件的状况来决定自身的经营方式。

有关影响保险公司经营方式的具体国情，就宏观上讲，主要是中国的国民经济的发展达到了一定的水平，但没有达到很高的水平，社会主义市场经济机制还处于建立和形成阶段，金融市场和保险市场的发育很不完善，国家保险和金融监管机关建立的时间不长，监管经验和监管能力还不够丰富和强大，国家有关保险和金融经营方式方面的法律、法规尚不健全。就微观上讲，大型综合性的保险集团才刚刚建立，内部管理制度、经验和人员素质及管理水平尚在提高和发展中，特别是中国在相当长的时间内，将会存在相当数量的中、小型的专业保险公司或保险组织。上述具体国情决定了中国在今后的一个相当长的时期内,将会出现混业经营、兼业经营和分业经营并存的趋势。而在现阶段甚至在一个较长的时期内,将会出现集团公司实行统一管理、专业公司分业经营、兼业公司以专业为主兼业为辅,整个市场以分业经营为主的局面。

六、在保险产品方面的特色

中国在发展保险产品方面的特色是在继续发展已有的保险产品,引入国际先进的保险产品、先进技术和创造新产品的同时,重点发展保障型的保险产品,大力开发为农村、农业和农民提供保障的保险产品。

这是因为,一个国家的保险产品结构取决于该国的保险需求结构。一个国家的保险需求结构受到国内外多种因素的影响。由于风险是保险产生和存在的自然基础,而某些风险又具有国际性质,所以,国际上的风险状况、经济发展状况以及金融市场和保险市场的发展状况,特别是国际保险产品的发展状况,对国内保险产品的需求结构会有一定的影响。有些产品,例如海上保险产品、火险产品、车险产品、核电保险产品等,都具有国际性质。这类产品各国之间都具有通用性,因此,也必然会影响到我国的保险产品需求结构,从而决定我们必须大力引进国外先进的保险产品和先进技术。就中国国内而言,影响保险需求结构的主要因素包括国民经济的结构及其发展水平、居民的收入水平和消费结构,居民的风险意识、风险观念及风险取向、国内居民的伦理观念及道德水准以及国内金融市场、保险市场和保险监管水平,等等。其中直接影响中国保险产品结构最主要的因素有两点:

一是中国国民经济增长速度很快但总水平还不算高,仍然处于发展中国家,国民经济发展在城乡之间和东西南北中的空间上发展很不平衡,具有多层次性的特点,居民收入普遍得到提高,但总水平仍然不高,且在不同的居民中收入水平差距较大;就大多数城市居民来说,面临的最现实的风险仍然是吃、穿、住、行和医药及子女教育费用的保障问题。他们的主要保险需求是对上述最基本的生存风险的保障。这就决定了在今后的一个相当长的时期内,需要把保障型的保险产品作为国内保险市场发展的重点,应当集中主要精力、财力和技术力量开发、研制和销售那些保费相对较低,保障程度相对较高的产品,为广大的城市居民提供最基本的经济保障。

二是我国的"三农"问题,即农村、农业和农民问题仍然是我国发展中的最主要的问题之一。"三农"问题的解决需要举国上下共同努力,而保险业为"三农"问题的解决提供必要的经济保障既是中国保险业发展的新领域、新空间和新途径,同时也是中国保险业义不容辞的责任和义务。为此,中国保险业必须下大力气开发为农村、农业和农民的发展提供经济保障的为"三农"服务的保险产品。

(原载于《保险研究》2004 年第 7 期)

中国保险发展需要重点协调的十大关系（上）

以人为本、全面协调和可持续发展是指导中国包括保险业在内的经济和社会发展的科学发展观，而从实际出发，理论与实践相结合，国内与国外相结合，则是与科学发展观相伴随的科学方法。其中，从客观实际出发和全面协调既是科学发展观和科学方法论的重要内容，同时也是可持续发展的重要条件。因此，只有从客观实际出发，做好全面协调，才有可能实现可持续发展。

所谓从客观实际出发，既包括从国外的实际出发，也包括从国内的实际出发，而国外的实际必须与中国的实际相结合。因而，研究中国的保险发展问题，归根结底是要从中国的基本国情出发。中国的基本国情可以概括为：有13亿之众的人口（其中城市人口约占35%，农村人口约占65%）；拥有960万平方公里东西南北中的自然环境和经济社会发展极不平衡的幅员辽阔的国土；"三农"问题在国家经济发展中居于重要地位；处于社会主义初级阶段的发展中国家。本人认为，从这个客观实际出发，中国保险业可持续发展的实现，需要协调方方面面的关系，而就当前和今后的一个相当长的时期而言，在中国保险业发展中需要重点协调的主要有以下十个方面的关系。

一、保险发展与宏观环境之间的关系

保险的发展与宏观环境之间存在着密切的关系。保险发展与宏观环境之间的关系是否协调，不仅会直接影响保险的发展，而且也会对宏观环境的状况产生影响。

所谓保险发展与宏观环境之间的关系，主要是指保险的发展与国民经济、民族文化和社会生活之间的关系。保险与国民经济之间的关系十分密切。从经济学角度来看，保险活动是一种经济活动，保险经济是国民经济的一部分。保险与国民经济之间的关系是局部与整体之间的关系；国民经济是整体，保险经济是局部。因此，保险的发展与国民经济之间存在着协调发展的内在要求。这种协调发展的内在要求表现为保险的发展一定要与国民经济的发展相适应。所谓相适应，首先是从本质上说，保险的发展必须服从于和有利于国民经济的发展，而不能与之相反。其次是说，保险发展的速度、规模和数量都不能脱离国民经济为保险的发展所提供的条件和国民经济对保险的要求，而凭主观意志任意发展。也就是说，并不是保险发展得越快、越大、越多就越好，也不是说保险发展得越慢、越小、越少就越好，而是要与国民经济的发展保持合理的比例关系（在现代的高科技条件下，这种比例关系是可以计算出来的）。

保险与民族文化之间也存在着紧密的联系。"文化"这个概念有广义和狭义之分。广义的文化包括精神和物质在内，是指人类所创造的一切精神成果和物质成果。狭义的文化是专指人类所创造的精神成果，其中包括道德观念、伦理观念、价值观念、宗教信仰和法制观念等各种意识形式。从意识形态的角度来看，保险不仅是物质生产发展到一定阶段的产物，同时也是一种文化关系，称为保险文化。和任何事物都有一般和特殊之分一样，文化也是有共性和个性之分的。文化的共性就是文化的国际性；文化的个性就是文化的民族性。保险既要体现国际文化，更要体现民族文化。中华民族有自己民族文化特色。因此，中国保险业的发展既要体现国际文化的内容，更要体现民族文化。具体而言，从保险产品的设计到保险经营的全部过程都要与中华民族的道德观念、伦理观念、价值观念、法制观念和宗教信仰等意识形态相适应，使中国保险业的发展与中华民族文化的发展相协调。

保险与社会生活之间的关系更为密切。社会生活包括社会经济发展，家庭物质生活和社会秩序安定等多项内容。保险与社会生活之间的关系是否协调不仅会直接影响社会经济持续发展，家庭生活等的正常运行和社会秩序的安定，同时也会影响保险业的持续发展。保险与社会生活之间的协调关系集中体现在保险的本质，以及由保险本质所决定的经济补偿职能和经济保障作用在社会生活中是否得到实现及其实现的程度。为了协调保险与社会生活之间的关系，保险业从产品设计、产品创造，到展业、承保、防灾、理赔，以及保险资金运用等各个经营环节都必须充分体现保险的本质，认真体现保险的经济补偿职能和经济保障作用，使保险真正成为社会生活"稳定器"，而不能有意无意地偏离保险的本质职能和作用，使保险不利于或无助于促进社会稳定，甚至成为社会生活的不稳定因素。

二、保险发展与各种保障形式之间的关系

从本质上讲，也就是从保险所存在和要解决的特殊矛盾上讲，保险是社会经济保障系统工程体系中的一种特殊的风险保障形式。保障形式是由风险的性质和特点、经济形式和生产力发展水平决定的。不同的风险性质和特点，不同

的经济形式和不同的生产力发展水平决定与其相适应的保障形式。正是由于风险的性质和特点不同，以及经济发展形式和生产力发展水平存在着差异，所以出现了各种不同的保障形式。到目前为止，国内外已经存在的有社会保险、社会福利、社会救济、互助保险、合作保险、自保和商业保险等多种保障形式。上述各种保障形式在客观上都有各自相适应的保障领域，并形成一个风险保障形式系统体系，共同实现对各种风险提供经济补偿的职能，共同发挥对各种风险提供经济保障的作用。

为实现上述目的各种保障形式之间必须相互配合、协调发展。具体而言，各种保障形式，包括商业保险形式，都有各自特定的保障领域和活动空间，也就是在社会保障领域内的分工关系。这种分工关系，要求各种保障形式主体要充分发挥主动性，在属于自己的领域和空间内实现自己的保障作用，而不能任意扩大自己的领域，更不能干扰其他保障形式作用的正常发挥。一方面，有分工就必然有协作。这就要求各种保障形式主体之间要积极主动配合，加强协作，共同完成全社会的经济保障任务。就商业保险而言，同样有其特定的保障领域和活动空间。商业保险主体，应当主动地在属于自己的保障领域中从事保险活动。对于应当承保而又有能力承保的风险必须承保，对那些应当承保而由于各种条件限制，承保有困难，甚至暂时不能盈利的风险，应当积极创造条件，开创新产品，提供新保障，创造新的市场生长点为自身的发展开辟新领域。另一方面，商业保险又要积极加强与其他各种保险形式配合与协作，实现各种保障形式的协调发展，达到商业保险的保障作用与其他各种保障形式的保障作用高度统一。

其中需要特别强调指出的是商业人身保险与社会保障之间的关系。商业人身保险与社会保障的保障对象都是人身和人的生命。保障的具体险种又有相同之处。如养老保险、健康保险、医疗保险、死亡保险等多个险种，既需要由社会保险、社会福利、社会救济等社会保障形式提供保障，又需要商业保险形式提供保障。一般说来，商业人身保险与社会保障之间存在着此消彼长的关系。在一定的经济发展水平和一定的历史阶段，社会保障范围和程度的扩大和提高，就是相对地减少对人身保险的需求；相反，若社会保险的范围和程度缩小和降低，则就为商业人身保险提供了发展新空间。二者不能互相替代，而只能"互补"，这就要求社会保障与商业人身保险之间保持一个适当的协调发展的关系。所谓协调发展的关系，既不是说社会保障的范围越宽，保障程度越高，人身保险越少越好；也不是说社会保障的范围越窄，保障程度越低，人身保险越多越好，而是二者要达到一个最佳的结合点。衡量这个最佳的结合点的理论标准，就是在一定经济发展水平和一定的社会发展阶段，最能够调动人们的生产积极性，最大限度地促进生产力的发展的结合点。这种协调关系不是完全靠社会保障和商业人身保险二者自发地发展就可以达到的，而是要通过人们有意识的协调活动，才能达到这种最佳的结合点。

三、保险发展与金融之间的关系

从另一个侧面上讲，保险又与金融存在着密切的联系。在发达的市场经济国家把银行、证券和保险统称为金融业的三大支柱。从这个意义上讲，保险属于金融这个大范畴内部的一个小范畴，二者之间是整体与局部之间的关系。金融是整体，保险是局部。保险的发展要与金融的发展相协调。相协调的主导倾向，是要求保险的发展要有利于和服从于金融的发展。然而，这只是说明保险与银行和证券之间共性的一面。就金融这个大范畴内部的银行、证券和保险三者之间的关系而言，还存在着更为具体和更为复杂的关系。这是因为保险与银行和证券既具有共性的一面，同时更具有个性和根本区别的一面。这种个性和根本区别决定了保险、银行和证券三者之间都是一种独立的事物，存在着各自特殊的运动规律。这些各自独立的特殊规律告诉人们，一方面，既不能把银行和证券等同于保险，按照保险的规律办银行和证券，也不能把保险等同于银行和证券，按照银行和证券的规律办保险；更不能用银行业务和证券业务的发展，来替代保险业务的发展，也不能用保险业务的发展来替代银行业务和证券业务的发展。另一方面，又必须按照保险、证券和银行三者之间的联系办事。从市场的角度来分析，保险、证券和银行三者之间的联系，实际上就是保险市场与资本市场和货币市场之间的联系。这三者之间的联系表现为保险市场与资本市场和货币市场三者之间的互动关系，所谓三者之间的互动，从静态上看，表现为保险市场与资本市场和货币市场之间的互相制约和互为条件相辅相成的关系。

一方面，保险市场要依赖资本市场和货币市场促进其发展。其主要表现：一是保险市场要借助于资本市场进行保险资金运用，实现保险资金的保值和增值，借以保证和扩大保险偿付能力，促进保险业的发展；二是保险市场要通过资本市场采取巨灾保险风险证券化等新兴金融工具来分散和转移保险公司所承担的巨灾保险风险，借以扩大保险公司的承保能力，促进保险业的发展。另一方面，资本市场和货币市场也要依赖保险市场来求其稳定和发展。其主要表现也是两个方面：一是保险市场积聚有大量的资金，资本市场需要保险市场的资金进入资本市场，这样既可以扩大资本市场规模，又可以增强资本市场的稳定性。二是资本市场的证券业务和长期借贷业务和货币市场的存款业务，又需要通过投保的方式由保险市场为其承保各种风险，借以保证资本市场和货币市场的稳定性，并在稳定中求发展。

从动态上考证，保险市场和资本市场及货币市场的发展具有周期性的特点。保险市场与资本市场和货币市场之间的互动关系，表现为保险市场发展周期与资本市场和货币市场发展周期之间的关系。

所谓保险发展周期是指以保险经营成果即利润增长率为标志的保险发展过程中所呈现的规律性的运动形式。其表现为：由坚挺阶段，经过下滑阶段，到疲软阶段；然后再到回升阶段，又到新坚挺阶段。简言之，就是保险的发展由坚挺——下滑——疲软——回升——新的坚挺。由坚挺到新的坚挺称为一个周期。保险周期在不同的阶段上有不同的表现和特征。而保险发展周期的坚挺期与疲软期的表现截然不同。保险发展周期坚挺的主要特征是：保险经营主体特别注重承保质量的保证；保险商品的价格（费率）偏高，保险承保业务成果（利润）上升；保险资金运用的数量相对较少，效益偏低；保险市场呈现繁荣景象。而保险发展周期的疲软期的主要表现是：保险经营主体比较倾向于保险数量（保险费）的较多和较快的增长；承保质量要求下降；现金流承保在保险总量中所占的比重偏大；保险费率下降；保险资金运用的数量偏多，且收益较高；保险业务市场呈现萧条景象。

资本发展周期应当是包括长期资本发展周期和短期资本（即货币）发展周期。为简明起见，本文仅分析长期资本周期而不分析货币资本周期。这对问题的结论不会产生影响。因此，这里所说的资本周期是指以股票价格指数为标志的长期资本的运动过程。这一过程的具体表现形式是：股票价格指数的高涨期与低落期的交替出现。股票价格指数由高涨期到低落期，再到一个新的高涨期，就称一个周期。股票价格指数的高涨期称为资本市场的坚挺期；股票价格指数的低落期，称为资本市场的疲软期。所以资本发展周期又可表述为：资本市场由坚挺期经过疲软期再到一个新的坚挺期称为资本市场的一个周期。

保险市场发展周期与资本市场发展周期之间的联系表现为：保险市场的坚挺期往往与资本市场的疲软期相联系，而保险市场的疲软期则往往与资本市场的坚挺期相对应。这是因为，保险公司是经营保险商品的企业，赢利性是驱动保险企业进行经营活动的内在动力。而承保利润和保险资金运用的盈利是保险公司盈利的两条渠道。最佳的承保盈利与最佳的保险资金运用盈利，是保险公司理想化的盈利预期，然而事实上二者很难同时达到最佳水平。二者交替出现则是经常的状态。当资本市场处于坚挺期时，保险资金运用会得到较高的回报，有时甚至会得到很高的回报,此时保险公司为了取得更多的投资回报,往往会把更多的保险资金投入资本市场,甚至会尽量增大资金流入量。为此,不仅会采取降低保险质量和降低保险费的办法来扩大承保规模,增加保费收入,有时甚至采取扩大"现金流"承保的手段来增大资金收入。上述活动必然带来承保结果不佳,甚至亏损的结果,从而导致保险的疲软期。与此相反,当资本市场处于疲软期,保险资金运用收益降低,甚至出现亏损,这时保险公司不能再依靠保险资金运用来获得高额利润了,而是主要是依靠保险承保业务来取得盈利。为此,保险公司必须注意承保质量,坚持正常的保险价格,积极发展和扩大正常的保险业务,从而出现保险的坚挺期。上述情况表明,从保险发展的角度来考察,资本发展周期是保险发展的一个重要的外部环境,在资本周期与保险周期的关系中,资本周期处于主导位置,保险业必须积极利用资本发展周期所提供的发展机遇,主动地协调保险周期与资本周期之间的发展关系。具体说,在资本周期处于坚挺阶段时,保险业特别是寿险业应当适当地增加保险资金在资本市场的运用量,为此可以适度地多销售一些货币回收率较高的产品,也可以适度地提高一些保险的预期时间价值回收率,适度地降低一些保险产品的市场价格(费率),保持与资本市场的协调,借以促进保险业的发展;而在资本市场周期处于疲软阶段时,保险业应当适当减少在资本市场中的资金运用量,紧缩那些回报率较高的保险产品的销售,适当降低对保险费时间价值的预期回报率,适当地提高保险产品的市场价格(费率),实现与资本市场的协调,借以实现保险的稳定发展。

当然,无论是在资产市场的坚挺期,还是在资本市场的疲软期,对资本市场的利用都必须有"度"。在资本市场坚挺期,也不可过度扩大保险资金的运用额度;在资本市场疲软期,也不能过度地紧缩保险资金在资本市场中的运用量。在中国,现阶段,资本市场和保险市场都处于初期阶段,都还没有达到完善的资本市场和保险市场的高度。因此,资本市场和保险市场都没有比较规模的发展周期,更没有可以遵循的周期发展规律性。因而,保险市场与资本市场之间尚未出现可供遵循的比较稳定的规律性。也就是说,在现阶段中国资本市场给中国保险业的发展所提供的外部环境和条件尚不够充分,尚不够稳定。在这种形势下,中国保险业更需要注意保险市场与资本市场的协调发展,而不能凭主观意愿随意高估保费时间价值的预期回报率,随意降低保险产品,特别是寿险产品的市场价格。更不能随意推出对资本市场高回报率依赖度很高的保险产品,借此筹揽更多的资金投向资本市场。这样做很可能导致保险市场过度依赖资本市场,出现保险市场与资本市场之间的不协调,使保险业的发展陷入困境。

四、保险发展与保险增长之间的关系

保险增长与保险发展是保险变化的两种形式。二者既紧密相关，又有很大差异。一般说来，保险增长通常是指保险数量的增加（通常以保险费的数量为指标）和保险品种的增长。它是保险经营者切身利益的直接体现，也是整个保险业当年经营结果的体现。而保险发展不仅包括保险数量的增加和品种的增多，而且还包括保险制度、保险机制、保险经营方式以及保险市场的变化和发展。更深入地分析，保险发展还与国民经济、社会制度、民族文化和自然环境等有着极为密切的关系，它不仅涉及保险自身的利益关系，更涉及诸多的社会公益关系。

保险增长与保险发展之间是相辅相成、互相制约、互相作用，共同实现保险变化的关系。保险的增长是保险发展的物质基础，保险的发展则是保险增长发展趋势和归宿。保险增长与保险发展二者在保险变化中的作用以及保险发展所包括的内容是随着经济和保险发展的程度的变化而变化的。一般说来，在经济和保险处于较低程度时期，保险增长的地位和作用高于保险发展的地位和作用。保险增长与保险发展之间的关系也比较简单；随着经济和保险层次的提高，保险发展在保险变化中的地位和作用不断升高，保险业增长与保险发展之间的关系也越来越复杂。当前世界经济已进入知识经济时代。在知识经济时代，由于客观环境的变化，保险发展在保险变化中的地位和作用日益重要，保险增长与保险发展之间的关系更加复杂，保险增长与保险发展之间往往会出现不协调的现象，"有增长，无发展"甚至保险的增长反而不利于保险发展的现象时有发生，或者说保险增长不利于乃至有害于保险可持续发展的现象也常常发生。这是因为，保险的增长往往是保险经营者和保险行业管理者从企业或行业的局部利益和局部立场出发来制定各自的保险行动计划、行为规模、增长目标和设计保险品种。这就会出现从局部立场和局部利益的角度来看，其保险增长行为是有利的、合理的，但从保险整体和全社会的高度来看，其增长内容、数量和质量，很可能带来严重的消极后果，因而这种增长是不利的和不合理的，是与保险的发展特别是与保险的可持续发展相矛盾的。从知识经济时代的特点和整个社会的整体利益的高度，即知识经济时代的价值观来观察，保险事业在本质上是属于社会公益事业，保险的发展应当是保险变化形式的主旋律。需要按照这样的一种价值观来协调保险增长与保险发展之间的关系，也就是说协调保险增长与保险发展之间的关系的原则应当是：保险增长要服从于保险的发展，保险的短期发展，要服从于保险的可持续发展；保险的增长不仅要注意保险数量的增长，更要强调保险质量的提高；保险的增长不仅要有益于保险自身的发展，更要有益于整个国民经济的发展，有利于社会制度的完善，有利于人们精神文明的提高，有利于民族文化的向上发展，有利于全体居民生活的稳定和改善。

现阶段的中国，虽然与世界发达的市场经济国家相比，在知识经济和现代保险发展水平和层次上有较大的差距，但从总体上说，中国已经迈入了知识经济时代，知识经济时代的保险增长与保险发展之间的关系已经基本形成。但由于受传统的经营观念和管理观念影响较深，"重数量，轻质量"、"重增长，轻发展"、"重短期发展，忽视可持续发展"的观念依然很重。因此，中国保险企业的经营者和保险业的管理者，更应当特别用心协调好保险增长与保险发展之间的关系，应当在遵循科学发展观的原则下从事保险活动：设计保险产品、选择营销方式和手段、获取应得的利益；防止片面强调保险的增长而忽视保险的发展，特别是忽视保险的可持续发展的倾向，做到保险增长与保险发展相统一，达到保险增长与保险发展"双赢"的目标。

（原载于《上海保险》2004年第10期）

中国保险发展需要重点协调的十大关系（下）

五、城市保险发展与农村保险发展之间的关系

中国的最重要的特殊国情之一，就是城市与农村之间的发展不平衡。中国有13亿人口，其中城市人口约占35%，农村人口约占65%。从全国的产业结构来看，第二产业和第三产业大部分集中在城市；作为第一产业的农业都集中在农村。这种情况表明，中国的城市集中了现代科学技术的尖端，是中国最先进的社会生产力的代表，中国城市经济的发展是带动整个国民经济发展的巨大推动力。城市经济的发展需要由社会保障形式提供的经济保障，也需要由商业保险形式提供的经济保障。也就是说，大力发展城市经济和城市商业保险是整个国民经济的发展和社会进步的客观要求。另一方面，也表明了发展农村经济和农村保险的重要性。因为，从经济发展的角度来看，在全国的社会总财富中，农村有很大的比重，农业仍然处于国民经济的基础地位，农业的状况对整个国民经济的发展仍然具有决定性的意义。从社会结构和社会发展方面来考察，"三农"问题即农村、农业和农民问题对中国社会的安定和发展更具有决定性作用。而农民的生命、生活和财富，农村的社会财富，特别是农村经济的发展不仅需要得到社会保障和国家财政所提供的经济保障，同时也需要通过商业保险（含合作保险、互助保险）提供经济保障。因此，正确协调城市和农村之间的经济和保险发展关系，是至关中国经济发展和社会安定的核心问题。

在过去的20多年中，中国把发展经济的重点放在城市，使城市经济有了迅速的发展。与此相伴随，中国保险业的发展也把重点放在城市，从而使中国城市保险业得到了迅速的发展，在发展速度上超过了世界平均增长速度，在保险技术水平方面也取得了长足的进步，有些指标已经达到或接近世界先进水平，这是完全必要的，今后仍应继续加大力度，促进城市保险业的持续发展。然而，由于种种原因，促进城市保险业的持续发展的同时，却忽略了农村保险业的发展，使农村、农民和农业保险的供给滞后于农村、农民和农业对保险的需求，在某种程度上影响了农村、农民和农业的发展。

鉴于农村、农民和农业在中国所处的特殊的地位，特别是农业仍然处于我国国民经济基础的地位，迅速发展农村、农民和农业对中国国民经济发展和社会进步具有决定性意义，而为农村、农民和农业提供经济保障是农村、农民和农业发展必不可少的物质前提之一。除了加大农村社会保障的发展力度，继续为农村、农民和农业提供经济保障外，大力发展农村商业保险（含合作保险、互助保险）。通过商业保险形式为农村、农民和农业提供经济保障是促进农村和农业发展的必不可少的保障形式。为此，在我国保险业的发展应当提倡城乡并重的方针，借以协调城市保险与农村保险之间的发展关系。所谓城乡并重指在指导思想和方针上，应当把发展城市保险和农村保险放在同等的地位上，同时鉴于农村保险存在着特殊的困难和阻力，因而在实际工作中要给予更多的关注和支持。具体有以下几点：一是对农村保险实行包括政策支持、资金支持、技术支持和人才支持在内的重点支持政策；二是保险管理部门和保险理论界应当下大力气，研究在中国这样特殊的国情下，国家和政府应当采取哪种或哪几种对农村保险的支持政策；三是保险实务界应当根据中国农村的特点，研究开发适合于农村的保险产品和经营方式，积极主动推动农村保险业的发展。

六、中国境内不同区域之间的保险发展关系

境内区域之间发展不平衡，是中国特殊国情的另一个重要方面。中国不仅有13亿之众人口，而且还包括960万平方公里的地域和16亿亩的可耕地面积，可谓地域辽阔的大国。然而，由于种种原因，使得中国各区域之间在经济、社会和保险方面的发展极不平衡。概括地说，是东部比较发达，西部比较欠发达，南部比较发达，北部比较欠发达。但是西部和北部是各种自然资源比较丰富的地区，西部和北部资源开发和充分利用对中国经济发展和社会进步具有重大的意义。在过去的几十年中，中国把发展经济的重点放在东部和南部的开发上，因而，中国的东部和南部经济发展比较快，社会进步的幅度也比较大，而西部和北部的经济和社会发展比较缓慢。与此相伴随的中国保险业也呈现与经济发展相类似的状况，即东部和南部保险业发展的比较迅速，保险的发展程度和水平比较高，而西部和北部保险业的发展比较缓慢，保险的发展程度和水平相对比较低，保险深度和广度也相对比较低。

近年来，中国政府已确定把西部和北部作为大开发的重点。随着这一方针政策的贯彻落实，中国的西部和北部经济必将会出现热火朝天的大发展局面。然而西部和北部的经济大开发，需要有社会保障和商业保险为其提供充分的经济补偿和经济保障。其中特别是商业保险在提供经济补偿和经济保障方面应当

发挥更为重要的作用。而过去 20 多年来，由于各种原因造成了对东部和南部保险发展关注比较多，而对西部和北部保险发展关注比较少。为了适应中国西部和北部大开发的需要，中国的保险发展政策应当加以适当调整，在继续关注东部和南部保险发展的同时，要更加关注西部和北部的发展，原则上讲，应当实行东部和南部与西部和北部同时并举的方针。同时并举不等于同时并重。同时并重是强调二者处于同等重要的地位，同时并举，是指二者都要发展，但二者并不一定处于同等地位，可以实行倾斜政策。但这种倾斜政策的倾斜方向不是固定不变的，可以根据实际需要调整政策的倾斜方向。就当前和今后一个相当长的时期内，中国应当实行适度的向西部和北部倾斜的保险发展政策。这种倾斜包括资金、人才、物资和科学技术方面的对西部和北部地区扶持和支援，同时也包括给予西部和北部地区更宽松的保险发展方面的方针和政策。

七、各种保险资产产权之间的发展关系

现代经济学关于资产产权的定义，一般是指生产资料所有制中的资产所有权，它是生产资料所有制的核心内容和生产资料所有制在高度发达的市场经济时代的表现形式，或者说是生产资料所有权的现代表现形式。它可以有实物形态、价值形态、知识形态和技术形态等多种具体形式。保险资产产权就是指各种形式的保险资产所有权。就中国目前的现实情况而言，存在着国有保险资产产权、集体所有保险资产产权、境内居民保险资产产权和境外居民保险资产产权即外国保险资本所有权等多种形式。各种保险资产产权应当有其各自的比重、地位以及相互间的协调发展关系即合理的保险资产产权结构。由于各方面条件的差异使得各个国家、各个地区之间的保险资产产权结构存在很大的差异。这种差异形成各种不同的保险资产产权结构特色。

中国的现阶段以及今后一个较长的时期内保险资产产权结构的特色应当是以国有保险资产产权为主导，多种保险资产产权同时并容的产权结构。具体一点说，就是国有保险资产产权要在整个国家保险资产中必须占主导地位，在这个前提下，实现国有保险资产产权、集体所有的保险资产产权、境内民有保险资产产权和境外保险资产产权并容的产权结构。这种产权结构的最突出的特色，一是国有保险资产产权在国内保险产权中居主导地位，所谓主导地位是指国有保险资产产权对中国保险业的发展发挥调控和引导方向的作用，国有保险资产的产权变动，可以影响和左右整个中国保险业发展的大方向；二是集体所有保险资产产权应当在整个国内保险资产产权结构中占有适当的地位，而且在一个相当长的时期内应当占有重要地位；三是各种保险的资产产权同时并容，其中

外资保险产权应占有适当的比重，利用国外资本和技术发展国内保险业，为我国国民经济的全面协调和可持续发展及社会安定服务。这种保险资产产权结构也是由中国的客观实际即特殊国情决定的。

众所周知，资产产权结构首先与社会性质直接相关。中国社会的社会主义性质决定和要求国有保险资产产权在全国保险资产产权结构中占有主导地位。其次，资产的产权结构是与社会生产力性质和水平紧密相关的。生产力的社会化程度和水平形成与其相适应的资产产权结构。一般说来，生产力的社会化程度和发展水平越高，与其相适应的资产产权结构社会化程度也越高，反之，生产力社会化程度和水平越低，则其资产产权结构的社会化程度越低。科学技术是第一生产力，一国的科学技术发展水平可以反映和代表该国的生产力的发展水平和性质。中国的科学技术的发展水平是极不平衡的，是多层次的。最高层次的可以达到世界最先进的水平。例如航天技术可以制造和发射像神州五号那样的载人宇宙飞船；有居于世界先进水平的20世纪90年代的先进技术，像生物工程技术和计算机通信技术，等等。这些最先进和先进技术都集中在中国的大城市或军事基地。而众多的中小城市则仍以20世纪70年代甚至是60年代工业技术和设备为主要基础。至于中国的广大农村的技术和设备水平则更多的是六七十年代的技术水平，而边远山区则存在着"刀耕火种"的更为落后的技术层次。这种技术结构表明我国的生产力的性质和发展水平是极不平衡的、是多层次的。生产力发展水平的多层次性决定了资产产权结构的多样性。就保险资产产权结构而言，可以有国有产权、集体所有产权，同时也必然存在着境内居民所有产权和境外居民所有产权等多种多样、多种层次的产权并容结构。而中国众多的中小城市和广大农村地区则更适应集体所有的保险资产产权形式，因此，在一个相当长的时期内，集体所有的保险资产产权应当有所发展，占有适当的比重。至于境内居民和境外居民的保险资产产权形式，随着我国市场经济程度的提高和范围的扩大，以及对外开放深入和发展，将会有长足的发展。

八、各种保险企业组织形式和保险企业规模之间的发展关系

在各种保险企业组织形式和保险企业规模之间也存在着协调发展关系。

在保险企业组织形式方面，有股份制形式、集团化形式、专业化形式、合资形式、独资形式、合作形式、相互形式等多种多样的形式；在企业组织规模方面，有大型、中型和小型等各种规模。中国的特殊国情决定了中国在保险企业组织形式和保险企业规模方面的特色。在保险企业组织形式方面，应当实行在各种形式的股份制企业占优势的前提下，各种形式的保险企业同时并存，但

在一定时期内合作保险组织和互助保险组织应占有重要的地位。在保险企业规模上应当在大型的、综合性的集团公司占主导地位的条件下，实行大中小同时并存，而中、小型保险企业应占有较大的比重。这是因为保险企业组织形式和保险企业规模是由保险市场的需求状况决定的。打个比方说，保险需求所形成的保险市场好比是地球上的水域状况：有海洋，有大江、大河，也有小河流，与其相适应的航运工具有航空母舰，有万吨巨轮，有小火轮还有小舢板。中国的保险市场由于生产力发展水平的层次性决定了中国保险市场需求的多样性。中国的大城市和东南沿海地区经济比较发达，居民收入较高，需要综合性大规模的现代化保险业，而中国中小城市的居民收入还不够高，就是在大城市中也有相当数量的低收入居民，特别是西部和北部地区的广大农村中的居民，它们的经济收入相对更低。然而他们所面临的风险都是基本生活保障、基本医疗保障和子女受教育保障等最基本的风险，而且所能支付的保费又相对较少，其有效的现实的保险需求水平相对较低。这种风险性质及其保障需求的特点需要有与其相适应的保险组织形式，而合作保险、相互保险等组织形式比较适合解决这种类型的特殊风险。因此，在中国在发展股份制的、综合的、集团化的现代企业形式的同时，还必须花费很大力气来发展合作保险和相互保险等适合于中国中小城市和广大农村居民需要的保险组织形式。在保险企业规模上，必须发展一些大型的保险企业。因此这既是我国保险业发展的内在需要，更是国际保险市场发展的大趋势，也是中国保险业走向世界、实现国际化的客观需要。但是，中国的特殊国情仍然需要有大批的中小规模的保险企业来满足广大居民的保险需求。因此，在中国，无论在保险企业组织形式上，还是在保险企业规模上都不能强求一律，一味追求大而全的保险企业组织，而应当是各种类型、各种规模的保险企业组织同时并存的同时，更要注重中、小型保险企业的发展。

九、多种经营形式之间的发展关系

保险经营方式也是多种多样的。各种经营方式之间也存在着协调发展的问题，正确协调各种经营方式之间的发展关系，对整个中国保险业的可持续发展也是十分重要的问题。保险经营方式包括保险经营方式的特殊性质和保险经营形式的形成特点两方面的含义。

所谓保险经营的性质是指保险业的专业经营、兼业经营和混业经营各种经营方式的特殊性质。保险专业经营是指保险企业专门经营保险业务，保险兼业经营是指保险公司除经营保险业务外，还兼营一些银行业务、证券业务等非保险业务；保险混业经营是指保险企业同时经营保险业、银行业、证券业和资金管理等保险业以外的金融业务。对保险集团公司而言，混业经营和分业经营的根本区别在于各业经营成果的占有和分配原则及各业的资金管理原则。如果保险业、银行业、证券业和资金管理业务的经营成果归各个专业公司所有和分配，各自的资金和财产由各专业公司独立支配和运用，这种情况还是属于分业经营，只不过是各专业公司集中在一个集团公司内部，由集团公司统一指挥和管理，可谓集团公司统一管理，专业公司分业管理；如果是各个专业公司的经营成果归集团公司所有和分配，同时各专业公司的资金和财产由集团公司统一支配和运用这种情况是属于混业经营的范畴。

所谓保险经营方式的形成特点，是指保险经营方式不是由人们的主观愿望随意选择的，而是由保险公司的外部环境和内部条件以及由保险公司所经营的产品的特点所决定的。对保险公司经营方式的选择产生影响的外部环境包括：整个国民经济的发展水平、市场机制发育的程度、国内金融和保险监管机关有关金融和保险经营方式的行政规定及监管能力和国家有关金融和保险经营方式方面的法律、法规。对保险公司选择经营方式的内部条件，主要是保险企业自身的管理水平和人员素质。保险公司要根据保险企业的外部环境和内部条件的状况来决定自身的经营方式。

中国在保险业经营方面的特色，应是集团公司统一管理，专业公司分业经营，兼业公司应是以本业为主兼业为辅，就全中国的保险市场而言，应是分业经营为主。这种特色是由保险经营性质、特点和中国的国情决定的。

影响保险企业经营方式选择的具体国情，就宏观上讲主要是中国的国民经济的发展达到了一定的高度，但没有达到很高的水平，社会主义市场经济机制还处于建立和形成阶段，金融市场和保险市场的发育很不完善，国家保险和金融监管机关建立的时间不长，监管经验和监管能力还不够丰富和强大，国家有关保险和金融经营方式方面的法律、法规尚不健全。就微观上讲，大型综合性的保险集团才刚刚建立，内部管理制度、经验和人员素质及管理水平尚在提高和发展中，特别是中国在相当长的时间内，将会存在相当数量的中、小型的专业保险公司或保险组织。上述具体国情决定了中国在今后的一个相当长的时期内，将会出现混业经营、兼业经营和分业经营并存的趋势。而在现阶段甚至在一个较长的时期内，将会出现集团公司实行统一管理、专业公司分业经营，兼业公司以专业为主兼业为辅，整个市场以分业经营为主的局面。

十、各类保险产品之间的发展关系

各类保险产品之间也存在着协调发展关系。

所谓保险产品包括引进的国际保险产品和国内制造的产品；具有投资返还型的产品和保障型的产品。中国在保险产品方面的协调关系和原则应当是在继续发展已有的保险产品，大力引入国际先进的保险产品的同时，重点开发保障型的保险产品，特别还要大力发展为农村、农业和农民提供保障的保险产品。

这是因为，第一，一个国家的保险产品的结构取决于该国的保险需求结构。一个国家的保险需求结构受到国内多种因素的影响。一国的保险产品结构主要是要根据本国的国情所决定的保险需求结构来开发、创造适合本国的保险产品。当然，由于风险是保险产生和存在的自然基础，而某些风险又具有国际性质，所以，国际上的风险状况、经济发展状况以及金融市场和保险市场的发展状况，特别是国际保险产品的发展状况，对国内保险产品的需求结构会有一定的影响。有些产品，例如海上保险产品、火险产品、车险产品、核电保险产品等，都具有国际性质。这类产品各国之间都具有通用性，因此，也必然会影响到我国的保险产品需求结构，从而决定我们必须大力引进国外先进的保险产品和先进技术。然而，就是上述具有国际性的保险产品，也不能完全照抄照搬拿到中国来，而必须结合中国的具体国情加以适当的改造才有可能适合中国居民的保险需求。所以，保险产品结构归根结底还是由影响保险需求结构的各种因素决定的，就中国国内而言，影响保险需求结构的主要因素包括国民经济的结构及其发展水平，居民的收入水平和消费结构，居民的风险意识、风险观念及风险取向，国内居民的伦理观念及道德水准以及国内金融市场、保险市场和保险监管水平等诸多原因。其中直接影响中国保险产品结构最主要的因素有两点。一是中国国民经济增长速度很快但总水平还不算高，仍然属于发展中国家；国民经济发展在城乡之间和东西南北中的空间上发展很不平衡，具有多层次性的特点；居民收入普遍得到提高，但总水平仍然不高，且在不同的居民中收入水平差距较大；就大多数城市居民来说，面临的最现实的风险仍然是吃、穿、住、行和医药及子女教育费用的保障问题。他们的主要保险需求是对上述最基本的生存风险的保障。这就决定了在今后的一个相当长的时期内，需要把保障型的保险产品作为国内保险市场发展的重点，应当集中主要精力、财力和技术力量开发、研制和销售那些保费相对较低、保障程度相对较高的产品，为广大的城市居民提供最基本的经济保障。

第二，是我国的"三农"问题，即农村、农业和农民问题仍然是我国发展中的最主要的问题之一。"三农"问题的解决需要举国上下共同努力，而保险业为"三农"问题的解决提供必要的经济保障既是中国保险业发展的新领域、新空间和新途径，同时也是中国保险业义不容辞的责任和义务。为此，中国保险业必须下大力气开发为农村、农业和农民的发展提供经济保障的为"三农"服务的保险产品。总之,在继续发展现有的保险产品,引入国际先进产品和创造新产品的同时,重点发展保障型产品。大力发展为"三农"服务的产品,是协调中国保险产品发展关系的相当长时期内的重要原则。

(原载于《上海保险》2004年第11期)

保险的图解和文解

一、保险的图解

（一）保险的形式

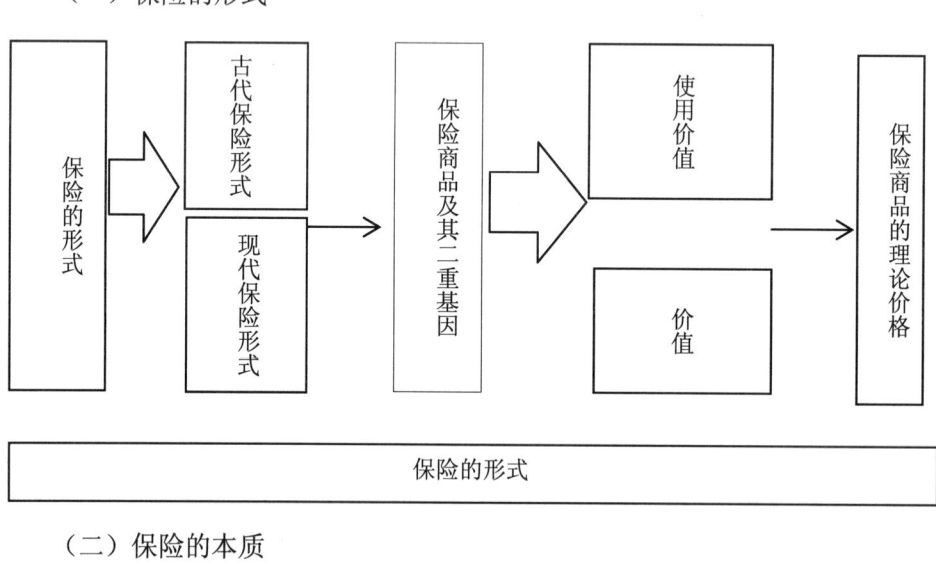

保险的形式

（二）保险的本质

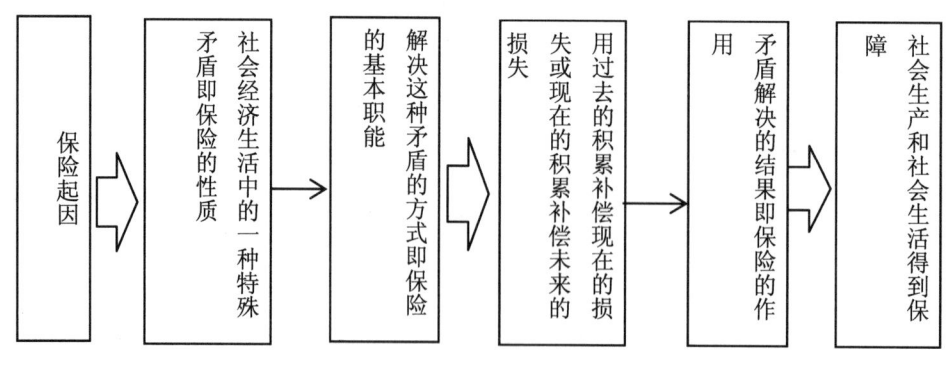

保险的本质即保险的性质、基本职能和作用的统一

保险本质图解

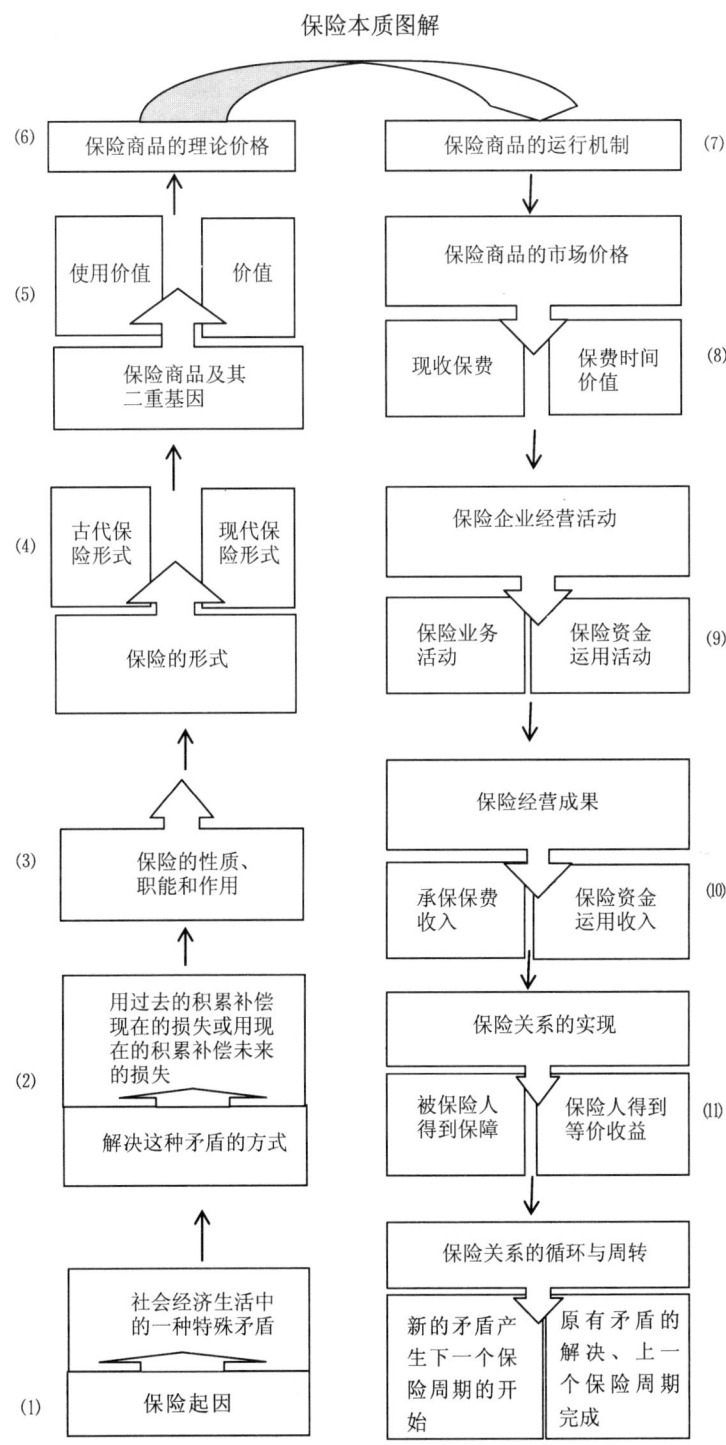

（三）保险的运行轨迹

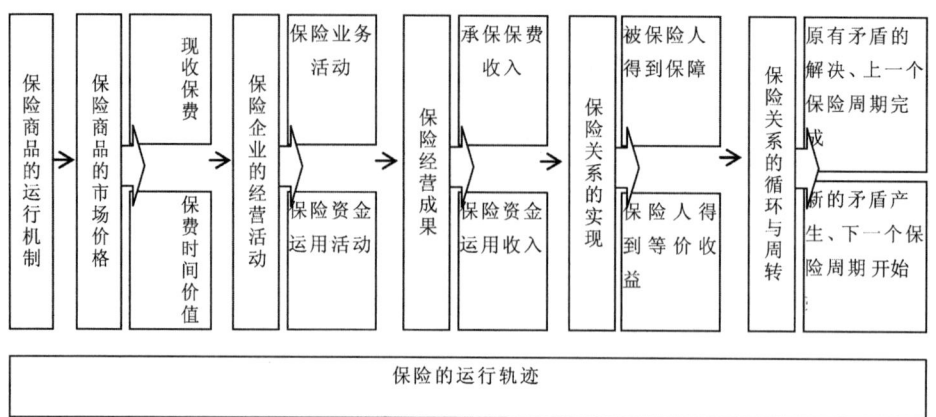

保险的运行轨迹

二、保险文解

对保险图解的内容说明如下：

1. 保险起因于社会经济活动领域中的一种特殊矛盾：所谓社会经济生活领域中客观存在的一种特殊矛盾，是指由于自然的、社会的、经济的、人为的和人生自然规律（即人的生、老、病、死、残）等原因所形成的种种风险事故的发生所造成的生产要素和生活要素的损失（或减少），而形成的生产要素和生活要素的短缺与满足不了社会经济正常运行和人们生活的正常维持及社会安定对生产要素和生活要素的需要之间的矛盾，简称"短缺"与"需要"之间的矛盾。

2. 解决这一矛盾的特殊方式，是指通过过去的积累补偿现在的短缺，或通过现在的积累补偿未来的短缺。

3. 保险的性质是指保险所包含内在矛盾的特殊性质，即"短缺"与"需要"之间的矛盾，保险职能是指由保险的性质所决定的损失补偿职能，保险的作用是指保险职能实现的后果即保障作用。

4. 保险的形式，包括保险的古代形式和保险的近现代形式。保险的古代形式是指在商业保险形式产生之前的以非盈利为目的的各种保险形式，其中包括中国古代的各种仓储制度、经济制度、互助制度，古埃及、古希腊、古罗马、古巴比伦等西方国家的集体扶助制度、丧葬互助制度、牲畜损失共同负担制度、火灾及海难损失共济制度等多种保险形式。保险的近现代形式，是指以盈利为目的的商业保险形式，特别是指公元17世纪末，大数法则在保险中的运用之后的商业保险形式。

5. 保险商品的二重基因是指现代商业保险所经营的保险商品的使用价值和价值。保险商品的使用价值是指保险所提供的保障作用；保险商品的价值是指生产保险商品所耗费的社会必要劳动、保险商品的价值量，是指生产保险商品所凝结在保险商品中的社会必要劳动量。

6. 保险商品的理论价格，是指保险商品的价值量的货币表现。在理论上，保险商品的价格与保险商品的价值是相等的。

7. 保险商品的运行机制，是指保险商品运行的载体机制，即市场机制以及市场机制所运行的价值规律、供求规律和竞争规律。价值规律是市场机制中的基本规律，等价交换是市场机制中所共同遵守的基本原则。

8. 保险商品的市场价格，是指由市场机制所形成的保险商品的现实价格。保险商品的市场价格由两部分收入构成：一部分是在承保关系建立时保户所缴给保险公司的现收保费量；另一部分是这部分现收保费量由缴纳之日起到保单责任终止时的时间价值的货币量。这部分货币量是预期保费。这两部分收入的总和形成保险商品的价格。在市场机制作用下，保险商品的市场价格在总体上是与保险商品的价值相一致的，是等价交换的。保险商品市场价格的实现，是保险商品价值实现的形式。

9. 保险企业的经营活动，是指经营保险商品的保险企业实现保险经济关系的活动过程。它包括两方面的活动：一方面是保险实务活动即保险的展业、承保、分保、防灾、理赔等各个环节的保险实务活动；另一方面，是对由保户所缴纳的保险资金的运用活动。保险资金运用活动，是保险实务活动的延伸。保险企业的经营活动，是这两个方面活动的统一，保险实务活动和保险资金运用活动是保险经营的同一个过程的两个方面。

10. 保险企业的经营成果，是指保险企业在某一时期内或在某一时点上的保险业务经营的盈利和保险资金运用收入的总和。这个总和是衡量保险企业在某一时段或某一时点上财务盈利或亏损的唯一指标。

11. 保险关系的实现，是指由社会经济生活中特殊矛盾的发生到特殊矛盾的解决这样一个周期的完成。也就是从由于社会经济生活中的"短缺"与"需要"之间的矛盾的发生而导致的保险关系的发生开始，经过上述运行过程到使这一特殊矛盾在某一时点上得到解决，即通过损失补偿所提供的经济保障，使短缺的生产资料和生活资料不再短缺，使社会生产和人们生活重新恢复正常运行为止的保险关系运行的一个周期的完成。

12. 保险关系的循环与周转，是指通过保险经营活动使原有的矛盾得到解决，使得上一个保险周期得以完成，这是保险关系的一次循环。新的矛盾的产生，下一个保险循环开始，从而使保险循环连续不断地运行的周而复始的活动过程就是保险周转。

结论：由社会经济领域的特殊矛盾所决定的保险的性质、保险的补偿职能、保险的保障作用所组成的连锁反应及连锁体现的保险关系，就是保险的本质，它准确地回答了什么是保险以及什么是保险职能和作用这个最基本的也是最重要的问题。

由上述结论可以明确认识到，为了充分发挥保险的补偿职能和保障作用，借以实现保险的本质，必须防止不恰当地宣传保险的补偿职能和保障作用以外的其他职能和作用，更不能片面强调保险的投资和储蓄性质，用"盈利"和"赚钱"来诱导人们参加保险，这样就会把保险引向偏离保险的补偿职能和保障作用这个大方向，就会背离保险的本质。

（原载于《保险发展学》，中国金融出版社 2005 年版）

保险知识经济研究

摘要：保险经济属于知识经济范畴，可称之为保险知识经济。知识是构成保险产品的主要成分和保险经营与管理的主要载体，是保险知识经济的主要特征；可持续发展，是保险知识经济发展的客观规律；创造性思维能力是知识经济时代保险企业的核心竞争力；全过程精诚服务是知识经济的内在要求和价值取向；最大诚信是保险知识经济的生存线和最高准则。只有认清保险知识经济的本质特征，明确其核心竞争力，掌握其发展规律，才能实现保险业的可持续健康发展，又快又好地做大做强保险业。

关键词：保险经济；知识经济；最大诚信；创造性思维；可持续发展

Abstract：Insurance economy belongs to the realm of knowledge economy. Knowledge is a major component of insurance products as well as the major carrier of insurance operation and management. This is the main characteristics of insurance knowledge economy. Sustainable development is an objective rule of the development of insurance knowledge economy Creative thinking is the core competitive competence of insurance enterprises in the knowledge economy era. Full-range quarry service is the intrinsic requirement and value of knowledge economy. Utmost faith is the life line and the highest criterion of insurance knowledge economy. Only by having grasped the fundamental characteristics of the insurance knowledge economy and understanding its rule of development, can we develop the insurance industry rapidly, sustainably, and soundly, making it stronger and better.

Key words：insurance economy；knowledge economy；utmost faith；creative thinking；sustainable development

一、保险知识经济的本质特征

保险知识经济的本质特征，是知识经济的一般属性与保险经济的特殊属性的内在融合，表现为：知识既是构成保险产品的主导成分，又是保险经济运行的主要载体，是二者的统一。

所谓知识是指客观事物的本质及其运动规律，在人们（主体）头脑中的正确反映。知识分为直接知识和间接知识。无论是直接知识还是间接知识，都存在于主体（人）的头脑之中。当人们头脑中的知识转化为技能时，这种知识便转化为技术。所以，技术是知识的技能化。而当知识和技能经过思维加工上升到理论的高度，并以各种信息形式传递给他人时，就成为科学。所以科学是信息化的知识，或者说，科学是知识的信息化。

当知识、技术和科学作为一种要素应用于经济活动时，便产生了知识经济成分。从这个意义上讲，知识、技术和科学是社会生产力的组成部分，属于生产力范畴。知识、技术和科学作为生产力的构成要素自古有之，只不过在不同的经济时代其在生产力中所处的地位不同。也就是说由于知识、技术和科学在生产力结构中以及在产品中所占的比重不同，从而其在生产力和产品中的知识含量不同，决定着各种不同的经济时代。在自然经济、农业经济和工业经济时代，在生产力的构成及产品中知识含量很低，只具有知识经济因素，因而既不能称之为知识经济产品，也不能称之为知识经济部门，更不能称之为知识经济时代。知识含量在产品中占据主导成分时才可以称之为知识产品，只有知识产品在某个经济部门中占主导地位时，这个部门才可以称之为知识经济部门，而当世界大多数国家或者多数发达国家进入知识经济时代，才可以称之为知识经济时代。所以，知识含量在社会生产力经济产品和经济部门中占主导地位，是知识经济的基本特征。

从 20 世纪 80 年代起至今，知识含量在世界许多发达国家的生产力和产品中的占比逐渐增高并日益占据主导地位。此时，人类社会开始进入知识经济时代。

现代保险经济是高度发达的商品经济的产物，它具有知识经济的本质特征。首先，知识是构成保险产品的主导成分。知识成分在各类保险产品中都占据主导地位，而物质成分在保险产品中仅占很小的比重，居于次要地位。这是因为，任何种类的保险产品都是以保险单为载体以合同形式出现的、对保险标的、保险条件、保险责任、保险费率、赔付条件以及其他与保险相关的条款的文字规定。各类保险产品除了作为保险产品载体的纸制保单和保单的制作过程需要一定的物质工具，是由物质资源构成的之外，保险产品的各项内容均由知识资源构成。知识在保险产品中占据主导成分。如果用价值形态来观察，在保险产品的价值量构成中，知识的价值含量占绝对的主导地位，而物质价值含量则占很小的比重。因此，可以认定保险产品属于知识产品。

其次，知识和知识产品是构成保险经济运行载体的主导成分。自然经济、农业经济和工业经济等以物质资源消耗生产物质产品的经济时代，从产品生产、储存、运输到销售的整个经济运行过程的载体，主要是由物质和物质产品来承担。例如工业产品的生产是由厂房和机器设备来完成的，如此等等。

而保险经济的运行载体则主要是依靠知识和知识产品来承担。如保险产品的生产和储存的过程主要是由电子计算机来完成；保险产品的运输和销售主要是由电子通信网络和信息传递来完成。电子计算机、电子通信网络属于传递信息的工具，而信息则是传递过程中的知识。因此，保险产品是知识产品；保险公司是生产和经营保险知识产品的企业；保险行业是知识行业；保险经济属于知识经济范畴，可称之为"保险知识经济"。

二、可持续发展是保险知识经济发展的客观规律

可持续发展是包括保险知识经济在内的一般知识经济发展的客观规律，同时也是科学发展观的重要组成部分和所要实现的重要目标。可持续发展观的形成若从1962年由英国生物学家莱切尔·卡逊在《寂静的春天》一书提出的"环境保护论"算起，至1992年联合国在里约热内卢召开的《环境与发展大会》上确立为世界各国共同遵守的战略性文件：《21世纪的议程》，整整经历了30年的时间。

依据科学发展观关于可持续发展定义精神，可以把保险经济可持续发展的含义概括为：既能满足当代人对保险的需求，又不对后代人对保险需求的满足构成危害，且能为后代人对保险需求的满足，创造更丰富的资源和更有利的发展环境。保险可持续发展的运动形式是指保险的发展呈现连续性、不间断性、相对稳定和永续性的态势，而不是说保险发展的绝对增长值不会出现上下波动，更不是说会直线上升，而是呈波浪式上升趋势。

保险经济可持续发展的核心内容可以概括为：正确认识和处理保险资源的合理开发、高效利用和对保险环境的有效保护、创造与保险经济发展之间的关系。

从理论上讲，保险资源是指直接决定保险发展的内在因素，如风险、居民收入水平、技术进步、保险人才、保险资本、保险知识、保险信息、保险经营与管理经验，等等。保险环境是指制约和影响保险发展的外部条件，如国家经济环境、金融环境、政治环境、社会环境、文化环境、民族风俗、习惯、道德观念、价值观念以及全社会范围内的信誉环境，等等。保险资源与保险环境之

间的关系不是绝对的和一成不变的,而是相对的和可变的。例如国民经济发展状况,从其为保险经济的发展提供物质基础和货币基础来看,它属于保险资源范畴,若从为保险经济发展提供外部条件来看,它又属于保险发展环境范畴;又如经济制度,从其对保险经济发展提供激励动力来看,它属于保险资源范畴,若从其构成保险经济发展的制约或促进条件来看,它又属于保险经济发展环境范畴。再如金融市场发展状况,从其为保险经济发展提供资本金和货币购买力来看,它属于保险资源范畴;若从其对保险资金的保值和增值的作用来看,它又属于保险经济发展环境范畴。上述几种因素,是视为保险资源还是保险环境,要看具体情况而定。

保险知识经济的发展之所以呈现可持续发展的规律性,是由构成保险经济发展资源和保险经济发展环境的知识性质所决定的。在物质经济时代,经济的增长和发展主要依赖于物质资源的投入和对自然生态环境的利用方式实现的。由于物质资源的有限性和自然生态环境的可损性以及物质资源和自然生态环境不可再生性,使以这种物质经济增长方式为基础的经济增长和发展存在着不可持续性,因而也不存在可持续发展的规律性。而保险知识经济增长和发展方式与物质经济增长和发展方式有本质的区别。保险知识经济的增长和发展所需要的资源是知识资源,所需要的环境是社会生态环境。知识资源存在于人们的头脑之中,通过人的主观努力,知识资源是可以不断再生的,而且每一次再生都比前一次再生的知识更先进、更丰富。社会生态环境是由人们的主观活动形成的,这种主观活动的内容是知识活动。通过人们知识的付出和运用,形成各种保险知识经济发展所需要的社会生态环境。所以,保险经济发展所需要的社会生态环境也是可以不断再生的。保险知识经济发展所需要的资源和环境的可不断再生性,决定了保险知识经济可持续发展的规律性。

三、创造性思维能力是保险知识条件下保险企业的核心竞争力

保险企业的核心竞争力,是保险企业的生存、发展和在保险行业内部处于领先地位的决定性力量。何谓保险企业的核心竞争力有各种不同的认识,例如,保险企业所拥有的资本量、保险企业所特有的企业文化、保险企业所拥有的保险人才等。上述各种说法都有其一定的合理性,也都在某一个侧面反映了保险企业竞争力的真实性。然而,上述各种认识都是从物质经济基础出发对保险企业核心竞争力的认识,是传统的物质经济发展观的反映。在以物质资源和自然生态环境为基础所形成的物质经济条件下,资本、企业文化和专业人才确实构成为保险企业的核心竞争力。但从知识经济和科学发展观出发来考察保险企业

的核心竞争力，就会发现，不仅资本、企业文化和保险人才不能成为保险企业的核心竞争力，而且连现有的知识、技术和科学成果也不能成为保险企业的核心竞争力。这是因为，在知识经济时代，由于科学技术和信息技术的先进性，人们比较容易地就能够掌握已有的知识和技术。所以，在当时看来还是很领先的、很有竞争力的东西，有可能很快就失去其先进性和已有的竞争能力，因而，任何个人、企业都很难在较长时间内独占已有的科学技术成果。所以，已有的知识、技术和科学成果都不能成为企业的核心竞争力，而"创造性的思维能力"则可以成为在知识经济条件下保险企业的核心竞争力。

所谓创造性思维能力，是指在已有知识的基础上，创造出尖端知识、尖端技术、尖端科学，并把它们转化为尖端事物的构思能力。所谓转化为尖端事物就保险而言，包括尖端的保险产品、尖端的保险企业组织形式和结构，尖端的保险经营管理体制和机制以及尖端的保险经营管理经验，等等。创造性思维能力之所以能够成为保险知识经济条件下保险企业的核心竞争力，是由创造性思维能力自身的特点所决定的。创造性思维能力有以下三个最显著的特点：第一，独占性。创造性思维能力存在于每个人的头脑中，除本人以外的任何人无法占有。第二，创造性。创造与创新是具有本质区别的。虽然创造与创新都要借助于已有的基础，但是创新只有在原有质的基础上发生一定的量变，没有改变原有事物的本质，因而，创新属于"改良"范畴；而创造是在原来基础上发生新的质变，属于"发明"范畴。从经济学和法学的角度来看，创新和改良并不改变"专利"的所有权和新商标的注册权，而创造和发明则完全享有专利权和新的商品注册权。以我国为例，由于我国经济发展中，创新和改良多，创造和发明少，致使我国拥有自主知识产权核心技术的企业仅占万分之三，99%的企业没有申请专利，60%的企业没有自己的商标。这充分说明创造、发明与创新、改良之间的本质区别。从某种意义上说，创新属于"改良"范畴，创造则属于"革命"范畴。而创造和发明来自人们的创造性思维能力。可见，创造性思维能力在各项竞争力中处于核心竞争力的地位。第三，领先性和再生性。创造性思维能力具有领先性质，这种领先性是核心竞争力的力量源泉。因为，创造性思维能力本身就是一种尖端知识，而知识的本身就具有连续性和再生性。这种尖端知识的再生性所再生出来的知识必然是更尖端的知识，并将更尖端知识转化为更尖端的现实事物。这种尖端知识和尖端现实连续不断地再生，使得这种能力总是处于领先的地位，从而使其总处于核心竞争力的地位。

保险企业该怎样获得并不断增强其创造性思维能力？从理论上说，保险企业的创造性思维能力存在于保险企业职工的头脑之中。但要把可能的创造性思维能力变为现实的创造性思维能力必须通过一系列的开发活动。而保险企业的员工、特别是保险企业的管理者和领导人的"思维方式的革命",则是其中最具决定意义的活动。所谓思维方式的革命,就保险企业而言,在产品设计、企业组织制度和治理结构、企业经营管理模式、企业增长方式等所有与保险经济发展相关的重要方面的思维方式上要实现三个转化:第一,是由量变到质变的转化。即企业的变化不能仅停留在数量的变化阶段,而必须把发生质变作为追求的目标。第二,是由模仿到"革命"的转化。即企业在上述各方面的活动,不能满足于对中外已有成果的模仿,而要把实现彻底"革命"作为目标。第三,是要实现由创新、改良到创造、发明的转化。即企业的上述活动不能满足于创新和改良,而必须把实现创造、发明作为目标。只有通过思维方式的革命,开发人们头脑中的创造性思维能力,才能不断保持和增强保险企业的核心竞争力。

四、全过程精诚服务是保险知识经济的价值体现和内在要求

保险行业的全部活动是否具有被社会所承认的价值及被承认的价值的大小,完全取决于保险业是否对社会提供精诚服务及其服务的数量和质量,提供的服务越多,质量越高,社会价值就越大,反之,可能会有负面价值。这是保险知识经济的性质所产生的内在要求。因为保险是一种特殊的服务形态知识商品,保险经济的全部运行过程都是一个服务过程。而保险经济这种特殊经济的运行过程,又是保险生产过程、销售过程和消费过程的统一,由此决定了保险经济服务的特殊含义。因为,保险产品本身就是"服务",而其他物质生产部门的产品本身是物质产品,其他物质生产企业所提供的服务,是指产品以外的销售和售后服务。保险商品的特殊性质,决定了保险经济活动不分售前服务和售后服务,而是全过程的服务。其中保险产品的设计和生产服务、保险单服务和保险业务服务是保险企业服务的重要内容。

在保险产品的设计和生产方面,要求保险经营者必须从广大的消费者群体的根本利益出发,设计和生产出适用的经济实惠的保险产品。这里所说的"消费者群体"是指按照人们的经济条件、社会环境、消费水平、消费习惯和消费偏好等影响消费要素的相近性而形成的消费者人群。消费者人群的划分要细致、具体,而且范围不能太大,要杜绝那种"千品一面"、"大一统"的保险产品。在产品设计和生产的方向上,要坚持"阳春白雪"与"下里巴人"兼顾和"高、精、尖"产品与大众化产品同时并重的方向,用差异性的保险产品来满足各类不同消费群体的保险需求。在保险产品的价格上,要实行低廉的价格政策,本着能省则省,就低不就高的差别费率的定价原则来确定保险商品价格。

保险单是保险产品和保险经济关系的书面载体。某种保险产品的内容、品质、承保条件、承保范围、保险利益和赔付条件等重要的保险内容和保险关系都要通过保险单体现出来。这就要求保险单必须让广大保险消费者看得懂、记得住、行得通。为此保险单必须具有真实性、准确性、通俗性、易懂性和可信性五大特征。

保险业务服务包括在展业、承保、防灾、理赔四个环节中的服务。保险企业的服务是体现在对这四个环节的统一的全部过程的服务。即：在展业环节要认真贯彻"实事求是"的原则；在承保环节要坚持权利与义务相对等的原则；在防灾防损环节要坚持防重于赔的原则，把防范和减少消费者的损失放在第一位；在理赔（给付）环节要本着积极、主动、及时、准确的原则赔付（给付）投保人的损失。上述各项内容是保险知识经济的内在要求，只有体现保险知识经济的上述内在要求，才能实现保险知识经济的社会价值。

五、最大诚信是保险知识经济的生存线和最高准则

诚信是保险知识经济存在和发展的生命线和最高准则，这是由保险知识经济的性质和特点来决定的。

首先，是由保险知识经济在社会经济生活中的重要地位决定的。保险涉及社会生产发展和人民群众生活这两大根本性问题。如果由于违背诚信原则而破坏了保险经济活动的正常运行，进而使保险经济关系不能实现，就必然会影响社会生产和人们生活的正常运行，造成社会不和谐的严重后果。虽然保险业需要遵循许多原则，但诚信原则是其必须遵守的最高准则。一旦失去了诚信原则，保险将不复存在，其他一切原则均无从谈起。

其次，是由保险知识经济的商品经济性质所决定的。保险知识经济属于商品经济范畴，而且是高度发达的商品经济范畴。商品经济是以交换为基本特征的经济，等价交换是商品经济的基本准则，而市场是等价交换行为得以进行的场所。在市场上进行交换行为的双方都是经济行为的人格化，而不是普通的自然人。双方之所以同意交换，并且基本上能够实现等价交换，不是因为双方之间的私人关系所致，而是由作为商品（市场）经济得以存在和发展的内在基础的诚信意识和诚信行为所导致的必然结果。没有诚信就没有商品（市场）经济。所以诚信是商品（市场）经济得以存在和发展的生存线和最高准则。保险知识经济自然也必然通行着商品经济一般原则。

第三，是由保险知识经济的服务性质决定的。保险产品虽然属于商品范畴，但保险是一种服务形态的特殊商品。保险服务商品的最大特点在于它不是以物

质资源为实体的有形商品，而是以知识资源所构成的以保险合同形式表现出来的保险双方的权利与义务的关系。保险商品的交换关系也不像物质商品交换关系那样，"一手钱，一手货"发生产权关系转移后，商品交换关系就已完成。保险商品交换关系，虽然发生于投保人缴纳保险费之后所形成的保险合同关系的确立。但是这种合同关系的确立，仅仅是合同关系的开始。保险商品和保险商品交换关系的这种特殊性，决定了保险商品经济关系的建立和实现，比一般物质商品经济关系的建立和实现需要更高程度的诚信关系。

第四，是由保险知识经济运行载体的知识性质决定的。一般物质商品经济的运行过程，包括生产、储存、运输和销售，都要借助于相关设备及相应的工具来实现。而保险知识经济运行过程，包括保单的设计和生产、保单储存、传递和销售，都是通过以电子计算机、通信网络和电子信息为代表的现代高科技手段和设备为载体来实现的，这类载体基本上是无形的，双方的交易完全是以高度的信誉为基础，遵循最大诚信原则才得以实现的。所以最大诚信是保险知识经济存在和发展的基础和生存线，是保险知识经济必须遵循的最高原则。

（原载于《保险研究》2006年第12期）

保险业在构建和谐社会中的作用

构建和谐社会,是我国提出科学发展观的重要目标之一。这一目标的实现需要全国各行各业共同努力。充分发挥各自作用。保险业在构建和谐社会中具有其自身所特有的重要作用。从理论上正确认识和阐明保险业在构建和谐社会中的作用,对于在实践中充分发挥和实现保险业在构建和谐社会中的作用,具有重大的指导意义。

和谐社会的含义

要了解保险业在构建我国和谐社会中的作用,首先必须知道什么是和谐社会,而要知道什么是和谐社会,首先必须知道什么是社会。

何谓社会?社会是指人而言,但不是指某个人,而是指人们的总体而言。所谓人们的总体,不是指自然人的简单相加的总和,而是指相互发生关系或相互发生联系的人的总和。从这个意义上讲,所谓社会,就是人与人之间相互关系的总和。

人与人之间的关系包括经济关系、思想文化关系和政治关系。经济关系属于经济基础范畴,思想文化和政治关系属于上层建筑范畴。所以,社会是包括经济基础和上层建筑在内的关系的总和。

从空间范畴和人群的规模来看,社会可以是指某一个特定空间的部分人的集体;可以是一个区域群体;也可以是一个国家范围内的人群;还可以指国际社会和世界范围的总体人群,也就是说,既可以是上述各个不同范围内的人与人之间的关系的总和,也可以是上述各个范围之间的人与人之间相互关系的总和。

何谓和谐社会?所谓和谐包含"和平"、"谦和"、"温和"、"和睦"和"协调"等多层含义,但总的意义是"和睦"和"协调"的意思,因此,和谐社会是指和睦的社会、协调的社会。

和睦和协调的主体是什么?是人与人之间的关系。和谐社会是指人与人之间具有和睦和协调关系的社会。这些关系包括经济关系、思想意识关系和政治关系三大领域的关系，是三大领域关系的全面协调。

保险在构建和谐社会中发挥作用的基础

保险在构建和谐社会中的作用，不是凭人们的主观愿望臆想出来的，保险作用的发生具有其自身的特定基础，这个基础就是保险自身所特有本质以及由这一特定本质所决定的基本职能。所谓保险在构建和谐社会中的作用，就是保险的本质以及由保险的本质所决定的基本职能的实现所产生的后果。这些后果可以发生在社会的经济领域、思想意识领域和政治领域等各个领域之中。

什么是保险的本质？保险的本质是指保险自身内部所固有的特殊矛盾。这一矛盾表现为：由于自然的、社会的、经济的、人为的和人生自然规律即人的生、老、病、死等原因所形成的种种风险事故的发生所造成的生产要素（生产资料）和生活要素（生活资料）的损失而形成的生产要素和生活要素的短缺，与满足不了社会经济的正常运行、人们生活的正常维持以及社会安定对生产要素和生活要素的需要之间的矛盾，简称为"短缺"与"需要"之间的矛盾。所谓保险的基本职能，是由保险内在矛盾的特殊性所决定的，与保险内在矛盾直接关联的、解决内在矛盾的特殊行为方式。这种特殊的行为方式可以表述为对"经济损失的补偿或给付"行为。这是保险的基本职能。此外，保险的融资行为和保险的风险管理行为，都是保险经济补偿或给付行为的派生行为。

保险在构建和谐社会中的作用的具体表现

保险在构建和谐社会中的作用的具体表现主要有以下几个方面。

（一）为国民经济可持续发展提供物质保障

物质资料的生产是一切社会存在和发展的物质基础和前提。物质生产的连续不断运行是社会生产可持续发展的物质基础，也是社会和谐、稳定的物质基础。而社会生产连续不断进行的前提条件是全社会的生产要素和生活要素的供给与需求的一致性，即生产要素和生活要素的供给能够连续不断地满足社会生产和人们生活对其需求。而在现实生活中，由于种种风险事故的发生必然会对已有的生产要素和生活要素造成损失，并由此产生生产要素和生活要素相对于生产的需要的短缺。这种特殊性的短缺除其他形式外，可以通过保险（财产保险和人身保险）活动所积累起来的物质资料（包括生产资料和生活资料）以经济补偿或给付形式加以解决。这里的"经济补偿或给付"形式是保险所特有的职能和作用，是其他一切形式所不能替代的作用，因为其他一切形式都不能称之为损失的"补偿"。这种物质保障形式是保险的特殊性质、特殊职能的实现所发生的作用，其发生的前提是生产企业、流通企业以及与生产和流通相关联的企业，要投保各种风险所引发的财产险、人身险等相关险种。所以发展与社会经济发展密切相关的保险是保险业发展的首要任务。

（二）对社会居民物质生活的稳定作用

居民物质生活的稳定是社会关系和谐和安定的基础。社会居民的物质生活包括衣、食、住、行各个方面，而这些方面都需要通过物质资料的消费来实现。这些待消费的物质资料，只有经常保证与居民消费的需要相一致，才能保证居民生活消费的满足，才能使居民物质生活得到保证。在现实生活中，由于种种风险事故的发生造成生活资料短缺的情况经常发生，这种短缺一旦发生又得不到及时的解决，就会引起社会生活的不稳定，而保险却可以及时解决这一短缺问题，从而可以通过经济给付的形式为社会居民生活的稳定提供保障，发挥对社会居民生活稳定器的作用。要实现保险的上述作用，必须大力发展与居民物质生活紧密相关的险种，其中包括各类人身保险、医疗保险、意外伤害保险以及家庭财产保险等多种险种。

（三）对社会资金的调剂和资本市场风险的制衡作用

现代保险以货币运动形式直接表现出来，以货币运动推动物质运动来实现。保险对社会资金的调剂作用主要通过保险市场、货币市场和资本市场之间的资金流动行为来实现。保险通过保险资本金和保费形式收取和积聚的保险资金，可以存在于保险市场，也可以流入货币市场，还可以流入资本市场，这就起到了资金在全社会范围的调剂作用。

保险对社会资金的调剂作用还表现为各类不同的投保人和不同企业所缴保费的调剂使用。保险的一个基本原理是集中多数投保人的保费，补偿（给付）少数受损失（损害）的投保人。这种行为本身就是一种在不同投保人群之间的资金调剂行为。

保险对资本市场风险的制衡作用，主要通过保险资金运用于资本市场的行为实现。资本市场需要多种形式的资金投入，其中有个人资金，也有企业或其他法人资金；有长期资金，也有短期资金；有投机资金，也有投资资金。由于资金的性质和投入资本市场的动机不同，它们对资本市场所产生的风险程度和所冒风险的程度有所不同，因而各类资金对资本市场的风险的作用不同。个人资金、短期资金一般是短期入市，具有投机性质，对资本市场具有不稳定的影响，因而是形成资本市场的风险较大因素；而保险资金是单位资金，是长期性的投资性资金，因而是资本市场中风险的稳定因素，对资本市场的风险发挥着制衡作用。

（四）对社会再生产的调节作用

目前经济理论界一般把社会再生产划分为第一产业、第二产业和第三产业三个领域。社会再生产的一般规律是要求这三个领域内部和三个领域之间都要保持一定的比例关系。为此，必须使三个领域内部和三个领域之间都要有一定比例的生产资料和生活资料作为物质保证。在自然经济和以物质经济为主的经济时代，各领域和各个部门之间所需要的物质保证多以实物形态为主，因而，各部门、各领域之间的生产要素的储存和调剂，因受物质形态的限制而产生种种困难。在现代市场经济条件下，社会生产要素以实物形态和价值形式（货币形式）两种形式存在，而且实物形式随着价值流动。价值形态（钱）到哪里，实物亦随着到哪里。社会生产要素在部门之间的流动首先表现为价值流动，通过价值流动带动物质流动。

现代保险是以价值形式为代表的保险，保险的实物运动表现为价值运动。保险的资本金、保费收入、各种准备金、特别是保险基金均表现为一定的价值形态即货币形态。由于各个不同部门和各个不同的人群所缴纳的保险费都表现为货币形态，所以，在保险费的形式上不存在部门之间的差别；又由于保险资金运用的投资项目不是按照哪个部门缴纳保险费，就投入到哪个部门的原则进行的，而是根据社会经济发展对资金的需求而投放，这就必然发生保费来源与保费投放在不同领域和不同部门之间的调剂活动。这种调剂活动实际上就是对社会再生产各个领域和各个部门之间的调节作用。

（五）为社会节省物质财富，相对增强构建和谐社会的物质基础

虽然防灾、防损不能直接增加社会财富，但它可以减少社会财富的损失，而社会财富损失的减少，就等于社会财富的增加。从这个意义上讲，保险公司的防灾、防损活动，要重于对损失的理赔活动，"防"重于"赔"应当成为保险企业经营活动中的一条重要的指导思想。因为，从全社会的角度来看，赔付了的损失，仍然是社会财富的损失，是社会财富量的绝对减少，而防止了灾害或减少了损失，就是相对增加了社会财富。虽然，保险企业防灾、防损的直接对象是保险企业的承保标的物，然而，保险企业的这种防灾、防损活动的原则精神和技术措施会直接影响和提高全社会的防灾、防损思想意识，促进全社会范围内的防灾、防损活动，这样就会为社会减少了损失，相对增加了构建和谐社会的物质基础。

（六）有利于增强社会的风险预警能力，提高社会的风险管理水平，为构建和谐社会奠定风险管理基础

保险是风险管理的一种形式。风险管理是人们对风险的认识、识别和处理

的一个系统工程体系,而对风险的预警则是风险管理的一个首要环节。风险预警的主要含义就是对风险的预测和警示,可以主动防范风险事故的发生,采取积极措施和手段来减少或降低风险事故发生所造成的危害程度。所以,积极主动地风险预警活动和全社会的风险管理活动是保证社会和谐稳定发展一个重要环节,它是社会和谐和稳定发展的重要风险管理基础。

企业的风险管理是保险企业的首要任务。而进行风险预警则是保险企业经营的首要活动。保险业是社会预警体系中人才集聚颇多、技术先进、设备齐一、机制完善和体系完整的行业。保险企业的预警活动,必然影响和促进全社会范围内风险预警水平和风险管理能力的提高,从而为构建和谐社会奠定风险管理基础。

（七）在意识形态领域对社会成员的互助共济思想和最大诚信意识的形成和提高起着示范和推动作用

意识形态领域是社会领域的一个重要方面。社会成员之间的意识形态关系是否协调一致,是衡量社会是否和谐的重要标志之一。因而,构建和谐的意识形态也是构建和谐社会的重要内容之一。社会成员的互助共济思想和笃守最大诚信的意识的形成和提高,则是社会意识形态的重要组成部分,在社会意识形态中居于重要地位。而保险在社会成员的互助共济思想和最大诚信精神的形成和提高方面发挥着重要的示范和推动作用,这是由保险自身所遵循的基本原理和基本原则所决定的。

保险的基本原理之一,是集聚多数投保人的资金来补偿或给付少数遭灾受损的投保人的损失。这其中就蕴涵着"一人为众","众为一人"和社会成员间互助共济的思想和精神。这种思想和精神是社会成员间和谐相处的重要的思想基础,也是构建和谐社会的重要思想基础,同时也是保险业安身立命和持续发展的生命线。保险业只有自觉地遵循这一基本原理、原则,才能取得自身的生存和发展,而事实上,就保险业的总体而言也正是这样做的。这种行为为全社会范围内的互助共济和讲诚实、守信用的高尚品德和思想意识的形成和发展起到了示范和推动作用。

（八）对责任风险事故的发生所产生的社会矛盾起着弱化和缓解作用

在现代社会中,各种责任风险大量存在。其中包括雇主责任风险、产品责任风险、建筑工程责任风险以及医师、律师等各种职业责任风险和各种公共责任风险,等等。这些风险事故一旦发生,就会造成多重的社会矛盾,从而会增添不和谐的因素。这些矛盾如果得不到及时的和妥善的解决,便会加剧以致酿成更大的社会矛盾。解决这类矛盾需要多种手段、多种形式、多方面的努力,而经济手段是具有基础性的不可缺少的手段。如果事故责任者参加了责任保险，便会从保险公司得到适当的赔付金，便可以及时地赔付给受损者，从而减弱和缓解了矛盾。

（九）在政治关系方面，对贯彻落实国家有关政策发挥一定的辅助作用

国家在某一个时期或某一种特殊环境下，从政治关系的高度出发，在某些方面、对某些人群实行一定的特殊政策。例如在我国现阶段对"三北"（华北、东北、西北）地区，对"三农"方面和对特别贫困人群，实行某些特殊政策，这些特殊政策的贯彻和落实需要采取多种手段和需要有多方面的共同努力。如实行某些政策性保险是一项重要措施。兴办政策性保险有时可能会使保险业在经济收益上有所减少，甚至会出现暂时性的亏损，但是从政治的高度和全局利益出发，保险业对政策性保险还应积极主动地推进。这种行为本身能对整个国家的政治关系的协调发挥一定的辅助作用，从而对构建和谐社会起到推动作用。

（十）对构建国际和谐社会具有一定的推动作用

从科学发展观来看，构建和谐社会的最高境界包括构建和谐世界。保险在构建国际和谐社会和和谐世界关系方面具有一定的推动作用，这主要是由保险的国际性特点和现代风险的系统化和国际化的特点决定的。由于风险的系统化、国际化特点的存在决定了保险也具有国际化的特征，特别是一些国际性的经济风险如国际贸易、国际金融等和重大自然风险如地震、台风、飓风、海啸等的存在使保险的国际性更为明显。因为上述风险事故的发生，其危害范围涉及许多国家和地区或者其损失量是一国或少数国家的经济实力所不能承担的，需要通过国际性的保险活动和保险形式，主要是国际间的再保险和共同保险形式来分散风险和分摊损失。通过上述保险形式实现国际性风险损失的合理分摊，使国家之间建立和加强了相互关系的协调性和和谐性，从而为构建和谐国际社会起到一定的推动作用。

保险在构建和谐社会中作用的实现

保险在构建和谐社会中的作用，是从理论上分析可能发挥的作用。可能性不等于现实性。要把可能发挥的作用变为现实作用，需要通过人们主观上的努力。这里所说的主观努力，主要是指要从我国保险业现实出发，明确保险发展的指导思想，确定保险发展的正确原则。

我国保险业的最大客观实际，就是保险业仍处于发展的初级阶段。在这个阶段上，从充分发挥保险业在构建我国和谐社会中的作用的高度来看，保险业存在着保险主体不完善、保险客体不完善、保险监管不完善和保险市场总体不

完善等缺陷。而就保险业务自身的发展来看，存在以下四个方面的问题：一是保险发展的可持续性不强；二是保险发展的严重不平衡；三是保险发展存在着致命的薄弱环节；四是模仿性发展占主导地位。

针对现阶段保险发展存在的问题，要充分发挥保险在构建和谐社会中的作用，必须要有正确的指导思想和明确的发展原则。从指导思想上说，首先，要树立积极主动发展的指导思想。保险业存在的上述问题，从根本上讲，是由于保险业发展的不充分而产生的，因而，这些问题只有在积极主动的保险发展中才能得到解决。其次，是要树立按照科学发展观的要求和按照保险发展的客观规律的要求来发展保险的指导思想，而不能凭主观愿望随意发展。第三，要树立以民为本和以最大诚信发展保险的指导思想。第四，要树立立足于构建和谐社会的需要发展保险，发展保险为和谐社会服务的指导思想。

从科学发展观和保险自身的发展规律的要求来看，要充分发挥保险业在构建和谐社会的作用，在保险发展中应当采取以下原则：

一是坚持可持续发展原则。可持续发展是科学发展观的核心内容之一。可持续发展原则要求保险业要遵循既无间断又无大起大落，循序渐进，稳定上升的规律进行发展。保险可持续发展原则的核心内容是：既要充分满足当代人民大众对保险的需求，又要为能够充分满足下一代人们对保险的需求创造必备的条件。保险可持续发展的关键是正确处理保险的发展与保险资源的保护、利用开发和保险环境的保护、创造之间的关系。

二是要坚持全面协调发展的原则。所谓全面协调就是要正确处理保险在发展过程中的各种关系，其中包括宏观、中观和微观三个层面的关系。在宏观层面上需要重点协调的关系主要有：保险发展与国民经济发展之间的关系、保险发展与社会生活之间的关系、保险发展与民族文化之间的关系、保险发展与社会保障发展之间的关系、保险发展与金融市场发展之间的关系、保险发展与保险监管之间的关系以及国内保险发展与国际保险发展之间的关系。在中观层面上需要重点协调的关系主要有：保险增长与保险发展之间的关系、保险业内部各个保险企业之间的关系、保险行业内部各种产权之间的关系、城市保险发展与乡村保险发展之间的关系以及境内不同空间（区域）之间的保险发展关系。微观层面的关系是指保险企业内部需要重点协调的关系，主要有：保险企业促进发展与风险防范之间的关系、保险发展的速度、规模、质量与效益之间的关系、各种企业组织形式之间的关系、保险企业不同规模之间的关系、各种经营方式之间的关系以及各种不同类别的产品之间的关系。

三是要坚持侧重发展原则。鉴于当前保险业的发展存在着严重的薄弱环节，很可能阻碍甚至破坏其进一步健康发展。为此，当前和今后一个相当长的时期内，保险要坚持侧重发展的原则，侧重发展的重点是：城乡居民养老保险、城乡居民的健康保险、各种责任保险和"三农"保险以及"三北"地区的各类保险。

四是要坚持创造性发展的原则。在保险产品的发展、保险企业组织形式的发展、保险经营管理的发展、保险企业治理结构的发展以及保险监管的发展等方面，保险业虽然都有所创新，但基本上是模仿性"创新"，缺少"创造"性。对事物的"创造力"来源于人们头脑中的"创造性思维能力"，而"创造性思维能力"则成为国家、企业或个人的最核心的"竞争力"。因此，创造性发展原则，也是保险业发展中必须坚持的重要原则。

（原载于《中国商业保险》2007年第1期）

创造性思维能力与保险企业的核心竞争力

一、保险企业核心竞争力的含义

竞争是市场经济的普遍现象,优胜劣汰是市场经济竞争的基本规律。在竞争中处于优势地位的企业之所以能够处于优势,是因为这些企业具有优势的竞争力。企业的竞争力是由多种力量构成的,其中对企业的生存和发展发挥关键作用和具有决定意义的竞争力,被称为"核心竞争力"。

二、保险企业核心竞争力的经济基础

保险企业的核心竞争力不同于一般企业的核心竞争力。这是由保险企业的经济基础,即保险知识经济的特殊性质所决定的。

保险知识经济的本质特征,是知识经济的一般属性与保险经济的特殊属性的内在融合。这一特征表现为:一是知识资源是构成保险产品的主导成分;二是知识资源和知识产品是保险经济运行的主要载体;三是社会生态环境是保险知识经济存在和发展的重要条件和环境。

何谓知识经济的一般属性?要回答这个问题必须先回答何谓知识经济。而要回答什么是知识经济,就必须首先回答什么是知识。

什么是知识?从哲学的角度来说,所谓知识是指客观事物的本质及其运动规律,在人们(主体)头脑中的正确反映。知识分为直接知识和间接知识。凡是从亲身实践中取得的知识称为直接知识;凡是通过语言、文字或数码信息等形式的传递所得到的知识,称为间接知识。无论是直接知识还是间接知识,都存在于主体(人)的头脑之中。当人们头脑中的知识转化为人们的技能时,这种知识便转化技术。所以,技术是知识的技能化。而当知识和技能经过思维加工上升到理论的高度,并以各种信息形式传递给他人时,就成为科学。所以科学是信息化的知识,或者说,科学是知识的信息化。无论是人们头脑中的知识,还是科学技术,都属于知识范畴。

当知识、技术和科学作为一种要素应用于经济活动时,便产生了知识经济成分。从这个意义上讲，知识、技术和科学是社会生产力的组成部分，是属于生产力的范畴。知识、技术和科学作为生产力的构成要素自古以来就有之，只不过在不同的经济时代，其在生产力中所处的地位不同。也就是说由于知识、技术和科学在生产力结构中以及在产品中所占的比重不同，从而其在生产力和产品中的知识含量不同，决定着各种不同的经济时代。在自然经济、农业经济和工业经济时代，生产力的构成以及产品中虽然也有知识的成分参与其中，但知识含量很低，只具有知识经济因素，因而既不能称之为知识经济产品，也不能称之为知识经济部门，更不能称之为知识经济时代。只有知识含量在产品中占据主导成分的产品才可以称之为知识产品，只有知识产品在某个经济部门中占主导地位时，这个部门才可以称之为知识经济部门，而只有当世界大多数国家或者多数发达国家进入知识经济阶段，才可以称之为知识经济时代。所以，知识含量在社会生产力、经济产品和经济部门中占主导地位，是知识经济的基本特征。

从20世纪80年代起至今，在世界许多发达国家的生产力和产品中的知识含量逐步增多，以至于在主要发达国家的生产力和产品占据主导地位，此时，人类社会已经开始进入了知识经济时代。

现代保险经济是高度发达的商品经济的产物，它具有知识经济的本质特征。首先，知识资源是构成保险产品的主导成分。无论是寿险产品还是非寿险产品以及其他各种类的保险产品，知识资源成分在各类保险产品中都占主导地位，而自然物质资源成分在保险产品中仅占很小的比重，居于次要地位。这是因为，任何种类的保险产品都是以保险单为载体的以合同形式出现的、对保险标的、保险条件、保险责任、保险费率、赔付条件以及其他与保险相关的条款的文字规定。各类保险产品除了作为保险产品载体的纸制保单和保单的制作过程需要一定的物质工具，是由自然物质资源构成的之外，保险产品的各项内容均是由知识资源构成的。知识资源在保险产品中占主导成分。如果用价值形成来观察的话，在保险产品的价值量构成，知识资源的价值含量占绝对的主导地位，而物质资源价值含量则占很小的比重。由此，我们认定保险产品属于知识产品。其次，知识资源和知识产品是构成保险经济运行载体的主导成分。自然经济、农业经济和工业经济等以自然物质资源消耗为主生产物质产品的经济时代，从产品生产、储存、运输到销售的整个经济运行过程的载体，主要是由自然物质和自然物质产品来承担。例如工业产品的生产是由厂房和机器设备完成的；产品的储存要占用大量的作为库房的建筑物；产品的运输要通过铁路（火车）、陆路（汽车）、水路（船舶）、航空（飞机）等运输工具来完成；产品的销售要占用大量的商业专用建筑物；等等。而保险经济的运行载体则主要是依靠知识和知识资源产品来承担的。如保险产品的生产和储存的工具主要是由电子计算机来完成的；保险产品的运输和销售主要是由电子通信网络和信息传递来完成的。电子计算机属于高科技产品；电子通信网络属于传递信息的工具，而信息则是传递过程中的知识。

第三，保险经济的发展主要是依赖于社会生态环境，而主要不是依赖于自然生态环境进行的。而社会生态环境如经济制度、保险法律、法规和保险监管政策等主要是人们的知识形成的。综合上述表明：保险产品是知识产品；保险公司是生产和经营保险知识产品的企业；保险行业是知识行业；保险经济属于知识经济范畴，可称之为"保险知识经济"。

三、创造性思维能力是现代保险企业的核心竞争力

保险企业的核心竞争力是保险企业的生存、发展和在保险行业内部处于领先地位的决定性力量。对保险企业的核心竞争力人们有不同的认识，有人说保险企业所拥有的"资本量"是保险企业的核心竞争力；有人说保险企业所特有"企业文化"是保险企业的核心竞争力；有人则认为保险企业所拥有的"保险人才"是保险企业的核心竞争力；等等。本文认为上述各种说法都有其一定的合理性，也都从某一个侧面反映了保险企业竞争力的真实性。在以自然物质资源和自然生态环境为基础所形成的自然物质经济条件下，"资本金"、"企业文化"和"专业人才"确实构成为保险企业的核心竞争力。然而，如前所述，保险经济属于知识经济范畴。如果从知识经济和科学发展观出发来考察保险企业的核心竞争力，我们便会发现，不仅"资本金"、"企业文化"和"保险人才"不能成为保险企业的核心竞争力，而且连现有的知识、技术和科学成果也不能成为保险企业的核心竞争力。这是因为，在知识经济时代，由于科学技术和信息技术的先进性，人们比较容易地就能够掌握已有的知识和技术。所以，在当时看来还是很领先的、很有竞争力的东西，很快就会失去其先进性和已有的竞争能力，因而，任何个人、任何企业都很难在较长时间内独占已有的科学技术成果。所以，已有的知识、技术和科学成果都不能成为企业的核心竞争力，而"创造性的思维能力"则可以成为在知识经济条件下保险企业的核心竞争力。

所谓创造性思维能力，是指在已有知识的基础上，创造出尖端知识、尖端技术、尖端科学，并把尖端知识、尖端技术和尖端科学转化为尖端事物的构思能力。所谓转化为尖端事物，就保险而言，包括尖端的保险产品，尖端的保险企业组织形式和结构，尖端的保险经营管理体制和机制以及尖端的保险经营管

理经验，等等。创造性思维能力之所以能够成为保险知识经济条件下保险企业的核心竞争力，是由创造性思维能力自身的特点所决定的。创造性思维能力有以下三个最显著的特点：第一，是它的"独占性"。创造性思维能力存在于每个人的头脑中。人头脑中的东西是除本人以外的任何人所无法占有的。其次，是它的"创造性"。创造与创新是具有本质区别的两个不同的概念。虽然创造与创新都要借助于已有的基础，但是创新只是在原有质的基础上发生一定的量变，没有改变原有事物的本质，因而，创新属于"改良"范畴；而创造是在原质基础上发生新的质变，属于"发明"范畴。从经济学和法学的角度来看，创新和改良并不改变"专利"的所有权利和新商标的注册权，而创造和发明则完全享有专利权和新的商品注册权。以我国为例，由于我国经济发展中，创新和改良多，创造和发明少，致使我国拥有自主知识产权核心技术的企业仅占万分之三，99%的企业没有申请专利，60%的企业没有自己的商标。这充分说明创造和发明与创新和改良之间的本质区别。再从经济发展史来看，欧洲，在18世纪以前，英、法两国的经济发展远远高于德国；18世纪以后由于德国的创造发明远远超过英、法等国，德国在欧洲称雄；日本所以能成为亚洲乃至世界的经济大国，也是由于日本的发明创造远远超过亚洲其他国家；而美国作为一个移民国家之所以称雄世界，也是由于其创造发明多于其他国家所致。从某种意义上说，创新属于"改良"范畴，创造则属于"革命"范畴。而创造和发明来自人们的创造性思维能力。可见，创造性思维能力在各项竞争力中处于核心竞争力的地位。第三是它的领先性和再生性。创造性思维能力既然是在已有知识基础上创造出的尖端知识、尖端技术和尖端科学，并把尖端知识、尖端技术和尖端科学转化为尖端事物的能力，这种能力必然具有领先性质，这种领先性是核心竞争力的力量源泉。因为，创造性思维能力本身就是一种知识，而且是一种尖端知识。而知识本身就具有连续性和再生性。这种尖端知识的再生性所再生出来的知识必然是更尖端的知识，并将更尖端知识转化为现实尖端的现实事物。这种尖端知识和尖端现实事物的连续不断地再生，使得这种能力总是处于领先的地位。从而使其总处于核心竞争力的地位。

四、保险企业核心竞争力的开发

既然创造性的思维能力是保险企业的核心竞争力，要想不断保持和增强保险企业的核心竞争力，就必须不断地开发保险企业的核心竞争力。

保险企业怎样获得并不断增强其创造性思维能力呢？从理论上说，保险企业的创造性思维能力存在于保险企业职工的头脑之中。而且每个正常的职工都有产生这种思维能力的可能性。然而，可能性不等于现实性，要把可能的创造性思维能力变为现实的创造性思维能力必须通过一系列的开发活动。而保险企业的员工、特别是保险企业的管理者和领导人的"思维方式的革命"，则是其中最具决定意义的活动。所谓思维方式的革命，就保险企业而言，在产品设计、企业组织制度和治理结构、企业经营管理模式、企业增长方式等所有与保险经济发展相关的重要方面的思维方式上，要实现三个转化：第一，是由量变到质变的转化，即企业的变化不能仅停留在数量的变化阶段，而必须把发生质变，作为追求的目标；第二，是由模仿到"革命"的转化，即企业在上述各方面的活动，不能满足于对中外已有成果的模仿，而要把实现彻底"革命"作为目标；第三，是要实现由创新、改良到创造、发明的转化，即企业的上述活动不能满足于创新和改良，而必须把创造、发明作为目标。只要通过思维方式的革命，开发人们头脑中的创造性思维能力，就能不断保持和增强保险企业的核心竞争力。

（原载于《上海保险》2007年第4期）

"阳春白雪"和"下里巴人"
——"国寿新简易人身两全保险"问世有感

  3月11日，欣闻中国人寿股份有限公司新创了"国寿新简易人身两全保险"，引发本人的回忆和深思。

  记得大约是从20世纪初开始，我国保险市场出现了"两难"的状况：一方面，是保险公司卖保险难；另一方面，是群众想买到自己所需要的保险难，保险市场供求关系很不协调。为什么会出现这种矛盾，主要原因是什么？

  2005年暑假期间，我带着这个问题去云南省丽江地区进行了一些调查研究。调查中，当地居民（主要是农民）反映说："保险公司现在所卖的产品（主要是指投资性的产品）我们不太急需也不太懂，更买不起，我们想要买的保险，保险公司又不卖。"当地基层的保险从业人员也有同感，他们希望总公司深入基层，了解基层的情况，根据当地居民的需求状况，设计出一些符合当地居民（特别是农民）所急需的保险品种。甚至提出上级公司适度放权给基层公司（主要是地、市级公司），以便基层公司根据当地的具体情况设计和经营一些本地区最急需的、简单易行的保险产品。当时我也觉得农民和基层保险业职工提出的建议有一定的合理性。

  调查回来后，我曾经试探着就上述情况与我的保险同行们进行交流，请他们考虑是否可行。我所得到的回答是："不可行"。主要理由：一是基层缺少技术人才；二是基层管理水平跟不上需要；三是这类产品太小、太零散，成本高，会亏本；四是不符合与国际接轨的大方向。

  上述回答引起我的深思，使我意识到，我国保险市场出现的"两难"问题不是一个简单的由于对市场供求关系认识不足而产生的一般性供求关系不平衡的问题。而是涉及我国保险业发展的指导思想和大方向的问题。也就是说我国保险业的发展包括保险产品和保险形式的创新是仅仅面向经济发达地区和少数富人，把主要精力用于开发高、精、尖类产品；还是即要面向经济发达地区，又要面向经济不发达地区特别是农村和经济尚处于相对贫困的人群。用大力气开发适合上述地区和人群需要的一般性保险产品，这是中国保险发展中的方向性问题，甚至是涉及中国保险发展道路的问题。

为了表达上述的认识，我曾经以"中国保险发展的方向和道路"为题，写了一篇评论性的文章。在文章中引用了毛泽东主席于1942年5月所作的《在延安文艺座谈会上的讲话》中关于"阳春白雪"和"下里巴人"的论述。

"阳春白雪"和"下里巴人"都是我国战国时期楚国民间流传的歌曲。"阳春白雪"是属于艺术性较高，难度较大，仅为少数人所能欣赏的歌曲；"下里巴人"则是属于比较通俗易懂，被多数人所能接受的一类歌曲。在1942年的延安，曾经发生过革命文艺发展方向和道路问题的争论。有些人认为，革命文艺的主要作用是提高群众的文化艺术水平，因此，主张革命文艺工作者的主要使命是创造出提高群众文艺水平的作品；另有一些人则认为，革命文艺工作的主要使命是向群众普及革命的文学艺术，因此主张革命文艺工作的主要任务，是创造出能够在群众中得到普及的文艺作品。毛泽东主席把提高型的文艺作品比作"阳春白雪"，是属于"锦上添花"范畴；把普及型文艺作品比作"下里巴人"，属于"雪中送炭"范畴。他指出："我们的文艺方针是实现'阳春白雪'和'下里巴人'的统一，是实现提高和普及的统一。"他强调说，在目前的条件下，普及工作的任务更为迫切，因此，过分强调提高而轻视普及的态度是错误的。

我认为，我国保险业的发展也应当奉行保险的普及和保险的提高相统一的方针，把实现保险的普及和保险的提高统一在一起，作为保险发展的大方向。为此，在实践中必须坚持走保险的普及和保险的提高相统一的道路。可是，在我国保险发展中，却存在着类似当年延安文艺界所存在的过分强调"阳春白雪"，而轻视"下里巴人"的倾向，即过分强调保险的提高，而轻视保险普及的倾向，没能实现保险的普及和保险的提高相统一的要求。在产品创新上过分强调高、精、尖等用于保险提高的产品，而忽视一般的、通俗的保险普及产品；在业务发展中、在空间上过分强调东南沿海经济发达的地区和城市的发展，而忽视在中西部地区经济欠发达的地区和乡村的发展；在人群分布上过分强调高收入、高消费的富裕人群，而忽视低收入、低消费，相对贫困人群，特别是农民的保险需求。

总之，相对而言，"锦上添花"多，"雪中送炭"少；提高多，普及少。由此导致我国保险业的发展出现很不协调的格局，在一定程度上偏离了保险普及和保险提高相统一的大方向。这是我国保险发展中的遗憾和缺陷。

由中国人寿股份有限公司创造推出的"国寿新简易人身两全保险"，具有保费低廉、保障适度、交费简便。为农民量身定做等特点，是在中国普及保险的代表性产品。这一产品的问世，不仅有利于弥补我国保险业发展中的缺陷，而且具有更深远的意义。它在一个侧面上代表着我国保险业发展的大方向,对实现我国保险发展中的普及和提高相统一的方针,具有一定的推动作用。

"国寿新简易人身两全保险"在我国的出现不是偶然的,而是具有其一定的客观必然性。

首先,它是我国国情的必然产物。我国的基本国情可以概括表达为:拥有960万平方公里的国土领域,有大约13亿人口(其中农业人口约占65%),城市与乡村之间,东南西北中各地区之间发展不平衡,"三农"问题占有重要地位的农业大国。我国经济和社会发展的实际情况是:东南沿海地区和约占全国总人口35%的城市,集中了中国现代科学技术的尖端,是中国先进科学技术和先进生产力的代表;同时也是中国国民经济、国内生产总值、居民收入和消费水平、居民风险意识和保险知识,相对较高的地区和人群。这些地区和人群对保险有"锦上添花"和继续提高的需求。而占国土面积大部分比重的中西部地区和约占全国人口总量65%以上的农村人口,是我国经济技术相对落后,国民经济发展水平、居民收入和消费水平较低、风险和保险意识相对较差的地区和人群,这些地区和人群对保险有急需"雪中送炭"迅速普及的需求。

纵观我国保险的总体发展趋势,是既需要提高,更需要普及,其发展的方向和理想目标,是实现提高和普及的统一。而我国过去的一个时期,在保险发展的实践中,对保险的提高给予了应有的重视,这是正确的;但对保险的普及却有所忽视,致使我国保险业的发展没有达到提高和普及相统一的理想目标。因而,当前急需下大力气从事保险的普及工作,加大、加快广大的中西部地区和广大农村人口保险普及的力度和速度。"国寿新简易人身两全保险"正是适应这种客观形势的需求应运而生的。它虽然是针对农民的需要而创造的一种产品,然而,它的意义是深远的,代表着我国保险业实现普及和提高相统一的发展方向,在它之后,必然会有大量的有利于促进保险普及的保险产品和保险活动不断地涌现出来。

其次,"国寿新简易人身两全保险"的出现,是我国落实科学发展观的必然结果。科学发展观是指导我国经济社会发展的根本指导思想和理论。当然也是指导我国保险业发展的根本指导思想和理论。"以人为本"是科学发展观的灵魂和核心内容。"以人为本中"的"人",是指包括全国13亿人口的全体中国人民大众;"以人为本"中的"本",是要求我们从事一切工作都要从全体人民大众的根本利益出发,为全体人民大众谋利益。中国保险业贯彻落实"以人为本"的方针,就必须坚持为13亿人口提供保险服务,或者说,通过为13亿人民大众提供保险保障而促进全国人民的经济发展和生活水平的提高。在我国现阶段,称得起"富人"的仅是少数。在城市中，绝大部分属于中等收入人群，有相当一部分还属于低收入甚至是贫困人群，而占全国总人口65%左右的农村人口，大部分属于低收入人群，有相当多的人尚属于贫困人群。这种人群结构，决定了中国保险产品和保险产业结构，既要能满足提高的要求，更要能满足普及的需要；既要有"锦上添花"，又要有"雪中送炭"；既要有"阳春白雪"，更要有"下里巴人"。"国寿新简易人身两全保险"正是适应这种需要而出现的属于"雪中送炭"，用于保险普及的"下里巴人"。

第三，"国寿新简易人身两全保险"的出现，是保险发展规律的体现。从风险管现的角度来看，保险是风险管理的一种特殊形式。保险的形式和状况是由风险的状况决定的。而风险的状况和发展是不平衡的。有些风险比较简单，属于一般性风险，有些风险具有系统性、复杂性的特点，属于高层次的风险。系统性、复杂性的风险，决定了要有相对较高层次、较高水平的保险与其相对应；简单的、一般性风险决定了要有相对较低层次、较低水平的保险与其相对应。而风险的特点是，在任何时期，都不会是整齐划一的，必然会有不同性质、不同水平、不同层次的差别。因此，必然会要求有不同层次、不同水平的保险产品和保险形式与其相对应。而且风险层次和风险水平的高低是相对的、变化的。在以前被视为高层次、高水平风险，随着经济的发展、人们消费水平和风险承受能力的提高，以及保险技术水平的提高，就会变成相对较低层次、较低水平的风险；同时，还会有新的、更高层次的风险发生。因而，保险的层次和水平也是相对的。在前一个时期被视为高层次、高水平的保险，现在就可能成为相对较低层次、较低水平的保险，同时也会有更高层次、更高水平的保险产生出来，这是保险发展的一般规律。从这个意义上说，相对较高层次、较高水平的保险和相对较低层次、较低水平的保险之间的差别总是存在的，保险业中"阳春白雪"和"下里巴人"的差别也是长期存在的。只不过是在不同时期"阳春白雪"和"下里巴人"的内容和相对水平有所差别。"国寿新简易人身两全保险"的出现，也正是保险发展的一般规律，在我国的具体体现。中国风险的状况和特点，决定了中国保险业的发展过程中，既需要提高，也需要普及；既要有"锦上添花"的"阳春白雪"，也需要有"雪中送炭"的"下里巴人"。而就现阶段来说，中国保险业的发展更急需的是类似"国寿新简易人身两全保险"，这种具有"雪中送炭"意义的"下里巴人"。

（原载于《中国保险报》2007年4月9日）

中国保险发展特色道路探讨

中国保险发展特色道路的精神实质,可以概括为自觉地按照中国特殊国情的需要发展保险的道路,其内容包括自觉地认识和确定中国保险发展的特色基础、目的、要求、方法和特色方针、调节手段等五个方面。

高举中国特色社会主义伟大旗帜,坚持中国特色理论体系,走中国特色社会主义道路,是指导我国经济社会发展的重要指导方针和战略思想。保险经济是国民经济的重要组成部分,当然也必须坚持上述指导方针和战略思想。因此,如何把上述方针和思想落实到保险领域,研究和探讨中国保险发展的特色道路,是保险业界和理论界的共同任务和课题。笔者认为,中国保险发展特色道路的精神实质,可以概括为自觉地按照中国特殊国情的需要发展保险的道路。这条道路可以大致表述为:在遵循保险发展客观规律性的基础上,充分发挥人们认识、掌握和运用保险发展规律的能动性,提高保险发展的科学性,自觉地实现我国保险业的全面、协调和可持续发展。这条道路包括的内容是十分丰富的,其中至少应当体现在自觉地认识和确定中国保险发展的特色基础、自觉地确定中国保险发展的特色目的、自觉地提出中国保险发展的特色要求、自觉地提出中国保险发展的特色方法和特色方针,以及自觉地运用中国保险发展的特色调节手段等五个方面。

自觉地认识和确定中国保险发展的特色基础

从客观实际出发是科学发展观和方法论的核心要求,同时也是中国保险发展特色道路的起步点和基础。而中国的特殊国情就是我国现阶段最大的客观实际,因此也就是中国保险发展的起步点和现实基础。中国的特殊国情包括广泛的内容,其中与中国保险发展直接相关的内容大致包括以下几方面。

首先,中国拥有960万平方公里辽阔的国土面积,地形、地貌、自然环境、资源品种和数量在空间上的分布都存在着很大的差异。

其次,我国是世界上人口最多的国家。全国共有13亿多人口,其中城市人口约占 30%，乡镇人口约占 70%。人口的空间分布极不平衡：东南沿海及中原地区人口密集，北部、西部和西北部地区人口稀少。从人口的文化、科技素质来看，有相当大的一部分人处于比较低下的层次。从人口的年龄结构来看，按照联合国国际人口学会的划分标准，我国在 2000 年已进入了老龄化社会。目前 60 岁以上的老年人口有 1.43 亿，占总人口的 11%，预计 2020 年将占总人口的 17.2%。与发达国家不同的是，我国是"未富先老"，在经济尚不富裕的情况下，迎来了老龄化的浪潮。与此同时，中国的社会保障体系尚处于初建时期，社会保障的范围和层次都比较低。截至 2006 年底，2.8 亿城镇就业人口中基本养老保险覆盖的人口仅为 1.88 亿；参加农村养老保险的人口仅占农村人数的 7.22%（《中国保险报》2007 年 11 月 19 日刘诗平等《未富先老时代如何发展商业养老保险》）。

第三，经济发展很不平衡。我国的经济增长速度很快，但经济发展的总水平和人均水平不高，在世界范围内属于发展中国家。居民收入和生活水平属于中等偏下的国家。就全国而言，经济和技术发展水平极不平衡。一般说来，东部和南部，特别是东南沿海一带的一些大中城市及其周边地区的经济技术比较发达，有些尖端技术已经达到或接近世界先进水平，居民生活水平也比较高；而西部、北部和广大西北地区的经济、技术发展水平和居民生活水平较低，特别是边远山区尚处于生活贫困地区，有相当一部分人口连温饱问题都还没有解决。

第四，我国是一个具有多民族、多种文化传统的国家。全国共有 56 个民族，每一个民族都有自己的文化传统和道德理念，对各种事物的接受程度差异性很大。而其共同的特点是，自给自足和家庭养老的传统意识和习惯，还相当广泛地存在，人们的风险意识和保险观念还很淡薄。

第五，中国的社会制度和性质是处于初级阶段的社会主义社会。社会主义初级阶段包括两层意思。一是就社会性质而言是属于社会主义性质的社会。最主要的标志是：在经济制度方面，实行以国家为代表的公有制经济占主导地位前提下的多种所有制经济同时并存的经济制度和社会主义市场经济的运行制度；在政治体制上实行在中国共产党领导下的人民民主专政制度。人民群众是国家的主人，为广大人民群众谋利益，是我国一切活动的最高宗旨。二是指由于我国是在没有经过资本主义和市场经济充分发展阶段，在以小农经济为主的社会基础上过渡到社会主义的，因而我国上述各种制度还很不充分，很不完善，其中特别是社会主义保险市场经济运行制度更是处于初创时期。保险市场的主体、客体、市场运行机制以及与市场经济相配套的各种法律、法规和监管制度更不完善，人们的市场意识和诚信理念还很淡薄。以上这些是我国基本国情的主要内容，它是中国保险发展的现实基础和起步点，不同于其他任何时期、任何国家保险发展的基础和起步点，具有明显的"特色"，是决定中国保险发展特色道路的决定性因素。

自觉地确定中国保险发展的特色目的

中国保险发展的特色目的可以概括地表述如下：为中国全面、协调和可持续发展，为人民群众的生活安定和构建和谐社会提供经济保障。如前所述，以中国共产党为领导核心的人民民主制度和以国家为代表的公有制经济为主导的经济制度，是社会主义制度的主要标志。这个制度的灵魂的核心汇成一句话，就是人民的利益高于一切，为最广大的人民群众谋利益，是中国一切活动的最高宗旨。从毛泽东一再强调的"为人民服务"，到邓小平提出的建设"小康社会"，再到中国共产党一再强调的"三个代表"和"以人为本"思想，其一脉相承的精神实质都是把为最广大的人民群众谋利益作为从事一切活动的最高目的。而中国保险业作为中国社会主义事业的一部分，也必须遵循这一宗旨，必须把满足广大人民群众和全社会对保险的需求作为自身的最高准则。也就是说，站在全社会的高度来看，中国之所以要兴办保险业，其目的就是为中国经济发展、社会和谐和人民群众生活的安定提供经济保障。因此，中国保险业自身的包括保险产品设计、展业、承保、防灾、理赔等环节的业务活动和保险资金运用等各项活动，都必须从为我国的经济发展、社会和谐和人民群众的生活安定这一根本目的出发。必须说明的是，保险发展的目的和保险企业的发展目的是既互相区别，又互相联系的两个概念。中国保险发展的目的，是从国家的立场和高度出发，把保险视为一个整体行业并作为社会主义事业的一部分，来确定和认识保险发展目的。从这个立场和高度来确定和认识保险发展的目的，必然而且也只能以实现上述根本宗旨为目的。而保险企业是保险业的细胞，它是一个独立核算自负盈亏的经济组织。它必须遵循企业运行的一般规律和一般原则，而获利则是企业一般规律和目的。中国保险企业除国有保险企业之外的其他任何性质的保险企业，其直接的目的都是为了企业盈利，而为经济社会发展提供经济保障，只是其直接目的的实现的结果，是实现直接目的手段。这是二者之间的根本区别。

然而，二者之间又有密切的联系。一方面保险企业盈利的目的必须服从和有利于保险业发展的目的，在这个前提下来实现保险企业的发展目的；另一方面，保险企业是实现保险发展目的的机构担当者，保险业的发展目的通过保险企业的盈利活动实现。

还要特别说明的是中国国有保险企业的经营目的问题。一方面，国有保险企业的财产所有权是属于以国家为代表的全民所有。国家利用属于全民所有的资产兴办保险企业的直接目的，首先是利用保险企业形式来完善社会保险体系，为经济发展、社会和谐和人民群众的生活安定提供经济保障；其次，是利用国有保险企业来稳定中国保险市场，引导中国保险市场的发展大方向。另一方面，国有保险企业同时也是企业，同其他保险企业一样，也要盈利。只有盈利，才能维持自身的生存和发展，才能为社会提供经济保障。可见，对国有保险企业来说，盈利不是目的本身，而是维持自身生存和发展以及服务于社会的一种手段。

自觉地提出中国保险发展的特色要求

依据中国国情和科学发展观的要求，中国保险发展的特色要求应当包括中国保险的全面发展、协调发展和可持续发展三项基本内容。

（一）全面发展

首先是险类、险种、险别和保险产品的全面发展。在险类、险种、险别方面，原则上说，凡是为解决我国存在的可保风险所需要的险类、险种和险别都属于保险全面发展的范围，其中特别急需的险类有各种财产保险、人寿保险、健康保险、各种责任保险、各种保证保险和各种信用保险等。在保险产品方面，凡与上述各险类、险种、险别相对应的产品，都属于全面发展的范围，其中特别是满足"三农保险"的产品和广大中低层收入水平的人群所需要的保险产品。

其次，是满足不同人群的保险需求所需要的保险的发展。不同人群是指由于经济收入水平、民族文化、风俗习惯和风险意识不同等划分的不同人群，这些人群均有不同的保险需求，发展满足这些不同人群的保险需求的保险，是保险全面发展的重要内容之一。

第三，是保险在空间的全面发展。即指保险在城市与农村之间，在经济发达的东南沿海地区与经济欠发达的西部、北部和西北部地区的发展以及在国内与国外的发展。

第四，是中国保险市场的发展。目前，中国保险市场还很不成熟，集中表现在作为供给主体保险企业不完善，保险需求客体不完善，保险中介如保险代理公司、保险经纪公司、保险评估公司等不完善，作为调节保险市场运行自发手段的保险机制不完善，以及市场调节机构的不完善，等等。不断完善保险的上述各个环节，是中国保险全面发展的重要任务。

第五，是保险人才、技术的发展。知识是保险的重要资源和保险发展的重要推动力。保险知识转化为保险技能，就成为保险技术，具有高新技术的人则成为保险技术人才。保险技术人才是保险发展的核心竞争力之来源。

第六，保险环境的发展。保险环境包括三个层次的内容。一是保险发展的自然环境。自然环境与保险的发展虽然不像对其他物质产品发展之间的关系那样密切，但是自然环境的状况和变化对保险的发展也有一定程度的影响。自然环境的恶化或改善均会产生一定的新风险，新风险是保险发展的自然资源之一。从这个意义上讲，自然环境的恶化或优化都会带动保险的新发展。从整个社会经济发展的性质来看，需要不断改善和优化自然环境，控制、缩小和延缓自然环境的恶化。随着自然环境的改善和优化，保险将会更多地为自然环境的改善和优化所产生的新风险进行保险活动和提供经济保障，缩小为环境恶化所带来的风险保障。二是保险发展的社会环境。保险发展的社会环境包括有关保险发展的各项法律、法规和方针政策，其中特别是直接关系到保险发展的保险法、保险合同法、保险监管的法律、法规和方针政策以及国家的财政、税收和社会保障等直接影响保险发展的方针和政策的状况对中国保险的发展具有至关重要的作用。三是保险发展的意识形态环境，包括全体人民群众特别是各级领导人员的风险意识和保险观念，人们的道德观念、风俗习惯以及社会的诚信意识和风尚，等等。这些虽然是属于意识形态领域中无形的和非强制性东西，但是，这些都是一种客观力量。好的、正确的上述意识会促进保险的发展，相反，就会阻碍保险的发展。

（二）协调发展

保险的协调发展是中国保险发展特色要求的另一项重要内容。中国保险协调发展的实现，需要协调方方面面的关系。就现阶段而言，要实现中国保险的协调发展，需要重点协调的至少有以下十大关系。

第一，保险发展与国民经济发展的关系。保险经济属于国民经济的一部分，二者之间是部分与整体之间的关系。保险与国民经济二者之间的发展关系是：一方面，保险的发展必须有利于和服务于促进国民经济的发展，要与国民经济发展的要求相适应；另一方面，国民经济的发展又为保险的发展提供经济条件和经济前提。保险的发展要与国民经济的发展相适应，是指保险的发展速度和规模既相互制约又相互促进的良性发展。

第二，保险发展与保险发展所需要的环境之间的关系。如上所述，保险发展的环境包括自然环境、社会环境和意识环境三个层次。保险是在这三个层次的环境中生存和发展的，因此，一方面保险的发展要适应上述环境的状况，在环境允许的范围内最大限度地发挥保险的能动性；另一方面，要在力所能及的条件下，努力改变旧环境，完善和创造新环境，借以促进保险的发展。

第三，保险发展与社会保障体系发展之间的关系。从社会学和系统工程学角度来看，社会保障体系是一个整体，保险是社会保障体系中的一个子系统。二者一方面是整体与局部之间的关系，处理二者关系的基本原则应当是保险的发展要服务于和有利于社会保障体系的完善和发展，社会保障体系的完善和发展也要为保险的发展创造必要的条件和环境。另一方面，二者又是"同源"、"同宗"此消彼长的关系。因此，处理二者之间相互关系应遵循分工协作，相互补充和互相促进的原则。

第四，保险发展与金融发展之间的关系。现代金融学认为，金融市场是由货币市场、资本市场和保险市场三大支柱构成的一个完整的体系，保险市场是金融市场的一个分支系统。从这个角度来看，金融与保险之间的关系是整体与局部之间的关系。因此，保险的发展必须服务于和有利于金融的发展。然而从金融的内部而言，保险市场与资本市场、货币市场三者之间既相互联系，又相互区别，各自有各自的活动领域和各自的运行规律。相互制约体现为资本市场和货币市场的状况不好，会限制保险市场的发展，反之，如果保险市场的状况欠佳，也会限制资本市场和货币市场的发展，同时由于保险市场与货币市场和资本市场也存在着"同宗""同源"的关系，因而也存在着互相争夺资金和此消彼长的关系。相互促进的关系表现在，如果资本市场和货币市场的状况良好，会为保险市场的发展提供保险资金来源和保险资金运用的场所，促进保险的发展，同样，如果保险市场状况良好，既可以有更多的保险企业作为机构投资者入市，促进和稳定资本市场和货币市场的发展，又可以吸收更多的资本金流入保险市场，为资本市场和货币市场的资金流动扩大领域，增强了资本市场资金的活力。因此，要抓住资本市场和货币市场的繁荣时期，大力发展与其密切相关的保险种类和保险产品,实现资本市场和货币市场良性循环的双赢发展关系。

第五，中国保险与外国保险之间的发展关系。必须把发展中国保险业放在中国保险发展的首位。然而，外国保险已有几百年的历史，有着相对先进的保险技术和丰富的发展经验，实行对外开放，引入外国保险资本在中国境内经营保险业，即有利于增强国内的承保能力，扩大保险范围，又有利于学习外国保险的先进技术，借鉴外国保险的经营管理经验，更好地促进中国保险业的发展。

第六，城乡之间、不同区域之间的保险发展关系。我国城市与乡村之间、各个自然环境和经济条件不同的地区之间的差别很大，经济和社会发展极不平衡。由此导致保险发展水平和程度存在着很大的差异。由于保险发展差异性的存在，使得保险与经济社会发展之间不协调，在一定程度上影响了构建和谐社会的发展进程。因此，正确地协调好城乡之间、不同地区之间的保险发展关系，成为中国保险协调发展的重要内容。城乡保险并重，不同区域保险并举，是正确处理上述关系基本原则。

第七，各种不同性质的保险产权之间的发展关系。我国境内目前比较普遍的保险产权有四种：国有产权、国内公民私人产权和国外私人产权，同时也出现少量的合作保险组织的集体产权。不同的产权结构关系对保险的发展具有不同的作用和结果。在坚持国有产权占主导地位的前提下，各种产权同时并容是正确处理保险产权关系的基本准则。

第八，保险企业的各种组织形式、各种经营方式之间的发展关系。目前，在境内有金融保险集团股份公司、保险集团控股公司、专业保险公司等多种企业组织形式；有专业经营、兼业经营和综合经营等多种经营方式。各种组织形式和各种经营方式之间存在着错综繁杂的关系和联系。在坚持以国有保险集团公司和股份有限公司为主的条件下，多种组织形式和多种经营方式同时并存，是正确处理上述关系的另一条基本原则。

第九，各类保险产品之间的发展关系。目前境内的保险产品的种类繁多，其中需要特别协调的保险产品发展关系有：国外引进的保险产品与国内自主创新的保险产品之间的关系；保障型、分红型、储蓄型产品与投资型保险产品之间的关系；高、精、尖性质的保险产品与大众化的保险产品之间的关系，等等。各种不同类型和不同性质的产品在保险市场中所占的比重关系不同，意味着保险发展的方向和服务对象的不同。因此，按照客观实际需要确定保险产品的发展，是正确处理各类保险产品之间发展关系的根本准则。

第十，保险发展与保险监管之间的关系。恰当的监管关系，会保证和促进保险业的发展；不恰当的监管关系，会影响保险业的发展。目前，我国保险与保险监管之间的关系总体上说是正常的、协调的，然而，由于我国保险发展仍处于初始阶段，在二者关系中，尚存在着不完善和不协调的因素。保险企业的行为要以现行保险监管法律、法规为规范标准；保险监管的法律、法规、方针、政策和监管作风要有利于保险企业发展和完善，而进行不断地改革，是正确处理二者关系的基本指导思想。

（三）可持续发展

可持续发展是中国保险发展特色要求的另一项重要内容，也是我国特色国情和科学发展观的具体体现。所谓可持续发展是指保险的发展呈现相对平稳、没有大幅度起落的、不间断的、连续性发展的这样一种状态。这种状态，不仅是在当代存在，而且要延续到后代，永续不断。实现保险可持续发展的关键和核心问题，是正确处理好保险发展与保险资源和保险环境三者之间的关系。

保险资源是保险发展的物质基础和经济前提，保险环境是保险发展的必备条件。正确处理三者之间关系的基本要求是：保险发展是硬道理，没有保险的发展就没有保险的前途。所以，保险资源和保险环境都必须服从于和服务于保险的发展，这是问题的主导方面。另一方面，要实现保险的可持续发展在保险资源方面，要保证保险在适度发展的前提下，对保险资源进行充分地利用、节约开发和培育，为以后的保险发展保有充分的资源和创造源源不断的新资源；在保险环境方面，要在保证保险适度发展的情况下，为以后的保险发展创造更有利的环境，借以形成保险资源、保险环境与保险发展之间永远不断的良性循环。

保险资源包括可保风险资源、保险需求资源、购买保险的资金资源、兴办保险业的资金资源、保险产品资源和保险人才资源，等等。其中最为核心的保险资源是保险人才资源。保险环境的内容，包括自然环境、社会环境和意识形态环境。其中主要是保险发展的社会环境和意识形态环境，保险发展的社会环境包括有关保险的法律、法规和方针政策以及保险监管规章制度等。保险意识形态环境主要是指人们的风险意识、保险观念以及人们的道德观念和诚信理念，等等。

自觉地选择中国保险发展的特色方法和特色方针

中国保险发展的特色方法可以概括表述为：统筹兼顾、合理安排、因情制宜、各得其所。统筹兼顾，是指中国保险发展要由国家统一筹划兼顾各方面的利益；合理安排，是指要通过国家的规划对全国的保险发展作出符合客观实际的布局；因情制宜，是指根据各地区不同的保险需求状况，制定符合保险需求的保险发展策略；各得其所，是指使各种保险需求都得到充分的满足，借以实现中国保险的全面、协调和持续发展。

（一）积极发展方针

中国保险业界虽然面临着多种矛盾，但其中的主要矛盾是保险的发展与满足不了全社会对保险的需求之间的矛盾，其他的一切矛盾都是次要的、从属的矛盾。而构成保险业这一主要矛盾的主要方面是保险发展方面，只有积极发展保险，这一矛盾才能够得到解决。

（二）充分调动和发挥两个积极性的方针

"以人为本"是我国社会制度的社会主义性质和在此制度基础上形成的科学

发展观的核心要求。这一核心要求的基本内容是：我国所从事的一切活动都必须以为最广大的人民群众谋利益为出发点，一切活动都必须通过最广大的人民群众的活动来实现，一切活动的最终成果都必须归最广大的人民群众所享有，而不能被少数人所占有。而这必须通过充分调动和发挥全体人民的一切积极因素的方针才能够得到实现。

具体到保险领域，充分调动和发挥一切积极因素的方针，可以概括为充分调动和发挥两个积极性的方针。

第一，在制定我国保险发展的法律、法规及大政方针时，要发挥国家的组织和领导作用，但更要调动广大人民群众参与制定保险法律、法规及大政方针的积极性，而不能由国家的某些部门、某些人员、甚至是由少数的几位领导人来制定我国保险法律、法规和大政方针。

第二，充分调动和发挥中央政府和地方政府的两方面的积极性。这是因为，在中国，中央政府和地方政府都是为人民办事的国家机构，二者的根本目标是一致的。因此，在保险的发展上，特别是对需要政府大力扶持的险种，例如"三农保险"、"医疗保险"等关系到国计民生方面的保险，需要国家在政策上和财政、税收方面给予支持时，既要发挥中央政府的积极性，也要发挥各级地方政府的积极性。

第三，在保险业的监督和管理方面，要充分调动和发挥中国保监会和中国保险行业协会两方面的积极性。保监会代表中国政府依法对保险企业的经营、管理行为进行监督和管理，借以维护保险市场的正常秩序和健康发展。保险行业协会是保险企业自行组织起来的民间组织，主要职能和作用是依规引导保险企业自律，在许多方面更了解保险企业和保险市场的真实情况，对政府应如何监管，监管什么，了解得更加具体，能够提出更多符合客观实际的监管建议和意见。因此，充分调动和发挥保监会和保险协会对保险监管的两个积极性，是走中国保险发展特色道路的客观要求。

第四，在我国保险企业内部治理方面，要充分调动和发挥公司领导层和公司广大职工群众的积极性。公司领导层包括公司董事会人员和公司高级管理人员。公司职工包括公司的一般经营人员和广大工人群众。一般说来，公司董事会成员是公司股东利益的代表，公司一般经营人员和广大员工是劳动者利益的代表，而公司的高层管理人员，受雇于股东，他们除代表自身的利益之外，主要是为股东谋利益，同时也兼顾职工的利益。这三个层次的人员，由于各自的利益不同，因而对公司治理的着眼点、立场和作用是不相同的。因此，在保险公司治理结构建设和各种规章制度的制定中，不能片面地强调公司领导层对公司治理的作用，应当是把公司治理放在广大职工积极参与治理的基础之上，实现两个积极性的统一。

（三）改革开放与自主创造相结合的方针

中国的特殊国情决定了中国保险发展必须实行改革开放与自主创造相结合的方针。这是因为，中国保险业是从计划经济制度的保险业转化而来的，现行的保险业中不可避免地保有计划经济制度、计划经济运行体制和计划经济意识形态的痕迹和因素。为了适应市场经济的需要，必须对现行的保险业不断地进行改革。由于我国现行保险市场经济运行的时间很短，还缺少自身积累的可供借鉴的经验和可采用的先进技术，因此，必须大力实行对外开放，引进国外保险的先进技术和各项经验，借以推进我国保险业的改革进程和改革成果。

然而，尽管保险创新在我国保险业发展中已经发挥了重要的作用，而且在今后的保险发展中必将继续发挥越来越重要的作用。但是从哲学上讲，创新终归是属于事物的量变和改良范畴，至多是部分质变，而不是事物的根本质变范畴。如果我国保险业的发展仅仅停留在量变进程，而达不到质变的高度，就不可能实现质的飞跃。要走出一条中国保险发展的特色道路，就必须根据中国国情需求实行自主创造方针。以中国经济和技术发展的实践为例，由于我国在经济和技术发展中，创新和改良多，创造和发明少，致使我国拥有自主知识产权核心技术的企业仅占企业总数的万分之三；99%的企业没有申请专利的权利，60%的企业没有自己的商标。再从世界经济发展史来看，18世纪以前，在欧洲英、法两国的经济发展 远远高于德国，18世纪之后，由于德国的创造发明远远超过英、法等国，德国在欧洲称雄；日本之所以能够成为亚洲乃至世界经济大国，也是由于日本的发明创造远远超过亚洲其他各国；美国作为一个移民国家之所以称雄世界，也是由于美国的发明创造多于其他国家所致。从科学技术进步的角度来说，创新属于改良范畴，创造属于发明范畴。因此，中国保险发展既需要创新和改良，更需要创造和发明，把改革和创新与自主创造结合起来。

（四）差异化发展方针

中国保险领域中的另一个重要矛盾，是保险发展不平衡。这一不平衡表现在全国范围内不同区域之间和同一区域内部两个层次。在不同区域之间表现为各区域之间的保险发展深度、密度和发展程度存在着重大差距；在同一区域之内，表现为区域内部保险供给与保险需求之间的不适应。这种不适应集中表现为："想买的保险产品没人卖；想卖的保险产品没人买。"产生这种现象的根本原因，在于区域之间对保险需求的差异性与保险供给的单一化之间的矛盾。保险供给的单一化则是产生这一矛盾的主导方面。保险供给的单一化，包括保险法律、法规的单一化，保险经营管理模式的单一化和保险产品结构的单一化，等等。

差异化保险发展方针，是指保险供给方按照保险需求方的差异性需求，提供与其相适应的差异性供给。差异化的保险供给的内容包括保险法律、法规的差异化供给，保险监管的差异化供给，保险企业组织形式的差异化供给，保险经营管理模式的差异化供给和保险产品的差异化供给，等等。通过保险供给方提供差异性保险供给，实现区域内部保险需求与保险供给的平衡和发展。通过各区域内部保险的发展，逐步缩小各区域之间保险发展的差距，推动全国保险的平衡和发展。应当指出的是，无论是全国范围内各区域之间的保险发展的平衡，还是各区域内部保险需求与保险供给之间的平衡都是相对的、暂时的平衡，而不是也不可能是绝对的平衡。从哲学上说，任何事物的发展平衡都是相对的、暂时的，而不平衡则是绝对的，经常的。客观事物正是从不平衡——新的平衡，再由新的平衡——新的不平衡——新的平衡这样的运动形式而实现发展的。中国保险业也必须遵循这样的运动规律。

自觉地运用中国保险发展的特色调节手段

一般情况下，实行市场经济制度的国家和地区，对经济的调节均采用市场机制调节和国家宏观调控相结合的调控手段。

中国保险发展的调节手段基本上也是如此。所不同的是：由我国国内人民群众之间以及国内人民群众与政府之间的根本利益的一致所决定的二者的结合方式、结合点以及二者各自所发挥作用的程度具有中国特色。所谓二者"结合方式"方面的特色，主要表现为，西方实行市场经济的国家和地区，由于受各方利益关系的制约，往往是在市场机制的自发性已经产生相当严重后果的情况下，国家才参与宏观调控，二者结合的自觉性和预期性比较差；而在中国，由于人民群众之间以及人民群众与政府之间的根本利益的一致性的存在，可以做到市场机制的消极作用刚刚发生甚至尚未发生的情况下，就已经主动地采用相应的措施进行调控，使二者的结合具有很强的自觉性和预见性。所谓二者结合点方面的特色，主要是指，由于上述结合方式的自觉性和预见性的特点，可以选择在看不见的手的自发性作用发挥到最佳状态的时点上，国家及时采取适当的调控手段引导保险经济向正确的方向运行，使"看不见的手"与"看得见的手"的结合恰到好处。所谓二者发挥作用程度方面的特色，是指在我国保险市场调节中，国家调控的作用程度相对强于西方市场经济中国家对保险市场的作用程度，其中特别是国家财政和税收手段的作用更为明显。从财政手段来说，国家可以根据实际需要对某些地区、某些险种和某些产品给予财政补贴。就税收制度而言，国家可以在不同时期和不同情况下，根据保险发展客观需要，实行差别性的税制。就我国现阶段保险发展的状况来看，国家应当或可以对保险业实行轻税政策，其中包括低税、免税、减税和缓税政策。所谓低税，是指实行社会平均税率以下的税率，对凡是奉公守法经营保险的任何保险企业一律实行轻税政策；对凡是面向贫困地区和新开发的新保险市场，经营保险型产品的，特别是经营"三农保险"产品的企业一律实行免税政策；对长期以经营保障型产品为主，实行保险产品创新的保险企业实行减税政策；对长期依法经营遇有特大灾害、系统风险和不可抗拒风险而造成经营困难的保险企业实行缓税政策；等等。

（原载于《中国商业保险》2008年第3期）

寻求保险科学发展之路

摘要：要实现保险的科学发展，首先要准确领会全面落实我国提出的关于经济、社会和自然界发展的科学发展观；其次要从理论上认清保险的本质；第三，在保险经营活动中坚持"三个为主导"的原则；第四，正确处理保险市场发展周期与资本市场发展周期之间的关系；第五，正确处理保险增长与保险发展之间的关系。

关键词：金融危机；科学发展；保险市场发展周期；增长与发展

有专家认为，与银行业相比，保险业在由美国次贷所引发的世界性金融危机浪潮中，所受到的波及更明显。在美洲，美国国际集团（AIG）如果不是美联储先后两次共1228亿美元（一次是9月16日850亿美元，一次是10月8日378亿美元）的紧急贷款的资助，很难逃脱像雷曼兄弟那样的破产命运。在欧洲，欧洲保险三大巨头所受到的财务波及就可见一斑，欧洲市值第二大的保险业者——安联集团11月8日表示，在第三季度亏损20亿欧元，从营业额上看，2007年第三季度是219亿欧元，2008年同期是211亿欧元，减少了3.8%，欧洲另两家大保险公司在危机中，瑞士人寿保险公司利润下滑，分红减少。荷兰国际集团（ING）第三季度减收11%（为30.8亿瑞士法郎），估计很难完成2008年的利润指标，股份回购计划已经停止。美国市场调研机构公司分析家布鲁诺·保尔森表示，由于全球股市一跌再跌，各公司的投资收入受到严重冲击。另外，德国保险行业协会、挪威最大的金融和保险集团Storedrand ASA也出现亏损（参见《中国保险报》2008年11月14日第4版）。在亚洲，日本的大和生命保险公司在这次金融危机中破产。在中国，有的保险公司在国外的过百亿的投资无法收回，投连产品退保和万能产品结算利息下滑也先后出现。

为何一个拥有98年历史、总资产达到一万亿美元，在2007年《福布斯》全球2000强中名列第二和在2007年《财富》全美500强中名列第十，公司业务遍及全球130多个国家和地区的国际金融保险集团在短短一段时间内，就走向濒临破产的边缘，为何欧洲三大保险公司和亚洲的日本和我国保险业受到如此严重的影响呢？原因是多方面的。然而，其中最主要的原因是因为这些保险集团偏离了保险的本质这个大方向。偏离保险的本质主要有两种表现：一是所经营产品是非保险产品，或非保障性产品，或保障成分过低、投资比重过高的产品；二是把保险资金投向高风险、高回报、快回报的项目。这两者的共同性在于都是为了赚钱，用一个字来表示就是一个"贪"字。资料表明，AIG 集团的保险业务本身在这次危机中并没有受到多大的冲击，保险公司对自身的保险业务赔付责任有足够的偿付能力。问题发生在 AIG 下属的金融产品公司（AIGEP）。该公司推出了一种类似信用保险被称为 CDS 的新合同。这种新合同为称为 CDO_s 的合同提供保险，而 CDO_s 是一种评级很低、内涵价值很低、周期较短、违约率很高的高风险金融产品。这种产品在违约率比较正常的情况下，能够给承保方带来丰厚的利润，过去一段时间它也确实为 AIG 带来过不少的收益，而一旦出现高违约率的风潮时，便会给承保者造成巨大的损失。而恰恰是 CDO_s 在这次金融危机中出现了大量的持续的高违约率，导致 CDS 的大量亏损，由此导致 AIGEP 即金融产品公司亏损，进而导致整个 AIG 集团濒临破产的边缘。而欧洲三大保险公司把大量的保险资金投入股票市场，日本大和生命保险公司把总投资额中的 30% 投入国内资本市场中高风险项目，20% 投入美国次级地产债券。我国某些保险公司除把保险资金投向国外资本市场中的高风险项目外，还大量出售投资性的保险产品。上述事实表明，AIGEP 所推出的 CDS 既不是为人身提供安全保障，也不是为财产风险提供物质保障，而是为虚拟经济中的高风险的金融产品提供担保；欧洲和亚洲一些保险公司或把保险资金投向高风险项目，或出售高回报率的投资性产品，结果，使本来应当是起到社会"稳定器"作用的保险，反而成了引起社会和经济震动的"振荡器"。这是保险企业偏离保险本质的必然苦果。值得庆幸的是，AIG 董事长兼首席执行官爱德华•李迪（Edward Liddy）在痛定思痛后，于 10 月 3 日表态，该公司在迅速出售世界各地的非保险业务后，将把注意力集中到保护保险客户的利益上来。该公司在一份声明中称：计划保留其美国国内本土财产险和责任险及美国国外的财险业务和人寿保险的持续权益，该公司将重新专注于其财产和责任保险业务。此外，9 月 24 日，苏黎世金融服务集团首席投资官沈文天（Martin Senn）也明确忠告说："保险公司主要还是要靠保险业务和收入来创造收益，核心业务也应该是提供保险保障服务。保险公司的投资管理业务非常重要，但它不应该是保险公司最重要的业务。"（以上引文参见《中国保险报》2008 年 10 月 8 日第 1 版）AIG 董事长的表态，该公司的声明以及苏黎世金融服务集团首席投资官的忠告共同说明了一个问题：保险公司的经营不能偏离保险的本质，保险业务是保险公司的核心业务。怎样才能使保险业不偏离保险的本质这个大方向而健康地发展呢？这需要我们寻求一条保险科学发展之路。

保险科学发展之路的根本是树立科学的保险发展观和在理论上认清保险的本质。笔者认为，在我国，保险科学发展之路至少应当包括以下一些内容。

一、保险行业全体人员必须认真学习，准确领会全面落实我国提出的关于经济、社会和自然界发展的科学发展观

这一科学发展观包括从客观实际出发，以人为本，全面发展，协调发展和可持续发展等多方面的内容。它是指导我国经济、社会和自然界发展的基本理论和基本指导方针，当然也必然是指导我国保险业发展的基本理论和基本方针。从宏观上说，在保险发展中，坚持从客观实际出发、以人为本、全面协调和可持续发展，就是坚持了保险科学发展之路。因此，如何把科学发展观具体落实到保险行业，并用它来统帅中国保险业的发展，就成为我国保险业的科学发展之路的首要内容和前提。

二、要从理论上认清保险的本质

保险的本质就是保险的性质、基本职能和作用的统一。

保险的性质是保险这一客观事物内部所独有的特殊矛盾。保险自身所独有的特殊矛盾是指由于自然的、社会的、经济的、人为的和人生自然规律（即人的生、老、病、死、残）等原因所形成的种种风险事故的发生所造成的生产要素和生活要素的损失（或减少），而形成的生产要素和生活要素的短缺，与满足不了社会经济正常运行和人们生活的正常维持对生产要素和生活要素的需要之间的矛盾，简称为"短缺"与"需要"之间的矛盾。这一矛盾的根本特征在于：由于各种"风险事故的发生"导致生产要素和生活要素的损失，进而导致生产要素和生活要素的短缺，而产生的满足不了社会生产和社会生活正常运行对生产要素和生活要素需要。

保险的职能是指由保险的特殊性质所决定的解决这一矛盾的特殊手段和形式。保险自身矛盾的特殊性质决定了保险的基本职能只能是采用物质手段和补偿（给付）的形式对已经发生了的损失（或减少）进行补偿（或给付）。因为，如前所述，保险的特殊矛盾是由生产要素和生活要素的短缺所形成的，这种短缺是真实的、绝对的、物质的短缺，物质的绝对短缺必须通过物质手段和补偿（或给付）的形式加以解决。这种用于补偿（给付）的物质手段，只能来自维持简单再生产之外的生产要素和生活要素的积累，这里所说的积累，就是通过保

险形式积聚起来的保险资金。所以保险的经济内容就是用过去的物质财富的积累补偿（给付）现在的短缺，或者是用现在的物质财富的积累，来补偿（给付）未来的短缺。保险的作用指的是保险基本职能的实现所形成的结果。保险的补偿（给付）职能的实现所产生的直接结果，就是保障了社会经济活动的正常运行和人们的经济生活的安定。所以，对社会经济活动正常运行和人们的经济生活安定的保障就是保险的作用。保险的这种特殊性质以及由保险的这种特殊所决定的补偿职能和保障作用的统一就是保险的本质，坚持保险的本质就是要坚持保险的特殊性质以及保险的补偿职能和保障作用的统一。按照保险的本质要求去做，是保险科学发展之路的重要内容之一。

三、要在保险经营活动中坚持"三个为主导"的原则

一是在保险产品设计中，必须坚持保障成分在保险产品中占主导地位，反过来说，只有保障成分占主导地位的产品，才是保险产品，否则它可以是任何别的产品，而不是保险产品。如美国 AIGEP 所设计的 CDS 产品，就是一种非保障型产品，因而不能称之为保险产品；二是对保险企业的定性而言，凡是保险企业就必须是坚持以经营保障型产品为主导的企业，否则它可以是任何别的企业，而不能称之为保险企业。如美国 AIGEP 所经营的 CDS 产品是为 CDO_s 即金融产品合同提供保险的，所以，AIGEP 就不能称之为保险企业；三是对保险市场而言，只有保险企业占主导地位的市场，才是保险市场，否则不能称之为保险市场。如美国 AIGEP 企业所参与的市场是以非保险企业为主导的市场因而不能称之为保险市场。事实证明，只要在保险经营活动中，坚持三个为主导的原则，就可以沿着保险科学发展之路向前发展；从反面来说，由于美国 AIG 没有按照上述三个为主导的方针经营，所以 AIG 才会走向破产的边缘。

四、要正确处理保险市场发展周期与资本市场发展周期之间的关系

某些保险企业之所以会偏离保险本质的大方向，甚至会滑到破产的边缘，原因是多方面的。然而，对保险市场周期与资本市场周期之间的关系处理不当是其中的主要原因之一。这是因为保险市场发展周期与资本市场发展周期之间有着密切的联系和关系。

保险市场发展周期，是指以保险经营成果即利润增长率为标志的保险发展过程中所呈现的规律性的运动形式，其表现为：由坚挺阶段，经过下滑阶段，到疲软阶段，到回升阶段，又到新的坚挺阶段。保险周期在不同阶段上有不同的表现和特征。保险市场发展周期中坚挺期的主要特征是：保险经营主体特别

注重承保质量的保证;保险商品的价格(费率)偏高,保险业务承保结果(利润)上升;保险资金运用的数量相对较少,效益偏低;保险市场呈现繁荣景象。而疲软期的主要表现是:保险经营主体倾向于保险数量(保费)的较多和较快的增长;承保业务质量下降;现金流在保险总额中所占的比重偏大;保险费率下降;保险资金运用的数量偏多,且收益偏高;保险业务市场呈现萧条景象。

资本市场周期是指以股票价格为标志的运动过程。这一过程的具体表现形式是:股票市场价格指数的高涨期与低落期的交替出现。股票价格指数由高涨期到低落期,再到一个新的高涨期称为一个周期。股票价格指数的高涨期,称为资本市场的坚挺期;股票价格指数的低落期,则称为资本市场的疲软期。

保险市场周期与资本市场周期之间的联系表现为:保险市场的坚挺期往往与资本市场的疲软期相联系;而保险市场的疲软期往往与资本市场的坚挺期相对应。这是因为,保险公司是经营保险商品的企业,赢利性是保险企业经营活动的内在驱动力,而承保利润和保险资金运用的盈利是保险公司盈利的渠道。最佳的保险业务承保盈利与最佳的保险资金运用盈利是保险公司最理想化的盈利预期。然而事实上两者很难同时达到最佳水平,两者交替出现则是经常的状态。当资本市场处于坚挺期时,保险资金运用会得到较高的回报,此时,保险公司为了取得更多的投资回报,往往会把更多的保险资金投入资本市场,为此,不仅会采取降低保费和降低承保质量的办法来扩大承保规模,增加保费收入,有时还会采取扩大现金流的手段来增大资金流入。上述活动必然会带来承保成果不佳,甚至会出现直接承保业务亏损,从而导致保险市场的疲软;与此相反,当资本市场处于疲软期,保险资金运用收益降低,甚至出现亏损时,保险公司不能再依靠保险资金运用来取得利润,而主要应依靠承保业务来取得利润,为此,保险公司必须注意承保质量,保持正常的保险价格,积极发展正常的保险业务,从而进入保险市场的坚挺期。此外,在资本市场的坚挺期,由于投资回报率比较高,对资本投资者具有较大的吸引力,在高投资回报率的诱惑下,保险经营主体比较偏好把大量的保险资金投向资本市场,更多地设计和出售投资型保险产品;而在资本市场的疲软期,由于投资回报率较低,保险经营主体会减少保险资金向资本市场的投放,同时也会减少对投资型保险产品的销售。

然而,保险科学发展的本身要求,无论是资本市场的坚挺期,还是资本市场的疲软期,都是保险市场存在和发展的外部环境和条件,都必须正确处理两者之间的关系。处理两者之间关系的基本原则就是要适度。保险市场的发展不能脱离资本市场,脱离资本市场的保险市场就不能生存和发展;但是保险市场也不能依赖资本市场,更不能与资本市场合二为一融为一体,从而丧失保险市场的相对独立性。在资本市场的坚挺期，虽然可以适当地增加保险资金在资本市场的运用数量和增售一些投资型保险产品，但不能过度。资料表明，资本市场周期的年限，短则 3 年至 5 年，长则 8 年到 10 年。如果保险市场过度依赖资本市场，不能保持自身的相对独立性，一旦出现资本市场的疲软期或出现金融危机，就必然会连带冲击保险市场，那时，那些过度依赖资本市场的保险企业，就会被推向困难的境地，甚至会被迫走向破产的命运。AIG 集团之所以在这次金融危机中，受到如此致命的冲击，这与该公司在资本市场坚挺期，过度贪售投资型保险产品有直接的关系。而日本大和生命险公司在资本市场坚挺期把约为投资总额 30％的保险资金投入国内资本市场中高风险的项目和在国外资本市场投资方面，把约为总投资 20％的保险资金投入美国的次级房地产债券和美国其他债券，是导致该公司破产的直接原因（参见《中国保险报》2008 年 10 月 17 日第 5 版）。

五、正确处理保险增长与保险发展之间的关系

保险增长通常是指保险数量的增加（通常以保费的数量为指标）和保险品种的增多。它是保险经营者切身利益的直接体现，也是保险业当年经营成果的体现。保险的发展不仅包括保险数量的增加和保险品种的增多，而且还包括保险制度、保险机制、保险企业组织形式和治理结构以及保险市场的变化和发展。不仅如此，从更宏观的角度观察，保险发展还与国民经济、社会制度、民族文化和自然环境等有着极为密切的联系。它不仅涉及保险自身的利益，还关系到社会诸多方面的利益。

保险增长与保险发展之间是相互作用、互相制约和共同实现保险发展的关系。保险增长是保险发展的物质基础；保险发展是保险增长的归宿和发展趋势。在现阶段的知识经济社会中，保险增长与保险发展之间的关系变得更加复杂，保险增长与保险发展之间往往会出现不协调的现象。"有增长，无发展"甚至保险增长反而不利于保险发展的现象时有发生。这是因为保险的增长往往是保险企业或保险行业，从企业或行业的局部利益出发来制定各自的保险发展计划、行为规范、增长目标和设计保险品种，这就会出现从局部立场和利益的角度来看，其保险增长行为是有利的、合理的、可行的；但从保险整体和全社会的角度来看，其增长可能带来严重的后果。因而，这种增长是不利的和不合理的，是与保险的发展相矛盾的。美国 AIG 保险集团公司之所以会陷入严重的困境，与只图保险收入的增长而忽略保险全面发展有直接的关系。

就我国当前的社会和经济的发展而言，正确处理保险增长与保险发展之间

关系的基本原则应当是：保险增长要服从于保险发展，有利于保险发展。保险增长不仅要注意保险数量的增多，更要注意保险质量的提高，保险增长不仅要有利于保险自身的发展，更要有利于整个国民经济的发展、社会制度的完善、民族文化的提高、全体居民生活的稳定和改善，以及有利于和谐社会的建设。

六、要坚持保险可持续发展的方针

从时间概念来说，连续不断地向前发展，不是三年五年，也不是八年十年，而是代代相连的永续不断的发展。实现保险可持续发展的关键在于正确处理好保险发展与保险资源和保险环境之间的关系。这三者之间的关系是：一方面，保险发展是第一位的，保险资源和保险环境必须服从和有利于保险的发展；另一方面，当前保险的发展必须为子孙后代的保险发展创造更丰富的保险资源和更优越的保险发展环境。因此，尽量节约、充分利用和培育新的保险资源以及保护、培育和创建优越的保险发展环境就成为当代的保险经营者和管理者的共同任务，而为子孙后代发展保险业积蓄丰厚的保险资源，创造优越的保险环境，是历史赋予我们这一代保险人的使命。然而，在我们的现实生活中，浪费保险资源，破坏保险环境，只顾眼前，不顾长远的人和事时有发生；保险经营管理者只顾任期内的"大跃进"，而不顾后继发展的也并不少见。这种思想和行为与保险的科学发展之路大相径庭，必须加以纠正。

（原载于《中国商业保险》2009年第1期）

论我国人身保险产品发展的大方向
——三论保险的本质*

纵观国际和国内人身保险市场的产品结构,尽管具体产品品种繁多,然而,从产品的性能和作用的角度来看,所有的人身保险产品可以分为两大类:一类是保障性产品;另一类是投资性产品。目前,无论是国际人身保险市场,还是我国国内人身保险市场的产品结构,都是投资性产品占较大的比重,而且还有逐渐上升的趋势。那么,从人身保险发展的客观规律来看,人身保险市场的产品结构应当是怎样的呢?本人认为,保障性产品占主导地位应当是人身保险产品结构发展的大方向,特别是我国更应当如此。这是由保险发展的一般规律和我国的特殊国情决定的。本文将从保障性产品占主导地位的含义和意义,保障性产品占主导地位的理论论证和实证分析以及实现条件等四个方面进行论证。

一、保障性产品占主导地位的含义和意义

(一)保障性产品的含义

保障性产品是相对于投资性产品而言的。它的特殊含义在于:它是以保险产品中的保障成分与投资成分所占的比重来确定保险产品的性质,而不是以产品的名称或表面形式来确定产品性质的一种区别产品种类的新标准和新方法。凡是保障成分在产品中占主导地位的保险产品,就是保障性产品,而不论它叫什么名称或采取什么形式;反之,不论产品叫什么名称或采取什么形式,凡是投资成分在产品中占主导地位的保险产品,就是投资性产品。投资性产品虽然被称之为保险产品,但实质上并不是科学意义上的保险产品,而是具有一定保

---

* 本人于1998年5月在北京的一次保险理论与实践问题研讨会上,曾以"论保险的错位及其危害性"为题作了发言。会后,《金融时报》于1998年5月2日全文刊登了这篇发言稿。在该文中,我明确提出并论述了保险本质的概念和内涵。这是我第一次公开发表我对保险本质的认识。此后,在2003年,保险业界召开保险业面临的风险问题研讨会。我以"论保险业的最大风险——兼论保险本质及其回归"为题写了一篇论文,刊登在《南开经济研究》2003年第6期上。在该文中对保险的本质又进行了重点论述。这是第二次公开发表对保险本质的认识。本篇论文,是从人身保险产品结构的角度,更进一步论述保险的本质,也可以说是"三论保险的本质"吧。

障成分的证券类产品。所以名称或形式相同的保险产品,可能属于不同性质的产品,而名称或形式不同的产品,也可能是同类性质的产品。总之,是按照产品的"性"来划分产品的类别,而不是按照产品的"型"或"形"来划分产品的类别。

(二)保障性产品占主导地位的含义

保障性产品占主导地位的含义,首先是指人身保险产品的产品结构而言的。也就是说,在人身保险产品中,既要有保障性产品,也会有投资性产品,而不是单一的产品品种,但是必须是以保障性产品为主,以投资性产品为辅。其次,对一个人身保险企业而言,从保险产品的研发,到产品的设计,再到产品营销等全部经营过程,都必须坚持以保障性产品为主,投资性产品为辅的原则,否则这个企业就不能称之为保险企业。第三,是就一个人身保险市场的企业构成而言,经营保障性产品的保险企业的比重,必须在该人身保险市场的全部企业中占主导地位,否则这个市场就不是保险市场。

(三)保障性产品占主导地位的意义

建立保障性产品占主导地位的理念,坚持保障性产品占主导地位的实践,具有非常重大的现实意义和理论意义。首先,保险产品是保险业的元素形态,也是实现保险的性质、职能和作用的基础。保障性产品占主导地位,必然要求在每个保险产品中保障性成分必须占主导地位,从而就决定了该保险产品的保障性质,这就从保险的元素和基础上保证了保险的保障作用的实现。其次,保障性产品占主导地位的理念,要求作为保险业基本经营单位的保险企业,必须保证保障性产品在其所经营的全部产品中占据主导地位,这就从产品结构上保证了保险企业为经济发展、人民生活的安定和社会和谐发展提供经济保障的经营大方向。第三,保障性产品占主导地位的理念,要求在保险市场中,经营保障性产品的保险企业,必须在保险市场的全部企业中占据主导地位,这就从企业结构上保证了保险市场发展的正确方向。第四,保障性产品占主导地位的理念,要求政府保险监管部门必须把引导和保证保险企业和保险市场朝着为国民经济和社会发展提供经济保障的大方向发展。为此,保险监管部门在监管方针、政策方面必须有利于保险企业和保险市场朝着充分发挥经济保障作用的方向发展。这就从政府监管方面保证了保险企业在整个国民经济和社会发展中,充分发挥保障作用。最后,保障性产品占主导地位的理念,有利于保险企业和保险理论的发展。这是因为,如果在保险理念和保险实践活动中,不是以保障性产品为主导,而是以投资性产品为主导,那么真正的保险业便得不到发展,甚至会不断萎缩,保险业就会逐渐被貌似保险实为非保险的其他行业所"顶替";正确的保险理论将会逐渐被不正确的保险理论所取代。长此以往，真正的保险行业和正确的保险理论不仅得不到发展，还会出现危机。

二、保障性产品占主导地位的理论论证

我们强调保障性产品占主导地位是有科学理论根据的。保险本质论和保险科学发展论，是保障性产品占主导地位的最重要的理论依据。

（一）保险本质论

保险本质论是保险学的最基本、最核心的理论。它从理论的高度阐明了保险的本质及坚持保险本质的重大意义。所谓保险的本质，是指保险的性质、保险基本职能和保险作用的统一。什么是保险的性质？保险的性质，指的是保险这一客观事物自身所固有内在矛盾的特殊性质，它所表明的是保险这一客观事物产生的原因以及保险所要解决的主要问题。什么是保险这一客观事物内部所固有的矛盾呢？这种特殊矛盾是：由于自然的、社会的、经济的、人为的和人身自然规律（即人的生、老、病、残、死）等原因所形成的种种风险事故的发生所造成的物质资料即生产要素和生活要素的损失（或减少），而形成的生产要素和生活要素的短缺，与满足不了社会经济正常运行及维持正常的人们生活和社会安定对生产要素和生活要素的需求之间的矛盾，简称为"短缺与需要"之间的矛盾。这种矛盾不同于其他任何矛盾，其特殊性质在于：这一矛盾产生的特殊原因，是由于"各种风险事故的发生"所造成的"损失"，进而导致生产要素和生活要素的"短缺"而产生的矛盾。这种损失归根结底是物质资料的损失，是物质财富的绝对减少，因而这种短缺是物质资料的绝对短缺。这一矛盾的特殊性质决定了保险这一客观事物不同于银行和证券等其他各种金融事物。什么是保险的职能？所谓保险的职能，是指保险的性质所决定的解决这一矛盾的特殊形式或手段。保险的这种特殊性质，决定了它本身所独有的特殊的基本职能：经济补偿（或给付），即通过保险费的形式积累物质财富来"补偿"已经发生或将会发生的物质损失。所以，保险活动的经济内容即保险基本职能就是用过去的物质积累"补偿"现在物质损失，或者是用现在的物质积累"补偿"未来的物质损失。保险的一切活动包括保险的增长和保险发展的意义，最终都要体现在保险的作用上。通过经济补偿对社会经济正常运行和人们的经济生活的正常维持及社会安定和谐提供经济（物质）保障，则是保险的核心作用。

总之，保险的性质、基本职能和作用的统一，形成保险的本质，而保险产品则是保险的元素形态，保险的本质是通过保险产品来实现的，只有具有保障性的保险产品，才能实现保险的本质要求。所以，保险本质论，是保障性产品

在人身保险产品中占主导地位的重要的理论依据。

（二）保险科学发展论

保险科学发展论，是科学发展观的观念和理论在保险领域中的具体体现。科学发展观是指导我国经济和社会发展的基本理论和基本指导方针，当然也必然是指导我国保险业发展的基本方针和基本理论。依据科学发展观的核心内容和精神实质，保险科学发展论主要包括以人为本、全面协调、相对稳定和可持续发展等内容。

以人为本是科学发展观的核心内容，也是保险科学发展论的首要要求。保险发展论中的以人为本的精神实质，是要求中国保险业的发展必须从全中国的人民大众对保险的需要出发，以充分满足最广大的人民群众的保险需求为目标，而不仅仅是为了满足某些富裕人群对保险的需求，更不是为了满足少数有钱人对资本的投资"赚钱"的需求。中国的现实情况是，绝大多数人对自身养老、疾病医疗、子女教育、子女嫁娶等最基本的生活保障的需求，而对于资本投资盈利的需求，还只是少数人。而最广大人民群众的基本生活保障方面的需求，只有用保障性的保险产品才能给以满足。因此，在人身保险产品中保障性产品占主导地位，是保险科学发展论中以人为本的客观要求。

全面协调和相对平稳发展，是保险科学发展论的又一项重要内容。所谓保险的全面协调和相对平稳发展，就是要求保险的发展不能出现"奇高"或"奇低"的大起大落现象。由于投资性产品与资本市场联系紧密，而资本市场大起大落的现象时有发生，由此必然引起投资性保险产品也随之大起大落。而保障性产品虽然与资本市场也存在着一定的联系，但其联系的程度远不像投资性产品与资本市场联系得那样紧密。因此，保障性产品占主导地位，也是保险科学发展论的内在要求。

可持续发展是保险科学发展论的另一项重要内容。所谓保险业的可持续发展，是要求保险业的发展呈现无间歇的、连续不断的、永续性的发展状态。由于投资性的保险产品期限较短，盈利性不稳定，特别是受资本市场的影响较大，因而，会出现"断档"、"间歇"，甚至"猝死"的现象，不可持续性是其自身的致命弱点；与此不同，保障性产品一般都具有保险期限长、连续性强，盈利稳定等特点，因而，可持续发展是保障性产品自身运行规律的体现；只有坚持保障性产品在人身保险产品中占主导地位，才能实现保险业的可持续发展。

三、保障性产品占主导地位的实证分析

以上是从理论的高度对保障性产品在人身保险产品中占主导地位的必然性

进行了论证。下面结合中国的国情,对保障性产品,在我国人身保险产品占主导地位的问题进行实证分析。总的说来,在中国人身保险业中保障性产品占主导地位是由中国的特殊国情决定的。具体地说,是由直接决定人身保险业的产品结构的以下几个因素决定的。

(一) 经济因素

保障性产品在人身保险产品中占主导地位,首先是由中国国民经济发展水平和人均收入水平决定的。这是因为,一国的国民经济发展水平,特别是居民的收入水平和消费水平,是决定该国保险业发展程度和发展状态的经济基础,同时也是决定该国人身保险产品结构的经济基础。我国改革开放三十年以来,国民经济以每年增长 8%左右的速度向前发展,国民经济的整体水平有了很大的提高,城乡居民的收入和消费水平也有了较快的增长。这为中国保险业的发展奠定了一定的经济基础,从而使我国保险业得到了较快的发展。然而,就总体水平而言,我国国民经济的水平,仍然处于发展中国家的较低水平,在经济增长的总量中,能够用来发展保险业的数量仍然很有限;就全国城乡居民收入的总水平而言,仍然属于低收入的国家。据统计,我国人均可支配收入,2006年城乡人均可支配收入为 7174 元,其中能用于购买保险等服务性支出仅占 2%,约为 140 元左右。其中城镇居民约为 350 元左右,乡村居民仅为 40 元左右。而我国农村人口占全国人口比重约为 65%左右。从保险需求的角度来说,在现阶段的中国居民,仅有少数富裕人群具有购买投资性保险产品的经济实力,而绝大部分人,在有限的能够用来购买的收入中,所需要购买的是那些为应对养老、疾病医疗、子女教育、子女婚嫁以及意外伤害等风险事故所需要的保险产品,这类产品就是我们所说的保障性产品。因而,保障性产品在我国人身保险产品中占主导地位,是我国现阶段国民经济发展水平的必然趋势。

(二) 社会保障制度因素

保障性产品在我国人身保险产品中占主导地位,是由我国现阶段的社会保障制度的状况决定的。这是因为社会保障制度和商业人身保险制度,是全社会范围内的社会保障体系的两个有机组成部分。两者既相辅相成,相互作用,又相对独立、互相制约,共同组成社会经济保障体系。一般地说,凡是社会保障范围广泛,保障程度较高,即社会保障比较充分的国家或地区,其商业人身保险的发展范围和程度,就受到一定的限制,其发展空间就相对较小;反之,若社会保障制度发展的不够充分,则商业人身保险发展的空间就较大。在中国现阶段,全国范围(包括城乡居民)内的社会保障制度尚处于初始阶段,无论在保障范围(城乡),还是保障对象(不同人群)、保障内容(项目),以及保障程度上,都还处于低水平层次,与满足城乡居民对基本生活保障的需求,还有很大的距离。由于受人口多、经济发展水平相对较低的制约,这种差距在短时期内尚不能得到解决,这就需要发展商业人身保险和医疗保险加以补充,而用于解决这种差距的人身保险产品品种,显然只能是保障性产品。

（三）传统文化因素

包括伦理观念、消费习惯和风险意识等在内的我国居民的传统文化,倾向于保障性产品的需求。"养儿防老"是中国几千年传统的伦理观念。时至今日,这一传统在我国居民中,特别是在广大农民群众中仍然占有重要的位置和影响,仍然在很大程度上支配着人们的行动。

从经济学的角度来说,居民购买保险是一种消费行为。中国大多数居民的消费习惯,是"先挣钱,后花钱","先积累,后消费",为生存安定而消费的"保守型"的消费方式。这种消费习惯、消费心理和消费方式,表现在保险消费方面和对人身保险产品品种的选择上,必然是把保障性产品作为首选,成为主导性的需求。

从风险管理的角度来看,人身保险是对人身风险进行有效管理的一种方式。一国或一个地区内的居民的风险意识对该国或该地区的风险管理方式的选择,特别是对人身保险产品种类的选择具有巨大的影响。我国多数居民的风险意识和对待风险的态度,属于厌恶型。"不冒风险,求安图稳"是我国居民对待"风险"与"安逸"之间进行选择的主要倾向。这种风险意识和对待风险的态度,具体到对人身保险产品品种的选择上,即在投资性产品与保障性产品之间的选择上,自然会把保障性产品作为主导选择方向。

（四）资本市场因素

我国资本市场的状况抑制着对投资性产品的需求。由于我国的金融市场,特别是以股票为代表的资本市场还处于初级阶段。这一市场的最大弊病就是不成熟、不稳定,大起大落,变动无常。因而,成本高、风险大是我国股票市场的最大顽症。这种类型的资本市场不利于保险资金大量的、长期的投入,从而限制着保险资金的有效运用,进而制约和抑制着投资性保险产品的发展。这种金融市场环境意味着投资性保险产品不可能,也不应当在人身保险产品中居主导地位。

四、保障性保险产品占主导地位的实现条件

综上所述,无论是从理论上论证,还是通过实证分析,我们所得出来的共同结论是:保障性产品在人身保险产品中应当占据主导地位。然而,应当不等

于现实。我国人身保险市场上的现实是：投资性产品在人身保险产品中所占的比重超过保障性产品的比重，占据主导地位。由此，带来了我国人身保险市场发展中的一系列问题，特别是在目前仍在继续漫延的金融危机中，国际和国内保险领域中暴露出来的问题十分严重。其中最为突出的问题莫过于保险业中的一些企业，偏离保险的本质，沿着偏离本质的轨道，滑向危机甚至破产的边缘。而保险业偏离保险本质的集中表现：一是保险企业大量销售非保险性产品；二是把大量保险资金投向高风险的金融资产产品，而后者又是前者的必然结果。因为，由于大量销售承诺高回报率的非保障产品，必然把保险资金投向高风险的项目或产品，进而演变成保险企业危机。如我国的一些保险公司把大量的保险资金投向国外一些高回报率和高风险的项目遭受巨大损失；有些保险公司因出售了大量的非保障性产品导致公司经营遭遇困境。这些都是保险公司的经营偏离保险本质的必然结果。

为了实现保障性产品在人身保险产品中占主导地位的目标，必须创造一些必要的条件。其中最主要的条件有以下几点。

首先，是通过各种形式和渠道大力普及保险基本理论和基础知识，使大家明白，买保险不是为了"赚钱"，而是为了获得保障。用这种思想意识来引导保险消费者购买保障性的产品，为保障性保险产品的发展奠定思想基础。

其次，是在保险业界包括保险业务人员、保险经营管理人员以及保险监管人员在内的全体人员，认真学习，真正理解和掌握保险本质论及保险科学发展论，使人们对保险业的定性、定位和定向有明确的理念。所谓保险业的定性，是要明确保险业是属于什么性质的行业。使人们真正懂得保险业是对投保人所投保风险事故的发生所造成的经济损失，按照保险合同规定进行经济补偿（给付）的行业。所谓保险业的定位，是指保险业在国民经济和社会发展中所应发挥的特殊作用。使人们明确，保险业在经济社会中发挥着为国民经济的正常运行和人们生活的正常维持及社会和谐安定提供经济保障的作用和地位。所谓保险业的定向，是指保险业的发展方向。保险业有其自身发展的特殊规律，它既不同于银行业的发展规律，也不同于证券业的发展规律，因而有它自身的既不同于银行业，也不同于证券业的相对独立的发展路径和方向。

第三，就保险企业而言，要把创新和经营保障性产品作为首要任务。动员保险产品的设计人员，按照细分的不同的消费人群，有针对性地创造出新的保障性产品，特别是要针对城镇低收入人群和广大农村中更低层次的消费人群，设计出类似于"小额人身保险产品"之类的保障性产品，并把销售保障性产品作为考核和评定保险从业人员的一个重要指标。对开发和销售保障性产品作出突出贡献的人员要给予表彰和奖励。保险企业要保证开发和销售保障性产品在所经营的保险产品总量中占据主导地位。

第四，在保险行业发展的实践中，要"坚持三个为主导"的原则。所谓坚持三个为主导的原则，一是在保险产品的设计中，必须坚持保障成分在保险产品中占主导地位的原则；反过来说，只有保障成分在保险产品中占主导地位的产品，才是真正意义上的保险产品，否则它可以是任何别的什么产品，但不是真正意义上的保险产品。二是对保险企业的定性而言，凡是保险企业必须坚持以经营保障性产品为主导的方针，否则，它可以是任何别的企业，而不是真正意义上的保险企业。三是就保险市场的定性而言，只有以保险企业为主导的市场，才是真正意义上的保险市场，否则它可以是任何别的市场，而不是真正意义上的保险市场。只要在保险行业发展中，坚持上述三项原则，就可以保证保险业沿着正确的方向发展。

第五，就保险监管部门而言，应当把每个人身保险企业开发和销售保障性产品的情况，作为监管的一个重要指标，并且应明确规定人身保险企业开发和销售的保障性产品的比重必须高于非保障性产品的比重；对于为开发和销售作出突出贡献的保险企业要给予表彰和奖励；对于开发和销售保障性产品不力的企业，应当给予批评和惩处。要有意识地、自觉地促使保障性产品和保险企业在保险市场中占主导地位，形成和发展真正意义上的保险市场。

第六，除中国保监会以外的与保险业务发展相关的其他政府部门，例如财政、税务、民政、劳动和社会保障等部门，要对开发和经营保障性产品的企业和个人给予大力支持和帮助。特别是财政和税务部门，要对积极开展和经营保障性产品的企业和个人给予优惠的财政政策和税收政策；尤其应当提倡和鼓励热心为广大城镇低收入人群和广大农民群众开发保障性新产品的保险企业和个人，可以根据具体情况实行免税、减税或缓税等优惠政策，以政策来引导和鼓励中国的保险业按照保险本质论和保险科学发展论所指引的方向，健康发展。

（原载于《上海保险》2009年第8期）

从保险消费观视角分析我国保险业的发展

摘要：对正确保险消费观的研究，不仅对我国保险消费者的消费行为具有重要的指导意义，而且对于完善我国保险市场，实现我国保险业的科学发展亦有十分重要的作用。正确保险消费观，是以风险转移为先，以购买经济保障为本，以互助共济为己任，以最大诚信为最高准则，以保险作为生存必需品，以可持续消费为目标的保险消费理念体系。保险保障形式是整个保障体系中最普遍、最经常、最基础和最重要的防灾救灾形式，它和社会保障共同处于整个防灾救灾体系的基础地位。

关键词：保险消费观；风险转移；经济保障；保险业发展

Abstract: The study on correct insurance consumption concepts will not only be useful in guiding insurance consumption activities by Chinese consumers, but also valuable for improving the insurance market and achieving a healthy development of the industry. The correct insurance consumption concepts prioritize risk transfer in insurance consumption and utilize insurance protect ion against financial distress. Therefore these concepts advocates mutual help and fraternity, uphold the principle of utmost good faith, regard insurance as a living necessity, and aim to attain sustainable insurance consumption. Insurance needs belong to people living needs at the lowest level insurance products are living necessity items, and insurance consumption is a necessary living consumption just like clothing, food and sleep. The form of insurance protection is the most common, the most basic and the most important forms of protect ion against and re lie f from disasters. It is positioned, together with social security system, at the core of the social system for disaster prevent ion and relief.

Key Words: insurance consumption concepts; risk transfer; financial protection; the development of the insurance industry

一、正确保险消费观问题的提出

自从我国提出科学发展观以来，我国保险学术界和保险业界，对科学发展观的理论积极地进行学习和研究，同时，还在探索科学发展观的理论和实践在保险领域中的具体和应用，寻求我国保险业科学发展的道路。在科学发展观的指导下，我国的保险业已经取得了可喜的发展。但值得关注的是，我国保险界在积极研究科学发展观、探索保险业科学发展的同时，却忽略了对正确的保险消费观的研究，这是一个很值得关注的问题。笔者认为，我国保险业虽然得到了可喜的发展，但是也存在着保险业发展不够充分、不够全面、不够协调和不可持续等问题。而这些问题的出现除了其他诸方面的原因之外，与我们对正确保险消费观的研究和普及不够有直接的关系。因为一个国家或地区的保险业的科学发展必需以健康的保险市场的存在为条件，而健康的保险市场是由保险的供给与保险的需求两个基本要素构成的，也就是由保险的生产（供给）与保险的消费（需求）两大基本要素构成的。诚然，没有保险的科学发展就不可能有健康的保险市场；同样，没有科学的保险消费，也不可能有健康的保险市场，从而也就不可能有真正的保险的科学发展。这是因为，生产和消费是相辅相成的两个侧面，生产给消费提供可消费对象，而消费给生产以最后的实现。

就保险业而言，保险的科学消费，不仅会促进保险业的发展，而且保险的科学消费在某个时段或某个侧面也会决定保险业的发展。而人们的消费行为总是在一定的消费观支配下进行的；正确的保险消费行为，必须由正确的保险消费观来指导。因此，正确的保险消费观不仅是指导人们的科学保险消费行为所必需的消费理念，而且对于保险的科学发展也具有极大的影响。可见，对正确保险消费观的研究，不仅是对我国保险消费者的消费行为具有重要的指导意义，而且对于完善我国保险市场，实现我国保险业的科学发展亦有十分重大的作用。基于以上认识，笔者就正确保险消费观问题即从正确保险消费观的视角观察中国保险发展问题，进行了探讨和研究。

二、正确保险消费观的含义

这里不是给正确保险消费观下定义，而是对正确保险消费观的含义进行直白的描述。一般说来，所谓的消费观是指人们购买和消费某种商品或服务的理念，其中包括消费某种商品和某种服务的动机和目的。由于人们的个性的差异，决定了各个消费者个体的消费理念是多种多样的，因而，人们的个体消费观也是千差万别的。然而，从客观与主观的关系的高度来看，这些多种多样的具体消费观可以区分为两大类：一类是比较正确的消费观；一类是比较不正确的消费观。所谓比较正确的消费观，是指消费者的消费理念比较符合被消费对象的客观性质即被消费或服务对象的内在本质。所谓比较不正确的保险消费观，是指消费者的消费理念不符合被消费对象的客观性质，即不符合被消费对象的内在本质。据此，可以认为，正确保险消费观是指符合保险本质的保险消费观。

何谓保险的本质？所谓保险的本质是指保险的性质、基本职能和作用的统一。保险的本质是指保险这一客观事物自身所固有的内在矛盾的特殊性质。保险自身所固有的内在矛盾是：由于自然的、社会的、经济的、人为的和人身自然规律（即人的生、老、病、残、死）等原因形成的种种风险事故的发生所造成的物质资料即生产要素和生活要素的损失（或减少）而形成的生产要素和生活要素的短缺，与满足不了社会经济的正常运行以及维持人们的正常生活和社会安定对生产要素和生活要素的需要之间的矛盾，简称为短缺与需要之间的矛盾。这种矛盾的特殊性质就在于：由于各种风险事故的发生所造成的损失而导致的生产要素和生活要素的短缺而产生的矛盾。这种"损失"和"短缺"归根结底是物质资料的灭失，因而这种损失和短缺，是物质资料的"绝对"短缺。

这种绝对短缺的物质资料的矛盾性质，决定了保险的基本职能。所谓保险的职能，是指由保险的特殊性质所决定的解决这一矛盾的特殊形式或手段，即遵循"一人为众、众为一人"的互助共济的原则，采用以众多的、分散的、个人缴纳的保险费形成集中的保险基金的形式积累起来的物质财富，来"补偿"（给付）少数人已经发生或将要发生的物质损失。保险的作用是保险的基本职能的实现所产生的积极后果。尽管保险的具体作用可以表现为多种形式，但是，通过经济补偿对社会经济正常运行以及人们的经济生活的正常维持和社会安定和谐提供经济保障，则是保险的核心作用。而正确保险消费观是指保险消费者的消费理念，是符合保险的本质的消费理念，它是保险的本质在保险消费者头脑中的正确反映，或者说，保险的客观本质在保险消费者头脑中的正确反映便形成为正确保险消费观。

据此，我们可以将正确保险消费观的含义大致表述如下：以转移风险为先，以获得经济保障为本，以互助共济为己任，以最大诚信为最高准则，以保险作为生存必需品，以可持续消费为目标的保险消费理念体系。

三、正确保险消费观的基本内容

依据正确保险消费观的含义，正确保险消费观包括以下五项基本内容。

（一）以风险转移为先

从保险消费的角度来说，风险是保险消费的自然基础。这里有两层含义：一是，无论是个人还是企事业单位，如果自身不存在风险，根本就不存在对风险进行管理的必要，从而也就不存在保险消费问题；二是，既然个人或企事业单位面临着风险，就应当，而且必须进行风险管理。转移风险是进行风险管理的最主要的形式。而保险则是人们进行风险转移的最常见、最有效和最便捷的形式。简言之，"没有风险，不必买保险；有风险且可以通过保险方式转移的风险，就应该买保险"，这是人们应当具有的起码的保险消费理念，同时也是正确保险消费观的重要内容之一。

（二）以获取经济保障为本

以获取经济保障为本，是正确保险消费观的核心内容，也是保险消费者应当具有的根本的消费理念和购买保险的根本动机和目的。其他任何购买保险动机和目的都必须是为实现这一根本动机和根本目的服务的。如果用一句简练的语言来表达人们买保险的动机和目的，就是"买保险，就是买保障"。以获取经济保障为本，是保险的本质和保险的客观规律性在保险消费者头脑中的正确反映。

按照正确保险消费观的要求，保险消费者无论是对人身保险的消费，还是对非人身保险的消费均应当以保障性产品作为消费对象。何谓保障性保险产品？在这里保障性产品是相对于投资性产品而言的。它的特殊含义在于它是以保险产品中的保障成分与投资成分所占的比重来确定保险产品的性质，而不是以产品的名称或表面形式来确定产品性质的一种区分保险产品种类的新标准和新方法：凡是保障成分在产品中占主导地位的保险产品，就是保障性产品；凡是投资成分在产品中占主导地位的产品，就是投资产品，而不论它叫什么名字或采取什么形式。例如，我们通常所说的传统型的寿险产品，按照一般的、仅从名称上来区分保险产品的种类来说，它就属于保障性产品。但是，如果按照保障性和投资性的标准来验证这种保障"型"的保险产品的性质，就要测定该产品中保障成分所占的比重。如果该产品中投资成分占主导地位，保障成分占次要地位，那么，这种产品尽管其名称和形式上采取了传统的保障型形式，但它实质上不属于保障性产品，而属于投资性产品。同样，按照一般的说法，投连产品都是投资性产品。然而，如果按照投资性的标准来确定保险种类，就不一定如此。如果投资成分在该产品中占主导地位，它就属于投资性产品；如果保障成分在该产品中占主导地位，它就是保障性产品。

（三）以互助共济为己任

从自然科学来说，概率论和大数法则是数学中存在的客观规律。从社会学的角度来分析，这一自然科学规律在社会进行风险管理实践活动中的应用，就表现为"一人为众、众为一人"的互助共济的社会学准则。而这一社会学准则，在有相同风险的人群中就表现为每一个人或每一个企事业单位，按照科学计算出来的一定比例将一定数额的货币作为保险费交给保险组织；由这个保险组织统一积累和管理这部分由保险费形成保险基金；一旦这个保险组织中的个别人或个别企事业单位遭受到风险事故发生造成了经济损失，这个保险组织就将按照预先预定的某种比例将已积累起来的保险基金的一部分，补偿给受损失的个人或企事业单位，使其正常的生活或生产活动得到经济保障。在这个保险组织中所有的成员都有缴纳保费的义务，同时也都有享受补偿的权利。这就是上述自然科学和社会学的原理在商业保险中的体现。所以保险活动中所通行的是自然科学原理和机会均等的社会平等的准则。这里边蕴涵着"人人为我，我为人人"的社会公平原则和互助共济的高尚的社会公德。从经济学的视角来分析，无论是寿险，还是非寿险都通行着等价交换的经济规律。这种等价值交换，既存在于经营保险商品的保险公司总体与所有投保人总体之间在宏观上的交换行为之中，同时从长期的不断运动的过程来看，也存在于个体投保人与个体保险公司微观的交换活动之中。也就是说，如果从长期的整个运动的流来看，无论是从宏观上、总体上看，还是从微观上、个体上看保险交易行为均通行着等价交换原则。所以，保险既符合数学中的概率论、大数法则规律，又符合社会学的社会公平规律和社会公德准则，同时也符合经济学中的等价交换规律。

（四）以最大诚信为最高准则

保险商品是一种非物质的无形商品。保险商品的交易双方的交易意愿都体现在一纸保险合同上。保险商品交易不像普通物质商品交易那样，一手钱、一手货，钱货两清，交易过程当即结束。而保险商品交易从成交开始到整个合同有效期间，有一个时间过程，寿险合同长者几年、十几年、甚至几十年；非寿险中的财产保险至少也要有一年的时间合同才能到期，其他各类险种也都有一个时间过程，保险合同才能真正结束。在保险交易中，交易最终结果如何？合同规定的内容是否真实？ 能否完全实现？ 都没有现实事物可作凭证，都还是未知数。保险商品的这些特点，决定了保险商品交易的双方全部凭借对对方的高度信任才能成交。因而，保险商品交易不仅要具有一般商品交易的诚信作保证，而且要以最大诚信为最高准则。最大诚信准则，是对保险供求双方的共同要求。而从某种意义上说，对保险的需求方（即消费方）要求有更高的诚信度。

就保险消费者而言，最大诚信准则总体上可以划分为两个层面的内容。第一个层面是属于真正的诚信范围的内容。其中包括：（1）保险消费者在购买保险时应当完全、彻底、真实地向保险公司尽到应当告知的义务；（2）在购买了保险，签订保险合同之后应当认真履行例如按时按质按量缴纳保险费等各项合同规定范围内的义务；（3）在保险合同有效期限内按照合同规定的应做的各项防灾、防损事宜以及一旦发生保险事故之后，应当积极采取的各项施救活动等各项应尽义务。第二个层面是要求保险消费者必须严格禁止的，属于虽然具有诚信的成分，但其行为已远远超出一般诚信范畴而涉及法律、法规范围的内容。其中主要是指超出一般的道德范畴而故意或恶意做出的违法活动，特别是指以骗取钱财为目的的各种形式的假投保、投假保、人为制造各种假赔案，甚至故意损毁投保财产、杀害投保人等严重违法犯罪行为。

（五）以保险作为生存必需品以实现可持续消费为目标

从理论上说，实现保险的可持续消费与实现保险的可持续发展，是相辅相成、互为条件、互相依存的关系。而且从根本上说，保险的可持续消费是保险的可持续发展的思想前提和内在动力，而保险的可持续发展则是保险可持续消费的物质基础和实现条件；没有保险可持续消费这种内在动力的推动，就不可能有保险可持续发展的这种实践活动，而没有保险可持续发展的实践活动，保险可持续消费的目的就不可能实现。所以保险的可持续消费与保险的可持续发展二者同等重要，缺一不可。只强调保险可持续发展，而忽视保险可持续消费，这是一种片面的，不科学的理念。

何谓保险可持续消费？所谓保险可持续消费是指保险消费始终呈现一种连续的、不间断的、相对平稳的和逐渐上升的消费态势，而不是时断时续的、大起大落的、忽高忽低没有上升趋势的消费状态。要实现保险消费的可持续性，首先必须转变保险消费理念。从经济学的高度来看，人的需求是分为生存需求、发展需求、享乐需求、奢侈需求等多个需求层次。而保险需求既不属于发展层次，也不属于享乐需求，更不属于奢侈需求层次，而是属于人生的最低层次的生存需求层次。因而，正确保险消费观的最核心的标志之一就把保险视为生存必需品，把保险消费视为生存消费，人们购买保险进行保险消费，应属于像每天要穿衣、吃饭、住房一样的生存必需的消费范畴，是属于最低层次的生存消费。因而，保险消费不是可有可无，而是每天必须进行的必不可少的消费行为。特别是高科技、高风险的现代社会中，包括自然风险（地震、水灾、旱灾、火灾等）、社会风险（包括各地区、各国家的动乱和抢劫、入室盗窃、凶杀等）和经济风险（包括金融、经济危机等）以及疾病等各种风险，无时不在威胁着人们的生产（经济）、生活（生命）的情况下，保险更应当成为我们日常生活的必需品，成为我们每个企事业单位、每个居民每天必不可少的消费内容。

其次，要实现保险可持续消费应该转变保险消费方式。既然保险是人们生存的必需品，那么理所当然，保险就应当成为人们生活中必不可少的生活方式之一。"我要买保险"就应当和"我要吃饭"一样，成为人们主动采取的应对各种风险所必需的方式和手段，特别是对火灾、水灾和旱灾等这类经常发生的自然灾害和盗窃、行凶、各种交通事故以及各种意外伤害等社会性风险及像金融危机、经济危机等各种经济风险给人们带来的经济损失中的相当大的部分，是应当而且也是可以通过保险自救方式加以解决的。"我要买保险"就是人们通过改革开放摆脱了"计划经济"和"吃大锅饭"的影响之后，自身主动地采取应对现实风险的一种生存方式。从而彻底改变了以往某些人在各种自然灾害面前自己束手无策，以"等、靠、要"的方式等待政府、各种慈善机构、各方热心人士，甚至依赖外国人救济，乞求生存的被动方式。

四、正确保险消费观对我国的实践作用

正确的保险消费观对我国不仅具有重大的理论意义，同时也具有重要的实践作用。概括来说，在我国树立并实践正确的保险消费观，至少具有以下五点作用。

（一）有利于促进我国保险需求的增长，从而促进我国保险业的全面、协调和可持续发展

转移风险和主动参加保险是正确保险消费观的首要内容。可是，从我国保险消费的实践来看，有两个方面不符合正确保险消费观的要求。一是某些个人或企事业单位存在着购买一些自身不存在的风险的保险产品，这是非主流方面的问题；二是个人或企事业单位存在着应当通过购买保险来转移风险而不去购买保险从而产生了保险消费不足的现象，这是问题的主流方面。保险消费不足可以区分为相对保险消费不足和绝对保险消费不足两种情况。所谓相对保险消费不足，是指我国保险消费的总水平落后于世界上发达国家甚至落后于许多发展中国家的保险消费水平，这种性质的保险消费不足，是由于我国经济和社会发展总水平低于其他国家或因我国的社会和文化差异造成的，这也是我国保险业发展要注意的问题，但这不是问题的主要方面。

所谓绝对保险消费不足，是指我国的经济和社会发展总水平已经为保险业更高更好地发展创造了条件，提供了可能，而由于居民或企事业单位，包括广大农村中具有"三农"风险的个人和单位的保险消费理念，特别是转移风险的

理念不强而导致的保险消费不足。这种绝对消费不足是我国的正确保险消费观的缺失所带来的不良后果。就人身保险来说，我国 2008 年底居民总收入为 302853.4 亿元，人均收入为 22698 元，居民储备总额为 217885 亿元，而各类人身保险总保费为 7447.53 亿元，人均保费 561.37 元。与国际状况相比，我国人均保费远远低于国外同等居民收入水平的人均保费。就财产险来说，我国家庭财产保险保险费总额为 5616.73 亿元，占约 80 万亿元的家庭财产总额的 0.0002% 左右，远远低于实际应保比率；从企业财险而言，我国各类企业财产价值总额约为 50 万亿元，而企业财产保险总保费约为 209.6 亿元，约占总资产的 0.0042%，其中特别是国有大企业的投保率更低。之所以会有这种状况，虽然原因很多，然而，居民和企业的转移风险的理念淡漠，是其中的一个重要的原因。这说明作为正确保险消费观的重要内容的风险管理为先的消费观，在我国尚未成为指导人们的保险消费的消费观。从而我国的保险消费处于绝对消费不足的状态。如果正确的保险消费观能够成为全民和全部企事业单位保险消费的指导思想，并且能够在现实生活中得到贯彻落实的话，我国的保险消费需求就会大幅度提升，从而必然会带来我国保险业的更加全面、更加协调和可持续的大发展。

（二）有利于引导我国保险业发展的正确方向

如果从正确保险消费观出发，用正确保险消费观来指导保险消费者的话，保险消费者应当消费的是保障性产品，而不是其他的产品，从而在保险市场上应当是以保障性产品的销售量占主导地位。然而，在我国的保险市场上，在财产保险方面，可以说是保障性产品占主导地位，而在人身险方面，保障性产品的消费并不占主导地位。据统计，我国 2008 年寿险公司保费总收入为 7447.53 亿元人民币，其中普通寿险为 983.7 亿元人民币，占 13.4%；分红险为 3798.9 亿元人民币，占 51.8%，万能险为 1450.5 亿元人民币，占 19.8%；投连险为 425 亿元人民币占 5.8%；健康险和意外险为 679.6 亿元人民币占 9.2%。从我国现行的各类寿险险种产品内部保障成分与投资成分的占比来看，普通寿险类产品中多数是保障成分占主导地位的寿险产品，投连类产品多数是投资成分占主导地位的投资性产品；健康和责任险种类中的成分多以保障为主要成分；而分红、万能产品投资成分占较大的比重，特别是占 51.8% 的分红产品，其投资性更强。这表明我国的保险消费理念和消费观距离正确保险消费观尚有很大的距离。"把寿险产品当作投资产品来买"和"把寿险产品当作投资产品来卖"，是不正确的保险消费观在保险消费者和保险商品经营者头脑中的生动体现。这种客观现象表明，我国保险市场，乃至整个保险业发展的方向偏离了保险的本质和正确的方向，致使保险业在各种灾害面前处于被动的尴尬地位，没有能够完全尽到保险在各种灾害面前应尽的职责,没有能够在各种灾害面前充分发挥应当发挥的保障作用。如果能够以正确保险消费观中的"以获取经济保障为本"的保险消费理念为指导,就可以避免上述问题的发生。

(三)有利于提高保险消费者的社会责任感,充分发挥保险的互助共济的作用

按照正确保险消费观的理论,保险是以自然科学的大数法则、概率论和社会科学的互助共济准则以及经济科学的等价交换为理论基础的符合科学规律的公平、合理的交易行为。既然保险活动如此科学、公平、合理,为什么在我国的一部分人中,在保险消费上还存在着种种非理性行为呢？甚至不愿意积极主动地购买保险呢？这与人们对保险实践活动中的某些现象的误解,从而在头脑中出现某些不正确的保险消费观有直接的关系。这里所说的误解,主要是指对投保人"缴纳保费"与"保险赔付"之间的关系的误解,从而产生了对"保险"这一客观事物的"偏见"。从现象上看,投保人缴纳保费是普遍的（每个投保人都要交）、必然的、连续不断的,只要在缴费期限内是长期的行为；而保险赔付则是仅对个别或少数出险人的一次性行为,同时,保险赔付金额却往往是超过个人缴纳保险费额的几倍、十几倍、甚至几十倍的数额。简言之,是多数人出钱,少数人受益。这种现象在一些人的观念上产生不同的理念:在多数仅交保费而没有出险从而没有得到保险赔付的人群中产生了投保吃亏的心理,从而失去参加保险的积极性,甚至不再投保；而在得到保险赔付的这部分人群中,在得到保险赔付的初期对保险会有更大的积极性,会更多地投保,但在以后的投保过程中,由于没有再出现风险损失再没有得到保险赔付,其投保的积极性也会逐渐减退乃至不再投保。这两种投保理念,都会使保险行为失去正确保险消费观的引导而使保险消费不可持续。这种保险消费观错误有以下几点:一是以单纯的经济观点,观察短期内的、片面的、个别的经济现象取代用长期的、全面的、整体的观点,来观察这种经济现象的内在本质；二是忽视了保险原理本身含有的"一人为众、众为一人"和"助人为乐、互助共济"的人类真善美的社会责任和人类真善美的公德在内的内涵。这也是正确保险消费观最本质的内容所在。正是由于在部分人群中缺乏这种正确保险消费观,严重地影响了我国保险业,特别是财产保险、死亡寿险、健康医疗保险,尤其是大病医疗保险以及各类责任保险业的发展。据统计2008年底,我国死亡寿险保费为6658亿元人民币,健康险保费为558亿元人民币,各类责任险保费为81.75亿元人民币。这些数据表明,我国上述各类保险业的发展还很不充分。这与投保"吃亏论"等不正确保险消费观的影响有直接关系。如果正确认识保险消费观中的公平、

合理观，特别是投保是居民应尽的一种社会责任的观念，能够成为指导居民和企事业单位领导人的保险消费指导思想，我国的保险消费需求将会大幅度提高，我国的保险业也必将会有更加健康、全面的发展，我国居民的社会责任感以及我国保险业在各种风险的保障作用和社会责任将会得到更加充分地体现。

（四）有利于提高人们的诚信水平和减少保险活动中的弊端

诚信是正确保险消费观的重要内容之一，是保险交易双方必须遵循的最高准则，也是保险交易双方应当具有的起码的道德水准，更是一个人的人生观在道德品质方面的具体体现。在正确的保险消费观这一科学的理念指导下，保险行业就可以健康地发展。可是在我国现实的保险活动中不遵守最大诚信原则的现象却常常发生。特别是恶意制造事端，甚至捏造非真实的保险事故和赔案，向保险公司诈赔、骗赔的案件也经常发生。就以投保人事先告知义务为例，各种形式的违背告知义务的案例颇多，现仅举一个带病投保而未事先告知的例子：投保人王涛（化名），昆明人，50岁，2002年9月20日和10月19日先后两次向某保险公司云南分公司购买了两份康宁终身寿险。保险合同约定，王涛每年向保险公司缴纳1020元保险费，基本保额1万元，如确诊投保人患大病时保险公司按两倍给付重大疾病保险金。自2002年起至2006年，王涛共缴纳保费10200元。2006年10月，王涛到医院体检被确诊为慢性肾功能衰竭。2007年8月9日手术成功，向保险公司提出，要求保险公司为自己的疾病"埋单"。保险公司发现被保险人在投保前15年已经发现自己患有慢性肾功能衰竭，但在2002年9月和10月两次投保康宁终身保险时均未如实告知，保险公司依据保险合同和有关法律拒赔。在各类保险中类似这样的案例举不胜举。据有关报道，仅2008年全国各类险种险别的以各种诈骗案、假赔案为手段骗保骗赔的案件更是花样百出，数量颇多，金额巨大得惊人。最让人惊讶的竟然出现有组织、有计划的集体诈骗案件。2008年11月14日浙江湖州市钱某策划诈骗了56.6万元人民币。此案涉及湖州金天地汽车销售有限公司和华益汽车修配公司，案件涉及公司干部、代理人和相关人员。该案涉及平安、安邦、都邦、华安、永安、平安、天平、中华、阳光等十几家保险公司。另据报道，2009年1月至11月仅山东省共破获假赔案2633起，涉案金额达4232.04万元，发现假保单案7件，涉及假保单10160份，涉案金额86.81万元。以此为据，可以设想全国此类案件的严重程度。

上述两种性质不同的案件，严重干扰了我国保险市场，破坏了我国保险业的正常秩序，影响了我国保险业的发展。上述案件按其性质来说是两类不同的问题，但二者也有共同之处，它们的思想基础都没有以正确保险消费观作指导。

虽然，第二类的问题已经远远超出一般的诚信范畴，是属于违法乱纪的犯罪行为，单纯依靠树立正确保险消费观是无法根除的。然而，如果所有投保人都能以正确保险消费观的理念作指导，崇尚最大的诚信准则的理念，至少可以从思想理念上为其遵纪守法奠定一定的思想基础。从而可以使全体投保人的诚信水平得到提高，各种违法违纪的犯罪弊端可以减少到最低限度，我国保险市场更加健康。

（五）有利于提高保险在防灾、减灾和救灾中的地位和作用

正确保险消费观认为，保险属于人们的最低层次的生活必需品，保险消费属于满足人们最低生活需求的必须消费行为，保险救助形式属于人们自我救助与相互救助相统一的最普遍、最经常、最重要也是最主动、最积极的救助形式。"我要保险"就像"我要吃饭"一样的经常、普通然而是必不可少的生活方式。

可是，在我们的现实生活中，在包括一些领导层和普通人群中，有相当多的人，尚没有把保险消费作为人们的第一层次的生存消费来认识，尚没有把保险消费作为自我主动救助的生活方式来使用，尚没有实现把"要我保险"变成"我要保险"这种根本性的转变。在部分人群中，仍然把等、靠、要作为灾后生存的重要方式。在我国的救灾活动中我们的政府除了自身解囊相助之外，也把动员慈善机构和人民群众捐献作为救灾的重要手段来使用和提倡。这是必要的，也是必需的。但是，政府如果能把灾前大力发动群众把"要我保险"变成"我要保险"，使广大群众把保险作为应对各种风险，维持正常生活的一种必不可少的消费方式与政府等各方面的救助两种方式结合起来，建立起一个以保险保障和社会保障为基础，以国家保障为主导，以其他各种保障形式为辅助的具有中国特色的防灾、救灾保障机制和社会经济保障体系岂不是更好吗？这样不仅可以减轻政府负担和压力，更主要的是可以培养人们互助共济、自力更生、自我生存的能力；还可以减少部分人的对政府、对他人的等、靠、要的依赖性；更可以提高广大人民群众主动自救的觉悟和保险作为一种群众性的、基础性的、众人拾柴火焰高的救助形式在防灾、减灾和救灾中的地位和作用。

可见，提倡和认真学习、落实正确保险消费观不仅具有非常重大的经济意义，同时还具有更高层次的社会意义，乃至政治意义。

参考文献

[1] [英]约翰·穆勒著. 赵荣潜等译. 政治经济学原理[M]. 北京：商务印书馆，1991

[2] [美]斯蒂格利茨著. 黄险峰译. 经济学[M]. 北京，高等教育出版社，1999

[3] 魏华林,林宝清. 保险学[M]. 北京: 高等教育出版社, 1999
[4] 刘茂山. 论保险的错位及其危害性[N]. 中国保险报, 1998-5-2
[5] 刘茂山. 论保险业的最大风险——兼论保险的本质及其回归[J]. 南开经济研究, 2003,(6)

(原载于《保险研究》2010年第8期)

我国保险业科学发展问题探讨
——兼论保险资本的特殊性质及其运动规律

摘要：本文从保险资本的特殊性质及其运动规律的视角，探讨中国保险业的科学发展问题。全文共分四个部分。第一部分从环境和行业等不同角度探讨中国保险业的发展前景，认为我国保险业的发展前景十分广阔。具体包括：我国有丰富的保险资源；我国是一个多风险的国家；我国保险业发展很不充分；我国有很好的发展保险的环境。第二部分从近年来行业的实际情况出发揭示我国保险业发展中存在的主要问题。具体包括：保险市场有些乱；保险业发展的方向有些偏；保险业的基础理论有些歪；保险发展的指导思想有些扭。第三部分从保险资本的特殊性质及其运动规律的视角探讨保险业存在问题的原因，认为所以产生这些问题主要是因为理论上对保险资本的规律性及其运动规律认识不清、实践中按照这一客观规律办事的自觉性不高。具体包括：保险的本质；保险资本及其特殊性质；保险资本所有者及其特殊性质；保险业及其特殊性质；结论。第四部分从保险资本的特殊性质及其运动规律视角探讨我国保险业科学发展的含义及对我国保险业走科学发展之路的建议。具体包括：以科学发展观为指导；以保险资本的特殊性质及其运动规律为客观依据；以"四个占主导地位"为行动原则；以改革创新为保险发展的推动力；以全民性的保险知识普及为基础；以科学保险监管为保障。

关键词：科学发展；保险本质；保险资本；保险业；科学监管

今年是中国保险业恢复国内业务以来的第 32 个年头。在过去 32 年里，中国保险业获得了迅速发展，在经营理念更新、业务结构调整、发展方式转型、市场体系建设、体制机制创新和保险监管的科学性提高等方面都取得了显著成绩，对促进经济社会发展及安定人民群众生活发挥了重要的保障作用。保险业取得的成绩应予以充分肯定。但是，必须看到，保险业在过去的快速发展过程中也累积了不少问题。特别是近几年来，随着世界和我国经济发展速度放缓，尤其是国际金融危机持续蔓延和欧洲债务危机不断延续，我国保险业发展进入了一个瓶颈期，一些过去被高速增长所掩盖的深层次问题和矛盾凸显出来。这些问题和矛盾表明，我国保险业尚未完全走上科学发展的道路。科学发展是当今中国保险业发展的主题，是中国保险业实现全面、协调和可持续发展的必由之路。保险业科学发展的内涵十分丰富，其中一个核心要点就是保险业发展必须符合保险资本的特殊性质及其运动规律的客观要求。

本文不对保险业科学发展的各个方面进行全方位研究，而主要从保险资本的特殊性质及其运动规律的视角来探讨我国保险业的科学发展之路。

一、我国保险业发展的空间十分广阔

保险业的发展空间取决于多重因素，不仅与保险业自身的资本扩张、改革创新等因素有关，也与经济社会发展状况、风险事故发生状况、科学技术水平以及政府的产业政策等外部环境因素息息相关。从各个方面的情况看，我国保险业未来发展的空间十分广阔。

（一）我国有丰富的保险资源

1. 中国是世界上人口最多的国家

人口是经济社会发展的第一生产力，是保险业发展最基础的市场资源。我国是世界上人口最多的国家，也是世界上潜在保险市场资源最大的国家。根据国家统计局发布的国民经济和社会发展统计公报，截至 2011 年末，我国（指中国大陆，不包括港澳台地区，全文同）总人口为 13.4735 亿人，约占世界总人口的 19.5%。其中，15~64 岁人口 10.0283 亿人，占总人口的 74.4%；65 岁及以上人口 1.2288 亿人，占总人口的 9.1%。

改革开放后我国实施的控制人口政策导致家庭户规模快速下降。2011 年，我国平均家庭户规模为 3.02 人，以父母与未婚子女组成的核心家庭为主的"二代户"占家庭户的比重接近 50%，一代户、三代户占家庭户的比重分别为 35.4% 和 16.9%，四代及以上户占家庭户的比重为 0.7%。家庭户规模的缩小，改变了过去"养儿防老"的传统模式，包括商业保险在内的社会性养老成为人们养老的主流选择。

2. 我国是世界上经济发展最快的国家之一

近年来，我国国民经济持续快速增长。据统计，从 2003 年到 2011 年，我国国内生产总值年均实际增长 10.7%，不仅远高于同期世界经济 3.9% 的年均增速，而且高于改革开放 30 多年来 9.9% 的年均增速。经济快速增长使经济总量连续跨越新台阶。2010 年我国经济总量超过日本，成为仅次于美国的世界第二大经济体。2011 年，国内生产总值达 47.2 万亿元，占世界的份额提升到 10%

左右。经济总量的快速增长带动了人均国内生产总值的快速提升。2011年，我国人均国内生产总值为35083元人民币，按照平均汇率折算为5432美元，已进入上中等收入国家的行列。

伴随着国民经济的快速增长，我国的经济结构也不断改善。一是固定资产投资增长很快。2003～2011年，全社会固定资产投资累计完成144.9万亿元，年均增长25.6%。投资规模之大、增速之快为历史所少有。二是交通运输快速发展。2011年，旅客周转量达到3.1万亿人公里，货物周转量达到15.9万亿吨公里。三是进出口贸易规模不断扩大。2011年，货物进出口总额达到36421亿美元。其中，出口额18986亿美元，居世界第一位；进口额17435亿美元，居世界第二位。四是对外投资和经济合作迅速发展。2011年，我国非金融类对外直接投资达601亿美元，对外承包工程业务完成营业额1034亿美元。五是城镇化水平不断提高。2011年，我国城镇化率首次突破50%，达到51.3%，城乡结构发生历史性变化。

3. 居民生活质量和水平提高很快

2005～2010年，中国平均预期寿命为72.71岁，在世界各国中位居第95位，高出世界平均预期寿命4.83岁。据估测，到"十二五"期末，中国人均预期寿命将提高到74.5岁，2020年有望进一步提升到77岁，达到中等发达国家的水平。在人均预期寿命提高的同时，居民的生活质量也有了明显改善，居民消费逐步从生存型向发展型转变。据统计，2011年城乡居民家庭恩格尔系数分别为36.3%和40.4%，城镇居民家庭平均每百户拥有家用汽车18.6辆，自有住房拥有率高达89.68%，国内旅游人数达到26.4亿人次。

4. 企业数量和资产规模快速扩张

根据我国第二次经济普查数据，2008年末，全国共有企业法人单位495.9万个。其中，国有企业14.3万个；集体企业19.2万个；股份合作企业6.4万个；联营企业、有限责任公司和股份有限公司共65.9万个；私营企业359.6万个；其他内资企业11.9万个；港澳台商投资企业8.4万个；外商投资企业10.2万个。全国第二、三产业企业法人单位资产总额为207.8万亿元。其中，国有企业资产总额47.7万亿元；集体企业资产总额4.4万亿元；股份合作企业资产总额4.5万亿元；私营企业资产总额25.7万亿元；港、澳、台商投资企业资产总额8.0万亿元；外商投资企业资产总额13.5万亿元。

5. 机动车保有量快速增长

近年来，我国机动车保有量增长很快。根据公安部交通管理局的统计，从2008年到2011年，我国机动车保有量从约1.7亿辆增加到2.25亿辆，年均增加1800多万辆。截至2011年底，全国机动车保有量为2.25亿辆，其中汽车保有量首次超过摩托车，达到1.06亿辆，约占全国机动车总量的47%。

经济社会领域各方面的发展为我国保险业发展提供了丰富保源，为行业可持续增长奠定了坚实基础。

（二）中国是一个多风险的国家

1. 自然灾害

我国是自然灾害较为严重的国家，每年造成的经济损失大都在两三千亿元以上。根据国家统计局发布的国民经济和社会发展统计公报，2011年全年各类自然灾害共造成直接经济损失3096亿元。全年农作物受灾面积3247万公顷，因洪涝、滑坡和泥石流灾害造成直接经济损失1260亿元，因旱灾造成直接经济损失928亿元，因低温冷冻和雪灾造成直接经济损失290亿元，因海洋灾害造成直接经济损失60.5亿元。全年共发生5级以上地震17次，成灾15次，造成直接经济损失60.1亿元。

2. 火灾

火灾给人民群众人身财产安全造成的威胁非常大。近年来，我国火灾发生的频率和造成的人员伤亡、财产损失居高不下。根据公安部消防局公布的数据，2011年全国共接报火灾125402起，导致1106人死亡、572人受伤，直接财产损失18.8亿元。其中，全国城市共发生火灾43171起，死亡331人、受伤196人，直接财产损失5.53亿元；农村共发生火灾38469起，死亡349人、受伤154人，直接财产损失3.93亿元。在各类火灾中，较大火灾共接报76起，死亡281人、受伤54人，直接财产损失8468.2万元。

3. 交通事故

随着机动车辆的快速增加，近年来交通事故的发生数量直线上升。根据公安部交通管理局提供的资料，2010年，全国共接报道路交通事故390.62万起，同比上升35.9%。其中，涉及人员伤亡的道路交通事故21.95万起，造成65225人死亡、254075人受伤，直接财产损失9.3亿元。交通事故发生数量迅速上升，造成对机动车辆保险的庞大需求，机动车辆险因此成为财产险公司业务拓展的"重中之重"。

4. 安全生产

安全生产事故往往造成群死群伤，对广大职工的生命及相关财产安全威胁很大。根据国家统计局和安监总局的统计，2011年全国发生各类事故34.77万起，死亡7.5572万人，亿元国内生产总值生产安全事故死亡人数为0.173人，工矿商贸企业就业人员10万人生产安全事故死亡人数为1.88人，道路交通万车死亡人数为 2.8 人，煤矿百万吨死亡人数为 0.564 人。

5. 疾病患病率

随着工业化、城镇化、老龄化进程的加快，我国慢性病发病人数呈快速上升态势。中国卫生部疾病预防控制部门的数据显示，目前中国确诊的慢性病患者已超过 2.6 亿人，约占中国人口总数的 1/5，中国因慢性病导致的死亡人数占总死亡人数的 85%，高于世界平均水平。目前中国已进入慢性病的高负担期，这个阶段有"患病人数多、医疗成本高、患病时间长、服务需求大"等特点，并将会对中国经济发展造成沉重负担。根据世界卫生组织的预计，在我国，慢性病防治所花费用已占到全部医疗费用的 80%，今后十年因心脏病、心脑血管疾病和糖尿病等疾病导致的过早死亡将造成 5580 亿美元的经济损失，到 2015 年中国慢性病直接医疗费用将超过 5000 亿美元。

6. 人口老龄化

通常，65 岁以上的人口比率超过总人口的 7%，就被称为"老龄化社会"，而超过了 14%就被称为"老龄社会"。中国在 2001 年开始进入了老龄化社会。从老龄化社会进入老龄社会，法国用了 115 年，英国用了 47 年，德国经过了 40 年，日本用了 24 年。据统计，2005 年我国 65 岁以上的人口比率为 7.6%，2011 年快速上升到 9.1%，速度之快非常惊人。根据《中国老龄事业发展"十二五"规划》，"十二五"时期，随着第一个老年人口增长高峰的到来，我国人口老龄化进程将进一步加快。从 2011 年到 2015 年，全国 60 岁以上老年人将由 1.78 亿增加到 2.21 亿，平均每年增加老年人 860 万；老年人口比重将由 13.3%增加到 16%，平均每年递增 0.54 个百分点。人口老龄化使得生活不能自理、需要护理照料的老人迅速增加，目前这类老人共有 1500 万，占老年人口的 8.8%，预计到 2020 年将超过 2500 万。

7. 保障缺口

由于我国经济发展仍比较落后，经济社会保障体系不健全、不完善，因而无论是在财产领域，还是在人身领域，都存在着巨大的保障缺口。

对于巨灾造成的经济损失，在保险业发达的欧美国家，保险赔付往往占到 60%以上。例如，美国 2010 年 5 月发生的严重风暴造成 25 亿美元损失，保险赔付 17.5 亿美元，承担了 70%的损失；新西兰 2010 年 9 月 4 日发生的地震造成的经济损失达 37 亿美元，其中保险赔付 33 亿美元，承担了 89.19%的损失。但在我国，由于保险制度不完善及渗透率、投保率低等原因，国家财政或募捐仍充当着主要角色。

政府提供的基本养老保险目前已成为我国民众最重要的养老保险方式。然而，从基本养老保险的替代率看，近 10 年呈持续下降态势，2000 年为 71%，2010 年降至 45%。老龄化进程加快及替代率水平较低，使得我国的养老保障面临巨大资金缺口。世界银行的一份研究报告显示，从 2001 年到 2075 年间，中国养老保险的收支缺口将高达 9.15 万亿元。

在医疗保障缺口方面，根据卫生部发布的《"健康中国 2020"战略研究报告》，我国人口占世界人口的比重接近 20%，卫生费用却仅占世界卫生总费用的 2%，存在卫生经费投入不足、优质医疗资源严重缺乏等问题。与此同时，我国的患病人数却在不断增长，1993 年至 2008 年期间，我国年患病人次数从 43.6 亿增加到 52.5 亿，15 年增加了 20%。与巨大的市场需求相比，我们健康险的发展水平却严重滞后。2009 年，我国社会医疗卫生费用总支出为 17204.81 亿元，而健康险的赔付总支出仅为 217.03 亿元，占社会医疗卫生费用总支出的比例为 1.26%，远低于国际上 20%的正常水平。

在死亡保障方面，随着经济社会发展和医疗技术的进步，我国人口的死亡率已大大降低，但因家庭主要收入者早亡而导致的遗属生活窘迫的风险却在增加。瑞士再保险公司去年发布的一份研究报告显示，从 2000 年到 2010 年，我国的死亡保障缺口迅速扩大，从 3.7 万亿美元上升到了 18.7 万亿美元。目前，在每 100 美元的保障需求中，仅有 12 元被储蓄和保险覆盖，留下的缺口多达 88 元。报告认为，赚钱养家者通常应当拥有相当于其年收入 10 倍的寿险保障。而按照现有的保障水平，一旦赚钱养家者不幸意外过世，其额度远不足以为其家庭提供保障。

（三）中国保险业发展很不充分

1. 保险业发展水平与经济发展水平不匹配

恢复国内保险业务 32 年来，中国保险业取得了长足进步，但与经济发展的总体水平相比，保险业发展仍相对落后。根据瑞士再保险（sigma2012 年第 3 期）提供的数据，2011 年我国 GDP 占全球的比重已达 10%，占世界第 2 位，而保费收入占全球的份额只有 4.83%，仅排世界第 6 位。与我国形成反差的是，美国的 GDP 占全球的份额为 21.47%，保费收入占全球的份额却为 26.22%；日本 GDP 占全球的份额为 8.53%，保费收入占全球的份额却高达 14.26%。

从反映保险业发展水平的两个主要指标看，2011 年全球保险深度为 6.60%，其中寿险业务为 3.8%、非寿险为 2.8%，而我国的保险深度仅为 3.0%，比世界平均水平低了 3.6 个百分点，其中，寿险业务为 1.8%、非寿险为 1.2%，均远远落后于世界平均水平。全球保险密度为 661 美元，其中寿险业务为 378 美元、非寿险为 283 美元，而我国保险密度仅为 163 美元，不到世界平均水平的一半，其中寿险业务为 99 美元、非寿险为 64 美元。

从保险业的资产总额看，目前我国保险业的资产规模相对很小。据统计，截至 2011 年末，中国保险业的总资产只有 6.01 万亿元人民币，约合 9629 亿美元，仅与法国安盛一家外国保险公司的总资产（9478.69 亿美元）相当。

2. 保险业提供的保障水平与社会需求不匹配

目前，我国保险业在自然灾害和人为灾难损失补偿中所发挥的作用仍十分有限。例如，2008 年"5.12"四川汶川大地震，经济损失高达 8500 亿元人民币（1250 亿美元），但保险损失只有 25 亿元人民币（3.66 亿美元），仅占总损失的 0.29%；而 2011 年 6 月 3 日至 7 月 17 日，在我国安徽、浙江、江西、湖北、湖南、四川、重庆、贵州等地发生的强季风雨引发的洪水、山体滑坡中，共有 350 人死亡、550000 人无家可归，损失总计 64 亿美元，但保险损失只有 1.95 亿美元，占总损失的比重只有 3%。反观全球，从各国平均的水平看，近年来保险赔付占自然灾害和人为灾难总损失的比例通常都在 1/3 左右。根据瑞士再保险（sigma2012 年第 2 期）的统计，2011 年全球约 35000 人因自然灾害和人为灾难丧生，经济损失超过 3700 亿美元，保险公司损失约 1160 亿美元，占到经济损失的 31.35%。即使是同为发展中国家的泰国，在 2011 年大面积水灾造成的 300 亿美元的损失中，保险赔付达到 120 亿美元，在弥补水灾损失中发挥了巨大作用。

（四）中国有很好的发展保险的环境

1. 政策环境

科学发展观和改革开放是指导我国经济社会发展的长期基本指导方针和基本国策，也是对我国保险发展长期起指导作用的方针和国策。在这一基本方针和基本国策的指导下，一方面，将会促进我国经济社会平稳的可持续的发展，为我国保险的发展提供有利的经济基础；另一方面，我国的经济体制的市场化程度将不断提高，进而为保险业发展提供优越的市场环境。尤其是，在这一基本方针和基本国策的指导下，国家将不断出台支持保险业发展的方针和政策。例如，2012 年 1 月召开的全国金融工作会议明确提出要积极培育保险市场，并提出了搞好个人税收递延型养老保险试点，推广商业保险参与社会保障、医疗保障体系建设，加快发展环境污染、公众安全等责任保险，逐步建立国家政策支持的巨灾保险体系，支持保险资金拓宽投资渠道等一系列拟采取的政策措施。这些支持性政策的陆续出台和实施，将为保险业的进一步发展提供动力。

2. 法律环境

近年来，我国不断加强保险法制建设，以保险法为核心、以保险行政法规和规章为主干,由保险法、行政法规、行政规章、规范性文件等多层次规范构成的保险法律体系初步形成,为保险业健康、持续发展提供了良好法律环境。例如,2006 年国务院颁布实施《机动车交通事故责任强制保险条例》。交强险是通过国家法律强制机动车所有人或管理人购买相应的责任保险,对提高第三者责任险的投保面和保险业发展都具有十分重要的意义。又如,2009 年新修订的《保险法》经全国人大常委会审议通过后实施。新修订的《保险法》针对保险业发展站在新起点进入新阶段的实际,对行业发展和保险监管作出了许多新的规定,进一步完善了商业保险的基本行为规范和国家保险监管制度的主体框架。再如,近年来中国保监会审核出台了《保险公司管理规定》、《保险专业代理机构监管规定》、《保险经纪机构监管规定》、《保险公估机构监管规定》等多项规章,进一步完善了保险业发展的法律环境和制度环境。可以预计,随着时间的推移和情况的变化,将会有更多的保险类法律文件和实施细则出台,保险业发展的法律环境将进一步完善。

3. 监管环境

近年来,我国保险监管不断完善,基本建立了偿付能力、公司治理和市场行为三支柱的监管框架,监管的规范化、信息化水平显著提升,监管的科学性、有效性得到进一步加强,发现、识别、防范和控制保险业系统风险的能力明显提高。2012 年,全国保险监管工作会议进一步提出了以"抓服务、严监管、防风险、促发展"为特点的保险监管新思路,这对于进一步促进保险业发展的稳中求进和进中求好,具有十分重要的指导意义。

4. 金融环境

近年来,我国不断推动金融改革与发展,金融业发生了新的历史性变化。2011 年末,我国金融业总资产达 148.97 万亿元,金融业综合实力显著提升。尤其是在银行业方面,包括大型商业银行、中小商业银行、农村金融机构以及中国邮政储蓄银行和外资银行在内的商业银行体系基本形成,为保险业开展银行保险业务创造了条件。与此同时,各类金融市场稳步发展,以货币市场、资本市场为主体,功能相互补充、交易场所多层次、交易产品多样化的金融市场体系基本形成,为保险资金运用提供了良好环境。

5. 技术环境

近年来,我国信息技术和互联网的发展非常快。根据中国互联网络信息中心发布的《第 29 次中国互联网络发展状况统计报告》,截至 2011 年底,中国网站规模达到 229.6 万,网民规模达到 5.13 亿,互联网普及率达到 38.3%,手机网民规模达到 3.56 亿。互联网的快速发展使得包括网络购物、网上支付、网上银行等在内的电子商务类应用在2011年继续保持稳步发展态势,其中网络购物用户规模达到1.94亿人,网上支付用户和网上银行全年用户也分别上升至1.67亿和1.66亿。此外,由于微博快速崛起,有将近半数网民在使用微博,比例达到48.7%。互联网的快速发展为保险电子商务的发展创造了条件。

综上所述,可以看出,我国保险业的发展前景非常广阔,任何对保险业未来发展的悲观看法都是与实际情况不相符合的,对我国保险业的未来发展我们应当有足够的信心。

二、我国保险业发展中存在的主要问题

经过32年的快速发展,我国保险业已取得显著成绩,但同时也存在不少问题。主要体现在:保险市场有些乱,保险业发展的大方向有些偏,保险理论研究有些歪,保险发展的指导思想有些扭。

（一）保险市场有些乱

近年来,我国保险市场有些乱,主要表现有以下方面:

一是最大诚信原则被破坏。最大诚信原则是保险经营必须遵循的最高原则,是对保险市场供求双方的共同要求。然而,近年来我国保险市场的供求双方都存在着严重违背这一原则的行为。从供给方面看,在产品销售过程中保险销售人员以夸大收益、混淆保险产品概念、隐瞒合同重要内容等各种形式误导甚至以有意欺骗等不正当的手段达到售出保险产品的目的;在保险理赔过程中理赔人员有意避责,或者故意编造理由减少责任,以至惜赔、少赔甚至拒赔的现象时有发生。在投保人方面,普遍的现象是在投保时不履行事先告知义务,有意隐瞒应当如实告知的事项,有的还有意制造事端或编造非真实的保险事故向保险人诈赔、骗赔,甚至还经常出现一些有组织、有计划的诈骗案件。根据中国保监会的统计,仅2012年上半年全国就发生保险欺诈案件127起,涉案金额达3645万元人民币[①]。

二是保险的声誉受到损害。近年来,保险业在社会上的名声不太好。所以如此,主要与我国保险业的队伍总体素质偏低且极不稳定有关。长期以来,我国保险业从业人员特别是营销人员文化水平不高、素质偏低,人员的流动性也比较大,由此产生了用不妥当的销售手段和不被群众认同的销售保险的方式,造成了一些人听说是卖保险就"烦",见到卖保险的就"躲",甚至有些人认为保险销售打扰了他们的生活,保险由此在一些百姓心目中由"安民"变成了"扰

---

① 雨荷. 上半年保险欺诈涉案3645万元[N]. 中国保险报,2012-8-30（4）

民"。

三是违规经营和无序竞争。我国的保险产品从数量上看似乎有很多,但同质化现象严重,差异化、创新性产品太少。从人身险产品来看,2011 年各人身险公司在售的产品有 5000 多个,平均每个公司多达 80 多个,但大多数皆为大同小异的理财型产品。有的公司在售产品有 200 多个,但长期险有近 80%的业务集中在前 5 种产品上,短期险有近 60%集中在前 10 种产品上。就财产险产品而言,虽然产品的名称"五花八门",但 80%以上都集中在车险上。由于各公司可经营的特色产品不多,自然就都以少数的同质产品作为经营的对象。为了争抢到业务,一些公司不惜采用违法乱纪和商业贿赂的手段来达到自己的目的。

四是寿险业面临着大规模群体性退保和偿付能力不足的风险。目前,我国寿险市场上 80%左右的产品是分红型的理财产品。由于一些销售人员在销售这些产品时往往扩大产品收益,甚至不实地承诺提供较高的分红收益水平;由于资本市场低迷导致保险资金运用实际收益率低下,进而导致分红理财产品可能实现的回报率低于投保人对产品分红的期望值;由于我国前些年销售的多为 5 年期的寿险产品,今明两年已到兑现期;还由于我国保险业的声誉和形象低下等诸多因素的作用,最终导致众多寿险产品购买者产生退保的心理和行动,而且在特定条件下还极易形成大规模群体性退保事件。事实上,在我国一些地方已多次出现此类事件。相关问题如果处理不好,发生更多、更大规模的群体性退保事件的风险也是存在的。另一方面,由于我国保险业从开创之日起资本金总量就比较少,同时由于保险业一直以来是在"重数量、轻质量;重规模、轻结构;重速度、轻效益"的思想支配下发展起来的,从而造成业务规模和总量虽然增长很快,但经济效益却没有得到相应提高,因此由盈利转为补充资本金的数量甚微,有的企业不但资本金没有得到补充,甚至出现亏损。另外,还由于受种种因素的影响,保险业原有股东和其他社会资本对投入保险业的积极性不高,使保险业的资本金增补遇到困难,致使中国保险业不仅中小企业面临偿付能力不足甚至破产的风险,就是一些大型保险企业也面临偿付能力不足的风险。

五是保险监管乏力。从理论上说,保险监管不属于保险市场的内部构成因素,而是政府对保险市场进行监督与管理的行政行为,属于保险市场的外部因素。但是,中外保险业发展的事实表明,一个国家或地区保险业监管状况如何直接关系到该国或地区保险市场的兴衰与成败。这意味着,当保险业监管可能直接决定保险市场的发展状况时,把对保险监管的研究纳入到对保险市场的研究就是必须或不可或缺的。那么，我国保险监管的状况如何？应当说，目前中国保险监管者对保险市场的监管是到位、空位、错位和缺位皆有之。所谓"到位"，是指应该由保险监管者做的事情做了且做得很好；所谓"空位"，是指应该由保险监管者做的事情而没有做；所谓"错位"，是指不应当由保险监管者做的事情却做了；所谓"缺位"，是指应当由保险监管者做的事情做了但没做好。总体来说，我国保险监管者的监管活动，在大多数情况下是"到位"的，但同时也存在着"空位"，如保险公司退出制度尚未建立；也有"缺位"，如保护保险消费者权益的事情做了，但做的还不够得力；最为突出的问题，也是我国保险监管存在的普遍问题，是监管的"错位"，如对保险业的发展提出一些不恰当的口号和不科学的指导思想，又如错把监管当主管，经常站在保险公司的立场上不恰当地维护保险公司的利益，或直接干预保险公司的经营活动乃至给保险公司下指标、派任务，等等。可以说，保险监管是到位与错位并存，由此造成了对保险市场监管的乏力。保险监管乏力，是保险市场出现混乱的重要原因。我国保险业发展的成就，有保险监管的功劳，但保险业发展中存在问题和不足，也有保险监管的责任。

（二）保险业发展的大方向有些偏

保险业发展的大方向应该是，坚持以人为本，为国民经济的持续发展、社会的稳定和谐和人民群众的生活安定提供经济保障。然而，在我国近年来的现实生活中，保险业发展却有些偏离了这个大方向。首先，从保险意识来看，这个方向很不明确。一方面，有相当多的保险消费者把保险看作是"赚钱"的工具，他们是为了"获利"而购买保险；另一方面，有相当多的保险投资者和经营者把保险企业看作是"发财"的机器，他们投资办保险企业和参加保险经营活动是为了"获大利"。"获大利"和"发大财"成为不少人参加保险活动的主导意识。其次，从我国保险业的实践来看，产险业虽然是以保障性产品为主，但其保费收入仅占全部保费的39.4%，而且有些产险公司还在试销具有投资功能的产品。在人身险公司经营中，实际上是以销售理财型产品为主、销售保障性产品为辅。以2008年为例，根据中国保险年鉴的统计，该年度人身险公司保费收入总计为7447.53亿元，其中分红险占51.5%、万能险占19.8%、投连险占9.25%，三者合计占比为79.5%，而这三项均是以投资成分占主导地位。另据保险年鉴的统计，在2009年至2011年人身险公司销售的产品中，保障性产品分别占比为32%、32%和33%，也都不占主导地位。更能说明问题的是，在2011年人身险公司报批的新增产品中，投资性产品的占比进一步升高，健康险等保障性产品则比2000年实际销售的产品占比又有所下降。另外，在新近报批的寿险产品中，有相当多的是短期性"快速返还"类产品（一年一返、两年一返），更具有投资性质。可见，从当前我国保险业的产品结构看，保障性产品不占主导地位，投资性产品却占主导地位，这显然已偏离了保险保障的大方向。第三，表现在保险资金运用上。保险资金运用首先指的是对通过销售保险产品而获得的资金（保费）和保险企业自有资金的运用，然而我国保险企业运用的资金却不只是这类资金，还包括以各种形式吸揽来的社会资金。另外，保险资金运用的基本原则是稳定性和安全性，而现实中把保险资金投向高风险、高盈利的产品和行业却占很大比重。保险资金运用是为了稳定的利润，将所获得的盈利或用于增补保险资本金，增强保险企业的偿付能力，或扩大承保范围为更多人降低风险，或降低原有产品的保费还利于投保人。可是，现实中许多保险企业却把保险资金运用的收益作为红利分派给保险人，或作为工资增发给高级管理层。总之，无论是从我国民众的保险消费意识，还是从保险公司的经营实践看，显然都有点偏离了经济保障这个保险业发展的大方向。

（三）保险业的基础理论有些歪

不知道是什么人、在什么时候，笼统地、不加解释地把国外的保险与银行和证券一样，是构成金融体系的三大支柱之一的理论引进了中国，并把这一理论作为指导我国保险业发展的基础理论；也不知道是什么人、在什么时候，把保险资金等同于一般性资本，并且把资本的本性是追逐最大限度的利润的理论不加区分地引入了保险业界，从而把保险公司与银行和证券公司等机构视同为一样的金融机构。而对保险在什么意义上具有金融的性质，保险资本与银行资本、证券资本在性质上有什么不同，保险公司与银行和证券公司等金融机构有什么本质上的区别，均没有从理论的高度加以阐述，形成了一种似是而非的模糊概念。这种理论过分强调了保险的金融功能而忽略了保险的保障功能。还有人，甚至为了强调保险的社会作用，提出了保险的"社会管理功能论"，把本来不属于保险的功能牵强附会地加在保险身上，并把它理论化。这种理论的本意是想让保险参加更多的社会管理活动，并把这些活动提高到保险功能的高度，显示出保险在社会上的重要性，以提高保险的社会地位，借以引起人们对保险的重视。这种想法和动机是好的，保险企业多参加一些有益于社会的活动也是好的，但不能把这类活动都说成是保险的职能。这种认识混淆了"保险职能"与"保险企业的功能"两个概念的界限，误把保险企业的功能等同于保险的功能；还混淆了保险企业"功能"与保险企业的"活动"两个概念的区别，将"保险企业的活动"等同于"保险企业的功能"，误认为保险企业的一切活动都是保险企业功能的体现。此外，还有的同志，为了强调保险的社会福利作用，促使保险业从事更多的社会公益活动，竟把保险业说成是"慈善事业"。这种心情是可以理解的，但这种提法和观点是不对的，因为保险是"补偿"而不是"慈善"，慈善的接受者是不需要付什么经济成本的，是无偿的，更是没有什么交换条件；而保险补偿的接受者是要付出经济成本的（缴纳保费），是权利与义务对等的、有偿的交换行为，这是"保险"与"慈善"的根本区别。所以，不能说保险是慈善行为的商业运作，更不能把保险当作一种慈善行为去宣传。

（四）保险发展的指导思想有些扭

受笼统的"金融体系论"的影响，在一些人的思想上产生了模糊的认识，并有意无意地把这些模糊认识作为发展保险业的指导思想。其具体表现之一，是拿保险与银行和证券进行攀比，特别是与银行攀比，如与银行比资金总量、比资产总量、比社会地位、比"话语权"等，而其中保费收入是其用来攀比的主要指标之一。为了多收保费便提出把保险"做大做强"的口号，并把"做大"放在首位。在这种口号的指引下，把保费收入的多少作为保险公司排序的主要标准，形成了"以保费论英雄"，以"市场规模论成败"的主流意识。各保险公司及其从业人员为了收取更多的保费，便采取各种不正当的手段甚至不惜采用违法违规的办法来抢保费，由此产生了"跑马圈地"式占领市场、销售产品时"萝卜快了不洗泥"和以"拾到篮子里就是菜"的思想争夺保费等行为，形成了以"重数量、轻质量；重规模、轻效益"为特征的粗放型经营模式，造成了保险市场的混乱局面。模糊指导思想的另一种表现是，拿保险产品简单地与银行储蓄、股票和债券等金融产品比收益率、比利率、比回报率，结果诱使保险消费者为"获利"而买保险、保险供给者为"赚钱"、"发财"而卖保险，甚至出现用"获利"和"赚钱"来引诱客户投资保险等错误倾向。这样比的结果，客观上形成了扭曲的保险发展指导思想。事实上，保险与银行之间不存在简单的对比关系。在市场经济条件下，从某种意义上讲，经济发展是由货币推动的，"货币是经济发展的第一推动力"，经济是随着货币流动的，货币流动到哪里，经济就发展到哪里。然而，经济发展又是同风险相伴的，往往是越需要发展经济的项目（如高科技项目）和地区（如贫困落后地区和灾害多发地区），风险也就越大，同时也越需要货币流入到该项目或地区。所以，货币总是伴随着风险流动的。由于银行是经营货币的企业，所以银行和货币共同构成为社会经济发展的"发动机"和"推进器"，这是银行和货币的特殊职能和特殊作用。但保险与银行不同，保险是防范风险、规避风险、转移风险、分散风险和降低风险损失的工具，哪里有风险，保险就到哪里，保障就到哪里。所以，保险活动总是与安全和保障相伴随。保险和保险公司共同构成为经济社会发展的"保障器"

和"稳定器",这是保险和保险公司的特殊职能和作用。保险与银行二者各有各的职能、各有各的作用,它们不是相互替代、互相攀比的关系,而是相互补充、共同为经济社会发展服务的分工协作关系。

三、我国保险业产生问题的根本原因

我国保险业产生问题的原因是多方面的。然而,从保险资本的特殊性质及其运行规律的视角来分析,其根本原因,则是在理论上对保险资本的特殊性质及其运动规律的认识不清楚、在实践中没有很好地按照保险资本的特殊性质及其运动规律的要求办事,而带来的必然后果。那么,什么是保险资本的特殊性质及其运动规律呢?保险资本是指投入到保险领域、用于经营保险商品的资本。从逻辑上讲,保险的本质决定保险资本的特殊性质及其运动规律;保险资本的特殊性质及其运动规律,决定着保险资本所有者和经营者特殊性质;保险资本所有者和经营者的特殊性质,决定着保险业的特殊性质。归根结底,保险资本的特殊性质及其运动规律、保险资本所有者和经营者的特殊性质,以及保险业的特殊性质,都是由保险的本质决定的。所以,我们的分析是按照保险的本质→保险资本的特殊性质→保险资本运动规律→保险资本所有者和保险业的特殊性质的顺序进行分析的。

(一)保险的本质

保险资本的特殊性质及运动规律是由保险的本质决定的,因此探讨保险资本的特殊性质及运动规律,首先需要弄清保险的本质。

什么是保险的本质?从所包含的内容看,保险的本质包括保险的性质、保险的基本职能和保险的特殊作用三个方面,是三者的有机统一。

所谓保险的性质,是指保险这一客观事物,不同于其他任何事物的特殊性质。保险的性质是由保险这一客观事物所独有的、内在的特殊矛盾决定的。那么,这一特殊矛盾是什么?它是在可保风险范围内由于自然的、社会的、经济的、人为的和人生自然规律(即人的生、老、病、死、残)等原因而形成的种种风险事故的发生所造成的生产要素(生产资料)和生活要素(生活资料)的损失而发生的短缺,与满足不了社会经济正常运行和人们生活正常维持及社会安定对生产要素和生活要素的需要之间的矛盾,简称为"短缺"与"需求"之间的矛盾。这种矛盾促使了保险的产生。保险是专门为解决这一矛盾而构建的一种风险集散或损失补偿机制,是经济生活中个人和企事业单位进行风险转移的主要方法或途径。保险所包含的这一特殊矛盾决定了保险所具有的不同于其他任何事物的特殊性质,也是保险区别于其他事物的根本标志。

保险的职能是指由保险的特殊矛盾所决定的解决这一矛盾所采用的特殊形式和手段。保险的特殊矛盾是"短缺"与"需求"之间的矛盾，由于这种短缺是由"损失"造成的，所以只能采用"补偿"的形式加以解决；又由于这种"短缺"是绝对的"物质"短缺（不是精神短缺），因而只能通过"物质"（货币是物质的代表）的手段给予补偿。所以，用物质的手段和补偿的形式来解决保险所面对的特殊矛盾就成了保险的基本职能。这种用于补偿保险标的损失的物质从哪里来？显然，不是来自国家财政的无偿拨付，也不是来自各种慈善机构的无偿捐赠，而是由保险机构通过把千千万万个具有相同风险的个人或企事业单位集中在一起，以保险费的形式形成保险基金所进行的积累。所以，保险基金既不属于国家所有，也不属于社会慈善机构所有，而是归广大投保人全体所有。

保险的作用是指保险履行其职能后所产生的积极后果，它集中体现在为国民经济的持续发展、社会的和谐稳定和人民群众的正常生活等方面所提供的经济保障上。保险的保障作用通过经济补偿的形式来实现。不过，这种补偿不是无条件、无原则，而是有条件、有原则的。首先，补偿的对象是那些缴纳保险费后享有保险利益的投保人或被保险人；其次，补偿的原则是有损失则补偿、无损失则不补偿，少损失少补偿、多损失就多补偿，但补偿的最高限额不能超过保险金额或保险标的的实际价值。由此可见，保险的经济内容就是在投保的人群中用多数投保人交纳的保险费来补偿少数被保险人遭受的损失，是用过去的保费所形成的物质积累来补偿现在的经济损失；或者是用现在的多数人所缴收的保费所形成的物质积累，来补偿将来少数投保人的物质损失。通过对生产要素和生活要素损失的补偿，经济可以继续发展，生活可以继续进行，社会可以和谐运行。这就是保险的保障作用。

综上所述，由社会经济领域的特殊矛盾所决定的保险的性质、保险所独有的经济补偿职能以及为各类风险主体提供经济保障作用这三者的有机统一，完整说明了保险本质所具有的独特内涵，它准确回答了什么是保险以及保险的职能和作用是什么等最基本、最重要的问题。

（二）保险资本的特殊性质

资本作为一个客观存在的事物，既具有一般性质，又具有特殊性质。资本的一般性质是指资本所具有的不同于其他事物的质的规定性，主要有价值性、运动性、增值性等；资本的特殊性质是指某一种资本所具有的不同于其他资本的特殊规定性。

保险资本是指投入到保险领域经营保险商品的资本。保险资本主要有三大来源：一是自有资本，包括注册资本、股票融资、留存收益及内部融资等；二是债权融资，包括债券融资和银行信贷等；三是保费收入。作为一种行业资本，保险资本也具有资本的二重性。即一般性质和特殊性质。保险资本的一般性质与其他资本相同，都具有价值性质和增值性质；特殊性质则是指保险资本所具有的特殊的质的规定性。保险资本的特殊性质是由保险资本所经营的对象即保险的特殊性质所决定的，是保险特性的资本化表现。由保险的特性所决定的保险资本的特殊性质包括补偿性和保障性、互助性、薄利性、精确性、安全性、最大诚信性等六个方面。

第一，保险资本具有补偿性和保障性。保险资本是通过风险集散机制的运作对投保人所遭遇的风险损失进行经济补偿的资本，是为经济社会的正常发展和人民生活的正常进行提供经济保障的资本。这是因为，保险所承保的各类风险事故的发生所造成的经济损失的物质形态，不外乎是生产资料和消费资料两大类别。生产资料的损失直接影响到社会简单再生产的继续进行，消费资料的损失直接影响人们的正常生活和社会安定。保险企业通过对遭受灾害损失的个人或企事业单位进行经济补偿，可以使企业恢复正常生产和经营，使事业单位恢复正常运行，使个人和家庭的正常生活得以延续。保险所具有的这种职能和作用的特殊性质，必然凝结为保险资本的特殊性质，从而使保险资本具有补偿性和保障性的特征。

第二，保险资本具有互助性。从社会学、经济学的角度看，保险关系是具有相同风险的个人和企事业单位遵守"我为人人、人人为我"的原则，形成的经济上的互助合作关系。这种互助合作关系的具体组织者、协调者是保险资本所有者兴办的保险企业。兴办保险企业的初始资本无论是来自国家财政，还是来自其他资本所有者，他们兴办保险业，在客观上主要的作用和用途就在于搭建一个供所有投保人进行经济上互助合作的平台。投保人之间经济上的互助合作关系虽然是在等价交换的基础上、在市场经济的轨道上运行的，但这并没有改变保险的互助合作的本质。保险的这种互助性也必然体现在保险资本的机体之中，成为保险资本的一个重要性质。

第三，保险资本具有薄利性。保险商品的价格由承保成本和经营利润两部分组成。其中，经营利润是在承保成本的基础上所增加的一定的附加值。这部分附加值不是由保险人随意确定的，而是根据市场竞争状况、市场供求特征、企业经营情况和国家相关政策制定出来的一个合理的附加率计算出来的。对于保险经营来说，利润既不能太高，也不能太低。太高，会违背保险的补偿性、保障性和互助性的特点，会损害保险消费者的利益，因而不会被保险消费者所接受，甚至会被保险市场所淘汰；太低，则保险资本得不到合理的利润，保险资本就无法继续生存。所以，保险资本既不能没有利润，也不能获得"高利"，更不能获"暴利"，只能获得合理的"薄利"，这意味着，保险资本不能以追求最大限度的利润为动机和以实现"获暴利"、"发横财"为目标。

第四，保险资本具有精确性。保险商品的价格是在充分掌握历史数据、经验数据的基础上，运用概率论与统计学原理、经济学原理和保险精算技术计算出来的。在价格构成中，承保成本是最主要的部分，其核定的精准程度直接影响保险商品价格的合理程度。承保成本由承保一般费用和承诺赔付费用两部分组成。承保一般费用是保险发生的现实费用，其数量按照实际支出量计入成本，而承保赔付额是未来发生的预计数量，这一数量不是由保险人主观随意确定，而是根据历史和经验数据、运用精算技术计算出来的。由于保险产品是生产销售在前、成本支出在后，因此，事先对承保成本特别是承诺赔付额必须较为精准地进行估计，否则偏离实际支出太远，将可能影响到企业经营业务的正常运行。

第五，保险资本具有安全性。保险资金大部分是指通过出售保险商品所得到的保险费积累出来的资金（其余一少部分是保险资本金）。这部分资金有两个特点：其一，它是保险企业的负债，是以后要用于补偿被保险人损失的资金，是绝对不能减少的有专项用途的资金；其二，这部分资金的运用所获得的部分收益已经作为预期收入计算在承保赔付准备金当中了。也就是说，已有保费收入，再加上保险资金运用的部分收益之和，等于未来对被保险人的损失赔付所需要的资金数额。所以，保险资金运用的一条基本法则就是安全性。如果资金运用出现较大亏损，就必然会降低保险企业的偿付能力，甚至出现无力进行保险赔付的情况，而这是与保险的本质不相容的。所以，安全性是保险资本的最重要的特征之一。

第六，保险资本具有最大诚信性。保险资本是用于经营保险商品的资本。保险商品不是具有实物形式的商品，而是凭一纸合同记载的买卖双方对在约定条件下各自应尽义务和应享受权利的承诺。这种权利与义务关系建立和延续的前提，是双方应如实告知对方的内容不得有任何故意隐瞒和欺骗的行为。这种权利义务关系的承诺有的需要在一年内兑现，有的则往往需要几年、十几年甚至更长时间才能兑现。在合同有效期间内一旦发现双方或某一方有欺骗或故意隐瞒行为，保险合同就会中断、停止、无效甚至诉诸法律。所以，保险商品买卖关系的建立和实现的基础，是双方的诚实和信誉。保险关系的建立和实现不是以一般诚信为基础，而是以双方的最大诚信为前提条件，最大诚信是保险双方必须遵守的最高准则。没有这个准则，就不可能有保险关系的存在。如前所述，由于保险资本的特殊性质是保险关系特殊性质的资本化体现，保险商品关系的这个特点必然会体现在保险资本关系上，成为保险资本自身的一个重要属性。

（三）保险资本的运动规律

运动是资本的一般性质之一。资本的生命在于运动，如果离开运动，不能发生增值，也就不叫资本。保险资本也是如此，必须通过不断地运动实现增值。但由于保险资本的特殊性质所决定的保险资本运动又有其自身的特殊性质和特殊规律。那么，保险资本的运动过程和运动规律又是怎样的，它具有哪些规律呢？

总体上说，与任何资本运动均表现为资本的循环与周转的形式一样，保险资本运动基本上也是，呈现保险资本的循环与周转的形式和规律。而与工业领域的产业资本在购买、生产、销售阶段分别采取货币资本、生产资本、商品资本三种职能形式不同的是，保险资本在资本循环的各个阶段主要体现为货币资本这一种形式。而且，保险资本的循环过程与工业领域的资本也不一样，具有其自身独有的特色。下面，以保险公司的保障性业务为例，说明保险资本循环的简单过程。一个简化的保险资本循环过程是：

$$G_0 \cdots P_1 \cdots G \cdots P_2 \cdots G' — G_0'$$

在上述过程中，G_0 为保险公司所拥有的初始货币资本；P_1 为保险产品的设计、生产与销售过程；G 为保险公司通过销售产品、收取保费后形成的货币资本，通常这一资本的总额要远大于 G_0；P_2 为保险资金运用及保险产品消费（保险赔付）过程；G' 为在扣除保险赔付成本、各项附加成本并加上部分投资损益后形成的货币资金，其数额一般小于 G 而大于 G_0；G_0' 为保险公司纳税后所剩余的货币资金，资金总额通常大于初始资本 G_0，而多出来的部分就是公司利润。

在经过一个完整的资本循环后，保险利润或用于增加资本金，增大偿付能力，扩大承保范围；或降低保险费，给投保人以反馈，增加新承保标的，扩大承保范围。如此，保险资本将在新的更大规模的保障起点上开始新一轮的循环，如此连续不断，周而复始，螺旋式上升和前进，永无止境。

保险资本的特殊性质及保险资本循环的特殊过程，决定了保险资本运动具有自身的特殊规律性。保险资本运动有四种规律：价值链规律、长期性规律、周期性规律和稳定性规律。其中，价值链规律体现了保险资本运动在内容上所具有的规律，长期性规律、周期性规律、稳定性规律则体现了保险资本运动的外部表现形式（见图1）。

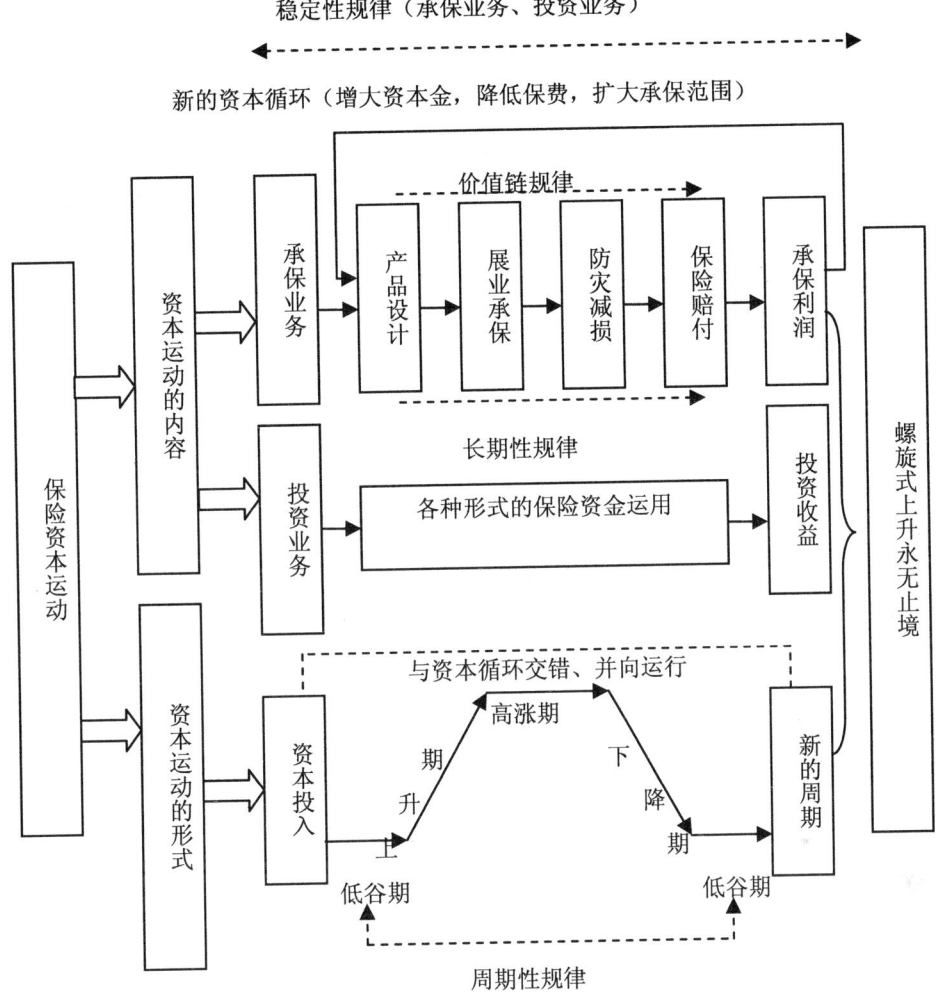

图1：保险资本的运动规律图解

第一，保险资本运动具有价值链规律。价值链描述了保险资本经过各业务环节创造和实现价值的完整过程，也是保险资本实现自我增值的过程，这一过程所体现出来的一系列特点构成了保险资本运动的价值链规律。对于消费者来说，保险是一种风险转移方法，与此相应，保险公司提供的是一套完整的风险转移方案。这一方案包括一系列环节和步骤，其中每一环节和步骤都会为客户创造和传递一些新价值，这些环节和步骤共同构成了保险公司的价值链，缺少其中任何一个步骤和环节，都会降低保险机制的作用和效果。

保险公司的价值链具有以下特点：一是有一个宣传咨询（即展业）的独特

过程。风险和保险意识具有潜在性，很多人对自己面临的风险缺乏认知，保险经营首先要通过风险宣传和咨询唤起民众心目中的风险意识，进而激发保险需求，这是保险经营一个较为独特的地方。二是保险产品的生产和销售"合二为一"。产品设计只是产品的研发过程，不是生产过程。产品生产只有在销售时投保人提供了所需要的信息后，具体的保险费率、交费方式、保险利益等才能最终确定，这时候才可以说产品"生产"出来了。保险产品不具有实物形态，不能储存，且需要与被保险人"一一对应"，因而是"边生产、边销售"。三是保险客户价值实现的双重性质。保险的客户价值是通过保险消费实现的。而保险保障作用，是保险消费的实际内容。从投保人与保险人双方签订保险合同、投保人交纳保险费、保险合同生效时起，就进入了保险消费过程，保险就开始发生保障作用。保险的保障作用表现为有形的物质（经济）保障和无形的精神保障两种形式。在保险合同有效期间内，保险标的发生了责任范围内的灾害损失，投保人可以得到有形的物质（经济）保障；在保险合同有效期间内，保险标的没有发生灾害损失，投保人得到的是无形的精神保障。应当承认，投保人投保的目的是购买"保障"。保障的作用的发挥是一个从保险合同生效时起，到保险合同到期日为止的过程。在这个过程中保险都在发挥着保障作用。也就是说，在这个过程中，无论是投保人得到了有形的物质（经济）保障，还是得到无性的精神保障，保险都实现了对投保人的保障作用，保险的客户价值都得到了实现。四是保险资金必须运用。由于保险公司在收取保费与进行赔付之间通常有一个时间差，需要考虑期间可能发生的通货膨胀及保险资金的时间价值，因此保险公司必须对保险资金进行运用，借以保值和增值，以确保保险资本不会因通货膨胀和时间的流逝而"贬值"。保险价值链的上述特点构成了保险资本运动的价值链规律。

第二，保险资本运动具有长期性规律。长期性规律描述的是保险资本的持续性特征。保险资本循环的一个显著特点是长期性。物质形态商品的交易通常是"一手交钱、一手交货"，钱货两清，交易完成后买卖关系就结束了，至多还有些承诺的售后服务。但是，售后服务已经明确表明是"售后"，表示商品交易本身已经完成，所以售后服务已不在交易过程之中。然而，保险交易则不是这样，保险商品属于非物质形态的商品，从生产到销售再到消费整个过程都属于服务过程，从产品设计、展业、承保、防灾减损到保险赔付各环节都属于保险服务的内容，这意味着无论是财产险还是人身险，其保险有效期都需要一个相当长的过程。财产保险一般以一年为一个经营周期，也就是说，至少需要一年的时间交易过程保险有效期才能结束。人身保险的交易过程则除意外险和短期健康险外，一般为三年、五年、十年、几十年或更长时间。在这个过程结束之前，保险人都对被保险人负有保险合同所规定的责任，保险资本必须持续存在于保险领域之中。保险合同有效期的这种长期性、持续性特点，决定了保险资本循环的长期性和持续性，从而构成保险资本运动的一个明显特征。

第三，保险资本运动具有周期持续性规律。周期性规律描述了在一个较大时间跨度上保险资本运动的规律性。以经营利润或保费收入增长率为标志，保险资本在一个较大时间跨度上呈现出"低谷期——上升期——高涨期（平稳期）——下滑期——低谷期"的周期性运动特征。从一个低谷期开始，在历经上升期、高涨期和下滑期后，再到下一个低谷期，保险资本完成一次周期性的运动，并进入新一轮的周期运动。经过这种周而复始的周期性运动，保险资本经营实现了螺旋式上升，且永无止境。从全球保险业的发展情况看，相关研究和数据都说明：一方面，全球保险业发展确实存在着周期性；另一方面，全球保险业发展周期的长度平均为 5~6 年。影响保险资本周期性运动的因素有许多，包括经济因素、监管因素、资本流动和保险市场自身的供求关系因素、金融因素、意料之外的巨灾事件等。不过，由于各国具体情况差别较大，影响保险资本运动周期的因素也各有特点，因而各国保险资本运动周期的长度及运动形态也不尽相同。

第四，保险资本运动具有稳定性规律。稳定性规律描述了保险资本在面对经营风险方面的规律性。从保险资本运动的形式来考察，保险资本运动呈现稳定性特征。这是由保险精确性、安全性的本质所决定的。保险公司经营必须保持足够的偿付能力，以应对各种潜在的索赔和给付。当保险公司的偿付能力出现问题时，必须通过补充资本金、发行企业债券、增发股票等途径及时弥补偿付能力缺口，提升公司的偿付能力，以维护保险经营的稳定性。如果保险资本运动违背了保险精确性、安全性的内在要求，就会受到保险客观规律的惩罚，就会被保险市场所淘汰，就不可能继续充当保险资本。

（四）保险资本所有者和保险业的特殊性质

保险资本所有者，即保险资本所有人。保险资本的所有人，和保险资本一样具有二重属性，即资本人的一般性质和资本人的特殊性质。作为一般资本人，和其他任何资本人一样，保险资本人也必然具有追逐利润的性质；而作为保险资本人的特殊性质，又使他具有保险资本所具有的特殊性质，也就是说保险资本人也应具有保险资本所具有的诚信性、稳定性、互助性、补偿性和保障性、薄利性、长期性、持续性的特征，也必须遵守保险资本的运行规律。特别是在盈利方面，必须遵循以实现保险的互助性、补偿性和保障性的要求为依据，以满足实现保险的互助性、补偿性和保障性的需要为最高限的薄利性原则，而不能以追求最大限度的利润为动机，以实现"获暴利"、"发横财"为目标。这是因为，保险资本人的特征和意志，是保险资本的性质和特征这一客观事实在保险资本人头脑里的主观反映，或者说保险资本所有人是保险资本的人格化，是人格化了的保险资本，保险资本所有人所执行的是保险资本的"意志"，这是不以人们的主观意志为转移的客观规律。如果保险资本所有人的主观意愿与客观规律不一致，硬要违背保险资本的客观性质，硬要凭主观愿望不讲诚信、薄利性，不讲稳定性，不讲互助性，不讲补偿性和保障性，不讲长期性和持续性，而搞什么欺骗，搞大起大落，搞尔虞我诈，搞少赔或不赔，搞获暴利、发横财等违背规律的活动，就必然受到客观规律的惩罚，以致难以继续生存下去，反过来还得回归到客观规律轨道上来，按照客观规律的要求办事。这就是客观规律不以人们的主观为转移的客观必然性。

保险业包括保险企业和保险行业两个层次。保险企业是保险资本所有人投资兴办的经营保险商品的企业，是保险资本社会存在的元素形态。保险企业的性质和特点是由保险资本的性质和特点决定的，保险资本的一切性质和特点都体现在保险企业中。而从根本上说，保险企业的一切根本性活动和决策都是由保险资本所有人的意志最终决定的，保险企业的管理者包括高级管理者只是在保险资本所有人的意志支配下所进行的把保险资本所有人的意志具体化的活动。而保险资本所有人的意志是由保险资本的特殊性质决定的，保险资本的特殊性质则又是由保险的本质决定的。所以归根结底，保险企业的性质和特点，又是由保险本质决定的。保险企业跟保险资本一样，同样应具有诚信性、稳定性、互助性、补偿性、保障性、薄利性和长期性的特征。

保险企业又是实现保险的本质和职能及与保险的本质和只能直接相关的各项活动的基层组织。应当明确：并不是说保险企业的一切活动都是保险的本质和职能的体现。保险企业的活动按其性质来划分，可以分为本业活动和非本业活动两大类别。其中，本业活动是指与现实保险的本质和职能直接相关的活动，是保险本质和职能的体现；非本业活动是指与保险的本质和职能不直接相关的没有直接联系的活动。本业活动主要有三项内容：一是保险产品开发设计、展业、承保、理赔等直接的保险业务活动；二是保险资金运用以及与其相关的各项财务活动；三是支持保险业务活动开展的各项后援活动如人才培训等。在这三项活动中，第一项是最基本、最重要的活动，第二和第三项是必要的但非第一位的活动。非本业活动包括像参与或协助政府部门或事业单位的某些社会活动、参与灾后救助、对贫困人群和患重病、大病的人进行捐赠以及领养孤儿等公益性和慈善性活动。这些项目也可以成为保险企业的活动内容，但与保险本质和职能的实现无必然联系。因为任何的企业、个人或单位都可以开展这些活动，并非保险企业所独有和必须从事的活动。在实践中，一定要坚持在本业活动中遵循第一项为主，第二、三项为次的顺序，不能主次颠倒，更不能把非主业活动当成主业的活动，否则将会带来严重的后果。

保险行业是保险业的高级组织形式，是保险企业的集合体。但它不是保险企业个体的简单相加，而是保险企业的有机总体，它的性质和特点在本质上是与保险企业相通的，同样具有保险企业的特殊职能及其运动规律。

四、对我国保险业科学发展的建议

我国保险业发展的现状表明，保险业尚未完全走上科学发展的道路，现有问题的发生从根本上说是没有完全走上科学发展之路的结果。因此，推动我国保险业走科学发展之路，是解决现实问题和实现长远健康发展的必由之路。为实现我国保险业的科学发展，特提出以下几点建议。

（一）以科学发展观为指导

科学发展观的内容十分丰富，意义也非常深远。在这里，不打算对保险业科学发展所包含的内容进行全面阐述，而主要是强调科学发展观中"以人为本"这个根本原则对保险科学发展的指导意义，着重解决"为谁发展保险"和"为什么发展保险"这两个问题。对于"为谁发展保险"这一问题，简单明了的答案是："我为人民办保险"。也就是说，不论你是国有保险企业、民营保险企业，还是外资保险企业，只要是在中国这块土地上办保险，就必须是为中国人民办保险。至于办保险的其他动机只能是第二位的。所以如此，是由中国特色的社会主义性质决定的，是由以人为本的科学发展观决定的，同时也是由保险的本质决定的。这是首先要解决的根本问题。对于"为什么发展保险"这一问题，明确的回答应当是："我办保险为人民"。也就是说，办保险的根本目的是为国民经济的可持续发展、社会的和谐及人民群众的生活安定提供经济保障。不论任何性质的保险企业，都应当以此为首要目的。至于保险企业的盈利也是必然的，是符合市场经济规律要求的，但这个目的是第二位的、次要的。所以如此，同样也是由保险的本质决定的。有了上述两点作为指导思想，就可以在观念上明确保险业走科学发展之路的大方向。

（二）以保险资本的特殊性质及其运动规律为客观依据

从保险资本的特殊性质及其运动规律的视角来看，所谓我国保险业的科学发展之路，就是按照保险资本的特殊性质及其运动的客观规律的要求来发展保险。具体说，保险业的发展必须体现最大诚信性、稳定性、互助性、补偿性、保障性、薄利性和长期性的特征，必须遵循平稳性、薄利性和长期可持续发展的客观规律办保险。只要能坚持实践上述各项要求，就为保险业的科学发展找到了客观依据。

（三）以"四个占主导地位"为行动准则

有了保险业发展的指导思想和客观依据，就为保险业的科学发展提供了思想条件和行动依据，但要在实践中真正实现保险业的科学发展，还需要有在实践中的行动准则，而且要按照这些行动准则行动，才有可能实现保险业的科学发展。我个人认为，至少有以下四条可以作为保险业科学发展的行动准则：第一，在保险产品设计中，只有让保障成分占据主导地位才能称其为保险产品，否则就不能称其为保险产品；第二，凡是保险企业，在其所经营的产品中保险产品必须占主导地位，否则就不能称其为保险企业；第三，凡是保险市场，保险企业必须在该市场的构成中占主导地位，否则这个市场就不能称其为保险市场；第四，在保险企业所运用的保险资金中，保费收入必须在其所运用的全部保险基金中占主导地位，否则其所运用的资金就不能称其为保险资金，其行为就不能称其为"保险资金"运用。只要能在保险实践活动中坚持以上四个"占主导地位"准则，就基本上可以保证保险业的发展不会偏离保险的本质这个大方向。

（四）以改革创新为保险发展的推动力

首先是我们的意识要改革，思想要创新。在保险业的科学发展问题上，有两点不科学的认识必须首先加以解决。一点是，一说到坚持发展保障性产品，在思想上就有畏难情绪，认为保障性产品的市场太小，这么多的保险企业去争抢，很难有大的发展余地，保险业不搞非保障性产品就很难生存，更谈不上发展了；另一点是，一说到保障性产品就只局限在生存保险和死亡保险，而中国人又有忌讳谈论死亡的风俗，所以认为我国的保障性保险没有发展前途。这两点认识都需要改变。首先，关于第一点，应当承认保障性的保险市场就目前来看是不太容易开发，没有投资理财产品具有那么大的吸引力，销售起来也很费力费时，相比较而言不如投资理财产品那么省力省时。但是从根本上说，保险业，特别是保障性的寿险行业，本身就是个费力费时费心的行业，我们干的就是这种行业，就应该发扬"吃苦耐劳"的精神去挖掘和开发市场，而不是像其他行业那样，市场是自发形成的、消费者是主动上门购买的。从这个意义来说，不论是财险、寿险，还是其他什么险，其市场都是潜在的、隐形的，不是去"分蛋糕"，而是去"做蛋糕"。它是"做在前"、"分在后"，这是由保险业的性质和特点决定的。只有具备能吃苦、有耐心、勇于开发创新的品质和精神的人,才能在保险业中干出成绩,做出贡献,享受乐趣,成就大业。关于第二点,不能一说保障性的保险产品就只是指传统的生存保险和死亡保险。应当认识到,随着时代的发展,特别是随着高科技的迅速进步,各种新的危害财产和人身安全的风险层出不穷,需要提供保险保障的财产险和人身保险的险种可以说是一个庞大的、潜在的"保不胜保"的市场有待我们去开发。例如,就现阶段而言,生存保险和死亡保险的投保率很低,尚有非常大的潜在市场需要我们去开发。此外,像健康保险、大病医疗保险、意外伤害保险、各类责任保险以及农业保险等保险领域也仅仅还处在初级阶段。这些已知的险种就需要我们花费很大的力气去开发,更何况还有许多未知的风险领域,更是一片广袤的、未开垦的"保险处女地"。这些都需要我们以机制转型、制度改革和产品创新为动力来推动保险业的科学发展。所以,放开眼界朝前看,保障性保险的发展前景光明一片。

(五)以全民性的保险知识普及为基础

据报道,在北美、欧共体和日本等保险业发达的国家或地区,投保的个人或企事业单位占本国或本地区自然人总数和企事业单位总数的比重远远高于我国。在投保的自然人和企事业单位的总数中,主动投保的数量与被动投保的数量之间的比例也远远高于我国。又据报道,我国保险业目前的实际发展水平远远落后于发达国家。在人身保险方面,我国 2008 年底居民总收入为 302853.4 亿元人民币,人均收入为 22698 元人民币,居民储蓄总额为 217885 亿元人民币,而人身保险费总额为 7447.53 亿元人民币,人均保费 561.37 元人民币,与国外相比不仅低于发达国家的人均水平,也低于一些同等发展水平的国家或地区。就财产保险而言,我国家庭财产保险保费总额为 16.73 亿元人民币,约占 80 万亿家庭财产总额的 0.0002%,国有大型企业的投保率则更低。另据报道,2011 年全世界的保费总收入为 4.5 万亿美元,而中国的保费收入为 1.43 万亿元人民币,仅占世界保费总额的 4.71%。这些数字表明,我国保险业的实际发展水平较低,发展的潜力还很大。

我国保险业与发达国家存在差距的原因是多方面的,其中居民保险意识淡薄是重要原因之一。在保险业发达的国家和地区中,居民的保险意识普遍比较浓厚,主动参加保险成为一种习惯,主动要求保险成为一种内在要求。不仅自然人是这样,作为企事业单位的法人也是如此。他们把为本单位购买保险作为应尽的责任和义务。但在我国,情况则大不相同,不购买保险的人远远多于购买保险的人,不购买保险的企事业单位远远超过购买保险的企事业单位,而在购买保险的人和企事业单位中,主动购买的又少于被动购买的,购买保险很大程度上成了"被购买",这是我国居民保险意识普遍淡薄的表现和后果。因此,在全民中普及保险知识,增强保险意识,提高投保的自觉性,就成为我国保险业科学发展的重要思想基础。另外,从提高中国保险业发展的科学性的视角来说,在全民中大力提倡"保险文化"也是必不可少的重要之举。尽管当前人们对保险文化的内涵和外延还尚无统一的认识,但保险文化是一种反映保险本质的精神、理念和方式却是大多数人都认可的。就此而言,我们暂且可以把保险文化的概念表述为"能够正确反映保险本质及其运动规律的科学理念和行为方式"。

保险意识增强、保险文化提升是通过两条途径实现的:一条,也是基本的一条,是要靠本国保险业的实践活动使保险业得到发展并给居民和社会带来实际好处,使居民长期生活在保险的环境之中,在"润物细无声"的熏陶中潜移默化地把保险意识和保险文化渗透在居民的头脑和意识中;另一条,是在第一条的基础上,通过外力灌输到居民头脑中的保险意识和理念,这是第二位的,但却也是必不可少的。根据有关报道,国际上居民保险意识比较浓厚的国家往往采取各种媒体、教育和培训机构向居民宣传保险知识和保险意识,有些国家如日本等甚至让保险课本直接进入小学、中学和大学课堂,通过正式的课堂教育来普及保险知识,及早提高民众的保险意识。就我国来说,可以同时采用上述两条途径双管齐下,以达到在全国普及保险知识、提高民众保险意识的效果,为我国保险业的科学发展奠定坚实的思想基础。

(六)以科学保险监管为保障

所谓科学保险监管,概言之,就是主观要符合客观的监管,具体包括以下几点内容:

第一,保险监管要符合保险资本的特殊性质及其运动规律的要求。保险监管,包括保险监管机关、保险监管的有关法律、法规、章程和制度等,均是人们的主观意识,属于主观范畴;而被监管的对象,包括保险资本、保险企业、保险市场等及其运动规律都是某种客观存在,属于客观范畴。按照哲学中的主观服从客观的原理,保险监管必须服务于保险资本、保险企业、保险市场及其运动规律。从这个意义上讲,保险监管实际上是为保险资本、保险企业和保险市场及其运动规律提供的一种"公共产品",而这种产品的数量和质量必须以满足保险资本、保险企业和保险市场及其运动规律的客观需要为标准。保险资本、保险企业和保险市场的特殊性质及其运动规律,归根结底都源自于保险的本质及其特殊性质,而保险的本质及其特殊性质又集中体现为保险资本的特殊性质及其运动规律,所以保险监管的任务,归根结底是要符合保险资本的特殊性质及其运动规律的要求。具体说，保险监管的范围、内容、标准、形式和手段都必须与保险资本的特殊性质及其运动规律的客观需要相一致。保险资本具有最大诚信性、稳定性、互助性、补偿性、保障性、薄利性和长期持续性的特殊性质和平稳、薄利和可持续发展的运动规律，所以保险监管必须要服务于保险资本的上述特殊性和运动规律的客观要求，而不能完全把银行监管、证券监管等非保险监管的那套法律、法规、制度和办法挪移过来用于保险业监管。

第二，保险监管要符合具体国情。国情是最大的客观实际，所以我国的保险监管要从特殊国情和由国情所决定的保险业发展的客观实际出发，要符合中国保险业发展的客观要求。尽管从理论说，各国保险的本质和特殊性质及其运动规律大致相同，但由于中国的经济、政治、社会环境的特殊性质，以及中国的传统文化、道德观念、风俗习惯及风险意识、保险理念都与国外存在很大的差异，使得中国保险业既同国外保险业有相同和相通之处，更有中国自身的特殊性质和特点。因此，对国际上那些保险业发达国家的保险监管经验和办法，有的可以直接"拿来"为我所用，然而多数情况下则不能照抄照搬，应当在借鉴和吸收的基础上，从我国的具体国情出发，根据我国保险业发展的客观需求来确定现阶段我国保险监管的范围、内容、标准、形式和手段。

举例来说，在监管范围方面，国外保险监管一般不包括对全民保险意识的普及和提高的内容。那可能是因为，他们国内居民的保险意识比较浓厚，主动投保已成为居民（包括企事业单位的法人代表）的生活习惯和不可或缺的生活内容。可是，我国的居民（包括企事业单位的法人代表）保险意识淡薄，主动投保率很低，从而在很大程度上影响了我国保险业的科学发展。有鉴于此，我认为，把普及和提高国内各层次居民的保险意识和投保积极性作为保险监管的一项内容不失为一个创举，保监会可以自身或联合有关单位，采取适当的方式，开展经常性的全民保险知识的普及和提高活动，甚至可以考虑在保监会里单设一个部门来负责这项任务的日常工作。所以如此，实际上是要为我国保险业的科学发展奠定坚实的思想和社会基础。

第三，管放并举。俗话说："要有所为，必须有所不为"。这是因为，一个人的精力是有限的，可以依靠的资源也是有限的，只有有所不为，才能真正有所为。保险监管也是如此。从中国保险业的客观实际来看，并不是保险业的所有活动都需要监管和可能监管的。实际上，客观情况往往是：有些活动根本不需要监管；有些活动在现阶段不需要监管；有些活动虽然现阶段需要监管，但受监管条件限制暂无力监管；有些活动则是现阶段必须监管的。在正确确认这些情况后，从监管角度可以把我国的保险活动分为两大类：一类是现阶段不需要监管和无力监管的；一类是现阶段必须监管的。对于现阶段必须监管的保险业活动要实施监管，对于现阶段无需或暂时无力监管的活动则可以放开。实现管放并举，就是要充分发挥"看得见的手"和"看不见的手"两只手的作用。对于现阶段必须监管的保险活动，运用"看得见的手"实现严格监管，要管就坚决管住，"管不住不如不管"；对于现阶段无需监管或暂时无力监管的保险活动就放开，让"看不见的手"去调节，要放就彻底放开，"放而不开不如不放"，切忌又管又不管、又放又不放，结果成了一锅"夹生饭"。

第四，因势利导。随着时间的推移，保险业生存发展的外部环境和客观条件会不断发生变化，从而必然使保险业的发展处于不同的形势之下。当保险发展处于有多个发展方向并存的形势时，保险监管机关采用适当的形式因势利导，引导保险业朝着科学发展的方向发展，是保险监管的重要内容，也是促进保险业科学发展的重要保障。例如，二十年前，我国寿险业引进了国外的个人营销制度，在当时被视为先进的营销办法，而且也确实取得了显著成绩，可二十年后的今天，这种销售体制的缺点和弊端已经显现出来，特别是几百万人的销售人员的归属问题十分突出，是继续沿用这种销售体制，还是对其进行改革创新或选择新的更科学的销售体制？这成了一道必须作出回答的选择题。又如，我国长期以来采取的是"重数量、轻质量；重规模、轻效益"的粗放型经营模式，这种模式一方面促进了我国保险业的高速增长，使我国保险业有了一定的规模，但另一方面也带来了难以为继等一系列问题，是继续走过去的老路还是另寻他途？两种选择同时摆在了中国保险业的面前。再如，三十年前，我国保险业基本上奉行的是"重增长、轻发展"的发展模式。在这种模式下，保险业在数量上得到了大幅度增长，但这种快速增长却没有同时促进行业的科学发展。有增长、无发展，甚至浪费了保险资源，破坏了保险科学发展的环境，给我国保险业发展造成很大困难，使保险业面临是继续沿用老的增长模式走下去，还是另走新的保险发展之路的重大选择。上述这些情况，既不便于用法律、法规强行规定选择什么路径，也不宜于用行政命令强制其选择哪个方面或方式，而只能通过保险监管机构采取因势利导的形式，引导其朝着有利于保险发展的方向迈进，引导中国保险业走上科学发展的道路。这应当成为保险监管的一项重要内容和任务。

第五，广开言路。俗话说："旁观者清"。客观事物往往是这样：当事人对自己所做的工作或行为往往容易看到成绩和优点，而对于自己所做的工作或活动的缺点或问题往往看不清楚。旁观者则站在客观的立场上，既能够看到别人所做的工作和所从事的活动的成绩和优点，也容易看到他的缺点和不足。如果，当事人能广开言路，虚心听取旁观者的意见和建议，那么这件事情就会越办越好，否则就很可能越办越糟。旁观者为什么不肯提出自己的批评和建议？这其中可能有两点原因：一是当事人是旁观者的"顶头上司"，不敢进言；二是没有适当的沟通渠道和环境。保险监管也是与此相类似。保险监管机关自己做的监管工作或监管活动，很容易看到成绩和优点，而不容易看到自身的缺点或不足，而广大人民群众，特别是被监管的对象（各种保险经营企业和个人），对保险监管的成绩与不足，该不该监管、监管到什么程度、甚至用何种手段进行监管，都会有亲身体会，他们对保险监管的"评议"往往对保险监管工作的改进和实现科学监管会有很大帮助。但是，由于他们是被监管者，对监管者进行评议往往会有顾虑，害怕得罪顶头上司而引来不利；另一方面，也由于监管者与被监管者之间没有一个适当的沟通渠道，也不便于他们发表自己的意见和建议，由此导致监管者与被监管者之间无法正常沟通，从而影响了保险监管工作的正确性和科学性。因此，建议保险监管机关能够建立一个与广大人民群众和各类保险经营企业之间正常沟通的渠道，本着"知无不言，言无不尽"，"言者无罪，闻者足戒"的精神，广开言路，吸取精华，增强自身的监管能力和提高保险监管的艺术性，使保险监管经常保持清醒的头脑和有效的措施，朝着保险科学监管的大方向前进。

参考文献

[1] 周延礼. 我国农业保险的成绩、问题及未来发展[J]. 保险研究，2012（5）

[2] 孟龙. 保险功能与行业定位问题探讨[N]. 中国保险报，2012-6-26

[3] 孙祁祥. 保险文化：释义与建议[N]. 中国保险报，2012-9-25

[4] 刘茂山. 论保险的错位及其危害[N]. 金融时报，1998-5-2

[5] 刘茂山. 论保险业的最大风险——兼论保险的本质及其回归[J]. 南开经济研究，2003（6）

（原载于《中国保险年鉴（2013）》）

金融

沿海城市利用外资要研究的几个问题

利用国外资金，发展国内经济，是沿海城市的一项重要任务。天津是我国重要的沿海城市之一。自 1978 年下半年到 1981 年底，全市已经定下来的利用外资项目有 129 项，利用外资为 1 亿 1 千 200 万美元。据匡算，这些项目全部建成投产后，每年可增加产值 11 亿 7 千万元，增加利润 2 亿 8 千万元，增收税收 1 亿 2 千万元，增加出口换汇 2 亿 7 千万美元。这对于增加本市的建设资金，推动老企业的设备更新和技术改造，加快产品升级换代，提高出口商品的竞争能力，都将起重要作用。不过，我国利用外资的时间不长，对其客观规律性还缺乏认识，需要进一步研究。目前，很有必要对以下几个问题作进一步的探讨。

一、沿海城市利用外资的方向

近三年来，我国包括经济特区在内的沿海城市和地区所利用的外资，主要是投放在轻纺工业和为人们生活提供服务的行业，而用在冶金、机械制造等基础工业方面的数量极少。据调查，天津市这几年利用外资的主要方向，是纺织、化工、二机、服装等行业，基础工业根本没有投资。应当肯定，在开始利用外资和今后一段时间内，把外资主要用于发展轻纺工业是符合我国国情的。然而，从长远观点来看，沿海城市利用外资的方向，应当是以基础工业，特别是机械制造工业为重点。这是因为：

第一，这是实现我国利用外资目的的客观要求。我国利用外资的目的，是为了提高本国的自力更生能力。从根本上讲，是依靠本国的力量，不断地为国民经济各部门提供所需要的先进技术和先进设备，使国民经济各部门所需要的先进技术和设备成为"有源之水"、"有本之木"。而这个"源"和"本"，就是包括机械制造工业在内的基础工业。只有基础工业的技术水平和生产能力不断地提高和扩大，才能不断地增强本国的自力更生能力。

第二，这是实现沿海城市战略任务的客观要求。沿海城市处于把国内经济与世界经济连接起来的"中枢"地位，承担着带动和促进整个国民经济发展的战略任务。对外开放、对内支援是沿海城市实现其战略任务的重要途径。出口商品，换取外汇，引进先进技术和设备，是沿海城市对外开放的重要内容。出口商品要符合国际市场的需要，具有很强的竞争能力，生产技术和设备必须具有世界先进水平。广大内地急需沿海城市在先进设备、先进技术，特别是具有先进技艺的"能工巧匠"和技术人员进行大力支援。为此，沿海城市就必须有雄厚的物质技术基础和强大的机械制造能力。从长远观点来看，这些先进技术和设备必须依靠自己的力量来制造。

第三，这是沿海城市自身实现现代化的客观需要。沿海城市要在我国四化建设中起带动和促进作用，自身必须走在前面。我国几个沿海的大城市的共同特点，是中小企业多，老企业多，基础工业占较大的比重，技术和设备陈旧，技术改造任务繁重。天津也不例外。在全市工业企业中，一机和冶金系统等基础工业在固定资产、生产设备、职工人数和产值等方面，都占显著地位，对于全市具有举足轻重的影响。可是，天津市目前工业的基本状况是：一方面基础工业企业大多数任务不足；另一方面，轻纺工业和其他生产消费资料行业的技术和设备急需更新改造，不得不利用外资从国外进口设备。这就向我们提出一个问题：作为沿海城市，可否长期处于这样一种状态？当然不行。出路何在？利用外资，引进技术，改造基础工业的老企业，提高基础工业创造生产设备的能力，为国内提供需要的先进设备，乃至打入国际市场，是一条切实可行的途径。今后，天津市应当逐步把利用外资改造老企业的重点，逐步转移到基础工业方面来，以便增强基础工业的物质技术基础，提高自制先进设备的能力。

二、沿海城市引进技术的水平和形态

利用外资是和引进技术、进口设备紧密相连的。引进技术和设备，存在着技术水平问题。我国学术界和经济界对此有不同认识。有的主张引进先进技术，有的主张引进适用技术。我认为从根本上讲，二者是一致的，一般说来，已经在国外应用于生产的先进技术同时也是适用技术。因为根本不适用的技术，也就无所谓技术的先进性；同样，所谓适用技术必须具有一定的先进性。因而我们在观念上不应该把技术的先进性和适用性截然对立起来，强调一方面，排斥另一方面。就一般地区而言，引进技术的原则应当是从我国国情和需要出发，把目前已有的条件和经过努力可能创造的条件结合起来，把暂时的、局部的经济效益和长远的、全局的经济效益结合起来，根据不同地区、不同行业的具体情况区别对待。然而，对沿海城市来说，引进技术则应着眼于技术的先进性，尽量引进国际新的先进技术。因为，科学技术现代化是沿海城市自身现代化和带动整个国民经济现代化的必备条件，也是实现沿海城市战略任务的基本条件。

另外，基础工业的技术改造是沿海城市利用外资，引进技术，改造老企业的一个重要方面。基础工业的一个重要特点，是建设周期长。在当前世界技术迅速发展的条件下，如果在开始引进时就不是世界最新技术，待建成投产后，就很可能成为被淘汰的技术，从而也就不可能得到好的经济效益。

引进技术，还应正确对待不同形态的技术问题。一般说来，技术的存在形态有三种：一是存在于人身的劳动技能形态；二是存在于各种文献的意识形态；三是存在于各种生产手段的物化形态。目前，我们应当着重引进物化形态的技术，即先进设备、尤其是关键设备，因为这种形态的技术是构成生产力的物质要素，是在生产中直接发挥作用的技术手段，它对于迅速改变我国现有设备的技术面貌，生产具有世界先进水平的产品，具有直接的作用。但是，这种形态的技术是凝结形态的技术，在科学技术迅速发展的现代条件下很快就会失去它的先进性以至成为落后技术。而技能形态和意识形态的技术，不仅能够反映现阶段已经达到的技术水平，而且还能在实践中不断得到发展，因而它是更具有根本性的技术。因此从长远来看，我们也要注意引进意识形态技术和技能形态技术，聘请具有高水平的"能工巧匠"和科学技术人员传授技艺，培养人才，消化技术，提高我们研究、创造新技术和自制先进设备的能力，使我国的技术进步建立在自力更生的基础上。

三、沿海城市利用外资的形式

利用外资的形式得当与否，对于利用外资的范围、额度和经济效益的好坏，具有重要的影响。目前我国利用外资的形式多达十几种，可归为四类，一是贷款形式（包括自由外汇、信托投资、补偿贸易、租赁业务等）；二是合营形式（包括合资经营、合作经营）；三是外资独营；四是加工业务（包括来料加工、来件装配、来样加工、来料种养等）。一般而论，各地区、各行业究竟采取哪种形式利用外资，要受到国内外各种条件的限制，因而要因地、因行业、因条件制宜，只要能够带来好的经济效益，有利于本地、本行业和整个国民经济发展，利用外资的各种具体形式都是可以采用的。

然而，像天津这样的沿海城市，利用外资的主要形式，应当是力争采用中外合资形式。首先，这种形式有利于我们较长期和大额度的利用外资。在上述四类形式中，加工形式虽然比较容易采用，但这种形式主要是利用我国的劳动力资源，解决一部分人的就业问题，而且多是适用于小型的零星业务，不宜于大额度的利用外资，对于沿海城市和整个国民经济的发展来说，不具有关键性的影响。外资独营形式虽然对解决部分人就业、增加税收、吸取先进技术和企业经营管理经验等方面具有一定的意义，但这种形式的经济，是属于资本主义性质的经济，对于社会主义经济具有较多的副作用，因而不宜大量采用。对于沿海城市和整个国民经济的发展具有较大作用的，是贷款形式和合营形式。而各种形式的贷款的一个共同特点，是要按期还本付息。这就在很大程度上限定了这种形式的外资，主要是投入到投资少、见效快、盈利高的轻纺工业和其他生产消费资料行业和服务行业方面。从而使这种形式的外企使用的范围和额度都有严格的限制。而中外合资形式除少数定有还本付息的项目外，一般情况是中外双方共同投资、共同经营、共负盈亏。这种形式的外资对我们的有利之处，首先是可以免除还本付息的负担，从而可以延长利用外资的时间，提高利用外资的额度，扩大利用外资的范围。其次，有利于对基础工业老企业的技术改造。因为基础工业的特点是投资量大、建设周期长、资金周转慢、见效晚，如果采用贷款形式，还本付息的负担很重，而采用合营形式，既可以免除还本付息的沉重负担，又可以实现基础工业的技术改造。第三，有利于我们学习和掌握国外先进技术和先进的经营管理经验。

（原载于《天津日报》1982 年 5 月 18 日）

沿海城市利用外资的方向和形式

利用国外资金，发展国内经济，是沿海城市的一项重要任务。天津是我国重要的沿海城市之一。自 1978 年下半年到 1981 年底，全市已经定下来的利用外资项目有 129 项，利用外资为 1 亿 1 千 200 万美元。据匡算，这些项目全部建成投产后，每年可增加产值 11 亿 7 千万元，增加利润 2 亿 8 千万元，增加税收 1 亿 2 千万元，增加出口换汇 2 亿 7 千万美元。这对于增加天津市的建设资金，推动老企业的设备更新和技术改造，加快产品升级换代，提高出口产品的竞争能力，都将起重要作用。不过，我国利用外资的时间不长，对其客观规律性还缺乏认识，需要进一步研究。目前很有必要对沿海城市利用外资的方向和形式问题作进一步的探讨。

一、沿海城市利用外资的方向

近三年来，我国包括经济特区在内的沿海城市和地区所利用的外资，主要是投放在轻纺工业和为人们生活提供服务的行业，而用在冶金、机械制造等基础工业方面的数量极少。据调查，天津市这几年利用外资的主要方向，是纺织、化工、二机和服装等行业，基础工业根本没有投资。应当肯定，在开始利用外资和今后一段时间内，把外资主要用于发展轻纺工业是符合我国国情的。然而，从长远观点看来，沿海城市利用外资的方向，应当是以基础工业，特别是机械制造工业为重点。这是因为：

第一，这是实现我国利用外资目的的客观要求。我国利用外资的目的，是为了提高本国的自力更生能力。从根本上讲，是要能够依靠本国的力量，不断地为国民经济各部门提供所需的先进技术和先进设备，使国民经济各部门所需要的先进技术和设备成为"有源之水"、"有本之木"。而这个"源"和"本"，就是包括机械制造工业在内的基础工业。只有基础工业的技术水平和生产能力不断地提高和扩大，才能不断地增强本国的自力更生能力。

第二，这是实现沿海城市战略任务的客观要求。沿海城市处于把国内经济与世界经济连接起来的"中枢"地位，承担着带动和促进整个国民经济发展的战略任务。对外开放、对内支援,是沿海城市实现其战略任务的重要途径。出口商品,换取外汇,引进先进技术和设备,是沿海城市对外开放的重要内容。出口商品要符合国际市场的需要,具有很强的竞争能力,生产技术和设备必须有世界先进水平。广大内地急需沿海城市在先进设备、先进技术,特别是具有先进技艺的"能工巧匠"和技术人员进行大力支援。为此,沿海城市就必须有雄厚的物质技术基础和强大的机械制造能力。从长远观点来看,这些先进技术和设备,必须依靠自己来制造。

第三,这是沿海城市自身实现现代化的客观需要。沿海城市要在我国四化建设中起带动和促进作用,自身必须走在前面。我国几个沿海的大城市的共同特点,是中小企业多,老企业多,基础工业占较大的比重,技术和设备陈旧,技术改造任务繁重。天津也不例外。在全市工业企业中,一机和冶金系统等基础工业在固定资产、生产设备、职工人数和产值等方面,都占显著地位,对全市具有举足轻重的影响。可是,天津市目前工业的基本状况是:一方面基础工业企业大多数任务不足;另一方面,轻纺工业和其他生产消费资料行业的技术和设备急需更新改造,不得不利用外资从国外进口设备。这就向我们提出一个问题:作为沿海城市,可否长期处于这种状态?当然不行。出路何在?利用外资,引进技术,改造基础工业的老企业,提高基础工业创造先进生产设备的能力,为国内提供先进的设备,乃至打入国际市场,是一条切实可行的途径。今后,天津市应当逐步把利用外资改造老企业的重点,逐步转移到基础工业方面来,以便增强基础工业的物质技术基础,提高自制先进设备的能力。

二、沿海城市利用外资的形式

利用外资的形式得当与否,对于利用外资的范围、额度和经济效益的好坏,具有重要的影响。目前我国利用外资的形式多达十几种,可归为四类:一是贷款形式(包括自由外汇、信托投资、补偿贸易、租赁业务等);二是合营形式(包括合资经营、合作经营);三是外资独营;四是加工业务(包括来料加工、来件装配、来样加工、来料种养等)。一般而论,各地区、各行业究竟采取哪种形式利用外资,要受到国内外各种条件的限制,因而要因地、因行业、因条件而宜,只要能带来好的经济效益,有利于本地、本行业和整个国民经济的发展,利用外资的各种具体形式都是可以采用的。

然而,像天津这样的沿海城市,利用外资的主要形式,应当是力争采取中外合资形式。首先,这种形式有利于我们较长时期和较大额度地利用外资。在上述四类形式中,加工形式虽然比较容易采用,但这种形式主要是利用我国的劳动力资源，解决一部分人的就业问题，而且多是适用于小型的零星业务，不宜于大额度地利用外资，对于沿海城市和整个国民经济的发展来说，不具有关键性的影响。外资独营形式虽然对解决部分人就业、增加税收、吸取先进技术和企业经营管理经验等方面具有一定意义，但这种形式的经济，是属于资本主义性质的经济，对于社会主义经济具有较多的副作用，因而不宜大量采用。对于沿海城市和整个国民经济的发展具有较大作用的，是贷款形式和合营形式。然而各种形式的贷款的一个共同特点，是要按期还本付息。这就在很大程度上限定了这种形式的利用。它主要是投放到投资少、见效快、盈利高的轻纺工业和其他生产消费资料行业和服务行业方面。从而使这种形式的外资使用的范围和额度都有较严格的限制。而中外合资形式除少数定有还本付息的项目外。一般情况是双方共同投资、共同经营、共负盈亏。这种形式的外资对我们的有利之处，首先是可以免除还本付息的负担，从而可以延长利用外资的时间，提高利用外资的额度，扩大利用外资的范围。其次，有利于对基础工业老企业的技术改造。因为基础工业的投资量大、建设周期长、资金周转慢、见效晚，如果采取贷款形式，还本付息的负担很重，而采用合营形式，既可以免除还本付息的沉重负担，又可以实现对基础工业的技术改造。第三，有利于学习和掌握国外先进技术和先进的经营管理经验。

（原载于《沿海城市经济研究》1983年4月号）

关于货币和货币流通的几个理论问题

纸币（包括我国的人民币）是不是真正的货币？纸币流通规律与金币流通规律是一条规律，还是两条规律？通货膨胀是纸币流通的特有现象，还是一切货币流通的共有现象？目前，我国经济理论界对这些问题认识不一。由于这些基本理论问题直接关系到我国的货币制度、货币政策、货币流通形式及流通量的确定，以及信用制度和金融管理体制等重大问题的决策，与社会主义的经济实践休戚相关。因此，讨论这些问题是完全必要的。下面就这些基本理论问题，谈一些个人的看法。

金银并非最好之币材

什么是货币？有人认为，只有以黄金做币材的金币才是货币。而以纸做币材的纸币（包括我国的人民币），只是金币的符号，不是真正的货币。持这种观点的同志是以马克思的"货币天然是金银"的论述为理论依据的。他们把"货币天然是金银"理解为"货币只能是金银"和"货币永远是金银"。这是对货币的本质与币材之间关系的误解。

马克思曾经明确说过："货币不是东西，而是一种社会关系。"①在马克思主义的政治经济学中，货币是作为一个经济范畴存在的。而"经济范畴只不过是生产的社会关系的理论表现，即其抽象。"②马克思还说："黑人就是黑人。只有在一定关系下，他才是奴隶。纺纱机是纺棉花的机器。只有在一定的关系下，它才成为资本。"黄金就是黄金，"黄金本身并不是货币"③，只有在一定的社会关系下，它才是货币。可见，一物是否是货币，只与它所体现的生产关系有关，而与其自身的物理性能和自然属性无关。我认为这是马克思主义关于什么是货币的唯一正确的回答。

当然，我们并不是说货币可以不需要任何物质实体而凭空存在，也不是说

---

① 《马克思恩格斯全集》第 4 卷，第 119 页。
② 《马克思恩格斯全集》第 4 卷，第 143 页。
③ 《马克思恩格斯全集》第 6 卷，第 486 页。

作为币材可以完全不考虑其物理性能和自然属性。恰恰相反，货币作为一定的生产关系，必须通过一定的物体来体现，并应选择那些物理性能和自然属性都适合充当货币的物品来充当币材。马克思说"货币天然是金银"，正是从金银的物理性能和自然属性适合充当币材的角度来讲的。但不能由此得出只有金银才最适合充当货币材料的结论。

首先，从货币的发展史来看，并非只有金银才能充当币材。按照恩格斯的说法，在原始社会末期的商品交换中"牲畜获得了货币的职能，在这个阶段上就已经当货币用了。"①据中国古书记载，早在金属货币出现之前，就有珠、玉、龟、贝和布、帛、皮、粟作为货币流通。按照一般说法，完全意义上的货币史应当从金属货币开始。可是，单就金属货币而论，既非从金银开始，亦非以金银为长久。马克思说过："起初是较贱的金属而不是较贵的金属（是银不是金，是铜不是银）充当价值尺度，因而在它们被较贵的金属拉下宝座之前，曾一直作为货币流通，这些事实历史地说明了银记号和铜记号可以代替金币发挥作用。"②在中国，金属货币大约是从春秋战国之际开始，距今亦有近 3000 年的历史了。（参见《管子·国蓄篇》）在这近 3000 年的货币流通史中，黄金不仅一直未曾占据主导地位，而且也不占重要地位，白银只是在明朝中叶开始作为重要币材充当货币，至解放前也不过四五百年的历史，就是在这四五百年中，铜金属一直与白银并行流通，并且占据主要地位。这说明，至少铜金属和金银一样可以充当币材。

从西欧各国的货币发展史来看，金、银共同充当币材也不过 200 年的历史，而以黄金作为唯一币材的所谓金本位制，寿命最长的国家也不足 100 年。英国是实行金本位制时间最长的国家，从 1816 年至 1914 年，也不过只有 98 年，美国从 1900 年开始实行金本位，到 1934 年宣告结束，只有 34 年，西欧其他国家也都只有几十年的金本位的货币史。代替金本位的是金汇兑本位制。第二次世界大战期间，在美国操纵下成立了"国际货币基金"组织，把美元等同黄金，并规定每盎司纯金的价格为 35 美元，其他各国货币都要同美元定出固定比价。这时，虽然不再实行金币直接流通，但纸币与黄金之间仍保持一定的联系。然而，到 1971 年 8 月，美国政府宣布停止外国中央银行用美元向美国兑换黄金。1975 年初，国际货币基金组织决定各国货币同黄金脱离关系，1978 年 3 月正式通过生效，从此，纸币与黄金之间没有固定联系，黄金作为币材的历史彻底结

---

① 《马克思恩格斯选集》第 4 卷，第 156 页。
② 《资本论》第 1 卷，第 145—146 页。

束了。古今中外的货币发展史说明，金银并非唯一之币材。

其次，客观经济事实表明，金银并非最好之币材。马克思关于"货币天然是金银"的论断，当然包含有金银的物理性能和自然属性最适合充当货币材料的意思。然而对马克思的这个论断应当在一定的时间和条件下来理解。就马克思所处的历史时代的商品货币经济发展的程度和范围来讲，说金银最适合充当货币材料，是符合客观实际的、正确的。但并不意味着金银充当币材没有缺陷，以后就不可能再有比金银更好的货币材料了。事实上，随着商品货币经济的发展，金银充当币材的缺点，越来越明显地暴露出来了，以致最后被淘汰。

价值尺度是货币最基本的职能。金币在执行这一职能时存在着很大的缺陷。因为，金币本身也是商品，是劳动产品，具有价值。一般商品的价值通过金币的价值来衡量，实际上是一般商品的价值与金币本身的价值之间的量的比例关系。由于双方都是商品，都凝结着生产时所耗费的社会必要劳动时间所形成的内在价值，任何一方劳动生产率的变化，都会改变二者的比值，从而引起物价的变化。所以，用金币所表现的商品价格，是处于经常变动之中，币值也是不稳定的，从而用金币表现的商品价格不可能是精确的。

流通手段是货币的另一个基本职能。金币执行流通手段的职能有两个缺陷：一是运输不便，浪费运力，特别在远距离、大宗贸易中这一缺陷更加明显。二是金币在长期而频繁的交易过程中必然会有磨损。正如马克思所说的："这里掉一个金原子，那里掉一个金原子。它在尘世奔波中磨来磨去，日益失去自己的含量。"[①]有人估计，1809年在欧洲有38000万镑铸币，过了20年，有1900万镑因磨损而消失。[②]

以黄金为币材就必须花费劳动来生产黄金。而作为币材的黄金（不包括用于生产和生活消费方面的黄金）既不能用于生产，也不能用于生活，可以说是对社会生产和人民生活都没有现实使用价值的"虚财"，用于这方面的劳动，实际上是社会劳动的一种"虚费"。因而，是对人类劳动的一种浪费。

黄金充当币材最根本的缺陷还在于，黄金的生产量远远不能够适应商品经济发展对黄金币材的需要量。黄金作为货币要与整个商品世界的一切商品相交换。因而要能使商品经济顺利地进行和发展，黄金生产的增长速度必须与整个商品经济的发展速度保持相应的比例关系。然而黄金的产量既受到自然界黄金蕴藏量的限制，又受到社会在一定时期内能够投入生产黄金的劳动量和劳动生

[①] 《马克思恩格斯全集》第13卷，第98页。
[②] 《马克思恩格斯全集》第13卷，第99页。

产率的制约。而整个商品世界无论其自然界的蕴藏量（原材料），还是社会在一定时期内投放的总劳动量，都远远超过黄金。这是客观存在的矛盾，而且商品经济越发展，这一矛盾就越扩大、越尖锐。纸币流通替代金币流通，就是这一矛盾发展的自然结果。

上述事实说明，金银并非最好之币材，纸币代替金币是商品货币发展史上的一大进步。

纸币并非天然是货币符号

马克思在《资本论》中说过："纸币是金的符号或货币符号。"纸币只有代表金量（金量同其他一切商品量一样，也是价值量），才成为价值符号。"[①]在《资本论》出版之前的《政治经济学批判》中马克思也说过意思相同的话。"价值符号（即纸币——引者注）直接地只是价格的符号，因而是金的符号，它间接地才是商品价值的符号。"[②]就马克思这两段话的意思而论，可以认为纸币不是真正的货币，而是一种符号：它直接地是金币的符号，间接地是商品价值的符号。那么，能否据此认为纸币就不可能成为真正的货币呢？不能。因为，马克思在自己的经济学中所作出的任何一个结论和论断，都是以一定的经济条件为前提的。我们不能把马克思在一定经济条件下所作出的结论和论断，任意扩大和引申到经济条件不同的历史时期。从研究对象来说，马克思研究的是以生产资料私有制为基础的资本主义经济制度，从具体的历史时期和货币制度来说，马克思的《政治经济学批判》和《资本论》第一卷，先后发表于19世纪的五六十年代。当时作为资本主义生产方式典型的英国的货币制度，正处在金本位制的全盛时期，纸币在当时的英国只是作为金币的附属物而存在。在生产资料私有制和实行金本位货币制度下的纸币，当然只能直接代表金币，间接地表现商品的价值，成为金币和商品价值的符号。因而马克思的结论在当时是完全正确的。那么，在变更了的条件下，例如在我国现阶段，生产资料私有制被公有制所代替，既不实行金本位制，也不实行金汇兑制，而是实行不兑现的纸币（人民币）制度，纸币是否还是金币的符号和商品价值的符号呢？我们的回答是否定的。我认为，纸币并非天然是符号，亦非永远是符号。在我国目前条件下，纸币直接就是货币，人民币直接就是货币。

我国的人民币是由国家通过行政命令强制实行的不兑现的纸币。"不兑现的

[①]《资本论》第1卷，第148页。
[②]《马克思恩格斯全集》第13卷，第105页。

纸币"代表什么呢？多数同志认为它必须代表有价值的商品。代表什么商品？有的主张必须代表黄金商品，有的认为代表某种实物商品，或代表"百物商品"而不代表黄金商品。我认为，从理论上说，在实行不兑现纸币制度的前提下，既没有理由说纸币一定要代表黄金商品的价值，而不能代表一般商品的价值；也没有理由说纸币一定要代表一般商品的价值而不能代表黄金商品的价值。因为，在不兑现纸币制度下，纸币代表什么商品的价值，对事情本身并无影响。例如纸币代表黄金商品价值时，以一定重量（假定为百分之一两）的黄金的价值为一元纸币，其他商品的价值都与百分之一两黄金的价值相比较，形成各种商品的价格，相对地表现出各种商品的价值，并按照相应的价格进行交换。如果纸币代表肥料商品的价值时，以一定重量（假定为 100 斤）的肥料的价值为一元，其他商品的价值都与一百斤肥料的价值相比较，同样可以形成各种商品的价格，相对地表现各种商品的价值，并按照相应的价格进行交换。至于说到"物资保证"，只要是不兑现的纸币制度，都不能主要靠纸币所代表的某种物资来保证币值的稳定，而是依靠有足够的符合需要的各种商品来保证。我认为，问题的实质不在于我国的人民币是代表黄金商品的价值，还是代表其他商品的价值，而在于人民币是否一定要代表黄金商品或其他商品的价值，即纸币是否只能是货币符号，不能是真实的货币。可否设想，人民币直接代表社会必要劳动时间，成为一种新型的货币呢？我看是可以的。恩格斯说过，一旦社会占有生产资料并且以直接社会化的形式把它们应用于生产，"那时，一件产品中所包含的社会劳动量，可以不必首先采用迂回的途径加以确定，日常的经验就直接显示出这件产品平均需要多少数量的社会劳动。社会可以简单地计算出：在一台蒸汽机中，在一百公升的最近收获的小麦中，在一百平方米的一定质量的棉布中，包含着多少工作小时"。①当然，我国现阶段无论是生产资料公有化的程度，还是劳动直接社会化的程度，都还远远没有达到马克思和恩格斯所设想的那种高度，因而还不可能对社会劳动进行像马克思恩格斯所说的那样精确地计算，但并不等于根本不能计算。从理论上讲，我国已经实现了以全民所有制为主体的生产资料公有制，改变了劳动的社会性质，实行全社会范围内的计划经济，人们的劳动已经不像资本主义那样完全处于无政府状态，而是通过统一的经济计划有意识、有组织地联结在一起，具有一定程度的直接社会劳动的性质；计算技术和手段虽然还不算很先进，但亦有相当水平的现代化的技术和手段。这些基本条件使我们有可能对社会劳动耗费进行大致的计算。从事实上看，我

---

① 《马克思恩格斯选集》第 3 卷，第 348 页。

们制定国民经济计划、进行成本核算、对生产劳动进行定额管理、确定产品的价格以及实行按劳分配等，都要计算物化劳动和活劳动的耗费。计算活劳动耗费的直接依据就是"劳动工时"。对物化劳动的计算虽然主要是依据产品的价值形式，但对价值形式所包含的劳动时间也并非全然无知。假如我们从最主要产品的最初一道产品的原材料生产开始计算其活劳动耗费，一直计算到最终产品的活劳动耗费，就可以大致计算出生产该种产品所消耗的全部社会必要劳动时间（当然不可能很精确）。马克思在论述公有制社会实行计划经济和按劳分配时，就是以劳动时间的直接计算为前提的。他指出，在公有制的社会里，"劳动时间就会起双重作用。劳动时间的社会的有计划的分配，调节着各种劳动职能同各种需要的适当比例。另一方面，劳动时间又是计量生产者个人在共同劳动中所占的份额的尺度，因而也是计量生产者个人在共同产品的个人消费部分中所占的份额的尺度"。[①] 所以，无论在理论上还是在实践中，对社会劳动耗费的计算是可能的。

有的同志可能会问：如果说人民币直接代表劳动时间，人民币就是劳动证券而不再是货币了，这不是否定了货币存在的必要性吗？我认为，人民币虽然直接代表劳动时间，但它仍然是货币而不是"劳动券"。二者最明显的区别在于前者仍然作为一般等价物，它是流通的；后者只是计量劳动耗费的尺度和领取个人消费品的凭证，它是不流通的。

人民币作为社会主义社会的一种新型货币，与私有制度中的货币的根本区别，在于它所体现的生产关系是一种新的生产关系。它既不同于小私有制商品生产者之间的等价交换关系，更不同于资本主义制度作为货币资本所体现的资本对雇佣劳动的剥削关系，而是在公有制基础上国家、企业和劳动者相互之间的平等互利的经济关系。

我们的结论是：纸币并非天然是金币的符号，我国的人民币不是货币符号，而是新型的现实的货币，它虽然不是商品，但仍然是一般等价物，体现着新的社会主义的生产关系。

纸币流通规律和金币流通规律并非两条规律

纸币流通规律和金币流通规律，是一条规律，还是两条规律？有人认为是一条规律，有人认为是两条规律，有人认为当纸币流通符合金币流通所需要的金币量时，二者是一致的，当纸币流通不符合流通中所需要的金币量时，纸币

[①] 《资本论》第1卷，第96页。

就按其特殊规律运动。这后一种观点实际认为是两条规律。对这个问题的不同认识，理论上是根源于人们对马克思关于货币流通规律的论述的不同理解。因此，必须首先对马克思关于货币流通规律的重要论述求得一致的理解。马克思在《资本论》中论述货币流通时曾列出了以下公式：

$$\frac{商品价格总额}{同名货币的流通次数}=同名货币的流通次数执行流通手段职能的货币量$$

马克思把这个公式所表示的内容称为"流通手段量决定于流通商品的价格总额和货币流通的平均速度这一规律"。他认为："这个规律是普遍适用的。"[①]这就是马克思所说的货币流通规律的基本内容。它包括两层意思：一层是说明商品流通与货币流通之间的关系。商品流通决定货币流通，货币流通是实现商品流通的形式，因而，货币流通量必须与商品流通对货币的需要量相适应。另一层意思是说明货币流通规律自身的内容，即货币流通的供给量与需要量之间的关系。货币流通的需要量决定货币流通的供给量，货币流通领域中的货币供给与需求之间的平衡，是货币流通规律的本质内容。无论是金币流通，还是纸币流通都是这一条规律，只是这条规律在金币流通中和纸币流通中表现不同。

有些什么不同的表现呢？让我们来分析一下马克思在《政治经济学批判》中关于货币流通规律的一段论述。他说："在价值符号（即纸币——引者注）的流通中，实际货币流通的一切规律都反着表现出来了，颠倒过来了。金因为有价值才流通，而纸票却因为流通才有价值。已知商品的交换价值，流通的金量决定于金自己的价值，而纸票的价值却决定于流通的纸票的数量。流通的金量随着商品价格涨跌而增减，而商品价格却似乎是随着流通中纸票数量的变动而涨跌。"[②]马克思的这段论述清楚地告诉人们，货币流通规律在金币流通中和纸币流通中所以有不同的表现，根本原因在于金币本身也是商品，也有价值，而纸币不是商品，没有价值。在金币流通的条件下，货币是以商品价值形式自动投入流通的，在商品总价格量已定的情况下，流通中的货币量取决于金币本身内在价值量的大小；在单位金币的价值量已定的条件下，流通中的货币量的变动取决于商品价格总量的涨落。在纸币流通的条件下，货币本身没有价值而是以价值的代表的形式被强行投入流通的，在商品价值总量已定的前提下，单位货币所代表的价值量的数量取决于投入到流通中的纸币量，而投入流通中的货币量的变动，又反过来决定着商品价格的涨落。

[①]《资本论》第1卷，第139—142页。
[②]《马克思恩格斯全集》第13卷，第111页。

主张金币流通和纸币流通是两条规律的同志说,马克思所说的货币流通规律是指金币流通规律,而纸币流通有其特殊规律。纸币流通的特殊规律是什么呢?人们常常引证马克思如下一段话:"只要这些纸票确实是代替同名的金额来流通,它们的运动就只反映货币流通本身的规律。纸币流通的特殊规律只能从纸币是金的代表这种关系中产生。这一规律简单说来就是:纸币的发行限于它象征地代表的金(或银)的实际流通的数量。"[①]我对马克思这段话作以下几点理解:第一,马克思是以实行金本位或金汇兑本位的货币制度为前提讲这段话的,在这种货币制度下,必然存在金币与纸币之间的关系,这种关系就是金币是实在的货币,纸币只是金币的符号或代表,纸币量必然受金币量的制约。第二,马克思在这里虽然使用了纸币流通的"特殊规律"这一概念,但是这里所说的"特殊规律"是指纸币与金币之间的关系,而不是除了货币流通规律之外,还单独有一条纸币流通规律。第三,纸币与金币之间的关系的实际内容就是:"纸币的发行限于它象征地代表的金(或银)的实际流通量"。而金币的实际流通量的确定,不就是要与流通中所需要的货币量相适应,即要保持货币流通中的货币供求平衡吗?这不就是货币流通规律的本质内容吗?除此之外还有什么纸币流通的特殊规律呢?第四,联系我国的现实货币制度来看,我国既不是金本位制,也不是金汇兑本位制,而是以国家强制发行和流通的人民币为唯一的货币的纸币制度,人民币的流通规律不就是流通中的货币投放量与货币的需求量相平衡的规律,从而也就是马克思所说的货币流通规律吗?

通货膨胀并非纸币流通所特有的经济现象

传统的理论认为,通货膨胀是纸币流通所特有的一种经济现象,而金属货币流通则不会发生这种现象。对此我也有些不同的看法。

通常所说的通货膨胀,是指货币投放量较长期的、广泛的和较大幅度的超过了货币流通的需要量,从而引起货币贬值、物价上涨这样一种经济现象。其原因归根结底是违背货币流通规律的自然结果。金属货币流通会不会发生通货膨胀?我认为不仅可能,而且在我国的金属货币流通史上是屡见不鲜的。

我国大约从春秋战国之际开始实行金属货币制度,至今约有 3000 年的历史了。这 3000 年的货币流通史,可说是一部金属货币流通的膨胀史。据古书记载,从秦朝至清朝,几乎每个朝代都制造过名义价值与实际价值不符的所谓"大钱"。大钱有以一当十、当五十、当百、当五百甚至当千的多种。由于大钱的名义价

---

① 《资本论》第 1 卷,第 147 页。

值与实际价值相差悬殊，以币材铸大钱有厚利可得，于是私造大钱者泛起，"虚钱"、"恶钱"充斥市场，造成货币贬值，物价飞涨。比如汉初，吕后二年（公元前186年）铸八铢钱，汉文帝五年（公元前175年）改铸四铢钱，四铢钱和八铢钱表面上都铸有半两（金）字样，其实际重量不足一半。王莽时期，十几年间进行了四次货币改变，每次都是以小易大，以轻易重。除实行五铢钱外，另增三种货币，一是大泉，重十二铢，每枚当五十；二是契刀，一枚当五百；三是错刀，一枚当五千。大泉含铜量仅比五铢钱多一倍多，而名义价值却为五十倍，契刀、错刀的名义价值都超过实际价值百倍以上。大钱不仅重量减轻，而且质量更差，以致达到"入水不沉"、"触手可破"的地步。由于这种"恶钱"迅速膨胀，造成物价腾贵，乃至达到"斗米万钱"的水平。

梁代普通四年（公元523年）废铜币，造铁钱，私铸铁钱泛滥成灾，物价飞腾，交易时"以车载钱，不计枚数"。北朝孝庄帝（公元528年）时期，由于私铸泛起，官铸钱也随之变质，出现了"飘风浮水"之钱。

唐代肃宗乾元元年（公元758年）铸"乾元金宝"钱，以一当十和"重轮乾元"钱，以一当五十。这两种大钱含铜量比"开元钱"的含铜量增加不到一半，而却强行当十、当五十，人们称之为"虚钱"。由于虚钱充斥，物价迅速上涨，达到"斗米七千文"。

五代后晋于天福三年（公元938年）由于币材不足，政府铸钱困难，便"诏令凡有铜者均许铸钱"。并且明令规定不仅可以私铸，而且可以减轻重量造"虚钱"。规定"天下不论公私，一任铸钱，酌量便宜轻重而铸之。"此令一行，恶钱猛增，物价昂起。

此后，元、明，清铸大钱尤为甚之。其中以清咸丰铸大钱最为突出，咸丰年间铸当千、当五百、当百、当五十和当十，五种大钱。当十者重六钱（后改为二钱六分），当五十者重一两八钱（后改为一两二钱），当百者重一两四钱，当五百者重一两六钱，当千着重二两。可以看出，清铸币的名义价值和实际价值之间相差悬殊。造成通货过多，物价腾贵。以上史实说明，实行金属货币也存在着通货膨胀，通货膨胀并非纸币所特有的经济现象。有的同志说，我国主要是以铜为币材，铜不是贵金属，所以会发生通货膨胀。而金或银是贵金属，实行金铸币或银铸币就不可能出现通货膨胀。这种看法也是不符合历史事实的。在历史上，西欧实行金银铸币流通的不少国家，都发生过不同程度的通货膨胀。马克思就明确说过，在英法两国存在着"政府货币伪造的历史"[①]。即用减低

[①] 《马克思恩格斯全集》第13卷，第110页。

铸币成色的手段，以较少的金银量，铸造较多的名义价值大于实际价值的货币而引起物价上涨的历史。以英国为例，1857年，英国铸造局用实际价值为363000磅的银，铸造了名义价值为373000磅的银铸币，从而引起了物价上涨。①事实上，只要铸币的名义价值大于实际价值，它们就和纸币一样成为价值符号，而价值符号的流通就会引起物价上涨。至于物价上涨的幅度，"不是决定于这些符号本身的物质，而是决定于它们在流通中的数量"。②上述中外货币流通的历史表明，在包括金银在内的金属铸币流通条件下，也存在着通货膨胀。金属铸币流通为什么也会发生通货膨胀呢？我认为主要原因有以下三点。

第一，这是铸币执行流通手段职能作用的自然倾向。货币在执行流通手段职能时，它处于商品交换的媒介地位，起着"证明"作用，证明某商品包含着多少价值量。商品交换的对方所需要的不是货币，而是对方的商品，所关心的不是货币本身的价值，而是所换得的商品的价值。正如马克思所说，货币执行流通手段职能时，"它们的铸币职能实际上与它们的质量完全无关，就是说，与任何价值完全无关。金的铸币存在同它的价值实体完全分离了。因此，相对地说没有价值的东西，例如纸票，就能代替金来执行铸币的职能"。③事实上，在纸币代替金属货币流通之前，由于自然磨损而造成的不足价的金银铸币已经代替足价的金银铸币在流通。这一事实表明，"金的名称和金的实体，名义含量和实际含量，开始了它们分离过程。同名的金币，具有不同的价值，因为重量不同了。作为流通手段的金同作为价格标准的金偏离了，因此，金在实现商品的价格时不再是该商品的真正等价物。"马克思进一步指出："流通过程的自然倾向是要把铸币的金存在变为金假象，或把铸币变为它的法定金属含量的象征。"④流通过程的这种把金存在变为金象征的自然倾向，不仅包含着完全没有价值的纸币可以代替金币流通的可能性，同时也包含着金币流通中通货膨胀的可能性。因为，只要存在着不足价值的货币在流通，只要存在着货币的名义含金量与实际含金量的差异，就意味着货币价值高于币材的价值，即意味着可以用重量较轻的货币买到重量较重的币材，人们就会用较少量的币材铸造名义含量较大的铸币，从中渔利。而且只要此例一开，名义货币的实际含金量就有逐渐减少的趋势，这种趋势隐藏着金币通货膨胀的可能性。

第二，金属货币通货膨胀的另一个原因，是以私有制为基础的商品经济关

---

① 《马克思恩格斯全集》第13卷，第102页。
② 《马克思恩格斯全集》第13卷，第110页。
③ 《资本论》第1卷，第146页。
④ 《资本论》第1卷，第145页。

系的存在。这种经济关系最基本的特点，是人们之间经济利益的对立性。其集中表现是剥削阶级及其政府对劳动人民的剥削关系。统治阶级对劳动人民的剥削，除采取直接占有实物财富外，大量的还必须借助于货币形式来实现。铸造和发行不足价的货币是一个重要手段，尤其是在政府财政困难时期就更要使用这种手段来搜刮民财，借以弥补财政之不足，维持其统治地位。我国历史上历代政府大举铸大钱的时候，都是在财政出现严重困难的时期。王莽铸大钱是因为西汉末年财政出现了严重亏空；吴蜀铸大钱是为了应付三国时期战争开支的需要；唐肃宗铸大钱是为了应付藩镇变乱所造成的财政困难；宋金铸大钱是为了解决由于铜币材不足而造成的财政入不敷出；元末、明初铸大钱是为了支持战争所需之费用；清咸丰铸大钱是由于财政极端困难而采取的应急措施（以上材料转引自天津财经学院编写的《中国货币史略》）。凡是铸大钱的时期，都是货币贬值，物价腾贵，通货膨胀最严重的时期。而只要政府铸大钱，民间私铸必然兴起，低质"恶钱"、轻量"虚钱"必然随之而起，以致泛滥成灾，对通货膨胀起了推波助澜的作用。

第三，金属货币通货膨胀的最深刻的原因，在于金属币材之不足。在实行金属货币制度下（不采用代用纸币），只要币材不足以适应商品经济对货币的需要，就必然出现名实不符的"虚钱"，只要"虚钱"在市场上大量流通，就必然出现比"虚钱"更虚的钱。而在商品经济不断发展的情况下，充当币材之金属是不可能充分满足商品经济对货币的需要的，因而在金币流通制度下，通货膨胀具有不以人们的主观意志为转移的客观必然性，甚至可以这样说，由于币材不足因素的必然存在，实行金币流通制度，较比实行纸币流通制度发生通货膨胀的可能性要大得多。

有人说，马克思说过："货币贮藏的蓄水池，对于流通中的货币来说，既是排水渠，又是引水渠；因此，货币永远不会溢出它的流通渠道。"[1]按照马克思的这个原理，货币贮藏手段职能的存在，使流通中的货币量既不可能长时期的过多，也不可能长时期的过少，因而也就不可能发生通货膨胀。他们认为，金币流通可能发生通货膨胀的理论，是与马克思的上述原理相矛盾的。我认为不矛盾。因为马克思的这个原理是有前提条件的，即马克思所说的："为了使实际流通的货币量总是同流通领域的饱和程度相适应，一个国家的现有的金银量必须大于执行铸币职能的金银量。"[2]在这个前提条件下，不会人为的（自然磨损

---

[1] 《资本论》第1卷，第154页。
[2] 《资本论》第1卷，第154页。

除外）发生大量的不足价的铸币在市场上流通，因而也就不会发生金属铸币的通货膨胀。但是，如果失去了限制通货膨胀的前提条件，金属货币膨胀便成为一种不可避免的客观事实了。

（原载于《南开学报》1984年第1期）

对中国人民银行专门行使中央银行职能的几点认识

国务院关于中国人民银行专门行使中央银行职能的决定，既是我国社会主义银行体制的重大改革，也是我国整个经济体制改革的一项重要内容，下面就这个问题谈几点个人的认识。

一、人民银行专门行使中央银行职能是我国四化建设的客现需要

人民银行专门行使中央银行的职能，是适应我国四化建设的需要而出现的客观事物。这是因为：

（一）四化建设要求进行经济体制改革

在全面开创新局面的各项任务中，首要任务是把社会主义现代化经济建设继续推向前进。建立具有中国特色的社会主义，进行四化建设，是我国今后相当长时期内的总路线和总任务，实现工农业总产值翻两番，是全国人民到本世纪末奋斗的总目标。为了实现上述总任务和总目标，必须从我国的客观实际出发，进行经济体制改革，走中国式的社会主义现代化道路。

（二）我国经济体制的改革带来了银行的新作用

大家都知道，对我国经济体制具有制约作用的基本国情有三：一是人口多，劳动力多，待业的劳动力多，而可耕地和已开发的可利用的自然资源少；二是生产设备和技术水平不高并且是多层次的；三是我国的财力和物力有限。这三条基本国情对我国的经济体制特别是对我国的所有制结构和计划管理形式具有决定意义。这种基本国情首先决定了我国的生产资料所有制结构，应当是以全民所有制为主体,集体所有制辅助和个体所有制为补充的多层次的所有制结构。由于多种所有制关系的存在，必然存在着多种的经济利益关系，对于不同的经济利益关系应当采取不同的处理原则和不同的处理形式。随着集体经济和个体经济的发展，他们所拥有和掌握的资金日益增多，对这部分资金的集中和使用只能采取有借有还有息的信用形式，因而需要发挥银行的作用。

基本国情不仅决定了多种所有制形式的存在，而且还决定了在全民所有制内部仍然存在着国家、地方、企业和职工个人四方面相对独立的经济利益关系。由于多种经济利益关系的存在，国家对国营企业的计划管理形式也不能只采取单一的指令性计划调节形式，而必须实行计划经济为主，市场调节为辅的原则。为此，在坚持国家集中统一领导的前提下，必须扩大企业自主权，给企业一定的机动财力。对企业的这部分财力也必须通过银行信用的形式进行集中和调配。因而也必须发挥银行的新作用。

由于分配结构的变化，国家财政收入所占国民收入的比重逐步减少，而企业和职工，农村社员的个人存款则大幅度的增加。据统计，1979年到1982年财政收入在国民收入中所占比重由1979年的31.9%，到1982年下降到25.5%。与此相反，银行存款却迅速增加，1979年到1982年四年共增加银行存款1100多亿元，接近解放后30年存款增加的总额。其中城乡储蓄存款从1979年到1982年四年共增加460多亿元，比以往30年增加总额多1.2倍。上述事实表明，随着经济体制改革的深入发展，银行在四化建设中的地位和作用日益重要。充分发挥银行的新作用，是实现四化建设的客观需要。

（三）银行新作用的充分发挥，产生了建立中央银行的新要求

为了适应经济体制改革对银行的新要求，我国信贷体制和银行体制也进行了相应的改革。在信贷体制方面，改变了信贷资金统收统支的办法，实行"统一计划，分级管理，存贷挂钩，差额包干"的做法。同时开始打破了只对工商企业发放流动资金贷款的老框框，开办了中短期设备贷款，等等。在银行体制方面，恢复了中国农业银行，改革中国银行体制和建设银行的某些制度，并建立了信托投资公司和保险公司等各类金融机构。由于实行上述改革使我国的银行体制发生了重大变化，并在四化建设中发挥了积极作用。

但是，在这同时也出现了资金管理多头，使用分散的新情况，影响重点建设项目的正常进行，原因是多方面的，而人民银行同时兼办工商信贷和储蓄业务，不利于行使中央银行的职能，不利于对全国金融活动实行集中领导，不利于对全国范围的宏观经济和有关全局性的金融方针政策的研究是重要的一个方面。客观形势要求中国人民银行超脱具体业务活动，专门行使中央银行的管理职能，成为国家管理全国金融活动的行政机关。

二、我国银行体系应有的特点

我国的银行不仅有其存在的客观必然性，而且也有其自身的特点。从我国的客观实际出发进行分析，我认为主要有以下四个特点。

（一）银行的独立性

财政和银行是集中和分配社会资金的两种基本形式。财政对资金的集中和分配具有强制性和无偿性；银行对社会资金的集中和分配，则具有自愿性和有偿性。在资本主义社会里，财政是国家通过货币形式强行占有劳动人民财富的工具；而银行（有些国家的中央银行除外）则是私人所有的经营货币商品的特殊企业。因而银行的独立性是很明显的。在某些社会主义国家里，银行属于全民所有，它本应和财政一样成为国家集中，分配和管理资金的一种独立形式。可是，由于种种原因，他们把银行视为财政的一个附属机构.否定它的独立性质。在我国，直到1979年以前，我们实行的是高度集中的单一的计划经济体制和统收统支的财政体制。在这种体制下，银行的集中、分配和管理资金的作用被排斥了，银行被降低到隶属于财政体系中的出纳机构的地位，银行的独立性几乎被否定了。否定银行的独立地位和作用，无论在理论上，还是在实践中都是没有根据的。我国三十多年的历史事实表明，否定银行的独立性是不利于社会主义经济发展的，从而也是不利于四化建设的。银行的独立性由以下几条客观因素决定的。

第一，是由银行的特殊作用决定的。银行作用的特殊性主要在于它不改变资金的所有权，只转移资金的使用权，就可以把社会上大量的暂时闲置和间歇资金集中起来，用于生产和建设事业。这是因为，社会资金积累是通过积聚和集中两种形式进行的。而集中主要是通过银行进行的。银行集中的资金虽然不增加社会资金总量，但是它对于扩大积累和发展经济都是一种巨大的推动力。而且银行的这种特殊作用，是包括财政在内的一切别的组织所无法代替的。

第二，银行的独立性也是由社会主义生产资料的所有制结构决定的。如前所述，多种所有制形式并存，是由我国基本国情决定的经济体制方面的一个重要特点。我国广大农村基本上是集体所有制经济，少部分是个体经济；在城镇集体所有制经济也占有相当大的比重，同时还杂以部分个体经济，这两部分经济都有大量的货币资金；全民所有制职工的工资收入也属于个人所有。在上述不同所有制经济中和个人收入中，都有大量的暂时不用的闲散资金或货币收入。因此对这些资金不能采取强行改变所有权的无偿占有的形式进行"积聚"，而只能通过银行采取信贷形式进行"集中"，把闲散资金变为建设资金。

第三，全民所有制内部经济利益的多重性和实行经济责任制的必要性，也是银行独立性存在的一个重要原因。全民所有制的财产属于国家所有，从所有制关系来说，国家有权采取无偿和强制手段进行分配和再分配。但是由于全民所有制内部还存在着国家、地方、企业和职工个人多重的经济利益关系和实行经济责任制的经营管理形式,决定了虽属国家所有,但已归企业使用的固定资金和流动资金,国家也不能无偿"抽走";企业超定额以外所需的流动资金,国家也不能无偿供给,而只能采取银行信贷形式进行余缺"调剂"。如果银行没有相应的独立性,就不可能完成上述各项任务,从而也就必然影响社会主义经济的发展。

当前,由于国家重点建设项目资金不足,中央提出要调整一下国民收入分配结构,适当提高财政收入在国民收入中所占的比重,这是完全正确的。但财政增加的资金收入应当是有限度的。如果财政集中的资金额度超过了应有的限度,实际上就是"挤占了"银行可调剂的资金,削弱了银行的地位和作用,从长远看,是不利于社会主义经济的发展和四化建设事业的。

(二)银行的完整性

银行体系的完整性,是指以中央银行为主体、各专业银行为基础与发展社会主义经济的需要相适应的银行体系。这是因为,对外开放、对内搞活经济的方针是我国长期实行的发展社会主义经济的战略方针。实行这一方针,必然出现两方面的情况:一方面是生产资料所有制形式出现多样化;另一方面,生产行业越来越多,经济活动范围(包括国内和国外)越来越广,分工越来越细,专业化程度越来越高。随着所有制关系的变化和专业化程度的提高,银行本身的分工也必然越来越细,实现与经济专业化相适应的银行专业化。我国目前已经建立的工商银行、农业银行、中国银行和建设银行等各专业银行,正是适应社会主义经济发展的客观要求而采取的改革措施,随着各类专业银行的建立,也就必然需要有一个统一领导、集中管理整个银行和金融体系、制定宏观金融决策的中央银行。我们强调社会主义银行应当是一个完整的银行体系的目的,是为了正确认识和处理中央银行和专业银行之间的关系。中央银行与专业银行之间要有明确的分工和各自的职责范围。在各自的职责范围内,各行其是,各得其所。专业银行不能排斥或架空中央银行,中央银行也不能过多地干预专业银行的业务活动。因此,必须明确:第一,中央银行对专业银行进行管理的根本目的是为了更好的发展社会主义经济,是为了把社会主义经济搞活。因而中央银行对专业银行的管理,应当以有利于加速社会主义经济的发展为原则。第二,中央银行对专业银行,主要应当采用经济手段,辅之以必要的行政手段,而不能相反。

(三)银行的管理性

我国的银行,无论是中央银行,还是专业银行,都是全民所有制的国家银行。我国的整个银行体系,就其根本职能来说是对全社会的金融活动进行有效的管理。中央银行的管理职能国家已明文规定它是国家管理金融活动的行政机关。专业银行尽管其经常性的活动内容大量的是业务工作，但从事各项业务活动的实质仍然是对社会资金运动的管理活动。中央银行的管理活动侧重于宏观金融活动和宏观金融决策。而专业银行的管理活动则重于微观金融活动。例如，在专业银行的职责范围内决定对企业或个人申请贷款的贷与不贷、贷多贷少以及贷款的使用方向的监督，等等。这些活动实质上也是一种管理活动。因而专业银行也在行使一定的管理职能。

（四）银行的一致性

银行体系的一致性，就是银行进行活动的最终目的同一性。中央银行和专业银行都是国家银行，所有银行从事一切活动的最终目的，是为了发展社会主义经济，加速四化建设的进程。中央银行主要是通过自己对宏观金融活动的管理职能来实现这一目的的，各专业银行主要是通过各自范围内的业务活动来达到这一目的的。因而各专业银行之间的根本利益和目标是一致的。

三、我国银行体系在计划经济中的作用

有些文章从银行与商品经济和市场调节之间的联系，来论述社会主义银行存在的客观基础及其在社会主义经济中的地位和作用。这当然有其合理性的一面。但是，有些文章在强调银行与商品经济和市场调节之间的联系的同时，忽视甚至排斥银行与计划经济之间的内在联系，否定银行在计划经济中的重要作用，这种认识显然是片面的。事实上我国银行与现阶段的计划经济之间不仅存在着必然的联系，而且在计划经济中具有重要的作用。

首先，银行为计划经济提供全面、系统的经济信息。实现了社会占有生产资料的社会主义社会应当实行计划经济，这是马列主义的一条基本原理。按照马克思和恩格斯的论述，所谓计划经济的实质，就是全社会的经济活动是有意识、自觉组织和管理的经济活动。首先制定出全社会的经济发展计划，整个国民经济都按照事先制定的总计划进行活动，是计划经济的主要标志。因而制定一套科学性很强的发展国民经济计划，是实行计划经济的重要前提。所谓计划的科学性，就是主观符合客观的程度。计划越符合客观实际，其科学性也就越强，而计划的科学性来自人们对客观经济事物的正确认识。在我国现阶段，制定经济计划既要有实物指标，又要有价值指标。在现实经济生活中，实物运动必然表现为价值运动，并且通过价值运动来实现。银行是掌管全社会货币资金运动的综合部门和枢纽，各行各业的业务活动，都能够从银行的资金运动中得到全面反映。因而，我国的社会主义银行体系，才是真正像马克思所说的"全

社会范围内的公共簿记机关"和列宁所说的"统一核算机构",它为国家制定经济计划提供全面的经济情报和信息。

其次,银行的经济活动既是计划经济的重要内容,又是实现计划经济的重要条件。社会主义银行的主要经济活动有两项:一是发行货币,二是组织信贷活动。货币发行活动和银行信贷活动,是社会经济活动的重要内容。因而,银行的货币发行计划和信贷资金计划,本身此是计划经济的重要组成部分。

同时,银行的货币发行计划和信贷资金计划,综合构成为全社会的货币流通计划。而货币流通是否正常直接关系到物价是否稳定,经济能否在稳定中发展以及社会是否能够安定的重大原则问题。如果没有正常的货币流通,就必然引起物价波动、经济不稳、社会动荡,从而也就不可能实现计划经济。可见,银行通过自身的经济活动而形成的正常的货币流通,是实现计划经济不可缺少的条件。

第三,银行是实现计划经济的重要的调节机构。我国现阶段的计划经济,是通过指令性计划、指导性计划和市场调节,三种调节形式实现的。这里所说的调节,就是指物化劳动和活劳动在国民经济各部分之间的分配。我国的社会主义银行就是按照计划经济的要求,通过对货币资金的集中和分配,对生产资料和劳动力进行社会调节的重要机构。因而无论是指令性计划、指导性计划,还是市场调节,都离不开银行的调节作用。

市场调节离不开银行的作用,是显而易见的。因为所谓市场调节,就是国家有计划地对一部分产品的生产和流通不作具体计划,只提出总体控制指标,而让价值规律自发地进行调节。这种市场是在国家控制下的社会主义市场的一部分。属于计划经济范围之中,国家对市场的控制除采用一些必要的行政手段之外,主要是通过经济手段加以引导。而银行则是国家控制市场的主要经济杠杆。银行通过贷与不贷、贷多贷少和利息率的高低,来控制和引导参与市场调节活动的企业,使企业按照国家制定的总计划要求行动,沿着计划经济的轨道运转。

指导性计划的实现同样也离不开银行的调节作用。指导性计划,就是国家对某些产品的生产和流通,虽下达具体的计划指标,表明国家需要这些产品,并希望企业能够按照国家计划进行生产和流通。但国家又不强制企业必须执行这一计划,而主要是采取经济手段来引导企业的活动方向,调节企业活动的内容,使其符合计划的要求。而银行则是国家运用的经济杠杆中的一项最重要的杠杆。

有人以为,指令性计划的实现不需要银行的调节作用。这种认识也是不全面的。指令性计划就是由国家直接下达的、企业必须完成的计划。从形式上看，好像不需要银行的作用就可以实现指令性计划的要求。但从实质上看，指令性计划的真正实现也是离不开银行的。指令性计划就其具体情况来看，可以分为两大类。一类是简单再生产计划。这类计划虽然是国家下达给企业必须完成的计划，但是企业所需要的流动资金的大部或全部，要由银行贷款来提供。按照银行贷款原则，银行并不因为企业执行的是指令性计划，就无条件地保证资金供应。而是根据该企业生产的产品是否为社会所需要和社会效益的有无与高低，来决定是否贷款和贷给多少以及贷款利息率的高低，因而银行对这类指令性计划也具有调节作用。而且这正是银行不同于财政在对指令性计划上的特点。另一类指令性计划，是属于扩大再生产的基建计划。对于基本建设计划，过去是采取财政拨款，无偿使用的办法来保证计划实现的。在这种体制下，银行确实是"无能为力"的。然而我国的历史实践表明，实行这种供给制办法搞建设，往往是伴随着效率低、浪费大、花钱多、效益差的不良后果，因而往往达不到计划经济的要求。从实际上看，这种情况并没有实现或者没有完全实现计划经济的要求。因为我们进行经济建设的目的，是为了创造社会财富。而"真正的财富就在于用尽量少的价值创造出尽量多的次用价值，换句话说，就是在尽量少的劳动时间里创造出尽量丰富的物质财富"（《马克思恩格斯全集》第26卷1第281页）。为了节约劳动，提高经济效益，基本建设也应当逐步从由财政拨款，无偿使用，改为由银行贷款，有息使用。如果是这样，也就必然会有银行对指令性计划的调节作用。

最后，社会主义银行对计划经济的实现具有监督作用。我国的银行，无论是中央银行，还是专业银行，对一切企业、事业及其他一切用钱单位的经济行为，都具有监督作用。对于违背计划经济和国家财经纪律的不正当的经济活动，银行有权进行检查和监督，并利用经济手段和行政手段给予应有的制裁。这是社会主义银行对计划经济发生作用的一个重要方面。

（原载于《天津金融研究》1984年第2期）

对建设具有中国特色的社会主义银行的几点认识

从我国的客观实际出发，建设具有中国特色的社会主义银行，是发展我国金融事业和实现四化建设任务的客观需要。我国的社会主义银行应当具有哪些特色？目前大家都在探讨这个问题，本文拟从基本理论的角度，谈几点个人认识。

一、我国的银行既要以商品经济为基础，更要以计划经济为基础

我国现阶段的社会主义经济分为两部分：一部分是计划经济；一部分是市场调节的经济，也就是人们通常所说的商品经济。我国的社会主义银行应当适应这两部分经济的需要，以这两个部分经济为基础，为这两部分经济服务。

有一种观点认为，银行属于商品经济范畴。社会主义之所以要银行，是因为社会主义社会还存在着商品经济。而社会主义的商品经济是"开始走下坡路的商品经济"，这种开始走下坡路的商品经济"正是社会主义银行所赖以生存的经济基础"。因而，社会主义银行也是开始走下坡路的银行，它的作用、范围和程度，都受到严格的局限。我们认为，这种把社会主义银行存在的经济基础仅仅归结为社会主义商品经济的观点，是不正确的。

不错，从银行的起源来说，它是商品经济发展到一定阶段的产物，没有商品经济的产生，也就没有银行；从银行的发展过程来看，直至社会主义社会以前，银行确实是以商品经济为基础，并随着商品经济的涨落而兴衰。然而，在社会主义制度下，银行存在的经济基础正在发生变化。

就我国现阶段来看，不仅商品经济部分需要银行，计划经济部分也更需要银行。这是因为，我国现阶段的计划经济和商品经济，都是建立在同一个经济基础之上的两种经济形式。我国现阶段经济基础的基本内容，是在生产资料公有制基础上形成的国家、地方、企业和个人多元利益并存的经济关系。马克思主义的理论认为，在多元利益并存的经济关系下，各种相对独立的经济实体之间，都存在着各自的责、权、利关系。因而相互之间发生经济往来时，都必须遵循等价交换或等量劳动相交换的经济原则。在资金的筹集、调剂使用上还必须实行有偿使用,有借有还有息的形式。因而,在这种经济关系下,无论是采取商品经济形式,还是采用计划经济形式,都需要银行为其服务。

我国和其他社会主义国家的社会主义经济实践表明,在计划经济下实行无偿使用的资金供给制,不利于企业经济核算,不利于节约社会劳动,不利于提高社会经济效益,不利于社会主义经济的发展。而采取有偿使用资金的银行信用形式反而有利于上述各项经济技术指标的提高。这说明,在社会主义条件下,银行与计划经济之间不仅不是对立的,而且成为计划经济不可缺少的经济形式。客观实践的发展,需要我们改变一些陈旧的观念,那种把有偿使用资金的银行信用形式视为商品经济独有的特点,把无偿使用资金的供给制看作是计划经济的基本特征的观点,是不符合客观实际。因而,仅仅把社会主义的商品经济作为社会主义银行存在的经济基础,从而认为只有商品经济才需要银行,计划经济就不需要银行的认识和主张,也是不正确的。

综合上述,我国的社会主义银行,既是以商品经济为基础,更是以计划经济为基础;既要适应商品经济的需要,又要体现计划经济的要求。这是我国社会主义银行应当具有的第一点特色。

二、我国的银行应当既是市场调节的工具,又是实现计划调节的机制

我国现阶段的计划经济,从调节形式上来看,存在着三种形式:即指令性计划调节、指导性计划调节和计划指导下的市场调节。社会主义银行在上述三种调节形式中以不同的形式发生着作用。

指令性计划调节,一般是指国家规定的、企业必须保证完成的生产、建设计划指标,实质上是国家以行政手段来调节经济活动。对于指令性计划,在一般情况下,劳动部门组织劳动力供应,物资部门组织物资供应,财政和银行组织资金供应。财政以拨款形式、银行以借贷形式来供应完成计划所需要的资金。然而,银行对国家的指令性计划中不符合客观实际的部分,也要在资金供应上给予一定的影响。

指导性计划调节,是指国家下达的经济计划不作必须执行的强性规定,而是通过经济手段来引导企业实现国家计划,国家把银行作为调节企业经济活动,实现国家计划的机制。银行要根据国家规定的政策和完成计划的要求通过贷与不贷、多贷少贷和有息无息、低息、高息等经济手段,来控制企业的活动,实现社会主义基本经济规律和有计划按比例发展规律的要求,以及国家计划指标。

市场调节,就是国家对一部分生产和流通不作计划,让价值规律自发地起

调节作用。在市场调节的形式下，银行发挥自动调节器的作用。国家给银行一定的自主权，由银行根据市场供、求状况，利用贷款和利率来自行调节企业的经济活动。银行在指导性计划调节和市场调节中的根本区别在于：虽然都是利用经济杠杆，但前者是根据国家计划进行调节，后者是根据市场的变化进行调节，也就是主要是根据价值规律进行自发地调节。

综合上述，社会主义银行在调节经济活动方面，根据社会主义基本经济规律，有计划按比例发展规律和价值规律的要求，发挥调节职能，既是市场调节的工具，又是计划调节的机制。同时具有上述两种职能，是我国社会主义银行的另一点特色。

有人认为，银行与价值规律和市场调节有内在联系，只能在市场调节中发挥作用，财政与社会主义基本经济规律、有计划发展规律和计划调节有本质的联系，因而是计划调节的工具。这种把银行与基本经济规律，有计划发展规律割裂开来，把财政与价值规律割裂开来，从而把银行和财政对立起来的观点，在理论上是错误的，在实践上是有害的。

三、我国的银行既要调节微观经济，又要调节宏观经济

有一种观点认为，我国的社会主义银行作用范围被限制在微观经济活动方面，而在宏观经济活动中，银行则是"力不从心，鞭长莫及"。按照这种观点，我国的银行就只具有调节微观经济的机能而没有调节宏观经济的机能。我们认为这种观点是不符合我国客观实际的，因而是不可取的。

事实上我国的银行无论是对微观经济，还是对宏观经济都具有调节作用。

所谓微观经济活动，一般说来是指企业维持简单再生产所进行的供、产、销等日常的经济活动。银行通过借贷、利息、利率经济手段以及监督和管理流动资金等职能，来调节和影响企业的微观经济活动，这是众所周知的。

所谓宏观经济，主要是指像积累与消费、两大部类之间、两大部类内部各部门之间，以及各地区之间的重大比例关系和重大经济决策活动。银行对上述客观经济活动的控制和调节作用是十分明显的。

银行是我国唯一的货币发行机关和调节货币流通的组织。银行通过控制货币发行量，调节货币流通量和流通方向，从宏观方面控制整个国民经济的运动。

银行是全国信贷业务的中心，不仅包括流动资金而且还包括部分中短期基建贷款，甚至还包括相当多的长期贷款。银行通过贷与不贷、多贷少贷、利息、利率等经济活动和经济杠杆，来调节各种重大的比例关系，改变产业结构，来调节宏观经济活动。

银行又是流动资金的管理机关，通过现金管理活动来影响国民经济。银行又是经济活动的结算中心，通过结算活动反映国民经济总体运动状况，提供经济信息和调节宏观经济的措施，等等。

我国的经验表明，社会主义银行必须是既有调节微观经济活动的作用，又具有控制和调节宏观经济活动作用的综合性能的组织。

四、我国的银行既要以实现社会经济效益为根本目的，又要实现银行自身应得的利润

我国的银行是属于全民所有制的国家银行，既是一种特殊的国营企业，又具有国家经济管理机关的性质。社会主义银行的这种二重性质，决定了它既要把实现国家和社会的经济效益放在首位，又要注意实现企业自身的利润，使社会经济效益和银行自身的盈利统一起来。

我国的银行既然是国家所有的银行，理应以国家整体利益和长远利益为重。银行从事一切经济活动的根本目的，是为了发展社会主义经济，增加社会财富，满足人们的生活需要。为此必须把提高社会经济效益放在第一位。

我国的银行同时又是社会主义的特殊企业，是相对独立核算的经济单位。银行资金的特点不仅要完整无缺保存自己，而且还要在运动中增殖。银行不仅要从自身的盈利中补偿经营活动中的劳动耗费，而且也要为国家提供利润或税收。因而利润也是社会主义银行进行经营活动不可缺少的重要因素之一。

社会主义银行应当做到社会经济效益的提高与银行利润的增长相一致。片面强调银行盈利，危害社会经济效益；或者只讲社会经济效益，不讲银行自身盈利的观点，都是片面的。

（原载于《建设有中国特色的社会主义文选》1984年版）

谈谈我国充分实现银行职能作用的外部条件

我国的社会主义银行在国民经济中所处的重要地位和充分实现银行职能作用对加速四化建设进程的最大意义，已经逐步被人们所认知。围绕如何充分发挥我国银行的职能作用问题。许多同志发表了很好的文章，提出不少有价值的见解、主张和建议。例如，建立以中央银行为中心，以各类专业银行为基础的社会主义银行体系；中央银行通过建立存款准备金制度和浮动利息的制度等经济手段，来调节货币流通和信贷资金运动；通过制定银行法规和金融工作的方针政策来管理金融活动；通过正确的宏观决策和计划管理等形式来指导和控制整个国民经济的货币运动和信贷资金运动；各专业银行在国家法律、政策允许的范围内独立自主地开展业务活动，等等。所有这些主张和建议，都是充分发挥银行职能作用的必要条件和措施。那么，具备了这些条件是否就可以保证银行的职能作用得到充分发挥了呢？不一定。因为，上述各点还只是银行实现其职能作用的内部条件，即银行体系本身所必须具备的条件。然而，社会主义国民经济是一个统一的整体。银行是整个国民经济体系中的一个组成部分，它与国民经济的其他构成部分有着互相依存、相互制约的内在联系，银行职能作用的充分发挥，除了需要其自身的内部条件外，还需要有一系列的外部条件相配合。如果没有外部的条件相配合，银行内部的条件无论怎样齐备，银行的职能作用也不可能得到充分的实现。

充分实现银行职能作用的外部条件，是多方面的。本文仅就价值与使用价值之间的关系方面，谈几点个人的认识。我认为，就价值和使用价值之间的关系角度来说，银行充分实现其职能作用的外部条件，至少有以下几条。

一、货币购买手段职能的实现范围和程度

一般银行的基本职能作用，是通过对社会上闲散的和暂时不用而闲置的价值形式——货币资金进行集中和再分配，来调节物质资料在国民经济各部门、各企业之间的分配比例，促进国民经济的发展。因此，价值和使用价值的存在和统一，则是银行存在和发生作用的前提条件。

我国现阶段的社会主义经济,是存在着商品生产和商品交换的计划经济。一切社会产品,包括生产资料和生活资料,都还是商品,都还具有使用价值和价值二重性质。一切产品还都必须采取价值和使用价值两种相对独立的运动形式。而货币则是商品的价值形式。商品价值的运动,既要通过货币运动来体现,又要通过货币运动来实现。因而我国还必须有社会主义银行并且要充分发挥和实现其职能作用,社会主义银行的基本职能作用,是尽可能多地集中社会闲散的和闲置的货币和资金,合理地再分配资金,监督和指导企业有效地使用资金,取得最大的社会经济效益,促进社会主义经济的发展。由于货币只是商品的价值形式,本身并不具有使用价值,它还必须通过货币购买手段职能的实现转化为使用价值并运用于生产过程,才能在生产过程中发生作用。因此,货币购买手段职能的实现是银行实现其职能作用的前提条件。

货币购买手段职能具有质的无限性和量的有限性相统一的特点。货币作为一般等价物可以任意购买一切商品,因此,货币购买手段职能在质上是无限的,作为一定数量的货币,又只能购买一定数量的商品,因此,货币购买手段职能在量上又是有限的。银行正是通过货币购买手段的无限性和有限性的统一,来实现其职能作用的。即银行贷给企业的是货币,企业可以购买自身所需要的一切商品;银行只贷给企业一定量的货币,企业也只能购买一定量的商品,从而实现其调节社会生产,促进经济发展的作用。如果货币购买手段职能由于受到限制而不能充分实现,那么,银行的职能作用的范围和程度也就必然受到限。

现阶段,我国对国民经济的管理实行计划经济为主,市场调节为辅的方针。对一般性的生活资料和部分生产资料实行市场调节,企业或个人可以用货币自由购买所需要的商品;对重要的生产资料和重要的生活资料实行计划供销,企业或个人如果没有物资计划供应指标,即使有了货币也买不到所需要的物质商品。因此,在这种体制下,货币购买手段职能实现范围和程度是受到限制的,不是无限的,而是有限的。

这种限制是否合理?我认为,在我国现阶段这既有合理的一面,又有不合理的一面。所谓合理的一面,是因为我国实行的是生产资料公有制。在生产资料公有制的基础上,产生了有计划按比例发展的经济规律。国家对重要的生产资料和生活资料实行计划供销的办法,使国家手中掌握一定数量的物质资料,对于保证人民生活的安定和重点产品的生产、重点建设项目的按期完成,是一个必要的条件,也是保证国民经济有计划按比例发展的一个重要条件,因而是合理的。所谓不合理的一面,是因为我国现阶段仍然存在商品生产和商品交换,价值规律仍然是一条重要的客观经济规律并发生作用,市场调节是价值规律发生作用的重要形式。而货币购买手段职能质的无限性和量的有限性的统一，则是价值规律和市场调节实现其作用的基本条件。也是银行通过经济手段实现其职能作用的基本条件。如果实行计划供销的商品的范围过宽、数量过多，就必然会过度限制价值规律作用的实现。

我国的客观实际是怎样的呢？我认为，从我国目前的实际情况来看，仍然存在着限制过多、管得过死的弊病。因为，虽然计划供销的商品品种占全部商品品种的比重不算大，但是，第一，计划供销的商品包括生产资料和生活资料，在整个国民经济中居于决定地位，对整个国民经济的活动具有制约作用；第二，计划供销的商品的价值量在商品价值总量中占绝大部分比重，因而整个国民经济运动仍然处于行政手段控制的状态。从实际效果来看，无论是在国民经济的活力方面，还是社会经济效益方面，都还存在着严重问题。其中一个重要的原因，就是计划供销的商品过多，对货币购买职能限制过度。正确的做法应当是，在坚持计划经济的前提下，把计划供销的商品限制在尽可能小的范围，把货币实现购买手段职能的作用范围，扩展到尽可能大的范围，给银行职能作用的发挥开辟广阔的场所，更多地让银行通过货币购买职能的实现，来调节和推动社会主义经济的发展。也就是说，我们的经济管理体制必须进行改革，为银行职能作用的实现，创造必要的外部条件。

二、价值形式的货币资金，在国民经济各部门之间的比例符合使用价值形式的物质构成比例的程度

既然作为价值形式的货币资金只是商品的价值形式，它本身并不具有直接的使用价值，那么，银行集中和贷放给企业的货币资金必须通过货币购买职能的实现，才能获得所需要的物质商品。由于各个部门、各个企业所需要的商品品种不同，每个部门和企业必用其所占有的货币资金，购买自身所需要的商品。每个部门、每个企业能否购买到自身所需要的商品，则取决于全社会的货币资金在社会各生产部门之间的分配比例是否符合社会总产品的物质构成比例。只有这两种比例相符合，货币才能购买到相应的物质商品，生产才能顺利进行。否则就会出现"有钱买不到物"和"有物卖不成钱"的现象。一旦出现这种现象，轻则引起国民经济的混乱，重则造成国民经济比例关系的严重失调。

目前我国银行发放信贷资金的主要对象是国营商业企业、物资流通企业、外贸企业的流动资金和国营工业企业的流动资金；发放贷款的原则是按计划、按购销合同和物资保证原则进行。因此，一般说来不会发生"有钱无物"的现象。但近来随着经济体制改革的深入开展，银行也开始发放国营企业中短期设

备更新贷款、技术革新、技术改造贷款、集体工业企业贷款和个体户、专业户贷款；随着经济体制改革的更加深入发展，企业自主权的逐步扩大，银行贷款的内容必将会发展、扩大。这就要求银行在信贷资金的运用上，必须严格掌握贷款的投放方向，使银行信贷资金在各部门、各企业之间的分配比例与产品实物构成的比例符合。从这个意义上说，这是银行自身的事情，是银行实现职能作用的内部条件，而不是外部条件。

但是，在我国集中和再分配货币资金的不只是银行一个部门，财政也是集中和再分配货币资金的重要部门。财政部门所集中的货币资金的分配方向和比例，对整个货币资金在国民经济各部门之间的分配比例，具有决定性的影响。银行和财政部门必须互相配合、协调一致、综合平衡，使全部货币资金的分配比例与整个社会的物质商品的实物构成比例相适合，才能充分实现银行的职能作用。因此，财政资金的合乎比例的分配，以及财政与银行的协调一致，综合平衡，就成为银行发挥和实现职能作用的重要的外部条件。

总结我国30多年的历史经验，财政资金的分配可能从两个方面影响银行信贷资金的分配比例。

第一，是来自积累基金和消费基金之间的分配比例方面的影响。财政货币资金的实物构成包括生活资料、用于生产生活资料的生产资料和用于生产生产资料的生产资料。积累基金的大部分是用于购买生产资料（包括生产生活资料的和生产生产资料的生产资料），少部分用于购买生活资料；消费基金则用于购买生活资料。如果用积累的货币资金超过了生产资料的实际数量，就必然会发生有一部分用于购买生产资料的货币资金买不到生产资料，一部分生活资料由于没有货币资金购买而积压。致使价值形态与实物形态相脱离。

第二，是来自用于基本建设的积累资金在生产生产资料的生产部门和生产生活资料的生产部门之间的分配比例的影响。如果积累资金用于生产生产资料的生产部门的数量超过了生产生产资料的生产资料的实际数量，或者是相反，用于生产生活资料的生产部门的货币资金数量超过了生产生活资料的生产资料的实际数量，都会发生货币资金的分配比例与物资构成比例相分离的现象，并进而影响银行货币资金的实际比例分配，致使银行的职能作用得不到充分的实现。

三、基本建设规模，符合我国财力、物力的程度

财政资金和信贷资金内部的平衡和二者之间的平衡，还只是价值形态上的平衡。这种价值形态上的平衡能否实现，还取决于社会再生产过程是否按比例

发展。因此，银行职能作用的充分实现，还要求国家计划部门在安排国民经济计划时，充分注意保持社会再生产过程的按比例发展。

大家知道，社会再生产过程包括简单再生产和扩大再生产两个组成部分。我国的历史经验表明，扩大再生产的规模，特别是基本建设规模是否符合国家的财力、物力的实际，对于社会再生产的平衡，乃至对整个国民经济的平衡具有决定性的影响。如果基本建设的规模超过了客观实际可能性，就会发生"基建挤财政，财政挤银行，银行发票子"的连锁反应。这是因为，我国基本建设的经费是由国家财政拨款投资的。基本建设规模超过了国家财政所能负担的限度，就必然出现财政赤字。国家弥补财政赤字的主要手段，除了动员企业增加增收和节省开支外，一是发行国家公债，二是动用财政历年结余，三是向银行透支。而在我国，财政结余一般都由银行作为信贷资金贷放给企业，成为企业维持简单再生产不可缺少的流动资金，而银行更没有专项资金留着借给国家来弥补财政赤字。因此，无论是动用财政结余，还是向银行借支，最终都要导致财政性的货币发行。银行通过财政性的货币发行所新增加的这部分货币资金，是没有物质保证的"空头"货币，但是它却具有购买手段的职能，成为现实的购买力。用这部分没有物资保证的货币资金去购买生产资料和生活资料，就必须挤占简单再生产和按计划进行的扩大再生产所必需的生产资料和生活资料，破坏社会再生产过程的正常比例关系，打乱银行信贷资金和财政货币资金正确的分配比例，致使银行的职能作用得不到充分发挥。可见，同计划部门制定科学的经济发展计划，并且组织计划的实现，也是银行充分实现职能作用不可缺少的外部条件。

四、产品的品种、规格符合社会需要的程度和产品质量符合标准的程度

银行职能作用的充分实现不仅要以财政部门和计划部门相互的配合与外部条件，而且更重要的还取决于生产出来的社会产品的品种、规格符合社会需要的程度和产品质量符合质量标准的程度。因为，银行发放的各项贷款即使做到了有实物作保证，可是，如果用贷款所购买的产品的品种规格不合用，或者产品的品种、规格虽然对路，但由于产品不符合质量标准而不能进入生产过程，实际上等于银行发放了没有物资保证的"空头"贷款，在这种情况下，银行的信贷资金不仅没有发挥促进生产的作用，反而造成了社会劳动的浪费，银行的职能作用也就不能得到实现。因此，社会物质生产部门和企业，生产适销对路和合乎质量标准的社会产品，则是银行实现其职能作用的物质前提。物质生产

部门和企业的积极配合,是银行实现职能作用的最重要的外部条件。

综合上述,银行职能作用的充分实现,是一个复杂的问题。单有银行自身的努力是不够的,还必须有外部条件相配合。这就要求社会再生产的各个环节,国民经济的各个部门相互配合、协调一致,把内部条件和外部条件结合起来,才能使银行的职能作用得到充分实现。

(原载于《论银行改革——中国金融学会第二次全国代表大会论文选集》,中国金融出版社1984年版)

沿海开放城市经营证券和开放国内证券市场问题

本文探讨的是我国社会主义制度下的沿海开放城市,是否应当发行各种有价证券和开放国内证券市场问题。我们的基本观点是:沿海开放城市应当发行各种有价证券,经营国际证券,开放国内证券市场。

下面围绕着这个中心议题,谈谈我们的几点认识。

证券和证券市场的社会属性

在党的十一届三中全会以前,不少人把商品、货币以及与商品货币经济密不可分的市场交易,等同于资本主义。十一届三中全会以后,在理论上冲破了商品货币经济就是资本主义经济,社会主义经济与商品经济相对立的错误观念,在实践上打破了单一的指令性计划调节的计划经济的旧框框,实行计划经济为主、市场调节为辅,大力发展商品生产和商品交换的方针,取得了令人信服的成果。现在,把商品、货币和市场视为资本主义经济的人已经不多了。但把证券和证券市场等同于资本和资本主义的还大有人在。在这种思想束缚下,我国的证券和证券市场问题,至今尚未提到议事日程上来。因而,出现了金融体制改革落后于经济体制改革,金融体系不适应经济发展需要的矛盾。要解决这个矛盾,首先必须在理论上对证券和证券市场的社会属性给予科学的说明。

怎样认识证券和证券市场的社会性质呢?我们认为,就一般性质而言,一切证券都不过是货币存在的一种形式,是获取利息、股息、红利及收还股本的一种凭证,是资金融通的一种信用工具,证券市场则是资金融通即进行信用活动的一种场所和渠道。它们是商品货币经济发展到一定阶段的产物,是商品货币经济不可缺少的重要组成部分,并且是随着商品货币经济的发展而发展的。到资本主义社会,由于商品货币经济发展到了更高阶段,并具有资本的特点,证券和证券市场也必然与其社会的特性和发展水平相适应,这是可以从它发展的历史得到证实的,马克思在论述高利贷资本和商业资本的发展过程时说:"生息资本或高利贷资本(我们可以把古老形式的生息资本叫作高利贷资本),和它的孪生兄弟商人资本一样,是洪水期前的资本形式,它在资本主义生产方式以前很早已经产生,并且出现在极不相同的社会经济形态中。"[1]与商人资本和高利贷资本相联系的古老形式的商业票据和证券,早在资本主义生产方式建立以前就已经出现。例如,作为商业信用工具的商业票据和古代债券:当票及国家债券,在奴隶社会和封建社会都存在过。企业债券和股票,在资本原始积累时期就有所发展。而经营借贷业务的金融机构,无论是在中国,还是在外国,早在奴隶社会和封建社会就已经存在。例如,在中国有古代和中世纪的"钱庄"、"票号",在西欧有巴比伦和希腊的古代银行,在意大利和英国有中世纪的银行,等等。可见,作为商品经济的重要组成部分的证券、证券市场和经营证券的金融机构的历史,要比资本主义的历史古远得多。这说明证券和证券市场的一般性质,是与商品货币经济联系的经济范畴。

至于证券和证券市场的特殊社会属性,则和商品货币的特殊社会属性一样,是由其所反映的社会经济关系的特殊社会性质所决定的。在资本主义以前诸社会经济关系中,证券和证券市场,是奴隶主、封建主和大商人剥削劳动人民的工具,它们所体现的是奴隶主、封建主、大商人与劳动人民之间剥削与被剥削的关系;在资本主义制度下,它们成为资本存在的形式,成为资本家剥削雇佣劳动者的手段,体现了资本家剥削雇佣劳动者的剥削关系,从而具有资本的社会属性。

我们应当怎样认识社会主义社会中的证券和证券市场的社会属性呢?它会不会引导到资本主义呢?马克思在分析高利贷资本的社会属性及其可能产生的后果时,曾经这样说过:"高利贷资本有资本的剥削方式,但没有资本的生产方式。"[2]又说:"高利贷不改变生产方式,而是像寄生虫那样紧紧地吸在它身上,使它虚弱不堪。"[3]我们体会马克思的意思是说,第一,高利贷资本既有资本的某些特性,又不是完全意义的资本。从高利贷者来说,他把货币借出去,带来利息,因而具有生息资本的性质,对于借钱人来说,如果是小生产者,是将借来的钱用作购买自己使用的生产资料或生活资料,或用来交税、还债,而不是用来获取剩余价值,如果借钱人是奴隶主和封建主,他们借钱是用于奢侈的生活享乐,也不是当作资本来使用,因而都不具有资本的性质。第二,高利贷资本虽然为资本主义生产方式的产生提供一定的条件,但它本身并不能直接转化为资本主义生产方式,而只有在劳动力成为商品的前提下,货币才能转化为资本。而劳动力成为商品又需要有一系列的政治的、社会的和经济的条件。所以,

---

[1] 《马克思恩格斯全集》第25卷,第671页。
[2] 《马克思恩格斯全集》第25卷,第676页。
[3] 《马克思恩格斯全集》第25卷,第674页。

高利贷资本既不是资本主义的生产方式,也不会改变封建的和奴隶的生产方式,直接引导出资本主义生产方式来。对社会主义社会的证券和证券市场的性质,我们可以从马克思的分析中得到启发。我国现阶段所要发行的证券可分为两大类,一类是由我国政府或企业、公司在国外证券市场上发行的债券或股票,这类证券的性质具有两重性。对于国外证券的购买者来说,由于凭借证券获得利息或股息,因而这类证券具有资本的性质。但是,我们国家和企业获得外资并不是作为资本来使用,而是作为发展社会主义经济的资金来使用,我们发展社会主义经济的目的是为了提高和改善人民的生活,因而不具有资本的性质。另一类是我国政府和企业、公司发行的国内证券,它只是筹集建设资金的一种工具和形式,购买者虽然得到一定的利息,那是按劳动分配和社会主义物质利益原则的体现,人们得到的利息并不是用来剥削他人。另外,获得资金的国家和企业,是把资金用于发展社会主义经济,改善人民生活。国内证券市场,只是资金需要者与资金供应者之间互相直接融通资金的场所和渠道。因此,国内证券和证券市场与资本主义毫无共同之处。

在我国社会主义条件下,社会主义全民所有制和集体所有制占绝对优势,国营经济占主导地位,劳动力不是商品;在分配中实行按劳分配原则,在政治上坚持打击资本主义活动的方针和政策,这些政治的、经济的和社会条件,可以保证我国的证券和证券市场按照社会主义的方向发展,而不会发展资本主义。

沿海开放城市经营证券和开放证券市场的必要性

沿海开放城市要不要经营证券、开放国内证券市场?目前人们的看法还不一致。我们的看法是肯定的。主要理由如下:

首先,这是由证券和证券市场的特殊经济意义决定的。第一,它可以在短时间内集中大量的社会闲置资金,变消费资金为生产资金,是推动和促进社会经济发展的"革命因素"。第二,它可以使资金的供应者和资金的需要者在交易市场上直接结合,并可从中选择最有利的对象,使资金的使用方向与社会经济发展的需要相一致,取得最佳经济效益。第三,它可以使货币、资金的形式多样化,融通方式灵活,纵横渠道畅通,有利于打破金融垄断,搞活经济。第四,它可以使职工与企业之间的经济利益结合得更加紧密,职工更加关心企业的经营管理,并可以增加企业的外在压力,促进企业提高经济管理水平。总之,证券和证券市场,是有利于社会聚财、用财和生财的好形式。因此恩格斯曾经对包括证券交易所在内的金融市场的作用给予肯定的评价。他说:"交易所朝着集中的方向改变分配,大大加速资本的积聚,因此,这是像蒸汽机那样的革命因素。①我们在四化建设中应当抓住和利用这个经济发展中的"革命因素",为加速我国社会主义经济的发展进程服务。

其次,经营证券和开放国内证券市场,是我国经济体制改革发展的必然趋势。实现四个现代化,是我国今后一个相当长的历史时期内的总路线和总任务。为实现这个总路线和总任务,我国现行的经济体制必须改革。而改革的关键,是要在坚持有计划发展的前提下,有步骤地适当缩小指令性计划的范围,适当扩大指导性计划的范围,充分发挥市场调节的积极作用,把国民经济搞活。党的十一届三中全会以后,经济体制改革在农村取得了巨大成就,农村经济活跃了,商品经济发展了,市场调节的范围越来越大,作用越来越明显。党的十二届三中全会作出了加快以城市为重点的经济体制改革步伐的决议,今后城市的经济体制改革,必将沿着十二届三中全会指出的方向,以更大的步伐、更快的速度发展。按照马克思主义的理论,经济决定金融,金融对经济有反作用。经济体制改革的发展,要求金融体制也必须相应地进行改革。我国金融体制改革的关键,是要改变单一的纵向的金融机构,单一的信用工具、信用形式和单一的纵向的资金融通渠道。这种高度集中统一的金融体制,远远不能适应经济发展的需要。我国已经出现各种自发的证券形式和证券交易活动,例如,很多集体所有制企业采取合资入股、发行股票和债券的形式集资;成立集体性的、地方性的、行业性的金融组织和机构;农村个人之间的信贷活动;国家发行的国库券的自发交易活动;商业信用和票据贴现业务,等等。如果我们还不认识这种矛盾,不提高金融体制改革的自觉性,加速金融体制改革的步伐,必将阻碍经济体制改革的进行和社会主义经济的发展。在我国经营证券、开放国内证券市场,乃是我国四化建设和经济体制改革的必然趋势,也是沿海开放城市经营证券和开放证券市场的原因之一。

第三,经营证券、开放国内证券市场,是沿海开放城市实现其特殊经济地位和特殊经济任务的客观要求。中央决定对外开放的十四个沿海城市,一般都具有工业基础较雄厚、生产设备较先进、技术水平较高、科学研究力量较强和交通运输条件较方便、便于开展对外经济技术交流等优势和特点。它们处于把我国广大内陆地区与世界经济连接和沟通起来的桥梁和纽带的地位,起着传递经济信息、转移先进技术、培养和输送科学技术人才和经济管理人才的特殊作用,沿海城市要实现这些战略任务,必须对外开放。所谓对外开放,包含着两重意思:一是指沿海城市要对国外开放,包括利用外资、发展对外贸易、引进

---

① 恩格斯:《〈资本论〉书信集》第406页。

先进技术和先进的管理经验以及进行文化技术交流，等等；二是指沿海城市要对广大内地开放，包括与内地进行各种形式的经济技术协作、联合兴办经济事业、吸收内地投资和进行人才交流，等等。这些活动，都必然发生资金融通问题。对国外开放，引进先进技术、技术人才，进行经济、技术交流，都必须有"钱"。因此，利用外资就成为对外开放的首要问题。利用外资可以采取直接借款、补偿贸易等多种形式，而发行国际股票和国际债券等有价证券、经营国际证券、参与国际证券市场活动，则是利用国外资金的重要形式。沿海城市对内地开放，首先发生的仍然是资金融通问题。通过发行商业票据、股票、债券等有价证券，进行经济贸易技术协作和联合兴办各项经济、文化事业，是沿海城市与内地进行经济联系不可缺少的形式。既然在国内有各种有价证券，就必然要有证券交易市场。因为，不能流通的证券，是没有活力的，既然有证券流通，就必然形成证券市场。如果我们不主动开放证券市场，让证券公开交易，就必然会出现自发的证券交易和证券交易市场。因此，经营证券，开放国内证券交易市场，是沿海城市实现对外开放、对内搞活经济的战略任务所必不可少的重要条件。

第四，沿海开放城市的自身建设和发展也要求开放证券市场。我国的沿海城市，相对于广大内陆地区而言，在经济、技术和管理方面占有较大的优势。但就其自身的绝对水平和相对于当代世界先进水平来说，还相差很远。就天津而言，具有20世纪80年代世界先进水平的工业企业占极少数。天津市要在本世纪末实现工农业总产值达到1000亿元的任务，在技术上必须采取两项重大措施。一是新建一批现代化的对整个天津经济具有决定性影响的大企业，二是引进国外先进技术，对现有的近4000个工业企业进行技术改造。这些都必须要有资金。这笔钱从哪里来？在新的经济体制下，要求地方独立地解决自身发展所需要的大部分资金，国家财政拨款只能是其中一个来源。地方怎样解决？主要有四条途径：首先是靠发展地方经济，增加地方收入，积累建设资金；其次，是利用国外资金，发行债券和股票向国际金融市场出售；第三，是充分利用沿海城市现有的企业事业单位暂时闲置的资金和广大居民闲置不用的货币收入；第四，充分利用广大内地的资金资源，吸引内地资金投向沿海开放城市的经济事业。而发行证券，开放证券市场，是筹集这几部分资金的好形式。

总之，沿海开放城市经营证券，开放国内证券市场，是我国形势发展的需要，势在必行。

沿海开放城市经营证券和开放证券市场的几点设想

经营证券和开放证券市场,是一个内容广泛而又复杂的问题。在我国和其他社会主义国家,都还没有完整的、成功的经验可以借鉴。因此,在沿海开放城市试办经营证券和开放国内证券市场业务,也必须根据需要与可能,量力而行,逐步展开。我们初步设想,目前可以着手开展以下四项活动。

(一)发行国际债券

国际债券是一国政府、金融组织、工商企业等法人单位,以筹集资金为目的,在国际金融市场上发行的以某个国家(本国除外)的货币为面值的债券,是借款法人对借款承担偿付本息的凭证。当今国际金融市场上的国际债券分为外国债券和欧洲债券两大类。外国债券,是指在某一个国家的债券市场上,由外国借款人所发行的债券,这种债券的面值货币是债券市场所在国的货币。外国债券的担保和募集,是由市场所在国家的承保金融组织负责。目前,外国债券市场主要有美国的纽约、瑞士的苏黎世、日本的东京和联邦德国的法兰克福四大市场。欧洲债券,是发行人通过银行或其他国际金融组织承保的在债券面值货币以外的国家发行并推销的一种国际债券。这种债券的特点是,发行人属于一个国家,债券在另一个或另几个国家的金融市场上发行,而债券面值所使用的则是第三个国家的货币。例如,日本可以在英国伦敦发行美元面值的债券,同时在法国或卢森堡金融市场上出售。欧洲债券比外国债券有更大的灵活性和广泛性。目前,欧洲债券市场的主要中心是卢森堡。

国际债券市场经营的债券种类主要有公司债券、公债和国库券等有价证券。近十年来,越来越多的资本主义国家采取利用国际债券市场筹集资金、发展国内经济的途径,因而使国际债券的发行额日益增大,其中欧洲债券的发行额增长尤为迅速。下表可以说明这种趋势。

国际债券发展统计表(单位:亿美元)

年份	1974	1975	1976	1977	1978	1979	1980	1981
国际债券总额	68	197	325	340	343	410	419	530
外国债券	47	111	182	162	202	222	181	214
欧洲债券	21	86	143	178	141	187	240	316
欧洲债券占国际债券%	30.9	43.7	44.0	52.3	41.2	45.7	57.2	59.7

资料来源:摩根保证信托公司《世界金融市场》有关各期。

我国沿海开放城市经营国际债券业务,初期主要应通过国际债券市场发行国际债券，筹集国外资金，解决沿海城市资金不足问题，而不忙于参与国际债券市场的其他交易活动。至于是发行外国债券，还是发行欧洲债券，以及债券面值货币种类的选择，要在深入调查研究和进行可行性研究的基础上，通过比较择优而定。

（二）发行国内债券和股票

沿海开放城市对国际适于发行债券而不急于发行股票。因为债券只承担还本付息的经济责任，而不涉及企业的经营管理权力属谁的问题。而发行股票就存在一个股权和管理权力的划分问题。因此在我们尚无经验的开创时期可暂不发行股票。然而，在国内则可以债券和股票两种证券同时并举。债券和股票的发行者，可以是地方政府、地方银行、其他金融机构，也可以是国营企业、公司，还可以是集体企业、集体金融组织机构，等等。购买债券和股票的，可以是沿海城市内的企事业单位，也可以是城市内居民，也可以是市内各类金融机构和银行，还可以是省市的政府、银行、金融机构、企事业单位和个人。债券可以是长期、中期和短期的，股票面额也可以多少不等，多种多样，以便于各种不同购买者选购。

（三）开放国内证券市场。

发行证券，就必须有证券市场。沿海开放城市的证券市场，主要由证券交易所、银行和其他金融组织的经营证券的机构和从事证券交易的中间人，经纪人组成。进行交易的证券包括国家债券，企业、公司债券和企业、公司股票等各种有价证券。参加证券市场交易活动的包括一切持有各种有价证券的单位、个人和需要购买有价证券的单位和个人。

（四）银行开办投资业务

银行是证券市场的基础和支柱，离开银行的支持和直接参与活动就不可能有证券市场。而银行要参与证券市场，首先必须开办银行对企业的直接投资业务。因为，只有银行先开办投资业务，而后才有利于银行开办协助企业发行债券或发行股票等各项业务。允许银行开办投资业务，直接参与企业的经营管理，这是贯彻银行对企业实行全部资金管理的必要途径，也是密切银行与企业联系的较好办法。银行通过对企业投资，就改变了过去银行与企业的一般的借贷关系，成为共同经营、共同享受利润和共同承担风险的整体关系。企业可以利用银行对国内外信息灵通的特点，掌握国际和国内市场动态，而银行可以及时帮助企业及时调整生产品种、实行技术改造、提高劳动生产率、提高产品质量，增加经济效益。

（五）引进外资银行和建立中外合资银行

引进外资银行和兴办中外合资银行,是沿海开放城市利用外资、引进先进技术的重要条件,也是沿海开放城市发行国际债券、参与国际金融市场活动的必要条件。引进外资银行可以带进一批外国企业来沿海城市投资办企业,可以及时融通外汇。同时外资银行与国际证券市场有密切的联系,既可为我们提供证券市场信息,又可通过在国内的外资银行协助发行国际债券。而且,引进外资银行可以取得在国外设立我国银行分支机构的对等权力,有利于我国银行打入国际金融市场,参与国际证券市场的交易活动,开展国际债券经营业务。如果能够与某些资本主义国家共同兴办合资银行,对沿海城市开展国际证券经营活动更为有利。因此,在条件允许的情况下,力争建立几家中外合资银行。至于引进哪些国家的外资银行,或与哪些国家兴办合资银行,要根据具体情况而定。

经营证券和开设证券市场必须具备的条件

沿海开放城市经营证券、开放国内证券市场,是一件复杂的新事物,应当采取积极慎重的态度,创造一定的条件。我们认为,至少要具备以下几个条件。

（一）思想条件

主要是不能以教条主义的态度对待马列主义经典作家的某些论述,企图从他们的著作中寻找关于社会主义社会经营证券和开放证券市场问题的现成答案。而应当摆脱"左"的思想束缚,解放思想,从我国的客观实际出发,善于运用马列主义的立场、观点和方法,探讨我国社会主义的证券和证券市场问题,勇于在理论上有所突破,并用这些理论统一人们的认识,提高开办社会主义证券事业的自觉性,为开创社会主义证券事业的新局面奠定思想基础。

（二）人才条件

由于我们长期停办国内外证券业务和证券市场,原有的专业人员对当前国际证券市场的情况也不甚了解,对国内证券市场业务更缺乏经验。因而,必须尽快采取有力措施,培训一批懂业务、善经营、会管理的专业人才,才有可能把我国的证券和证券交易事业兴办起来。

（三）信息条件

无论是发行国际债券、国内证券和开放证券市场,还是引进外资银行,首先都要掌握信息,并根据信息进行可行性研究,制订实施方案。实施方案应包括国际债券市场现状和发展趋势,拟发行的国际债券面值货币和发行市场的选择,资金使用方向和具体项目的选定,国内可筹集的资金来源、数额和具体项目的规定；对所筹集的国内外资金使用效益的预测，等等。只有如此，才有可能合理有效地发行证券和开放证券市场。

(四) 政策条件

发行证券、开放国内证券市场和引进外资银行，涉及多方面的经济利益关系。其中发行国际债券、引进外资银行，涉及我国和外商的经济利益关系，发行国内证券涉及投资者、集资者和国家三方面的经济利益。正确处理好各方面的利益关系，是办好证券和证券市场的核心问题。而要正确处理好上述利益关系，关键是要有正确的利率政策、还本付红政策和对外资银行的优惠政策（包括对外资银行的业务范围和利率的规定）。只有在正确政策的指导下，才有可能发行证券、开办证券市场和引进外资银行。

(五) 管理条件

发行证券、开放证券市场和引进外资银行，是关系到我国经济改革和金融体制改革的重大问题，必须加强管理，才有可能达到预期效果。

首先要制定证券发行和证券交易法，加强法制管理，这是证券市场能否开展正常交易的重要保证。证券交易法一般应包括以下内容：证券和证券交易的定义，制定交易法的目的，对证券交易活动的调节条款，对证券交易活动的监督条款，仲裁条款。其次，要建立证券行政管理部门，如证券局，依法对证券的发行交易进行调节和管理。第三，国家计划部门应依据整个国民经济发展计划，对集资活动实行计划指导，通过指导性计划引导集资活动，确定投资方向和投资规模。第四，充分发挥银行在证券发行和证券管理方面的作用。银行可代企业发行股票、债券、发放利息、红利和各项贴现业务，并参与证券的交易活动，指导和控制证券市场的发展方向。

（此文由刘茂山负责，尹梅生、赵春兰教授参与共同完成，
原载于《南开学报》1985年第1期）

论我国社会主义金融规律

本文拟从理论上论述我国社会主义的金融规律。文中所说的"金融"包括货币发行活动和资金信贷活动这两方面内容的总和。所谓金融规律，是指在一定的经济条件下金融运动所采取的基本形式、发展的基本趋势和达到的基本目标。研究和揭示金融规律的意义，在于为我国的金融工作寻找可供遵循的基本准则。

一、社会主义金融规律的基本内容

我国的社会主义经济，是在公有制基础上的有计划的商品经济。因此，社会主义的金融规律，也就是有计划商品经济条件下的金融规律，或者说是有计划商品经济的金融规律。社会主义经济既然是有计划的商品经济，就必然存在货币运动和资金运动即金融运动。既然存在金融运动，也就必然存在金融活动的客观规律。正确的认识和科学地揭示这一规律，需要认真总结我国和其他社会主义国家金融工作的历史经验，并进行长时间的科学研究才有可能完成。本人目前尚无这种条件，而仅能就个人对此问题的探讨所得到的一些初步成果谈一些粗浅的认识。

我认为，社会主义金融规律的基本内容可以大致表述如下：通过国家金融管理机关（在我国就是中央银行）依据国家发展经济计划的总要求，主动自觉地进行控制，调节和发行活动和各类金融企业独立自主的金融活动；实现货币发行总量和信贷总规模在数量、时间、空间和结构上与有计划商品经济的要求相一致的趋势；达到促进和推动国民经济协调而迅速发展的目标。以上表述包括三项内容：一是金融规律的形式即国家金融管理机关依据国家的发展经济计划主动自觉地控制，调节和发行活动和各类金融企业独立自主的金融活动的结合；二是金融规律所要实现的趋势即实现货币发行总量和信贷总规模在数量、时间、空间和结构上要与有计划商品经济的客观要求相一致；三是金融规律所要达到的根本目标即促进和推动社会主义经济协调而迅速的发展。这三项内容互相联系，相互制约，互为条件，共同构成社会主义金融规律的基本内容。

社会主义金融规律的内容是由什么决定的呢？总的来说是由有计划的商品经济决定的。具体说是由以下四个条件决定的。

第一，是由有计划商品经济与金融的相互关系决定的。按照马克思主义政治经济学的一般原理，经济与金融之间的相互关系是经济决定金融，金融反作用于经济。在社会主义条件下，不仅一般地讲是经济决定金融，金融反作用于经济，而且金融活动必须服务于经济活动满足经济发展的需要。因为，社会主义一切活动最终都是为了发展经济，因而金融活动也必须服从经济活动，脱离经济的金融活动是毫无意义的。我们通常所说的控制宏观金融和搞活微观金融都不是目的本身。无论是控制宏观金融还是搞活微观金融都是为了发展经济。有计划商品经济的发展产生对资金的需求，而金融活动就是为社会提供的资金供给。资金供给必须服从资金需求，这是商品经济的供求规律在社会主义金融活动中的具体表现。

第二，是由货币流通一般规律决定的。马克思所揭示的货币流通规律告诉我们，无论是金币流通还是纸币流通，尽管各自都有其特殊的表现形式，然而其基本内容是一致的。这就是商品流通所形成的对货币的需要量，决定货币的供给量，货币供给量要与货币需求量相一致。而金融规律就其基本内容而言就是货币流通规律。因为金融活动主要是指货币发行和资金信贷活动。货币发行本身就是货币流通规律的内容，信贷活动实际上就是货币的投放与回笼活动。马克思说过："银行贷出的东西，在任何情况下都是货币。"银行发放的贷款无非是向流通领域投放流通手段或支付手段，都形成货币购买力。因此，直接的货币发行和信贷资金的贷放，最终都形成对商品流通领域的货币投放。这个货币投放量应当等于商品经济运动所需要的货币量。可见，金融规律的实际内容就是货币流通规律。在社会主义条件下，金融规律的本质要求，就是货币发行总量和信贷总规模所形成的货币投放量，要与有计划商品经济对货币的需要量相一致。

第三，是由社会主义生产关系的本质决定的。以全民所有制和集体所有制构成的生产资料公有制，是社会主义生产关系的重要基础，也是有计划商品经济的重要基础。在公有制基础上所形成的人们之间的根本利益的一致性，是社会主义生产关系的本质内容。经济利益的一致性，产生了社会生产的统一性和计划性。国家所制定的发展国民经济的统一计划，是全体人民的根本利益和长远利益的体现。实现这一计划的总体要求，是全体人民共同利益和长远利益之所在。金融管理机关按照国民经济计划的总要求，主动自觉地控制和调节信贷活动，有计划地发行货币，从而使货币发行总量和信贷总规模与有计划商品经济对货币的需要量相一致，正是生产资料公有制所决定的社会主义生产关系的本质在金融活动中的具体实现。

第四、是由多种所有制关系决定的。社会主义全民所有制虽然是社会主义生产关系的重要基础，然而并不是社会主义生产关系的全部内容。社会主义社会的生产资料所有制形式除全民所有制之外，还有集体所有制，个体所有制，还有中外合资企业和外资独营企业等多种形式。而所有制不同，就意味着经济关系不同。因而各种不同的所有制之间就存在着不同的经济利益关系。由于种种原因，在全民所有制内部也还存在着国家企业和个人相对独立的经济利益。因而，社会主义的经济利益关系，在根本利益一致的基础上还存在着差别。这种经济利益的差别性，决定企业和个人在服从国家统一计划指导下，必须独立自主地从事生产经营活动。经济企业的独立自主性，决定了金融企业的独立自主性。金融企业只有能够根据经济市场经常变动的情况，独立自主地进行金融活动和金融决策，才有可能实现货币供应，资金流通在数量、时间、空间和结构上与有计划商品经济要求相一致，才能达到促进和推动社会主义经济协调而迅速发展的目标。

二、违背社会主义金融规律的表现、后果和原因

社会主义金融规律是客观存在的。过去，由于我们对社会主义经济的性质和特点的认识不够，对社会主义经济中的金融规律不甚理解，因而，在工作中违背社会主义金融规律、导致金融失调的现象时有发生。其主要表现和后果是：

一种是宏观金融失控和微观金融"控死"两者同时并存，财政大量赤字，货币发行过多，信贷规模过度。其结果物价上涨，市场紧张，经济比例失调，生产发展缓慢，人们实际生活水平下降。我国从1950年至1983年这34年中，有16年发生财政赤字，赤字总额为675.5亿元。特别是1958年的"大跃进"，由于投资过多，造成财政大量赤字，而财政赤字主要是靠向银行透支贷款来弥补的，因而货币发行总额和信贷总规模超过经济发展的客观需要。由此带来了长达若干年的经济困难时期。

第二种表现是宏观金融虽未失控，但微观金融被"控死"，整个国民经济处于萎缩或缓进状态，人们生活提高缓慢甚至停滞不前。我国在1950年至1983年的34年中，虽有18年没有发生财政赤字，而且还略有结余，货币发行和信贷规模也没有明显的失控的年份。但是由于这种情况一般都是发生在经济发生严重失调之后的恢复和调整时期，不仅宏观金融受到了严格控制，而且基层行处的金融活动也被"控死"。金融对经济的促进作用被抑制，金融和经济都处于

不景气的状态，人们的生活水平提高无几。

第三种表现是微观金融虽然搞活了，但伴随着出现了宏观金融的失控。其后果是建设速度过快，规模过大，生产资料供应紧张，物价上涨，市场动荡。我国1984年的情况就是如此。1984年我们在经济体制改革和金融体制改革等方面有了一些进展，扩大了银行系统内部基层行处的某些自主权，微观金融活动开始活跃起来，促进了经济，特别是乡镇工业发展得相当迅速。可是，在宏观金融方面却出现了货币发行额偏多，信贷总规模偏大，整个社会的货币投放量超过经济发展的需要量的现象。当然，1984年的问题同前两种情况在性质上有很大的不同。但这种情况也是违背社会主义金融规律的一种表现，而且就其发生的根本原因而言，同前两种情况是同出一因。

那么，促成我国金融工作经常出现违背社会主义金融规律即金融失调的根本原因是什么呢？

我认为，最根本的原因是由于我国的经济体制和金融体制不符合有计划商品经济的要求，也就是说根源于我国的经济体制和金融体制。因而，我国违背金融规律和金融失调，是体制性的违背和体制性的失调。具体一点说，一是国家对企业实行的经济权力和经济利益高度集中和统一的经济管理制度；二是对经济性的基本建设主要由财政承担，并且实行国家定计划、财政包投资、银行包流动资金、企业管花钱的投资制度；三是财政资金和信贷资金无偿或基本上无偿使用的资金供给制度；四是国家管财政，财政管银行，银行管发行的行政隶属关系。正是由于实行上述经济体制和金融体制，在我国才经常出现计划压财政，财政挤银行，银行发票子的现象。如前所述，我国从1950年到1983年这34年中财政收支总差额为-536.4亿元。这些钱主要是由银行为弥补财政赤字而发出的。据统计，1983年底我国流通中的货币量为529.78亿元。这个数字几乎与我国34年内所发生的财政赤字总量相等，这说明流通中的货币量主要是由财政通过银行发出去的。而财政主要是用于基本建设。因此我国的金融失调主要原因在于基建投资过大，财政赤字过多。而主要不是银行本身自主投放的信贷资金过度的结果。当然，这并不是说银行和企业对资金投放过度毫无责任。应当承认，1984年的货币投放偏多，信贷规模偏大，银行和企业也是有一定责任的。比如，某些基层行处为扩大1985年的贷款基数而竞相放款，某些企业为扩大工资基数和发放奖金而挪用生产基金，甚至变卖机器设备来增加工资和奖金等，促使金融失调现象更加扩大了。

然而，如果从根本上说，他们这样做也是我们的经济体制和金融体制的产物，或者说是对这种不合理的体制的"惩罚"。试问有哪一个资本主义银行家会用自己的钱不惜低息甚至亏本而向企业发放贷款？又有哪一个资本家会把自己的生产基金和变卖机器设备的钱来为工人发奖金？根本原因在哪里不是很清楚了吗！因此，我国的金融失调，违背金融规律的根本原因，既不在财政，也不在银行和企业，更不在哪个领导人或哪些领导人的决策失误，而在于我们需要改革的经济体制和金融体制。

三、社会主义金融规律实现作用的基本条件

上面的分析表明，为要从根本上解决我国的金融失调，充分实现社会主义金融规律的作用，必须对我国的经济体制和金融体制进行重大的改革。通过改革为社会主义金融规律作用的实现创造必备的基本条件。需要创造哪些条件呢？我认为至少要具备以下几条：

首先是逐步实现经济信用化。马克思主义关于商品货币经济的原理告诉我们，信用是商品交换和货币流通的高级形式；经济信用化是商品货币经济发展到一定高度的必然趋势。所谓经济信用化，其一是说无论是国家，企业还是个人，其经济活动都与各种信用形式相联系并且越来越通过信用活动来实现。在发达的资本主义国家中，除银行信用外，商业信用、国家信用和消费信用等多种信用都十分发达。某些国家实行信用卡制度，职工领取工资，购买消费品都由信用机构代为结算。这是生活信用化的重要表现。其二是说在生产、经营和基本建设所需要的资金中，自有资金的比重大大减少，通过信用借入资金的比重大大提高，以致成为资金的主要部分。当前在许多发达的资本主义国家中，无论是国家、企业或个人，其生产、经营和建设所运用的资金总额中，自有资金仅占30%，信用资金占70%。借入他人资本从事经济活动已为当前商品经济发展的普遍趋势。

显然，借入他人资金是以一定数额的利息支取为前提的，也就是说借贷双方都以资金使用取得一定的经济效益为前提。因而借贷双方的信贷行为必然受物质利益规律所支配。这是促使信贷活动符合经济需要的经济因素。因而也是社会主义金融规律实现作用的首要的经济条件。

一如前述，我国的经济体制和金融体制中障碍金融规律实现作用的问题集中到一点，就是我国的经济活动主要靠自有资金和无偿使用的国家供给的资金。因而资金的供给和资金使用双方与资金使用的经济效益没有直接的经济利益关系。正由于对财政资金和信贷资金的使用缺少直接的经济利益关系的制约力量，从而基建过大，财政透支，信贷超额，发行过度，就成为一种经常现象，社会主义金融规律的作用当然也就无从谈起。

为逐步实现我国经济信用化，需要实行以下几个转变。一是变经济性基本建设主要由国家财政投资为主要由企业投资，国家财政和企业投资的资金要以借入资金为主，自有资金为辅；二是变专业银行信贷资金的来源以国家无偿或低息供给为主，为从中央银行和向社会以较高存款利息、吸收存款为主，银行自有资金为辅；三是变国营企业的固定资金和流动资金以自有资金为主，为以借入资金为主，自有资金为辅；四是将一切无偿使用资金改为有偿使用，变低利率为较高利率。通过上述四个转变，逐步实现经济信用化。

第二是中央银行应有权力的独占化。国家金融管理机关（在我国是中央银行）对全社会范围的金融活动的有效控制、调节和管理，是金融规律实现作用不可缺少的重要条件，没有这个条件金融活动就会受到来自各个方面的干扰和冲击，金融规律的作用也就无从实现。在我国社会主义条件下，只有中央银行是国家的金融管理机关，独占管理、控制、调节金融活动，制定有关金融方面的方针、政策、措施和货币发行大权。中央银行以外的任何银行和金融机构都不应具有与中央银行相齐驱的组织系统，更不能具有与中央银行相雷同的职能。中央银行不仅要独占上述各项权力，而且还要具有以下几种能力。第一是控制全社会基本建设总规模和长期投资总额的能力；第二是控制财政向银行和金融市场借款，集资总规模的能力；第三是控制各类专业银行和各类金融企业的信贷总规模的能力；第四是控制货币发行总额的能力。为此必须提高我国现在的中央银行在国家机构体系中和经济体系中的地位。中央银行必须独立于国家计划主管部门，独立于财政部门，至上于各类专业银行。中央银行在国务院的直接领导下，能够独立自主地运用经济手段和行政手段控制调节金融活动和进行重大的金融决策。

第三是中央银行以外的一切金融组织的企业化、多样化和自主化。社会主义金融要求金融管理机关的一元化。除中央银行以外的所有金融组织都只能是社会主义的金融企业。它们在中央银行的统一管理下从事金融活动。社会主义金融还要求金融企业的多样化，也就是说不能把金融企业仅仅局限于银行这一种组织形式。除银行之外还应有像保险公司、信托投资公司、信用合作社等各类金融企业。就银行而言，可以是国营银行、集体银行、合作银行，也可以有外资银行；可以是专业性银行，也可以是综合性银行。就信用形式来说，可以有银行信用、商业信用、国家信用和消费信用多种形式。资金融通可以是专业银行系统内部的纵向融通，也可以是各金融企业，各地区之间的横向融通。

所谓金融活动自主化是说各类金融企业在服从国家金融法律，政策管理的前提下，一切金融活动完全由企业自行决定，其他任何组织和个人不得随意干涉。

　　第四是逐步实现资金二重化。马克思在分析信用经济时提出了资本二重化的理论。他认为包括国库券、公债券、商业票据、企业股票和公司债券等在内的一切有价证券，都不是真实的资本，而是资本的"纸制复本或代表"。马克思把这种资本的纸制复本称为"虚拟资本"。虚拟资本的出现使资本二重化了。一方面作为真实资本它存在于现实的生产经营领域中，并发挥着职能资本的作用；另一方面，作为资本的"代表"或"影子"的虚拟资本，却在资金市场上流通。同一个资本取得双重存在，两种表现，具有两种运动形式。马克思主义认为，资本二重化并不是资本所特有的现象，而是商品价值的二重化在资本主义经济条件下的特殊表现。而价值二重化则是信用经济的普遍条件。

　　在资本主义条件下，虚拟资本的交易活动固然有其干扰金融，破坏经济的一面，然而也应看到虚拟资本的运动对于融通资金，调节经济也有其积极作用。社会主义经济既然是有计划的商品经济，商品价值的二重化也必然存在，而且必然表现为资金二重化。并且可以通过虚拟资金的运动，来融通资金，调节经济。为此我国应该逐步扩大企业债券、公司股票、国家债券等有价证券的发行范围和数额，逐步实现资金二重化，利用虚拟资金运动，实现社会主义金融规律的作用。

　　第五是资金融通市场化。金融市场是融通资金的场所，也是金融规律发生作用的重要条件。在当代商品经济发达的资本主义国家都伴随着发达的金融市场。有的国家则是以发达的国际金融市场作为发展本国经济的前提。金融市场的长处在于它能够容纳多种形式的虚拟资金，适应多种期限的资金需要（长期资金和短期资金），能够灵敏地反映和及时调节金融活动和经济活动，因而是用经济形式和经济手段调节金融和经济的重要的经济机制。金融市场的最主要的缺陷是金融活动的自发性和盲目性，以及由此而产生的对经济生活的干扰和冲击。在资本主义条件下还会酿成金融危机和经济危机。在社会主义有计划的商品经济条件下，既然存在着多种金融企业，多种信用形式和多种信用工具，并且逐步发行各种有价证券形式的虚拟资金，也就必然要求有自由融通资金的场所。因而社会主义金融市场的出现乃是客观经济规律的内在要求。而且在社会主义条件下，完全可以利用金融市场发挥其融通资金的灵活性，多样性促进经济活跃发展的长处，避免其干扰金融，冲击经济的短处，使金融市场为有计划的商品经济服务。

　　第六、金融管理的法制化。法律属于上层建筑范畴。它既是经济基础的反映，又为经济基础服务。社会发展的一般规律表明，经济越发展，社会越进步，法制也就越健全,并且成为管理社会,管理经济的重要形式。当代发达的资本主义国家和经济发达的社会主义国家都很注重"以法治国",以法管理金融和经济。我国由于种种原因,各种法律,尤其是经济法律还很不健全。对经济和金融的管理仍然是"人治"多于"法治"。我国金融失调的一个很重要的原因就在于法制不健全,许多事或是无法可依,或是有法不依,或是执行不严。因此,健全法制,强化法治,依法管理经济和金融,则是社会主义金融规律发生作用的必备条件。

以上六条不是社会主义金融规律发生作用的全部条件,只是基本条件。不具备这些条件社会主义金融规律就很难实现其作用,社会主义金融失调现象也很难防止;具备了这些条件,社会主义金融规律的作用就有可能得到实现,金融失调问题也有可能得到解决。

四、社会主义金融与资本主义金融的根本区别

为了指导我国的经济体制和金融体制改革,认真研究和阐明社会主义与资本主义的本质区别以及社会主义金融与资本主义金融之间的本质区别,是非常必要的。

由于社会主义经济和资本主义经济都是建立在社会化大生产基础上的商品经济,商品经济的一般范畴,一般规律和普遍形式,在这两个社会形态中都会存在,社会主义和资本主义在经济形式上会有许多相同的地方。因而,我们应该把注意力放到研究社会主义与资本主义的本质区别上。而不要过多的在具体形式上去找二者的区别。根据马克思在《哥达纲领批判》和列宁在《国家与革命》中的论述,他们关于社会主义与资本主义的本质区别的思想,可以概括为:社会主义是实行生产资料公有制和按劳分配;资本主义是生产资料私有制和按资本的多少瓜分剩余价值。更集中一点说,可以概括为,社会主义否定剥削制度,资本主义实行剥削制度。因为所谓生产资料公有制,用列宁的话来说,就是人们在生产资料面前和对待生产资料的关系上是平等的。也就是说人人都享有用公有的生产资料进行劳动的权利;任何人也不能凭借对生产资料占有的多少和好坏,来取得自己的经济利益;谁也不能用生产资料来占有他人的劳动。这也就是不存在人剥削人的关系。而按劳分配就是对资本剥削关系的否定。而资本主义的本质就是资本对雇佣劳动的剥削关系。因此,在现代历史条件下,不劳而获,剥削他人就是资本主义;否定剥削,承认差别,多劳多得,劳动致富,实现国家、集体和个人利益的结合和统一,就是社会主义。只要我们坚持这个基本原则,就是坚持社会主义大方向。就是坚持社会主义道路。至于实现

这一本质内容的具体形式则是多种多样的，甚至是社会主义和资本主义所共有的，因而形式上的异同不是本质问题。

在对社会主义和资本主义的总体上的本质区别有了一致认识的基础上，我们进一步研究社会主义金融与资本主义金融的本质区别和金融规律在社会主义和资本主义实现作用的区别。这种区别主要有以下三点：

第一，是宏观金融实现的目标的本质不同。当前世界主要资本主义国家，一般都把稳定币值，发展经济，减少失业和平衡国际收支作为金融活动实现的四大目标。我国金融活动所要达到的预期目标则是稳定币值和发展经济双重目标的统一。从形式上看，社会主义和资本主义的宏观金融目标基本上是相同的。然而，二者在本质上却根本不同。资本主义所要实现的稳定币值和发展经济的目标，是以实现资产阶级，特别是垄断资产阶级的利益为"轴心"的，他们是把金融作为达到其剥削目的的手段。社会主义的宏观金融目标，则是以全国人民的共同利益和长远利益为出发点，金融宏观目标的实现，意味着全国人民共同利益和长远利益的增长。为此，社会主义中央银行必须以国家制定的国民经济发展计划和为实现这一计划而制定的方针、政策为依据，来确定货币发行和信贷活动的总规模、总目标，并根据上述计划和政策来制定金融管理制度、政策和措施。只要这样做了，就可以保证金融宏观目标的社会主义方向。

第二，金融企业所服从的根本目标不同。资本主义商品经济，是纯粹的市场经济，资本主义金融也是纯粹的市场金融。金融企业决策人根据利息率高低，利润大小和金融市场的变化而独立自主地决定各项业务活动，是资本主义微观金融活动的重要形式。从形式上看社会主义金融活动也应当逐步市场化，金融企业也应当独立自主化。而且金融市场上利息率的高低、利润的大小，也将成为调节金融活动的重要依据。然而二者所服从的根本目标是不同的。资本主义金融企业家的一切活动完全出于资本家个人的私利，所得到利润的大部分用于私人享乐和转化为扩大剥削范围的手段。他们所服从的根本目标只有个人私利。社会主义金融企业一般都是国营或集体企业，它们所追求的利润目标，是由国家所规定和允许的目标。这一目标的实现不完全属于企业局部利益，其中包含有国家的利益。而且从数量上看，国家最终得到的是"大头"，企业和个人得到的是"小头"。也就是说，金融企业所追求的目标是国家利益和企业利益，总体利益和局部利益的统一。

第三，金融市场的性质不同。我国的金融市场是有计划、有控制、有管理的社会主义金融市场，而不是资本主义的那种无政府状态的金融市场。国家通过金融管理机关所制定的金融政策，管理制度和各种手段，将金融市场的全部活动限制在国家各项经济法律和金融法律允许的范围内，使金融市场按着社会主义方向和轨道运行。通过宏观控制和微观灵活机动的金融活动，实现货币发行总量和信贷总规模与有计划的商品经济的需要相一致，达到促进社会主义经济发展的目标。

总之，衡量我们的金融是否坚持社会主义方向的主要标志有两条：一是中央银行必须服从国家的经济计划和有关金融方面的原则规定；二是金融企业必须服从中央银行的统一领导和管理，服从统一的金融法律和政策。只要坚持了这两条就是坚持了社会主义方向，就是走社会主义道路。

（原载于《南开学报》1986 年第 4 期）

逐步建立以金融调控为主体的国民经济调控体系

随着经济体制改革的深入发展，我国已经逐步由计划经济模式向有计划的商品经济制度过渡，并且已经取得了较大的进展。在这种经济条件下，我国应当建立怎样的国民经济调控体系呢？我认为应由以计划调节为主的调节体系，过渡到以金融调控为主体的国民经济调控体系。

一、金融调控的含义和特点

所谓金融调控就是通过货币发行和资金融通活动来调节和控制经济活动。金融调控虽然与银行调控有密切的联系，但金融调控不等于银行调控。从一方面看，金融调控是银行调控的一种手段，除金融调控外，银行运用行政手段、政策和法律手段对国民经济进行调节和控制。从这个意义上说，金融调控是比银行调控为小的范畴。从另一方面看，金融调控又不限于银行调控的范围。金融调控除存在于银行系统之内，还存在于非银行系统的其他金融组织和金融市场之中。从这个意义上讲，金融调控又是一个比银行调控更为广泛的范畴。相对于其他调控形式来说，金融调控有其自身的特点。

首先，是金融调控的综合性。金融调控的直接对象是作为商品价值形式的货币。而货币是一般等价物。货币作为购买手段可以购买包括生产资料和劳动力在内的一切生产要素，因而对货币的调节和控制，就是对各种生产要素的调节和控制。这表明金融调控具有综合性的特点。其次，是金融调控的间接性。所谓金融调控的间接性，就是说国家不是通过计划手段、行政手段或法律手段直接决定企业生产什么，生产多少，经营什么，不经营什么，而是通过控制和调节货币发行和资金借贷活动来影响和引导经济活动。这与计划调节是具有截然不同的特点。第三，是金融调控的利益性。金融活动是一种货币和资金借贷的活动，而货币和资金的借贷活动是以双方都有利可图为前提的。贷方必须能够获得适量的利息，才肯将货币资金贷出；借方必须在付出利息还有适量利润的前提下，才愿意借入货币资金，借贷双方都受经济利益规律所支配，都由经济关系来调节。第四，是金融调控的效益性。由于借贷关系是一种经济利益关系，受经济利益关系所支配，因而由借贷关系所支配的经济活动，必须是以取得一定的经济效益为前提。因为，只有在生产经营活动具有较高经济效益的前提下，货币资金的借入者才有可能在支付贷方的利息后还有利可图。因此，金融调控是以经济效益为前提的。第五，金融调控市场性。金融活动是一种信用活动，而信用经济则是发达了的商品经济。商品经济本质上是市场经济。市场经济有其自身发展的经济规律和"自然"规律，受经济的自然联系和经济关系所支配，而不依各种行政区划的条条、块块为转移。金融既是产生于商品经济，又是为商品经济服务的。商品经济的市场性决定了金融调控的市场性质，并受市场规律所支配。

二、在我国实行以金融调控为主体的调控体制的客观依据

在我国为什么要实行以金融调控为主体的经济调控体制？总的说来，是由中国的国情决定的。具体说是以我国三十多年来的历史经验和当前的现实为依据的。

固定资产投资过多，基本建设战线过长，是我国三十多年来一直存在而不得解决的一个经济难题。周恩来总理在世时，从20世纪50年代中期就提出要严格控制固定资产投资数量，控制基本建设规模，防止基建战线过长。从那以后，几乎是年年讲、月月讲，可是一直到今天这个问题仍然存在。从1958年起出现的，由于固定资产投资过量、基本建设战线过长而产生的货币投放量大于社会对货币的需求量和伴随而出现的市场紧张、物价上涨或变相上涨的问题，一直到现在也没有得到解决。这个问题之所以难以解决，是由于我们不认识或者是不正视产生问题的真正根源，没有采取根本措施，而是采取"头痛医头"、"脚痛医脚"的办法，结果是"久治无效"。那么，产生上述问题的真正原因或最深刻的根源是什么呢？我认为这个最深刻的根源在于我们所实行的基建资金的供给制和基建决策的首长制。前者是国家所有制的具体化，后者是计划经济的体现，因而，上述问题产生和存在的最终根源是国家所有制和计划经济。

长期以来，我们在理论上一直把国家所有制说成是全民所有制的存在形式和公有制的最高形式，把计划经济和计划调节说成是社会主义经济制度唯一的经济调节形式，并且把这种认识说成是马克思的理论。其实马克思既没有说过国家所有制是公有制的最高和最好形式，也没有说过社会主义经济就是计划经济，甚至连"计划经济"这个概念都没有使用过。列宁和斯大林使用过"计划经济"概念，但也没有对这一概念的内容作过多少具体规定，更没有把社会主义经济概括为计划经济。这些理论是我们自己对经典著作的片面理解和对某个

国家的经验的片面认识而得出的结论。我国三十多年的历史事实和其他社会主义国家的历史经验都证明，这种理论是不科学的。正是在这种理论指导下，我们一直坚持基本建设由国家投资，固定资金由财政拨款无偿使用，把计划调节（实际上是首长决策）作为调节经济的唯一形式，从而导致上述问题的产生并且长期不得解决。这表明实行单一计划调节是不符合我国国情的。

党的十一届三中全会以来，我们在认识上有了新的变化，在行动上对经济管理体制进行了有益的改革。在改革实践中，逐步认识到社会主义经济不是单一的计划经济，计划调节也不是社会主义经济的唯一调节形式，并使改革逐步朝着商品经济和多种调节形式并用的方向深入发展。直至党的十二届三中全会，我们对社会主义经济的认识达到了一个新的高度，并明确作出了我国的社会主义经济，是有计划的商品经济的正确论断。这一论断打破了统治我们多年的传统观念，是对马克思主义的政治经济学和科学社会主义理论的新发展。

有计划的商品经济的实质是商品经济，而不是计划经济。我们可以称之为社会主义的商品经济，它与资本主义商品经济的区别不在于是不是商品经济，而在于社会主义商品经济与资本主义商品经济体现着不同的生产关系，具有不同的社会性质。既然是商品经济，商品经济的客观规律就必然发生作用。不同的生产资料所有关系或不同的经济利益所有关系，是商品经济存在的基础，在此基础上产生的价值规律是商品经济的基本规律。价值规律在现实经济生活中的具体表现是物随钱走，钱随利走，利从益（效益）来。具体说就是使用价值的运动追随价值运动，价值运动追随价值增值运动，价值增值来自经济效益的提高。所以，不同的经济利益关系是价值规律作用的前提，价格是价值规律作用的形式，经济效益是价值规律作用的结果。我国要充分发挥价值规律的作用，就必须按照物质利益规律和经济发展的自然联系的要求和主要运用经济手段来调节和控制经济。具体说必须把基本建设由国家包办，资金由财政拨款无偿使用的供给制做法，改变成主要由企业通过借贷形式筹集资金、还本付息、有偿使用的做法；把对经济的实物调节变为价值调节；把不计成本不讲效益的做法变为实行经济核算、讲求经济效益的做法。而所有这一切正是金融调控的基本内容。可见，实行以金融调控为主体的调控体制是有计划商品经济的客观要求。

三、以金融调控为主体的调控体系的结构

以金融调控为主体的经济调控体系，是由一系列的调控手段所构成的有机体。构成这个有机体的调控手段大体上可以划分为三大类别：一类是行政性手段，其中包括计划、政策和法律制度，等等；一类是金融性的手段，其中包括

货币发行、信贷、利率、汇率、存款准备金和有价证券买卖，等等；一类是金融性手段以外的经济手段，其中包括财政、税收、工资、价格，等等。这三类调控手段各自有其自身的特点，具有特定的功能，处于不同的地位。

计划调控具有行政性、直接性和随意性的特点。计划对经济的调控虽然具有直接性和见效快的特点，但往往带有主观随意性，违背客观经济规律的要求，因而效果不好。在实行计划经济体制下，计划调节是调节经济的主要手段。在有计划商品经济制度下，计划调节还是必要的，但在正常情况下，除对少数产品、少数企业实行指令性计划外，一般只实行中长期的指导性计划，因而不是调节经济的主要形式。而且有计划商品经济越发展，市场机制越健全，计划对经济的调节作用也就越减退。与此相反，随着有计划商品经济的不断发展，市场机制的不断完善，金融调控的作用也就越增强，乃至成为调控经济的主导形式。

计划以外的其他行政性调控手段如政策、法律等，对于有计划商品经济的正常发展也是必不可少的。这些手段有的是为有计划商品经济规定活动范围的，有的是为其规定活动规则的，有的是为其规定发展方向的。所有这些既是有计划商品经济的调控手段，又是有计划商品经济发展的必要条件和保障。然而，由于这些都是属于行政性手段，因而，只能是有计划商品经济的辅助性的调控手段，而不能成为有计划商品经济调控的主体形式。

财政作为一种经济活动属于分配范畴。在有计划商品经济条件下，财政采取价值分配形式。因而财政分配是以价值形式调节和控制有计划商品经济的一种经济手段。由于财政和金融一样都是通过对货币资金的调控来调控经济活动。因而，也具有综合性和间接性的特点。财政调控与金融调控相比，其最突出的区别在于财政资金的使用是无偿的。因而，财政调控的利益性和效益性都远不及金融调控利益性和效益性。在我国实行计划经济体制时期，由于固定资产投资全部由财政无偿供应，工业企业和商业流动资金的一部分也由财政拨款，因而财政调控是价值调控的主要手段。而在有计划商品经济制度下，情况将发生根本性的变化。首先是国民收入的分配结构发生重大变化，财政集中的资金相对减少，企业留利和个人收入相对增加。其次是财政支出也发生重大变化，财政支出的主要项目是用于国防费用、行政开支和社会公共事业开支；经济建设所需之资金主要由企业通过信用形式筹集社会上的货币资金来供给。因此，财政分配与金融调控相比，便处于次要的、辅助地位，而金融调控上升为主要地位。税收、价格和工资等也属于价值形式范畴，因而也属于价值调控手段。这些手段也是有计划商品经济必要的调控形式。但相对于金融调控来说，在调控的货币金额、调控范围和调控效果方面都不及金融调控。因而,也都只能是在金融调控为主体的调控体系中,处于从属地位。

总之,有计划商品经济的调控体系,应当是以金融调控为主体,以计划等行政手段和以财政等非金融的经济手段为辅助的调控体系。

四、条件和步骤

建立以金融调控为主体的国民经济调控体系,是我国有计划商品经济制度的客观要求,也是我国金融体制改革的一项重要任务。在过去几年的经济体制改革过程中,已经为金融调控体系的建立创造了一些条件,可以说我们已经有了金融调控体系的萌芽。但是距离建立一个完善的金融调控体系,尚有很长的一段距离。从现在起应当积极地为建立完善的金融调控体系创造条件。这些条件主要包括:

一是中国人民银行要有较强的独立性和较高的地位。中央银行是以金融调控为主体的经济调控体系中的"主机"。金融对经济的调控主要是由中央银行来进行。为此,中央银行必须有较强的独立性和较高的地位。在西方各发达资本主义国家,中央银行都有很强的独立性,德意志联邦银行(中央银行)可以独立地制定和执行金融政策和独立地确定货币发行目标,而不受政府干预,从而有效地控制了通货膨胀和促进了经济发展。第二次世界大战以后的三十多年里,联邦德国的经济发展较快,而通货膨胀率每年平均 3%左右。英国、法国的中央银行虽然在一定程度上受政府的影响,其独立性不及德意志联邦银行,但基本上可以独立行使制定金融政策和货币发行目标,因而通货膨胀率也比较低。意大利的中央银行是独立性较差的国家,它要为政府提供一部分弥补财政赤字的资金,金融政策也要受到政府的约束,因而意大利的通货膨胀率高于联邦德国、英国和法国。可见,中央银行的独立性对中央银行发挥其职能作用及控制通货膨胀的能力具有至关重要的意义。

我国是社会主义国家,中央银行与政府的关系当然不同于资本主义国家。在我国,中央银行是政府管理金融机构。总的说来,中央银行应当听命于政府。但这并不等于说我国的中央银行不要有自己的独立性。相反,社会主义的中央银行的独立性比资本主义国家的中央银行应更强。因为我国中央银行的独立性不仅是指中央银行与政府之间的关系,而且还包括中央银行与政府其他部门、中央银行与地位很高的领导者个人之间的关系(个人发指示、批条子决定金融活动的事在我国已成为不成文的制度)。从我国的实际情况看,作为中央银行的中国人民银行的独立性,应当达到在遵循国家制定的发展国民经济的总计划和党与国家有关金融的基本方针的前提下，依据中央银行自己所掌握的情况，按照市场规律的要求，独立自主地制定和执行金融政策和货币发行计划，而不接受政府任何部门和任何领导者个人的干预和指示。为便于中国人民银行行使中央银行的职能，应当进一步提高中国人民银行在政府各部门中的地位。在计划经济体制下，国家计委居于调节经济的首要地位，这是计划经济的需要；在有计划商品经济体制下，金融调控是国家调节和控制国民经济的主体形式，把中央银行摆在与国家计委同等地位上，是有计划商品经济制度的需要。

二是中国人民银行以外的一切银行和金融组织要完全企业化、商业化。在资本主义国家，中央银行以外的一切银行和金融机构都是商业性企业。我国的银行虽然与资本主义银行具有不同的社会性质，但就银行企业化这一点来说应当是一致的。社会主义银行是社会主义的金融企业。目前，我国已经开始按照有计划商品经济的要求，逐步进行金融体制改革，把原来"大一统"的中国人民银行，改变成以中国人民银行为中心，以工商银行、农业银行、建设银行和中国银行为基础，以各种非银行金融机构为补充的金融体系。但各专业银行仍然自成体系，各自独立行使行政领导职能。各专业银行还没有成为完全的商业银行，还没有完全企业化。鉴于我国的种种条件和历史原因，自成体系的专业银行还要暂时存在一个时期。但应逐步创造条件实现专业银行的完全企业化。

三是进一步改变国民收入的分配结构和基本建设投资制度。资本主义国家国民收入分配的结果，大部分留归企业和个人，少部分集中于国家财政，民间可融通的资金量很大，金融调控经济的能力很强。我国国民收入分配中，财政收入所占的比重大于资本主义国家财政在国民收入中的比重。民间可供融通的资金有限。据统计，美国、日本和联邦德国的财政收入占国民收入的比重分别为20%、13%和14%，而我国则为30%左右。上述各国的企业留利占全部纯收入的50%以上，而我国仅占15%。不仅如此，我国人均总产值仅为500美元，而上述国家人均总产值达17,000美元左右。这表明这些国家民间可供筹集的资金额，远远超过我国。据统计，当前我国有近4,000亿元人民币的银行存款。其中多数是企业经营周转资金和经常费用开支，真正能用作集资的社会游资则为数很少。

财政收入的使用方向不仅对财政收入在国民收入分配中所占的比重影响很大，而且对金融调控体系的建立和作用的发挥也有决定的影响。我国财政支出有50%左右用于固定资产投资，而且是财政拨款，无偿使用，不负经济责任。事实证明这种做法并不优越。若降低税收、藏富于企业，提高利率加大资金使用成本，实行经济活动信用化，基建投资企业化，才是商品经济的客观要求，也是建立金融调控体系的必要条件。

四是进一步发展国内金融市场。发达的金融市场是建立和充分发挥金融调控体系作用的重要条件。目前我国已经开始出现资金市场萌芽或因素。我国已有四家专业银行和30多家经过有关部门批准的金融机构,虽未正式批准但已经建立并开展业务活动的金融组织有300多家;专业银行之间的同业拆借业务和一定范围内的浮动利率已经出现;国库券的贴现和抵押,商业信用和商业票据贴现业务也有发展;银行发行金融债券;地方、企业发行债券和股票等都有所现。这些都是我国建立资金市场的基础。现在的任务应当是,在加强引导和管理的前提下,积极发展股票、债券等有价证券交易活动,逐步形成证券交易市场,带动资金市场的发展。

五是积极发展股份制经济。作为社会经济细胞的各类企业和作为企业经济活动主体的劳动者个人,能够从自己的经济活动中得到自身的特殊利益,是企业和劳动者个人积极发展社会主义经济的内在动力,也是企业和个人对国家所采用的金融调控措施作出积极反应的根源。在前几年的经济体制改革过程中,在分配关系上调整了国家、企业和个人三者之间的经济利益关系。企业和个人的收入与企业经营成果的大小和个人劳动的好坏有了一定的直接联系。对"大锅饭"、"铁饭碗"制度有了一定的冲击。但企业仍然没有成为真正独立的商品生产者,更没有成为完全独立核算、自负盈亏的企业。"大锅饭"和"铁饭碗"仍然是我国经济生活中的重要问题之一。这个问题之所以如此难得解决,根本原因在于我国的全民所有制经济没有找到合理的形式。我认为股份经济制是全民所有制存在的一种好形式。通过股份经济形式,一方面把国家利益、企业利益和个人利益紧密地结合起来;另一方面又能大量发行股票、债券等有价证券和多种信用工具,从而为建立国内资金市场创造了条件。同时,也为建立以金融调控为主体的调控体系奠定了基础。

(原载于《财贸经济》1986年第11期)

我国建立证券市场的必要性

一、建立证券市场是商品经济发展的客观要求

社会主义国家建立证券市场问题，是马克思主义中的一个新课题。因为，从理论上说，在马克思主义的经典著作中，没有论述过社会主义社会还需要建立证券市场问题。而在传统的社会主义政治经济学教科书中，则把证券和证券市场视为资本主义所特有的经济范畴，否定其在社会主义社会中存在的必要性。我国在党的十一届三中全会以前，占统治地位的理论也认为，商品经济是与社会主义经济相对立的因素，在社会主义社会中存在着的商品生产和商品交换，是资本主义的"尾巴"。应当予以割除。至于证券和证券市场，更是被视为资本主义的主要因素，应被抛之社会主义经济之外。党的十一届三中全会以后，我国对社会主义经济的认识有了新发展。明确提出了社会主义经济是有计划的商品经济的论断。这是对马克思主义政治经济学和科学社会主义理论的新发展。这种理论把商品经济视为社会主义经济的内在因素。从而充分肯定了在社会主义社会发展商品经济的必要性。

存在商品经济，就要求有证券市场。这是由商品经济发展的一般规律决定的。大家知道，商品是使用价值和价值的矛盾统一体。商品内部使用价值和价值的矛盾运动，产生货币。货币产生以后便成为商品价值的唯一表现形式，从而商品的价值运动，表现为货币运动。货币运动的发展产生了货币信用。而股票、债券等有价证券的发行和交易即证券市场，则是货币信用的发达形式。可见，证券市场，是商品经济发展到一定阶段的必然产物，是商品经济的内在要素。因而，证券市场本身并不是资本主义所特有的经济范畴，而是一般商品经济范畴，只是在资本主义生产关系下，证券市场才具有了资本主义的特征。证券市场发展的历史过程，完全证实了这一点。

据记载，早在资本主义经济存在很久以前，就已经出现了证券和证券市场。例如，作为商业信用工具的商业票据和古代债券——当票、国家债券等，早在奴隶社会就已经出现，并在封建社会得到进一步发展，企业债券和股票，在封

建社会末期，也开始产生，而经营借贷业务的金融机构，不论是在中国，还是在外国，也都是早在奴隶社会和封建社会都已经存在了。像中国古代和中世纪的"钱庄"、"票号"，巴比伦和古希腊的银行，意大利和英国的中世纪银行，等等，都出现在资本主义经济确立之前。上述历史事实表明：证券市场是与商品经济相联系的经济范畴，它的历史要比资本主义的历史古远得多，而资本主义的证券市场，只是证券市场在资本主义历史阶段的特殊表现形式。所以，那种把证券市场视同资本主义的观点，是混淆了证券市场的一般形式和特殊形式的界限。

我国的社会主义经济，既然是有计划的商品经济，也就必然需要证券市场。

（一）发展商品经济的需要

中共中央关于经济体制改革的决定中指出："商品经济的充分发展，是社会经济发展不可逾越的阶段，是实现我国经济现代化的必要条件。只有充分发展经济，才能把经济真正搞活，促使各个企业提高效益，灵活经营，灵敏地适应复杂多变的社会需求。"按照党中央的这一指导思想，目前，我们正在冲破现行经济体制中严重妨碍生产力发展的种种弊端，研究如何运用价值规律和市场的作用，解决开展大规模经济建设与资金不足的矛盾，因而与原来单一的计划体制相联系的资金统收统支，信用高度集中的体制正在改革。而证券融资的优点在于：资金可以在证券和货币之间自由灵活地运动；投资者可以任意选择投资方式、项目和条件，保证资金的安全性，提高资金使用效率；作为市场，受价值规律支配，使资金的流动能自动遵循高效益和经济发展需要原则，达到奖优汰劣。通过发行形式多样的有价证券，广泛吸收社会资金，使资金在供给与需求者之间直接进行融通，对于适应复杂多变的社会需求，更好地运用价值规律是极为重要的。

（二）推行股份制，深化经济体制改革的需要

实行股份制是所有制改革的一条途径。它是商品经济发展的客观要求，是可以存在于不同社会经济形态而为该种经济形态服务的经营方式，实行股份制的好处是：（1）所有制关系可以具体化，改变过去全民所有制那种国家是企业资产所有者，但谁都不对企业资产负责的状态，使所有权和经营权分离；（2）在企业所有者、经营者之间建立相互制约的关系，促进企业行为合理化；（3）股份有限公司可以面向社会发行股票，借以筹措社会上闲散资金，促进资金横向流动和资金价格的形成，从而有助于抑制投资膨胀；（4）企业职工购买本企业的部分股票，促使职工关心企业的生产经营活动，把职工个人利益与企业利益紧密地挂起钩来。当前各地都在选择一些有条件的全民所有制大中型企业进

行股份制试点。这种试点是本着兼顾国家、集体、个人三者利益原则进行的，国家划拨资金作为国家股；企业自有资金作为企业股；职工个人投资作为个人股。此外，企业之间互相投资，或联合投资新建企业，以及以大型骨干企业或名牌产品生产厂为主体自愿形成企业集团，有的也采取了股份制。股份制的试点和推行就需要为发行股票的企业和投资者提供服务和活动场所，也必将促使证券市场的建立。

（三）加速金融体制改革的需要

我国长期以来对国营企业的资金供应是按两条渠道进行的。一是财政拨款。企业的固定资金及定额流动资金由财政供给，无偿使用；二是银行贷款。超定额流动资金由银行供给，支付利息，周转使用。这样的资金供应体制形成了一个企业两家挑的局面。因而，企业对资金使用不计效益，不讲节约，需要就伸手。1983年流动资金由银行统一管理以后。由于各项制度没有跟上，统管在一定程度上又形成了银行"统包"，企业的流动资金需要由银行包下来。在银行内部，各地银行编制的信贷计划就是要钱计划。这种资金上的"供给制"形成了企业向银行伸手，专业银行向作为中央银行的中国人民银行伸手，地方向中央伸手的局面，不利于发挥地方银行和企业的积极性。近几年来，资金需求与供给的矛盾越来越突出，迫使人民银行用发票子来弥补。随着金融改革的深入，人民银行要强化间接调控手段，计划与资金分开。专业银行制的信贷计划只是经营计划，人民银行不包资金供应。这样就促使专业银行除了向人民银行再贷款、再贴现以外，还要向市场要资金，进行直接融资。企业除了向银行贷款外，还可以在市场上争取投资。这就需要利用有价证券这种形式。这对改善人民银行的宏观控制以及促进专业银行企业化经营是十分有益的。

（四）加速信用体系改革的需要

建立证券市场可以增加筹集资金的渠道和工具，有利于改变当前信用渠道单一、信用工具贫乏的局面，有利于把社会闲散资金和消费基金通过直接金融灵活地运用到生产中去，促进以银行信用为主体，多种渠道，多种方式，多种信用工具的调节和融通资金的信用体系的实现。目前，我国发行的证券除国库券外，还有金融债券，企业的股票和债券。1987年资金供需矛盾更加突出，国家必保建设项目拨款不足，计划发行国家债券。如电力债券和其他工程债券等。这就指导一部分基建、技改项目引向证券，投资决策由分行或企业根据项目效益自主决定，有利于项目早完工、早投产、早见效。

此外，为了理顺利率体系，形成合理资金价格，银行还将发行可转让的大额存单等吸收资金。这种存单利率高于储蓄存款，也是调剂资金供求的一项措施。因为就银行利率而言，原则上应跟踪物价，但由于物价调整是灵活的，可上可下，而利率调整易上不易下，实际是只上不下。发行一些大额存单既可解决当前由物价指数上升而利率未调整的矛盾，又不影响整个利率的波动，使之有弹性和回旋余地。随着市场机制的灵活运用，还会有一些信用工具产生。这些有价证券的发行、转让、买卖，必须有证券市场作保证，这样可以给证券持有者提供变现的条件，增加企业和居民的投资兴趣，把资金搞活。

（五）提高资金使用效果，促进资金合理流动的需要

建立证券市场，金融市场的机制增强了，任何单位在市场面前都是平等的，吸收资金的主要标准就是效益。过去银行习惯用行政的办法去支持某些行业、企业或项目，靠区别对待、择优扶植，按企业或按产品排队以致政策上的优惠去扩大投资，增加贷款。企业不但没有压力，还不承担风险。由于调节手段不灵，长期资金不足，短期资金积压。如果发行股票，债券，企业要承担较高的利息，要保证归还，不但增加发行者的压力，而且可做到风险分散，使全社会都来关心资金使用效果，关心投入和产出。一个企业如果经营不好，信誉不好，效益不高，它发行的债券、股票很可能无人问津。如果经营由好变坏，它所发行的股票价格就会下跌，这样势必会促进资金向效益好的企业流动。反之，那经营不好，效益不高的企业为了生存，在竞争中求得发展，就必然要千方计地采取经营对策，调整产业结构或产品结构。这个问题在过去几年是难以办到的。国民经济调整中事实说明，一个企业依靠行政手段调整下去确实困难重重。职工的生活问题、社会治安问题、失业问题、安定团结问题等一大堆问题，使领导部门无法下这个决心。在内无压力，外无动力的情况下，出现了边生产、边积压、边贷款的情况。今后银行要讲效益，要选择客户。企业经营不好，银行就不贷款，企业向市场要资金，又吸引不了投资者，这就会逼着企业进行改革，另找出路。

在经济体制改革中，企业之间、企业集团群体之间，为了发挥优势，互惠互利，正在发展跨行业、跨地区、跨所有制的横向经济联合，由于资金纵向分配的体制尚未打破，经济的"横向"与资金的"纵向"之间矛盾也很突出，企业要投资，银行强调不能动用贷款；用自有资金投资，又没有那么大的能力。因此，横向联合遇到重重困难，国务院发布支持横向联合的三十条以后，虽然规定固定资产贷款可用于投资，流动资金贷款可以上贷下转或直接贷放，但由于专业银行贷款规模的限制，以及固定资产投资规模的控制，跨地区的贷款仍不好解决。建立证券市场，经济联合体可以面向社会发行股票、债券，这样就突破资金管理上的界限。只要产品为市场所需，经济效益好，本市的资金可以

流动出去，外地的资金也可以吸引进来，促进资金跨地区流动。广东省发行的债券，有二十多个省区购买，天津自行车厂发行的债券有近600万元是从山西、内蒙等地筹集的资金，这些单位通过购买自行车债券，增加了进货渠道，天津扩大了自行车产品的辐射面，各地繁荣了自己的市场。

(六) 完善金融市场的需要

金融市场是包括货币的借贷，同业拆借，票据贴现，外汇买卖，有价证券交易，股票、债券发行，黄金等贵金属买卖的市场，在一些国家和地区，大的工商业经济中心都有金融市场存在。纽约、伦敦、东京、苏黎世、巴黎、新加坡、香港等城市，不但是本国或本地区的金融市场，同时也是国际金融市场。这些国家或地区的金融市场尽管各有不同，但大体都由货币市场、资本市场、外汇市场和黄金市场等组成。我国要发展的金融市场包括资金拆借市场、票据贴现市场和证券市场等三个部分。拆借市场是银行业之间进行活动的场所，贴现市场又是在企业间发生信用行为后产生的交易行为。这两个方面都有一定的局限性。而证券市场的范围最广泛，信用工具最多。没有证券市场，金融市场是不完善的，因而，要逐步完善金融市场，树立利息观念，投入产出观念和效益观念，为商品经济服务，就必须建立证券市场。

二、建立证券市场的条件

证券市场的建立是有一定条件的，它是商品经济发展的产物，不是人们主观创造的东西。证券市场的开拓，形成和完善的条件，概括起来有以下六个方面。

(一) 更新思想观念

只要提起证券市场，人们就会自然地想到股票，就会想起资本主义国家股份公司发给股东的投资凭证，认为这是资本主义社会的产物；股息、红利都是雇佣劳动者所创造的剩余价值的转化形态，是剥削收入；认为股票交易是投机倒把行为；交易所就是资本家的乐园，这种"左"的影响必须彻底抛弃。股票产生的根源是商品生产的高度发展，并不是资本主义经济特有的。我国目前出现股票也不是少数人心血来潮，生搬硬套资本主义的东西，而是社会主义制度下商品经济发展的客观要求和必然结果。股息、红利的性质取决于股票持有者的社会地位。在我国股票持有者是国营企业、集体企业和劳动者个人，而不是资本家，购买股票的货币来源是为企业所有的税后利润和个人的劳动所得。股息、红利作为给予投资者的报酬，谈不上什么"剥削"，更不会成为食利者阶层。我们必须合理地吸收我国过去的和外国的有用经验，运用它为社会主义建设服务，创立具有中国特色的社会主义的证券市场。

银行工作者中有人担心证券市场建立后，直接融资多了，信贷资金的来源会减少。应当指出，这种可能是会产生的，但这种担心还是老观念造成的，特别是银行部门的人习惯于过去的"一切信用集中于银行"，习惯于独家经营。目前，企业可以自行支配的资金增加，城乡居民由于生活水平提高，手持现金也增多。在社会上闲散资金较多的情况下，开放证券市场，用较高的价格吸收社会"游资"是大有益处的。其最后结果只能是社会资金的加速运动和集聚，沈阳市 1985 年在对社会资金现状作了大量调查的基础上，确定了集资的合理额度，全年共发行地方债券 1.5 亿元，同期银行储蓄存款并未因此而减少，反而高达 5.9 亿元，超额百分之百完成了国家下达的储蓄任务。

怕发展证券市场会扩大固定资产投资规模，这也是一些人所担心的问题。应当肯定，通过证券市场集资任意扩大固定资产投资规模，造成能源、交通、物资等供求矛盾加剧，助长消费基金增长，影响经济的协调发展，是必须防止的。正由于此，我们当今的证券市场，是在宏观控制和承受能力允许的情况下，按照把金融市场搞活的原则建立的。对发行股票、债券的审查，是本着对国家计划，政策，对企业和投资者利益负责的精神进行的，而不能任其发展。这是因为，能否发行股票、债券不是依我们主观意志决定的，只有那些既符合国家政策、计划要求，又属于投资少、见效快，真正迎合投资者心理的发行才会有市场，所需资金才能筹集得到，任何行政命令和各种形式的摊派，在市场上是得不到承认的，也是不会收效的。因此，证券市场的建立不能与固定资产投资规模等同起来。同时我们还必须相信，随着经济体制改革，行政的直接控制要转向经济的间接控制，特别是"破产法"、"公司法"的出台，企业自主权的扩大，经济责任制的加强，对发行股票、债券还要从经济的，法律的责任上加以约束。所以，证券市场的建立不会造成不问是否有承担能力和取得经济效益，而盲目上的弊端。

（二）加强管理，保证市场机制正常运行

建立证券市场，决不能搞自由泛滥，必须加强金融宏观控制和管理。首先，人民银行每年都应根据本地区经济发展情况、资金供求情况、货币流通情况，测算市场对证券的承受能力，确定本地区发行证券的总规模。各专业银行发行证券要编报计划，并经人民银行审查批准。其次，为了维护投资者的利益，人民银行要对证券发行者的法人地位、信誉、经营状况、偿还能力和经济担保等方面进行详细审查，并根据自有资产和担保单位的经济实力，批准有价证券的发行数量，对证券的利率要加以控制。第三，对申请上市进行买卖流通的证券，金融管理部门应逐户、逐项地审查批准。第四，人民银行及代理发行单位对证券的发行者都负有监督责任，在当前信用评级机构未建立的情况下，投资者往往不了解发行者的具体情况，企业发行的债券、股票借助了银行的信誉，人民银行及代理发行的专业银行虽不负有连带责任，也应当切实地管起来。从当前的实际情况看，这方面的管理主要是监督企业按批准的用途使用资金，不得挪用于计划外的固定资产投资；按批准的利率付息分红，不得擅自提高利率；投资的单位必须使用可自行支配的资金，未经银行同意，不得动用流动资金和银行贷款；非金融机构不得将所集资金用于经营借贷业务，等等。第五，要打击金融黑市活动，对买空卖空、投机倒把等不法行为予以坚决打击。保护证券市场的合法活动。第六，要加强信息调研工作，经常研究各种政策的变化对证券市场产生的影响。证券市场的反应是很敏感的，政治、经济等方面的变化都会对证券市场产生影响，如人民币汇率的调整、黄金的提价、生活资料及生产资料价格调整等，都必然在证券市场上反映出来。及时捕捉信息，增强对证券市场的控制能力，对保证金融市场的稳定是非常重要的。

（三）从立法和政策上对有价证券买卖行为给予保证

建立证券市场必须从立法上保护投资行为和经营行为。当前，我国的"公司法"、"国营企业破产法"等法律都处在研究修改或即将实施阶段。这些法的出台将从法律上对投资者及经营者的合法权益予以保护，打消一些人的思想顾虑。从社会上接触到的情况看，有些人仍对买股票会不会成为资本家，经纪人是否属投机倒把商等问题心有余悸，如果在立法上明确规定鼓励投资，允许经纪人进行代客买卖，无疑对尽快建立证券市场是十分有利的。与之相适应的，还要加快制订股票债券管理办法，目前全国很多省市自己搞了暂行管理办法。从这些办法看，由于各地掌握的水准不一致，在利率上限、发行的具体要求等方面存在很大差距。如有的规定股票可以还本，实行债券化；有的强调只能转让，不能还本；债息、股息和分红的具体规定也各有不同。因此，急需国家拿出一个统一的规定来，否则就会影响省、市间的投资和横向经济联合，其结果会导致资金向利率高的地区流动，而不是向效益高的企业流动。

随着证券市场的建立，还应研究制订具体管理办法，切实做到管而不死，活而不乱。除了立法上的保证外，还要在政策上保证人民银行和专业银行在贷款发放上的自主权。最主要的是建立一个依据市场规律进行业务活动的银行，改变习惯伸手要钱的"供给制"状况，人民银行对专业银行和专业银行对企业都不能敞口给钱。如果专业银行的差额由人民银行包下来，企业的资金需要仍可以轻而易举地取得贷款，无论是银行还是企业都不会发挥主观能动性，去向社会集资，向市场要资金。

（四）积极创造新的信用工具，并有社会资金的广泛参加

建立证券市场要首先建立初级证券市场，使初级市场具有一定规模，形成初级市场最主要的有两个因素：一是需要创造形式多样的可以流通转让的信用工具，这种信用工具必须具备流动性、安全性、盈利性的特点，这样才能为人们所乐于接受；二是要有社会资金的广泛参加，从证券的数量、金额上形成一定规模。银行的企业化经营，国营企业自主权的扩大，都要求企业真正成为独立的经济实体，这就给有价证券发行提供了条件。为此，要允许银行、企业和地方政府发行股票、债券。重点是：（1）筛选一些效益好，有吸引力的基础、能源设施改造等建设项目，面向本地和外地发行债券，以集聚社会闲散资金，搞好重点建设。（2）配合一些集体企业股份制的试点，把国家、集体、个人三者关系更好地在经济利益上紧密结合起来，为实现有计划的商品经济开辟一条新路子。（3）在小型企业实行转、改、租的改革过程中，允许其试点向社会或内部职工发行股票，使职工个人利益与企业利益紧密挂钩。（4）专业银行可以发行各种短期金融债券，可转让的大额存单，更好地发挥融资主渠道的作用。有卖方，发行者发行以后，人民银行要相应地允许企业、集体、个人购买这些金融资产，并结合各项业务的开展，逐步扩大各种信用工具的使用，以更大限度地发挥资金使用效益。

为了做到股票、债券的规范化，还应对已发行的股票、债券进一步完善。股票、债券不规范的症结主要表现在：一是招股章程和发行制度不规范，各行其是，股票应该是盈利性与风险性并存，而有些企业均以保本，保息为号召，在章程规定"定期还本"，实际上是股票债券不分，只图迎合投资者兴趣，忽视还本的资金来源。二是现在发行的债券，企业内部多，面向社会少，多数通过内部分配，不是公开招募，有的甚至硬性摊派，使股票、债券应起的作用还未充分显示出来，天津的企业债券仅自行车厂一家可以上市。上海是发行证券较多的城市。据统计，至1986年三季度末，全市1400余家企业发行股票、债券，集资2.5亿元，其中，公开向社会发行股票的只有20户，2000余万元，仅占总金额的10%。三是以不合理的优惠办法招揽资金。有的企业为了给职工多谋福利，采取发行内部债券的做法，付给高息。之所以这样做是想从集资这个口，多发点奖金，逃避缴纳奖金税。由于这种思想支配，个别单位已出现筹集上来的资金用不出去的情况。为此，除进行引导外，还要搞好宣传工作，让社会各界认识如何在社会主义条件下正确运用股票、债券，对股票、债券混用的情况进行清理，对申请发行的企业，严格审批，进一步推动证券发行的正常化。

（五）应当协调好各方面的政策

发行股票、债券不仅涉及银行的审查和监督，还涉及财政、工商行政管理、税务等有关综合部门。为了加快建立证券市场的步伐，这些部门必须有机结合，协调一致，不要互相撞车，给企业设置不必要的障碍。

（六）要有固定设施和专门人员

证券市场是一个有形市场，应当建立一个在人民银行直接领导下的操作机构。这个机构可以定名为"金融证券公司"或"证券交易所"，由各专业银行集资，抽调人员组成，并以各专业银行独立的信托投资公司和实力雄厚的信用合作社作为经纪人，代理发行和买卖各种有价证券。

作为业务媒介的经纪人，必须熟悉金融政策和证券业务。为此，要广罗社会上的这方面人才，请他们传授业务知识，培训新人，以逐步形成一支从事证券业务的骨干队伍。

三、证券市场的作用

在社会主义建设时期，生产经营资金紧张将是长期存在的问题。银行信贷资金不能满足生产建设不断增长的需要，也将是长期存在的问题。企业向银行贷款取得资金的办法已不能充分满足企业对资金的需求，必须另外寻求向社会募集资金的新途径，以补充银行贷款的不足。为此，企业将发行大量的股票和债券，国家财政部门为解决由于先付后收所造成的暂时周转困难，也将发行更多的公债、国库券。新的有价证券将越来越多。对进行各种证券买卖行为的需求，也将越来越迫切。证券市场的开放，证券交易所及作为经纪人的证券公司、信托投资公司的设立，势在必行。证券市场，将作为一种新的经济形式，在国民经济的发展中起着重要的作用。

1. 证券市场在社会主义建设时期仍然是联结资金供给者和资金需求者的纽带。证券的发行和流通，仍然必须通过中介人和证券市场，但这种中介人已不是过去的私人经纪人，而是国家设立的各种金融机构，如专业银行、信托投资公司等。证券市场也不是由私人经纪人（包括私营银行的信托部）组成的市场，而是由各专业银行、专业金融机构及信用合作机构在内的金融机构组成的证券交易所。这种证券市场将由执行中央银行职能的中国人民银行领导，并由中国人民银行所属的金融管理部门直接掌握与监督。在社会主义证券市场上，资金的需求者和供给者已不是私营企业。而是全民所有制的企业和集体所有制企业以及这些企业的职工，或有一部分个体专业户在内，也是作为社会主义公有制的补充而出现的机构。

2. 证券市场是调动群众购买股票、债券、国库券积极性的好办法。股票、债券、国库券不准流通，一旦需要用款无法变成现金，无疑地限制了群众的积极性。从而不能充分发挥个人资金的潜力，致使社会上仍然"窖藏"着大量的资金。今后发行公债、国库券如仍以认购后不能流通的方式，基于人民爱国的热情，或可收到暂时的效果，但绝非长久之计。至于工商企业发行股票、债券，如果不是通过证券市场以买卖的方式发行与流通，而是以动员摊派的方式，甚或不准流通转让，那股票、债券是很难发出去的。通过市场有买有卖，才能把证券搞活，否则就会把证券搞成僵死的东西，不能成为调剂资金余缺的信用工具，发行证券向社会筹资的工作，就会越来越困难。

3. 社会主义的证券市场，仍然发挥着集中和再分配社会资金的作用。国家可以利用它筹集社会资金，作为国家计划投资的补充渠道，为加速四化建设服务。随着经济体制改革的逐步深入和生产的不断发展，城乡人民收入不断增加，企业自有资金不断充裕，银行储蓄存款直线上升，这就为发行股票、债券，广泛筹集社会资金提供了客观可能性和极其广阔的前景。集体企业可以试行股份制，增加资本，扩大经营，也可通过社会集资兴办新的企业，企业和个人都可以投资，也可以在市场上买卖证券，把整个社会资金搞活。而证券市场的开放将更进一步促进股份制的发展。

4. 社会主义的证券市场有利于沟通横向资金的联系。本地企业所发行的股票，在证券市场上不但可以由本地企业或个人购买，也可以由异地的企业或个人购买。而本地的企业或个人也可通过证券市场购买异地企业的股票，从而打破了异地间的资金封锁，沟通资金的横向联系，甚至打破国际的界限，通过证券市场，引进外资。

5. 社会主义的证券市场，同样是传播经济信息的渠道。证券市场所传播的经济信息，将指导着证券购买者选择投资的对象和投资的转移，也将指导着发行股票的企业从证券市场上传播的信息中发现本企业经营中存在的问题，用以指导经济体制的改革。另外，人民银行执行货币政策的重要条件，是要有一个发达的金融市场。由于证券市场极其敏感地反映了金融状况，可以作为中央银行业务活动的晴雨表，中国人民银行可以从证券市场上取得制定管理金融的方针和措施的有利依据。

6. 社会主义的证券市场同样有助于调剂金融。这是由于社会主义建设时期，人民储蓄不断增长的速度已逐渐超过国民收入增长的速度。在这种形势下，一旦发生储户大量提取储蓄存款的时候，银行必须投放大量的货币，有冲击消费品市场的可能。如果大力开展直接信用，将一部分储蓄转为购买股票，由于股票不能任意抽回股金，只能在证券市场上出卖，出卖时也是从一个投资者转向另一个投资者的手里，不用增加货币的投放，因此有利于稳定货币流通。

证券市场助长投机的作用是不可避免的，在社会主义的证券市场上也同样，但这种投机绝不像资本主义社会证券市场投机行为的不可克服，而完全可以通过国家控制和管理，将投机行为压缩到最低限度。这有两方面的原因：其一，是社会主义制度下造成投机的社会因素已不复存在。由于股票价格的不断变动和股息收入具有预测性和不确定性，就使股票交易中的投机和欺诈行为有了可能，但使这种行为实现甚或畅行无阻的还在于资本主义制度本身。资本主义社会，为追求最大限度的利润，无论在任何人与人的关系上，都可以采取欺骗、瞒哄、投机的方式，为了利己可以不择手段，至于证券市场上的投机行为，不过是其中的一部分而已。也由于资本主义的基本矛盾所决定，资本主义不可避免的周期性的经济危机，更给资本主义证券市场的投机行为提供了良好的土壤，这就使资本主义证券市场的投机行为成为不可治愈的顽症。过去旧中国证券市场一直被军阀、官僚、流氓所控制，成为这些人的生财之道，证券市场投机行为越猖狂，他们就越能捞到发财的机会。同时，社会上存在一批有钱有闲的人，尤以金融界这样的人很多，这些人插足于证券市场，一遇机会，就要捞上一把，当时，政治动荡，经济萧条，工商业者不能继续经营，其资金无出路而转向黄金、证券、粮食、纱布等市场大搞投机。银行、钱庄看到证券买卖收益高于存放款收益，也把大量资金投放于证券市场，以谋求资本保值，由于各行各业都把搞证券投机作为在当时恶性通货膨胀条件下财产保值和发财致富的途径，于是，证券市场就成了投机者的"乐园"。全国解放以后，反动政权被推翻，军阀、官僚以及地方封建势力也被打倒了，但生产还没有完全恢复，城乡交流也没有充分畅通，对私有制的社会主义改造还没有完成，因而当时的证券市场，仍然存在着相当数量的投机活动。但这种投机活动已不像解放前那样肆无忌惮，在人民政府的严加管理下，这种投机已不能再左右市场，操纵行情。证券市场在打击投机的同时，已能发挥出吸收游资、稳定市场的作用。在社会主义建设时期，开放证券市场，像以上所说的那些造成市场投机的社会因素已不复存在，这就为社会主义证券市场创造极好的发展条件。其二，是社会主义的证券交易所是全民所有制的经济实体，而参加买卖的各单位，也都是全民和集体所有制的企业，他们在买卖证券当中，主要是为本企业筹集或调剂资金扩大再生产或是开办新的企业，不是单纯地为了追求个人的利益。国营企业有组织、有领导的经营也不允许搞投机的活动，今后开办的证券市场，也不可能像过去那样为投机者大开方便之门。至于个体劳动者和个人，也不像过去那样散漫无组织，他们在市场上，利用手中闲散的资金进行证券买卖，对融通社会资金有无，扶持与发展生产，还能发挥一定程度的作用。在他们买卖证券过程中，因证券的价格起伏不定，难免得到一些买卖价格不同，或证券到期收回本息所造成的额外收益，其数额不大，是应该允许的，不能和投机行为等同对待。在社会主义证券市场加强管理下，将对非正常的证券交易加以严格的限制和取缔，根本不许买空卖空、欺行霸市、瞒哄、诓骗等不法行为的存在。至于新的证券市场全面开放以后，将会出现哪些新的投机行为和不正之风，还要看市场的发展，和我们的政策和措施如何。证券市场的开放终究是客观的必然性，证券市场的积极作用是主流，投机行为不过是其中的一个侧面，没有什么可怕，因噎废食只能因小失大。只要是按照国家的政策办事，制定有关的法令，采取有力的措施，加强管理与监督，社会主义的证券市场必将健康地发展。

四、建立证券市场的方法步骤

既然在发展商品经济中，证券市场有着与技术、劳务、物资等市场截然不同的特殊作用，那么，建立和发展证券市场就绝不是可有可无的事情。已出现的证券交易活动，开始显示了它的生命力。因此，对于证券市场的建立必须积极探索，大胆实践，慎重从事，有计划、有步骤地进行，建立证券市场可采取"三结合，三为主"的做法，逐步使其成熟和完善起来。

第一，初级市场和次级市场相结合，以初级市场为主。初级市场是证券市场的基础，次级市场是初级市场发展的必然结果，两者不可能截然划分时间，不便分段进行。如果股票、债券发行量小，信用方式单一，形不成初级市场的话，次级市场就无从谈起。反之，如果不尽快建立次级市场，初级市场的规模也将受到限制。沈阳市从 1985 年起，有 30 余个企业公开向社会发行了近 3 亿元的债券，使沉淀在民间的资金得以活用，缓解了企业资金紧张的状况。随着债券的发行，新的问题就出现了，当持券人遇有特殊情况急用钱时，却无法将债券变成现金，这不仅给持券人造成困难，也使再购者产生后顾之忧，影响了新债券的发行。而对这种情况，他们积极筹办有价证券交易市场，并于 8 月 5 日开始营业。开业后，先试办了企业债券现货现金交易、债券抵押、委托买卖及鉴证业务，很受欢迎。同时，也限制了个别私下交易的进行。上海市 10 月份也出现了股票交易，参加首次开盘的是上海"延中实业公司"和"飞乐音响公司"的不限期股票。原每股 50 元的股票，当天牌价"飞乐"为 55.6 元，延中为 54 元购者十分踊跃。伴随着股份制的推行，必将形成真正的股票市场。

为了发展初级证券市场，必须根据市场需求和资金价格创造新的信用工具，如短期金融债券、中长期金融债券、股票、政府债券、地方经济建设债券、企业债券等。当前，我国证券市场还处在开辟初期。因此，对发展证券市场突破口的选择非常重要，那就是既鼓励推动新的经济体制建立，又能照顾到还处在转换过程中旧的经济体制的正常活动。比较好的突破口是鼓励企业发行公司专项建设债券，其原因有二：一是发行公司专项建设债券可以引导企业资金投向，其专项建设方案的可行性研究比较单纯，可靠性大；便于代理发行银行监督，可以专款专用，预期的经济效益，可以实现；该项债券有银行信用保证，按代理发行债券的规定，代理银行必须收取企业抵押品或规定企业按期提存发行债券基金存入银行，以便按期由银行代理偿还到期债券本金和利息。二是由于人们对股票的概念还认识不清，股份公司正处在萌芽阶段，国家对公司法还未公布，而且股票的信用缺少银行信用的保证，因此，只有在鼓励企业发行公司债券的基础上，有选择有条件地支持信用可靠的企业发行股票。专业银行发行的短期金融债券可以上市，如果将来国家发行中短期国库券，也可以上市。以前国家发行的长期国库券则不宜上市，因为过去国库券利率不同，上市后会影响国库券价格。如果将来新发行的短期国库券，由于利率变动不大，期限不长，上市后不会影响国库券价格，这对于政府运用证券市场贯彻财政政策和弥补财政暂时收入不足，有一定好处。引导符合客观需要和信用可靠的有价证券上市，是搞活证券市场和保证证券市场健康发展的重要途径。

第二，短期证券与长期证券相结合，以短期证券为主。在融资活动中既有股票、债券这类长期性的证券，又有金融债券等短期性的证券，可以说证券市场在形成之初就含有短期与长期两个市场的成分。短期证券流动性强，偿还周期短，市场需要时就存在，不需要时就可以用其他证券来取代，比较灵活简便。长期证券的发行需要对项目评估论证，核定资产等一系列工作，比较复杂。另外，中国人民银行要逐步实现由直接控制向间接控制的过渡，也需要有手段工具和市场基础。发行短期金融债券比长期金融债券，更便于人民银行通过市场上买卖金融债券，实行短期的有弹性的货币供应政策及有差别的货币政策。因此，在发展证券市场中，既不能忽略短期证券，又不能强调短期证券的重要而影响长期证券的发行。

第三，无形市场与有形市场相结合，以无形市场为主。证券市场的发展有两种可能：一种是成熟的"窗口"交易，或叫作柜台交易，它是现有交易的发展和完善；另一种是发展以股票交易为主的交易所。目前，我国一些企业正在试行股份制，如没有股票和股票交易市场，股份制就不能取得实质性的进展。所以后一种发展趋势是大有可能的。

但是，有形的交易所必然还要经过一定的过程才能产生，在当前有形市场尚未建立的情况下，应当由独立的信托投资公司代理发行证券业务，并办理股票的转让和债券的买卖。在办理这些业务中逐步地创造条件，培养和发现人才，逐步地把证券交易纳入正轨，成立证券交易所。

证券交易所成立以后，应当允许国外投资，包括港澳同胞、爱国华侨以及友好国家支援我国建设的资金，都可以通过购买股票、债券的方式进行投资。参加证券买卖的交易人可通过交易市场的经纪人来进行，价格由买卖双方在浮动幅度内自定，经纪人只准搞代客买卖，不能为客户垫款和搞存放款业务，交易所可收取一定的手续费。

（原载于《证券市场及其交易所》，北京航空学院出版社1987年版，第十四章）

略论我国社会主义金融市场

一、金融市场是一个自动融资系统工程体系

由于人们观察问题的角度和着眼点不同，对"金融市场"这一概念尚有不同的理解。有的从内容和空间的角度来认识金融市场，认为凡是进行资金融通活动的地方或场所，就是金融市场，它既包括国家银行按照信贷计划进行的纵向资金供给或分配的间接融资活动，也包括各种直接融资活动。有的是从融资方式和运行过程的角度来考察金融市场，认为金融市场就是资金供需双方通过借贷方式融通资金的过程或机制。有的强调盈利和利率对金融市场的意义，认为只有以资金增值或盈利为目标，以利率为杠杆而进行的资金借贷活动和场所，才是金融市场，而按照信贷计划所进行的资金分配活动不属于金融市场范畴。

上述对金融市场的几种认识都有一定的道理，也都有不足之处。我个人认为，金融市场作为一个完整的科学概念，应当理解为是一个自动融资的系统工程体系，这个系统工程体系包括以下六项融资系统。

一是金融机构系统，其中包括除中央银行以外的一切国家银行、商业银行、信托银行、合作银行、证券公司、证券交易所以及其他非银行的金融机构。

二是金融形式系统，包括国家信用、银行信用、商业信用、消费信用及其他民间信用。

三是金融工具系统，包括商业票据、银行票据、国家债券、金融债券、公司债券、企业股票、外汇和黄金，等等。

四是金融行为系统，包括货币借贷、黄金买卖、外汇买卖、同业拆借、票据承兑和贴现、再贴现、股票、债券的发行和有价证券的买卖等各种融资行为。

五是金融调节系统，包括利润、利率、供求和竞争，等等。作为金融市场的主要标志，是自由浮动的利率调节资金供求关系和资金供求关系的变化影响自由浮动的利率以及受利润规律所支配的自由竞争活动。其中利率是金融市场调节机制的"主机"。

六是金融运行系统，其中包括金融场所、金融中心、金融渠道和金融网络。

以金融中心为枢纽，以一般金融场所为据点所形成的纵横交织的融资网络，是金融市场所特有的运行系统。

以上六项金融系统工程的有机结合构成为金融市场的整体。其中最能反映金融市场特征的，是以自由利率为主的金融调节系统和以金融网络为主的金融运行系统，而盈利则是支配整个金融市场运行的动力。因此，金融市场可以大致表述为：以盈利为动力，以利率为杠杆，以金融中心为枢纽的资金融通行为的系统工程体系。

二、我国社会主义金融市场的萌芽

自1979年党的十一届三中全会以来，随着经济体制和金融体制改革的逐步深入，在我国陆续出现了一些构成金融市场的要素，其中某些要素甚至有了较为长足的发展。目前，在我国虽然还没有形成完整的金融市场，然而已经出现了金融市场的萌芽。这主要表现在如下几个方面：

1. 出现了多形式、多层次的金融机构。原来的中国人民银行变成为中央银行，同时成立了中国工商银行、中国农业银行、中国建设银行和中国银行四家专业性的国家银行，并且恢复了集体金融组织性质的农村信用合作社。不仅如此，还出现了国办的和集体办的信托投资机构及其他多种形式的民间金融机构。据统计，到1985年底，全国城市经过批准的非银行机构有30多家，没有经过批准已经出现并开始营业的金融机构已有300多家。仅武汉、重庆、广州、西安、沈阳等几个计划单列的城市，就出现了各种金融信托公司、财务公司和城市信用社76家。在农村也出现了多种形式的合作金融组织和各种形式的私人之间的融资组织。不仅经济比较发达的地区如镇江、苏州地区有，而且经济不很发达的张家口地区也有，甚至经济落后的地区如南充地区也有。这种多形式、多层次金融机构是我国社会主义金融市场的重要因素。

2. 多种信用形式陆续出现。国家信用形式的国库券，从1981年开始发行至今已经六年了，发行总额已达200多亿元人民币；银行信用除继续经营一般性的存、放、汇业务外，还试行发行了金融债券，总额已达近百亿元人民币；城乡内部和城乡之间普遍出现商业信用而且金额很大，消费信用和各种形式的私人信用也不断出现。上述各种信用形式，也是构成我国金融市场的重要因素。

3. 出现了多种金融工具。除原有的人民币和银行转账支票继续充当金融工具外，国库券、金融债券、银行票据、商业票据也陆续出现，特别是城市和农村各类企事业单位发行大量的债券和股票。多种形式的金融工具，也是构成金融市场的重要内容。

4. 出现了多种形式的融资行为。除原有的通过银行进行的资金借贷行为之外，又出现了一系列新的融资行为。其中主要有：（1）银行之间专业跨地区、地区跨专业的资金拆借活动。到今年底，仅武汉、重庆、广州、常州、沈阳等五个城市之间跨地区拆借资金达 7.35 亿元；在这五个城市内由当地人民银行组织各专业银行之间拆借资金达 104.3 亿元；武汉市 14 家城市信用社之间拆借 897 万元。（2）各企业之间建立资金互助会直接融通资金。重庆嘉陵摩托车经济联合体所属 11 个成员厂筹资 47 万元，发放贷款 15 万元。（3）银行办理票据承兑、贴现和再贴现业务活动。到今年 5 月中旬，上海、武汉、重庆三个城市工商银行已经办理商业票据承兑和贴现 6.19 亿元。（4）国家公债券的贴现活动和私下交易活动。（5）发行各种债券和股票进行集资活动。据统计到今年 6 月底，仅武汉、重庆、西安、广州、沈阳、常州等城市通过发行债券和股票集资达 11 亿多元。此外上海、天津、沈阳、长春等若干大城市开展了外币存款和金银首饰买卖活动。

5. 自由金融调节机制开始发生作用。在城市里上述各种融资活动的利率都是由资金供求双方临时议定的，一般借贷利率都高于银行利率。拆入和拆出利差、借贷对象和金额也由双方自由议定。在农村各种形式的民间借贷活动完全由借贷双方自由商定，而且利率高，浮动幅度大。这说明在自由融资活动中价值规律、供求规律和竞争规律的作用十分明显。

6. 地区性和全国性的金融中心和金融网络开始出现。今年 2 月，由武汉、重庆、广州、西安、沈阳、南京、常州、深圳和海南等 11 个城市和地区的人民银行和工商银行分别达成同业拆借协议，建立起地区性和全国性的融资网络。这个网络以武汉为中心，每逢 8 由各地银行把资金"头寸"电告武汉银行，再由武汉银行向各地银行发布信息，各地银行根据自己的资金状况自找"对象"，互相拆借资金。现在已经有 20 多个城市参加这个金融网络。此外，在全国各地也有类似的金融网络出现。这种以某一大城市为中心，以若干周围城市为据点所形成的金融网络，是金融市场的资金运行网络。

三、我国社会主义金融市场的出现是历史的必然

金融市场在我国现阶段开始出现，既是必然的，又是必要的。

首先，有计划的商品经济，是我国金融市场出现的经济基础和根本原因。正像社会主义社会不能超越商品经济一样，有计划的商品经济也不能超越金融市场。因为有计划商品经济的实质是商品经济，而商品经济就是市场经济。市场经济则是包括商品市场、劳动力市场、技术市场和金融市场在内的市场经济

体系。金融市场既是商品经济的组成部分，又是商品经济发展到新阶段的标志。这可以从逻辑和历史两个方面得到证实。

从逻辑上说，商品是使用价值和价值的矛盾统一体。商品内部使用价值和价值的对立运动，产生了货币，货币是商品价值的表现形式。商品的价值运动表现为货币运动。信用是货币运动的一种特殊形式。信用活动的实际内容，就是以还本付息为条件的以货币借贷形式进行的资金融通行为。在借贷关系中货币作为一种资金商品成为资金供求双方买卖的对象。货币既然是一种资金商品，作为商品基本规律的价值规律和供求规律就必然发生作用。价值规律在资金商品流通中的作用，集中表现为自由浮动的利率调节资金商品的供求。供求规律在资金商品流通中的作用，表现为资金供给总是追随着资金需求，而资金的需求则产生于生产力发展的需要。生产力的发展是由其内在规律所支配的。它不仅需要有灵活多样的融资方式和多种多样的融资工具，还需要有多层次的金融机构和纵横畅通的融资网络。而所有这些正是金融市场的基本内容。

从商品经济发展的实践过程来看，金融市场是商品经济发展到更高阶段的重要标志。商品经济是从原始社会末期氏族公社之间偶尔进行的剩余产品的交换开始发生的。奴隶社会初期出现了以交换为目的的商品生产和商品交换。随着商品交换的经常进行又出现了充当交换媒介的货币和以货币为媒介的商品流通，从而出现了包括商品和货币在内的商品经济。到了封建社会初期，随着商品经济的发展，才出现了以货币为借贷对象的资金融通活动和专门经营货币借贷活动的金融机构和融通工具。到了资本主义社会，商品资本化了，一般商品经济转化为资本主义商品经济。资本主义商品经济是高度发达的市场经济，除了一般商品市场、劳动力市场和技术市场之外，金融市场得到了长足的发展。金融市场成为资本主义商品经济市场的主体；金融资本和金融寡头通过金融市场，控制着整个资本主义经济，从而使商品经济发展到了空前的高度。

无论是逻辑分析，还是商品经济发展的历史过程都表明，金融市场与商品经济之间存在着不可分割的内在联系，是商品经济不可缺少的重要内容。我国的社会主义经济既然是有计划的商品经济，就不可能没有金融市场。那种既要商品经济，又不要金融市场的想法和做法，都是不切实际的主观愿望。

其次，经济体制和金融体制改革，是我国的金融市场萌芽在现阶段出现的直接原因。在经济体制改革方面，生产资料所有制实行以全民所有制为主导、多种所有制并存的结构。在全民所有制范围内，对国营企业扩大经营自主权，实行利改税，改革分配体制，使地方和企业都有一定的财权，职工个人收入有较大的提高。在农村实行家庭或个人经济承包责任制，允许个体经营或合作经营农业、工业、副业、服务业及其他适合在农村发展的行业。特别是跨地区、跨行业的横向经济联合的发展，带来了商品、劳务和技术的横向流动，并逐步形成了跨地区、跨行业的商品市场和技术交流市场。实物的横向流动，产生了资金横向流通的客观要求。在经济体制改革的推动下也开始进行了金融体制改革。如取消了"大一统"的国家银行体制，建立了中央银行、各类专业银行、非银行的国营金融机构和非国营的金融组织。在信贷体制上实行存贷挂钩、实贷实存，允许在一定范围内的跨地区、跨行业的同业拆借资金和一定幅度的浮动利率，允许一些企业和部门发行债券和股票，等等。所有这些改革都为我国金融市场的出现，创造了条件。我国金融市场的萌芽，正是我国经济体制和金融体制改革的直接产物。

第三，我国四化建设需要金融市场。进行四化建设是我国今后若干年内的基本任务。四化建设需要大量的资金，而我国现阶段所能提供的建设资金数量是有限的。资金需求大于资金供给将是我国四化建设过程中长期存在的矛盾。解决这一矛盾的根本途径，是充分发挥现有的人、财、物的作用，大力提高经济效益，节省开支，增加社会财富，增强四化建设的能力。然而，充分利用国家建设资金，积极筹集社会闲散资金和适度合理地利用一部分国外资金，也是解决我国建设资金不足的一条重要途径，而金融市场则具有筹集社会资金和有效地利用国外资金的特殊"功能"。当今世界经济的发展事实表明，金融市场对经济发展具有强大的反作用。有些国家和地区就是靠充分利用金融市场，广泛动员国内外资金使经济腾飞的。中国香港就是一个突出的例子。香港在20世纪60年代以前，只是一个以转口贸易为主的自由商港，港内经济很不发达。从70年代起，香港的经济开始起飞，并且在不到20年的时间里，由一个转口商港发展成为以工业、商业（贸易）、金融业和房地产建筑业为四大支柱的经济发达的地区。在香港经济的腾飞中，金融市场发挥了重要的推动作用。在70年代以前，香港的金融市场并不发达。港英当局为了加快香港经济的发展，并为英国本岛提供资金来源，便采取了开放香港金融市场、动员港内外资金、发展香港经济的策略。为此，港英当局推出了一系列的开放措施。如1973年解除了外汇管制；1974年开放黄金市场；1977年设立原棉和原糖商品期货市场；1978年放宽对外国银行在香港开设分行的限制并恢复了白银市场；1980年增设黄金商品期货市场；等等，从而使香港金融业迅速发展起来，并成为国际金融中心和世界金融市场之一。香港通过金融市场既充分动员了港内资金，又广泛地利用了国际资本用于发展港内经济。香港金融业采用机器租购贷款和厂房分期付款、贷放周转金等多种形式支持工业生产；通过多种贸易贷款形式支持内外贸易业；用房地产建筑贷款形式支持房地产建筑业；等等。据统计，香港用于发展经济所需资金的 70.7%来自银行贷款和通过发行债券和股票所筹集的资金。这说明金融市场对香港经济发展的重大推动作用。香港可以利用金融市场解决自身建设资金问题，我们为什么不可以利用社会主义金融市场，来发展我国的社会主义经济呢？

第四，社会主义经济的宏观控制和微观搞活都需要金融市场。实现宏观控制和微观搞活的统一，是经济管理所要达到的理想目标。在有计划商品经济体制下，要实现宏观控制与微观搞活的统一，必须实行以经济手段为主的间接调控体系。经济手段包括财政、税收、价格、工资、利润和金融等多种形式，而金融调控则是整个经济调控体系中的主体。在金融调控体系中，中央银行是调控的主体。中央银行通过控制货币发行量和信贷总规模来控制货币供应总量，从而从宏观上控制国民经济的发展规模；同时通过存款准备率、利息率和公开买卖有价证券等经济手段，来调节社会总资金在市场上的供应量及其在国民经济各部门之间的分配比例，进而调节社会经济的发展，实现宏观控制和微观搞活的目标。然而，中央银行上述对经济的宏观控制和微观搞活的一切活动，都要通过金融市场来实现。例如，货币发行总量和信贷总规模的确定，要以金融市场上的资金供求状况和信息为重要依据，并且要通过金融市场的具体活动来实现；中央银行对社会货币供应量的调节，要通过金融市场对有价证券的吞吐活动来实现；对国民经济各部门所需资金和实际占有资金比例的调节，也要通过调整各部门的贷款额度和利率来实现。不仅如此，国家财政收支平衡的实现也要通过金融市场来实现。如为了弥补财政赤字，国家通过金融市场发行公债券、国库券，或出售过去积累的其他有价证券，换回货币，用来弥补赤字，实现财政收支平衡。可见，金融市场是有计划商品经济不可缺少的经济调节机制。金融市场在我国出现，既是必然的，又是必要的。

四、我国社会主义金融市场的模式和特点

目前，我国已经出现的金融市场要素，从总体上看，还只是金融市场的萌芽。这些萌芽需要经过我们积极引导、精心扶持，才能发展成为我们所要求的完备的金融市场。当前，人们对于我国所需要的金融市场的模式、特点和建立金融市场的步骤，都还有各种不同的认识。这些问题需要我们从我国的国情出发，进行实事求是的调查研究和科学分析，从理论上作出正确回答。

我认为，作为完备的社会主义金融市场，应是比现代资本主义金融市场更发达、更完备、更有效的高水平的金融市场。这种金融市场的基本模式和特点

可以表述为：系列化、经营型、开放式、全功能的金融市场。

所谓系列化，是说金融市场是由六大融资系统工程有机结合而成的市场体系。所谓六大融资系统工程是指：(1)以国家银行为主导包括国营、集体、外资、合资的各类银行和非银行金融机构在内的融资机构系统；(2)以商业信用为基础包括国家信用、银行信用、消费信用、民间信用和国际信用在内的信用形式系统；(3)以股票、债券为主要内容包括外汇、黄金和各种票据在内的融资工具系统；(4)以同业拆借、票据承兑、贴现、再贴现和有价证券买卖为主要内容的金融行为系统；(5)以自由浮动利率为杠杆的金融调节机制系统；(6)以金融中心为枢纽的金融运行系统。上述六大融资系统工程构成为社会主义金融市场体系。

所谓经营型，是说整个金融市场按照商品经济原则和价值规律的要求运转。具体说包括：(1)资金商品化，即凡是进入金融市场的资金一律是"资金商品"；(2)金融机构企业化，即凡进入金融市场的一切银行和非银行的金融机构，都是金融企业，都处于平等的法人地位，都按照商品原则办事；(3)融资动力利润化；(4)融资活动自主化；(5)利率自发浮动化；(6)资金供求自由化。

所谓开放式，是说金融市场的融资范围在国内不受地区、部门的限制，也不受所有制性质和组织形式的制约，只要是经济发展有需要都可以融资，这叫对内开放。社会主义金融市场不仅要对内开放，而且要对全世界开放。世界各国不论国家大小、社会制度异同，只要有需要都可以到我国金融市场进行融资活动，我国的企业和金融组织也可以通过金融市场与世界各国发生融资关系。

所谓全功能，是说社会主义金融市场应当经营一切金融业务，并且要千方百计地不断推出新业务品种，增强融资和服务功能；同时在对经济的调节和控制方面，不仅要发挥把微观经济搞活的功能，而且在控制宏观经济方面也要发挥应有的功能，把对经济的宏观控制和微观搞活通过金融市场统一起来。

上述金融市场的构思，是我国社会主义金融市场的理想模式。根据我国的具体情况，这样一种理想模式要经过一个较长的发展时期，经过三步走，才能够实现。

第一步是开拓阶段，实现初级目标，建立国内初级金融市场。在这个时期内，短期资金市场和长期资金市场同时开拓，以开拓短期资金市场为主。目前，可以从开展银行同业拆借和票据贴现业务入手发展短期融资市场，先在有基础的大中城市进行试点，取得经验后再广泛推开。与此同时，对城市和乡村已经出现的债券和股票发行活动，要加强指导，总结经验，适当发展。但证券交易市场暂不开放。这一步的主要目标是开拓和建立短期资金市场，同时为长期资金市场创造条件。

第二步是建立阶段,实现中级目标,建立国内长期资金市场。这一时期内,要长期短期并举,以建立长期资金市场为主。长期资金市场的主要内容包括长期债券和股票的发行、银行和财务公司的长期建设放款和有价证券交易市场。其中特别是要把国有企业股份制的股票发行和流通活动作为重要内容。这个时期的主要目标是在巩固短期资金市场的基础上,建立起长期资金市场,从而建立起较为完整的国内金融市场,同时为开拓国际金融活动创造条件。

第三步是发展阶段,实现高级目标,使国内市场国际化,建立起完备的社会主义金融市场。在国内金融市场的基础上,逐步开展国际业务,主要是国际信贷、外汇兑换、证券交易、黄金买卖等国际融资活动。同时,适当引进外资金融机构或与外资合办金融组织,使我国的社会主义金融市场成为系列化、经营型、开放式、全功能的高级金融市场。

五、我国金融市场的社会主义性质

由于资本主义和社会主义都是社会化大生产的商品经济,商品经济的一般规律和普遍形式及其固有的特征都会存在,商品经济自身所固有的内容和形式,不会因为社会经济制度不同而改变。金融市场是商品经济所固有的要素,而且在金融市场的自身结构和形式上,也不会因为社会经济制度不同而有很大的差异。因此,从金融市场自身的内容、形式和功能来看,社会主义金融市场和资本主义金融市场有很多相似之处。然而,这并不能否定我国金融市场的社会主义性质。我认为我国金融市场的社会主义性质主要表现在以下几方面。

首先,我国的金融市场是以生产资料的全民所有制和集体所有制占主导地位的所有制结构为基础的,这是我国经济制度社会主义性质的集中表现。社会主义经济的内在规律从根本上制约着金融市场活动的内容和发展方向,使其有利于国家,有利于社会,有利于广大人民的根本利益,从而就从根本上决定了我国金融市场的社会主义性质。

其次,参与金融市场活动的,主要是国营企业、集体企业和个体劳动者,他们投入市场的资金占市场资金总额的绝大部分。尽管国家、企业和个人三者之间仍然存在着经济利益上的矛盾,然而他们的根本利益是一致的。这种经济利益的一致性,决定了金融市场上资金运动基本方向的一致性。这三者之间在经济利益上的谁多些,谁少些,都属于劳动人民内部的再分配问题,并没有改变社会主义性质。至于国外资本进入国内金融市场所带来的资本主义因素,由于在全社会范围内不占主导地位,因而不会改变我国金融市场的社会主义性质。

再次，我国的金融市场是在社会主义国家管理下的金融市场，国家从全体人民的整体利益和长远利益出发，制定出有关金融方面的法律、方针和政策，以此来制约金融市场的活动内容、活动范围和发展方向，从而也就决定了我国金融市场的社会主义性质。

最后，社会主义国家还通过中央银行，运用经济手段和行政手段来控制和调节金融市场，使金融市场既灵活多变，又符合社会主义方向。

（原载于《南开经济研究》1986年第6期）

中国香港的资金市场

一、中国香港的资金市场

(一) 资金市场的构成

在中国香港,资金市场分为短期资金市场和长期资金市场。短期资金市场指的是银行和财务公司互相的短期拆借活动和银行、财务公司所从事的为期在一年以内的借贷活动;长期资金市场主要是指证券市场和少数大银团所从事的为期在一年以上的借贷活动。为了便于论述,这里把银行和财务公司(包括财银团贷款)的融资活动作为资金市场的内容来介绍,而把证券市场独立出来进行介绍。

在香港从事资金借贷活动的金融机构大致有三类。一类是持牌银行,一类是财务公司,其中包括持牌接受存款财务公司和注册接受存款财务公司,一类是外国银行办事处。

1. 持牌银行

香港的银行也称特许银行,俗称持牌银行。所谓持牌银行,就是得到香港当局发给的银行牌照的银行。当地公司(在本港注册及股本部分为本港股东所有)申请银行牌照,必须拥有资本最少为 1 亿港元,经营接受公众存款及向公众提供贷款业务不得少于 10 年,接受公众存款不得少于 17.5 亿港元,资产总值不得少于 25 亿港元。在海外注册成立的银行欲在香港申请牌照,银行总资产不得少于 120 亿美元。而且其注册所在国必须对其有严格的审查。

在香港,只有持牌银行才可以经营支票或储蓄存款账户,可以接受任何数目,任何期限的公共存款。香港银行公会(法律规定所有持牌银行都必须加入银行公会)对利率有所规定。对最初存款期限长达 15 个月少一天的银行存款的最高利率加以规定。但数额在 50 万元或 50 万元以上而存款期限少于 3 个月的存款,无最高利率限额,银行可自行确定利率。

在 20 世纪 50 年代前期,香港的银行以英资及华资居多。60 年代起到 70 年代后期,外资银行势力迅速扩张。1978 年 3 月以后,香港当局先后两次开放外资银行来港设行，国际性大银行乘机进入香港。1978年3月至1979年8月第一次开放时期，就有41家外资银行来港开行；1981年6月第二次开放，又有8家外资银行进入香港。目前，外国在香港开设银行的有美国、英国、日本、瑞士、联邦德国等100多个国家和地区。1985年底，香港共有143家持牌银行，分支机构有1394家。世界最大的50家银行中，就有39家在香港设行开业。据统计，在香港银行组织机构中，外资银行约占70%，如果加上由其控制和渗透的华资银行，其所占比重约达80%以上。

在香港的银行体系中，中资银行（中国大陆投资的银行）占有重要的地位。以中国银行为首的13家中资银行，即中国银行、交通银行、南洋商业银行、广东省银行、新华银行、中南银行、金城银行、宝生银行、华侨商业银行、集友银行，形成一个银行网，通过电脑化服务，一本存折在一家银行存款，可以在中资13家银行中任何一个银行取款。中资银行的资本量和业务量仅次于汇丰银行。

2. 财务公司

香港的财务公司分为两种：一种是持牌接受存款财务公司；一种是注册接受存款财务公司。持牌接受存款财务公司的资格由香港当局财政司审批。其申请资本最少要有1亿港元的已发股本和至少7000万港元的实收资本。这类财务公司可以接受任何存款期限的公众存款，利率不受限制，但存款额不得少于50万港元。到1985年底，香港共有35家持牌接受存款财务公司。

注册接受存款财务公司的审批权属于银行监理处的监理人员。申请注册公司必须拥有实收资本1000万港元以上，其股本需有半数以上由香港或外地银行拥有。注册接受存款财务公司只准接受10万元以上的存款，最初存款期限最少为3个月。至1985年底，香港共有注册接受存款财务公司278家。

香港财务公司的产生和发展有一个曲折的过程。一般说，香港的财务公司是在20世纪70年代发展起来的。在1970年前，香港的金融体系几乎全部由商业银行所支配。到1970年，一些经营批发性业务（如包销证券，安排集团贷款，经营大宗外币存放款，提供财务咨询等）的商人银行（投资银行）在港开业；与此同时，香港的股票市场发生变化，一些以经营股票、抵押贷款为主的小型财务公司大批建立起来。又逢香港当局停发银行牌照，银行不能开立，人们便纷纷开设财务公司，由此导致财务公司发展过剩，1974年竟达2000多家，其中绝大部分是以当地华资为主。不久，出现财务公司倒闭风潮。香港当局制定财务公司法例，经过重新审定，大批财务公司被淘汰。到1976年底只剩下172家。1977年后，财务公司又膨胀起来，到1981年又增至349家，其中多是以国际财团为背景的跨国财务公司。

3. 外国银行驻香港办事处

外国银行办事处是从20世纪60年代中期开始进驻中国香港的，这与当时禁发银行牌照有关。外国银行办事处虽不能直接经营银行业务，但可以进行市场调查，为母行提供信息。它一方面鼓励香港资金向海外投资套息；另一方面配合本国需要，策划和开展对香港的贸易和投资活动。因而，外资银行办事处的成立，不仅使香港金融组织机构多样化，而且也推动了港内外金融业务的发展。同时代办处还是外国银行在香港开设分支机构的过渡形式，一旦时机成熟，即升格为银行或财务公司。因而，银行代办处发展得很快。1968年有15家，到1981年即达到122家，近几年来，又有一批办事处接连成立。

（二）资金市场的业务

1. 业务范围划分

资金市场主要是指银行和财务公司等金融企业互相之间的同业拆借活动和银行、财务公司对客户的一年以内的短期借贷活动。就银行业务而言，不局限于同业拆借和短期借贷业务，它还包括存款、放款、转账、汇款、兑换外币等直接业务。同时，银行也发展信托、房地产、保险、投资、旅游、仓库、租赁等各项兼营业务。

港英当局对银行和财务公司的业务范围有严格的划分。银行可以经营支票、储蓄存款账户、任何数量任何期限的公共存款，持牌财务公司主要经营大额度（一般不少于50万港元）的存款业务，注册财务公司一般经营中额度（5万至10万元）的短期存款业务。

此外，香港还有银团贷款业务。银团贷款业务本属长期资金市场业务，为了集中起见，也放在这里加以介绍。

银团贷款又称辛迪加贷款。在香港是指由数家商业银行组成的一个银行集团，联合向一个借款人提供巨额资金的一种贷款方式。香港的银团贷款市场是在20世纪70年代中期发展起来的，目前已成为香港金融市场的主要组成部分。据不完全统计，1977年香港银行团参与国际银团贷款93宗，涉及92亿美元，1978年参与113宗，涉及117亿美元，1979年参与103宗，涉及133亿美元，1980年参与171宗，涉及172亿美元。进入80年代，银行团的活动更为发展。

香港银团贷款的主要资金贷放人，是那些国际财团的外资银行机构。贷款资金主要是由欧洲美元市场拆入或由母公司调拨的，当地银行参与银团贷款的资金主要来自当地存款。

香港银团贷款的接受者除香港本地借款外，多是外地借款，其中包括印尼、韩国、菲律宾、泰国、中国大陆和台湾省等国家和地区,香港银团贷款的特点:一是成为亚太地区主要的资金融通中心;二是外资银行是市场的主要组成者;三是每笔贷款的金额日趋增大,四是港元的银团贷款迅速发展。

2. 业务经营规模及特点

从 20 世纪 50 年代起,香港短期资金(包括银行业及财务公司)的融资数量、资产总额及活动范围都在不断地增长和扩大。其中存款总额从 1954 年的 10.6 亿港元,增至 1980 年的 1312 亿港元,增长 122 倍,到 1986 年 1 月已增到 4640.96 亿港元,比 1980 年增长 3 倍多;放款总额从 1961 年 23.34 亿港元增至 1980 年的 1839 亿港元,增长 77.8 倍,到 1985 年 1 月又增长到 4454.76 亿港元,比 1980 年又增长了 2 倍多;资产总额从 1961 年的 63.51 亿港元增至 1980 年的 3981 亿港元,增长 61.6 倍,到 1986 年又比 1980 年有大幅度的增长。

在短期资金市场中,银行业和财务公司的发展情况又各有特点,现分别介绍如下。

银行业在20世纪50年代至60年代发展比较平淡,银行存款1954年为10.68亿港元,1969 年为 123 亿港元,平均每年增长不足 7.5 亿港元,年递增长为 17.6%;放款从 1961 年的 23.34 亿港元增至 1969 年的 78.8 亿港元,平均每年增长 6.9 亿港元,年递增率为 16.4%;银行资产总值从 1961 年的 63.5 亿港元增至 1969 年的 197.9 亿港元,平均每年增长 16.7 亿港元,年递增长率为 15.2%。

20 世纪 70 年代末至 80 年代初,银行业务有了迅猛的发展。1980 年,银行资产总值达 2681 亿港元,比 1970 年增长 12.5 倍,平均每年递增 225.7 亿港元,年递增率为 26.7%,存款达 885 亿港元,增长 3.2 倍,平均每年增长 70 亿港元,年递增率达 19.6%,放款额达 1244 亿港元,增长 4.7 倍,平均每年增长 105.9 亿港元,年递增率为 28.5%。

中国香港银行业的发展有以下五个特点:第一,海外业务比重越来越大。放款方面,20 世纪 70 年代以来,银行对海外放款大幅度增加,从 1971 年的 6.3 亿港元增至 1980 年的 294.3 亿港元,放款总额所占比重从不足 5% 跃至 23.7%。存款方面,来自海外存款资金不断增长。据统计,大约有半数以上来自海外存款。在银行业务中,香港银行对海外同业之间的资金调拨数量也大幅度增长,同时对海外同业资金流动的总趋势也是从流出大于流入转为流入大于流出。1970 年至 1980 年间,香港银行存放海外同业资金从 57.22 亿港元增至 908.9 亿港元,增长 14.8 倍;海外银行存放香港同业资金从 18.45 亿港元增至 1177 亿港元,增长 62.7 倍。1970 年初,香港对海外同业资金调拨的账面"流出"净额为 38.7 亿港元,而 1980 年资金调拨的账面已扭转为"流入"净额达 268 亿港元。第二，境外美元存款业务日趋活跃。香港当局规定，高于储蓄存款利率的各项存款需支付15%利息所得税，从而限制了香港以当地银行名义吸收国际游资业务的发展。但从70年代起，香港境外美元存款业务大量增加。除香港的外资银行开展境外美元存款外，不少华资银行也利用海外分支机构开展境外美元存款。第三，放款大于存款。香港当局规定，当地注册银行运用的资金，必须保留占存款25%的资金作为流动资产。一般情况下放款最高可达存款的75%，由于一些外国银行运用海外资金作为放款资金来源，因此，从1977年开始，即出现了银行放款大于存款的情况，1980年，香港银行放款总额超出存款总额359亿港元。1986年1月，银行存款总额为3794.70亿港元，而放款总额则为4454.76亿港元。放款超出存款660.06亿港元。第四，银行经营日趋多元化。除传统的存款、放款、押汇等基本业务外，还普遍开展保险、信托、黄金、股票、地产、航运、仓库和贸易等多种经营。第五，汇丰银行集团一直处于优越地位，汇丰银行集团（包括汇丰银行、恒生银行、有利银行、汇丰财务公司和获利多财务公司）虽然是一家商业银行，但具有某中央银行的特权：一是发行钞票；二是作为全港商票交换中心，拥有大量无息交换头寸；三是受港英当局的委托干预资金市场和外汇市场。

香港财务公司已成为金融市场的重要部分，并且与国际金融市场有密切联系。

1980年，香港财务公司总资产为1300亿港元，存款为427.1亿港元，放款为595.1亿港元。

20世纪80年代以后，财务公司向长期资金融通业务发展，成为长期资金市场的重要环节。其最突出的表现是积极参与银团贷款和存款证贷款。这种贷款额度大、期限长。在银团贷款方面仅1980年就参与国际银团贷款近500宗，贷款额超百亿港元，期限为5～10年，甚至更长。存款证贷款一般面额为5万港元以上，存款期限5年以上。

3. 利率

香港资金市场上的利率总的来说，是自由利率，即由货币资金供求关系自发形成的利率。但是，在特定的时期或特定的情况下，当局或银行公会有时也采取行政手段来干预或影响市场利率。同时，对某些融资活动的利率，当局或银行公会也采取经常性的限制手段，规定其利率的最高限，或最低限，或同时限定最高限和最低限。然而，当局和银行公会的行政性规定基本上还是以货币资金供求关系为依据的。否则尽管在形式上作出规定，在实践中也是难以实行的。

香港资金市场利率是经常变动的，可以说是每日、每月、每年都在波动，而且波动的幅度很大。为了便于分析，下面列出两份关于香港商业银行利率变动的统计表（见表1和表2）。

表1 香港资金市场利率变动情况

（单位：厘[年利率]）

年份	同业活期拆息	最优惠放款利率	储蓄存款	三个月定期存款
1970	5.123-9	8		5.25
1971	5.625	7.8	3.25-3.5	4.5-5.25
1972	3.5-7.75	7	3.5	4.5
1973	2.875-7	7-9.75	3-5	4.5-8
1974	3.5-11	9.12	4-5	6-10.25
1975	0.75-10.5	6.5-9	2.5-4.5	3.25-6
1976	1-7.25	6-6.5	2-2.5	2.75-3.25
1977	1-6	4.75-5.5	1.75-2	1.75-2.75
1978	4-12.5	4.75-8.75	1.75-4.5	1.75-4.5
1979	4-19.5	9.5-14.5	4.5-9.25	4.5-9.25
1980	4-19	10.17	5-11	6-13

从表1中可以看出，香港资金市场上的利息率每年都是不同的。以同业活期拆息为例，从1970年至1980年11年间每年都不相同。

表2 香港资金市场利率变动情况

（单位：厘[年利率]）

日期	储蓄存款	24小时通知	七天通知	七天定期	两个星期	一个月	二个月	三个月	半年	九个月	一年	最优贷款
84.8.23	8	8.5	8.5	8.5	8.5	9	9	9.5	9.5	9.5	9.5	14
84.10.1	7	7.5	7.5	7.5	7.5	8	8	8.5	8.5	8.5	8.5	13
84.10.29	6.6	7	7	7	7	7.5	7.5	8	8	8	8	12
84.11.26	6	6.5	6.5	6.5	6.5	7	7	7.5	7.5	7.5	7.5	11.5
84.12	5.5	6	6	6	6	6.5	6.5	7	7	7	7	11
85.1.14	5	5.5	5.5	5.5	5.5	6	6	6.5	6.5	6.5	6.5	10.5
85.1.28	4.5	5	5	5	5	5.5	5.5	5.5	5.5	5.5	5.5	10
85.4.1	4	4.5	4.5	4.5	4.5	5	5	5	5	5	5	9.5
85.4.22	3.75	4	4	4	4	4.5	4.5	4.5	4.5	4.5	4.5	9
85.5.20	3.25	3.5	3.5	3.5	3.5	4	4	4	4	4	4	8.5
85.6.24	2.75	3	3	3	3	3.5	3.5	3.5	3.5	3.5	3.5	8
85.7.15	2.25	2.29	2.5	2.5	2.5	3	3	3.25	3.25	3.25	3.5	
85.7.19	1.75	1.75	2	2	2	2.5	2.5	2.75	2.75	3	3.5	6
85.9.2	2.25	2.25	2.5	2.5	2.25	3	3	3.25	3.25	3.5	4	7

从表 2 中可以看出，香港资金市场上的利率，每月每日都是不同的。以储蓄存款为例，1984 年的 10 月 1 日利息率为 7%，1984 年 11 月 26 日利率为 6%，两个月的利息率不同。同是 1985 年的 1 月份，1 月 14 日的利率为 5%，而 1 月 28 日的利率则为 4.5%，两天的利率不同。

从表 1 和表 2 中还可以看出，香港资金市场上同种业务在同一年度内利率波动的幅度是相当大的。以 1980 年为例，这一年的同业活期拆息最低为 4%，最高为 19%，最优贷款利率最低为 10%，最高为 17%，储蓄存款利率最低为 5%，最高为 11%，三个月定期存款利率最低为 6%，最高为 13%。

香港资金市场利率的变化从 20 世纪 70 年代初至 80 年代中期，除 1974 年和 1979 年两年的利率偏高以外，总的来看，是下降的趋势。资金市场利率的这种变化趋势，反映了国际资本主义经济发展的状况。世界进入 70 年代以后，国际资本总量相对过剩，资本主义世界的游资数额增大，亟待寻找投资场所。香港经济也受世界经济的影响，处于类似状态。

二、中国香港证券市场

（一）中国香港证券市场的构成

证券市场属于长期资金市场，但长期资金市场又不限于证券市场。在香港，长期资金市场包括证券市场和银团贷款市场两部分。银团贷款又称辛迪加贷款，这是由数家商业银行组成的一个银行集团，联合向一个借款人提供巨额长期贷款的一种方式，因而属于长期资金市场范畴。为了集中论述证券市场问题，对于银团贷款市场不在此处论述。

香港的证券市场又分为债券市场和股票市场两大类别。债券市场兴起较晚，交易数量和范围都远不及股票市场。因而，在香港，股票市场是证券市场的主体，债券市场处于从属地位。本节着重论述香港的股票市场。

香港的证券交易所于 1865 年产生第一个公司条例，1866 年开始有股票交易活动，但还没有固定的交易地点，更没有股票交易所。当时的交易活动多数是集中在香港会所，即现在的皇后大道中娱乐戏院进行。据一位曾于 1870 年到香港访问的人讲，香港会所里挤满了"不同国籍的经纪人，大家在闲谈说笑，开怀畅饮；由于会所沿皇后大道而下的一带，诸色人等混集，香港的证券交易简直是一团糟"。

最早参加上市交易的股份公司，是 1866 年初成立的香港上海汇丰银行和 1866 年 3 月 2 日成立的香港酒店有限公司（现改为香港上海大酒店有限公司）。1866 至 1890 年间，有九龙仓和置地等许多公司相继成立。随着股份有限公司及其上市交易的股票不断增加,股票经纪人应业务发展的需要,于1891年2月3日成立了"香港股票经纪协会",后于1914年2月21日协会易名为"香港证券交易所",这是香港最先出现的第一个证券交易所。

其后,于1921年香港又成立了一家"证券交易协会",其性质与"香港证券交易所"相类同。第二次世界大战后的1946年,两会在香港的会员寥寥可数,在他们的倡议下,两会便于1947年3月11日合并,成立"香港证券交易所有限公司",所有香港证券交易所及香港经济协会的会员均可加入。

自1891年以来,"香港证券交易所"的会员均在每日上午10点至下午2点30分集会,报价交易。股票买卖成交后一般一个月以后才交收,有的是买卖三个月以后的期股。由于期股交易易被投机分了所操纵,致使合同不能兑现,交易不能正常进行,从1935年开始,改为24小时交收制,此制度一直延续到现在。

香港在1986年4月2日以前,共有四家证券交易所:一是上述1891年成立的"香港证券交易所";二是1969年底成立的"远东证券交易所";三是1971年成立的"金银证券交易所";四是1972年成立的"九龙证券交易所"。

1986年4月2日,上述四家证券交易所合并建立了"香港联合证券交易所",所址在德辅道中。

(二)中国香港股票市场的基本情况

1. 交易程序

香港的股票交易一律在香港联合证券交易所内部进行。交易所下属股票经纪人,即持有代客买卖股票牌照的证券公司,目前共有1081家。任何人买卖股票都必须通过股票经纪,由股票经纪代表在证券交易所内交易。非交易所下属的股票经纪代表不能直接进入证券交易所买卖股票,股票经纪对买卖双方都收取5‰的佣金。委托人还要向港英当局交纳3‰的印花税。证券交易所收取证券经纪缴纳的申请费和占地费用;证券经纪是证券交易的中介人,收取交易双方的佣金,真正的证券交易者是通过中介人进行买卖股票的双方。

2. 上市股票

香港的股票分为上市股票和非上市股票两大类。上市股票由上市股票公司向当地相关部门申请并得到批准的股票。上市股票的发行公司必须有雄厚的资本和较高的信誉才可能获准发行上市股票。上市股票要挂牌公开买卖,任何人都可以通过证券经纪买卖上市股票,愿意买多少就买多少。不上市股票不能公开挂牌买卖,只能在内部自行分配股票,股数也可以自行控制。香港上市股票公司的数量经常变化,到1985年底,上市股票公司有267家,其中海外公司在中国香港挂牌上市的公司有 24 家（其中日本公司占 14 家），当地公司上市股票中，英资占 60 多家，华资占 100 多家。按行业分，房地产建筑业股票 94 家，制造业股票 39 家，银行、保险、财务公司股票 32 家，航运业股票 18 家，综合企业股票 14 家，酒店、旅游业股票 19 家，公共事业股票 9 家，其余为百货及其他行业的股票。

中国香港的股票不仅在本地交易所上市，有些股票还在伦敦股票市场上市，香港上海汇丰银行、怡合、置地、新黄埔、会德丰、九龙仓、太古、长江实业等股票，均先后在伦敦股市上市。

香港上市股票按 1986 年的股票价格计算，全部上市股票的价值约为 2000 多亿港元，1986 年 1 月成交额为 54.7 亿港元。

3. 恒生指数

恒生指数是反映香港股票大市行情的指标。所谓恒生指数，是指 1964 年 7 月 31 日，33 家上市股票价格的加权平均数。由于这种计算活动是由香港恒生银行组织进行的，故称为恒生指数。以 1964 年 7 月 31 日 33 家上市股票价格的加权平均数为 100，叫作 100 点，以这 100 点为基准，以指数高于 100 点或低于 100 点作为评估股市行情的指标。

香港的股市由于种种原因，使恒生指数经常起伏不定。据统计，1969 年底，恒生指数为 129.74 点，仅比 1964 年增长 29.74 点；而 1973 年 3 月则上升到 1774.06 点，增长十几倍；1977 年又下跌到 425.03 点；1980 年又上升到 1473.59 点；1986 年 1 月 8 日恒生指数猛涨到 1826 点，达到历史最高水平。

（三）中国香港股票市场的交易活动

1. 投资股票的利益和风险

股票，是股份公司筹集资本的证券之一。公开上市的股票，可以自由买卖。人们购买了上市公司的股票，就成为该公司的股东之一，股东享有如下权利：（1）在公司盈利的情况下，可取得公司分派的股息、红利或者红股；（2）公司增发新股时，有认购新股的权利；（3）可以参加公司的股东大会，并可投票选举公司董事。除上述权利外，股东随时可以通过股票市场，按市价卖出股票换回本金，也可以卖出一部分，保留一部分或者随意卖出某一种股票，转购另一种股票。

投资股票也承担一定的风险：（1）当公司没有盈利，股东便得不到股息、红利或红股；（2）当公司倒闭了，股东所持有的股票便成为废纸；（3）当出卖股票换现金时，可能赔钱；（4）当公司经营不善，声誉不佳，或者政治、经济形势动荡时，股票不好脱手，难以变现。

2. 买卖股票的手续和费用

买卖股票，要通过证券交易所的会员，即领有牌照的证券公司（也称为股票经纪），在证券交易所内进行。客户委托证券公司买卖股票有两种具体方式：一是直接到证券公司委托买卖，证券公司通知驻交易所代表进行买卖；一种是通过电话向证券公司提出委托买卖要求，证券公司通知驻所人员进行买卖。

香港买卖股票实行 24 小时内交割制度。卖方把所卖的股票及转户凭证交给证券公司并结账，证券公司将股票及转户凭证如数交给买方结账。

买卖股票双方都要承担一定的费用。这些费用包括：（1）经纪佣金即双方给代为买卖股票的证券公司的报酬，一般不超过 3‰；（2）印花税，每笔交易缴纳 6‰的印花税，买卖双方各付 3‰，另外，买卖双方还要付出转户凭证印花费。

3. 买卖股票的活动方式

由于买卖股票的目的不同，其活动方式也不相同。从购买股票的目的来考察，购买股票的人可以分为两大类：一类是希望获取较多的股息或红利，一类是希望在短期内赚取市价上升和下降之间的差额。

以赚取股息或红利为主的股票买卖者，主要有两种手段：一是购买那些信誉高、经营稳定、盈利多的上市公司的股票，并长期持有，如果该种股票利益减少，便将其卖出，再购进盈利高的股票；另一种手段是"抢息"，即选择那些经营好，派息高的股票，在其未宣布派息之前买进，取息后再伺机卖出。

以赚取差价为主的买卖者，一般称为"炒家"，也就是"投机家"。他们利用自己的影响采取各种手段，将某种股票人为的"炒"低，"炒"高，炒低后买入，炒高后卖出，赚取差价。股票炒家分为"大炒家"和"小炒家"。大炒家和小炒家的手段各不相同。

大炒家指的是本地或外地资本集团，他们炒股的手段多种多样，变幻莫测，归纳起来主要有以下几种。一是利用上市公司的内幕消息操纵该公司股票价格的升落。上市公司的大股东对公司经营情况，盈利和派息情况，扩展和收缩计划都很清楚，他们在公司宣布有利于股票价格上升的消息前，暗中买进本公司股票，宣布后，价格上升了再卖出去，相反在公司宣布影响股票价格下降的消息之前，暗中卖出，宣布后价格下降了再买进来，这是上市公司炒本公司股票的通常做法。二是利用国际经济、不利消息来影响该公司的股票价格上升或下落，从中赚取差价。三是集中收购某公司的股票，掌握股票的多数，操纵该种股票的市场价格忽而"炒"低，将股票买入，忽而"炒"高，将股票卖出，忽而"炒"冷门股，忽而"炒"热门股，翻手为云，覆手为雨，从中渔利。

"小炒家"的"炒股"手法,通常都是跟在"大炒家"后面追踪而行,随着"大炒家"买进或卖出,但由于小炒家消息迟缓,往往跟不上"大炒家"的节奏,大炒家开始买进时他们不知道,当他们知道再去购买时价格已经炒上来了,大炒家已经开始抛售,因而经常亏本。小炒家为了提高保险系数,往往采取以下两种办法:一是按金买卖。股票经纪人为了招揽客户,一般都接受客户的按金买卖,即客户向经纪公司交存一定比例的按金(一般是 50%),提出在多少价格额度内买入某种股票多少。一般都是用 5 成按金,做 10 成买卖,可以从中得利。

另一种是押借买卖,即将购入的股票,向银行或财务公司押借现金,所借现金高于借款额度,然后再用借款去购买股票,又再押借、买股,从中得利。

4. 香港股市成交量及其指数变动情况

香港股市的成交量及其指数量是不断变化的,变化的总趋势是上升的。现将 1970 年至 1985 年的变动情况列表如下:

表3 香港股市及其指数变动情况表

年份	成交量(亿港元)	恒生指数(1969 年 6 月 31-100)
1970	59.88	211.61
1971	147.93	311.36
1972	437.57	813.4
1973	482.17	433.68
1974	112.45	171.11
1975	103.55	350
1976	131.55	447
1977	61.26	404.02
1978	274.19	459.51
1979	256.32	879.38
1980	956.84	1473.59
1985	757.74	1716.95

资料来源:香港银行公会。

(四)中国香港的债券市场

1. 香港债券市场的发展

债券是西方国家政府、银行、大企业等机构向民间筹集长期资金的一种融资工具,也是国际金融市场借贷的主要形式。债券对于集资者和投资者都有一定的好处。对集资者来说,发行债券有利于提高本公司、本企业的信誉;借贷成本比从银行借款成本低，使用期限长，债券集资使用自由度大，在还本之前可以投向任何方向。从购买债券者即投资者来说，一是期限长，利息高；二是可以随时在市场上出售变现；三是某些债券有认股权，债券期满后可以认购该公司的股数。

香港债券市场发展较晚，数量也不大。一般认为，香港债券市场是 70 年代逐步发展起来的。20 世纪 70 年代以前，香港仅有"国泰"股份和"港府"两种债券，合计金额 5475 万港元。从 1971 年至 1980 年，香港债券市场有所发展，但也只有 38 家，金额达 86 亿港元。1980 年以后至今，债券虽有发展，但与股票市场相比，仍相差甚远。

香港债券交易分两种情况，本地发行的债券上市交易是在证券交易所进行，外国债券交易大部分在财务公司进行，少数也有在交易所进行。

在交易所上市债券的交易，须向证券监理处和证券交易所申请批准并向证券交易所交纳上市费才能上市。上市费按债券发行额计算，1000 万港元收上市费 1500 港元；超过 4000 万港元的收 5 万港元。目前，在香港证券交易所上市的债券有近 40 家，其中少部分是外国债券，大部分是香港当地债券。

2. 香港债券市场的特点

香港债券市场有以下几个特点：

首先是债券发行绝大多数为当地华资和英资企业，大约占香港债券发行额的 70%以上。其次是香港发行债券以港元为主，美元次之，英镑和西德马克甚少。再次，外资日益加强利用香港债券市场筹集资金。

三、中国香港的外汇、黄金和租赁市场

（一）中国香港的外汇市场

1. 香港外汇市场的发展过程

香港的外汇市场，是由一个狭小的地区性市场，逐步发展颇有影响的国际性市场。

港币早年是与英镑挂钩的，其汇率也不断变化。1935 年是 16:1，即 16 元港币换 1 英镑。1945 年国际货币基金组织成立，港币的含金量根据英镑的含金量，按上述汇率折算出来，当时英镑所报含金量为 3.581344 克，港币的含金量应为 3.081344 克。1949 年英镑贬值，港币也随之贬值，但汇率仍然是 16:1。1967 年英镑再度贬值，港币没有随之贬值，港元与英镑的汇率调整为 14.5455:1，一直维持到 1972 年 7 月英镑宣告浮动为止。在 1972 年 7 月以前，香港外汇市场的主要业务是港币兑英镑，每天成交只有几百万英镑。因而，当时香港外汇

市场是个地区性的市场。

1972 年 7 月英镑浮动以后,港币改为与美元挂钩,其汇率为 5.65:1,即 5.65 港元兑换 1 美元,1973 年 2 月,美元第二次贬值,港币与美元的汇率改为 5.08:1,一直到 1974 年港币宣布自由浮动为止;1983 年港英当局又重新宣布港币与美元挂钩,并保持 7.8:1 的固定比价。

香港外汇市场从 1973 年开始,逐步发展成为国际性的金融市场。这是因为,一方面,1973 年港英当局取消了外汇管制,首先扩大了港币兑换美元的外汇市场;另一方面,一个从美元兑换其他货币的市场也逐步发展起来。

2. 香港外汇市场交易的种类

香港外汇市场基本上分为三类交易活动:一类是港币直接兑换美元;一类是先用港币兑换美元,再用美元兑换其他外汇;一类是其他外汇兑换美元,再用美元兑换其他外汇。

香港各类经济商如需用其他外汇结算时,一般不直接用港元购买其他外币,而是先用港币买成美元,再用美元购买其外币,即一般所说的"套汇"或"套购"。

美元兑其他外币的需求主要是来自香港境外和设立在香港的外资金融机构(即境外需求),它们利用香港作为其进行外汇投机和套购的中间站,填补纽约收市后和伦敦放市前的一段间隙,形成纽约—香港—伦敦的外汇交易网。

在通过美元兑换其他货币的交易中,最多的是以美元兑换西德马克,日成交量大约 25~30 亿美元,占这类成交额的一半左右。这类交易主要由美国纽约银行经营。其次,是美元兑换日元,日成交量为数亿美元。这类交易主要由日本东京银行和美国万宝通银行经营。

3. 香港外汇市场的经营机构

参与香港外汇市场的人有两类:一类是经营外汇买卖业务的金融机构,一类是外汇经纪。香港外汇管制期间(1973 年以前)将银行分为外汇授权银行和非外汇授权银行,前者可以在官方外汇市场买卖外汇,后者只能在自由市场买卖外汇,外汇管制取消后这种区分也就自然消失了。参与外汇买卖的包括香港所有银行和金融机构(115 家银行,302 家财务公司)。大体可分为六大类:一是汇丰银行集团,包括汇丰银行、恒生银行和获多利财务公司。二是美资机构,包括万宝通银行、大通银行、汉华实业银行、芝加哥第一国民银行。三是日资机构,包括东京银行、集友银行等。四是中国银行集团,包括中国银行、交通银行、南洋商业银行等。五是英资银行,包括渣打银行、柏克来银行等。六是东南亚资本的机构,包括港外信托银行、恒隆银行、华资银行、大华银行、华联银行等。其中以汇丰集团的业务量为最大,其次是中银集团。

香港的外汇经纪有 10 多家,这些经纪大体分三人类:一是香港当地经纪,他们只在香港设有机构,亦无海外代理,纯经管港币兑美元和港币拆放等当地业务。二是国际经纪,它们的总公司都在海外,经营美元兑其他外币和美元拆放为主。三是由当地经纪发展而成的国际经纪,它们的总公司在香港,在海外设有分公司或代理人。

4. 香港外汇市场的营业情况

香港外汇市场名义上是每天上午 9 点开市,即纽约市场收市后 4 小时,东京市场开市前 1 小时。但实际上,很多金融机构在上午 8 点半至 8 点 45 分就开始报出市价。开市价主要是参考纽约市场的收市价而定的。港元兑美元的报价是当天的交割价;日元、新元、马元、澳元和加元是次天交割价;其余都是第三天交割价。

各种货币的远期汇价也同时报出。

香港外汇市场无明确的收市时间,一般金融机构在下午 5 点以后都结掉当天的外汇账,大宗交易也较少,因此一般认为香港外汇市场的收市时间是下午 5 点。这个时候伦敦市场刚好开市,到晚上 10 点纽约市场也开市,在香港的金融机构可以一直营业到次日,即香港外汇市场收市,伦敦外汇市场开市;伦敦市场收市纽约市场继续开市,纽约市场收市,香港市场又开市,所以香港外汇市场已无固定营业时间,基本上可以 24 小时营业。

香港外汇市场的交易方式多是无形市场交易。因为香港经营外汇的经营机构与外汇经纪及当地同业之间都有热线电话直接联系,外地同时也设有专线电话联络,所有的交易都通过电话和电传进行,而很少有面对面的交易情况。外汇交易可以通过经纪进行,也可以在同业之间直接进行。

5. 香港当局对外汇市场的政策

香港当局对外汇市场采取自由政策和有限度的干预政策。其目的主要是使港币的汇价维持在一个出口贸易和当地消费都能承受的水平上。香港当局只有在港币汇价超过能够承受程度时才加以干预。由于香港没有中央银行,因此对外市场和港元汇价的干预,都委托给几家商业银行进行,其中有汇丰银行集团、渣打银行及永隆银行和英资的柏克莱银行,而主要是由汇丰银行承担此任。这些银行干预外汇市场的主要手段,是动用外汇基金,通过对外汇基金的投放和收回,来平衡外汇市场和港元汇价。

6. 港币汇价变动情况

港币汇价处于不断变动状态,但变动的幅度不是很大,现将 1970~1980

年港币对几种主要货币汇价变动情况列表如下：

表 4　港币汇价变动情况表

（以每一单位外币兑港元折算）

年份	美元	英镑	日元	人民币
1970	6.068	14.47	0.0160	2.4876
1971	5.705	14.58	0.0181	2.4876
1972	5.700	13.4	0.0191	2.5648
1973	5.090	11.8	0.0180	2.5336
1974	4.930	11.6	0.0165	2.6610
1975	5.040	10.3	0.0165	2.5740
1976	4.677	8.3	0.0161	2.5493
1977	4.620	8.94	0.0194	2.6483
1978	4.810	9.87	0.0249	2.9780
1979	4.960	11.05	0.0209	3.2884
1980	4.976	11.6	0.0221	3.3190

（二）中国香港的黄金市场

1. 香港黄金市场的形成和发展

香港黄金市场从 1910 年开始出现。最初出现的交易场所叫"香港金银贸易场"，当时并不是只进行黄金买卖，黄金买卖只是其中一项内容，更多的是各国纸币的买卖。第二次世界大战发生时，"金银贸易场"被迫关闭，大战后不久又恢复了金银场，但由于香港当局从 1947 年 5 月 16 日起对黄金实行管制政策，黄金市场没有很大发展。1974 年撤销黄金管制后，才逐步形成为国际性黄金市场，是世界三大黄金市场之一。现在香港的黄金市场由三个不同类型的市场，即"香港金银贸易场"、当地"国际伦敦黄金市场"和"黄金商品期货市场"组成。

（1）"香港金银贸易场"

"香港金银贸易场"是一个由华资金商占优势的市场，只有华籍金商才能成为贸易场的行员、领取行员牌号。只有行员才可以进行买卖，非行员只能委托行员间接买卖。行员牌号共有 195 家，只能减少不能增加，但可以转让，转让费为 140 万港元。

经常参加买卖活动的有二三十家，如辛鸿基、周大福、景福、顺隆、利昌、汇业、永利、汇来、捷兴、万昌、万隆、恒泰、新记、宏丰、永京、广安、永隆等，都是由银号改为银行而继续持有贸易行员牌照。贸易场是按着中国地方传统进行交易的。每条黄金重量为5（司马）两，含金量为99%。双方买卖不写文字材料，只凭口头交易和信用。场内贸易虽然是现货，但如现货不足可延期给付，但要付利息，实际上又具有期货性质。这个市场是香港黄金市场的主体。

（2）当地"国际伦敦黄金市场"

这个市场是伦敦黄金市场在香港的分支。它并没有固定的交易场所，而是由金商与金商之间，或金商与客户之间通过各种通信设施，采用问价、报价的方式进行买卖的。

这个市场的黄金买卖以美元计价，每条重400盎司，成色为99.s%，交货地点在伦敦并交现货。

这个市场是以外国金商为主导的市场。目前外商有：①罗富齐父子公司②穆加达公司③金宝利公司（同汇丰、恒生、获得利合资组成）④万丰商品香港有限公司⑤万达基（香港）有限公司⑥瑞士金银公司（是瑞士银行的附属公司）⑦瑞士联合公司⑧瑞士信贷银行⑨联邦德国捷能银行⑩美国德崇证券公司⑪美国时喜公司⑫美国禄普证券（香港）有限公司⑬加拿大宏发证券有限公司，上述第①至第⑤为伦敦5大金商，第⑥至第⑧为瑞士3大金商。

（3）"黄金商品期货市场"

"黄金商品期货市场"是1980年新开设的，参与期货买卖的必须委托交易所持有黄金出市权的会员代为进行。申请作为会员的必须具备3个条件：①申请人资产不得少于200万港元；②信用好；③有期货买卖经验，必须交50万港元买一张只有10万港元面额的股票。现在有会员146个，有出市权的95个，经常出市的有罗富齐、新鸿基、发景、仁利、宏高、时喜等十多家。

这个市场的交易方式是正规化的并在场内有买卖的书面合同，合约最长时间为25个月。每一合约买卖100盎司，成色为99.5%，每条重量分别为100盎司、50盎司或1公斤。交货地点在伦敦。自1981年5月1日起为逃避15%的附加税，改在香港交货。

上述三个市场互相渗透构成香港黄金市场整体。

2. 香港黄金市场的进销途径

香港不生产黄金，黄金本销和外销都靠进口。在黄金管制期间，来自欧洲和澳大利亚的黄金经过澳门走私到香港，本销一少部分，大部分出口销往日本、泰国、韩国及中国台湾省、越南的西贡（今胡志明市）等地。黄金管制取消后，香港黄金倒流欧洲。据统计 1980 年香港进口黄金总量为 31545 公斤，约合 31.5 吨，转口总量为 20773 公斤，约合 29.3 吨，进口比转口超出 5.9%，进口来自英国、瑞士和澳大利亚的分别占 29.90%、31.7%和 2.1%（这三个传统进口国过去占 90%以上，现为 63.706）。来自新加坡（相当部分属于印尼和泰国）的占 27.8%，来自日本的占 4.2%。转口去往中国台湾省的占 3.7%，其余倒流英国、瑞士、联邦德国的分别为 56.7%、16.4%和 8%，销往加拿大的 10.6%，这四个国家占转口的 91.7%。

3. 香港当局对黄金市场的政策

从 20 世纪 40 年代至 70 年代初期，香港当局对黄金市场采取名管实放的管制之外，对黄金市场的政策更加开放，它把黄金当成是一般的五金商品，只按进出口货值征 5%的税，不征收印花税和所得税。进入 80 年代，香港当局采取使黄金市场进一步正常化的政策。首先批准开设黄金商品期货市场，其次禁止在黄金市场外围"炒金"活动，使香港黄金市场逐步趋于正规化、现代化。

4. 香港 99 金价格变动情况

香港黄金市场的金价处于不断变化之中，变化的趋势是上升，而且升幅较大。现将 99 金价变动情况列表如下（港元/每司两）。

表 5　香港 99 金价变动情况表

年度	年初价	年底价	升降%	最高价月/日	最低价月/日	波幅%
1970	281.25	286.875	2.00	306.125(10/27)	274.125(8/18)	11.67
1971	286.625	314.375	9.68	330.00(8/16)	286.375(1/9)	15.32
1972	314.375	446.25	41.95	446.00(8/2)	312.75(1/30)	49.00
1973	441.50	687.50	55.72	267.30(7/9)	439.50(1/30)	74.58
1974	683.00	1099.20	60.94	1142.30(12/30)	680.50(1/29)	67.86
1975	1048.00	853.00	-18.61	1061.00(1/2)	791.00(7/23)	34.13
1976	847.00	754.20	-10.96	849.40(1/5)	607.00(8/28)	39.93
1977	735.50	916.80	24.64	942.20(11/11)	714.00(1/11)	31.96
1978	919.00	1304.00	41.89	1388.80(10/31)	910.60(1/5)	52.51
1979	1308.00	3008.00	129.90	3092.00(12/31)	1234.70(1/12)	151.24
1980	3135.00	3592.00	14.58	485.00(1/18)	2760.00(3/18)	75.72
1985	2690.00	3046.00	13.23	3104.00(8/1)	2693.00(2/1)	115.26

资料来源：香港银行公会

(三）中国香港的租赁市场

1. 香港租赁市场的形成和发展过程

所谓租赁是指出租者和承租者之间订立的一种契约，由出租者应承租者的要求购进其所需的设备供承租者在一定的时期内使用，并按期收取租金。租赁和分期付款不同之处是租赁不必支付按金；租赁期间设备的产权归出租公司所有，承租户只有使用权。

香港的租赁业是从20世纪70年代初由外资银行介入发展起来的。目前香港租赁业务仍然是以外资银行附属机构或财务公司经营为主，其又以日资租赁公司为主，其次是英国和联邦德国。

香港本地租赁业务的发展经历了两个阶段：第一个阶段，是20世纪70年代初期的引进阶段，这个时期主要是由外资银行开展租赁业务，把欧、美租赁业务引入香港；第二个阶段，是70年代后期的初步发展阶段，这个时期不仅有外资租赁公司，而且本港租赁企业也发展起来，采用租赁的工程设备和办公设备约占40%，地下铁路、集箱船、飞机等交通设备约占30%，彩电等家用电器生产设备约占30%。

2. 香港租赁业务的主要形式

目前香港的租赁业务大致可分两大类：一是信贷型，也称为"完全支付"的租赁。这种租赁业务的做法是设备在使用寿命期内只租给一个租户使用，出租公司把设备的成本和利润在租期内分期分摊，由承租户支付，租约结束时，设备已完全折旧完毕，出租公司不受任何影响；另一种是管理型租赁。这种租赁办法是租赁公司把设备以较短时期给用户使用，租赁期满后，承租户可把设备交回租赁公司再转租给别人。在租赁期间，租赁公司不仅提供设备，还负责设备的安全保险及维修保养，这种租赁形式，租金较高。

租赁业在香港还是处于初期发展阶段，今后随着经济的发展，香港的租赁业务将会有更大的发展。

四、中国香港的保险市场

（一）中国香港保险市场的形成和发展概况

香港的现代保险业，是从1840年中英鸦片战争期间英资财团大肆渗入我国经济市场以后开始产生的。香港保险市场的发展，大体上可以分为三个阶段：第一个阶段，从1840年鸦片战争开始，到1941年太平洋战争爆发。1841年，英资仁记洋行在香港设立经商机构。附带经营保险代理业务。随后，在广州开业的英资裕仁保险公司来香港开设分公司。中国抗日战争爆发前，香港主要是英资公司，也有少数是港商办的华资公司。抗日战争开始后，港商及华侨商人相继开设保险公司。据统计，1941年在香港出保单承保香港保险业务的保险公司总数为100家。第二阶段，从1941年至1979年以前。第二次世界大战期间，香港保险业几乎处于停顿状态。"二战"后，香港保险业才又新恢复和发展起来。新中国建立前夕，英资和美资在大陆开设的保险公司纷纷撤到香港。国内商人有的也把资金撤到香港投资保险业，保险业呈现发展景象。第三阶段，从1979年至今。自1979年以来，受我国对外开放、对内搞活政策的影响，特别是"一国两制"方针的提出，使香港政治安定，保险业呈繁荣发达景象。

（二）香港保险的需求与供给

香港当地对保险的需求，总的来说是逐步上升的趋势。据上海汇丰银行估计，1984年保险业共收保险费约80亿港元。全港对保险的需求按大类分有寿险、非寿险和意外保险三大类。在非寿险中又分为水险和火险。水险主要是投保货物运输险和船舶保险。在货物运输中包括水路运输、陆路运输和航空运输等各种险别。由于香港转口贸易比重较大，且多为水路运输，因而对水上货物运输保险需求较大。船舶在20世纪60年代末期需求较旺，70年代后期以来，由于水路运输不景气，船舶保险的锐减。火险是香港保险需求最大的险种。这是由于香港转口业务量很大，外来转口暂时停放的货物很多，对火险产生极大需求；同时，香港又是世界上最大的购物中心，到香港来销货和购货者，都要求对货物投保火险；另外，香港工业企业的迅速发展，也产生了对火灾保险的需求。意外伤害保险的需求在逐年增加，除汽车第三者责任保险和雇员赔偿由香港当局法律规定强制保险外，人身意外、旅行平安、公众责任、建筑及安装工程等各类保险的需求也逐步增长，香港人寿保险的需求不很旺盛，特别是传统的寿险需求更少。当前总的趋势是储蓄性和投资性的人身保险的需求在逐步上升，而传统的纯生命保险的需求在减少。

按照投保者的身份和保险方式来分析，保险的需求，大致可分为三种情况：（1）企事业单位投保商业保险。这是香港的主要投保人，也是对保险的最大需求者。他们投保水险、财产险、火险和人身保险。（2）个人投保商业保险。这主要是指在香港居住的投保家庭财产保险和人寿保险。总的说香港居民个人保险需求低下，特别是个人投保人寿险的需求更少，仅占香港500万人口的5%～7%。（3）自保需求。香港有些单位不投保商业保险，而采取单位自保形式，例如，香港当局行政机关及其下属的许多机关，就采取自保形式。

保险的供给是指保险市场中保险公司的数量、保险品种和险别以及总承保能力。据香港当局保险管理处统计数字，到1985年底，香港共有保险公司288

家,各类分支公司、代理公司和经纪公司的总数为1280人,其中代理公司和经纪公司约1000个,保险从业人员为8980人。香港288家保险公司中,在香港注册的有129家,其余分别在26个国家和地区注册,在香港开设分支机构。在这些境外注册保险公司中,英国52家、美国31家、日本8家、百慕大8家、新加坡7家、瑞士7家、加拿大6家、法国5家、中国5家、新西兰4家、印度和荷兰各3家,其他20家。288家保险公司若按专业分:寿险公司50家,非寿险公司202家,兼营寿险和非寿险公司36家。

香港各大财团都有自己开设的保险公司,例如,会德丰财团的茂泰保险及再保险公司集团,英之杰财团的香港分保物产保险公司集团,新鸿基地产公司的新鸿基地产保险公司,李兆基地产集团的合众保险公司,包玉刚环球投资集团的环球水火险公司,汇丰财团的汇丰保险集团,新昌财团的健峰保险集团,太古财团的太古保险集团,太古皇家保险集团,怡和财团的怡和保险顾问集团,隆重德保险集团,先施集团的先施人寿保险集团,永安财团的永安人寿保险,香港家庭保险,永安水火险和平安保险集团。

香港的银行和保险的关系密切。为了不使肥水注入外人田,银行办保险,使银保为一家,因而香港不少保险公司分属于各个银行。据调查,恒生、永亨、东亚几家银行开有银联保险公司,海外信托,盘谷,香港工商银行开有亚洲保险公司,海外信托银行开有海外保险公司,恒隆银行开设恒信保险公司,广东银行开有香港上海联保保险公司,嘉华银行开有嘉华安美保险公司,新鸿基银行开有新鸿基保险公司,友联银行开有友谊保险公司,康年银行开有中国康年人寿保险公司,远东银行开有东南亚保险公司,东亚银行开有东亚安拿人寿保险公司,华侨银行开有华侨保险公司,华联银行开有华联保险公司,等等。

中资在香港和澳门共有7家保险公司,即民安保险公司、中国保险公司、澳门中国保险公司、太平保险公司、中国再保险(香港)公司、中国人寿保险公司香港分公司、中国保联投资公司,其中最大的为民安保险公司。香港除私人经营的保险公司外,还有1980年12月建立的香港汽车保险局,这是由香港当局和各寿险公司共同出资开办的。经营汽车保险的保险公司必须参加汽车保险局。保险公司把买保险的车主缴付的汽车保险附加费交给该局,作为中央基金。这项基金对以下几种情况的汽车保险给予给付:(1)汽车肇事后逃跑而找不到肇事者;(2)没有投保汽车险的汽车司机造成的车祸致使第三者伤亡;(3)由于车主不遵守保单条款而使保单无效或已关闭的公司的投保者所造成的车祸受伤者。

香港当局为了支持出口贸易于1966年设立出口信用保险局。该局的任务是对出口商由于进口国的政治、军事和政策变化，或者由于进口商破产等原因，使商品的货款不能回收而造成经济损失给予补偿。

按照香港保险法规定，香港提供的主要险种有寿险、年金保险、结婚及生小孩保险、长期疾病保险、临时疾病保险、意外伤害保险、路上运输工具保险（汽车车身保险）、火车运输责任保险、飞机保险、船舶保险、财产损失保险、火灾及自然灾害保险、保证保险、营利损失保险、法律费用保险和建筑工程责任保险等。

（三）香港保险中介

所谓保险中介，在香港主要是指保险中间人、公证行、律师行等法人单位或个人。保险中间人分为推销员、代理人、经纪人和保险顾问等多种类别。推销员不是保险公司在编人员，而是专门为保险公司推行业务的中间人。推销员按照一定的比例提取推销费。保险代理人可以是个人，也可以是法人单位。他们有自己的主要业务活动，同时代理保险业务。保险经纪人是保险公司开展保险业务的主要借用力量。国外和香港都实行保险经纪人制度。经纪人有自己的组织——经纪人公司。保险公司与经纪人签协议，并规定佣金数量（按保险费的百分比）。火险经纪人的佣金占保险公司收取保险费的 40%～45%，其他保险比火险稍低些。保险经纪人的主要职责是向保险公司介绍业务。香港的经纪人制度很发达，保险公司的专业人员并不多，公司的保险业务主要靠经纪人招揽。如美国友邦保险公司是香港最大的一家保险公司，它的业务量约占香港寿险业务量的40%，但它的公司机构并不很大，主要是靠经纪人开展业务。据1985年11月底统计，该公司有经纪人1500多人，大大超过公司在职员工人数。保险顾问也是保险市场中充当保险中介的一种从业人员。他们对保险业务比较精通，并能为投保人设计经济实惠的最佳投保方案，使其取得理想的保险效益。他们所设计的保险方案被称为"一揽子"保险，这在外国和香港是一种很有市场的投保方式。

公证行是保险市场中另一种形式的保险中介。它是私人开设的公司性质的组织，是专门为保险公司和被保险人之间作公正判断的行业。公证行对出险原因、损失情况、损失金额、责任归属、是否应赔、应赔多少等提出书面报告，作为处理此案的主要依据。公证行的意见一般都能得到承认，若双方对"公证"有争议，可在公证行主持下协商解决，当调节无效或对"公证"有很大分歧，再通过法律解决。保险公司启用公证行的公证人，要给付佣金。

律师行是私人开设的法律服务机构。从保险的角度来看，律师是必不可少的。不仅国际间的保险关系需要通过律师依据国际法和保险法进行辩护取得胜诉或合理处理，而且在国内出险后往往也需要律师出庭依法相争，取得公证处理，律师行的律师分一般律师和大律师，大律师在高等法院有发言权，一般律师不能在高等法院发言，只能在普通法院出庭辩护。

（四）香港保险业的经营情况

香港保险业和当前世界上保险业的情况一样，是保险供给大于保险需求、同业竞争激烈、保险责任扩大、保险费率下降、直接保险业务入不敷出，靠运用保险基金获得利润来弥补直接保险业务之亏损。香港保险经营具体情况如下：

火险是香港的主要险种之一，在各类险中，火险仍然是有利可图的险种。但由于保险供给大于保险需求，使保险费率一直徘徊在较低的水平。香港火险经营中有两大难题：一是各种不同的工业集中在同一大厦之中，各种工业的风险程度不同，一旦出险，互相影响很大。但保险又不能按风险度最大的行业收费，因此保险公司承保的风险增大。二是楼房管理不善，许多通道堆放着大量的货物，消防车和救火器械很难进入，严重影响施救，这样保险公司承担了更大的风险，给保险经营带来不利因素。香港火险保险单除保障火险或电击直接引起的财产损失外，还包括火灾引致楼房倒塌造成的损失、消防员施救时造成的损坏以及山泥倾泻和地陷所造成的损失等。香港火灾发生率很高，据统计，1984年发生火警14500多宗，火灾损失达1.3亿港元。多层大楼平均每宗火灾，日平均损失30多万港元。

香港的水险包括货运险和船舶险两大类。船舶险大部分由伦敦保险市场承保，香港主要是承保货运险。香港船舶保险很不景气，一方面是船东要求降低保费；另一方面，由于船舶出险率高，保险公司连年亏损。很多保险公司不再承保船舶险。据香港保险公会统计，会员公司直接获得索偿额在1983年是3666万港元，到1984年增至7416万港元，同期10万港元的赔案由98宗上升至120宗，其中最大的赔案损失达1974万多港元。至于货运保险，由于香港运输承保能力过剩，同业竞争激烈，致使费率一降再降，1985年大约降了10%～20%。

意外险包括汽车险，雇员赔偿保险，盗窃险，人身意外险，建筑工程一切险，旅游保险和医疗保险等许多险别，这里仅介绍如下几个主要险别：

（1）汽车险。香港当局规定，车主必须购买汽车及第三者责任险。香港法律对驾车人造成人身伤亡之赔偿责任没有最高限额规定，所以保险公司对第三者责任险的投保人所提供的保障也是无限的。至于第三者财务损失，最高赔偿额为200万港元。汽车保险的保费，是按着各类车辆的汽缸容积和保额大小来计算的。汽车保险是亏本生意。1984年香港共发生车祸5万宗，有2万人伤亡，平均每日车祸近50宗，死亡1人，平均每宗交通事故损失为3.8万元，车祸造成之人身伤亡，每宗损耗 63 万港元。

（2）雇员赔偿保险。香港当局规定，凡受雇于各行业的员工（外国工人除外），不论是收入高低和是否体力劳动者，在受雇期间若因工作而发生意外或染上职业病而致伤或死亡，雇主必须依法按规定标准给予赔偿。在不成文法中，雇主的责任是无限的。从 1983 年 7 月 1 日起，雇员的法定工伤赔偿限额大幅度提高，因工伤死亡最高赔偿限额为 24.2 万港元，最低为 8.1 万港元，永久丧失全部工作能力最高赔偿为 27.6 万港元，最低为 9.2 万港元，受伤又需要他人照顾者赔款 11.1 万港元。1984 年香港工业意外事故 5 万多宗，丧生者 70 多人，每天有一百几十人受伤。在过去的 3 年中，工伤事故赔偿已超过 3.2 亿港元。

（3）盗窃险。在香港每逢春节期间，是盗窃抢劫最猖獗的时期，抢劫的主要对象是珠宝和金店。保险公司对这类保险业务不予承保，或要求有足够的防范设施以高额保险费承保。

香港是国际再保险中心之一。现有的 20 家再保险公司，多是国际保险集团的成员。香港的再保险公司经营本地保险分保业务和世界各地的分保业务。近年来，由于世界各地的再保险公司过剩，再保险竞争十分激烈，费率趋于下降。香港再保险业务也处于低潮时期。

香港人寿保险总的说来是不发达的，在 60 年代后期才开始发展业务。寿险业务中约有 2/3 是团体寿险，1/3 是个人寿险。个人寿险包括短期保险、终身保险、储蓄保险和终身年金险等。团体人寿保险又称雇员福利保险，包括死亡赔偿及伤残津贴、团体医疗保险和终身年金保险等。从 1984 年起，寿险业务有了较快的增长，保费收入约计 13 亿港元。但这仅仅是处于开始阶段，投保人士尚不到总人口的 10%。

总体说来，香港保险市场供过于求，288 家保险公司进行着激烈的竞争。保费低下，亏损严重，使某些险种和部分保险公司处于不景气状态。一般说来，水险和火险已近饱和，只是人身意外险、旅游险、雇员赔偿险、医疗保险、人寿险和退休年金保险，还有发展余地。由于竞争激烈，保险向新品种发展，由单纯的财物保险，逐步向财经损失保险发展，例如，信用保证险等。其次是由单项保险向综合保险发展，还有政治保险、绑架保险等，以及专业责任保险，如律师、医师、会计师的责任保险等，也有所发展。

五、中国香港金融市场的管理

（一）中国香港金融市场管理的基本原则和机构

香港社会是一个资本主义社会。香港的经济是资本主义的自由市场经济。

香港金融市场是资本主义的自由金融市场。所谓自由金融市场并非说没有任何管理的金融市场。和任何社会、任何国家的金融市场都需要管理一样，香港的金融市场也是有管理的金融市场。一般资本主义国家都设有中央银行，国家对金融市场的管理主要是通过中央银行进行的。

香港没有设立中央银行，也没有专业银行，而只有商业银行。香港当局对金融市场的管理总的来说是实行法制管理。香港是个法制社区，对银行的管理有银行法，严格按照银行法办事。在法律之外也运用行政命令和政策手段进行管理，但更多是运用经济手段进行管理。

在香港，中央银行的一般职能例如，审查监督财务机构、管理官方外汇储蓄、管理公开市场活动、发行钞票或为行政机关提供银行服务等，都由不同的部门和经过挑选的商业银行执行。具体说是由当地行政局、财政司、银行监理处、银行公会和汇丰银行来执行的。

（二）设立金融机构的条例规定和审批权

在香港，依照有关规定，金融机构分为三类。这三类的具体条款和审批权是分别执行的。

1. 成立持牌银行

持牌银行的审批权属于港督和行政局长，由港督会同行政局长审定和批准。条例规定申请成立持牌银行（在本地注册）必须拥有至少 1 亿港元的实收资本，有 10 年经营历史，接受存款不得少于 17.5 亿港元，资产总值不得少于 25 亿港元。海外注册银行申请在香港经营牌照，资产总数不少于 120 亿美元。这类银行可以经营任何存款。

2. 持牌接受存款财务公司的审批权在财政司长

规定已发资本至少有 1 亿港元，实收股本至少有 7500 万港元，规定存款最低额（一笔）不得少于 50 万港元，最高额不限，利率不限。

3. 注册接受存款财务公司

注册接受存款财务公司审批权在银行监理处监理专员。规定实收资本至少为 1000 万港元，股水的半数以上由香港银行拥有。一笔存款至少是 5 万港元以上，存款期最少为 3 个月。

4. 外汇资金和货币发行

香港在 1935 年制定一个货币条例，后来改为外汇资金条例。根据这个条例规定，香港设立了外汇基金。这项外汇基金是作为发行纸币的保证。发行银行要发行货币时必须向外汇基金管理部门（即财政金融科）交付等比例的外汇（美元）才能发行等比的纸币，发行银行收回纸币，同时向财政司收回等比例的外汇。这就使纸币发行有外汇作保证。外汇基金归香港当局所有，存入银行或购买外币有息证券，由基金组织来管理这部分外汇基金。

外汇基金还负责维持港币的适度汇价，如果港元汇价过高或过低，由外汇基金组织进行调节。

香港的货币发行分纸币和硬币两类。纸币有10元、20元、50元、100元、500元和1000元面额，由汇丰银行和渣打银行发行。这两家银行向基金组织交付外汇领回资金负债证明书，按证明书规定的数额发行。1972年6月以前，港币与英镑挂钩，按港币与英镑的固定汇率交付。1983年10月17日起港币与美元挂钩，并以1:7.8的固定汇率交付。硬币由当局发行，但也由汇丰代理发行。

5. 利率、汇率的规定

香港一般不规定利率和汇率的最低限和最高限，而是采取浮动利率和浮动汇率的政策。但对持牌银行存款的最高利率有时也有规定，这种规定是由银行公会与银行协议后决定。

汇率有时实行浮动汇率，有时实行与某种外币固定比例的汇率。一般说都是实行浮动汇率。1983年10月以前，港币汇率浮动幅度很大，影响香港经济和人心的安定，香港决定港币与美元挂钩，实行固定汇率，定为1:7.8。这种权利属于港英当局。当局还通过汇丰银行运用外汇基金在金融市场上通过同业拆息办法吸收资金或放出资金来影响货币供给量，进而影响利率。

6. 重大金融政策的制定

香港的重大金融政策都由香港当局和港督审批和颁发。例如，三级金融机构的规定、货币发行原则、外汇的管制与取消管制、黄金的管制与取消管制、存款利息所得税的征收与免收、外国银行入境规定等，都是香港当局制定政策并由各部门执行。所以，香港当局自然是香港金融管理的最高和最有权威的机构。

（三）汇丰银行

香港虽然没有中央银行，但有的商业银行却具有中央银行的某些职能，其中特别是汇丰银行的中央银行职能更大些。这主要表现为：

第一，纸币80%由汇丰银行发行，其余20%由渣打银行发行（代理发行硬币）。

第二，代香港当局管理公共开支款项和外汇基金。

第三，各银行票据交换中心。各家银行都在汇丰有存款，以备交换票据所用，它不仅无息占有头寸，还可调剂资金。

第四，影响利率。银行公会决定利率，而汇丰和渣打是银行公会的两个法定主席，轮流坐庄。汇丰的资本和营业额占绝对优势，足以影响公会的行动，也足以影响利率的确定。

第五，影响证券市场和金融市场。汇丰集团的股票占香港股市股数的很大比重，占恒生指数的20%左右。汇丰利用其股数的优势可以影响甚至左右香港的股市，从而影响香港金融市场。

汇丰还可以用自己资本雄厚的优势对经营不善的银行给予扶持。例如，1985年6月与中国银行共同注资嘉华银行就是一例，银行最后贷款者的作用。

当然，汇丰银行毕竟不是中央银行，而是商业银行，它主要不是执行管理的职能。而是执行赚钱的职能，这就与中央银行在本质上不同了。

（四）香港银行管理新条例

香港当局于1986年制定了《香港银行业条例草案》。这个草案对原来的银行管理条例有新的修改和增添，现将新条例对原条例的修改和补充部分扼要介绍如下：

新草案是把原有的银行条例及接受存款公司条例合并，在原有基础上再进行修订。草案内的主要新条款，即对目前条例作出重大修改的条款包括下列几方面：

1. 银行监理专员的职责

新草案使银行监理专员的酌情取决权得以加强。这反映出当局对银行业务作审慎监管的重点有所改变，今后将着重依赖银监专员的酌情取决权及他对银行质索的判断。与此同时，草案还规定了若干防范条款，以确保专员适当运用其酌情取决权。办法是，不满者可向财政司或港督会同行政局提交一份年报。

2. 核数

草案将目前适用于银行的核数条款伸展至适用于接受存款公司，并规定银监专员有权为接收存款公司委派一位核数师。

3. 业权和管理的监管

草案建议，持有达到或超过一家本地金融机构可投票份10%者。须经银监专员同意才能行使其所购股份的投票权，委任董事及公司秘书须先经专员同意，控股超过50%或能够向公司发出指令的"控帆人"须先得专员同意，才能继续向该机构发出指示或指令。

4. 有关借贷的限制

规定任何认可机构除非获得银监专员批准，否则不许用本身的控股公司，或附属公司，或其控股公司的任何附属公司的股票作抵押而给予任何垫款、贷款或信用便利；此外，如一家机构过分依赖某种业务并足以影响其财政健全时，银行监理专员可籍宪报向这家机构发出指令，并令其停止这项业务。

5. 新设资水与有风险资产比率

所有在港注册的银行和接受存款公司的风险资产比率定为 5%，但银监专员有权提高某一认可机构的这一比率。在银行方面最高可到 8%，接受存款公司则最高可达 10%。当局建议这项新规定在实施前有一段较长的过渡期，例如两年。

6. 修订流动资产比率

规定认可机构在任何一个月内必须维持不少于 25% 的流动资产比率，以便为所有在一个月内到期或通知提前提取的所有存款负债维持足够的流动资产。

香港当局制定新银行条例，是为了堵塞本港金融业在近年多次动荡中所暴露的现行条例的漏洞。有关修改的文件在过去一年内已陆续发给香港的银行，接受存款公司和有关的专业人士进行咨询、讨论和修订。新条例草案在宪报发表后，金融经济界人士的讨论主要集中在下列几方面：银监专员的权力是否过大；如何保证未来银监专员的素质；新条例有否对金融机构形成过多干预及其对香港中心地位的影响；新设的资本与有风险资产比率对规模较小的银行和接受存款公司的影响等。

（五）香港保险市场的管理

香港对保险市场的管理主要是通过法律手段和保险同业组织进行的。其中保险法和实行保险法的行政机构是保险市场的主要管理手段。香港保险法是1983 年通过的。保险法规定成立两个委员会：一个是保险咨询委员会。其成员是各行政部门的官员，主席是财政司长（相当于国内各省区的财政厅长）。这个组织的任务是向香港当局总监报告香港保险业的情况，提出建议，起咨询作用。另一个委员会是保险监理处。香港当局有一个注册处，统管各类企业注册事宜。保险监理处其中的一个分支，专门负责对保险公司的监督和管理，它对保险公司的监理，主要是执行保险法，对违反保险法的保险公司给予处理，其主要内容有：

第一，对保险公司开业的起码资金额度的规定。保险法规定，保险公司要有足够的偿付能力，要有最低限度的开业资本，单项保险（寿险或非寿险）起码为 500 万元港币，综合性保险起码为 1000 万元港币，法定保险项目汽车第三者责任险和雇主责任险至少要有 1000 万元港币。

第二，法律规定建立保险公司之前必须做到：具有起码的资本额度，否则不能开业；要有起码的偿付能力，主要负责人要经过监督处审查，政治条件、经验水平不足者或犯过法的人不能充当保险公司的主要负责人；分保计划安排要合理，要按照批准项目经营。

第三，法律规定建立保险公司之后，公司只能经营批准的险种，增加新险种要重新申请，并要增加新开业资本；主要负责人的情况有变化要随时调整，如经理犯罪或发现经理原来有犯罪史，应予更换。

第四，对保险公司资金运用的限制。前些年保险资金的运用出现了亏损现象，特别是购买黄金亏损更甚。五年前一盎司黄金500多美元，次年最高价格降为322美元，造成保险公司大量亏损，影响赔偿能力。香港当局不允许把保险基金都投向购买黄金，一旦发现这种情况，命令企业作出报告并要求公司转变投资方向。如果发现保险公司经营不善，则要求保险公司提供全部经营情况，并责令公司限期改善。如果有大的亏损，强令公司倒闭。法律还规定保险基金和经营基金必须在香港当地保留一个适当的比例，不能把资金全部转移到境外，所留资金的数量要与承担的经济责任相适应。

第五，资金监督，公私要分开。不管是在香港注册（总公司在香港）还是在外地注册在香港开设的分公司，都要把经理个人的私产与公司的资产严格分开。公司资产的重大转移要向监理处报告。公司高级管理人员与公司的财务往来的关系要公开。例如，公司经理、副经理以上人员向公司借钱买楼房或购买其他大型财产，都要向监理处报告，而且每年都要在年报上公布情况，包括借款数额、利息多少、偿还期限等。保险公司每年要请会计师协会的会计师审查账目，经会计师签字后报监理处。监理处根据会计师的意见，审核保险公司的财务账目是否合法，如有违法之处，由监理处重新查账，并根据查账结果予以处理。寿险公司除要有会计师查账外，还要有精算师查账并签署意见，财务报告才能生效。

第六，保险监督。每个公司经营多少个品种，账目必须分开建立。保险费的收入和赔付详情必须按险种严格分开，不允许搞一揽子会计。如果发现某个险种资金少，责任大，监理处要求增加这个险种的准备金。若增加准备金无资金来源，则强令公司停办该险种。

保险监理处如果发现以下情况之一者，就要对公司加以干预，以致责令停业：违背开业时的规定，负债过多，偿付能力差，主要负责人发生变化，提供假情况、造假账，分保不当。另外，若公司成立不足五年，或新任经理不足五年的保险公司，监理处可以无条件地要求公司提出任何方面的材料，以供监理处审查、监督。

香港对保险市场的管理，除运用法律形式外，还利用保险公会进行管理。保险公会是由各类保险公司自行组织、自愿参加的同业公会组织。公会对经管的险种、险别、费率等根据保险市场发展情况，随时作出若干规定，对有关事宜加以限制。凡参加公会的会员公司都要遵守公会的规定。不参加者不受约束，但在竞争中会员公司互相协作，对非会员公司采取竞争措施，不利于非会员公司的发展。因此，保险公会对保险市场的管理，起到相当积极的作用。目前，香港有香港非寿险总会、香港意外险公会、香港水险公会、香港华商保险公会、香港华人寿险公会等公司会员公会。此外，还有香港人寿保险从业协会和香港汽车保险局等个人会员公会。

（原载于《社会主义初级阶段的金融市场》，南开大学出版社 1989 年版，附录（二））

社会主义金融市场的理论模式

一、金融市场理论模式的含义

（一）金融市场理论模式的内涵

"模式"一词在不同的场合具有不同的含义。在对客观事物进行定量分析中，人们往往采用数学模型来分析和测定客观事物的数量及其发展趋势。在这里，"模式"一词是指对客观事物进行定量分析的一种方法或者手段。"模式"一词的另外一种含义是说，在某一类事物中的某一个事物，经过程序化或规范化的程序，可以成为同类事物的典范或榜样，同类事物经过同样的过程，都应当成为这个模样。在这里，"模式"一词具有同类事物典型或样板的意义。例如市场调节是商品经济共有的调节模式，计划调节是计划经济的调节的模式。这里的"模式"，都具有样板的意义。"模式"还有另外一种含义，即某一客观事物自身的外部表象形式和内部结构的统一。在这里，"模式"一词并不具有同类事物典范的意义，而是指该事物自身所独有的存在形式和特征，例如"苏联经济模式"、"南斯拉夫经济模式"、"匈牙利经济模式"等，都是指这些国家自身所特有的经济形式。

我们这里所研究的社会主义初级阶段的金融市场模式，指的是第三种含义的模式，即我国社会主义初级阶段金融市场所特有的外部表现形式和内部结构的统一，也就是探讨具有中国特色的金融市场模式可区分为实践模式和理论模式两大类。金融市场的实践模式，是指在现实生活中存在的金融市场，如英国伦敦金融市场、美国纽约金融市场、日本东京金融市场以及香港金融市场等，这些金融市场都是客观存在着的现实的金融市场。

所谓金融市场的理论模式，指的是由人们头脑设计出来的还没有经过实践的观念上的模式，例如我国社会主义初级阶段的金融市场模式。尽管有许多的建议和方案可供选择，但这些建议和方案仅仅是一种设想，是还没有经过实践的理论模式。我们这里所论述的金融市场模式，主要是指金融市场的理论模式。

（二）金融市场理论模式的特点

金融市场的理论模式具有以下特点：

1. 先验性

理论是实践经验的高度概括和升华，因而理论既来源于实践，又高于实践。所谓理论高于实践，其含义之一就是要在已有的实践经验的基础上，提出新的更高的认识和设想，这些新的认识和设想是先于实践的"超前"行为，它为新的实践设计"蓝图"，并提出实现这一"蓝图"的途径和方法。这种运用头脑设计出来的"蓝图"、"途径"和"方法"都具有先验性质，例如我国提出的有计划商品经济模式以及为这一模式而设计的经济体制改革方案和金融体制改革方案，都属先验性质的模式和方案，这种模式和方案还有待于通过实践经验来检验。

2. 科学性

金融市场理沦模式，既有先验性，同时又具有科学性。这是因为理论既来源于实践又高于实践。金融市场的理论模式，虽然是一种理论上的抽象和设想。然而，这种抽象和设想并不是毫无根据的主观思想，而是有根据的科学抽象。这种根据就是以往的历史经验和目前的客观现实。它是人们运用科学的方法，在总结国内外以往实践经验的基础上，对社会主义金融市场进行理论研究和科学分析而得出的新认识和新结论。这种新认识和新结论，既源于实践，又高于实践。具有预见性和科学性。

3. 可行性

理论来源于实践又指导实践。理论的重要意义在于它能够指导实践。社会主义金融市场的理论模式之所以重要，也正在于它为人们提供一个观念上的金融市场，并指导人们按照这个观念上的金融市场来创建现实中的金融市场，把金融市场的理论模式，变为金融市场的实践模式。从这个意义上说，没有金融市场的理论模式，也就不可能有实践中的金融市场。这就要金融市场的理论模式必须是可行的。只有如此，才能对金融市场的实践活动起指导作用。如果金融市场的理论模式在实践中没有实现的可能性，这种不具有可行性理论模式，是虚假的理论模式，而不是真实的理论模式。因而可行性是验证金融市场理论模式真实性的根本标志，同时也是金融市场理论模式的重要特点。

4. 修正性

理论来源于实践，并为实践服务。理论的生命力在于实践的运动力。理论一刻也不能脱离实践，脱离了实践的理论也就失去了它的生命力。而实践是在不断发展变化的，因而理论也必然随着实践的发展而发展。同时还应看到，虽然新的理论以以往的实践为基础，并运用科学的方法进行合理的抽象，从而使理论具有科学性，然而，这并不是说理论是完全正确的。事实上，理论上的不完善乃至失误是常有的事。在以往实践基础上所形成的理论，在一定的时期内可能是正确的和完善的理论，而随着实践的发展，原来的理论就可能成为不完善的理论，需要对原有的理论加以丰富和修正，使其成为新的完善的理论。

对于被实践证明了的原来的理论中有不科学的成分就更应当随时加以修正。金融市场的理论模式也是这样。一方面，我们必须承认金融市场理论模式的科学性和可行性，同时也必须承认它具有不科学不完善的因素，因而必须不断地加以修正。不能把金融市场的理论模式当作教条的固定不变的"框架"，完全按着这种理论框架去塑造实践中的金融市场。更不能把适用于一定时期的金融市场的理论模式，当作永恒的理论模式，而应当按照实践要求不断修正或完善理论模式。对那些被实践证明了的原来就不正确的理论，应当给予修正，对那些原来虽然正确，由于实践的发展而不适应实践要求的理论，应当总结实践经验，上升到理论加以丰富。只有如此，才能使金融市场的理论模式不断发展，不断完善，不断创新，不断指导实践，从而具有强大的生命力。

（三）确定金融市场理论模式的客观依据

金融市场的理论模式，是建立金融市场实践模式的理论前提。因而确定高度科学性的金融市场的理论模式，对于建立符合客观实际的金融市场的实践模式具有重要的意义。而确立科学的金融市场的理论模式的前提是寻找其客观依据。那么什么是确立金融市场理论模式的客观依据呢？马克思主义的政治经济学原理认为，金融是国民经济整体中的一部分。金融的性质和特点，取决于整个经济的性质和特点，金融市场的理论模式，取决于它所依存的并为之服务的经济模式。例如以私有制为基础的资本主义商品经济模式，决定其必然是分散的、自由竞争型的金融市场模式。我国在经济体制改革以前，整个国民经济实行的是高度集中统一的计划经济模式，由此决定了我国这个时期的金融体制，必然是高度集中统一的、单一的国家银行信用模式。党的十一届三中全会以后，我国的社会主义经济模式理论有了新的发展，提出了社会主义初级阶段的社会经济是有计划的商品经济，并对这一理论模式进行了概括和提出设想。按照经济决定金融的理论，有计划商品经济的客观要求，是我们确定社会主义初级阶段金融市场理论模式的客观依据。也就是说，对社会主义金融市场理论模式的探讨，既不能照搬西方发达资本主义国家的金融市场模式，实行所谓的"全盘西化"，也不能照抄南斯拉夫、匈牙利等一些社会主义国家的金融市场模式，而必须从我国的客观实际出发，按照有计划商品经济模式的要求，探讨和设计我国金融市场的理论模式。

（四）金融市场理论模式的内容

金融市场的理论模式是一个总概念。这个总概念包含着若干个具体概念。这些具体概念主要包括金融市场的形成模式，金融市场的结构模式、金融市场的经营模式和金融市场的运行模式，这些具体概念构成金融市场理论模式的基本内容，因而对社会主义金融市场理论模式的内容研究，就具体化为对社会主义金融市场的形成模式、社会主义金融市场的结构模式、社会主义金融市场的经营模式和社会主义金融市场运行模式的分析。

二、社会主义金融市场的形成模式

（一）金融市场形成模式的比较

纵观世界上已有的金融市场的形成历史，大体上可以归纳为三种类型的形成模式，即内在自发型模式、外在扶持型模式和金融抑制型模式。

1. 内在自发型模式

内在自发型模式，是指金融市场是适应国内经济发展的客观要求，以国内资金为主要财源，自发形成的金融市场。英美等发达资本主义国家金融市场的形成模式，则属于这一类模式。以英国金融市场的形成为例，首先，是英国国内资本主义经济的发展及其不平衡性，产生了横向融通资金的客观要求。19世纪，英国资本主义商品经济已有较大发展，然而经济发展是不平衡的。当时的农村和许多小城市有多余的资金但找不到投资场所，而一些大、中城市，特别是工业发达的中心城市急需发展经济，但缺少资金。在这种情况下，货币商人应运而生，他们从需要资金的企业或银行购进票据，转卖给有剩余资金的银行从中收取手续费，从而形成了贴现市场的初级形式。其次，国内商业信用的发展，商业票据的种类和数量的不断增加既提出了开展票据贴现加速资金周转的客观要求，又为票据贴现市场和商业票据市场的出现创造了条件。再次，国内经济的发展，促进了国际进出口贸易的发展，随着国际贸易的发展，国际金融随之发展，这就为形成伦敦国际金融市场打下基础。据记载，英国工业革命后，伦敦逐步成为世界贸易中心和国际清算中心。由于大量的国际商业票据流入伦敦，便产生了承兑和贴现国际商业票据的客观要求，使伦敦金融市场，逐步国际化。再其次，英国商品经济的迅速发展，对资金产生更大的要求，单有银行信用已不能满足经济发展对资金的需求，这样发行股票和各种债券等筹集资金的形式迅速发展起来，从而出现了股票、债券的发行和买卖市场。上述情况表明，英国的金融市场的形成是以国内经济发展的要求为动力，以本国资金为主要对象自发形成的金融市场模式。我们可以把这种形成模式称为内在自发型模式。

2. 外在扶持型模式

外在扶持型模式，是指金融市场的形成主要不是由国内经济发展的内在要求和以国内资金为财源而形成的金融市场，而是凭借优越的地理位置和有利的时间差等自然条件，以国外或境外资金为主要财源，由国家采取各种开放政策扶持形成的金融市场。新加坡、中国香港等国家和地区的金融市场就属于这一类型的形成模式。以新加坡为例，它的国内经济并不很发达，国内经济的发展并不一定需要庞大的金融市场，同时国内资金数量也有限，单靠国内的资金也不可能形成有目前这样重大影响的金融市场。新加坡之所以能够形成目前这样在国际上很有影响的金融市场，主要有以下几个条件：首先，是有良好的地理条件。新加坡地处亚太地区中心，又是纽约、伦敦、苏黎世和东京等重要国际金融市场的连结点，新加坡金融市场的建立可以使世界金融市场 24 小时连续营业，因而成为国际上金融界和经济界争相投资的热点。其次，西方主要资本主义国家的资本相对过剩和国际游资的存在是新加坡金融市场形成和发达的另一重要条件。新加坡金融市场上的资金很大一部分是由于美、越战争流入亚太地区的美元和石油生产国的美元，是石油资金集散的重要市场。第三，是稳定的国内政治环境和政府的扶持政策，如 1968 年豁免在新加坡境外金融市场存款的 1% 利息预扣税，1973 年取消对黄金交易的一切限制，1978 年全面放宽外汇管制，取消了银行向国外汇款的货币种类与额度的限制，取消了对居民购买证券限额的规定。新加坡的金融市场就是在这些条件下逐步形成和发展起来的。

中国香港金融市场形成和发展的条件、途径基本上与新加坡相类似。香港区内经济并非十分发达，区内自有资金量亦不十分充足，就其自身的经济实力和资金数量来源，既没有必要，也没有可能形成现在这种规模和水平的金融市场。香港金融市场也主要是靠优越的地理条件，巨额的国际游资和港英政府的开放政策扶持而成的。香港的地理位置也是具有与纽约和伦敦在时间上可以互相衔接的有利条件，纽约收市后 4 个小时香港开市，香港收市时伦敦开市，伦敦收市后 3 小时纽约又开市，这样国际金融可以有 17 个小时的活动时间，而香港正好是在纽约收市后，伦敦开市前的中间这段时间营业，这就为商人到香港开设金融机构提供了条件。而从国际上看，20 世纪 60 年代中期至 70 年代末期，正是西方发达资本主义国家经济不景气、投资环境不利、出现大量游资寻找出路的时期，香港政府为了加紧利用香港所处的优越的地理条件吸引国际游资、发展香港区内经济，实行了一系列的开放政策。例如，1973 解除外汇管制，1974

年开放黄金市场，1977年开放原棉和原糖商品市场，1978年放宽外国银行在香港开设分行的限制，并恢复了白银市场，1980年增设黄金商品期货市场等。香港正是在利用外资和开放政策的扶持下形成了世界第三大金融市场的。

3. 金融抑制型模式

金融抑制型模式，指在国家实行金融抑制政策条件下而产生的金融市场。这主要是指苏联和东欧一些社会主义国家处于萌芽状态中的金融市场。几乎所有的社会主义国家，在其建国初期乃至建国以后几十年的时间里，普遍实行金融抑制政策。其主要表现是：金融机构均为国家所有并由国家直接控制，严禁民间金融机构存在，资金运转直接受政府干涉，由政府自上而下硬性分配，资金不能自由流动，利率均由国家强行规定，利率不能反映国内资金供求关系的变化，外汇由国家垄断，实行严格的外汇管理，并实行垄断汇率。在严格的金融抑制政策条件下，既没有建立金融市场的动力，也没有形成金融市场的条件，因而长期以来，在苏联和东欧的一些社会主义国家里，既没有系统的金融市场理论模式，更没有金融市场的实践模式。

20世纪60年代以后，苏联和东欧一些社会主义国家，先后实行经济体制改革，但进展缓慢。进入80年代以后，这些国家的经济体制改革有较大的进展，随着经济体制改革的深入发展，金融体制也开始改革。金融体制改革的基本原则，是在继续实行金融抑制政策的前提下，适当减轻金融抑制的程度，实行一些有限制的开放政策，改变一些过去管制过严控制过死的做法，从而在经济改革政策和金融抑制政策的空隙中，萌生出构成金融市场的某些要素或萌芽。例如，苏联在1986年召开的苏共"二十七大"制定的《加速经济发展的新战略》和1987年苏共中央六月会议通过的《根本改革经济管理的基本原则》都对苏联的金融体制改革作出新规定。其主要内容是建立多元化的银行体系，发展横向资金融出和实行银行企业化经营。其改革的关键是在金融活动中引进竞争机制，其中包括在一定范围内自由选择信贷对象和自己决定贷款额度、实行计划信贷基础利率、超额信贷高额利率和过期信贷罚款利率等三种不同的利率，等等。

匈牙利是最早利用债券形式筹集资金的一个社会主义国家。1982年制定债券法令，1983年开始由国营企业发行专业建设债券，随后又发行多种债券。到1985年底，全国共发行约100种债券，总发行量为200亿福林。1984年政府允许债券经过国家发行银行自由买卖，价格由发行银行挂牌规定，每周调整一次。从1985年起，又发行浮动利息债券并准备向国外投资者发行国内债券。目前正在筹备债券交易市场。

罗马尼亚还实行股份制，以发行股票形式筹集资金，并开始进行股票交易。

罗马尼亚于1982年颁布了《关于国营经济单位劳动人民入股与筹集经济发展基金的法律》，规定每个国营企业30%的固定资金可由职工投资入股，每个职工入股金额不得超过50000列伊，不得少于10000列伊，以罗马尼亚总统齐奥塞斯库为首的政府官员带头认购股票。这是社会主义国家中第一个以股票形式筹集资金的国家。

此外，南斯拉夫、保加利亚等社会主义国家也不同程度地实行股份制和以股票、债券等有价证券形式筹集建设资金，并开展某些自由融资活动，开放某种形式的自由融资场所。

总之，苏联和东欧各社会主义国家，过去实行的是高度集中的计划经济体制和严格的金融抑制政策，因而根本无金融市场可言；进入20世纪70年代以后，尤其是80年代以来，都先后程度不同地实行经济体制改革。与此同时，对金融体制也进行了某些改革。在金融政策上也有所松动，从而出现了构成金融市场的某些因素，或开始形成金融市场的萌芽。

（二）我国金融市场的形成模式

内在自发型、外在扶持型和金融抑制型的金融市场形成模式，对确定我国金融市场的形成模式，都有一定的参考价值。但上述三种模式中的哪一种模式，也不完全符合我国的国情，因而，都不能成为我国金融市场的形成模式。我国是一个地广、人多、生产力水平偏低的发展中国家，同时也是一个实行有计划商品经济的处于初级发展阶段的社会主义国家。我国的上述基本国情制约着我国金融市场应当采取"金融深化型"的形成模式。

所谓金融深化型模式，其一是说，由国内商品经济的发展所推动的金融的深化和发展，是金融市场形成的客观基础和基本条件，国际经济对国内经济的影响，是形成金融市场的必要的外部条件。也就是说，主要是通过国内商品经济的深化，推动国内金融的深化，进而形成国内金融市场。同时，也要充分利用国际经济和国际金融的有利条件，促进国内金融市场的形成和发展。这一点既不同于英美等发达资本主义国家的完全内在自发型的形成模式，也不同于新加坡、中国香港等国家或地区那种外在扶持型的模式，而是兼有二者的内容和特点。其二是说，形成金融市场所需要的资金，是以通过国内金融的深化动员和筹集国内资金为主，同时又要适当地利用国外资金，充实和发展国内金融市场。就我国整体来说，并不具备像新加坡、中国香港那样优越的地理位置和时空条件，因而不能像新加坡和中国香港那样主要依靠国际游资作为金融市场资金的来源，而必须以本国自有资金作为金融市场资金的主要来源和基础。然而，我国也有经济特区、沿海开放城市和内陆地区之分。我国的经济特区和沿海开放城市也具备吸引国际游资的有利条件,因此,我们在坚持以发展国内商品经济和以国内资金为主的前提下,也可以通过经济特区引进外资,形成特区金融市场;再由特区渗透到沿海开放城市,与沿海城市自有资金相结合形成沿海开放城市的金融市场;再由沿海开放城市渗透到广大内地,与内地自有资金相结合形成内地金融市场。这种以内资为主,外资为辅,逐层深化形成金融市场的模式,我国金融市场形成模式的另一个重要特点。其三是通过实行一系列的金融深化的政策,扶持和促进金融市场的形成和发展。所谓金融深化政策,总的说是在经济体制改革的同时,深入进行金融体制改革,尽量减少国家对金融活动直接干预,实行有限制的自由金融政策。具体而言,金融深化政策主要包括金融机构、金融资产和集资形式多样化政策、自由信贷政策、浮动利率政策、有限制的竞争政策、放宽外资金融机构在国内设立分支机构政策、放宽外汇管理政策、浮动汇率政策以及为鼓励国际游资流入我国金融市场而采取的低税、免税等优惠政策等。通过上述各项金融深化政策扶持和推动国内金融活动的深化和发展,同时也就促进了金融市场的形成和发展。

三、社会主义金融市场的结构模式

(一)金融市场的系统结构

社会主义金融市场的结构包括金融市场的系统结构、金融市场的种类结构和金融市场的层次结构。金融市场的这三个部分的有机结合,构成金融市场的结构模式。

社会主义金融市场的系统结构是由六大系统构成的。一是金融机构系统。这个系统中包括国家所有制的国营银行、地方银行、股份银行、外资银行、中外合资银行和保险公司、信托投资公司等非银行金融机构。这些银行和非银行的金融机构,可以是全国范围的综合性银行,也可以是地方性的综合银行,还可以是全国性或地方性的专业银行或非银行的金融机构,以国有制银行为主体,构成一个有机的融资机构体系。二是信用形式系统。其中包括国家信用、银行信用、商业信用、消费信用、民间信用和国际信用等多种信用形式。这些信用形式以商业信用为基础,以银行信用为主导,构成社会主义金融市场的信用形式系统。三是融资工具系统。其中包括股票、债券、本币、外币、黄金和各种票据等多种信用工具。这些信用工具构成社会主义金融市场的信用工具系统。四是融资行为系统。其中包括同业拆借、票据承兑、贴现、再贴现、各种有价证券的发行和买卖等多种融资行为。这些融资行为构成社会主义金融市场的融资行为系统。五是调节杠杆系统。金融杠杆是调节金融市场的主要调节器,其中包括浮动利率、社会平均利率和金融企业的实际利润率，这些金融杠杆构成社会主义金融市场的金融杠杆系统。六是金融运行系统。其中包括全国性的金融中心、地区范围内的金融枢纽、局部范围的金融据点和乡镇不定期的融资地点等融资场所。以全国性的金融中心为核心，以各级、各层次的融资场所为基础所形成的纵横交错的金融网络，构成社会主义金融市场的运行系统。

在金融系统结构中，金融机构系统居于突出重要的地位，而在金融机构系统中，国家银行又居于主导地位。这是社会主义金融市场的一个重要的特点。

过去，在实行计划经济体制时期，由于人们片面地理解马克思主义经典作家关于社会主义社会要实行银行国有化和建立社会主义大银行的思想，把国家所有制银行视为社会主义唯一允许存在的金融机构，其他一切形式银行和金融机构都被看作是与社会主义银行不相容的对立物，把单一的国家银行信用，看作是社会主义社会唯一的信用形式，其他一切的信用形式都是与社会主义信用不相容的。因为如此，几乎在所有的社会主义国家中，建国初期，或在建国后的几十年，都普遍地实行单一银行信用的金融体制。实践证明，这种理论和政策是不正确的。我国和其他社会主义国家的实践表明，社会主义的初级阶段，在金融机构上不应当，也不可能实行单一的国家银行体制，除了国家银行以外，还可以有地方银行、股份制银行、合作银行、外资银行、合资银行和各种非银行的金融机构，只有这样才能适应有计划商品经济对金融的需要。然而，发展多种金融机构和多种信用形式，并不意味着排除国家银行在金融机构体系中的主导地位。恰恰相反，在强调发展多种金融机构的同时，更要强调国家银行在社会主义金融机构体系中的主导地位。

所谓国家银行在社会主义金融体系中的主导地位，并不是说国家银行在数量上一定要多于其他银行和非银行的其他金融机构的数量，而是说，国家银行应成为金融体系中的主导力量，它能够控制和左右整个社会金融活动的方向和范围，能够引导包括金融市场在内的一切金融活动朝着有利于国民经济发展的方向发展。

社会主义国家银行在社会主义金融体系中的主导地位，是由社会主义初级阶段的经济利益关系决定的。如前所述，社会主义初级阶段的所有制结构是以国家所有制为主体的多种形式并存的结构。这种所有制结构形成的经济利益关系，既有一致的方面，又有不一致的方面。经济利益不一致的方面，存在经济活动分散性倾向。这种分散性倾向在一定的条件下，特别是在中国这样一个人口众多、情况复杂的国家里，如果没有强有力的控制机制，就会出现冲击国家整体利益和长远利益的倾向。这种分散倾向发展到一定程度，超过一定的限度，就成为妨碍社会主义经济发展的消极力量,甚至会给社会主义经济带来危害。表现在金融领域,就可能出现资金过度分散,投资方向偏离社会主义轨道的倾向。为此,社会主义国家需要通过国家银行和国家银行信用来控制和引导社会资金投放方向和市场货币资金数量,借以保证国民经济的正常发展。这是社会主义金融市场的一个重要特点。

(二)金融市场的种类结构

社会主义初级阶段金融市场,包括短期资金市场、长期资金市场、外汇市场、黄金市场和保险市场等五种市场。

短期资金市场主要是指银行和非银行的金融机构之间互相拆借资金及银行和非银行的金融机构与企业之间的短期借贷市场。短期资金市场的金融活动,虽然不能增加生产和经营领域中的资金绝对量,但它可以加速资金周转和货币流通速度,从而可以增加资金的相对量,因而短期资金市场对经济的发展具有重要意义。由于短期资金市场的金融活动手续和程序比较简便,形成金融市场的条件也比较简单易行,因而,社会主义初级阶段的金融市场,一般都是从短期资金市场开始建立。而且,很长的一段时期内,短期资金市场是金融市场的主要构成部分。

长期资金市场主要是指一年以上的长期债券及股票的发行市场和交易市场。前者称为初级市场,后者称为二级市场。此外还包括银行集团对企业的长期放款市场。长期资金市场的重要功能在于它能够将非生产经营性的资金转化为生产经营资金。它虽然不能增加社会货币资金绝对量,但可以把货币转化为资金,减少货币量,增加资金的绝对量,从而成为解决资金缺乏问题的重要途径。因而长期资金市场,对社会经济发展具有更为重要的作用。社会主义建设过程中,资金紧张是一个长期的尖锐的矛盾,建立长期资金市场,是解决这一矛盾的重要一环。因而长期资金市场,是社会主义金融市场中的主体。然而,由于长期资金市场的建立需要有许多种类的债券、股票及其他有价证券的大量发行和股份经济的适当发展作为长期资金市场的条件,没有这些条件,不可能有长期资金市场的形成和发展。社会主义的初级阶段由于商品经济、股份经济、各种有价证券还需要有一个发展的过程,因而,社会主义的长期资金市场,需要经过一段时间以后,才能逐步形成,随着长期资金市场所需要的条件逐步地完备,社会主义长期资金市场将成为社会主义金融市场的主体。

社会主义的外汇市场和黄金市场是社会主义金融市场的重要组成部分。目前,虽然由于社会主义国家对外汇和黄金实行严格的管制政策,外汇和黄金都不能自由买卖,因而还形不成外汇市场和黄金市场,然而这只是在短期内的暂时现象。从社会主义经济发展的长期趋势看，外汇和黄金的自由交易是不可避免的，因而外汇市场和黄金市场的形成和发展，也是不依人们的意志为转移的必然结果。

保险经济是商品经济是一个重要组成部分。随着社会主义有计划商品经济的发展，社会主义保险经济也必然随之兴旺发达。尽管社会主义发展的初级阶段，国家对保险经济采取垄断体制，因而不可能形成保险市场，然而，随着商品经济的深化和市场经济的发展，保险市场的形成也是不可避免的，保险市场将成为社会主义金融市场的重要组成部分。

（三）金融市场的层次结构

社会主义初级阶段的金融市场，大体上可以划分为四个层次。

第一层次是以沿海特大经济城市或经济中心为依托而形成的全国性的金融中心，可称为中心金融市场。中心金融市场是全国性乃至世界性的金融市场，它们是社会主义金融市场体系中的最高层次。其次，是以一般大、中城市为依托而形成的金融市场。这种层次的金融市场是地区性的金融市场，是社会主义金融市场体系中的第二层次，从数量上说要多于最高层次的金融市场。第三个层次的金融市场是以经济比较发达的中、小城市为依托的金融市场。这是社会主义金融市场的初级层次。它们是较小范围内的地区性的金融市场。这一层次的金融市场一般是单一性或双层性即短期资金市场和长期金融市场并存的金融市场。至于外汇市场、黄金市场和保险市场，一般不会在这一层次的金融市场中出现。第四个层次的金融市场是以经济发达的城镇为依托的融资场所。这一层次的金融市场不仅是单项性而且是间断性的市场，就是说这种金融市场的主要融资内容是乡镇企业或民间个人临时性急需短期资金的互相融通。金融业务亦非长期不断，而是随着供求状况时断时续。

社会主义初级阶段金融市场的多层次性，是由这个时期的生产力的状况决定的。一般说来，社会主义初级阶段的生产力可以分为四个层次。第一个层次，是20世纪80年代的最新技术水平。这一层次的生产力多集中在少数几个沿海特大经济中心城市。由于先进技术设备和先进生产经营手段集中在这些特大城市，特别是由于对外开放政策的实施，一些西方国家的金融界和产业界都纷纷来到这些城市投资兴办各类经济事业，从而推动和带动了这些城市经济和金融业的发展，金融市场也就应运而生。并且，这些经济中心城市的金融市场要与国际金融市场相联系，要与国际金融市场相适应，力争达到国际金融市场的先进水平。第二层次的生产力大约相当于20世纪六七十年代的技术水平。这一层次的生产力多数分布在我国的大、中城市。这些城市的经济虽不及沿海特大中心城市的发展水平，但也是比较发达的经济城市或经济区域。特别是在搞活经济的政策实施以来，这些城市的商品经济有了较大的发展，商品经济规律的作用越来越突出。与经济的发展相适应，金融业和金融市场也相应地发展起来，并且具有一定规模和水平，形成我国第二层次的金融市场。第三个层次的生产力，是20世纪60年代初期和50年代后期的技术水平。这些技术设备通过各种形式的转移，多分布在中小城市之中。这些中小城市通过对原有技术设备的更新改造和开放搞活政策的贯彻执行，商品经济也有了一定程度的发展，与此相适应，金融业和初级形式的金融市场开始形成和发展。第四个层次的生产力，是半机械和手工工具同时并用的技术水平，这一层次的生产力基本上集中在广大农村的乡镇企业和农业生产经营之中。这是我国生产力最低技术层次。与这种生产力的状况相联系的广大乡镇企业和农村经济的发展水平也处于低层次的状态。最近几年，由于农村开放政策的大力贯彻执行，农村的农业经济和乡镇企业都有了较大的发展，农村中的商品经济比过去有了显著的发展。随着农村商品经济的繁荣，产生了融通资金的需求，因而，农村中各种形式的融资活动和融资方式也就应运而生。然而，由于我国农村的生产力水平总的看还是相当低下的，因此，决定了我国农村，既不能有长期固定金融市场，也不可能有现代化融资方式和手段，而只能是初级形式的融资市场。

农村金融市场在我国金融市场体系中虽然处于低层次，然而这并不意味着农村金融市场处于无关紧要的地位。恰恰相反，在社会主义金融市场体系中，农村金融居于重要的地位。如果说城市金融市场是主导的话，那么，农村金融则是整个金融市场的基础。

首先，这是由社会主义初级阶段农村经济的特点决定的。社会主义初级阶段的农村经济虽然已经有工业、建筑业和第三产业的兴起和发展，但是在相当长的时期内，仍然是以农业为主要的经济内容。而农业经济的组织形式，是以合作社经济为主体，以家庭经营为基本经营方式的分散经济。集体所有、个体经营将是我国社会主义初级阶段农村经济的基本形式。因而，仅为国家所有的农业银行和集体所有制的农村信用社这两种金融组织形式，远远不能适应"汪洋大海"般的农村商品经济对金融的需求。因而，多种形式的个体金融形式和各种合作金融形式，就会自然而然地产生和发展起来。这由农村经济所决定的农村金融体系和金融市场，是城市金融所无法代替的。

其次，是由农业在国民经济中的地位决定的。无论是在工业发达的资本主义国家，还是在工业不发达的发展中国家，农业始终居于国民经济的基础地位。农业经济在国民经济中的基础地位，决定了农村金融市场在整个金融市场体系中的重要地位。

再次,中国的具体国情使农村金融市场的地位更为重要。我国是一个有八亿农业人口的大国。农村地域广阔,农业经济分散,生产手段落后,生产力水平低下,是我国农村的基本状况。这个基本状况决定了我国的农业经济对整个国民经济的制约作用,农村经济状况不改变,我国整个国民经济状况就很难发生根本性的变化。这表明农业在我国国民经济中的特殊地位。我们在建立和发展国内金融市场时,必须从我国的这个特点出发,要使城市金融市场和农村金融市场都能得到相应的发展,而不能只注意发展城市金融市场,忽视农村金融市场。

四、社会主义金融市场的经营模式

(一) 经营目标

金融市场的金融模式包括经营目标、经营体制、经营机构和经营范围等几项主要内容。经营目标是经营模式的首项内容。所谓金融市场的经营目标,是指金融市场作为一个整体其经营活动所应服从的客观目的。这个客观上目的是由金融市场的经济基础和经济利益关系决定的,它不是每个金融经营者的主观目的。由于受多种因素的影响,每个金融经营者的主观目的不一定完全符合金融市场经营的客观目的,甚至有的可能与这一客观目的相违背。然而,凡是违背金融市场经营的客观目的的金融经营者,最终要受到金融市场客观目的的制约,并且要服从这一客观目的。

社会主义初级阶段金融市场经营的客观目的,表现为直接经营目标和间接经营目标。直接经营目标是取得企业应当取得的合法利润,间接经营目标是提高社会经济效益。因而,社会主义初级阶段金融市场经营的最终目标,可以概括为"取得盈利,提高效益",实现直接目标和最终目标的统一。

社会主义金融市场的经营目标,是由社会主义金融市场的性质决定的。社会主义金融市场,是社会主义商品经济市场的一个有机的组成部分;既然是商品经济市场,它必然要受商品经济规律所制约,要按照商品经济的原则经营,价值规律是商品经济的基本规律,等价交换是价值规律在流通领域中的基本要求。也是商品经济经营的基本原则。商品经济原则在金融市场中的要求主要有以下几点:一是资金商品化,即凡进入金融市场的一切资金,不管是国有资金、地方所有资金、企业所有资金,还是个人所有资金,一律都是"资金商品",都作为资金商品按照商品经济原则来交易。二是金融机构企业化,即除中央银行以外,凡进入金融市场的银行和非银行的金融机构,一律都是金融企业,都处于平等的法人地位，都按照商品经济的原则办事。三是经营动力利润化，即除中央银行以外，所有参与金融活动的企业或个人，都是以追求自身的经济利益为动力，而不以任何超经济的强制为动力。四是经营成果效益化，即参与金融市场的企业和个人，所取得的盈利，在客观上都是作为社会经济效益的一部分而存在。前两项是价值规律实现作用的条件，因为只有资金商品化和金融机构企业化，才能把资金作为商品进行交易，交易双方才能以平等的身份来对待，等价交换才有可能。后两项是价值规律实现作用的必然结果。因为，等价交换的结果，是商品价值的实现，而价值的实现，既是利润的实现，又是经济效益的实现，也就是说，价值、利润和经济效益存在着内在的一致性。

利润与价值的关系，是部分与整体之间的关系。利润是通过价值的实现而实现的。价值是由 C+V+M 三部分构成的。其中 C 是旧价值的转移，V+M 是新创造的价值。在新价值中，V 是劳动者的工资，M 是企业的利润。所以，价值的实现，就意味着利润的取得，企业追求价值，其中就包括对利润的追求，而且企业追求价值的实质，是追求利润。因而，利润则是企业经营活动的经济动力。

经济效益与价值的关系，是同一事物的不同表现形式。所谓经济效益，从实物形态看，就是为社会所需要的物质产品或经营成果。从价值形态看，就是这些产品或经营成果的价值量。因而，价值即效益。

利润与经济效益的关系，也是整体与部分之间的关系。从价值形态求考虑，经济效益中的新增部分即为利润部分。新增效益与利润是同一事物的不同表现形式。因为价值形态的经济效益是由 C+V+M 三部分构成的，其中 C+V 是生产成本部分，虽然是经济效益的构成部分，但这两部分经济效益只能用于补偿原有生产资料的损耗和用于个人消费，而不能用于社会扩大再生产。只有 M 部分即新增加的经济效益才可以用作再生产。而这部分新增加的经济效益就是企业的利润。

综上所述，可见利润是新增经济效益的源泉，只有增加利润，才能提高经济效益。而利润又包含在价值之中，只有实现价值，才能实现利润。因而价值、效益和利润三者之间的关系是：

利润是效益的来源，效益是利润增长的结果，而利润和效益都包含在价值之中，并通过价值来实现。这是商品经济市场运动的一般规律，也是金融市场的一般规律。社会主义金融市场既然是商品经济市场的组成部分，上述一般规律就必然存在并且发生作用，因而也就必然以取得盈利作为经营的直接目标。

社会主义金融市场又是建立在生产资料公有制基础上的金融市场。生产资料公有制所形成的人们之间的基本经济利益一致的经济关系,规定了社会主义金融市场的经营活动,必须服从于提高全社会的经济效益,把取得社会经济效益作为经营间接目标,通过取得企业的盈利,提高社会经济效益,实现直接目标和间接目标的统一。

(二) 经营体制

金融市场的经营体制,是指国家金融管理机关关于各类专业银行和非银行的金融机构之间的业务经营范围的划分和对专业银行与客户之间的相互关系的规定和制度。

社会主义金融市场中各类专业银行和非银行的金融机构之间的经营内容和范围,应当是"各有侧重,交叉经营",即各专业银行之间在业务经营的内容和范围上,应当有所分工,有所侧重;但这种分工并非是绝对不可逾越的鸿沟,更不是画地为牢,成为各自独占的势力范围,而是根据实际需要与可能,允许一定的业务交叉经营。有所分工、有所侧重是完全必要的,因为这有利于国家对金融市场的统一管理,也有利于各专业银行稳定经营方向,提高经济效益。同时,互相渗透、交叉经营又是不可避免的,因为在客观上,由于经济活动往往带有综合性质,它既涉及工业、农业,又会涉及基本建设和对外经济,这样,在资金运动上既涉及工业信贷、农业信贷,又会涉及基建信贷和外汇信贷活动,因而,既涉及工商银行又涉及农业银行、建设银行和中国银行以及其他各类金融机构。经济活动的综合性和多项性,决定资金活动的多项性,从而决定银行和金融机构金融活动的综合性。因而,既有分工,又不为分工所分割;既有侧重,又有交叉的经营体制,乃是客观经济活动和金融活动的现实要求在经营体制上的正确反映。

在我国现阶段,建立工商银行、农业银行、建设银行、中国银行以及各类集体性质的银行和非银行的金融机构,并且对这些专业银行的经营业务内容和范围有一个大致的划分,是完全必要的。然而,由于商品经济的发展,对外开放日益深入,农村兴办工商业、建筑和外贸业务;城市与农村横向联合,与农业、牧业、林业紧密结合;中外合资和合作企业的兴办,已经有相当程度的发展,而且,今后还会越来越发展。因而,农业银行进城开办工商贷款业务,工商银行下乡开展农业贷款活动,以及农业银行办理外汇业务,中国银行办理农业贷款业务等。这种业务交叉活动,已经成为不可避免的客观必然。这是我国经济和金融业务兴旺发达的预兆和象征。

在各专业银行与客户之间的关系上,社会主义金融市场的经营体制,总的来说,应当是"开户自主,借贷自由"。所谓开户自主,指的是在遵循各专业银行之间大致分工的前提下，客户可以自由选择开户银行，银行也可以自由选择客户，而不像过去那样，由国家硬性规定企业的开户银行和银行的开业户。所谓借贷自由，指的是借贷的数量由银行和客户之间根据需要与可能自行商定，而不是由国家硬性规定贷与不贷、贷多贷少。当然，这种"自主"和"自由"的程度，要服从国家信贷政策和其他有关规定的要求。因而，这种"自主"和"自由"是相对的。

（三）经营机制

所谓金融市场的经营机制，指的是由诸种要素构成的对金融市场经营活动具有控制和调节功能的有机体。任何金融市场都存在着经营机制，所不同的是各种不同性质的金融市场，其经营机制的构成要素有所不同。社会主义初级阶段的金融市场，既不同于高度集中的、单一的国家银行信用体制，也不同于盲目的完全自由的竞争的金融市场。它是在国家对金融活动调控和一定自由融资活动相结合的有计划的金融市场。构成有计划的金融市场经营机制的基本要素有以下几点：

1. 法律和政策要素

社会主义初级阶段的金融市场，就其根本社会性质而言，是社会主义性质的金融市场。其社会主义性质一方面是由社会主义金融市场所赖以存在的经济基础即以生产资料公有制为主导的经济关系决定的，另一方面，社会主义国家对金融市场的管理和控制，也是确保金融市场的社会主义性质的重要条件。社会主义国家对金融市场的管理和控制可以有各种手段，而法律和政策手段是不可缺少的重要内容。国家通过制定有关金融方面的法律和政策，通过这些法律和政策对金融市场的经营原则、内容、范围、手段和方法等作出明确规定，使金融市场的经营活动，必须有利于国家，有利于广大人民的根本利益，并对违背这一要求的行为加以限制和取缔，对于有害于上述要求的行为给予打击。从而使金融市场沿着社会主义的方向发展。

2. 计划要素

有计划的金融市场与无政府状态的金融市场的重要区别点之一，在于它在经营上的计划性。所谓经营上的计划性，是指国家通过计划在宏观上对金融市场的货币流通总量和信贷总规模加以调节和控制，使货币流通总量和信贷规模与国民经济发展的要求相适应。因而，这种计划不是对金融市场微观融资活动的指令性计划，而是对金融市场宏观调节和控制的指导性计划。

3. 价格要素

金融市场的价格要素包括利率和汇率两方面的内容。利率和汇率是社会主义初级阶段金融市场经营机制中直接和经常起调节作用的要素。金融市场中的利率和汇率基本上是由货币商品供求状况决定的自由利率和自由汇率。国家金融管理机关只是在必要时，对利率和汇率施加一定的影响，或者对利率和汇率最高限和最低限加以规定，使利率既能比较准确地反映资金商品的供求关系，又能有效地调节资金商品的供求关系，保持金融市场的正常运转。

4. 竞争要素

竞争是商品经济的一条规律，这条经济规律在各类市场中都必然存在并发生作用。在社会主义初级阶段的金融市场中，竞争规律也同样存在并发生作用。当然，社会主义金融市场的竞争在性质上与资本主义金融市场的竞争是根本不同的，而且竞争内容、范围和手段上也都有明确的限制。因而，社会主义金融市场中的竞争，是有限制的竞争。社会主义金融市场的竞争主要表现两个方面：一方而是金融企业之间的竞争，这主要是指遵循"有所分工、交叉经营"的前提下，各金融企业可以自主开展业务内容、自由选择客户、自由决定借贷规模和自由决定利率和汇率，以此求得自身的发展；竞争的另一方面是加强金融企业内部管理、提高自身的工作效率、降低费用、提高自身经济效益，从而增强自身的生存能力。通过金融市场的竞争，实现优胜劣汰，提高整个金融市场的经济效益。

（四）经营范围

经营范围也是社会主义金融市场经营模式的一项重要内容。社会主义金融市场和其他国家和地区的金融市场一样，也是开放型的金融市场。所谓开放，首先是指对国内开放。社会主义金融市场在客观上是分为不同层次的，并且按照其发达程度分为地区性的金融市场和全国性的金融市场。然而，这并不意味着地区性的金融市场，只允许这一地区范围内的个人或法人进入这一金融市场，不允许其他地区的个人或法人进入金融市场。而仅仅是就其金融市场的发达程度，涉及的范围有地区性和全国性之分。不论是地区性的金融市场，还是全国性的金融市场，原则上都是面向全国开放的金融市场。任何个人或法人都可以自由地进入任何金融市场进行融资活动。

开放的另一层含义是说，从长远的观点来看，社会主义会融市场在坚持以国有资金为主和国内业务为主的前提下，也应当对国外开放。所谓对国外开放，既包括允许外资银行或其他外资金融机构，在符合国家政策规定和服从国家行政管理的前提下，参与我国金融市场的融资活动和开设金融机构，又包括社会主义的国家商业银行和非银行的金融机构到国外金融市场进行融资活动或在国外开设金融机构，把国内金融市场与国际金融市场联系起来，使国内金融市场成为国际金融市场的一部分。

　　社会主义金融市场的开放性,决定了金融市场经营的广泛性。凡国际金融市场所经营的一切内容,社会主义金融市场都应当经营,社会主义金融市场既经营国内业务,又经营国外业务,既在国内设置机构,又在国外设置机构,也允许外资机构进入国内市场,并且在具体经营内容和经营范围上,国家必须有明确的规定和严格的管理,使金融市场的经营内容主次分明,经营范围广而不乱。

(原载于《社会主义初级阶段的金融市场》,
南开大学出版社1989年版,第二章)

新加坡考察报告

一、新加坡的基本国情

1959年以前，新加坡与马来西亚诸岛一起均属于英国的殖民地。1959年新加坡与马来西亚诸岛同时脱离英国殖民统治成为马来西亚联邦的一个邦。1965年8月9日，新加坡脱离马来西亚联邦宣布独立，成为一个独立的国家。新加坡是一个岛国，有比较优越的自然条件。它位于赤道以北137公里，马六甲海峡南端，是连接太平洋和印度洋的必经要道，是国际贸易和国际运输的重要航道。同时也是在空间上连接伦敦、纽约、苏黎世和东京等国际经济和金融中心城市，在时间上使世界24小时之内连续营业的重要枢纽。这种优越的地理位置和自然条件，是使新加坡成为世界最大的转口贸易港和世界第五大金融中心的重要条件之一。

新加坡本岛面积为639平方公里，此外还在本国的领海水域内有50多个小岛，其中最大的德光岛仅为18平方公里，最小的毛广岛仅有1.2平方公里。新加坡本岛是该国的主要领域，因此，新加坡被称为城市国家。据新加坡卫生部统计，截至1992年6月共有居民人口281.82万，其中华人占77.6%，马来人占14.2%，印度人占7.1%，其他民族占1.1%，是一个以华人为主的国家。该国风俗习惯和伦理道德观念非常接近中国的文化传统。

按照年龄划分，居民中15岁以下人口为65.04万，占总人口的23.1%，60岁以上人口为26.47万，占总人口的9.4%，已经接近人口老龄化国家的标准。近年来，随着生活和医疗条件的改善，新加坡人的寿命普遍延长，男人平均寿命为70岁，女人平均寿命为75岁。

新加坡的人口出生率和人口政策有个变化过程。自20世纪60年代以来，由于社会转型，生活方式的改变和观念的更新，以及当时推行的限制生育的人口政策，导致人口出生率持续下降，70年代的人口出生率为1.6%，80年代降为1.1%。由于人口出生率的下降，造成劳动力的短缺，特别是高素质的劳动力尤为缺少。为了增加本国劳动力，特别是增加高素质的劳动力，新加坡从1987

年开始调整了人口政策。提出鼓励生育,特别是鼓励高科技和高素质阶层的人多生育子女。为达上述目的,政府通过减税、增加托儿津贴、入学和住房优先等一系列奖励性措施来刺激人口的增长。

由于劳动力短缺和人口寿命的延长,新加坡政府决定从1993年4月起,将退休年龄由原来的55岁延长到60岁,而且今后还将提高到67岁。

新加坡的经济在20世纪50年代主要是个转口商港,经济相当落后,人民生活条件也很差,失业率高达15%。从60年代起推行工业化政策,为了解决就业问题,主要是发展劳动密集型工业。在70~80年代的不到20年里,新加坡的经济得到了迅速的发展。从1980~1984年,年平均以8.5%的速度增长,实现了全民就业和经济高速增长并进的目标,人均国民生产总值从1980年的9941新加坡元增至1984年的15008新加坡元。受国际经济危机的影响,新加坡于1985年出现了经济负增长1.6%的经济衰退,但到1986年底经济就开始回升,1987年经济又出现8.8%的增长速度,1988年达到11.1%的增长速度;从1989年至1992年仍然以平均7.5%的速度持续增长。随着经济的增长,国民经济产业结构也由劳动密集型工业转向技术密集型和资金密集型的高科技产业结构。目前新加坡是以高科技制造业、金融和其他服务业、商业和贸易以及交通通信业作为四大经济支柱。

随着经济的增长,人均国民生产总值和工资水平都得到提高,而通胀率却在下降。1990年、1991年和1993年各年的人均国民生产总值分别为21225、22809和23968新加坡元,工资增长率分别为9.3%、9.2%和7.5%;通货膨胀率分别为3.4%、3.4%和2.3%,1993年上半年的中下层职工平均工资在2000~2500新加坡元之间。由于工资收入提高,又实行分期付款的购房办法,居民不仅日常生活水平较高,而且居住条件也相当优越。

二、新加坡的社会保障制度

新加坡的社会保障制度经历了一个变化的过程。在建国初期,曾经实行过类似中国实行过的"大包大揽"的保障制度。例如对公民实行免费医疗免费教育和国家对退休职工发放退休金等。经过一段时间的实践,新加坡政府发现:一方面由于保障的范围和程度都超过了国力所能承担的限度,因而难以为继;另一方面,由于所实行的保障制度具有严重的平均倾向,影响了人们的积极性,不利于生产力的发展。新加坡总结了本国的教训,借鉴了西欧、美国和澳洲的社会保障制度的经验,提出了新加坡的社会保障制度的指导原则。新加坡的原总理、时任资政李光耀和时任总理吴作栋,都主张在新加坡实行竞争(自力)

与互助相结合,以激励竞争(自力)为主的社会保障制度指导原则。他们认为,单纯讲竞争"太残酷",会使人际关系过于冷漠,不符合亚洲人的伦理道德观念,过度的互助,会使人变懒,从而会导致经济衰退的不良后果。实行竞争(自力)与互助相结合,以竞争为主的原则,取二者之长,避二者之短,有利于民族的兴旺和国家的富强。在这一原则指导下,新加坡建立了以中央公积金制为主体,以保险、社会福利和社会救济相配合的社会保障制度和社会保障体系。

(一)中央公积金制度

中央公积金制度,是新加坡劳工法中规定的一种强制性的储蓄制度。劳工法中规定,凡是新加坡的工资收入者都必须把工资收入的一部分存入中央公积金局,这部分储金由雇主和雇员共同付出。中央公积金局不是政府机关而是一个金融信托机构。信托局为储户保管和运用资金,并将取得的盈利按储金的多少记存在储户的账户上。至于储金占工资收入的比例,以及雇主和雇员各自所占的比例也有一个过程。法律规定储金占工资的比例最高为40%,雇主与雇员的出资额各为50%。目前,储金额已达到法律规定的占工资额40%的标准。但雇主与雇员各自所占的出资比例分别为21.5%和18.5%,预计今后将逐步达到各占20%的标准。

中央公积金最初的保障范围仅限于为退休职工提供退休金,每个人的退休金额决定个人的工资水平。随着工作年限的延长和工资水平的提高,每个人的公积金的数额也不断增大,公积金的保障范围亦随之不断扩大,直到1993年10月以前,公积金的使用范围已经由单纯提供退休金扩大到用公积金购买住房、小汽车、大型家用电器、保健、医药及住院费,(不超过1.5万新加坡元)还可以购买人寿保险单、特殊或重大疾病保险单(不超过1.5万新加坡元)和购买家属疾病医疗保险单,以及子女教育费(有一定限额)等多项内容。从1993年10月起,又规定在留足3万新加坡元的前提下,可以用公积金余额用于能够使资金保值和增值的投资项目。例如1993年10月,政府规定每个公积金会员可用公积金存款购买60股国家电讯局发行的"电讯股票"。电讯是国家经营的企业,收益很高。国家允许工资收入者用公积金购买股票的目的,是把国家的一部分收入转移给会员,藏富民间,把国家利益和职工个人的利益更紧密地联结起来。

新加坡的中央公积金制度的特点在于把职工的利益与国家的利益联系在一起,并且通过公积金制度使职工及其家属的生活得到基本保障。这一点与其他许多国家不同。例如日本,对职工的保障主要是通过保险形式。雇主和雇员共同出资为雇员投保养老保险和医疗保险。在雇员在雇主的企业工作时保险单有效，一旦雇员离开雇主的企业，保险单失效，雇员得不到保障，因此，日本的职工更多地被局限在某一个企业之中。新加坡的中央公积金制度则不然，职工脱离原雇主但只要不离开新加坡国境，无论原来在哪一家企业做工，其公积金同样有效，职工可以在全国范围内流动，而且保障范围比较广泛。因此，中央公积金制度是新加坡的基本的社会保障制度和主要的社会保障形式。

（二）保险制度。

新加坡具有完备的保险制度和发达的保险市场，成为新加坡社会保障制度的重要组成部分。与社会保障制度有关的主要是医疗保险、意外伤害保险和养老保险等关系到人身保障的保险制度。参加上述保险制度的有以下几类人员：

一是一般劳工和一般职员。新加坡的劳工法中规定：雇主要为雇员购买医疗保险和人身意外伤害保险。医疗保险主要解决职工生理性疾病的治疗和医药费用，投保金额和保障程度由雇主与雇员根据经济情况商定。在此基础上，职工个人还可以利用中央公积金来购买一定数额的医疗保险。意外伤害保险是指因公遭到意外伤害而造成伤、残、死的住院费，医疗费及丧葬费各项支出，其标准都按照国家法律规定的国家医院的费用标准。如果本人愿意住私人医院由此而超出国家规定标准的费用，由个人负担。

二是国家工作人员，其退休金由中央公积金制度解决，其医疗费用由国家负担，国家为政府工作人员投保医疗保险和意外伤害保险，其保障标准按照国家有关规定支付，超出部分由个人负担。

三是非工资收入者（自雇者）和一般居民不享受中央公积金制度。他们的养老费和医疗费用由其自己解决。解决的方式，一是通过储蓄积累一部分资金，一是购买养老保险和医疗保险。其保险额度由本人自定。

新加坡没有失业保险，政府也不发失业津贴。这主要是因为新加坡政府不赞成西方国家的过度互助，使一些人变懒的做法。因此，政府不对失业者提供津贴或补助。

（三）社会救济制度

新加坡对那些没有工资收入或工资收入低于贫困线以下的居民，由国家社会发展部负责给予救济或补贴。目前规定凡四口之家总收入在 10000 新加坡元以下者属于贫困户，这些贫困户凭借联络所（相当于中国的居民委员会）的证明，到社会发展部领取津贴或救济款。领取标准目前是每月每人生活费最低为 100 新加坡元，年、节假日还有额外津贴和慰问品。对贫困户的医疗费用也由社会发展部给予救济，救济的标准按照国家规定执行，一般情况下均到公立医院治疗，费用实报实销。

（四）社会福利制度

新加坡政府本着竞争与互助相结合、以竞争为主的指导原则，建立本国的福利制度。它的福利制度既不同于西方那些福利国家的做法，也不同于日本的做法，有其自身的特点。这种特点主要是：从资金来源上采取个人、雇主（企业）、国家（政府）和社会自愿出钱办福利事业的单位或个人四方共同出资的办法，从组织形式来看，有社会福利组织、民间慈善机构及社会贤达人士组织。

新加坡的社会福利组织的基本形式是联络所。联络所既不是政府机构，也不是纯粹的民间组织，它具有官民结合的性质，每个联络所方圆3～4公里，区内设有幼儿园、小学、中学、商店、医院、养老院、运动场、图书馆等设施，这些设施由政府投资修建，为居民提供免费或低费服务。在本联络所范围内，各项生活福利问题基本上都能够得到解决。

慈善机构是新加坡的另一种社会福利组织。慈善机构是专门为社会上的孤儿、孤老人、贫困户和低工资收入者提供福利的机构。提供的福利内容包括免费医疗、免费教育、免费托儿、免费入养老院，等等。慈善机构的经费来自国内外的企业和社会贤达人士的资助。

除了正式的福利机构之外，还有众多的单位和个人出资或投资为一些人提供社会福利。例如新加坡前总理、现任资政李光耀先生，把自己的著作出版收入50万新加坡元全部捐赠给南洋女子中学为学生提供免费教育。在李资政的带动下，又有不少社会贤达纷纷捐款达数百万新加坡元兴办教育。又如前任全国工会秘书长、现任新加坡总统王鼎昌亲自参加募捐义写活动，获得几十万新加坡元全部捐赠给残疾人学校。除了个人捐赠外，许多企事业单位也有捐款义举。例如新加坡总工会下属的保险公司——职总英康保险合作社，就负责提供两个弱智人学校的教育经费。新加坡的公民有自愿为社会捐赠福利金的美德。居民们几乎每月定期将自己的工资或收入的一部分捐赠给福利单位，成为社会福利资金的一个来源。

中央公积金制度，保险制度，社会救济制度和社会福利制度互相补充，互相渗透构成新加坡完备的社会保障制度体系。

三、新加坡的合作保险

据考察，当代世界上一些大的、资金雄厚的保险公司多是合作保险或相互保险公司。例如具有70亿美元资本，并在世界各地设有分支机构的美国鸿国人寿保险公司，就是一个相互保险公司。又如在新加坡保险市场中居第三位，并在国际保险市场中占有重要地位的英康保险公司，就是一个保险合作社。由于合作保险与相互保险的基本性质是一样的，因此，在国际保险市场的分类中，都把合作保险和相互保险归于一类。而新加坡的职总英康保险合作社不仅在亚太地区具有重要的地位，而且在世界合作保险市场中亦有重大影响。因而，我们重点考察职总英康保险合作社。

（一）职总英康保险合作社的基本情况

1. 职总英康的产生及宗旨

职总英康是新加坡职工运动发展到一个新的历史阶段的产物。在20世纪60年代以前，全国职工总会（简称职总）主要是承担协调劳资双方工资待遇的职能，60年代末期，由于国内情况发生了重大的变化，职工运动的方向、内容和方式亦应随之改变，提出兴办以合作社为经营方式的各项事业。这里所说的合作社经营方式，在性质上和组织形式上有别于私人企业和私人股份公司。职总兴办的各种合作社遵循以下四条原则：合作社应与私人企业平等竞争，政府不应给予照顾；合作社应当充分发挥其内在优势；合作社应当保持高素质的运作并由一个中央机构来监督；合作社应当具有高效率和高水平的管理层。职总英康保险合作社就是在这种历史背景下而产生的。

职总英康保险合作社正式成立的时间是1970年，英康的主办单位是全国职总。按照新加坡合作社法令的规定，由全国职总联合职总所属的各个工会，共集资120万元作为注册资本建立起职总英康保险公司合作社。职总是发起会员，也是最大的股东，各附属工会是团体会员，也是大股东，因此，职总英康是一个股份制的保险合作社。

职总英康保险合作社的经营活动，严格遵循以下三大宗旨：提倡和推广合作社保险方式，鼓励合作社社员发扬节俭、合作与自力的美德，合作社应以尽可能低的成本为保户提供优质的保险利益，它不是以合作社少数人的获利为经营目的，而是为广大中下层居民提供保险保障，努力提倡、推广和提高合作社保险在新加坡的地位，以便让更多的人参与合作保险，享受合作保险的利益。

2. 职总英康的组织与结构

职总英康的领导与管理分为四级组织，即信托局—董事局—管理层—办事机构。信托局由七名委员组成，其任务是指示与引导董事局的工作。董事局由十二名委员组成，其任务是督导管理层执行合作社的全面计划与方针。管理层由一名总经理和二名助理总经理组成，其任务是主管日常业务经营活动和企业经营策略。英康内部有15个部门作为办事机构，每个部门有经理、助理经理和高级执行人员、执行员组成。

凡是在英康保险合作社投资或投保的单位和人员都属于英康保险合作社的

会员。英康的会员分为四种：一是发起会员即新加坡全国职总；二是团体会员即各附属工会与各合作社；三是个人参股会员即个人购买英康的内部股票者，每人限买100股，每股10元共1000元的股权；四是普通会员即投保寿险的保户。目前共有发起会员一个，团体会员70个，个人会员1019个，普通会员325691个。

3. 英康的产品及特别服务

职总英康保险合作社，是一间综合性的保险机构，提供人寿保险和普通保险服务，在人寿保险方面有分红保单、定期寿险保单、终身保单与儿童保单等十多种产品，其中以终身保单和儿童保单最受欢迎。普通保单有车辆保险、房产保险、水险、商业综合保险（包括火险、盗窃险、工伤、公众责任和现金险）等几十种保单。

英康保险合作社不仅为保户提供保单所规定的各项保险利益，而且还提供保单以外的广泛的服务利益，其中包括职总百货超级市场的回扣服务，提供渡假村租屋的特价服务，身体检查优惠及保户招待会、家庭日及其他娱乐活动和健身活动的场所服务，等等。

4. 英康保险合作社的发展

英康保险合作社自1970年成立至今，已有23年的历史。在这23年中，英康得到了迅速的发展，特别是从1988年以来发展得更为迅速。1988年有新保单101000宗，1992年有127800宗，平均每年增长9%，1988年新保单的保险费为6280万元，1992年为1.084亿元，平均每年增长15%。1988年有生效保单259800宗，1992年有485200宗，平均每年增长17%；保费1988年为2.213亿元，1992年为2.525亿元，平均每年增长24%；1988年保费收入为1.29亿元，1992年为3.83亿元，平均每年增长32%，1970年成立英康合作社时有资产120万元，1992年发展12亿元的总资产，尤其是1988年至1992年之间发展得更快。1988年为4.55亿元，1992年为22.08亿元，平均每年增长28%。

目前，在新加坡每六个人中，就有一位是向英康投保的保户，在60多间保险公司中，英康居于第三位。

5. 英康今后发展的设想：第一，向海外发展，尤其是向亚洲与太平洋地区如中国、南亚及澳洲等地；第二，寻求当地合资的伙伴，加大资金力量，扩大经营；第三，希望以本身的经验，提供管理咨询与培训计划；第四，希望提供保险服务给外资机构或与外资合资机构，目前，英康已与中华全国总工会联系。

（二）职总英康的基本特点

1. 公共性质。从所有权的法律关系上看，英康保险合作社既不同于私人股份有限公司，也不同于自保公司，与相互保险公司也有一定的差别。但就法律上的所有权关系上来考察，合作保险与相互保险二者则具有一致性即公共性质。所谓公共性质，是指它既不是属于少数几个股东所有，也不是归某个私人集团所有，而是属于各类会员全体共有。以英康保险合作社为例，英康最初的120万资产不是某个私人所有，而是属于职总和各个参与垫付资本的附属工会的共有财产。虽然随着保险的发展，英康向投保人出售个人内部股份，但这些个人股份不能公开上市出售和内部转让，只能卖给英康保险合作社，这样做是防止少数人收购英康个人的股份，改变英康的性质，而且英康卖给个人的股份仅限于100股，每股10元，这样就可以扩大持股人的数量，使英康的财产属于众多人所有。目前，英康有70多个团体会员，1000多位个人会员和一个发起会员。因此，可以说英康保险合作社不是属于某一个人或某几个大股东私有，而是属于全体持股会员公共所有。

2. 大众性质。所谓大众性质，是从英康的服务对象，服务宗旨来考察它的特点。英康的主要服务对象是中、下层收入者，服务宗旨是以尽量低的成本为会员提供尽可能多的保险保障。在这一宗旨的指导下，英康保险合作社采取低保额，分散收保费和采用尽可能方便保户的承保方式和程序。正由于如此，英康保险公司争得了大量的保险客户。目前，每6个新加坡投保人，就有一个是英康的保户，如此高的保户占有率，充分表明了英康的大众性质。

3. 互助性质。从利益分配的角度来考察，英康保险合作社具有互助性质。所谓互助性质是指合作社经营所取得的盈利的分配，既照顾到投入股本的数量，又照顾到会员的具体条件。英康保险合作社不是以少数股东的获利为目的，而是为全体会员谋利益。英康既为股东分股息，又为保户分红利。按照新加坡政府规定，人寿保险盈利的80%返还保户，20%归股东所有，分配给股东。英康没有把20%分配给股东，而是留下来作为积累资产或返还给保户。英康合作社在盈利中提出的资金积累，又返回来为保户服务，如分给保户的特殊红利，仅1990年就将1320万作为额外红利返还给保户。又如提供保户的超级市场回扣、度假村租房的特价、身体检查优惠以及各种文体活动设备等特殊利益服务的资金，皆来源于英康的积累资金，体现了"取之于民，用之于民"的精神，实现了在保险合作社范围之内的互助合作原则。

4. 福利性质。一般保险公司不具有福利性，而英康保险合作社则具有一定的福利性质。所谓福利性质，是指英康保险合作社为合作社会员以外的社会成员提供的经济资助。虽然，私人股份保险公司也会在一定的场合为社会捐献一些资金从事一些福利和救济活动，但它们与英康保险合作社有很大的区别。英康保险合作社把此项活动作为自身的一项义务，成为其宗旨的一部分，而且这种活动是国家对保险合作的强制性的要求和规定。近年来英康承担两个弱智教养院分费用，承担动物园中的珍贵动物的领养费用，以及对救济机构的捐赠等，都体现出其福利性质。

5. 协调性质。由于英康保险合作社具有上述四个特点，便产生了第五个特点，即协调性质。所谓协调性是指各方面的关系和矛盾比较容易取得一致的认识和行动。英康的协调性包括以下三层关系。一是英康保险合作社与广大客户的协调性。由于英康是为广大保户服务的，具有互助合作性质的经济组织，全体保户的利益与英康的利益关系基本上是一致的，因此容易取得原有保户的支持和争得更多的新保户。二是英康保险合作社管理机构之间以及管理人员与职员之间的协调性。英康与全体职员的经济联系十分密切，相当一部分职员同时也是英康的股东或保户，相互之间利益一致，都关心英康的成长和发展，大家协调一致，齐心努力，争取高效率、高效益。三是英康与职总及政府之间的协调性。英康与政府之间没有直接的利益关系。但由于英康属于职总下面的一个经济组织，而职总与政府的关系十分密切，并且由于英康又为社会提供经济资助，帮助政府解决一些社会问题，因而便能取得政府的同情和支持。这一点非常有利于英康的发展。

（三）英康保险合作社的启示

通过对英康保险合作社的考察，使我得到了很多的启示，其中最突出的启示是，我认为合作保险形式对中国有特殊意义，合作保险形式应当在中国保险市场中占有重要的地位，中国应当注意引进合作保险的经验。这是因为：

1. 中国是社会主义制度，在经济上强调公有制度。中国过去数十年都在坚持公有制，并且搞过各种合作社，但是没有搞过保险合作社。而合作保险虽然不同于中国的公有制，但相对于私人所有制来说，它更接近于公有制，因而，更符合中国的国情，容易被中国所接受。

2. 中国的基本宗旨是为人民服务，为广大群众谋利益，走共同富裕的道路，而保险合作社具有大众性的特点，为大众谋利益。这一点很适合中国的宗旨。

3. 中国的改革改变了过去的保障制度，需要建立新的保障制度和体系。中国又是一个大国，经济发展的不平衡，各地区、各层次、各行业的收入水平也有差别，人们对保险费的承受能力和水平也有很大的差别。因而需要各种不同的、适合不同经济收入层次需要的保障形式。然而，就总体而言，中国的广大农村和中小城镇的保险费支付比较低，他们需要合作保险形式，而中国农村人口和城镇人口占全国人口的80%以上，因而合作保险应当是中国保障制度中的重要形式。

4. 中国一些人的心理状态和习惯认识容易接受合作保险。中国大部分人的保险意识比较淡薄，对保险的认识也有很大的局限性，认为交保险费是一种多余的支出，投保的主动性不高。而搞合作保险，具有很大的互助合作性质，特别是分红和储蓄与保险相结合的保险单更容易为广大居民所接受。英康保险合作社的为大众服务、为客户服务的性质非常适合中国的国情，极易为中国人民所接受。

四、新加坡的金融市场

新加坡是当代国际金融中心之一。新加坡的金融市场是国际性的金融市场。它包括短期资金市场、债券市场、金融期货市场、股票市场和外汇市场。其中金融期货市场、股票市场和外汇市场更为发达，尤其是外汇市场是具有自身的特点。从某种意义上说，新加坡金融市场的国际性质，实际上就是外汇市场的国际化，新加坡的外汇市场是新加坡金融市场国际化的代表。这里着重分析新加坡的金融期货市场，股票市场，外汇市场叙及新加坡政府对金融市场管理的几个问题。

（一）新加坡的金融期货市场

从20世纪70年代开始，货币汇率与利率波动激烈，使经济活动的成本预算与控制发生困难，企业加强风险管理的需要日益强烈。为适应企业的需要，美国率先在1972年推出金融期货。随后，世界各国主要金融中心也相继成立金融期货市场。

新加坡是亚洲地区第一个设立金融期货市场的国家。1963年，将前黄金交易所改为新加坡国际金融交易所，并于1984年9月开始金融期货交易。目前，新加坡国际金融交易所提供金融期货和期权交易有16种。期货交易包括三种存款利率：欧洲美元三个月期存款利率，欧洲日元三个月期存款利率，欧洲马克三个月期存款利率；两种股票指数：日经股价指数，MSCI香港指数；三种货币：日元、德国马克、英镑；一种贵金属即黄金；两种能源：燃油、柴油。期权交易包括两种存款利率期货的期权：欧洲美元存款利率期货的期权，欧洲日元存款利率期货的期权；一种股价指数即日经股价指数期货的期权；两种货币期货的期权：日元期货的期权和德国马克期货的期权。期货市场的交易量，在1985年达538829宗合同，1988年上升到2872668宗合同，每年取得75%的复合增长率，随后，一直保持为全球增长速度最快的金融期货市场之一。新加坡国际金融交易所的主要特点是应变能力突出，善于组织竞争，为此，曾于1989

年和 1992 年两次被伦敦《国际金融评论》杂志评为国际最佳交易所。

新加坡国际金融交易所从一开始就和芝加哥商品交易所达成协议，与芝加哥交易所属下的国际金融市场挂钩，实行金融期货的相互抵消系统。相互抵消系统包括欧洲美元利率、马克、日元和英镑 4 种期货合同。两个金融期货市场之间实行相互抵消的结算安排，在世界期货交易上是一项创举。通过相互抵消系统，两个交易所的交易商得以参与对方交易，或在另一个交易所进行结算。由于有相互抵消的安排，新加坡国际金融交易所和芝加哥商品交易所两个处于不同时区的交易所可以发生联系，扩展了交易时限，为金融期货进行 24 小时全天交易提供了条件。

（二）新加坡的股票市场

1938 年起，新加坡与马来西亚一直共同使用一个证券交易所——联合证券交易所。1973 年新加坡币与马来西亚币分开之后，新加坡与马来西亚均分别建立了各自的证券交易所。新加坡证券交易所于 1974 年 6 月正式独立进行交易。

新加坡证券交易所，是亚洲或东南亚地区的证券交易中心。该所既有债券交易，又有股票交易，但以股票交易为主。新加坡的证券市场既有一级发行市场，又有二级交易市场，在二级交易市场中又分为三个层次。

第一层次的交易市场称为第一挂牌股票交易市场（简称第一挂牌股市）。在第一挂牌股市交易的股票，一般均为各方面条件都比较好的企业发行的股票。据统计，1987 年，在新加坡证券交易所挂牌的有 325 种股票，股票总市值达 854.05 亿新加坡元，约占当时世界股市总量的 8%，是香港股市的 64%，伦敦股市的 8%，东京股市的 2%，纽约股市的 1.5%。在第一挂牌股市上市的各类股票中，新加坡本地公司占 39.6%，（共 127 间公司，工商企业 77 家、金融企业 21 间，旅店业 17 间，产业 12 间），马来西亚公司占 56.7%（共 182 间，其中工商企业 108 间，矿业 16 间，种植业 35 间，金融业与产业公司 11 间）；其他外国公司占 3.7%（共 12 间，其中 5 间为工商企业）。从市值方面分析，本地公司占总市值 584 亿元的 41.8%，马来西亚约占 35.8%，其他外国公司占 22.4%，在本地公司中又有 16% 的股权为外国人拥有，因此，本地人的股权仅占 35%。按行业分析，则工商股占总市值的 42.2%，金融股占 24.7%，产业股占 19.7%，种植股占 9.4%，旅店股占 2.4%，矿业股占 1.6%。种植股和矿业股多为马来西亚公司的股票。新加坡的股票上市公司的权益，随着经济的发展和政策的变化，也不断地变更：既有新挂牌的上市公司，又有兼并或倒闭的公司，但总的趋势是在第一挂牌股市上市的公司数量有所减少，但规模在增大。据统计，到 1992 年底，在第一挂牌股市上市的公司为 188 家。

第二个层次的股市称为第二挂牌股市，又称自动报价股市。自动报价股市成立于 1987 年 2 月，到 1992 年年底，共有 25 家公司挂牌上市。

　　新加坡第二挂牌股市的产生与该国政府的政策有关。新加坡政府对挂牌上市公司的条件要求很高，凡申请挂牌上市的公司都必须严格按照政府规定的条件审批。所以，新加坡本国的挂牌上市的多为大型的现代化的企业，中小型企业为数甚少。但经过 1985 年的经济衰退，中小型企业受到的冲击和损失最大，表现出其弱点。政府发现过去对中小型企业支持不够。从那时起，新加坡政府开始注意加强对中小型企业的扶持。为了推动中小型企业通过发行股票集资，并上市交易，又要维持原有挂牌上市公司的条件不变，便另设立一个第二挂牌股市即自动报价股市。在自动报价股市上市的企业的条件，比在第一挂牌股市上市公司的条件，相对而言就要宽松一些。如第一挂牌股市的企业要有 400 万新加坡元的缴足资本，而自动报价股市则没有缴足资本的要求。又如，在第一挂牌股市上市的公司要有 5 年的营业报告，最后 3 年的营业成绩要良好，而自动报价股市则只要求 3 年的营业报告，而且业绩也不一定要求很高。

　　第三层次的交易市场是场外股票交易市场，简称场外股市。所谓场外股市即指在证券交易所以外进行的非挂牌公司的股票交易场所。1992 年底共有 146 家公司在场外股市交易，其中主要是马来西亚的企业，有 113 家；其次是香港的企业 5 家；其他企业 3 家。

　　场外股市的出现与新加坡和马来西亚两国之间的发展历史有直接的关系。1965 年 8 月 9 日新加坡独立之前，是马来西亚的一个邦，因而马来西亚与新加坡共同使用一个交易所。新加坡和马来西亚的股票都在新加坡证券交易所上市交易，其中有二分之一的上市公司是马来西亚的企业。1989 年，马来西亚在吉隆坡成立了本国的证券交易所，并规定马来西亚在新加坡证券交易所挂牌上市的企业必须在 1989 年底以前退出新加坡证券交易所，不得继续在新加坡证券交易所挂牌交易。原有这些企业在新加坡上市为新加坡提供数目可观的手续费和税金，若离开新加坡到马来西亚上市，对新加坡的经济影响很大。为了保持这些企业能够继续在新加坡交易，新加坡于 1990 年 1 月 2 日，建立自动撮合证券交易市场，不挂牌同样可以交易和结算，从而使这些企业继续在新加坡交易。

　　新加坡新股上市必须经过政府规定的程序，在符合程序的前提下，新股票的发行有两种具体方法。

　　一是定价发售。所谓定价发售，就是按照企业预先确定的价格出售股票，不得提高或降低销售价格。这种方法是新加坡发售股票的传统做法。

　　二是议价发售。所谓议价发售就是发行公司先提出一个最低价，然后由证券商或其他购买者自行提出购买价格,通过购买者之间的竞价最后形成一个发售价格。新加坡政府规定,从1992年起,企业发行股票可以分为两部分:一部分要定价出售,规定至少要有300万新加坡元用定价办法售出;其余部分用竞价办法出售。竞价办法又分为两种:一种是荷兰式投标方法,一种是法国式投标方法。荷兰式投标方法,是在最低限价之上进行竞价,直到把全部股票售完。在最高价格以下(包括最高价格)的竞价均为有效价格,竞价购买者按照其所标出的价格付款。例如,某种股票每股的最低限价为1元,共计300万股,竞价出售形式是2元的300万股,1.8元的400万股,1.5元的300万股,合计1000万股。1.5元,1.8元和2元均为该种股票的有效销售价格。法国式的投标方法程序与荷兰式的程序相同,二者的差别在于股票的最后销售价格是以最低竞价价格为准,例如上例有2元、1.8元和1.5元三个竞价,最后到1.5元时把股票全部购完,则全部股票均按1.5元购买。这两种竞价方法各有优缺点,目前更多的人倾向荷兰式的竞价方法。

(三)新加坡的外汇市场

新加坡的外汇市场是整个金融市场中最发达的部分,也是国际外汇市场的中心之一。据国际清算银行统计,1988年4月新加坡外汇市场的日交易额为550亿美元,占当时世界外汇交易总额的8.5%,在全世界外汇市场中居第五位,前四位是伦敦、纽约、东京和苏黎世。到1992年4月,新加坡外汇市场日交易额为739亿美元超过了苏黎世,在世界外汇市场中居第四位。

新加坡外汇市场的特点是:绝大部分的外汇交易与新加坡货币无关,都是外币与外币之间的买卖与汇兑。据统计,新加坡外汇市场每百元的交易额中,与新加坡元有关的仅占5%,其余95%的交易均为外币之间的交易,所以,新加坡的外汇市场基本上是一种离岸型或岸外型的外汇市场,形成这种特点的原因主要有两点:第一,新加坡外汇市场形成的原因与其他国家外汇市场形成的原因不同。其他国家外汇市场的形成,是由于本国经济的发展需要大量外汇而自动形成外汇市场,而新加坡自身经济的发展对外汇的需要量很少,主要是利用自身优越的空间地理位置和时差以及优惠的税收政策和管理政策,把外国的资金吸收到新加坡来进行交易,新加坡为其提供交易场所和环境,从中获利,并由此逐步形成世界外汇中心。第二,是新加坡政府的特殊政策。新加坡政府为了保持本国货币的稳定,尽量避免本国货币外流,也不鼓励本国货币国际化。新加坡政府规定,凡涉及新加坡元到外国使用,都需要经过政府批准,而能够获得政府批准的可能性很小。

在新加坡的外汇市场中,占主导地位的是亚洲美元市场,新加坡已经成为亚洲美元交易中心。新加坡成为亚洲美元中心的主要原因：第一，是美国的金融政策。20世纪60年代后期，美国为了减少资金外流，缓和国际收支逆差，采取紧缩金融政策，如银行必须遵守储备金条例和存款利率的上限，限制国内银行对非居民贷款，限制银行对外国公司提供贷款，等等。由于在美国以外的银行不受美国政策的影响，能够提供比美国国内银行更优惠的存款利率和贷款利率，这就为形成亚洲美元市制造了机会。第二，是美元的国际地位高，多数国家的国际贸易均以美元作为结算货币，而且一些国家的政府储备也多以美元对象，从而产生了对美元的需求。第三，是亚太地区的公、私机构手中也有大量的美元在运作，需要通过一个中心进行调剂。第四，是美国石油垄断资本在亚太地区开发石油，有大量的美元需要支付和调剂，也需要有一个美元调剂中心。第五，是亚太地区的外资企业投资需要大量美元，同时也投入亚太地区大量美元，需要调剂。第六，是亚太地区的美元和外资银行，也想利用新加坡作为中心，把亚太地区的美元集中地调剂使用。第七，也是新加坡本身的最有利的条件，新加坡地处欧亚两洲连接点，在空间和时间上有利于衔接伦敦、纽约和东京之间连续作业。

由于有上述种种原因和条件，于1968年10月，美国银行新加坡分行首先取得新加坡金融管理局的批准，设立亚洲货币单位，从此，以新加坡为结算中心的亚洲美元市场，便迅速发展起来。

五、新加坡的金融市场管理

新加坡是一个对金融管理十分严格的国家，在许多方面特别是在对外开放与对内"保护"的关系方面的管理经验，对我国很有参考价值。在人们的一般思维中，多数是将金融市场的对外开放与保护本国金融业的发展割裂开来或对立起来，认为只要对外开放金融市场，就必然要冲击本国的金融业务。因此，在行动上不敢大胆地对外开放，或者是既然开放金融市场，就放弃对本国金融业的保护。新加坡在这一点上取得成功的经验，做到了对外充分开放与对内保护的统一。

（一）金融管理机构及其基本政策

新加坡没有设立中央银行，对金融业的管理主要是通过金融管理局和货币局行使中央银行的管理职能。新加坡金融管理局执行除货币发行以外的一切中央银行的职能，而货币发行的职能，由新加坡货币局执行。

新加坡对金融业管理的基本政策，是把岸外市场与国内市场分开的政策。在保证亚洲美元市场正常运作，资金可以自由流动的情况下，注意在岸外金融市场与国内金融市场间，划分严格的界线，目的是既要实现岸外市场的充分发展，又不影响国内金融业的成长的目标。新加坡政府规定，任何获准在亚元市场经营业务的金融机构都必须设立一个分开的登记单位，成为亚洲货币单位，经营美元及其他外国货币存款与放款、贸易融资、担保、外汇交易等业务。以此，将外币交易账目与本地新加坡币交易账目分开，确保亚洲货币单位资金自由进出亚元市场，而不破坏新加坡国内的金融管理。

（二）新加坡的银行分类

为了实现对外开放与对内保护并举的目标，新加坡金融管理局制定三种类型的银行，并根据实现上述目标的需要，灵活掌握对三类银行的审批权。三类银行分别是：

1. 全面性银行。全面性银行有以下特点：一是可以向一切单位和个人提供一切银行业务的服务；二是得到金融管理局批准后，可以设立多家分支机构；三是可以接受客户存款不受任何限制，包括储蓄存款、定期存款、往来存款。新加坡政府从1976年开始就不再发放全面性银行执照，以达到控制全面性银行的数量，保护本国金融业务的目的。

2. 限制性银行。所谓限制性银行，就是对银行业务经营范围有特殊规定的银行。这类银行均是在新加坡境内的外资银行。新加坡当局从1971年开始正式向外资银行颁发限制性银行执照。发展限制性银行的主要原因，一方面是要把新加坡发展成为国际金融中心，必须有大量的外资银行进入境内，又不希望资金雄厚的大量的外资银行涌入新加坡的国内金融市场，影响本国业务的发展或者被外资银行所垄断，因此采取了对外国银行开放的同时，也要保护本国银行的地位的限制性政策。限制性银行主要在以下几个方面受限制：一是凡属于限制性的外资银行，只能在新加坡有一个经营地点，总行在外国的只能在新加坡设立一个分行，分行之下不能再设立分支机构；二是不能接受客户储蓄性存款，其他性质的存款只能做大笔业务，即一次至少要吸收25万新加坡元以上的存款。

3. 岸外银行（即中国所谓的离岸银行）。岸外银行是为了取代限制性银行而新推出的一种银行管理制度。从1973年开始，新加坡就向外国银行颁发岸外银行执照。目前，凡外资银行进入新加坡都只能拿到岸外银行执照。岸外银行比限制性银行受到更多的限制：一是只能在新加坡有一个经营机构，这一点与限制性银行一样；二是不能接收居民储蓄性的存款，这一点也与限制性银行一样；三是可以接收非居民的25万以上新加坡元的存款，而对居民25万以上新加坡元的存款也不得接收，这一点比限制性银行的要求更加严格；四是对放款的限制，外国银行对新加坡的放款在任何时候都不能超过 1 亿新加坡元，1992年以前规定为 5000 万新加坡元，1992 年规定为 7000 万新加坡元，1993 年 6 月放宽为 1 亿新加坡元。

到 1993 年 3 月，新加坡的银行的数量和结构如下：本资银行为 13 家，均为全面性银行，外资银行有 115 家，其中全面性银行 22 家，限制性银行 14 家，岸外银行 79 家。

（三）金融法律

新加坡通过立法形式对金融业进行法制管理。新加坡金融管理法规的内容很多，有其自身特点的主要有以下几点。

1. 机构管理。凡要在新加坡建立银行和分支机构的，都必须向金融管理局提出申请，申请者必须满足政府所规定的一切条件，但符合条件者，是否能够得到批准，要由金融管理局根据情况而定。在资本金上规定，凡外国政府拥有 50%以上的股本和由外国政府直接或间接控制的银行，均不发给营业执照。

2. 放款管理。法律规定，银行对单一借款人（个人或公司）放款额不能超过本银行资本金的 25%；对银行给自己的董事、雇员不担保的贷款也有限制，董事贷款不得超过 5000 新加坡元，一般雇员贷款不得超过其一年的工资，银行不得从事与银行业务无关的经营活动，如贸易，拥有其他企业股权金额不得超过本行资金的 40%，银行拥有房地产总和不得超过本行在新加坡吸收存款总额的 30%。

3. 负债管理。新加坡对本币业务限制很严，如银行必须保留最低现金余额，吸收存款的 6%必须放入金融管理局，而且无利息，要有 18%的一定形式的最低流动资产如政府债券等可以变现的证券，两项相加就有 24%的存款不能运用，真正能用的存款仅为 76%，这样就限制了外资银行在新加坡做新加坡元业务，但对外币业务，不仅在税收上给予优惠（仅收 10%的所得税）也没有上述要求。

最近新加坡对其原来的银行法进行了修改，修改的重点是提高办银行的条件。如原法律规定在新加坡设立本资银行的最少资金必须达到 300 万新加坡元以上，现在修改为 8 亿新加坡元；原来规定外资银行的资本金必须达到 600 万新加坡元，现在提高到 2 亿新加坡元。

（四）银行公会

银行公会在新加坡的金融管理中发挥很大的作用。银行公会是新加坡商业银行的同业组织。所有在新加坡的银行都是公会会员。公会有自律章程、规则和条例，各个会员都必须自觉遵守，违背章程就要受到处罚。处罚共分四级：警告、暂停会籍、被要求退会和开除会籍。对于受到处罚的银行，公会向金融管理局发出通知也向受罚行的总行发出通知。在受罚期间，禁止该行便用新加坡同业和金融市场设施，不准便用转账支票等，这实际上就等于停止一切业务活动。由于后果严重，各家会员银行都十分重视银行公会章程和规定，并自觉遵守。

通过对新加坡三个月的考察，我认为新加坡政府在近25年的时间里，对新加坡的治理是很成功的，其主要表现在：经济发展迅速且稳定；人们物质生活水平提高很快；人们的文化生活充实，精神状态甚佳；社会秩序井然，社会风貌良好；政治生活活跃。新加坡之所以能够取得如此巨大的成就，其主要原因：一是有健全的法律规范；二是有完备而灵活的政策；三是有切实可行的措施；四是有严格执法的机构；五是有人们规范的行为。而所有这一切，都需要有一个廉洁奉公的政府，新加坡恰恰具有一个这样的政府。前任总理李光耀在1959年上台后的第一件大事，就是整顿和治理原来的腐败政府，严惩贪污、受贿的政府官员，制定一套廉正办法，且严格执行，不论是什么人，只要违犯法律坚决严惩不贷。经过几年的治理，新加坡出现了一个受人们拥护的廉洁政府，政府在群众的心目中很受尊重。这些经验，对我国能否取得改革开放的最后胜利，具有重大的意义。

（原载于《南开经济研究》1994年第3、4期）

政治经济学

试论计划商品经济的客观依据

正确认识我国现阶段社会经济的性质，是改革经济管理体制的理论前提。经过最近一个时期的讨论，我国经济学界不少同志认为，我国现阶段社会经济的性质，既不是马克思和恩格斯当时所设想的那种不存在商品生产和商品交换的计划经济，也不是马克思和恩格斯过去所确认的那种以生产资料和产品私有制为基础的商品经济，对于这种具有特殊性质的社会主义经济，人们尚未给它一个统一的说法，我们暂且把它称之为计划商品经济。正是由于我国现阶段社会经济是有这种特殊性质，决定了必须对过去的经济管理体制进行有步骤的改革。现在的问题是，需要对这种计划商品经济存在的客观依据，给予科学的论证。本文就谈谈我对这个问题的看法。

计划商品经济，是一种兼有计划经济和一般商品经济的某些重要特征的经济。社会生产的计划性，是计划经济的最本质的特征；由商品生产者利益所决定的等价交换，是商品经济的最本质的特征。所以，计划商品经济是一种社会生产的计划性和交换的等价性相统一的经济。它们不可分割地交织在一起，统一于社会的一切经济活动之中，存在于社会生产的一切方面和社会再生产的各个环节。计划商品经济的实质，是承认国家（包括地方）企业和劳动者个人三者相对独立的经济地位，并实现其各自应得的经济利益。计划商品经济存在的客观依据是由社会主义生产关系的基础决定的。什么是社会主义生产关系的基础？马克思说："不论生产的社会形式如何，劳动者和生产资料始终是生产的因素。但是，二者在分离的情况下只在可能性上是生产因素。凡要进行生产，就必须使它们结合起来，实行这种结合的特殊方式和方法，使社会结构区分为各个不同的经济时期。"（《马克思恩格斯全集》》第24卷第44页）又说："消费资料的任何一种分配，都不过是生产条件本身分配的结果。而生产条件的分配，则表现生产方式本身的性质。例如资本主义生产方式的基础就在于：物质的生产条件以资本和地产的形式掌握在非劳动者手中，而人民大众则只有人身的生产条件，即劳动力。"（《马克思恩格斯全集》》第3卷第13页）马克思的这些论述告诉我们，生产资料所有制的性质和劳动力所有制的性质及其二者相结合的方式，构成为生产关系的基础，决定生产关系的性质。所以，我国生产资料所有制的性质和劳动力所有制的性质及其二者相结合的方式，就是我国现阶段生产关系的基础。

我国现阶段生产资料已经实现了两种形式的社会主义公有制，即社会主义全民所有制和社会主义集体所有制，在生产资料所有制的范围内和人们对生产资料的关系上，基本上实现了由私有制到公有制的转变。

但是，在另一范围内，即劳动力所有制范围内，劳动力还属于劳动者个人所有。马克思在《哥达纲领批判》中论述社会主义时期社会与个人之间对劳动力的关系时指出："处于私人地位的生产者所提供的劳动，还是自己的劳动。"（《马克思恩格斯全集》第3卷第11页）"社会必须默认不同等的个人天赋，因而也就默认不同等的工作能力是天然特权。"（《马克思恩格斯全集》第3卷第12页）马克思在这里所说的"个人天赋"和"工作能力"，也就是劳动力，而社会承认它还是"处于私人地位的生产者"的自己的劳动，"默认不同等的工作能力是天然特权"，也就是说劳动力在客观上还是属于劳动者个人所有。列宁在《国家与革命》中阐发马克思的这个思想时，更加明确地指出，在社会主义阶段，无产阶级只能在生产资料所有制范围内，完成由私有制到公有制的革命转变，而不能同时完成劳动力的由私人所有制到社会公有制的革命转变。他说："在共产主义社会的第一阶段（通常称为社会主义），资产阶级权利没有完全取消，而只部分地取消，只有在已经实现的经济变革的范围内，也就是在对生产资料的关系上取消。资产阶级权利承认生产资料是个人的私有财产。而社会主义则把生产资料变为公有财产，在这个范围内，也只有在这个范围内，资产阶级权利才不存在了。但是它在另一方面却依然存在，依然是社会各个成员间分配产品和分配劳动的调节者（决定）。"（《列宁选集》第3卷第251～252页）我体会列宁的意思是说，资产阶级权利承认生产资料资本家私有制，社会主义把生产资料变为公有制，因而在生产资料所有制范围内实现了经济变革，完成了社会主义革命，取消了资产阶级权利；另一方面，资产阶级权利也承认劳动力的私有制，而社会主义承认劳动力属于个人所有，并由此决定了个人消费品的分配方式：按劳分配。因而在劳动力所有制这个范围内资产阶级权利还没有完全取消。劳动者个人之间以及劳动者与社会之间的经济关系还是（在作了必要的社会扣除之后）等量劳动相交换的关系。用马克思的话来说，就是"他以一种形式给予社会的劳动量，又以另一种形式全部领回来"（《马克思恩格斯选集》第3卷第11页）。这种经济关系，显然是以劳动力的个人所有制为基础的。

生产资料所有制的形式是一定的生产力发展水平决定的，同样，劳动力所有制的形式也是由一定的生产力发展水平决定的。我国现阶段生产资料的公有制和劳动力的个人所有制并存的经济现象，并不是由人们的主观意志决定的，而是由我国现阶段的社会生产力发展水平决定的。无产阶级社会主义革命，是资本主义所造成的生产力基础上发生的。资本主义生产虽然是社会化的大生产，然而，资本主义生产力所达到的社会化程度，只提供了消灭生产资料私有制的可能性，还没有达到可以消灭三大差别、旧式分工和把劳动变成为解放人的手段、使人们得到全面发展的程度。在这种条件下，劳动在客观上还是个人的谋生手段，劳动能力的大小，工作能力的高低，对个人来说还有直接的经济意义。而只要三大差别和旧式分工还没有消灭，只要劳动还没有完全成为解放人们的手段，从而劳动还是个人谋生的手段，劳动力在客观上就仍然属于劳动者个人所有。这是社会主义社会现实经济生活中存在一种经济关系，也是社会主义社会人民内部矛盾最深刻的经济根源。我们必须承认和尊重这个客观存在，而不能凭主观意志随意否定它。否认这种客观存在，就是抹杀社会利益和劳动者个人利益之间的经济界限，抹杀劳动者之间经济利益的经济界限，从而也就容易产生在社会与个人之间的经济关系上，片面强调社会整体利益，而忽视个人应得的物质利益，在劳动者个人之间的经济关系上，搞平均主义。我国在一个时期内存在着社会积累过多和平均主义倾向，和我们在理论上和实践上不承认劳动力的个人所有制有直接关系。1959年以后，我们注意纠正了对农村集体经济"一平二调"的"共产风"，强调了和集体经济往来必须坚持等价交换的原则，从而使全民所有制和集体所有制之间的经济关系逐渐正常化，促进了工农业生产的发展。但是我们没有同时注意纠正在全民所有制经济内部存在着的积累过多和平均主义倾向。积累过多和平均主义就经济关系来说，也是一种"平调"，只是平调的内容不同。前者平调的是生产资料，后者平调的是劳动力；前者否定的是生产资料的集体所有制，后者否定的是劳动力的个人所有制。实践证明，否定劳动力的个人所有制是不利于调动劳动者的积极性，阻碍社会主义经济发展的。

生产资料公有制和劳动力的个人所有制，决定了生产资料和劳动力相结合的特殊方式。生产资料公有制在客观上提供了每个劳动者享有就业的权利，而劳动力的个人所有制，又产生了社会根据实际需要选择就业者，和劳动者根据自己的特长在一定限度内选择职业的必要性。从而也就决定了生产资料和劳动力需要通过社会招考、个人自愿报考、由社会择优录用的形式结合起来。这种结合方式，在本质上根本不同于资本主义社会的那种资本和劳动力通过市场交换相结合的方式，也不同于未来共产主义社会高级阶段的那种直接结合的方式。

生产资料公有制和劳动力个人所有制及其二者相结合的特殊方式，决定了我国现阶段的社会经济必然是计划商品经济。因为，公有制的生产资料，是社会主义制度下的劳动者进行生产劳动的物质条件。劳动者不仅要凭借公有的生产资料进行简单再生产，以满足人们目前的生活需要；而且还必须凭借公有的生产资料进行扩大再生产，以满足人们不断增长的生活需要。为此社会主义制度下的劳动者，就必须不断地为社会提供劳动积累。这种劳动积累，表现为公有制生产资料的不断增长和不断完善。这是劳动者的共同的、长远的利益所在。因此，社会主义制度下劳动者的劳动具有公共性质。劳动者个人所有的劳动力，一是社会主义生产活动得以进行的一个不可缺少的条件。劳动力的不断恢复和不断再生产，则是社会主义再生产不断进行的必要条件。劳动力个人所有制的存在，决定了劳动者的劳动成果在作了必要的社会扣除之后。全部归劳动者个人所有。这部分与劳动者所提供的劳动数量和质量相联系的劳动成果，是劳动者的个人利益所在，从而决定了劳动者的劳动又具有个人性质。这种劳动的公共性和个人性，是社会主义制度下劳动者的劳动所具有的特殊的二重性。

由于社会主义生产是高度社会化的大生产，因而任何个人都不可能单独占有和使用公有的生产资料，进行个体的生产劳动．他们必须参加到一个生产组织之中，共同占有和使用公有的生产资料，进行集体生产劳动，这种由部分劳动者所组成的、占有和使用社会公有生产资料进行生产活动的劳动集体，就是社会主义企业。社会主义企业，一方面要使用社会公有的生产资料，继续不断地进行生产劳动，因而必须不断地为社会提供劳动积累，以便不断地进行扩大再生产，另一方面，由劳动者个人所有的劳动力又组成为一个集体的劳动力，从而劳动者利益又表现为企业的局部利益，并通过企业局部利益的实现而得到实现。由此，企业中劳动者个人劳动的二重性，又表现为企业的劳动二重性：劳动的公共性和劳动的局部性，这是社会主义企业劳动的特殊的二重性。

社会主义企业劳动的公共性，要求社会生产的统一性和计划性：企业需要社会制定统一的经济规划和经济计划，来指导企业的发展方向，使企业利益符合社会需要。企业劳动的局部性和局部利益的存在，又决定了企业的相对独立性和生产经营方向一定的自主性：在一般情况下企业生产什么，生产多少，企业可在社会统一计划指导下，根据市场供求情况，由企业自行决定。生产的统一性和自主性，是社会主义社会生产所具有的特殊二重性。

社会生产的统一性，使个别企业的劳动成果基本上能够符合社会需要，从而个别企业的劳动耗费也基本上能够得到社会承认，因此，社会主义企业的局部劳动具有一定的直接社会性，另一方面由于企业生产的自主性，个别企业的生产成果，又有不完全符合社会需要的可能，从而企业的劳动耗费又存在着不完全被社会所承认的可能性，因而企业的局部劳动又具有间接的社会性质。这种情况既不同于未来共产主义高级阶段的那种直接的社会劳动，也不同于资本主义社会的那种间接的社会劳动，而是一种具有一定直接社会性的间接的社会劳动。社会主义劳动的这种性质，决定了还必须通过等价交换这个经济原则，把个别企业的劳动，转变为或表现为社会劳动，从而使社会主义全民所有制内部各企业之间的经济关系，具有商品经济的性质。

社会主义全民所有制经济内部各企业之间的等价交换，不是一个单纯的统计范畴，而是一个经济范畴。它直接关系到国家、企业和劳动者个人三者之间的物质利益。就国家来说，国家是全体劳动人民的共同利益和长远利益的代表。社会的共同利益和长远利益，要求国家只承认企业在生产上所耗费的社会必要劳动时间，而不承认企业所支出的、超过社会必要劳动时间以上的劳动耗费。只有如此，才能保证国家整体利益的存在。而这种要求只有通过企业之间的等价交换活动，才能够实现。就企业来说，由于企业局部利益的存在，它要求社会必须承认企业在生产上所支出的社会必要劳动时间和由于企业经营管理得好而应当得到的经济利益。要实现企业的这种要求，就必须严格遵循等价交换的原则。就劳动者个人来说，由于劳动者个人利益的存在，劳动者要求得到与其所支出的劳动量相等的物质利益。而劳动者个人物质利益的实现．在很大程度上取决于企业的局部利益的实现。因此，企业之间是否严格遵循等价交换原则，直接关系到劳动者个人物质利益的能否实现。可见，等价交换是我国现阶段社会经济关系的重要内容，是与我国现阶段的社会经济性质密不可分的。

综上所述，由生产资料公有制和劳动力个人所有制及其二者相结合的特殊方式所构成的社会主义生产关系的基础，既产生了对全社会生产实行统一计划领导的必要性，又产生了实行严格等价交换的必要性；计划性和商品性（等价交换）同生于一个基础之上，并存于同一种经济形式，统一于社会经济的各个方面和各个环节之中．形成为一种特殊物质的经济：计划商品经济。这个客观经济现实，是我们进行经济管理体制改革的出发点。面对这种经济的性质和特点的科学说明，也就是指导我国进行经济管理体制改革的理论基础。

（原载于《南开学报》1980 年第 1 期）

试论经济体制改革的理论基础及其应用

我国的经济体制改革，就其内容来说，既包括生产关系的调整，又包括经济管理形式的改革，是一次带有根本性的制度上的变革。实现这一变革，需要有正确的理论作指导。生产力决定生产关系、经济基础决定上层建筑的原理，正是指导这一改革的重要的理论基础。本文试就这个问题谈点看法。

一、研究体制改革问题的方法论和提出体制改革的客观依据

在研究和探讨我国现行的经济体制应不应当改革和如何改革的问题时，有的同志提出：我们所要建立的新的经济体制符合经典作家的论述吗？提出这种问题的实质，是把经典作家们关于社会主义经济的论述和预见，作为经济体制改革的出发点：符合经典作家论述的就应当改，否则就不应当改。还有些同志提出：改革后的经济体制与资本主义经济体制有什么区别？较比资本主义经济体制有哪些优越性？提出这样的问题，实际上是从社会主义经济体制与资本主义经济体制之间的区别和社会主义制度的优越性出发，来研究经济体制改革问题的：先找出几条区别和优越性，然后再改革。如此等等。还有一些类似的问题。应当怎样看待这些问题呢？首先应当肯定，马列主义经典作家们关于社会主义经济的论述和预见，是社会主义经济理论中宝贵的思想财富，我们在研究社会主义经济理论问题和组建新的社会主义经济体制时，必须认真地加以研究，从中吸取思想营养，指导我们的行动。然而，经典作家们的论述和预见，都是在一定的时间、地点和条件下作出的，必须把他们的思想与我国的具体情况相结合并在实践中加以检验，才能确定其是否适合我国的国情。因此，他们的论述和预见只能是形成指导我们进行经济体制改革的理论基础的一个重要来源，而不能成为我们进行改革的出发点。其次，毫无疑问，社会主义制度比资本主义制度具有本质区别和不可比拟的优越性；否则资本主义制度就不会灭亡，社会主义制度也没有产生和存在的理由。然而，"区别"也好，"优越性"也好，都不能产生于人们的头脑，而只能存在于现实的社会主义制度之中。具体到我国来说，我国的社会制度比资本主义制度有什么区别和哪些优越性，都不取决

于凭借人们的头脑想象出来的所谓"应当"有什么区别和优越性。而取决于我们在现有条件下所能建立起来的经济制度实际上存在着什么区别和什么优越性。因此,区别和优越性是我们的经济体制改革的结果,而不是它的出发点。马克思在批评那些主观唯心主义的思想家们,用所谓"公平"、"合理"等道德观念来评论经济制度的观点时指出:"什么东西你们认为是公道和公平的,这与问题毫无关系。问题在于在一定的生产制度下什么东西是必要的和不可避免的。"(《马克思恩格斯全集》第 16 卷第 146 页)现在我们也可以这样说。问题不在于经典作家对社会主义经济是怎样论述的,也不在于社会主义制度比资本主义制度有什么区别和优越性,而在于在我国现有的生产力条件下,什么样的经济体制是必要的和不可避免的。因此,对经济体制改革的研究,就是要遵循生产关系一定要适合生产力的性质、上层建筑一定要适合经济基础的性质的客观规律,从我国的实际情况出发,认真研究我国现阶段生产力的性质及由生产力所决定的生产关系结构;研究这种生产关系结构条件下的经济管理形式,建立一套生产关系适合生产力、经济管理形式适合生产关系的符合我国国情的经济体制,这样的经济体制也就是我国现阶段最佳的经济体制。我认为这是研究经济体制改革问题的科学方法。

对我国现行的经济体制为什么要进行重大改革?提出改革的客观依据是什么?不少文章对这个问题的解释是历数现行经济体制的"弊端"。由于有弊端,所以要改。这种解释从原则上讲并不错。问题是衡量和确定弊端的客观依据和标准是什么?由于标准和依据不同,对同一事物就会得出不同的甚至是截然相反的结论。一定的经济体制是适应一定的生产力的需要而产生并为生产力的发展服务的。因此,经济体制与生产力之间的关系,是衡量和判断经济体制是否有弊端和是否需要变革的唯一标准。所谓经济体制与生产力之间的关系,是指经济体制对生产力的发展是起促进作用,还是起阻碍作用。对生产力的发展起促进作用的经济体制,就是优越的经济体制,就能够在实践中得到巩固和发展;否则就有弊端,就需要改革。不容否认,30 年来,在现行的经济体制下,我国的生产力有了一定的发展,同时也存在着一些严重的问题,其中最突出的问题:一是经济发展极不稳定;二是国民经济的重大比例关系严重失调;三是经济效果逐渐下降;四是科学技术进步缓慢。尽管造成这种状况的原因是多方面的,然而,现行经济体制与这些问题之间有着直接的内在联系。这表明我国现行的经济体制在一些重要方面不适应我国现阶段生产力的性质,严重阻碍着生产力的发展。生产力的发展要求改革现行经济体制。这就是我们提出改革现行经济体制的唯一客观依据。

二、我国现阶段生产力的性质和结构

我国现阶段生产力的性质和结构，决定着经济体制改革的内容和方向；对我国现阶段生产力性质和结构的科学分析，是进行经济体制改革的重要前提。直到全国解放前夕，我国基本上是以手工工具为主要手段的自然经济占统治地位的农业国。经过 30 年，我国社会生产力技术结构有了一定的变化，生产力水平也有了一定的提高。但总的说来，社会生产力的技术结构主要是原有技术手段的量的扩大，是处于量变或局部质变阶段，而没有实现根本性的质变。我国农业只是在大城市的近郊区、县和部分经济比较发达的平原地区，较多地使用了农业机械；广大农村基本上还是以手工工具为主的传统的生产手段和生产方式，距离农业机械化和现代化还很远。我国工业生产力的技术构成，总的来说高于农业，然而是多层次的，在集体工业企业中，有 60% 以上是以手工工具为手段的工场手工业的技术结构。在全民所有制的工业企业中，多数是五六十年代的一般技术设备；有相当大的一部分甚至是三四十年代的陈旧设备；只是在少数大、中城市的一些行业中采用 20 世纪 70 年代的新技术和现代化设备。因此，我国目前社会生产力的技术状况，是手工工具、陈旧机器设备、一般技术设备和现代化新设备同时并存的多层次的生产力结构。而且这种状况还要继续存在一个相当长的历史时期。这是因为，就农业来说，在目前和今后几十年内还没有可能，也没有必要全面实现农业机械化。所谓没有可能，其一是说我们的工业还没有提供实现全面机械化所需之农业机械和其他必备的物质条件。其二是说我国农村目前尚没有实现农业机械化之需要的资金。

所谓目前还没有全面实现农业机械化的必要也有两条。一条是农业机械化的经济效果问题。先进技术不仅要有技术的先进性，而且还要有其经济的合理性，才具有现实的先进性和生命力，社会也才有采用这种先进技术的必要性。目前，我国有些实现或采用农业机械化和现代化手段的地区，一方面是产量和货币收入的增加，另一方面却伴随着生产成本的加大；而成本加大的幅度大于收入增长的幅度，带来的是增产不增收，甚至是增产反而减收的结果。这说明在科学技术和工业劳动生产率尚不高的条件下，搞农业机械化和现代化，不仅不会给农民带来经济利益，反而会损害农民的利益。这样搞农业机械化，在现实生活中也是行不通的。目前没有必要全面实现农业机械化的另一条原因，是实行农业机械化所节省下来的劳动力的出路问题。我国现有农业劳动力总量为 2 亿 9 千 200 多万个，每个劳动力平均不到 6 亩地。农村的实际情况是"人浮于地"，潜在着大量的劳动力，而工业又不能大量地吸收农业劳动力。在这种经济条件下，实现农业机械化节省下来的劳动力往哪里去呢？事实上，并非在任何经济条件下实现农业机械化和提高劳动生产率，都具有社会经济意义；而是只有保证劳动力就业的条件下，搞农业机械化和提高劳动生产率，才具有社会经济意义。如果一边搞农业机械化，提高劳动生产率，一边是失业人口大量增加，不仅没有社会经济意义，反而会带来新的社会问题。出路何在？只有一条，就是有待于城乡工业、特别是乡村工业的发展，来吸收农业人口。恩格斯说过："经营大农业和采用农业机器，换句话说就是使目前在耕种自己土地的大部分小农的农业劳动力变为多余，要使这些被排挤出的农业人口不致没有工作或被迫集结城市，必须使他们就在农村中从事工业劳动。"（《马克思恩格斯全集》第19卷第339页）从世界经济发展史来看，由农业国到工业国的转变，都有一个由农业人口转变为工业人口包括转入城市工业和乡村工业的过程，这是一个不可逾越的客观经济过程，我国当然也不能例外。我国的农业机械化只能是在这个转变过程中逐步实现。离开这个转变过程搞农业机械化．尽管是出自良好的愿望，然而事实上不仅是不可能的，而且是有害的。

就城市工业来说，不仅五六十年代的一般设备和三四十年代的陈旧设备不能在短时期内全部被淘汰，就是手工工具也不可能在短时期内全部废弃。这首先也有一个劳动力就业问题。我国城镇每年约有300万个新增劳动力需要就业。目前我国在现代化大企业安排一个劳动力需要十几万到几十万元的投资；在一般机械化企业安排一个劳动力需要一万到几万元的投资；而在一个以手工工具为主的企业就业一个劳动力只需要2000元左右的投资,如果按每就业一个劳动力投资10000元计算，300万个劳动力就业，就需要有300亿元的投资，这样沉重的负担是我国财力所无法承担的。这就决定了我们还必须采用手工工具作为生产手段，来吸收新增城市劳动力就业。其次，城市工业采用先进技术也有一个经济效果问题。目前在我国城市已经出现了由于先进技术的经济效果差而被闲置不用的情况。这类问题只有在先进技术的广泛发展和经济效果的大幅度提高才能解决．而这是需要时间的。

综上可见，在我国多层次生产力并存的状况，必将继续存在一个相当长的历史阶段。

三、我国现阶段应有的生产关系结构及其经济形式

总结我国运用生产关系一定要适合生产力性质的原理，指导生产关系变革方面的经验和教训，我认为有以下三点值得注意：

第一，要正确理解生产关系的全部内容。据我理解，生产关系包括两重含

义；一重是所有制关系，即人们之间的物质利益关系；一重是人们之间的分工协作关系，目前我们所说的企业内部的劳动组织和协作关系、各种形式的经济联合体和各种形式的经济中心等，就是属于这一重含义的生产关系。这两重含义的生产关系既有共同之处，又有区别，它们之间的共同点在于二者都是由生产力决定的，对生产力的发展都发生作用。所有制关系是从人们之间的物质利益关系是否适合生产力的性质方面，对生产力发生作用，而分工协作关系则是从劳动组织和经济组织形式是否适合生产力的性质和要求方面对生产力发生作用。二者的区别在于，分工协作关系是由生产力的技术状况直接决定的，随着生产力技术状况的量的变化而经常发生变化。因而这重含义的生产关系具有易变性、一般性和继承性的特点。由此决定了在相同的技术条件下尽管社会制度不同，会有相同的分工协作形式。所有制关系虽然也是由生产力决定的，但是它是由生产力的质变决定的，因而生产力的一定的量变不会引起所有制关系的变化，而是只有生产力达到一定的质变阶段，才会引起所有制关系的变化。由此决定了所有制关系具有相对的稳定性、特殊性和实现变革的复杂性。分工协作关系的易变性和继承性，要求我们随着生产力的一定程度的量变，及时地变更劳动组织和经济组织形式，并根据相同生产力的技术性质吸取其他国家的先进经验和科学的分工协作形式；所有制关系的相对稳定性和特殊性，则要求我们根据不同性质的生产力建立不同的所有制关系并保持所有制关系的相对稳定性，从而不至于经常变动所有制关系和混淆不同的经济利益关系。分清这两重含义的生产关系及其对生产力的不同要求和不同的作用形式，对于我们正确地认识和运用生产关系一定要适合生产力性质的规律，是非常重要的。

第二，要以科学的标准来判断生产力的性质和要求，这里存在着两方面的问题。一方面是在判断生产力的性质和要求时，既不能以生产力的水平为标准．也不能以所谓人的"思想觉悟水平"为标准，而只能以生产力的技术结构即生产力的性质为标准。坚持"手推磨产生的是以封建主为首的社会；蒸汽磨产生以工业资本家为首的社会"这一历史唯物主义的基本原理（《马克思恩格斯选集》第1卷第108页）。特别是在变革所有制关系时尤其要注意这一点。这是因为，所谓生产力水平，其物质形态就是一定时期内所生产的各种产品的总量，其价值形态就是这些产品的价值总额。而生产力水平的提高既可以通过同质生产力的数量的增加和范围的扩大来实现．也可以通过提高劳动生产率来实现；而劳动生产率的提高既可以通过提高劳动强度的途径。也可以通过采用先进技术的途径来达到。单纯是同质生产力的量的增加和劳动强度的提高，只表明同质生产力范围的扩大，而不是生产力的质的变化。同质生产力量的扩大只会在一定程发上引起分工协作关系的变化．而不会引起所有制关系的变革。同样，所谓人们的思想觉悟水平，只能是实现生产关系变革的一个条件，而不是生产关系变革的原因。

判断生产力的性质和要求需要注意的另一个问题，是在存在着多层次的生产力的条件下，不能以某一种性质的生产力来"代表"全社会的生产力。并按照这种性质的生产力的要求，建立"一刀切"的全社会统一的生产关系。而应当按照不同层次的生产力，建立不同层次的生产关系。

第三，在具体确定某种层次的生产关系时，在坚持生产力的性质决定生产关系的前提下，还要考虑到当时、当地的其他具体条件，如人们的文化水平和科学技术水平，领导和管理人员的经营管理水平和经营管理的技术手段以及自然条件，等等。这些条件虽然不会改变生产关系的根本性质，但在同质生产力条件下，由于这些具体条件上的差别，也会在一定程度上对生产关系发生影响，从而使同质所有制关系的范围和程度，特别是具体的分工协作关系具有一定的差别。

简言之，一般说来，生产力的技术结构标志着生产力的性质；同质生产力应建立同质的分工协作关系和所有制关系；同质生产力的量变只能适当地变更分工协作关系，而不应变革所有制关系；生产力性质相同，其他条件不同，会引起同质所有制关系特别是分工协作关系的范围和程度上的差别。

根据我们对我国现阶段生产力性质的分析和对生产关系一定要适合生产力性质规律的理解，我国现阶段应当建立怎样的生产关系结构呢？

第一，以手工工具为手段的生产力性质决定了劳动方式的个体性质。其协作方式主要是简单协作或工场手工业协作。这种协作关系本质上并不排斥个体所有制，甚至要求个体所有制；在个体所有制的基础上，通过商品交换实现协作关系。在我国现今条件下，由于农村已经具有了一定数量的农业机械，有国营经济的领导，又有30年的农业合作化的历史和习惯，也具有一定的经营管理集体经济的经验,这些条件决定了我国农村大部分地区适合搞集体所有制经济；在少数山区、没有农机和经济文化十分落后的地区，也可以搞一些个体经济。然而，除少数大城市的近郊区、县以外，全国广大农村的集体所有制的范围不能太大，公有化的程度也不能太高。所谓公有化程度不能太高，是说除主要生产资料归集体公有外，社员个人还应当有一定数量的自留地、家庭副业等个人的经济，以此作为集体经济和社员个人经济收入的补充。所谓公有化的范围不能太大。主要是说一个集体所有制内部的人数不能太多。这是因为手工工具决定了协作的范围不能太大，太大了不但对生产无益，反而有害，过大范围的集体所有制,必然有更多的人、财、物和更复杂的经济活动需要统一指挥和管理,这与目前农村的经营管理水平相适应,公有制本身就意味着否定差别,不仅否定生产资料占有上的差别,而且也在一定程度上否定劳动能力上的差别,因为在实行按劳分配的情况下,同一个所有制范围内的工分值或工资的起点水平是相同的。它是由同一个所有制内所有劳动者的劳动力的总水平决定的。因此决定劳动报酬上的差别必然小于劳动能力和贡献的实际差别,公有化的范围越大,否定差别的范围和程度也就越广、越高。在手工业条件下,物质财富的形成主要是活劳动的凝结。因此,在这种条件下过大范围的公有制,必然伴随着更多地否定劳动差别,出现平均主义倾向,也就必然会影响劳动者的生产积极性,从而影响生产的发展。这个道理既适用于农村集体经济,也适用于工业集体经济。

第二,以20世纪三四十年代的陈旧设备为主产力性质,在本质上排斥个体私有制而要求公有制,但公有化的范围和程度也不能太大、太高,具体到我国现阶段适合搞集体所有制,不适合搞国家所有制,因为这类生产力虽然是机械化性质的生产力,从而高于手工工具的生产力,公有化的范围和程度也应高于手工工具的范围和程度。然而,机械化和社会化的程度不高,活劳动在物质财富的形成中占很大比重,企业管理水平也不高。如果搞国家所有制会出现平均主义倾向和管理不善的情况,从而会影响生产力的发展。

第三,以20世纪五六十年代的一般技术设备为主的生产力性质本质上是要求公有制的。在我国现阶段适于搞地方所有制,而不适于搞国家所有制,因为首先,这类性质的生产力的社会化还没有达到要求实行全社会范围内公有化的程度,一般说来在一定的地区范围内就可以实现其直接的社会联系。其次,有机构成还不很高,活劳动还占较大的比重。据统计这类企业一个职工占用的资金约1万元左右,其中工资部分约占十分之一,有机构成为9:1。再次,我们的国家大,地区也很大,一个省、区相当于一个中等国家,有许多事情要由地方来办。这样大的地区应当有自己的经济,才能主动地办好本地区的各项事业,整个国家的事业才能办得更好。最后,我国目前的经营管理手段和经验还都不很高。几十万个企业都由国家来管理和经营,事实证明是力所不及的,把一部分企业归地方所有,由地方直接经营和管理,既加重了地方的经济责任和主动性,又减轻了国家的负担,使国家集中精力搞好一定的数量的国营企业,从而更有利于生产力的发展。

第四,以20世纪70年代的先进技术设备为手段的生产力性质适合搞国家所有制。一则,社会化程度高,经济联系广泛,不仅在国内,而且在国际之间也发生频繁的经济联系。某个单位和地区都容纳不了这类性质的生产力。二则，有机构成高。这类企业一个职工占用资金达十几万至几十万元，其中工资部分仅占百分之一甚至几百分之一，物化劳动对财富的形成起决定性作用，实行国家所有制基本上不会发生平均主义倾向。三则，这类企业多是关系到国计民生的关键性企业，把这类企业掌握在国家手里，可以保证国民经济的健康发展和人民生活的安定。最后，这类企业数量不多，国家有条件管好。

综合上述，我国现阶段应有的所有制形式和结构应当是个体所有制、集体所有制、地方所有制和国家所有制并存的所有制结构。形成一个以国家所有制为领导，以地方所有制为助手，以集体所有制为基础、以个体所有制为补充的多层次的所有制结构和生产关系结构。

应当强调指出：在国家尚存在的社会主义条件下，国家所有制是社会主义所有制的最高级形式，是其他各种所有制的发展方向。还应当指出，国家所有制既然是其他各种所有制的发展方向，就应当在促进生产力的发展上显示出更大的优越性，职工的物质待遇也应当高于其他形式的所有制，要集中力量办好这些企业，提高国营企业的声誉；改变前一个时期出现的"国营不如集体，集体不如个体"的不正常现象和不正确认识。

我国现阶段的所有制结构，决定了现阶段的社会主义经济，应当是以生产资料公有制为其主要基础的商品经济。因为，所谓商品经济的最一般特征，就是以商品的等价交换来建立和实现经济联系的一种经济形式。这种经济形式是以商品生产者具有其特殊的经济利益为前提的。而商品生产者的特殊经济利益，则根据于他们对生产条件即生产资料和劳动力占有上的差别。我国现阶段既然存在着对生产资料占有上的差别即各种不同形式的所有制，各种所有制之间也就必然采取商品等价交换的形式来建立和实现其经济联系。至于国家所有制内部各企业之间的商品经济形式，则是由于存在着劳动力的个人所有制而形成的企业的特殊经济利益决定的。从而决定了全社会的经济形式，必然是以生产资料公有制为其主要基础的商品经济。

四、我国现阶段应有的经济管理形式

无产阶级专政的国家组织，必须对整个社会经济实行有效的管理，问题是应当采取什么形式、手段，如何进行管理。

首先，生产资料公有制要求一切社会经济活动，都必须有利于公有制的巩固和发展，有利于坚持社会主义方向。公有制经济的这种客观要求，主要的应当通过国家制定的各种经济法规来实现。经济法规要具体规定各种经济成分的各种经济活动的质、量、度的界限，限制各种不利于和有碍于公有制的巩固和发展的各项经济活动，保证整个社会经济活动沿着社会主义方向发展。

其次，生产资料公有制产生了社会经济有计划发展规律。社会主义国家有必要，也完全可能对整个国民经济实行有计划的管理，国家经济计划是社会主义国家对国民经济实行有计划管理的重要手段。然而，社会主义经济又是生产资料公有制基础上的商品经济，价值规律仍然发生作用，企业之间的各项经济活动又必须通过市场而进行的等价交换活动来实现。因此，问题的关键在于正确认识计划和市场各自在社会主义经济中的地位和作用，正确处理二者之间的关系。最近两年，我国提出了计划调节和市场调节相结合的理论，据我观察在现实经济生活中人们所谓的计划调节是指国家的指令性计划对经济活动的决定，国家是调节的主体，由国家行使决策权；而所谓市场调节是指市场机制其中主要是价格对经济活动的决定，企业是市场调节的主体，由企业行使决策权。因此，所谓计划调节与市场调节之间的关系，实质上是国家与企业之间在经济活动决策方面的集权与分权之间的关系。而所谓计划调节和市场调节相结合实际上就指由国家通过计划决定一部分经济活动；由企业通过市场决定一部分经济活动。从天津市的实践来看，目前已经和能够做到的就是这种外在结合方式。具体说主要是三种形式：就全天津市来说，有些企业由国家计划来调节，有些企业在国家计划指导下实行市场调节，就一个多产品的企业来说，某种产品由国家计划调节，某种产品由市场调节，就一种产品来说国家计划调节一部分，企业通过市场自行调节一部分。实际上是计划起调节作用的地方，市场就不起调节作用；反之，市场起调节作用的地方，计划就不起调节作用；这种做法在我国现阶段是必要的和不可避免的。特别是在经济调整时期更是如此。但从今后发展的方向来看，这种"两个调节"的理论和做法并不一定是方向性和规律性的东西，从发展来看，国家计划在整个国民经济中不应是处于对微观经济活动直接起调节作用的地位，而是应处于对整个社会经济活动起指导作用的地位。而具体的微观经济活动，主要是由企业通过市场活动来调节。而且社会主义经济越往前发展，就越是如此。因此，既要有国家对宏观活动的决策权，又要有企业对微观经济活动决策的自主权，借以充分发挥国家和企业各自应有的主动性和积极性以及计划和市场各自应有的作用。

第三，按照商品经济的一般规律，社会主义国家主要应当通过经济组织、采取经济手段，利用经济杠杆来调节经济活动，管理社会经济，并协调国家的宏观经济决策与企业的微观经济活动，使二者融合为一体。

第四，社会主义国家应有采用必要的行政手段来干预社会经济活动的权力，其中包括责令企业关、停、并、转。这样做是从社会主义经济的全局出发,符合全社会的经济利益和以最小的劳动取得最大经济效果的原则的,因而也是符合社会主义经济规律的。

总之,无产阶级专政的国家,应当通过以经济法规为领导,以计划为指导,以市场为调节器,以经济杠杆为协调器,以必要的行政手段为辅的形式,来实现对社会主义经济的有效管理。

（原载于《天津市经济学会 1980 年年会文选》,
天津人民出版社,1980 年版）

社会主义政治经济学应该研究两重含义的生产关系

有些同志认为,作为政治经济学对象的生产关系,仅指人们之间的物质利益关系;社会主义政治经济学的对象,就是社会主义的物质利益关系。我认为这种观点是值得商榷的,因为在现实经济生活中,客观上存在着两重含义的生产关系:一重是人们之间的分工协作关系;一重是人们之间的物质利益关系,我把它称为所有关系。据我理解,社会主义政治经济学的对象应当包括上述两重含义的生产关系。本文拟从以下几个方面阐明自己的看法。

一、两重含义的生产关系

生产关系是人们在社会生产过程中所发生的关系。按照马克思的理论,人们在生产过程中同时发生两重含义的生产关系:一重是人们共同活动和相互交换活动关系;一重是所有关系。关于第一重含义的生产关系,马克思说:"人们在生产中不仅仅同自然界发生关系。他们如果不以一定方式结合起来共同活动和互相交换其活动,便不能进行生产。为了进行生产,人们便发生一定的联系和关系;只有在这些社会联系和社会关系范围内,才会有他们对自然界的关系,才会有生产。"① 我理解,马克思在这里所说的人们在生产中以一定的方式结合起来所发生的共同活动和互相交换其活动的关系,就是人们在生产中的分工与协作关系,其中包括企业内部的分工协作关系和社会范围的分工协作关系。这种分工协作关系的一般性质,是由生产工具和生产技术的状况直接决定的。马克思曾经用武器与军队之间的关系,来比喻生产工具与分工协作之间的关系,说明生产工具对分工协作关系的直接决定作用。他说:"生产者相互发生的这些社会关系,他们借以互相交换其活动和参与共同生产的条件,当然依照生产资料的性质(指生产工具的技术状况——引者)而有所不同。随着新作战工具即射击火器的发明,军队的整个内部组织就必然改变了,各个人借以组成军队并

---

① 《马克思恩格斯选集》第1卷,第362页。

能作为军队行动的那些关系就改变了,各个军队相互间的关系也发生了变化。"①由于分工协作这重含义的生产关系,是由生产工具的技术状况直接决定的,从而使其具有对生产工具技术状况的直接依赖性、易变性和一般性等特点。即:有怎样的生产工具就有怎样的分工协作关系;随着生产工具的变化,分工协作关系也必然发生变化;在相同的生产工具条件下,具有相同的分工协作关系。社会制度不同,只能使分工协作关系具有不同的社会性质,而不能改变这种关系本身。例如资本主义初期的工场手工业,除了同一资本同时雇用的工人较多外,和行会手工业几乎没有什么区别;而资本主义社会和社会主义社会,由于使用同类生产工具和生产技术,因而便有相同的分工协作关系。相反,在同一社会形态内,由于生产工具的技术状况不同,又会有不同的分工协作关系。例如在资本主义社会的发展过程中,就存在过简单协作、工场手工业和大机器工业三种分工协作关系。在社会主义社会,由于存在着多层次水平的生产工具,也就必然同时并存多层次的分工协作关系。我们通常所说的有怎样的生产力,就有怎样的生产关系,生产关系一定要适合生产力的性质,首先指的是分工协作这重含义的生产关系。

人们在社会生产过程中所发生的另一重关系,就是所有关系。任何社会的生产,都必须以生产条件的一定形式的所有制为前提,因而任何生产都是在一定的所有关系下进行的,从而人们也就必然发生一定的所有关系。马克思在论述所有关系与社会生产过程之间的关系时指出:"如果有人说,既然生产必须从生产工具的一定的分配出发,至少在这个意义上分配先于生产,成为生产的前提,那么就应当答复他说,生产实际上有它的条件和前提,这些条件和前提构成生产的要素。"②马克思在这里所说的作为生产的条件和前提的生产工具的分配,也就是我们通常所说的生产资料所有制。因为"所有制最初的意义(也就是说,在其亚细亚、斯拉夫、古代、日耳曼的形态之下)不外是说:劳动(生产)主体(或再生产的主体)把他从事生产或再生产的条件看成他所有的"。③所有关系是生产关系的另一重含义。所有关系这重含义的生产关系,相对于分工协作关系而言,具有相对稳定性、特殊性和变革的复杂性。即只有生产力发展到一定的质变的条件下,所有关系才会发生变化;不同的社会具有不同的所有关系,所有关系的变革必须通过各种形式的斗争才能得以实现。这就是为什么在相同的生产力发展阶级上,在不同的国度,会有不同的所有关系的重要原

---

① 《马克思恩格斯选集》第1卷,第362—363页。
② 《马克思恩格斯选集》第2卷,第99页。
③ 马克思:《政治经济学批判大纲》(草稿)第3分册,第113—114页。

因。因此，生产关系一定要适合生产力性质的规律，对于所有关系这重含义的生产关系来说，只能从归根结底和较长的发展过程来理解，而不能机械地去理解。

二、两重含义的生产关系都是社会主义政治经济学的研究对象

社会主义政治经济学应当把上述两重含义的生产关系作为研究对象。这首先可以从马克思关于《资本论》研究内容的论述和《资本论》的实际研究内容得到启示。《资本论》是马克思主义政治经济学的典范。马克思在论述《资本论》的研究内容时指出："我要在本书研究的，是资本主义生产方式以及和它相适应的生产关系和交换关系。"①有的同志把马克思的这段话解释为："《资本论》研究的是资本主义的生产方式，包括它的生产关系和交换关系。"②这种解释把马克思在这里所说的"生产方式"理解为"经济形态"的同义语，因而不是把资本主义生产方式作为一个独立的研究内容，而只把资本主义生产方式中的生产关系和交换关系作为《资本论》的研究内容。我认为这种解释未必符合马克思的原意。我们看到，在马克思的著作、特别是在《资本论》中，"生产方式"这个概念在不同的场合有不同的含义，总起来说，可归纳为两种：有时指的是由生产工具的技术状况所决定的"劳动方式"，即人们的分工协作方式；有时指的是社会经济形态。我理解，马克思在这里所说的生产方式，是指以大机器为生产手段的资本主义社会化大生产方式，也就是由大机器所决定的人们的分工协作方式。而这里所说的"与其相适应的生产关系和交换关系"，也就是资本主义所有关系的具体化。如果我的理解不错的话，那么《资本论》研究的内容就是资本主义的分工协作关系和资本主义的所有关系。并且把分工协作关系列在所有关系之前，即通过对分工协作关系的研究，来研究和揭示资本主义的所有关系。

《资本论》的实际研究内容可以证实马克思的这个思想。《资本论》的总体结构分为三大卷。在每一卷里，马克思都是从两重含义的生产关系的角度来研究资本主义生产关系的。例如，第一卷的第十一、十二和十三章就是最明显的例证。马克思在这三章中，一方面详尽地论述了由于生产工具的变化而带来的劳动方式即分工协作关系的变化，随着分工协作关系的变化，促使资本主义所有关系的发展和完善；另一方面，又分析了资本主义所有关系所赋予分工协作

---

① 《马克思恩格斯全集》第23卷，第8页。
② 郭大力：《关于马克思的〈资本论〉》，中共中央高级党校1975年版，第6页。

关系的资本主义特性，以及资本主义所有关系与社会化分工协作关系之间的矛盾的扩大和激化，揭示了资本主义所有关系的剥削性和腐朽性及其发展的历史趋势。又如在第二卷中，马克思一方面分析了企业内部、企业之间、部门之间的分工协作关系；又分析了资本主义所有关系与社会化分工协作关系之间的矛盾，揭示了这一矛盾在流通领域中的集中表现：经济危机的不可避免性，以及资本主义所有关系被新的社会主义生产关系代替的必然性。马克思对《资本论》研究内容的论述和《资本论》的实际研究内容告诉我们，《资本论》正是研究了两重含义的生产关系。这对于我们探讨社会主义政治经济学的研究对象具有现实的指导意义。

其次，社会主义革命和社会主义建设事业的实践，需要把两重含义的生产关系作为社会主义政治经济学的对象。应当指出：虽然马克思在《资本论》中也是从两重含义的生产关系来研究资本主义生产关系的，然而，马克思研究资本主义生产关系的最终目的，是要揭露资本主义生产关系的剥削性和反动性，并以此来武装无产阶级和其他劳动人民，动员人们推翻资本主义制度，建立社会主义社会，而不是要在资本主义生产关系下面发展生产力。因此，《资本论》是把资本主义的所有关系作为重点研究对象而对手分工协作关系的研究则放到从属地位，并服从于对所有关系的研究。然而，对于社会主义政治经济学来说，则必须把两重含义的生产关系同等地作为它的研究对象。这是因为，取得了政权的无产阶级既要进行社会主义革命，又要进行社会主义建设，发展生产力，而进行社会主义革命的目的也是为了发展生产力；马克思主义社会主义政治经济学原理则是指导社会主义革命和社会主义建设事业的重要理论基础。明确社会主义政治经济学的对象是研究两重含义的生产关系，对于充分发挥社会主义政治经济学对社会主义革命和建设事业的理论指导作用，具有十分重要的意义。就社会主义革命来说，其实质问题是变革生产关系，其中包括变革分工协作关系和所有关系。为此，就必须认清和掌握生产力和生产关系之间，以及两重含义的生产关系之间的内在联系及其规律性。社会发展的一般进程是：一定的生产力直接决定一定的分工协作关系；一定的分工协作关系要求有与其相适应的所有关系。马克思在论述资本主义生产关系发展的过程时说："劳动资料取得机器这种物质存在方式，要求以自然力来代替人力，以自觉应用自然科学来代替从经验中得出的成规。在工场手工业中，社会劳动过程的组织纯粹是主观的，是局部工人的结合；在机器体系中，大工业具有完全客观的生产机体，这个机体作为现成的物质生产条件出现在工人面前。在简单协作中，甚至在因分工而专业化的协作中，社会化的工人排挤单个的工人还多少是偶然的现象。而机器，除了下面要谈的少数例外,则只有通过直接社会化的或共同的劳动才发生作用。因此,劳动过程的协作性质,现在成了由劳动资料本身的性质所决定的技术上的必要了。"[①]就是说,以手工工具和手工业工人的劳动技艺为基础的生产力,决定了以劳动者的劳动技艺为前提的分工协作关系。这种分工协作关系并不要求生产资料的社会公有制,也不能排除生产资料的个体所有制。而以大机器为物质基础的生产力,决定了劳动者的分工协作关系要以大机器的客观要求为依据。这种以大机器为基础的分工协作关系,是一种社会化了的分工协作关系。它在本质上就排斥个体所有制,要求社会公有制。马克思讲的这个道理具有普遍的指导意义。我们进行社会主义革命,变革生产关系,也必须遵循这个原理,否则就会在实践中遭受挫折。如解放初期,我国工业总产值占社会总产值的百分之十几,手工工具还是城乡的主要生产手段。这样的生产力状况,决定了人们之间的分工协作关系主要是简单协作和小范围内的分工协作,只有少部分大工业才能实行社会化的分工协作关系。这就决定了我国农业和手工业所有关系的变革只能逐步实现由低级到高级的集体所有关系,只有在部分社会化大生产的范围内,才实行以国家为代表的全民所有关系。可是,由于我们在政治经济学理论上忽视了生产力、特别是分工协作关系对所有关系的制约作用,过分强调了所有关系对生产力和分工协作关系的反作用,致使所有关系变革的步子迈得过急、改造得过于"彻底"。因而,在一些地区和部门虽然在所有关系上实现了集体化或全民化,但分工协作关系依然是简单协作,或是小范围内的分工协作,只在部分现代化生产方面实行专业化分工关系。后来的许多事实说明,所有关系超越了分工协作关系,其结果反而妨碍了生产力的发展。就我国现阶段来说,尽管经过 30 年的努力,现代化的物质技术基础已有一定的发展,然而,就整个社会来说,大部分生产力,特别是广大农村仍然是以手工工业和劳动者的劳动技艺为主要基础的。这种情况决定了我国目前和今后的一段历史时期内,要建立一种社会主义公有制占绝对优势的从国营经济到个体经济的多层次的经济结构。这样做不是什么"倒退",而是正确运用社会主义政治经济学原理,来指导我国生产关系的变革,符合客观经济规律和社会主义发展的方向。

为了顺利地进行社会主义建设,加速生产力的发展,社会主义政治经济学也必须认真研究两重含义的生产关系,这是因为,两重含义的生产关系都对生产力的发展发生作用,然而又是从不同的方面对生产力发生作用的。分工协作关系主要是从分工协作的组织形式方面是否能够适应生产工具和劳动技艺的客

---

① 《马克思恩格斯全集》第 23 卷,第 423 页。

观要求，是否能够充分发挥劳动者的积极性和主动性，以及能否充分发挥各种物质资料的效用方面，对生产力发生作用的。而所有关系则主要是从物质利益关系是否能够充分调动人们的积极性方面，对生产力发生作用的。二者各有各的作用，谁也代替不了谁。因此，只有从分工协作关系和所有关系这两个方面，正确处理好人们之间的生产关系，才能促进生产力的迅速发展。这已经是被历史事实所反复证明了的客观真实。再次，社会主义政治经济学只有以两重含义的生产关系为研究对象，才能成为一门真正的科学。社会主义政治经济学已经有几十年的历史。几十年来，社会主义政治经济学的研究虽有一定的发展，并对社会主义革命和建设事业起了一定的理论指导作用，但是，作为一门科学，它还很不成熟．更不完善，既没有达到应有的广度，也没有达到应有的深度，更没有形成科学体系。在我国，直至粉碎"四人帮"以前，一些政治经济学著作或教材，从指导思想到总体结构，一直到具体内容，都是以所有关系为对象的。而对分工协作关系或涉及很少，或根本不提。名曰社会主义政治经济学，实际上是经典作家有关社会主义经济方面的"语录"、"语录解释学"和"语录排列组合学"。造成这种状况的原因虽然是多方面的，而根本原因在于把社会主义政治经济学的对象仅仅局限为社会主义的所有关系，而不是把两重含义的生产关系作为社会主义政治经济学的对象。分工协作关系与所有关系，是既相区别又密切相关的。二者既共同构成为社会主义生产关系的整体，又都是由生产力决定的。但二者又互相区别，生产力所直接决定的是分工协作关系，生产力对所有关系的决定作用，是通过分工协作关系反映出来的，即通过分工协作关系看生产力所要求的所有关系，并由分工协作关系直接决定现实的所有关系。马克思说："生产方式的变革，在工场手工业中以劳动力为起点，在大工业中以劳动资料为起点。因此．首先应该研究，劳动资料如何从工具转变为机器，或者说，机器和手工业工具有什么区别。"①这说明生产方式即分工协作关系，是直接由生产工具和生产技术状况决定的。只有研究生产工具和生产技术的状况及其发展趋势，才能掌握分工协作关系的特点和发展规律，以便建立相适应的分工协作关系即生产方式。而"生产方式……总是决定新出现的分配（即所有关系——引者）。"②因此，只有通过对分工协作关系的研究，才能认识所有关系变化的依据，掌握所有关系的发展方向，揭示所有关系的运动规律，从而才能全面地认识和掌握全部生产关系的发展规律。如果离开分工协作关系，孤立

---

① 《马克思恩格斯全集》第23卷，第408页。
② 《马克思恩格斯选集》第2卷，第100页。

地研究所有关系，那就既不能真正了解所有关系变化的原因，也不能掌握所有关系发展的方向，更不可能揭示所有关系和整个生产关系的运动规律，从而也就根本不可能建立起真正科学的社会主义政治经济学。

要根本改变社会主义政治经济学的现状，需要从指导思想、研究对象、总体结构，一直到具体内容，来一个根本性的突破。至于如何突破，尚待我们进行深入的探讨，这里只能提出几点原则性的设想。（1）指导思想：社会主义政治经济学应以两重含义的生产关系为对象，以两重含义的生产关系的矛盾为导线，以揭示两重含义的生产关系的运动规律为任务，以促进社会生产力的发展为目的。（2）方法：彻底抛弃从经典作家的语录、原理、原则出发的方法，代之以从现实的经济生活出发，研究一定的生产工具和生产技术所要求的分工协作关系；研究一定的分工协作关系所要求的所有关系，进而探讨随着生产力的发展，社会主义分工协作关系和所有关系发展的规律性。（3）总体结构：两重含义的生产关系存在于社会生产过程中的生产、流通、分配和消费这四个环节之中。社会主义政治经济学的总体结构，应按照社会主义生产过程、社会主义流通过程、社会主义分配过程和社会主义消费过程，来建立科学体系。

（原载于《南开学报》1981年第1期）

试论沿海经济中心的战略任务

本文探讨的是沿海经济中心的战略任务。沿海经济中心是指经济比较发达的沿海中心城市,如上海、天津等。它比非沿海中心城市,在国民经济中处于更特殊的地位,具有更特殊的作用。所谓战略任务,是指从实现我国现代化建设的需要出发,着眼全国经济,通观世界经济,把沿海经济中心作为利用世界经济、发展国内经济的基地而确定的任务。探讨与研究这个问题,无论对沿海经济中心自身的建设和发展,还是对国家现代化建设的全局都具有重要的意义。

一、沿海经济中心的战略任务

发展工业必须从我国的现状出发。我国现有的工业,从空间位置来看,既有沿海工业,又有内地工业。从工业产值来看,上海、天津等十几个大城市的工业产值占全国总产值的一半以上。也就是说,我国现有工业的基础,主要集中在一些沿海经济中心城市里,而广大内陆地区的工业基础则比较薄弱。那么,我们是应当发展沿海工业还是发展内地工业呢?就当前来说,沿海工业和内地工业都需要发展,然而,从实现我国现代化建设的战略任务来看,则应当是提高和利用沿海工业,促进和大力发展内地工业。因为,我国沿海工业城市现在已有相当的规模,城市人口很集中,因此,在规模上不宜有更大的发展,从而也就不可能吸收更多的劳动力;而广大内地工业却有广阔的发展余地,它不仅可以吸收大量的劳动力,而且对于改变我国工业的不合理布局,以及根本改变我国现在不合理的产业结构,都具有决定性的意义。从根本上讲,我国只有广大内地工业得到极大的发展,才能够实现全国范围的社会主义现代化,使我国成为一个经济发达的社会主义强国。所以,我国发展工业的路子应当是加强、提高和利用沿海工业,大力发展内地工业。

无论是发展沿海工业,还是发展内地工业都必须具备必要的条件。劳动力、原材料和技术设备是发展工业必备的人身条件和物质条件。众所周期,我国劳动力资源是丰富的,发展工业所需之劳动力是不难解决的。我认为,当前我国发展工业的主要困难是两个不足:一是已经开发的可以使用的原材料不足;二是技术和设备不足。具体说来，内地工业的原材料条件相对说比较充分，而技术力量和设备不足。例如黑龙江省有原油、原木、原煤、原粮等工业原料，内蒙、青海有羊毛、皮革，河南、云南、贵州等省有烟叶、棉花等多种工业原料，但它们设备不足，技术落后。沿海工业有较先进的技术和设备，但工业原料需要由内地供给。例如天津的煤炭、棉花、羊毛、皮革、橡胶、生铁、有色金属、木材、水泥以及其他建筑工业材料大部或全部要由内地调入。而目前我国发展工业遇到的最尖锐的矛盾，是沿海工业与内地工业之间"争吃"原料的问题。广大内陆地区为了繁荣本地区的经济和改善本地区人民生活条件，要求发展内地工业。1979年以来，内地工业有了较快的发展。特别是轻、纺工业发展尤为迅速。由此使沿海工业与内地工业之间在原材料上的矛盾更加尖锐了。1980年调入上海、天津等沿海工业城市的烟叶，比1978年减少了三分之二，使上海、天津等地的大烟厂处于停工待料的状态。其他如羊毛、皮革、木材、棉花等多种原材料，也有类似的情况。

怎样克服上述矛盾呢？毋庸置疑，充分利用国内的一切有利条件，大力发展原材料生产，提高我国的科学技术水平；在经济体制和物质利益关系方面作必要的改革和调整；以及采取各种联合经营的形式，使沿海工业和内地工业很好地结合起来等，即是解决这类问题的基本途径。此外，还有另外一条可以考虑的途径，就是利用世界经济条件，解决国内经济问题。在当今的世界经济条件下，国家无论大小，制度无论异同，其经济都以各种不同的形式、在不同的程度上与世界经济相互联系、互相影响。尤其我国是在一个人口多、农民多、底子薄、技术落后的条件下进行社会主义现代化建设，就更需要利用世界经济条件来克服国内现代化建设中的困难，加速现代化建设的进程。我认为，这应当是我国现代化建设中长期起作用的战略决策之一。

借用世界经济力量发展国内经济的形式是多样的。例如开设"自由贸易区"、"出口加工区"以及我国最近在福建、广东等地开设的"经济特区"等，这些都从不同方面、在不同程度上对国内经济的发展起了促进作用。然而，我认为对于我国现代化建设具有战略意义的形式，应当是利用沿海经济中心城市的有利条件，"进口原料，出口成品，引进技术，更新设备，装备内地，扩散工业"。具体说就是：利用沿海经济中心的工业技术基础，从国外进口原材料；经过经济中心加工制造为成品，再销往国际市场；所得外汇一部分用来偿还原材料费用，余额用来引进先进技术设备，用于沿海工业自身的技术和设备的更新换代，提高沿海经济中心的技术设备水平；沿海工业更替下来的尚有经济意义的设备，用来装备内地工业，并把原来由内地供应沿海经济中心的一部分原材料节省下来留给内地工业，促进内地工业的不断发展和提高。这实际上是把沿海经济中心作为发展国内经济的"母鸡"，这些"母鸡"借吃"外家米"为自家"生蛋"。这种形式从其作用来说，既有利于解决沿海工业与内地工业争吃原材料的矛盾；又有利于沿海工业自身的技术和设备的不断更新，以经常保持世界先进水平；同时也为内地工业的发展不断地提供先进技术和设备，可谓"一举三得"。这对于我国现代化建设是具有战略意义的。这种利用国际市场发展国民经济，就是沿海经济中心的战略任务。

二、沿海经济中心战略任务的可行性

沿海经济中心承担"吃外养内"的战略任务，不仅是必要的，而且也是可行的。

首先，从世界经济发展史来看，一些原来与我国目前遇到相似问题的经济不发达国家，迅速发展成为经济发达的国家，是通过类似的途径实现的。以日本为例，从自然条件看，日本人多、地少、资源贫。第二次世界大战结束时，日本还是一个农业人口占全部人口将近一半的经济落后的国家。但在第二次世界大战后的 20 年中，日本却发展成为一个农业人口仅占全国人口 13% 的、经济发达的资本主义国家。其原因，从发展经济的途径来看，就是充分利用国际市场，发展国内经济。日本主要采取了两项关键性的决策。一是从国外借用资金和引进技术。用引进的先进技术和设备，发展国内工业，为发展国内经济奠定了基础。二是大力利用沿海城市从国外进口原料，加工后出口成品。然后，将所得利润的很大一部分，用于引进先进技术和购买先进设备，建立新兴工业和对老企业实行技术改造。由此，使日本的工业技术水平迅速提高。

上述事实表明，日本国内经济与世界经济是密不可分的。没有对世界经济的充分利用，也就没有日本经济的今天。日本之所以能够如此充分地利用世界经济发展国内经济，从自然地理条件来说，是因为日本是个靠海的国家，并有像神户、大阪这样的沿海工业城市。日本正是充分利用这些沿海工业城市的工业基础和方便的交通条件，而取得了经济的迅速发展。这也为我国通过沿海经济中心，利用世界经济，发展国内经济提供了借鉴。

沿海经济中心战略任务可行性的另一点根据，是我国有实现这一战略任务的基本条件。我国经过 30 年的建设已经建立起一个比较完整的工业体系，特别是加工工业有了更大的发展，为进一步发展经济奠定了基础。就自然环境而论，我国有像上海、天津、广州、青岛、大连等沿海经济中心城市。这些沿海经济中心城市已经形成了一个拥有一批轻工、纺织、钢铁、机械、石油化工、建材、电子工业等企业，并成为能够生产一定数量的具有一定竞争能力的高、中档产品的工业基地。同时又有较完备的港口及其他形式的交通设施。有发展对外贸易的良好条件。1980 年，沿海经济中心城市对外贸易收购总额达 280 亿元，占全国外贸收购总额的 75%。以天津为例：天津有较强的工业基础。目前，天津已形成一个工业门类齐全，具有一批世界先进技术水平和现代化设备的企业和车间，能够生产一批在国际市场上享有声誉、很有销路的高、精、尖产品的工业城市。天津又是一个重要的港口和交通枢纽。有发展对外贸易的良好条件。天津新港不仅海上运输方便，而且有铁路、公路、空运和内河运输等多种形式的运输设施。目前天津港已同世界 148 个国家和地区有经济贸易往来关系。此外，天津的商业、金融业、电信业、饮食服务行业等也都有一定的基础。这些都说明我国有利用世界经济、发展国内经济的基本条件。

第三，沿海经济中心战略任务的可行性，还可以从我国的经济实践得到证实。当前世界经济环境对我国利用世界经济，发展国内经济非常有利。当今世界经济的基本情况是：一方面，已经摆脱了帝国主义的奴役，在政治上独立了的广大第三世界国家，在经济上仍然处于不发达的阶段，这些国家有丰富的资源，但工业不发达，它们有大量的原材料需要出口，又急需从国外进口工业品；另一方面，一些经济发达的资本主义国家，在经济危机的袭击下，有大量的资金、技术和先进设备亟待输出或向国外倾销。在这种条件下，我们完全有可能利用沿海经济中心，一方面从资源丰富、亟待出口的国家进口原材料，再把工业制成品返销给这些国家或其他国家；另一方面向一些亟待倾销先进技术和设备的国家，购进我们所需要的技术和设备。事实上，近年来我们已经这样做了，并且收到了良好的经济效果。就天津来说，纺织工业用的棉花、羊毛，造纸工业用的纸浆，汽车、拖拉机和自行车工业用的天然橡胶等多种原材料，有相当一部分就是靠进口解决的。而这些工业制成品的相当部分又销往国外，据统计，1980 年天津市进口 80 多种原料，共计 16 万吨，经过加工生产了出口产品 120 多种，占全市出口总值的 44.1%，为国家净创外汇 1.1 亿美元。目前天津市从事进料加工的企业有 300 多家，工业产值占全市工业总产值的 7.5%，占出口商品生产厂的 40%。

当然，就重工业来说，我们的技术水平还比较落后，产品的销路有一定的局限性。但是这种局限性也是相对的、暂时的。因为当前国际市场上并非技术越先进，产品就越有销路。事实上，国际市场的消费水平也是多层次的。在某些市场上高档商品是畅销货，而在另一些市场上，中、低档商品却成为畅销货。例如我国的农机产品已经出口到 70 多个国家和地区，出口额超过 3000 万美元。

这些农产品除了向东南亚国家出口外，还远销中东、拉丁美洲和希腊、葡萄牙、美国等工业发达国家。所以，关键是要对国际市场的需求状况有透彻的了解，掌握国际市场的需求动向，生产适销对路的产品。所谓暂时性，是说我国的技术水平也在不断提高，从而也会不断扩大产品的销售市场。

应当指出，日本在利用国际市场，发展国内经济方面，虽然使国内经济有了很大发展，然而也带来了一系列的严重问题，如：对国际市场的严重依赖性和国内经济基础的不稳定性；国内经济结构的不合理性和畸形发展；国内市场狭小和基本矛盾日益尖锐化；对经济不发达国家和地区掠夺性日益加强，乃至遭到这些国家和地区的日益强烈的抵制；等等。但这些问题并非是利用国际市场发展国内经济的必然结果。日本出现上述问题的根本原因，一条是社会原因，即日本的社会制度是资本主义制度；另一条是自然原因，即日本国内资源极其贫乏，不得不依赖国际市场。我国与日本根本不同。首先，我国是以生产资料公有制为基础的社会主义国家。这就决定了：第一，我们发展经济的目的是为了满足广大人民的物质和文化生活需要，生产的发展和人民生活的提高是一致的，不存在生产与消费之间的对抗性矛盾，因而国内市场不仅不会缩小，反而会日益扩大；第二，我们可以有计划地利用国际市场，按照我们的需要来发展国内经济，从而完全可能避免像日本国内经济那种畸形状态；第三，我们与广大不发达国家和地区之间的经济往来，是在平等互利和等价交换的原则基础上进行的，是发展友好合作的关系。因此我们的国际市场不仅不会缩小，反而会日益扩大。其次，就总体来说，我国是一个资源丰富的国家，只是限于技术力量和生产能力，尚不能得到充分的开发。因而，我国经济的发展是以国内资源为基础、以国外进口原料为辅的。这就不可能像日本那样，把本国经济的发展建立在严重依赖国外资源的基础上。由于这些基本条件不同，我们走这条利用国际市场、发展国内经济的路子，既可以从中得到经济实惠，又可以避免上述各种弊端。

三、沿海经济中心实现战略任务的基本条件

要充分发挥沿海经济中心的作用，实现沿海经济中心的战略任务，其自身必须具备一些最基本的条件。为此必须加强沿海经济中心的自身建设，创造实现战略任务的基本条件。

首先，沿海经济中心必须有较高的水平，先进的生产设备和合理的产业结构。产品的物美价廉和适销对路，是沿海经济中心实现战略任务的关键。因为只有如此，才能在国际市场上具有较强的竞争能力，打开销路，占领国际市场，

并从中获得合理的盈利,所谓较高的技术水平和先进的生产设备,不只是相对内地工业而言,更主要的是相对国际水平而言。目前我国沿海经济中心虽然在某些技术和设备方面已经达到了世界先进水平,但距离全面实现其战略任务的要求,还有很大的差距。因而迅速提高沿海经济中心的技术水平,对企业设备实行技术改造和更新换代,并与此相适应培养、扩大技术干部队伍,是沿海经济中心自身建设的一项重要任务。所谓合理的产业结构,既不能孤立地以经济中心自身范围为限,简单地规定农、轻、重各业的量的比例关系,也不能只以国内经济结构平衡为限,来规定经济中心的产业比重。而应当从实现其战略任务出发,主要是面向国际市场,建立适应于国际市场需要的,并能够根据国际市场的变化而便于调整的产业结构。按照这种要求,我国沿海经济中心的既有产业结构,应进行适当的调整。

其次,要有设施完善的港口和发达的交通运输设施。目前我国沿海经济中心虽都具有一定水平的海运、陆运和空运设施,但一般说来现代化水平都还不很高,设施还不完善,特别是港口建设还很不完备。这些都与实现战略任务的要求,存在着不小的距离。

第三,要有一批精干的精通业务的经营队伍。无论是进口原材料,还是引进技术设备、出口产品,都是与国际市场打交道,与外国商人做买卖。这实际上是一种多方面的、高水平的竞争。要在这种竞争中取胜,必须有一支精通国际竞争规律和善于经营的专业队伍,否则就会在竞争中失利,给国家造成经济损失。因此,我们必须下大气力培养精通业务的经营管理人员。

第四,要有完善的服务设施。大规模地开展国际贸易,必然会有大批的国际客商云集经济中心城市。方便舒适的生活环境和开展经济活动的良好设施,是经济中心实现其战略任务的必备条件。目前我国各沿海经济中心城市的服务设施,还远不能适应对外贸易活动的需要,其中最突出的问题是各类服务行业(包括为客商生活服务的饮食、居住、娱乐活动、旅游、市内交通,以及为经济活动服务的交易场所、邮电通信、交通运输、经济情报等各业)的规模小、设备差、效率低。为适应新任务的需要,必须迅速地把沿海经济中心城市的各类服务行业和设施发展起来。

第五,要有相适应的经济管理体制。为了适应沿海经济中心开展对外经济活动的需要,在经济体制改革方面,应当内外有别,区别对待。对内经济体制改革可以放慢一些,对外经济关系方面的改革则应当加快一些。对沿海经济中心主要是扩大地方的经济决策权,让他们在国家统一领导下,行使更多、更大的经济决策权。就沿海经济中心内部来说,管理体制的改革应当是:政府要统一领导、全面规划，集中一切应当集中的权力；在日常的经营活动方面，给企业以更多、更大的自主决策权，使企业能够在其职权范围内，独立自主地行使决策权，否则不利于战略任务的实现，甚至会造成严重的经济损失。在这方面我们是有教训的。例如，我国的国产羊毛出口一公斤换汇 0.88 美元，而一公斤羊毛织成地毯出口，可换汇 15 美元。天津风船牌地毯在国际市场上享有声誉，但由于原料不足，不能扩大生产满足外商的需要，甚至已经签订的合同也不能实现。可是天津市每年还出口国产羊毛几千吨。又如天津便鞋在国际市场上也很畅销，由于多头出口，内部互相竞争，使便鞋的价格由原来的六至七元一双，降为三至四元，结果便鞋出口的数量增加了，而换回的外汇却减少了。这种由于该集中而未集中所造成的"肥水流入外人田"的事情还不是个别的。另一方面，该分散不分散也会造成经济损失。据分析，在国际贸易中，30年代以前是卖者的市场，一般是买主到卖主的国家里订货或购买现货，卖主是生产什么卖什么；而当今世界是买者的市场，是卖者到买者的所在国主动推销。这就需要企业有更大的主动权，根据国际用户的需要随时作出决策。目前我们的企业还远远做不到这一点。因而在国际市场上往往由于不能及时作出决策而失利。

以上初步从理论上探讨了沿海经济中心的战略任务及其可行性。要把理论付诸实践，还有一系列具体问题需要进一步研究和解决。如我国各个沿海经济中心城市如何根据各自的特殊环境和条件，选定哪些有竞争能力的产品作为自己的"主攻方向"，原材料从哪里进口，产品往哪里销售？又如在我国现有技术条件下，进口哪些原材料，出口哪些产品能取得最大的经济效益？再如目前的沿海经济中心城市主要是面向国内市场，承担着供应经济中心城市和某些协作地区对生产资料和生活资料的需要，今后如何逐步过渡到主要面向国际市场，以及沿海工业与内地工业之如何互相支援，协调一致，配合"作战"等等，这些问题还有待于深入研究、探讨。

（原载于《南开学报》1981年第12期）

对我国经济组织形式的探讨

按照专业化协作和经济合理的原则组织和管理社会主义经济，是我国现阶段社会生产力发展的客观要求，探讨有利于实现这一要求的经济组织形式，是我们理论研究的一项重要课题。我认为马克思和恩格斯关于社会主义经济联合体的思想，对于我们研究这一问题具有现实的指导意义。

马克思和恩格斯关于社会主义经济联合体的思想是很丰富的。在他们的著作中不仅渗透着这种思想，而且曾在多处直接论述过这个问题。例如马克思在《资本论》第1卷分析了孤独的个人经济、中世纪的封建庄园经济和农民家庭经济形式之后说：“最后，让我们换一个方面，设想有一个自由人联合体，他们用公共的生产资料进行劳动，并且自觉地把他们许多个人劳动力当作一个社会劳动力来使用。……这个联合体的总产品是社会的产品。这些产品的一个部分重新用作生产资料。这一部分依旧是社会的。而另一部分则作为生活资料由联合体成员消费。因此，这一部分要在他们之间进行分配。"（《资本论》第1卷，《马克思恩格斯全集》第23卷第96页）此后，他在《论土地国有化》一文中又说，在生产资料归全社会公有之后，"农业、矿业、工业，总而言之，一切生产部门都将逐渐地用最合理的方式组织起来。生产资料的全国性的集中，将成为由自由平等的生产者的联合体所构成的社会的全国性的基础，这些生产者将按照共同的合理的计划自觉地从事社会劳动"（《马克思恩格斯全集》第18卷第67页）。继马克思之后，恩格斯又在《反杜林论》中进一步阐发了马克思的这一思想。他说，马克思所说的自由人联合体，"也就是设想了一个按社会主义原则组织起来的联合体"，并且说："这个联合体的总产品是社会的产品。这些产品的一部分重新用作生产资料。这一部分依旧是社会的。而另一部分则作为生活资料由联合体成员消费。因此，这一部分要在他们之间进行分配。"（《马克思恩格斯全集》第20卷第143页）至于生活资料在联合体成员中如何进行分配，依据马克思在《哥达纲领批判》中的原理，则应是在社会主义社会实行按劳分配，在共产主义社会实行按需分配（参见《马克思恩格斯选集》第3卷第10～13页）。

概括马克思恩格斯关于社会主义经济联合体的思想，主要有以下几点：第一，经济联合体是以生产资料全社会公有制为基础，由平等、自由的生产者组成的联合体；第二，经济联合体是社会主义生产的合理组织形式，在联合体内部按照共同的计划自觉地进行生产劳动；第三，经济联合体是一个经济利益实体，有其自身的经济利益，联合体内部的总产品分为两部分：一部分是生产资料，这部分为社会公有，另一部分是生活资料，这部分在联合体内部成员中进行分配，为个人所有；第四，社会主义社会，是"自由平等的生产者的联合体所构成的社会"（恩格斯语）。

马克思和恩格斯关于社会主义经济联合体的思想是当时还没有经过实践的一种设想，这种设想的全部内容当然不可能完全符合我国的社会主义实践，因而我们不应教条式地照搬过来，作为指导社会主义实践的依据。然而，马克思和恩格斯关于社会主义经济联合体的基本思想和原则精神，又是科学的，因为这是他们通过对资本主义基本矛盾的科学分析所揭示的"十九世纪的伟大经济运动所引向的人道目标"（《马克思恩格斯全集》第18卷第67页），因而又是我们进行社会主义实践活动所必须遵循的基本原则。

运用马克思和恩格斯关于社会主义经济联合体的基本思想，总结我国已有的历史经验，我认为作为我国现阶段社会主义经济基本组织形式的社会主义经济联合体，其内容和特点概括起来讲，就是以沿海大城市为中心、以沿海大城市的经济辐射区为外缘，以比较完整的产业结构和多种所有制形式和多种经济利益关系为内容、相对独立的经济实体组织。具体一点讲，就是要突出沿海（包括沿江）大城市在经济组织中的地位和作用，以这些大城市为中心，把既靠近沿海大城市又与其有密切经济联系、符合经济合理原则并尽可能把工业、农业，矿业等各类产业包括在内的辐射地区，作为一个经济区域。每一个这样的经济区域就是一个经济联合体；有计划地把全国划分为若干经济区域，组成若干个经济联合体，各个经济联合体的结合，构成为社会主义国民经济总体。这种经济联合体与各方面发生复杂的经济关系。其中最主要的有以下三方面：

首先，经济联合体与国家之间的关系。经济联合体并不是一种独立的生产资料所有制形式，而是以全民所有制为主导，由全民所有制、集体所有制和个体所有制等多种所有制所组成的。划归经济联合体范围内的各种所有制的企业或经济单位，并不改变各自的所有制性质。从这方面来说，经济联合体不是一个统一的、独立的经济实体。另一方面，包括在同一个经济联合范围之内的各种所有制之间，又是互相依存、互相渗透的。各种所有制经济的发展都会直接或间接地给其他所有制经济带来一定的经济利益。由此使经济联合形成一个统一的经济利益整体。从这个意义上说，经济联合体又是一个具有共同利益的相对独立的经济利益实体。因此，无论在生产方面，还是在分配和流通方面，经济联合体都应具有很大的独立自主性。在生产方面，凡属于经济联合体范围的全民所有制企业，除了像铁路、邮电、通信及少数对整个国民经济具有决定意义的重要企业归国家直接经营管理外，其他企业不再分中央企业和地方企业，在服从国家的统一计划和统一方针政策领导的前提下，一律由经济联合体统一计划、统一管理。经济联合体可以根据国家的统一规划，独立地制定经济联合体的国民经济长期发展计划和年度计划，并在经济联合体内部进行综合平衡。在分配方面，国家对联合体下达税收和上缴利润额度，联合体在保证完成国家下达的税收和上缴利润计划的前提下，对联合体内部所得的经济收益的分配，包括国民收入的分配和个人消费品的分配，由联合体自行决定。在交换方面，联合体不仅可以自行决定国内的交换活动，也可以直接与世界各国开展包括对外贸易、引进技术、进口设备和利用外资在内的多种形式的对外经济关系。在基本建设方面，国家除对少数重大项目下达直接计划外，对其余项目国家只对联合体提出原则性要求，具体项目和规模、建设时间和地点都由联合体自行决策。国家对全民所有制企业的所有权，主要是体现在生产成果的分配权和对经济联合体及其所含全民所有制企业的最终支配权。例如根据全国综合平衡的需要，调整经济联合体的规模和范围，在必要的情况下，对经济联合体内部的某些企业实行关、停、并、转等强制性措施。在一般情况下，国家对经济联合体主要是通过经济方针、经济政策乃至经济法规等手段实行领导，以保证经济联合体按照社会主义的方向和道路发展。

其次，各个经济联合体之间的关系。各个经济联合体之间的关系，是社会主义经济总体内的相对独立的经济实体之间的关系。一般情况下，各经济联合体经济收益主要是来自各自独自经营所取得的经济成果，各经济联合体之间的经济往来关系要严格遵循商品等价交换原则，而不应无偿占有其他联合体的经济成果。允许各个经济联合体之间在经营管理和分配方面以及人民生活方面的合理差别，体现允许某些联合体及其内部人员先富裕起来的原则精神。

其三，经济联合体的内部关系。在经济联合体内部要实行经济权力和经济利益相对集中统一的原则。对联合体内部的全民所有制企业，主要是实行直接的计划调节和计划管理，企业之间的经济往来要按照统一计划进行，给企业一定的经营自主权，实行单独核算，并有一定的特殊经济利益，但企业不是经济实体。企业的主要经济活动，由经济联合体统一指挥、统一决策。全民所有制职工的收入主要取决于联合体的经营成果，实行统一的工资制度和工资标准。企业经营成果的大小，对职工收入的影响要限制在最低的水平。对联合体内部的集体所有制企业和个体经济，在生产经营上必须遵守联合体的统一计划。有的可以下达指令性计划，有的可以下达指导性计划，有的可以实行政策控制，总的说来是加强计划性、统一性。在各种所有制经济之间的交换活动中，要严格遵守商品等价交换原则，有限制地发挥市场调节的作用。在分配方面，在坚持按劳分配和个人物质利益的前提下，经济联合体可以在同一所有制内部的不同企业之间，以及在不同所有制、不同行业之间适当地进行调剂，使联合体内部的各种从业人员在个人收入和生活水平上既保持合理的差别，又不过分悬殊，体现经济联合体内部各类人员共同富裕的精神。

总之，经济联合体与国家之间的关系，要"适当分散"，经济联合体之间的关系要"平等互利"；联合体内部的关系，要"相对集中"。

按照马克思和恩格斯的基本思想，社会主义经济联合体的具体形式，主要是由两个因素决定的。一是生产力特别是生产手段的性质以及由此决定的社会分工与协作发展的程度，二是生产资料所有制及由此决定的经济利益关系的性质。其中生产力的性质对经济组织形式具有直接的决定作用；经济利益关系的性质，一方面规定经济组织形式的社会性质，同时对经济组织的具体形式也具有一定的影响。结合我国的经验来看，除上述两个基本因素之外，还有两个因素对经济组织形式具有较大的影响。一是人们认识、掌握、运用客观经济规律的水平、经营管理社会主义经济的能力和管理经济的技术手段。二是一定的国际经济环境。我们对社会主义经济联合体具体形式的设想，主要是根据我国上述四个条件的具体情况提出的。

首先，我国现阶段生产力的性质以及由生产力所决定的生产关系的性质，决定了经济联合体的相对独立经济实体的性质。我国现阶段的生产力性质总的来说，是多层次的。工业、交通运输、各行各业，有80年代的最新技术，这是极少量的；有70年代的较先进的技术，这是少量的；有五六十年代的一般技术，这是大量的；有一定数量的三四十年代的陈旧技术。此外，还有相当数量的手工工具。就农业来说，除大城市的郊区、郊县和少数的平原地区使用一定数量的农业机械之外，广大内地尤其是山区基本上还是以手工工具和畜力为主。多层次的生产力决定了多层次的所有制形式和经济利益关系。而且，由于劳动的本质差别的存在，即使是在同一所有制内部也存在着多层次的经济利益关系。例如在全民所有制内部就存在着中央、地方、企业和个人的几个层次的经济利益关系。这就决定了经济联合体不是一种统一的所有制形式和经济利益关系，而是由多种形式的所有制和多种经济利益关系组成的。因此，从这个意义上讲，经济联合体不是一个统一的经济实体，它不能脱离各种所有制而独立存在。另一方面，由于全民所有制和集体所有制都是社会主义公有制，在这两种公有制之间的利益既有差别的一面，又有共同利益的一面，二者既相区别，又互相渗透、互相依存。不仅如此，就是现阶段的个体所有制经济也不能脱离全民所有制和集体所有制孤立存在；而必须依附于全民所有制和集体所有制才能存在和发展。个体所有制也是和全民所有制和集体所有制的利益连在一起的。这就是说，各种所有制之间在经济利益上，从根本上说是共同的、一致的。因此，从这个意义上讲，经济联合体又是一个相对独立的经济实体。

其次，我国现阶段的生产力和生产关系的性质及经营管理水平决定了经济联合体的规模。经济组织形式及其规模首先是由生产力的发展水平决定的。我国当前的生产基本上是社会化大生产，但社会化的程度又不很高，它既要求实行专业分工和协作，又使分工的程度和协作的范围不能过高、过大。从我国的经验来看，以全国作为一个经济联合体范围太大，超越了生产力的现有水平；以企业作为一个经济联合体，范围太小，满足不了生产力已经达到的社会化水平的客观要求。从生产关系的性质来说，多种所有制和多种经济利益关系的存在，既不允许我们在全国范围内建立一个统一的经济联合体，因为这样必然在经济利益关系上产生平均主义倾向，不利于贯彻按劳分配原则，不利于从经济利益关系上调动企业和个人的积极性，不利于生产力的发展；也不允许以企业为单位建立经济联合体，因为这样又必然出现企业之间、个人之间在经济利益上的"苦乐不均"和生活水平上的悬殊差别，这也不利于生产力的发展和社会主义经济制度的巩固。从我们认识和运用经济规律的水平和管理社会主义经济的能力来看，生产社会化和生产资料公有制产生了计划管理的客观要求，然而，计划管理所能达到的范围取决于人们认识和运用经济规律的水平和计划管理的能力。一方面，经过32年的社会主义经济建设实践，我们提高了认识社会主义经济规律的能力，积累了计划管理社会主义经济的经验，另一方面，我们认识、运用经济规律的能力和计划管理的经验尚未达到全国范围内实行统一的直接计划管理的程度。我国的实践表明，在尚不具备对全国经济实行直接计划管理的条件下，勉强去做，其后果是不好的。如果完全放弃国家的直接计划管理，只在企业内部实行计划管理，又会出现盲目生产、重复建设等混乱现象，其结果也是不好的。

上述三个条件决定了在我国现阶段，无论是以国家为范围，还是以企业为范围建立经济联合体，都不适合我国的国情。而以一定的经济区域为范围建立经济联合体，则是比较适宜的。它既有利于实行计划管理，又有利于把经济搞活；既有利于保持不同所有制的界限，又有利于各种所有制的结合；既有利于贯彻按劳分配原则，又有利于体现共同富裕的精神。

第三，我国生产力的状况和当前的国际环境要求突出沿海大城市在经济联合体中的地位和作用。我国现阶段的生产力不仅是多层次的，而且生产力的地区分布也是很不平衡的。我国的现代工业、现代先进技术和现代科学文化，多是集中在沿海大城市，广大内陆地区的工业基础薄弱，技术水平和科学文化水平较低。以沿海大城市为中心组成经济联合体，使沿海城市和内地更紧密地结合起来，可以用沿海工业带动内地工业，工业带动农业，把沿海大城市的先进技术和科学文化扩散到内地，带动经济联合体的经济、文化和科学技术全面发展。

强调以沿海大城市为经济联合体的中心，还有一个原因是，在当今的世界经济环境下，各个国家内部经济的发展，都必然与国际市场相联系；利用国际市场发展国内经济已成为必不可少的重要条件。以沿海大城市为中心组成经济联合体，由经济联合体通过沿海大城市开展对外经济关系，既有利于把对外经济关系搞活，促进经济联合体自身的发展，又有利于促进整个社会主义的发展。

综合上述，以沿海大城市为中心，建立社会主义经济联合体，是我国生产力和生产关系的客观要求，是符合我国国情的经济组织形式。

（原载于《天津社联通讯》1982年10月5日）

对"计划经济为主、市场调节为辅"的几点认识

我国社会主义经济的发展,必须在生产资料公有制基础上实行计划经济为主、市场调节为辅的方针。目前人们对这一方针的理解尚有较大的差异。本文拟就这一方针的基本理论问题谈一些个人的初步认识。

一、计划经济与市场调节之间的关系

市场经济与市场调节之间是什么关系?我认为可以从以下三个方面来理解它们之间的关系。首先,是它们之间的一致性。这种一致性在于它们都属于社会主义性质的经济范畴。是在生产资料公有制基础上共同作用于社会主义经济的经济形式。这两种经济形式发生作用的共同目标,是实现社会主义经济有计划、按比例的发展。其次,是它们之间的差异性。计划经济从其作用的范围来说,包括整个国民经济的生产、分配、流通、消费诸环节以及全民所有制经济、集体所有制经济和各项经济法令、经济政策对整个社会经济活动实行集中统一领导,有意识、自觉地组织社会经济活动,使整个国民经济在总体运动上经常处于有计划、有组织的状态。而市场调节就其作用的范围来说,仅涉及部分经济活动,从其作用的实际内容来看,是在国家计划指导和政策领导下,通过价值规律的自发作用来调节部分社会经济活动。从这个意义上讲计划经济与市场调节之间,是全局与局部、整体与部分之间的关系。第三,是它们的主从性。社会主义经济的发展具有全局性和决定性意义的是计划经济,市场调节是在计划经济的前提下和计划经济所允许的范围内,对部分经济活动发生一定的调节作用,它是计划经济的一种补充。因此:计划经济与市场调节之间并不是"等量齐观"的关系,而是一种主从关系。

二、计划经济与社会主义经济本质特征之间的关系

什么是社会主义经济的基本特征?有人认为是计划经济,有人认为是公有制基础上的商品经济。我认为计划经济和商品经济都不是社会主义经济的本质特征。因为,所谓社会主义经济的本质特征,是指社会主义经济特有的、与其

他任何社会经济相区别的根本标志。

作为某种社会经济的本质特征的，只能是该社会所特有的社会经济关系即生产关系。因为社会经济关系是"决定其余一切关系的基本的原始的关系"（《列宁全集》第1卷第117~118页）。

我国现阶段的社会经济既有全民所有制经济，又有集体所有制经济，还有少量的个体经济及其他形式的经济，因而既存在着各种所有制内部的经济关系，又存在着各种所有制之间的经济关系。

我国现阶段全民所有制内部的经济关系是怎样的呢？生产资料全民所有制，意味着任何人都不能凭借对生产资料的占有，无偿地占有他人的劳动，从而消除了剥削关系，实现了人们之间基本利益的一致性。从这个意义上讲，全民所有制经济内部不存在经济利益上的根本矛盾。可是，另一方面，我国现阶段还存在着体力劳动和脑力劳动之间，简单劳动和复杂劳动之间的差别。人们在对待生产资料关系上的一致性和对待劳动力关系上的差别性，构成了我国现阶段全民所有制内部所特有的经济关系。这种关系的实质，是在生产资料全民所有制基础上的等量劳动相交换的关系。

现阶段全民所有制与集体所有制两大所有制之间的经济关系的基本方面，是生产资料不同所有者之间的"你""我"关系。另一方面，由于都是生产资料的公有者，各个公有者之间又不是根本对立的关系，而是互相支援、互相协作、互相促进的关系，因而它们之间在根本利益上还存在着一致性的一面。这种经济关系互相之间进行社会联系的基本形式，只能是互相等价交换各自的商品。

全民所有制内部的经济关系是等量劳动相交换的关系，各种所有制之间的经济关系是等价交换关系。两者是不同的，作为我国现阶段全社会的基本经济关系，是全民所有制内的等量劳动相交换关系呢，还是各种公有制之间的等价交换关系呢？我认为是后者。因为，尽管全民所有制经济在社会经济中居于主导地位，代表着整个社会经济关系的发展方向，然而，从作为社会关系的主体的人口来看，全民所有制内部的经济关系所涉及的只有一亿人口左右，而全民所有制与集体所有制之间、集体所有制与集体所有制之间的经济关系则有近十亿人口。从政治上讲，全民所有制与集体所有制之间的经济关系，实质上是关系到工农两大劳动阶级之间的政治联盟问题。因而它构成了我国现阶段全社会的基本经济关系，它是我国现阶段社会经济关系的本质特征，也是正确认识和处理我国现阶段一切经济关系的基础。

三、计划经济与发展社会主义商品生产之间的关系

我国现阶段的经济不可能是脱离计划经济的商品生产，也不可能是脱离商品生产的计划经济；商品生产要受计划经济的指导和制约，计划经济要通过商品生产和商品交换来实现，实行计划经济和大力发展社会主义商品生产是一致的。因此，在现阶段我国国民经济发展要坚持社会主义道路，就必须既要实行计划经济，又要大力发展社会主义商品生产。但有的文章说："如果不在公有制基础上实行计划经济，不是为了公共的利益按照总的计划对整个社会成员生存所必需的产品进行生产和分配，而是为了个人的或集团的利益进行生产和分配，经济领域中的本位主义、分散主义以及自由化的倾向就会滋长，盲目竞争，盲目发展的无政府状态就会像资本主义社会那样重新泛滥起来，这就谈不到社会主义。"又说："如果不是按照全社会的公共利益，而是按照个人的、企业的、局部的利益，就很难谈到坚持社会主义道路。"这种说法实际上是把社会主义条件下的社会整体利益与个人利益、企业利益、局部利益对立起来，把计划经济与发展社会主义商品生产割裂开来，从而把发展社会主义商品生产与坚持社会主义道路对立起来。这实际上否定了多种所有制和多种经济利益关系的客观存在。因为在多种所有制和多种经济利益关系并存的条件下，要求所有的经济活动都不考虑个人利益、企业利益和局部利益，都只能是"为了公共的利益按照总的计划对整个社会成员生产所必需的产品进行生产和分配"是不现实的。既然承认多种所有制和多种经济利益关系存在的客观性，就必须承认发展商品生产和商品交换的合理性。因为，商品生产不同于一般生产的经济在于，它承认不同的经济利益主体应有的经济权力和实现应有的经济利益。因此要发展社会主义的商品生产和商品交换，就不能不考虑各个经济主体的个人的、企业的和局部的经济利益，不能没有在产、供、销、价格等方面一定的"自由"，也不能没有一定的"竞争"和一定的"自发性"。我们不能把在社会主义条件下，个人或企业争取个人或企业应得的利益视为"个人主义"和"本位主义"，不能把个人和企业行使各自所有的决策权视为"分散主义"，和"资本主义自由化倾向"，更不能把上述活动与资本主义的"唯利是图"和"社会生产的无政府状态"混为一谈。应当看到，我国现阶段在集体企业和个体经济中从事生产经营活动的，既包括九亿多农业人口，又包括数千万城乡集体和个体劳动者，他们所从事的经济活动是社会主义的经济活动，或者是社会主义经济必须要的补充活动；他们走的不是资本主义道路，而是社会主义的道路。

在我国现阶段，并不是计划的范围越广、计划的指令性越强就越是社会主

义；也不是商品生产和商品交换的范围越小就越接近社会主义，否则就是资本主义。列宁在60多年前针对苏联当时的情况曾经说过，现在对我们来说，完整的、无所不包的计划并不是社会主义，而是等于官僚主义，用大规模的工业品来交换农民的产品，就是社会主义的实质，社会主义的基础（参见《列宁全集》第35卷第37页和《列宁全集》第32卷第310页）。在我国现阶段，客观上既然还存在着多种所有制和多种经济利益关系，那么，大力发展商品生产和商品交换，就理所当然地和计划经济一样，共同构成坚持社会主义道路的基本内容。

四、计划调节和市场调节各自作用的范围

计划调节和市场调节，都是在计划经济的前提下，调节社会经济活动的具体形式。计划调节和市场调节各自有其发生作用的范围。那么，计划调节和市场调节的作用范围应当怎样划分呢？从一定的意义上说，我国现阶段社会的生产活动和交换活动，都是商品生产和商品交换活动。整个社会的经济联系都要通过等价交换的形式来实现。因而我国现阶段的市场是包括一切交换关系在内的社会主义统一市场。从经济活动的方式来说，有些经济活动是按照国家计划进行的，有些活动则是在国家计划指导下自由进行的。从计划的角度来观察，前者为指令性计划，后者为指导性计划；从市场的角度来观察，前者为直接计划市场，后者为计划指导下的"自由"市场。就社会主义经济活动的调节形式来说，前者为计划调节，后者为市场调节。目前所谓的市场调节的实际内容，是指在国家计划方针、政策指导下，由企业或个体生产者根据供求关系、价格状况和自身的具体条件自行经营决策的经济活动。

现阶段，市场调节在我国整个社会主义经济活动中发生作用的范围和程度怎样呢？毫无疑问，对社会主义经济发展具有战略性、方向性和决定性的经济活动即所谓宏观经济活动，不能由市场来调节，而必须由国家行使决策权。市场调节仅限于微观经济的某些范围。

就全民所有制经济而言，我认为，大部分企业和产品应由市场来调节。因为生产社会化的这种趋势，使得国家不可能把如此繁杂的微观经济活动全部掌握起来，作出科学的决策，从而要求企业有更多的经营活动的决策权，发挥更大的积极性和主动性。生产社会化既产生统一领导的要求，又有分散经营的要求。国家计划是实现集中统一领导的重要手段之一，市场则是企业行使经营决策权不可缺少的经济形式。从发展的观点来看，国家计划越来越趋向于宏观经济活动的调节和对微观经济活动的指导，而微观经济活动则更多的要市场来调节。再从我国现阶段的计划工作水平和计划的技术手段来说，能够作出比较准

确、科学性较强的计划的只是几十万个企业，数千万种产品中的极少部分。因而能够对微观经济活动实行直接计划调节的也只能是其中的极少数企业和产品，而绝大部分的企业和产品还必须通过市场进行调节。

就集体所有制企业的经济关系来说，其自身并没有直接的社会性，因而也没有由国家计划经济直接调节的客观要求。全民所有制与集体所有制之间、集体所有制与集体所有制之间的经济联系以及集体所有制自身的经济活动，应当主要是通过市场进行的商品等价交换形式由集体企业自行决策和调节。国家对集体所有制的经济活动主要通过政策、法令的领导宏观计划的指导，而不应直接计划调节。

在我国现阶段计划是调节宏观经济活动的基本形式，市场则是调节微观经济活动的形式。

（原载于《天津物流》1983年第2期）

发展股份经济的客观必然性

一、什么是股份经济？它经历了哪几个社会经济形态？

股份经济又称股份制或股份制经济，它是以入股方式把分散的、属于不同人所有的生产要素集中起来，统一使用，合理经营，自负盈亏，按股分红的一种经济组织形式。股份经济的基本特征是生产要素的所有权与使用权的分离，在保持所有权不变的前提下，把分散的使用权转化为集中的使用权。

股份经济是与商品经济相联系的经济范畴，是商品经济发展到一定高度的产物，它在自身发展过程中，经历了几个不同的社会历史阶段，并且由于各个历史时期和各个国家的具体情况不同而且有各种不同的具体形式。在奴隶社会末期和封建社会初期阶段，随着商品经济的发展，出现了自由民之间或手工业者之间的以人、财、物各项生产要素的一项或几项为联合内容的合伙经营的经济形式。这种经济形式，在合伙内容、经营方式、分配办法等方面，都没有明确的规范，更没有形成严格的股份制度，这是股份经济的原始形式。到了17世纪初期，由于商品经济有了较高程度的发展，资本主义经济萌芽已经出现并有所发展，因而出现了以股份公司为特点的股份经济。到了19世纪后半期，商品经济和资本主义经济相结合，成为资本主义商品经济。在资本主义生产关系推动下，商品经济得到了高度的发展，社会生产力达到了相当高的社会化程度，单个的私人资本已经容纳不了社会化了的生产力，于是几个乃至几十个私人资本，以资本入股或以发行和认购股票的形式组成的股份公司，便迅速地发展起来，以股份公司为主要形式的股份经济，成为资本主义股份经济的典型形态。

俄国十月社会主义革命胜利后，列宁一方面采取各种手段迅速废除资本主义经济制度，另一方面，又实行新经济政策，废止战时共产主义经济，发展商品经济。同时，在城市和乡村建立各种形式的股份经济，甚至利用股份经济形式吸引和利用西方资本主义国家的闲散过剩资本，为社会主义经济服务。现在，南斯拉夫、罗马尼亚等东欧的一些社会主义国家，也都利用股份经济形式发展本国的社会主义经济。

我国解放初期，在农业方面建立的以土地、牲畜和其他生产资料入股为主要内容的农业生产合作社，在手工业方面建立的以生产工具和资金入股的手工业生产合作社，以及国家和私人资本主义合资的公私合营企业等，都是在我国社会主义条件下各种形式的股份经济。

总之，股份经济是与商品经济相联系的经济范畴，或者说股份经济是商品经济范畴，凡是有商品经济发展的时期和地方，就会有股份经济，它存在于奴隶社会、封建社会、资本主义社会和社会主义社会等各个不同的社会经济形态之中；它可以采取合伙经营的形式，也可以采取股份公司的经营形式，还可以采取非股份公司的其他经营形式。然而，股份公司是股份经济的典型形式。

二、马克思关于股份经济的基本思想是什么？

马克思在《资本论》和其他一些著作中，对股份经济的产生、性质、特点和作用等问题，都曾经有过论述。概括马克思关于股份经济的基本思想，大致可以归纳为以下几点：

第一，股份经济产生的根本原因，在于生产关系与生产力这一人类社会基本矛盾的自身运动，是这一基本矛盾发展到一定阶段的自然结果。在社会经济发展的不同阶段上，这一矛盾的具体表现形式也不相同，资本主义以前的股份经济，是商品经济基本矛盾即生产的社会性和私人性之间的矛盾的产物。在股份经济形式内，可以使商品经济的这一基本矛盾得到一定的缓和并能在一定限度内，推动社会生产力的发展。

第二，以股份公司为存在形式的资本主义股份经济，是资本主义社会基本矛盾即生产的社会化与资本家私人占有之间的矛盾的产物。在资本主义生产关系的推动下，社会生产力较比封建社会有了很大的发展，并达到了相当高度的社会化水平，生产过程成为社会行为，然而对生产资料和劳动力的占有却仍然是私人的。单个私人资本由于资本数量有限，因而，已经不适应社会化了的生产力的性质和要求，众多小资本联合成一个集体的大资本，成为生产力发展的客观要求在资本主义限度内所能实现的经济组织形式。这种经济组织形式的典型形态，就是股份公司。马克思认为，股份公司是在资本主义根本制度不变的前提下，在资本主义制度范围内，对单个私人资本的扬弃，把单个的私人资本变成为集体的私人资本，由于股份公司形式较比单个私人资本形式能够容纳社会化程度较高的生产力，使资本主义基本矛盾在一定时期内和一定程度上得到缓解，从而股份经济对资本主义经济的发展具有一定的促进作用。

第三，马克思认为，从单个资本家的个人私有制形式到股份经济制的转化，只是在资本主义制度内由资本家个人私有制到资本家集团私有制的转化。资本主义社会的基本矛盾并没有得到根本解决，而只是在新的基础上继续发展这一矛盾。

第四，资本主义的股份经济制，是由私有财产转化为直接社会财产即全社会公有财产的"过渡点"，也是由资本主义生产方式转化为联合的生产方式即社会主义生产方式的过渡形式。这种过渡形式更接近社会主义而不是更接近资本主义。

第五，股份经济只是为资本主义基本矛盾的解决奠定了基础，但并没有也不可能使资本主义基本矛盾得到彻底解决，这一矛盾的彻底解决，只有实现生产资料私有制到公有制的转化，也就是把资本主义私有制变成社会主义公有制。

第六，资本主义股份经济制度加强了资本集中，加大了资本资金，加快了技术进步，从而加速了资本主义经济的发展。

三、我国现阶段发展股份经济的根本原因是什么？

生产力决定生产关系，生产关系一定要与生产力发展的要求相适应，是人类社会发展的一般规律，也是历史唯物主义的一条基本原理，同时，又是我们分析社会主义股份经济问题必须遵循的一个基本原则。资本主义以前的股份经济，是由生产的社会性和生产关系的私人性之间的矛盾决定的，资本主义的股份经济是由生产的社会化和私人占有之间的矛盾决定的。而上述矛盾又都是生产力与生产关系之间的矛盾在不同历史阶段的不同表现。我国现阶段，生产力与生产关系之间的矛盾，表现为多层次社会化的生产力与经济利益多元化的生产关系之间的矛盾，正是这一矛盾决定了我国要发展股份经济。所谓多层次的社会化的生产力，就总体而论，我国的生产力已经是社会化了的生产力，但社会化的程度还不够高，而且是多层次的。生产力的多层次性就农业而言，除了大城市的近郊区、县和部分经济比较发达的平原地区较多地使用了农业机械外，广大农村基本上还是以手工工具为主的传统的生产手段和生产技术。我国工业生产力的技术构成，总的来说高于农业，然而也是多层次的。在集体工业企业中，有百分之六十以上的企业是以手工工具为主的工场手工业的技术水平。在全民所有制的工业企业中，多数是20世纪五、六十年代的一般技术设备，有相当一部分还是三、四十年代的，只有在少数大、中城市的一些行业中，采用的是20世纪七、八十年代的新技术和现代设备。总之，我国目前社会生产力的状况是手工工具、陈旧设备、一般技术设备和现代化的技术设备同时并存的结构。这种生产技术结构决定了我国现阶段的生产力具有多层次和平均水平不高的性质和特点。

根据生产力决定生产关系的原理,一方面,我国生产力的多层次性,决定了所有制形式的多样性,既有国家所有制和集体所有制这种公有制的形式,又有个体所有制的形式,同时还有各种混合所有制的形式。而所有制形式是生产关系的基础。不同的所有制形式意味着各种所有制形式之间具有各自不同的特殊的经济利益关系。同时,在国家所有制内部由于种种原因,人们之间还存在种种不同的经济利益关系。因而,经济利益多元性是我国现阶段生产关系的基本状况。另一方面,由于我国的生产力又是社会化了的生产力,或者说是具有一定程度的社会化的生产力。所谓生产社会化,从生产力的组织角度来看,就是生产的分工化和协作化。社会分工越精细、协作关系越广泛、越复杂,生产社会化的程度也就越高,我国现阶段的生产力状况,要求在一定的深度和广度上实行生产经营活动的协作与联合,也就是要求在一定范围内对社会生产力集中使用,统一管理。一方面是经济利益的多元化,需要保持各自的所有权,另一方面是协作化和联合化,需要集中的使用权,这是一个矛盾。解决这一矛盾的基本原则就是既保持各自不同的所有权和应得的经济利益,又要实现生产经营上的协作与联合促进生产力的发展。解决这个矛盾的基本方法是使人们对生产资料的所有权与使用权相分离,在保证所有权不变的前提下,使分散的使用权转化为集中的使用权,在一定的范围内统一组织社会化的生产和经营。而股份制正是具有使所有权与使用权相分离,在保持不改变所有权的前提下,集中使用权这一特点的经济组织形式。因而,我国现阶段实行股份制,发展股份经济,是我国生产力与生产关系矛盾运动的产物,是我国生产力的社会化与经济利益多元化之间的矛盾的产物,具有不以人们的主观意志为转移的客观必然性。

四、为什么说实行股份制是我国所有制改革的必然产物?

在经济体制改革以前,我国的生产资料所有制基本上只有两种公有制形式,即国家所有制和集体所有制(包括农村人民公社集体所有制和城镇工商业集体所有制)。这种单一的公有制形式不适合我国复杂的、多层次的生产力水平的要求,在一定程度上阻碍了我国生产力的发展,因此必须进行改革。我国的生产资料所有制的改革首先是从农村开始进行的。在农村除了取消了人民公社、实行政企分离的管理体制外,在经营上实行"包产到户"、"包干到人"的生产责任制,实行这种经营制度后,除土地、大型水利设施等基本生产资料和设施仍属于集体公有外,其他生产工具和牲畜都分给农民,归农民自己所有。不仅如此,随着农村工副业的发展,农民收入的增加,农民用自己的收入还购买了拖拉机、汽车等大型农业生产机械和运输机械。农业生产资料大部分已经属于农民个人所有。此外，农村还出现了农业和非农业的专业户，他们用自己的收入购买了农业和非农业的生产资料，归他们自己所有，用来发展农村工副业和第三产业。因此，我国农村已经开始形成了以土地公有制为基础的集体所有制和个体所有制并存的生产资料所有制的结构。

在城市，生产资料所有制的改革也正在逐步地进行。改革的步骤首先是允许工商业个体户经营业务，允许他们购置生产经营所必需的生产资料，出现了工商业个体所有制经济。其次，是对原有的城市集体所有制的经济逐步改革其经营管理体制，使他们成为真正独立核算、自负盈亏的商品生产者，成为真正的集体所有制经济。国家与集体经济之间的关系除依法纳税外，其他经济往来必须遵循等价交换原则，进行商品交换的经济关系。再次，在城市里，我们对小型国营企业实行承包、租赁和出卖的政策，通过包、租、卖，小型国营企业的生产资料逐步转化为集体或个人所有，转化为集体企业或个体企业。

通过上述刚刚开始的城乡经济体制改革，我国的所有制结构已经发生了较大的变化，在全国开始形成了国家所有制、集体所有制、个体所有制并存的所有制结构。由于存在着多种形式的所有制，也就必然存在着多方面的经济利益关系，这些不同的所有制经济之间的生产和经营上的协作与联合，必须既保持各自的所有权，又要把经营权和使用权相对集中和统一起来。因而也就必然带来股份经济形式的出现。

不仅如此。我国大中型的国营企业也必须进行改革。我国大中型国营企业改革的总趋势可能有两种情况。一种情况是对少数的对国计民生具有决定性影响的国营企业，不改变其所有制结构，仍然实行单一的国家所有制，着重改革其经营管理体制。这类企业不会很多。另一种情况是对大多数国营企业要实行由本企业职工购买股票或本企业之外的一切人员和企业、事业单位购买本企业股票的股份经济制度。这些企业实行股份经济后，既能保持国家所有制在企业财产数量上占优势，又能克服单一国家所有制经济的弊端。所以，股份制经济，不仅是个体经济和集体经济发展的客观要求，同时也是全民所有制经济改革的必然结果。

五、怎样理解股份经济是社会主义商品经济发展的必然趋势？

党的十二届三中全会决议中明确指出，我国的社会主义经济，是在公有制基础上的有计划的商品经济。这一论断打破了社会主义经济是计划经济的传统观念，是对马克思主义政治经济学和科学社会主义理论的新发展。同时，也为在我国发展股份经济奠定了理论基础。这是因为，有计划的商品经济的实质是商品经济。它与一般商品经济相比，其区别不在于是不是商品经济，而在于它们是建立在不同的经济基础上，体现着不同的社会生产关系。有计划的商品经济，是以生产资料公有制为基础的商品经济，它体现着社会主义的生产关系。但它在本质上仍然是商品经济。既然是商品经济，那么，商品经济的客观规律就必然发生作用。价值规律是商品经济的基本规律。价值规律在现实经济生活中的突出表现是，"物随钱走，钱随利走，利从益（效益）中来"。说得具体一点，就是使用价值运动追随价值运动；价值运动追随价值增值运动；价值增值来自经济效益的提高。我们可以这样说，不同的经济利益关系是价值规律发生作用的前提，价格是价值规律发生作用的形式，而经济效益则是价值规律发生作用的结果。从不断运动的过程看，经济效益既是价值规律作用的结果，又是价值规律运动的出发点。哪里有价值规律，哪里就有经济效益；反过来说，哪里有经济效益，那里一定有价值规律在发生作用。所以商品经济的实质是价值经济、效益经济。社会主义商品经济也必须如此，而且是更加如此。而商品经济取得经济效益的前提条件之一，就是要按照生产力发展的客观要求和商品经济的自然联系，建立经济网络，组织经济活动。而生产力发展既有地区之间、部门之间、企业之间及所有制之间的联系，又有地区内部、部门内部、企业内部和同一所有制内部各个经济环节之间的联系，形成纵横交错、互相交织的经济联系网络。这种客观的经济联系要能够得以实现，必须不受行政区划和不同所有制关系的限制，这就是说生产关系不能成为生产力发展的障碍。这就要求有这样一种经济组织形式，它既能保持必要的行政区划所形成的不同地区、不同部门的存在和不同的所有制关系的存在，又能满足生产力发展的分工与协作的自然联系的客观要求，实现生产关系与生产力的统一。股份制经济正是实现这种统一的最好的经济组织形式。因为股份制最基本的特征是在保持不同所有权和不同地区的前提下，把分散的使用权转化为集中的使用权，把不同地区、不同部门、不同企业和不同所有制的生产要素联合起来，集中使用，统一经营，取得最佳经济效益。所以，股份经济是社会主义商品经济发展的必然趋势。

不仅如此，在我国由于生产力的多层次状况，以及生产资料所有制多种形式并存的状况，会存在一个相当长的历史时期，因而，社会主义商品经济也必将长期存在下去；由商品经济所决定的股份经济也必将长期存在和发展下去。可见，在我国发展股份经济并非权宜之计，而是一种必然趋势。

六、为什么说实行股份制是解决我国建设资金不足的重要途径？

股份制经济是筹集建设资金的一种好形式。在资本主义国家和其他社会主义国家里，都采取这种形式筹集建设资金，取得了良好的效果。这是因为，股份制虽然不能直接增加社会资金总额，但是它可以把消费性资金，转化成生产建设性资金，从这个意义上来说，股份制可以直接增加建设资金。股份制的另一个特点或特殊作用，是可以在短期内把个别的、少量的资金，很快地集中成为大额的资金，从而加速了资金积累速度，加快了科学技术进步的步伐，提高经济建设发展速度。它可以使几年、几十年的时间才能完成的资金积累和建设任务，在几个月，甚至几个星期内就可以完成。特别是技术水平很高，投资巨大的经济建设项目，就更需要采用股份制形式来动员和集中全国甚至世界范围内资金力量，才能够实现。因此，股份制无论是过去、现在和将来，都是筹集经济建设资金的一种好形式。

我国是一个处于建设过程中的发展中国家。进行社会主义现代化建设，是我国现在和今后一个相当长的历史时期的中心任务。无论从客观需要方面，还是从主观愿望上，都应尽量加快我国四化建设的进程。这就需要大量的建设资金。而另一方面，由于我国经济实力差、底子薄，国家还拿不出更多的钱来搞建设。因而，经济建设对资金的需要量与国家用于建设资金的可供量之间存在着较大的差距。建设资金供给不足，将是我国长期存在的一个矛盾。解决这一矛盾的根本途径，是努力发展生产，提高经济效益、增加盈利、开拓新的财源，增加建设资金的供给量。然而，这只是解决这一矛盾的一条途径。动员和集中社会上现有的闲散资金和尽可能地把一定数量的消费资金，转化为建设资金，以及吸收国外、海外资金，也是解决建设资金不足问题的一条主要途径或一种重要形式。

现在，经过前一段时间的经济体制改革，我国的资金结构和资金运动渠道，发生了很大的变化。这种变化的总趋势是资金流动渠道的多样化，资金融通形式和手段的多元化和资金占有和使用的分散化。据统计，到1985年底，财政预算外的资金占财政总金额的百分之五十左右；银行信贷资金占银行和财政资金总额的百分之三十左右；企业自留资金和职工个人手中的资金也大幅度增加。农村专业户、个体户、重点户的个人占有的资金更是成倍地增长。随着经济体制改革的深入发展，这种状况必将继续发展和扩大下去。这说明，在我国社会主义商品经济条件下，仅仅依靠财政和银行两种形式或两条渠道来筹集建设资金，已经远远不够了，而必须通过多条渠道，采取多种形式广泛地筹集资金，才能最大限度地把应当集中起来的建设资金，迅速地集中起来，从而缓和建设资金不足的矛盾。

如前所述，股份制是集中建设资金的一种好形式。它与财政和银行筹集建设资金的作用相比，除能更快地吸收和集中社会闲散资金外，还可以对企业内部职工实行股份入股以吸收资金。企业可以通过让职工认购股票的办法，把企业职工的闲散资金集中起来，发展本企业的当前生产或从事长远的经济建设事业。这是财政和银行所不能代替的特有的集资方式。从这个意义上说，股份制是解决社会主义四化建设资金不足问题的一种有效的和特殊的方式，也是我国四化建设对资金的需求与供给不足这一矛盾运动的必然结果。

七、为什么说实行股份制是我国对内搞活经济的需要？

对内搞活经济既是我国社会主义商品经济的客观要求，也是我国经济体制改革所要实现的重要目标。搞活经济的中心内容，是企业在遵守国家法律、政策的前提下，能够根据市场的供求关系和价格变动的情况，及时地作出各种经营决策，为社会提供所需要的商品或服务。为此，社会主义企业必须是一个独立的商品生产者和经营者。而作为独立的商品生产者和经营者必须具有以下几个基本条件。

首先，企业必须是社会上的一个经济法人，可以独立行使经济法人的权利和义务，而不是任何部门、任何地区或任何领导人的附属物。当前，我国经济中存在的一个严重问题，是企业隶属于中央政府部门或地方政府，是附属物。由于企业处于行政部门的附属物地位，企业的一切活动听命于政府的命令、指示，而其自身没有自主权。在这种体制下国内经济是无法搞活的。若干年来，我们都在寻找搞活经济的好形式，但一直没有找到适当的经济组织形式。现在看来，股份制很可能是解决这一问题的好形式。因为实行股份制以后，参加股份企业的从所有制方面看，既会有全民所有制企业，又会有集体所有制企业，也还会有个体所有制企业；从地区上看，可以是全国各个不同的地区；从行业和部门方面说，可以是各个不同部门和不同行业的企业。这种企业是跨所有制、跨地区、跨部门和跨行业的联合企业。这种企业就不可能是某个部门、某个地区或某些个人的附属物，而必然是一个独立的经济实体和经济法人，从而可以自主地从事各项经济决策和各种经济活动。

其次，作为一个独立的商品生产者和经营者，企业必须有其自身特定的经济利益。这种特定的经济利益，是企业搞活经济、从事各项经济活动的内在动力。没有这个内在动力，企业就缺少从事各项经营活动的积极性和主动性，因而企业也就很难搞活。在现行的经济体制下，企业隶属于中央政府部门或地方政府机关，企业不可能成为自负盈亏的经济实体，"大锅饭"和"铁饭碗"的弊病不可避免。因而企业缺少内在动力。在这种体制下，搞活经济只是一种主观愿望，而根本无法实现。实行股份制，企业资金来自"四面八方"，企业财产所有权属于许多不同的企业和个人。他们都要从企业盈余中获得利润，又要对企业的亏损承担经济责任，这就使企业的经营成果与投资者的经济利益休戚相关。劳动者和企业管理人员，从他的切身利益出发，千方百计地把经济搞活。

第三，作为独立的商品生产者和经营者，企业自身的经营管理活动，必须按照经济规律办事，主要运用经济手段管理经济，并注意经济效益。在旧体制下，由于企业隶属于部门和地方政府。这些部门和地方政府既是生产资料所有者的代表，又是经济活动管理机关；他们的指令、计划、规定等，就是所有者的意志，企业必须执行；企业不可能按照经济规律和经济手段来处理经济问题。在股份经济制度下，由于股东是由许多不同的经济利益主体所组成，任何部门和任何个人的指令、命令都不能代表所有股东的利益，因而都是行不通的。而只有用经济手段，按照经济规律办事，才符合股份企业共同利益的要求，才能把企业搞活，获得较高的经济效益。

八、股份经济与建立国内资金市场有什么联系？

国内资金市场，是社会主义商品经济的重要组成部分，也是社会主义商品经济正常运转的必要条件。从国际一般情况来看，资金市场包括短期资金市场和长期资金市场两部分。短期资金市场，是指由银行和财务公司等金融机构所进行的货币资金借贷活动；长期资金市场，是指由银行贷款和证券市场交易而进行的金融活动。就我国的具体情况而言，由中国人民银行、中国工商银行、中国农业银行、中国建设银行和中国银行所进行的资金借贷活动，都是金融市场的内容。从这个意义上讲，我国从1949年中华人民共和国成立那天起，就有了社会主义的金融市场。然而，我们现在所说的金融市场，是指除国家银行按照信贷计划而进行的信贷资金融通活动以外的自由资金市场，其中包括国营银行以外的各种金融机构的资金融通活动和各种有价证券交易活动和场所。其中特别是指股票交易活动和股票交易所。

股票交易活动是资金借贷活动的重要内容。股票交易市场是资金市场的基础。这是商品经济的普遍规律。社会主义商品经济也不例外。没有股票交易和股票交易所，就没有发达的商品经济。社会主义商品经济发展到一定阶段，必然出现股票和股票交易市场，而股票交易市场的出现，又会促进社会主义商品经济的发展。

社会主义的股票是社会主义股份经济的产物和凭证。没有社会主义的股份经济，就不可能有社会主义股票。而没有社会主义的股票，也就不可能有社会主义股票交易活动和交易场所，从而也就不可能有社会主义完备的资金市场。而没有完备的社会主义资金市场，也就等于没有完备的社会主义商品经济。可见，社会主义的股份经济与社会主义资金市场之间存在内在联系。

九、对外开放与股份经济有何联系？

在当前世界经济条件下，国家不论大小，社会制度不论异同，在客观上都是世界经济的一部分。各国之间必然以一定形式相互联系，构成为世界经济的整体，并在相互作用中存在和发展。因此，对外开放是当代各国所采取的一种普遍政策。我国自从进行经济体制改革以来，为适应国际经济环境和我国经济发展的需要，把对外开放作为国家的一项长期国策。我国实行对外开放的目的，是为了利用国际条件，发展国内经济。而利用国际条件包括资金条件、技术条件、人才条件和管理条件等多面的内容。因而我国的对外开放范围包括利用国外资金、先进技术、高级科学技术和管理人才和先进的经营管理经验的引进，等等。对外开放的形式也是多种多样的。而实行股份制则是对外开放的一种好形式。通过股份制可以在国际金融市场上发行股票集资，从而可以把国外资金引到国内与外商合资经营企业。这样就把外商的利益与我们的利益紧紧地结合在一起。外商就会从他们的切身利益角度，关心企业的成败与兴衰。因此，他们会尽量采用先进技术设备、先进生产工艺，运用高级管理技术人才和先进的经营管理方法。这样，我们既利用了外资，又引进了先进技术和先进的经营管理经验，同时又培养了各方面的人才，可谓一举数得。由此可见，股份经济与对外开放有着密切的内在联系。

十、怎样理解在我国实行股份经济不仅是合法的，而且也是合理的？

所谓合法，就是符合我国宪法的基本精神和党的十一届三中全会以来，党和国家有关经济体制改革方面的方针、政策和条例规定。我国宪法关于生产资料所有制的法定形式有社会主义全民所有制、社会主义劳动群众集体所有制和社会主义劳动者个人所有制，其中全民所有制居于主导地位，集体所有制与全民所有制共同组成社会主义公有制的经济基础，个人所有制是社会主义公有制的补充。党的十一届三中全会以来，关于经济体制改革问题的一系列规定中也明确指出：我国现阶段的生产资料所有制形式，是以全民所有制为主导、以全民所有制和集体所有制两种社会主义公有制占优势的前提下，允许个体所有制的存在和在一定范围内的发展。它是社会主义公有制经济的必要补充。这说明，在我国现阶段多种所有制形式并存，是得到法律和政策允许，并受法律和政策保护的。既然允许多种所有制存在，也就应当允许股份制或股份所有制经济的存在。因为股份经济，就其所有制形式来说，它是由各种不同的所有者投资入股而形成的一种联合的所有制形式，或称为股份所有制。股份所有制是多种所有制形式中的一种形式，自然属于合法之列。

所谓股份经济的合理性，就是符合生产关系一定适合生产力的性质和要求之原理和社会主义商品经济原理。股份制既是一种经济组织形式，又是一种经营管理形式。同时也是一种所有制形式。从总体上说，股份制属于生产关系范畴。已如前述，我国现阶段的生产力的多层性，决定了我国生产资料所有制形式的多样性，而股份制则是多样性的所有制之中的一种形式，它是适应生产力的性质和发展的需要而产生的，并且必将促进生产力的迅速发展。根据马克思主义的基本原理，衡量生产关系的先进与落后的唯一标准，就是看它是促进生产力的发展，还是阻碍生产力的发展。凡是促进生产力发展的就是先进的、合理的生产关系，反之，凡是阻碍生产力发展的就是落后的，不合理的。股份经济已有的实践表明，它已经促进而且必将继续促进我国生产力的发展，因而是先进的、合理的生产关系。

同时，我国现阶段的社会主义经济，仍然是商品经济。价值规律仍然存在并发生作用。各种形式的经济联合与合作，是商品经济和价值规律的客观要求。而股份制则是各种经济联合和合作形式中，最灵活、最普遍和最有适应性的一种好形式。股份制在我国的出现，正是我国经济体制改革过程中，商品经济得到较快发展的必然结果，而且随着我国经济体制改革的深入进行和商品经济的发展，股份制经济必将随之大发展。可见，股份经济在我国的兴起，是符合社会主义商品经济原理的。

十一、怎样理解股份制是协调社会主义基本经济利益关系的好形式？

国家、企业和劳动者个人三者之间的经济利益关系，是社会主义制度下最基本的经济利益关系。在社会主义条件下，国家、企业和个人三者之间的根本利益是一致的。但在根本利益一致的基础上仍然存在着矛盾。这种矛盾最集中的表现之一，就是这三者在劳动成果的分配中各自所处的地位和所占的比重不同。按照马克思主义的观点，社会主义劳动成果分配的基本原则应当是兼顾国家、集体和个人三者的利益。这条原则是完全正确的。但是这一原则的正确贯彻并在现实生活中得到较好的实现，则需要一种较好的处理这一矛盾的形式。

在我国经济体制改革以前的旧体制下，过分强调国家利益，对企业和个人利益注意不够，因而出现国家集中过多，企业和个人留利过少的偏向，使得国家、企业和个人三者之间的经济利益关系不够协调，从而影响我国社会主义经济的发展。经济体制改革过程中，注意克服国家集中过多的缺点，把相当大的一部分权力下放给企业。在分配问题上也开始给企业一定数量的留利和这部分留利的分配权，并把企业留利与职工奖金、福利联系起来。这种分配关系和实施方式，对于改变过去国家集中过多的问题起到了积极的作用，其基本方向更应当肯定的。但也出现了一些新问题。其中最突出的问题，是企业和职工更多的注意眼前的利益，而对企业的长远利益和国家整体利益注意不够。出现了企业向国家争利，采取多留多分，甚至分光吃净的不良现象。产生这种问题的重要原因之一，是生产资料的所有权与劳动权没有直接地结合起来，企业的生产资料是国家的，企业本身和职工个人都不是生产资料的直接所有者。企业的长远发展所需投资由国家负责，而企业和职工没有直接的责任。这就需要寻找一种能够从经济利益结构上把国家、企业和职工个人的长远利益和目前利益紧密结合起来的好形式。而股份制正是协调和处理好三者关系的一种良好形式。因为，实行股份制的企业有国家、企业和职工三者共同投资入股，三者都是企业的股东，企业的目前经营和长远发展的状况，都与三者的经济收入有直接的关系。三方都会从各自切身利益的角度既关心企业目前的经营，又关心企业今后长远的发展。在劳动成果的分配上，就会瞻前顾后，全面考虑，合理安排，统筹兼顾，各得其利。因而，股份制就成为正确处理和协调社会主义基本利益关系的客观要求的好形式。

（原载于《中国社会主义股份经济问答》，北京航空学院出版社 1986 年版）

保险教育学

《社会主义保险学》导言

一门科学的研究对象，决定着这门科学研究的基本内容及其发展方向。因此，准确地确定各门科学的研究对象，是各门科学研究的首要课题。

任何一门科学都是对实践经验的理论概括，保险学也不例外。保险学作为一门独立的学科，是随着保险实践的产生而出现，随着保险实践的发展而发展的。保险学研究的对象和范畴，在客观上也是随着保险实践的发展而逐步发展变化的。保险学在客观上的研究对象，从实践上升到理论的高度，则是通过人们的主观认识来实现的。人们对客观事物的认识需要有一个过程。而且，由于人们各自所处的地位、观察问题的方法和对客观情况了解的不同，对同一客观事物也会有不同的认识。因而对保险学研究对象的理论概括，也就会有各种不同的观点。为了科学地说明社会主义保险学的研究对象，有必要追述一下有关保险学对象的研究历史。

最初的保险学，始于16世纪中叶，产生在欧洲的意大利。当时，由于意大利地中海沿岸各港口相继成为海上贸易的中心，产生了处理海事纠纷，以及贸易商与保险人之间纠纷的判例。在这些判例基础上形成了初期海上运输的法律规定，这些法律规定与保险有重要关系。由于许多人从事对海上保险法的研究，便产生了以海上保险法为研究对象的保险学。这时的保险学可以称为保险法学。在17世纪，由于概率论、统计学的产生和应用，在英国、法国等发达的资本主义国家，出现了建立在概率论和统计学基础上的人寿保险业，随之出现了以保险数学为主要研究对象的保险学。到了18世纪末至19世纪中叶，在英、法等资本主义国家又出现了以保险经营技术为主要研究对象的保险学。就其内容而言，实际上是保险经营技术学。19世纪末，保险业在德国有了新发展，不仅有海上保险、财产保险，而且还有与国民经济以及国家政策相联系的社会保险等新的保险种类。于是出现了以与保险有关的法律、经济、数学、医学、技术和政策等为对象的保险学，人们称之为综合保险学。20世纪初，美国经济学者开始从保险与国民经济、企业经济之间的关系出发，从事保险学的研究。他们认为保险是经济生活处于危险地位的一种对策，因而特别注重对个别保险种类的研究。与此同时，日本也出现了类似美国的保险学说。我国台湾省保险经济学家袁宗蔚认为，保险学应以保险经济制度和保险经营技术为研究对象，保险学是保险经济学和保险经营学的合成。

上述有关保险学对象的描述，尽管各自都从不同的角度，不同程度地表达和反映了保险学研究的不同侧面，论及了保险学研究的部分内容，但都没能对保险学的研究对象作出科学的论断。这是因为他们在区分科学对象方面，没有一个正确的指导思想和科学方法。

"科学研究的区分，就是根据科学对象所具有的特殊的矛盾性。因此，对于某一现象的领域所特有的某一种矛盾的研究，就构成为某一门科学的对象。"这是我们确定任何一门科学的研究对象所必须遵循的唯一正确的观点和方法，保险学也不例外。按照这种观点和方法考察保险学，就可以科学地确定保险学的研究对象。保险是一种经济现象，是经济现象在分配领域中通过保险的形式所形成的一种再分配经济关系，即被保险人（包括自然人和法人）向保险人（包括自然人和法人）交纳保险费形成保险基金，由保险人向遭灾受损的被保险人进行经济补偿或给付。这种再分配的保险经济关系，主要是被保险人与保险人之间的经济关系，即被保险人向保险人交纳保险费，保险人向被保险人承担保险责任范围内的经济补偿和给付义务。此外，在保险经济关系中，还存在着被保险人之间的经济关系，即被保险人承担交纳保险费的同等义务，与由于遭灾受损的际遇不同而获得不同等的经济补偿权利之间的关系；同时，也还有保险人之间的经济关系，即保险人相互之间实行再保险以共同承担保险责任的经济关系。上述经济关系，属于保险活动内部的经济关系。保险学就是以保险经济关系为对象的经济科学。保险学的任务，在于揭示保险经济关系借以确立的条件、形式及其本质，阐明保险经济关系发生、发展和变化的规律。

作为保险学研究对象的保险经济关系，是一定历史发展阶段上生产关系的反映，我国是社会主义社会，实行的是有计划的商品经济，保险学必然要以研究我国社会主义商品经济条件下形成的社会主义保险经济关系为其任务。在我国存在着以全民所有制为主导力量的多种经济成分并存的情况下，这种保险经济关系表现在以下几个方面：第一，保险人与被保险人之间的经济补偿或给付的保险经济关系，也就是国营保险企业与国营经济企业之间、国营保险企业与集体经济企业之间、国营保险企业与国家非经济单位之间，以及国营保险企业与劳动者之间的保险经济关系。第二，保险人之间的经济关系，包括国营保险企业之间、国营保险企业与集体保险组织之间，以及集体保险组织之间所发生的再保险经济关系。同时，也存在着我国国营保险企业与外国保险企业之间的再保险经济关系。第三，被保险人之间的保险经济关系，通过保险在被保险人中分摊危险损失，形成不同经济成分的被保险人之间的经济关系。此外，社会主义保险企业与社会主义金融企业之间、社会主义保险企业与社会主义财政之间除存在着保险经济关系外，还由于利息率、存放款、税收等活动而发生复杂的经济联系。这些经济联系，虽然不是保险内部的经济关系，构不成保险学的对象，但是又都与保险有着密切的联系，并从保险的外部联系中影响保险业的发展，因而也是社会主义保险学所要涉及的内容。

结合我国实际的社会主义保险学的任务，是要揭示我国社会主义保险经济关系形成的条件、表现形式和经济实质，阐明社会主义保险发生、发展和变化的规律，为正确认识和处理社会主义各类保险经济关系提供理论依据，以促进社会主义保险事业和整个国民经济的发展。

保险学由于有其自身特殊的研究对象和特定的任务而与其他各门经济学科相区别，成为一门独立的经济学科。例如，保险学和政治经济学虽然同属于经济学科，然而政治经济学的对象是生产关系即经济关系的总体，其中包括生产关系、分配关系、交换关系和消费关系。政治经济学的任务是阐明生产关系总体发生、发展和变化的规律性。而保险学仅以保险经济关系为对象，研究分配领域中的再分配关系中的一种特殊矛盾。它的任务是以政治经济学的基本原理为指导，总结保险、特别是中国社会主义保险的实践经验，揭示保险关系发生发展变化的客观规律。因而政治经济学只是为保险学提供理论基础，而不能代替保险学。保险学与财政学虽然同属于研究分配经济关系的科学，但两者亦有区别。保险所反映的经济关系不同于财政所反映的经济关系，财政所反映的是以国家为主体的分配或再分配关系，这种关系的特点在于它的强制性和无偿性。而保险经济关系则是以合同性和有偿性为特点，因此，保险学不同于财政学。货币信用学和保险学都属于研究再分配关系的经济学，但这两门科学不仅在对象和任务上有原则区别，而且在形式和内容上也都很不相同。货币信用所形成的是一种借贷关系。保险所形成的不是借贷关系，而是保险双方通过保险这一特殊形式所形成的一种经济权利和经济义务关系。这种关系的偿还性也不同于货币信用关系。货币信用关系的偿还性具有个体性或个别性的特点，即谁借谁还，借谁的还谁，借多少，还多少。保险关系的偿还性具有总体性的特点，即从总体上说由保险费所形成的保险基金，用于补偿由于灾害事故的发生而造成的经济损失，但并非对每个参加者都一律给予经济补偿，而是只对那些受灾者给予经济补偿，受灾者获得的经济补偿也不以其所交纳的保险费为限。

至于保险学与其他各门经济科学的区别，例如，与计划经济学、国民经济管理学等，虽然也有一定的联系，但与这些学科的区别更是显而易见的。总之，保险学是经济学科体系中的一门独立的科学。

二、社会主义保险学的内容和体系

一门成熟的科学不仅有其确定的对象，同时也有其确定的研究内容和科学的逻辑体系。按照马克思主义的观点，科学研究的内容是由科学对象决定的，但又不仅限于对象的内容。就是说，除对象的内容之外，还涉及那些与对象联系紧密，为揭示对象的内在规律而必不可少的内容。如政治经济学的研究对象是生产关系。而政治经济学的内容除包括生产关系外，还包括经济史、经济学说史、生产力组织、科学技术，以及上层建筑等有关内容。这些内容虽然不属于政治经济学的研究对象，并且对其研究的广度和深度均以服从研究生产关系的需要为限。但没有这些内容就不可能实现对生产关系的研究，也就不可能有政治经济学这门科学。

结合我国社会主义实践的保险学，发展到它的成熟阶段，理应有其确定的研究内容和科学的逻辑体系。社会主义保险事业的发展，从列宁、斯大林时代的苏联算起，至今也不过是六七十年的历史。我国从新中国建立起，至今还不足40年的时间，其中从1958年至1978年的20年里，国内保险业务被取消，直到1979年才重新恢复。这一切表明，社会主义保险事业的历史还不长，我国社会主义保险实践还没有得到充分的发展，社会主义保险事业的内部矛盾还不可能充分地显现出来。理论来源于实践。我国社会主义保险实践发展的不充分性，决定了我们对社会主义保险理论研究的局限性。目前已有的保险学，包括社会主义保险学的专著和教材，在内容和体系上的差异，正是这门科学尚未成熟的反映。理想中的立论中肯、内容充实、体系严密的社会主义保险学，还有待于今后我国社会主义保险实践的发展和人们辛勤的劳动来创建。这本社会主义保险学的内容和体系，只是依据今天已经取得的研究成果和目前达到的认识水平所做的论述和安排。今后随着我国保险事业的不断实践和科学研究取得新的进展，具有中国特色的社会主义保险学的内容和体系必将日益丰富和完善。

基于上述原则要求和实际情况，本书围绕保险经济关系这一中心，论述了下列四个方面的内容：

一是关于保险的基本原理方面。其中包括保险的实质和特点，保险基金建立的基本条件及其必要性，社会主义保险的基本职能及其在国民经济中的地位和作用，等等。

二是关于保险的基础知识方面。其中包括保险合同的性质和特点，危险识别和危险种类区分，保险分类和我国现有主要保险种类，以及国内外保险发展史料，等等。

三是关于保险的主要种类和主要险别方面。包括有关财产保险的一般原理和基本范畴，责任保险和保证保险，货物运输保险和运输工具保险，海洋运输和船舶保险，农业保险，再保险，人身保险的基本范畴及其主要险别，以及社会保险，等等。

四是关于保险的经营方面。其中包括保险的经营原则，保险费率的订定，保险的责任准备金，以及保险的经济效益，等等。

三、社会主义保险学的特点和方法

首先，本书以研究社会主义保险为主，书中也写了一些有关资本主义社会的保险理论、制度和做法，目的是对不同社会制度下的保险作一比较，为更好地研究社会主义保险理论与实践服务，同时也有必要吸取一些适用于社会主义保险的经验和方法，为我所用。第二，以研究我国社会主义保险为主，书中部分章节也涉及某些社会主义国家的保险理论、保险制度和保险发展史实，这是为了对同属社会主义制度但国情不同的社会主义国家的保险进行比较研究，更好地探讨符合中国国情的、具有中国特色的保险制度，同时，将那些适用于一切社会主义国家保险的一般规律，应用于我国的保险事业。第三，以研究现实问题为主，书中也有一定篇幅叙述资本主义国家和我国的保险发展史，目的是为了总结历史经验，更好地为我国社会主义保险的现实服务。第四，以研究保险理论问题为主，书中也论及了保险种类和某些保险实务，但在这方面展开的深度和广度以满足对保险理论研究的需要为限。

以上这些原则，既是编写本书的基本指导思想，同时也是本书的主要特点。

马克思主义的辩证唯物主义和历史唯物主义，既是无产阶级的世界观，同时又是马克思主义的方法论。它适用于一切自然科学和社会科学，当然也适用于保险学，是我们研究具有中国特色的保险学所必须遵循的基本观点和基本方法。这一基本观点和方法，对不同学科又有不同的要求。具体到保险学这门学科来说，这一基本方法要求我们正确处理以下三方面的关系。

第一，保险理论的继承与发展之间的关系。马克思主义的唯物辩证法告诉我们，包括自然科学和社会科学在内的一切科学，都不可能脱离已往的历史和已有的科学研究成果骤然兴起，恰恰相反，它们都是在继承以往成果的基础上，通过对实践中出现的新情况、新问题的研究而逐渐发展起来的。马克思主义的产生和发展的历史也是如此，马克思主义的哲学、政治经济学和科学社会主义，是当代最先进的社会科学。然而这门当代最先进的社会科学，并非与以往的资产阶级的社会科学成果毫无联系，而是由马克思和恩格斯在批判地吸取和继承了德国古典哲学、英国的古典政治经济学和法国的空想社会主义理论中的合理内容，在此基础上研究资本主义社会发展中的新情况、新问题所取得的新成就，完成对哲学、政治经济学和空想社会主义理论的革命而建立起来的。如果没有德国的古典哲学、英国的古典政治经济学和法国的空想社会主义理论，如果没有马克思和恩格斯对上述各门科学的批判和继承，也就不可能有马克思主义。

社会主义保险学，是一门新兴的科学，当然应当以总结社会主义特别是中国社会主义的保险实践经验为主要内容，以创立具有中国特色的保险科学为目标。然而要实现这个目标，就必须以科学的态度对待包括资本主义国家和社会主义国家在内的有关保险的理论和方法。我们不能因为强调要建立具有中国特色的保险学，就完全否定其他社会主义国家和资本主义国家的保险理论和方法。历史经验证明，排外、斥古的做法和不顾国情盲目照抄、照搬外国的和前人的结论的做法，都是错误的。特别是保险是一种实务性和共同性比较强的经济活动，保险学是一门比较具体的经济理论科学，其中有不少理论和做法带有普遍性。因此，研究保险理论的正确态度，应当是以马克思主义的基本原理为指导，从中国的实际出发，借鉴中外的历史经验教训，批判地吸收已往保险理论中的合理内容和科学方法，总结我国社会主义保险实践的经验，研究现实中出现的新问题，把继承和发展统一起来，逐步建立起具有中国特色的保险学。

第二，保险理论与保险政策之间的关系。马克思主义理论是行动的指南，而不是教条。运用理论指导实践是我们研究理论的根本目的和根本任务，保险理论也是如此。社会主义保险理论，来源于社会主义的保险实践，我们研究保险学的根本目的，是为了指导中国社会主义的保险实践活动。在我国，理论对实践的指导是通过党和国家制定的方针政策这个中间环节来实现的，社会主义的经济实践活动和党的方针政策是密不可分的，从而理论与政策也是紧密相关的。就理论和政策之间的关系而言，马列主义理论是党和国家制定政策的理论依据，而方针政策则是对这一理论的运用和体现。理论来源于实践，理论的发展依赖于实践的发展和对实践经验的高度概括和总结，而社会主义社会的实践又是贯彻和执行方针政策的结果，所以理论不可能脱离政策，但两者的本质关系是理论决定政策。保险理论和保险政策的关系也是如此。因此，我们在处理保险理论和保险政策的关系上，不能离开党和国家对保险提出的方针政策，抽象地研究理论，如果这样做，就无法总结保险的实践经验，从而也就不可能发展保险理论。然而也必须注意到，保险理论研究又不能局限于已有的保险方针政策，更不能把保险理论研究的任务局限于对保险方针政策的说明和解释。因为这样不仅降低了理论的地位，颠倒了理论和政策的本质关系，限制了理论的发展，当然也有害于我们的事业。正确的做法应当是一切从实践出发，实事求是，即通过对实践经验教训的总结，证明是正确的方针政策，都要从理论的高度给予科学的说明，被实践证明是不完全正确甚至是完全不正确的方针政策，就要从理论的高度阐明其不正确的道理。只有如此，才能保持理论的科学性，发挥理论指导实践的作用。

第三，保险理论与保险实务之间的关系。保险学既然是一门理论经济学，就理所当然地要侧重于对保险理论的研究，突出社会主义保险理论在全书的主导地位。然而，保险学毕竟是一门部门经济理论学，不同于政治经济学。政治经济学是指导一切经济活动的一般性的理论经济学，它的概念、范畴具有更高的抽象性和概括性，它所揭示的原理具有一般性和普遍性。政治经济学与部门经济理论学的一个显著区别，在于它与具体经济实务之间的联系不像部门理论经济学那样直接。保险学与保险实务之间的联系则是更紧密、更直接，也更具体，所以对保险理论的研究必须更多地和更紧密地联系保险实务。当然，保险学对保险实务的研究又不能过多、过细和过于具体，因为，那样就会把保险理论经济学变成了保险实务学，而这也不符合本书的宗旨，当然也是不可取的。

（原载于《社会主义保险学》，中国金融出版社 1986 年版）

《灾害经济学》的研究对象和任务

灾害经济学是一门新兴的科学。这门科学的研究对象和任务是什么？它与相关的学科有什么区别和联系？我们应当怎样或依据什么来确立灾害经济学的对象和任务？如此等等，这些都是在建立一门新兴科学时应当研究和探讨的重要课题。

一、确立一门科学的对象和任务的客观依据

任何一门科学在客观上都有其自身的研究对象和特定的研究任务，正确认识这点，是建立这门科学的首要前提。如果不知道这门科学的研究对象是什么，不明确这门科学要解决什么问题，就不可能明确研究任务，不可能有效地从事科学研究活动，更谈不上建立一门新兴的科学了。

我们依据什么标准来区分不同的科学和确定一门科学的研究对象呢？按照马克思主义的观点，就是根据科学对象所具有的特殊的矛盾性质。任何一种客观事物都有它自身的特殊矛盾，这种特殊矛盾把一事物与另一事物区分开来，把这一门科学与另一门科学区别开来。所以，这种特殊矛盾就构成一门科学的研究对象。

任何一门科学的任务，都在于揭示这门科学所研究的客观事物的发生、发展和变化的规律性，为正确处理这一矛盾提供决策的理论依据。

二、灾害经济学的对象和任务

依据上述思想，我认为灾害经济学的对象和任务可以大致表述如下：灾害经济学的对象是人与自然灾害斗争过程中所发生的经济关系，或简称为灾害经济关系；灾害经济学的任务是为正确处理灾害经济关系提供理论依据。

灾害经济关系大致包括以下四方面的内容。

（一）经济效益关系

所谓灾害并不是一个单纯的自然现象或社会范畴，而是自然现象对人类的关系，或者说是自然现象对人身及其财产的损益关系。地震、火山爆发、洪水、

台风、干旱等，这些都是一种自然现象，就其自身而言无所谓灾害，而这些自然现象对于人类来说，就会发生利害关系。有些自然现象如阳光、空气，适度的风量和雨量等，有利于人类及生物的生存、发展；而另一些现象，例如地震、洪水、干旱等，则不利甚至毁灭人和其他生物，我们称之为"灾害"。因此，灾害是指对人身及其财产（包括自然界提供的财富和生产创造的财富）有害的那些自然现象，或者说是那些对人类社会的发展、人们身心的发展及财富的创造与积累带来不利后果的自然现象。

正因为灾害是指给人类带来不利后果的自然现象，人们就要对各种灾害分门别类地进行预测，或对已经发生的灾害进行完整的统计，得出损失的数据。预测和统计本身并不是目的，我们的目的是采取对策来防止灾害的发生或者减少灾害发生后所造成的损失。对同一种自然灾害的预防和灾后减损可以有多种措施和多种方案，各种措施和各种方案都有个所费与所得之间的对比关系问题，也就是经济效益问题。各种措施和各种方案之间的经济效益也有一个相互比较关系问题。我们应在多种措施和多种方案中，选择花钱最少、收益最大的方案，也就是选择经济效益最佳方案。同时，灾害经济关系中的效益关系，还包括是否有必要采取防灾和救灾措施问题。如果某项灾害的发生所造成的经济损失的数量，小于防灾和救灾所耗费的物质财富的总量，也就是说防灾所费财富，大于防灾所保存财富的数量，就不一定要采取防灾措施。当然，这种情况是极少的。一般情况下，对灾害都是事先预防，事后施救的，我们只是要在防灾和施救的多种方案中，选择经济效益最佳的方案。

（二）经济利益关系

经济利益关系是灾害经济关系中的一项重要内容，指的是在防灾救灾过程中所发生的人们之间的经济利益关系。这种经济利益关系从多方面表现出来。首先，在不同的经济制度和不同的经济体制下，灾害的发生会形成不同的经济利害关系。例如在资本主义制度下，灾害发生后遭受损失的是私人资本家和私人劳动者；在社会主义计划经济体制下，如果实行国家所有制和统收统支的分配制度，灾害发生后遭受损失的主要是国家；而在多种所有制并存的有计划商品经济体制下，遭受损失的是国家、集体和个人。这种经济利害关系，是灾害经济利害关系的一项内容。

灾害经济利益关系的更重要的内容，是在防灾、救灾过程中，投资者和受益者之间的经济利益关系。例如在我国兴建各种防灾工程的经费是否都由国家负担，地方和个人要不要适当负担？治理黄河工程沿途经过若干省区，各省区境内的工程费用如何负担？上游和下游费用不同，受益程度也不相同，在经济上应怎样合理负担？再如，遇有洪水灾害，为了保证重点城市和工业区而有计划地引洪或滞洪，引洪和滞洪地区受灾，被保护地区受益，这两个地区之间的经济利益关系怎样处理？如此等等。这些都是在人们与灾害进行斗争的过程中所发生的经济利益关系，正确处理这类经济关系，是顺利进行防灾抗灾工作的重要条件。如何正确处理这类经济关系，就构成灾害经济学的重要内容。

（三）分工协作关系

灾害有多种多样，解决灾害问题的方式也是各不相同的。从整个社会来说，对不同的灾害采取不同的解决方式和由不同的主管部门承担不同的义务，这就有一个不同部门、不同形式之间的分工协作问题。例如，从整个社会来说，灾害可分为四大类：（1）纯自然灾害，如由于纯自然因素所形成的地震、台风、洪水、闪电起火、干旱等，都属于这一类。（2）由人的行为和自然因素相结合所形成的自然灾害，如由于人们过量使用煤炭、石油、天然气等燃料而造成的空气中二氧化碳的比重增大，气温上升以及由此带来的疾病蔓延等灾害；由于人们过度开采地下水所带来的地面下沉，土地盐碱等灾害，都属于这一类。（3）属于人的过失行为和意外事故所造成的灾害。如车祸、不慎失火等所致之损失，都属于这一类。（4）人的生、老、病、死这些人生自然规律所致之经济困难或经济损失。对于上述各类不同性质、不同特点的灾害以及这些灾害对不同的所有制所形成的不同的经济利益关系，应当由不同的主管部门，采取不同的形式分别加以解决。有些灾害如农村集体所有制的养殖业、种植业和家庭财产等，就可以采取由保险公司承保的形式来解决；有些灾害如水灾、旱灾对居民生活带来的生活上暂时性的困难，可由民政部门采取临时救济的形式来解决；有些灾害如地震、特大洪水和涉及耗资巨大的防灾措施，如治理江河、兴修大型水利工程、防洪工程等，要由国家有关主管部门，并由财政拨款解决；有些地区性的防灾措施，则由地方政府负责解决，等等。这就有一个分工协作问题。这种分工协作关系是经济关系的重要内容，也是灾害经济关系的重要内容。

（四）经济调控关系

任何经济活动都存在着宏观控制和微观搞活的问题，因而都需要加以调节和控制。灾害经济关系也不例外。全国范围内对灾害的预测、防治、抗灾、减损等各种行为和措施，是非常复杂、非常广泛的活动。这些活动既要充分发挥各方面的积极性、主动性，大家出力来办，又要有统一规划、统一组织、统一调节、协调发展，而不能只顾局部不顾整体，各自为政、不听指挥，那样做的结果很可能造成新的矛盾，甚至会出现对己有利、对人有害的行为。据说在根治黄河过程中就出现过由于上游修坝蓄水，导致下游水汛减少、土地干旱的情况。这说明没有国家对治理灾害的统一调节和控制，没有国家的统一规划和决策，就不可能取得防灾抗灾的最佳经济效益。因而，对防灾、抗灾活动的调节和控制，是灾害经济学的重要内容。

总之，我们必须从中国的客观实际出发，也就是从我国是有计划的商品经济这个客观实际出发，来建立符合有计划商品经济客观需要的灾害经济学，也就是要研究在有计划商品经济制度下，灾害经济关系的内容和特点，建立有中国特色的灾害经济学。

灾害经济学的任务，就是要揭示灾害经济关系产生、发展和变化的规律性，为科学地、有效地防灾、抗灾决策提供理论依据。

三、灾害经济学与有关学科的联系和区别

一门科学的研究对象同这门科学所涉及的内容，是两个不同的概念。一门科学只能以某一种特殊事物的特殊矛盾为研究对象，而不能以多种事物的多种矛盾为研究对象。这样才能使这门科学与其他科学相区别。然而，为了研究这一特殊事物的特殊矛盾，又会涉及许多与其密切相关的事物或矛盾，在一门科学里又必然涉及许多学科的内容，并由此使这一门科学与其他相关科学相联系。但是，不能因为一门科学的研究涉及许多内容，就认为这门科学有许多研究对象，也就是说，不能把研究对象和研究涉及的内容混为一谈，误把内容当作对象，使一门科学具有许多研究对象，甚至认为会有"综合性"的科学或者认为会有"多层性"的科学，这是一种误解。这种误解在于把科学的研究对象和为了研究和说明研究对象所涉及的内容混为一谈。而事实上任何一门科学都只能有一个研究对象并以这一研究对象来确定其自身的特殊属性，同时又必然涉及其他学科的内容，从而形成与其他科学相联系。

灾害经济学虽然与多门自然科学相联系，如地震学、灾害学等，并且要借助于这些学科的研究成果来揭示灾害经济关系的运动规律性。但是，不能因此就认为这些内容都是灾害经济学的研究对象，把灾害经济学看成是既属于自然科学，又属于技术科学和经济科学的一门"多层性"的科学。事实上，灾害经济学与其相关的几门科学的区别是十分明显的。

灾害经济学与地震学有明显的区别。地震学是以"地震"为对象的自然科学，它是研究地震这种自然现象这一特殊矛盾发生的原因、条件、对周围环境的影响及其运动的规律性。这门科学的任务是为人们所认识、预测、预报、预防和处理这一自然现象可能对人类带来的后果提供科学依据，为我们防震、抗震、抗灾提供条件。因此，地震学是灾害经济学的相关科学，它的研究成果为

灾害经济学的研究提供了条件或基础，灾害经济学在此基础上来研究由地震所引起的灾害经济关系。

灾害经济学与技术学、工程学的联系和区别在于：技术工程学如水利工程学，研究的是水利工程建筑的客观条件、工程规模、工程结构、施工方案等有关工程建筑本身的技术问题，它本身并不研究工程经济问题。然而水利工程学对灾害经济学又是必不可少的相关科学。水利工程学的研究成果是灾害经济学对各种防灾方案进行经济效益比较的前提，各种不同的工程设计方案会有不同的投入费用和不同的经济后果，从而具有不同的经济效益，灾害经济学可以从中选择最优防灾抗灾方案。如果没有各种工程技术科学，灾害经济学就无法进行比较和选择。

灾害经济学与灾害学很相近，相互之间的联系很密切。然而，灾害经济学仍然不同于灾害学。因为灾害学所研究的是各种自然现象对人类社会的利害关系，是人与自然界之间的矛盾。而灾害经济学是在灾害学的基础上研究在与灾害斗争中人与人之间的经济关系，而不是人与自然界的关系。通俗一点说，灾害学研究的是某种灾害的发生会对人类造成多大的经济损失，而灾害经济学则是研究怎样防止或减少这种经济损失以及在为防止和减少灾害损失过程中各类不同的个人或经济实体之间的经济利害关系，这显然是两种不同的经济关系。前者是人与自然之间的关系，后者是人与人之间的经济关系。

灾害经济尝与保险经济学之间的联系更加密切，然而二者仍有明显的区别。保险经济学是以保险这种特殊的经济保障形式所形成的经济关系为研究对象的科学。它研究保险经济关系的内容、确立的条件、保险经济市场、保险经济运行和保险经济效益等，它的任务是揭示保险经济关系的运动规律性，为正确地作出保险经济决策提供理论依据。灾害经济学则是以人与自然灾害作斗争的过程中所形成的经济关系为对象，而不是以保险活动中的经济关系为对象。因而不能把灾害经济学视同保险经济学。

总之，灾害经济学以其自身所特有的研究对象与其他科学相区别，成为一门独立的科学。

（原载于《灾难与灾难经济》，
中国城市经济社会出版社 1988 年版）

《保险管理学》导言

一、保险管理学的对象和任务

（一）保险管理学的对象

保险管理学在我国还是一门新兴的应用科学，准确地确定这门科学的对象和任务，对于保险管理学的完善和发展，具有重要意义。

从保险管理所涉及的范围来考察，可划分为保险宏观管理、保险中观管理和保险微观管理这三个层次的管理关系。保险宏观管理的主要内容是，国家通过法律和行政手段，对保险业在国民经济中的发展规模，保险行业内部的产业结构，保险企业的成立和撤销，保险企业经营的基本准则、范围和内容以及保险企业偿付能力等的规定、控制和调节。

保险中观管理，指的是保险行业通过行业公会等形式，在遵守国家对保险业管理的法律、法规的前提下，对保险行业内部相互关系的自我约束和协调。其中包括对有关保险费率、保险种类、保险经营和保险竞争等方面的条款和规章，作出较为具体的协议或规定。这类协议或规定虽然没有法律效力，但凡是行会会员共同通过的协议或规定，会员都有遵守协议或规定的义务，因而它具有一定的强制性和约束力。

保险微观管理，是保险企业在遵循国家对保险行业和保险企业的有关法律、政策规定和保险行业的有关协议或规定的前提下，对保险企业内部的管理。其中包括保险企业的计划管理、财务管理、经营管理和劳动人事管理等多方面的内容。

保险管理关系既存在于生产力领域，又存在于生产关系领域，还存在于上层建筑领域。也就是说，保险管理包括对生产力、生产关系和上层建筑三个领域的管理。对生产力的管理，指的是把保险领域中的人、财、物这些生产力的要素合理地组织起来，把可能的生产力变成现实的生产力。对生产关系的管理，是指对保险领域的经济利益关系进行处理和调整。对上层建筑的管理，指的是对保险组织机构的设置、各项法律和规章制度的制定和调整。

上述三个层次的保险管理关系,均属于保险管理学的研究对象。

(二)保险管理学的任务

保险管理学的任务在于揭示保险管理关系发生、发展及其运动的规律性。具体说保险管理学主要有以下三项任务。

1. 揭示保险领域中生产力的各种构成要素的内容和相互关系及其发展变化的规律性,为实现保险生产力的优化组合提供科学依据。

2. 揭示保险领域中经济利益关系的内容和特点及其发展变化的规律性,为正确处理保险领域中的经济利益关系提供实践依据。

3. 揭示构成保险领域中上层建筑的要素和特点及其运动变化的规律性,为制定和不断完善保险管理制度提供理论依据。

二、保险管理学的范围

如前所述,一门成熟的保险管理学,应当包括保险宏观管理、保险中观管理和保险微观管理三个方面。由于我国现阶段保险业还没有得到充分的发展,保险管理还处于探索阶段,保险管理学也还处于初创时期,它还很不成熟,很不完备。现阶段保险管理学所研究的范围,主要是国家对保险业的宏观管理和保险企业内部的微观管理,其中又以保险企业的微观管理为主。

从我国当前的情况看,保险管理学的研究范围,主要是从中国保险业的实际出发,研究中国保险管理的现实问题,同时吸取我国历史上和外国保险管理的理论与实践中的科学成分和有益的经验,为我所用,解决我国保险管理中的实际问题。具体说,着重研究以下三个方面的内容。

一是合理地组织保险企业的生产力。生产资料和劳动力,是任何社会生产的物质要素和人身要素,但如果二者是互相分离的,它们就只是可能的生产力要素。要把可能的生产力要素变为现实的生产力,就必须使二者结合起来,实现生产资料和劳动力的最优结合,这是管理学的重要职能。就保险企业来说,保险企业的设备和手段是保险经营的物质要素,而保险企业的职工,则是保险经营的人身要素。这些都是构成保险经营活动的要素或前提。但如果保险企业的物质要素和人身要素彼此分离,也就没有现实的保险经营活动;要有现实的保险经营活动,必须把保险企业的各种设备和手段与保险企业的职工结合起来,采用一定的经营方式,形成最优劳动组合。因此,实现保险企业的物质条件和保险职工的最优组合,最大限度地发挥人、财、物各项生产要素的效用,取得最佳经济效益,是保险管理学的重要课题。

二是研究和正确处理保险企业的生产关系。任何社会的生产,既是人与自然相互作用的过程，同时又是人与人之间相互影响的过程，前者称为生产力，后者称为生产关系。保险经济活动也包括生产力和生产关系两个方面。只有正确处理好保险企业内部的生产关系，才有可能使保险经济得到正常的发展。因此，正确处理好保险企业内部的人与人之间的关系即生产关系，则是保险企业管理的重要方面。保险企业内部的人与人之间的生产关系包括三个层次：一是保险企业职工之间的关系；二是保险企业职工与管理者之间的关系；三是保险企业与职工之间的关系。在这三个层次的经济关系中，既有人们之间的分工协作关系，又有人们之间的经济利益关系即经济利益的分配关系。这就要求保险企业管理，既要研究和正确处理好人们之间的分工协作关系，使保险企业的各个环节、各个层次之间的关系协调一致，互相衔接，密切配合，相互促进，高效运转，又要正确处理好人们之间的经济利益关系，做到人们的经济收益劳酬相当、公平合理，使各个层次的人们都能够保持和发挥高度的积极性和创造性，借以推动保险企业的发展。

三是研究和正确处理保险企业的上层建筑关系。保险企业的上层建筑包括国家对保险业和保险企业所规定的路线、方针、政策和法规、保险企业自身制定的各种规章制度和管理条例、保险企业内部的管理体制和保险企业的思想政治工作制度，等等。所有这些都属于保险企业的上层建筑关系。保险企业管理就是要正确研究和处理好上述各方面的关系，通过正确处理这些关系来保证和促进保险企业的发展。

三、保险管理学的内容和结构

（一）保险管理学的内容

从发展的观点来看，任何科学的内容都不是一成不变的，保险管理学的内容，和其他科学一样也不是永久不变的。随着保险实践和保险理论的发展，保险管理学的内容也要不断地丰富和发展。本书的主要内容除导言外，还包括总论、保险企业的管理体制与组织机构、保险市场管理、保险计划管理、保险业务管理、保险代理管理、保险企业的偿付能力管理、保险企业的财务管理、保险资金运用管理和保险企业的劳动人事、职工教育管理，等等。

保险管理学的导言，主要是概括地阐述保险管理学的研究对象和任务、保险管理学的研究范围及保险管理学的内容和结构。

总论部分，主要是论述保险管理的一般原则，管理目标和管理基本方法；保险企业管理体制与组织机构，主要是阐述保险企业的性质、特点、管理体制、组织机构和保险企业的领导体制；保险市场管理，主要是阐述保险市场的基本概念，国家对保险市场的管理，保险企业与保险市场的关系和保险市场的信息管理；保险计划管理，主要是阐述保险计划管理的必要性和作用，保险计划管理的种类和目标，保险计划的编制和保险统计与计划管理的关系；保险业务管理，主要包括保险展业、承保、分保、防灾、理赔（给付）等各种保险业务的管理；保险代理管理，主要是论述保险代理的一般内容和意义，保险代理合同管理和保险代理人管理；保险企业的偿付力管理，着重阐述保险企业偿付力的内容和特点、国家对保险企业偿付力的控制和管理；保险企业财务管理，主要包括保险企业财务管理的内容、特点、任务，保险企业财务资金和收支管理，保险企业成本、费用与损益管理和保险企业的经济核算与经济效益；保险投资管理，主要包括保险投资的特点、原则和国家对保险投资的管理；保险企业的劳动人事管理和职工教育，主要包括保险劳动人事管理的内容、原则和保险职工教育等内容。对风险管理，本书虽未单独陈述，但在全书有关章节中，分别作了讲解，因此，不能忽视风险管理的重要意义。

（二）保险管理学的结构

完备的保险管理学应当有其自身的合理结构和科学的逻辑体系。本书力求体现保险管理自身的科学性和合理的逻辑结构。本书各章节之间是按内在的逻辑联系编排的，前半部基本上属于基本原理和宏观管理的内容；后半部基本上属于保险实务管理和微观管理的内容，其间也有所交叉。

四、保险管理学的方法

马克思主义的辩证唯物主义和历史唯物主义，是保险管理学所遵循的基本方法，同时，根据保险管理研究对象的个性和特点，而加以具体运用。主要体现在以下几点：

一是吸取和创新相结合的方法。由于保险管理既有自然属性又有社会属性二重性质。管理的自然属性，是对生产力发展的一般规律的反映。适应生产力自然属性的管理的一般原理、原则和方法，具有一般性质。这些一般性的原理原则和基本方法，对于不同社会制度具有普遍意义。因此，资本主义的一些管理原理和方法，对于社会主义保险管理，也具有实用价值。对于这些一般性的管理原则和方法，我们必须加以继承和吸取。保险管理的社会属性，是不同社会的生产关系的特殊性质的反映。那些反映资本主义生产关系的性质和特点的管理理论和方法，不适合社会主义的性质和特点，因而是需要摒弃的。不仅如此，就是反映生产力规律的一些原理和方法，也不能原样照抄、照搬，而需要结合中国的情况加以改革和创新，才有可能取得积极的效果。因而，保险管理学既不能一概排斥外国的管理思想和管理经验及方法，又不能不加选择地照抄照搬外国的经验及方法，而应当吸收和借鉴外国保险管理的好经验、好方法，并结合中国保险业的实际情况加以运用和创新，做到外为中用。

二是分析的方法。分析的方法，就是辩证的方法。辩证法要求我们要全面地看问题，并抓住主要矛盾即在认识客观事物时既要看到它的正面，又要看到它的反面，既要看到它积极的一面，又要看到它消极的一面。在处理和决策问题时，则要以主要矛盾或矛盾的主要方面为依据。具体到保险管理来说，制定一项管理政策和措施，在决策之前，要全面地分析和论证，既要看到某项政策或措施的积极作用，又要看到它的消极作用，并且将两个方面加以权衡，如果某项政策的积极作用是主要方面，消极作用是次要方面，就可以实施。如果在保险管理中，一味追求纯而又纯的正确政策和措施，就等于放弃管理。因为，在客观上根本不存在这种纯而又纯的事物。

三是历史的方法。所谓历史的方法，就是用发展的、变化的观点看问题。任何事物都有其发生、发展和变化的历史过程，都是一定历史时期和一定条件下的产物。因此，对客观事物的评价，例如对保险管理政策、措施和方法的评价，不能脱离其产生的历史时代和客观条件，而抽象地评论。同时，对于任何事物认识，例如对保险管理体制的认识也要看到它的历史、现在和未来，并以此来确定对其取舍。

四是抽象的方法。保险管理学又是一门理论性很强的科学。研究和创立保险管理学的科学理论，是保险管理学的重要任务。理论是实践经验的高度概括和总结，是隐藏在现象背后的本质的升华。现象是可见到和可感到的东西，而本质则是不可见的。对本质的认识，需要运用科学的抽象方法。所谓抽象法，就是透过现象看本质的方法。具体到保险管理来说，就是要舍弃现象之间的偶然的、表面的联系，抓住现象之间的本质的、必然的联系，即规律性，并上升到理论的高度，形成保险管理理论。

（原载于《保险管理学》，中国金融出版社 1989 年版）

《保险经济学》导言

一、保险经济学的对象和任务

在国内外保险理论研究的历史上，很少有人专门研究保险经济学。最近，在国外虽然有以保险经济学命题的文章和著作，但这类保险经济学的内容都是关于保险的理论与实务的解释，而不是科学意义上的保险经济学。在国内，也只是在最近几年，才有人开始研究保险经济问题。这种研究处于对保险经济研究的初始阶段，尚未形成比较完整、比较系统的保险经济理论体系，更没有形成完备的保险经济科学。作为一门完整系统的保险经济学，还需要通过大家的共同努力来创建，而准确地确定一门科学的研究对象和任务，则是创建这门科学的首要课题。因而，我们对保险经济学的研究，就从这里开始。

（一）保险经济学的对象

科学研究的对象，就是这门科学所研究的某一现象领域所特有的某一种矛盾。对这种特有矛盾的研究，就构成一门科学。

保险经济学的对象，是保险领域中的经济关系，即保险经济关系。保险经济学是研究保险经济关系的科学。

所谓保险经济关系，包括以下四层含义。

一是保险分工协作关系。所谓保险分工协作关系，从宏观上说，是指保险主体即保险人（或保险公司）与保险客体即被保险人（或具有法人资格的单位）之间的相互作用关系。它包括保险产生的条件，保险在国民经济中的地位，保险在国民经济中的作用，等等。从微观上讲，它是指保险企业内部各个环节之间的相互配合、相互衔接、相互促进的关系。研究保险分工协作关系，有利于科学地组织和处理保险与国民经济中各部门的关系和保险企业内部的关系，从而有利于完善社会生产关系，促进生产力的发展。

二是保险经济利益关系，即保险主体与保险客体之间，各个保险主体之间以及各个保险客体之间的经济利益关系。这是经济关系的核心内容和本质。从宏观上说，保险经济利益关系包括保险企业与国家财政之间的关系，保险企业与被保险人之间的关系，保险企业之间的关系，以及被保险人之间的经济利益关系。这种经济利益关系既包括所有关系（例如保险公司的财产归谁所有），又包括分配关系（例如经营成果归谁占有，以及各自占有多少）。从微观上说，保险经济利益关系包括保险企业内部各层次劳动者之间的利益分配和占有关系。这种占有关系既包括质的规定性，例如是等价交换间的商品关系，还是无偿占有剥削关系；又包括量的关系，如在劳动成果的分配上各占有多少。

保险经济利益关系是保险经济关系的核心和本质。这种经济利益关系是否合理，与人们的积极性有密切的关系，对生产力的发展也有极大的影响。研究保险经济利益关系，有利于正确处理人们之间的经济利益矛盾，促进社会生产力的发展。

三是与保险有关的各种要素之间的数量关系。这种保险数量关系，是指当某一种与保险有关的要素发生变化时，它对保险经济的发展所产生的影响。这种影响既有正值，又有负值。例如居民收入的增长一般会对人身保险或家庭财产保险发生正值影响，会扩大保险规模；而一种新的安全生产技术的发明，则会对企业财产保险发生负值影响，使企业财产保险相对减少。上述正负两方面的影响，都可以通过数学模式计算出来，从而分析它们之间的数量关系。

研究保险经济数量关系，对于科学地掌握保险需求及保险供给的规模和结构，合理地组织保险市场，发展保险经济有极为重要的意义

四是保险经济效益关系。保险经济效益关系，是指保险的投入与产出的对比关系。从宏观上看，保险经济效益是指整个社会在保险业上投入的物化劳动和活劳动的总和与保险业为社会所节省的或给社会补偿的以及这一补偿能为社会带来的经济利益的总和二者之间量的比较关系。从微观上讲，保险经济效益就是保险企业自身的投入与产出的关系，即保险企业投入保险活动的物化劳动和活劳动的总和与其所获得的收入总和之间的量的比较关系。

研究保险经济效益关系，在宏观上能够认清保险发展的规模和结构，确定在整个国民经济中保险应占的比重；在微观上，可以确定保险企业经营水平的高低，决定保险企业能否继续存在，能否继续经营。

保险的分工协作关系、经济利害关系、经济数量关系和经济效益关系四个方面，构成保险经济关系体系。其中分工协作关系是保险经济关系存在的前提，它直接与社会生产力相联系，并直接受生产力的发展变化的影响。生产力越发展，水平越提高，保险与国民经济的分工协作关系就越复杂，联系就越紧密，保险企业内部的分工协作关系也就越精细。它是保险经济关系存在的前提之一。保险经济利益关系，是在保险分工协作关系的基础上，形成的更深层次和更本

质的经济关系。分工协作关系越精细,保险经济利益关系也就越复杂、越广泛,并且具有不同的社会性质,例如一般性的商品保险经济关系、资本主义保险经济关系和社会主义保险经济关系,等等。保险经济数量关系,直接取决于分工协作关系。例如分工协作关系越复杂,影响保险的因素也就越多,因而保险的数量关系也就越复杂。保险经济数量关系也直接受科学技术发展程度的影响。科学技术的进步,一方面会减少灾害发生的可能性,防爆设备、自动喷淋设备、化学人工降雨等,会对保险产生负值影响;另一方面,又会增加新的风险,例如原子能发电设备、航天飞机、宇宙飞船等,都会带来新的风险,这些因素都会增加保险需求,产生正值影响。数量经济关系也间接受保险经济利害关系的影响,在不同的社会制度下,同样的保险经济利益关系会对保险数量关系产生不同的影响。例如在资本主义制度下,保险企业与国民经济其他部门的关系是互相对立的关系,保险企业内部各阶层的关系是剥削关系,因而这种保险经济利益关系对保险产生不利的影响。在社会主义制度下,保险企业与国民经济各部门之间以及保险企业内部各类劳动者之间,都是等量劳动相交换的社会主义关系,因而这种保险经济利益关系对社会主义保险的发展有促进作用。经济效益关系是保险经济关系的终极点或落脚点。一切保险经济活动的最终目的是为了取得保险经济效益。在社会主义条件下,不仅要注意保险企业的经济效益,更要注意整个社会的经济效益。保险经济效益关系不仅受保险分工协作关系的影响,也受保险经济利益关系和保险数量关系的影响。

从保险经济关系的角度来分析,这四项内容的逻辑体系大体上是:保险分工协作关系;保险经济利益关系;保险经济数量关系;保险经济效益关系。

(二)保险经济学的任务

保险经济学的任务与保险经济学的对象有密切的联系。保险经济学的对象制约着保险经济学的任务,保险经济学的任务实现着保险经济学对象的要求。一般而论,保险经济学的任务,是揭示保险经济关系的发生、发展及其运动的客观规律性。它既为保险业的发展提供理论指导,又为其发展提供可供选择的实施方案。

具体而言,保险经济学的任务主要有以下四项。

一是揭示保险经济关系产生、确立和发展的条件,阐明保险在国民经济中的地位和作用,为保险业的发展奠定理论基础。

二是阐明保险经济关系的内容和性质,揭示保险经济关系的内容和外部矛盾,提供正确处理保险经济矛盾的原理、原则,借以促进保险业的发展。

三是揭示与保险经济关系相联系的各种因素,并确定各种因素与保险经济发展的数量关系，为进行科学的预测和决策提供最佳模式和最优方法。

四是科学地规定保险经济效益的含义，揭示影响保险经济效益的各种因素，指明提高保险经济效益的途径。

二、保险经济学的内容和结构

（一）保险经济学的内容与保险经济学对象之间的关系

保险经济学的内容与对象是既有联系又有区别的两个概念。二者之间的联系在于：一方面，保险经济学的内容是由其对象决定的；另一方面，保险经济学的对象，是通过其内容来体现的。二者之间的区别在于：一门科学的对象是某一现象领域中的某种特殊矛盾，因而，某一门科学只能有一个研究对象，而一门科学所涉及的内容则是多方面的，它比这门科学的研究对象所涉及的内容要广泛得多。例如马克思主义政治经济学的研究对象是生产关系，但马克思政治经济学的经典著作《资本论》的内容既涉及生产力又涉及上层建筑；既有经济学说史、经济史的内容，又有一般历史的内容；既涉及哲学、史学、文学，又涉及自然科学；既有政治、文化、思想方面的内容，又有军事方面的内容。尽管《资本论》涉及如此广泛的内容，我们也不能认为《资本论》有许多研究对象。这是因为，《资本论》中除生产关系以外的其他内容，都是围绕着揭示和阐明资本主义生产关系的需要而设置的，是为研究和揭示资本主义生产关系服务的。这些内容是其他科学的研究成果，是为《资本论》的研究对象服务的，它们本身不是《资本论》的研究对象。

保险经济学也是如此。保险经济学的对象只有一个，就是保险经济关系；而保险经济学的内容则比保险经济学的对象广泛得多。

（二）保险经济学的内容

保险经济学的内容大致包括以下几个方面。

保险经济关系。作为保险经济学研究对象的保险经济关系是保险经济学的主体内容。如前所述，保险经济关系包括保险分工协作关系、保险经济利益关系、保险经济数量关系和保险经济效益关系等四方面的内容。上述四项内容在保险经济学中占主体地位，是保险经济学的基本内容，其他内容都是为这些基本内容服务的。

法学。法学不是保险经济学的对象，但在保险经济学中占有重要的地位。因为，从法学的角度来看，保险行为是一种法律行为，保险关系是一种法律关系，保险形式也是一种法律形式。首先，保险关系就是按照国家颁布的《保险法》的要求建立起来的。其次，保险关系双方又都是按照《合同法》的规定，以保险合同形式相联系的。再次，一旦发生保险合同责任范围内的自然灾害和意外事故，保险双方又都是按照合同规定处理赔付关系，如若发生争执，又要通过法院以法律程序加以解决。例如1978年，香港某公司的一位职员，下班后自己驾驶汽车回家，到家后又驾车到某处探望亲人。汽车行至香港北角地带，司机下车上厕所，不幸在厕所内摔倒，脚脖子被摔断。该司机起诉香港政府，要求经济赔偿，理由是该厕所是香港政府管理的公共厕所，厕所地面很滑，致使司机摔倒致伤，由此造成的损失应当由香港政府赔偿。香港政府不服，理由是该司机自己不慎摔伤，与政府无关，司机的损失及医疗费用应当由雇主负责赔偿，伤者的雇主为司机投保了雇主责任保险，赔偿费应当由保险公司赔付。司机的雇主不服，理由是雇主责任保险合同条款规定，雇员在执行雇主的命令或在业务时间内由于为雇主服务发生事故而造成的经济损失，应由雇主负责赔偿，而该司机是在已下班且已经到家后，又驾车去探亲，在途中发生意外事故的，因此与雇主无关，雇主不负赔付责任；而且事故的责任在政府而不在本人，就是保险公司赔付了雇主责任险的赔偿费，也要依照代位追偿原则向政府追回赔款。法院最后判决由香港政府赔付司机20万港元，理由是该厕所由香港政府管理，由于管理不善，地表面存水，政府又没有发出警告，未提醒人们注意"小心路滑"，属于失职行为，应当赔款。这桩案件如此了结。从这个案例中可以看出，保险关系虽然是一种经济利益关系，但它是以法律合同形式存在的经济利益关系，因而同时就是一种法律关系。没有法学也就没有保险经济学。

数学。保险经济学与数学的关系极为密切。数学对保险经济学的意义，可以从宏观和微观两个方面来考察。从宏观上看，概率论及其大数法则，既是保险经济关系得以建立的数学基础，又是制定各种费率的科学依据，它们使保险经济学建立在等价交换的经济关系的基础上。从微观上看，保险企业承保每个具体风险的保险费要运用数学原理计算出来。

自然科学和技术科学。不少自然科学和技术科学都与保险经济学有关。例如保险经济学与化学的关系就很密切。举个案例：某保险公司承保由大连运往香港的一船大豆的货物运输险。船到香港后大豆发了芽，全部大豆都报废了。货主要求赔偿。保险公司经过化验，证明黄豆是经淡水浸泡发芽的，而不是海水浸泡所致。按照货物运输保险的合同规定，保险公司只负责赔偿海水造成的损失，此案不属于赔偿之列。据此，保险公司拒赔，保护了保险公司的经济利益。又如保险经济学与物理学的关系。举个案例：香港一家保险公司承保一个仓库的火灾保险。仓库里存放的是棉纱，由于邻居失火，在灭火时水浸渍了仓库的棉纱。投保人要求赔偿仓库里存放的全部棉纱。保险公司经过拉力实验证明,只有下层棉纱受水渍,上层完好无损,就是下层棉纱虽然受到水渍,但并没有完全失去使用价值。按照合同规定,保险公司仅赔付其三分之一,保护了保险公司的经济利益。

此外,保险经济学与建筑学、原子技术学、航空航天技术学等技术科学也有联系。不懂建筑技术,就不能承保建筑工程保险业务;不懂原子技术,就不能承保原子能发电保险业务;不懂航天技术,就不能承保宇宙飞船和卫星等保险业务。

总之,保险经济学与自然科学、技术科学和社会科学有着广泛的联系,保险经济学会程度不同地涉及这些科学,因而它们也都构成保险经济学的内容。

然而,上述各种科学虽然都会在保险经济学中占有一定的地位,但它们都不是保险经济学的对象。保险经济学只是运用这些科学的研究成果,作为研究保险经济关系的方法和手段,而不研究这些科学本身的内容。因此,不能把保险经济学的对象和保险经济学的内容混为一谈,误把保险经济学的全部内容都当作保险经济学的对象,从而得出保险经济学是一门多对象、多属性、多科学的综合性科学这种不恰当的结论。

(三)本书的结构

本书的结构,主要是根据保险经济学的对象和内容及其内在联系安排的。本书除导言外,分为五篇二十三章。

这个结构基本上体现了保险经济发展的历史过程和逻辑过程的统一。

从历史上看,保险经济关系的出现是社会生产力发展到一定水平、商品经济发展到一定程度的结果,在此基础上,保险经济利益关系得以不断发展扩大;由于保险关系的发展扩大,逐步形成了保险市场;在保险经济市场逐步发展完善的条件下,保险经济运行机制应运而生并日趋完善;在上述各项条件逐步具备的情况下,保险经济效益才作为一个独立的经济范畴而出现;随着保险经济的发展,保险经济管理成为保险经济正常运行和发展的必备条件和环境。

从逻辑体系上看,保险经济关系的五项基本内容是有密切的内在联系的。而论述这种内在联系的逻辑顺序,应当遵循由简单到复杂、由一般到具体的演进过程。这个过程应当是:首先论述保险经济关系的含义、内容和性质,这是第一篇的内容;再论述保险经济关系的存在形式及构成这种形式的各种要素,这是第二篇的内容;对保险经济关系进行静态分析之后,进入对保险经济关系的动态分析,论述保险经济关系在现实生活中的运动过程,这是第三篇的内容;随后进入对保险经济关系运动成果的分析,这是第四篇的内容;最后分析保险经济发展必备的管理环境,这是第五篇的内容。

任何科学都在不断发展和完善，保险经济学作为一门新兴学科也是如此。保险经济学的内容和结构不是固定不变的，随着保险经济关系的发展和保险经济学研究的不断深入，人们对保险经济关系的认识水平将不断提高，保险经济学的内容和结构也将不断发展和完善。

三、保险经济学与相近学科的区别

（一）保险经济学与经济学的区别

保险经济学由于有其自身特定的研究对象和特定的任务而与其他各经济学科相区别。首先是与经济学相区别。

保险经济学与经济学既有密切的联系，又有原则区别。二者之间的联系在于，保险经济学与经济学同属于经济学领域，而且经济学揭示的普遍原理和基本方法，可以成为保险经济学的理论基础和指导方法。二者的原则区别在于，它们各自的研究对象和任务不同。经济学又分为马克思主义经济学和西方经济学。然而，无论是马克思主义经济学，还是西方经济学，都不是对保险领域中经济关系的具体分析，它们只能为分析保险经济关系提供原理、原则和基本方法。而保险经济学则是以保险经济关系为对象的，它的任务是揭示保险经济关系发生、发展及其运动的规律性，为保障经济关系的发展提供理论依据和基本方法，为提高保险经济效益提供基本措施和途径。因而，一般经济学不能代替保险经济学。

（二）保险经济学与保险学的区别

保险经济学与保险学既有密切的联系，也有原则区别。二者的联系在于，保险经济学和保险学都是研究保险领域问题的科学，保险经济学和保险学在内容上有交叉，在原理上有共性。二者的区别在于，它们各自有其不同的研究对象和任务。保险学以保险关系即保险的一般矛盾为对象，而不局限于保险经济关系或保险经济矛盾，因而保险学的对象范围要比保险经济学的对象范围广泛得多。保险学的任务更多的是研究保险的实务运动，揭示保险实务运动的规律性，提供发展保险业务的方式和方法以及推动保险业务发展的技术和经验。保险经济学则以保险领域中的经济关系或经济矛盾为对象，保险经济矛盾只是保险领域中各种矛盾中的一种矛盾。从这个意义上说，保险经济学的研究对象比保险学的研究对象在范围上窄得多，同时也专得多。保险经济学的任务，是揭示保险经济关系的运动规律，为正确处理保险经济关系提供原理、原则，为提高保险经济效益提供基本措施和途径。因而，保险学与保险经济学是两门不同的科学，二者只能互相补充，不能互相代替。

（三）保险经济学与保险经营管理学的区别

保险经济学与保险经营管理学是两门相近的学科，二者不仅通用经济学的某些一般原理，而且在保险经济学中也会涉及保险经营管理学的某些原理、原则和方法。然而，二者之间的区别是十分明显的。保险经营管理学的研究对象是保险领域中的经营管理上的矛盾，是经营管理的一般原理、原则和方法在保险领域中的应用。它所涉及的范围不仅有经济关系，而且有人事关系、政治关系、业务关系和技术关系，等等。它的任务是揭示提高保险经营管理水平的方法和途径，而保险经济学虽然也涉及保险经营管理方面的部分内容，但它不是研究保险经营管理本身的内容和规律，而是应用保险经营管理研究的科学成果，正确处理保险经济矛盾，提高保险经济效益。

（原载于《保险经济学》，南开大学出版社 1989 年版）

《保险学原理》绪论

一、保险学原理的对象和任务

（一）保险学原理的对象

1. 关于保险学对象研究的已有成果

一门科学的研究对象，决定着这门科学研究的标的、基本内容及其发展方向，因此，准确地确定各门科学的研究对象，是各门科学研究的首要课题。

任何一门科学都是对其研究领域的实践经验的理论概括和总结，保险学也是如此。保险学作为一门独立的学科，是随着保险实践的产生而出现，随着保险实践的发展而发展的。保险学研究的对象和范畴在客观上也是随着保险实践的发展而逐步发展变化的。保险学在客观上的研究对象，从实践上升到理论的高度，则是通过人们的主观认识来实现的。人们对客观事物的认识需要有一个过程。而且，由于人们各自所处的地位、观察问题的方法和对客观情况了解的不同，对同一客观事物也会有不同的认识；因而对保险学研究对象的理论概括，也就会有各种不同的观点。为了科学地阐明保险学的研究对象，有必要追述一下有关保险学对象的研究历史和正确确定保险学研究对象的科学方法。

从目前已有的资料来看，对以往关于保险学对象的研究成果，大致可以概括如下：

最初的保险学始于16世纪中叶，产生在欧洲的意大利。当时，由于意大利地中海沿岸各港口相继成为海上贸易的中心，在贸易和海上运输过程中，经常发生自然灾害和意外事故使贸易商品和运输船只造成损失的现象，由此产生了对上述经济损失进行经济补偿、提供经济保障的客观需要，适应这种需要，便产生了为遭受损失的人提供经济保障的原始的保险形式；同时，由于保险活动中经常发生各种纠纷，便产生了处理贸易商与保险人之间纠纷的判例。在这些判例的基础上形成了与海上运输的保险有重要关系的法律规定。由于许多人从事对海上保险法的研究，便产生了以海上保险法规为研究对象的保险学。这类保险学可以称为保险法学。在17世纪，由于概率论、统计学的产生和应用，在英、法等发达的资本主义国家,出现了建立在概率论和统计学基础上的人寿保险业,随之出现了以保险数学为主要研究对象的保险学。到了18世纪末至19世纪中叶,在英国、法国等资本主义国家又出现了以保险经营技术为主要研究对象的保险学。这类保险学就其内容而言,实际上是保险经营技术学。19世纪末,保险业在德国有了新发展,不仅有海上保险、财产保险,而且还有与国民经济以及国家政策相联系的社会保险等新的保险种类。于是出现了以与保险有关的法律、经济、数学、医学、技术和政策等为对象的保险学,人们称之为综合保险学。20世纪初,美国经济学者开始从保险与国民经济、企业经济之间的关系出发,从事保险学的研究。他们认为保险是经济生活处于危险地位的一种对策,因而特别注意对个别保险种类的研究。与此同时,日本出现了类似于美国的保险学说。我国台湾省的一些经济学家们,则侧重于对保险经济制度和保险经营技术的研究,他们认为保险学是关于保险经济和保险经营的科学。

上述诸家关于保险学对象的描述,各自都从不同的角度和侧面,论及了保险学研究的部分内容,但都没能够对保险学的研究对象作出理论的概括。

2. 区分科学研究对象的根据和方法

科学研究的区分,是根据科学对象所具有的特殊的矛盾性质来确定的。因此,对于某一现象的领域所特有的某一种矛盾的研究,就构成为某一门科学的对象。这是我们确定任何一门科学的研究对象所必须遵循的正确的根据和方法。保险学也不例外。按照这种观点和方法考察保险学,就可以科学地确定保险学的研究对象。

3. 保险学的对象

保险属于经济保障领域。经济保障是解决人们与其所面临的各种风险之间的矛盾的形式。经济保障领域中存在着多种不同性质的矛盾,由于矛盾的特殊性质不同,决定了要采用不同的保障形式来解决：有的矛盾要通过国家财政后备形式来解决,有的矛盾要通过社会保险形式来解决,有的矛盾通过互助合作形式加以解决,有的矛盾可以通过企业或个人自身的储备来解决,有的矛盾必须通过保险形式来解决。可见,保险是经济保障各种形式中的一个特殊形式。保险保障形式不同于其他各种保障形式的特殊性质在于：它是遵循商品等价交换原则,通过当事人双方之间签订契约或合同的法律形式确立双方的义务与权利的关系,来实现经济保障的。在保险关系中,一方当事人按照合同的规定向另一方缴纳一定数量的费用,另一方则承担合同规定的经济保障责任。风险一旦发生,按照合同规定的范围内的责任,补偿或给付对方的经济损失,以保障对方的生产或生活的正常运行。因此,保险是解决经济保障领域中需要通过商品经济等价原则加以解决的那类特殊矛盾的一种特殊的经济保障形式。

按照上述对某一现象的领域所特有的某种矛盾的研究，就构成为某一门科学的对象的科学区分的根据和方法。保险学的对象应当确定为：经济保障领域中的需要通过商品经济原则加以解决的某种特殊矛盾。或者说，经济保障领域中需要通过商品经济原则加以解决的某种特殊性矛盾即构成为保险学的对象。为了表达方便起见，我们暂且把这类矛盾称之为"经济保障领域中的商品性矛盾"，与此相联系，我们可以把保险学的对象概括为"经济保障领域中的商品性矛盾"。

经济保障领域中的商品性矛盾与风险的类别和特点有关，即某些风险适合于通过商品经济原则来解决，某些风险则适合于通过其他形式加以解决。但经济保障领域中的商品性矛盾与社会生产力发展水平以及商品经济制度的形成和发展程度之间的关系更为直接。它的出现需要更高的物质条件、经济制度条件和社会条件。因此，保险保障形式的出现，在时间上要晚于其他经济保障形式。与此相联系，科学意义上的保险学的产生，在时间上也要滞后于其他经济保障学说的出现。历史事实也正是如此，历史上最先出现的经济保障形式，是个人（家庭）保障、企业（单位）保障、互助合作保障、国家保障、社会保险等非商品性的保障形式，只是在商品经济制度出现并有了一定程度的发展之时，才出现了保险保障形式，与此相联系的保险学才逐步形成和发展起来。

4. 保险学原理的对象

保险学与保险学原理，就其本质而言，二者是一门科学。因而，二者的研究对象是相同的，即都以经济保障领域中的商品性矛盾为对象。二者的区别在于具体内容和具体任务有所不同。原则上讲，保险学原理的内容更集中于对保险一般原理的研究方面，而保险学的内容除了对保险一般原理的研究外，还在一定程度上涉及保险实务的某些内容；保险学原理的任务，集中在揭示保险领域的一般规律性，而保险学的任务除揭示保险一般规律性外，还在一定程度上揭示一般规律在保险实务上的体现和保险实务的发展趋向。二者的具体差别在以后各节中分别论述。

（二）保险学原理的任务

1. 保险学原理的一般性任务

一门科学的任务与这门科学的对象有着密切的联系。一门科学的对象制约着该科学的任务，这门科学的任务实现着该科学对象的要求。保险学原理的对象与任务之间的关系也是这样。即保险学原理的对象，制约着保险学原理的任务，保险学原理的任务，实现保险学原理对象的要求。一般而言，任何科学的任务只有一项,即揭示该门科学研究对象这一特殊矛盾产生、发展及其运动的客观规律性。保险学原理的任务,就是揭示保险这一客观现象产生、发展及其运动的客观规律性。

2. 保险学原理的具体任务

保险学原理的一般性任务是通过具体形式而实现的,保险学原理的具体任务主要有以下四项。

一是揭示经济保障领域中商品性矛盾的质的规定性,明确该领域中商品性矛盾与非商品性矛盾的本质区别,划清保险保障形式与非保险保障形式的界限,规范保险学的研究范围,阐明保险学与其相近科学之间的关系。

二是揭示经济保障领域中商品性矛盾产生、确立和发展的客观条件,阐明保险活动中存在的基本原理,明确保险活动运行的基本规则,为保险业的运行奠定理论基础。

三是阐明经济保障领域中商品性矛盾的内部关系,为正确处理保险业内部关系提供理论依据。

四是阐明保险与国民经济中相关部门之间的关系,明确保险在国民经济中的地位和作用。

二、保险学原理的内容和结构

(一) 保险学原理的内容

1. 保险学原理的内容与保险学原理对象之间的关系

保险学原理的内容与对象是既有联系又有区别的两个概念。二者之间的联系在于:一方面,保险学原理的内容是由其对象决定的;另一方面,保险学原理的对象,是通过其内容来体现的。二者之间的区别在于:一门科学的对象是指某一现象领域中的某种特殊性矛盾,因而,某一门科学只能有一个研究对象,而一门科学所涉及的内容则是多方面的,它比这门科学的研究对象的内容要广泛得多。科学对象及其性质并不是孤立存在的;一门科学除了要研究科学对象本身外,还要研究科学对象与其相关各个领域的联系和相互作用。例如,马克思的《资本论》是马克思主义政治经济学的经典著作,它的对象是资本主义社会的生产关系,然而,《资本论》的内容除包括资本主义生产关系外,既涉及生产力又涉及上层建筑,既有经济史、经济学说史的内容,又有一般历史的内容;既涉及哲学、史学、文学,又涉及自然科学;既有政治、文化、思想方面的内容,又有军事方面的内容。尽管《资本论》涉及如此广泛的内容,我们却不能认为《资本论》有许多研究对象。这是因为,《资本论》中除生产关系以外的其他内容,都是围绕着揭示资本主义生产关系的内容及其运动规律的需要而设置的,是为研究和揭示资本主义生产关系运动的规律性服务的。《资本论》中所涉及的其他各门科学的内容,均是以满足揭示和说明资本主义生产关系的需要为限度,不能随意取舍,更不能漫无边际地无限伸延。

保险学原理的对象与其内容之间的关系也是如此。保险学原理的对象只有一个,就是经济保障领域中的商品性矛盾,而保险学原理的内容则要比保险学原理的对象广泛得多。

2. 保险学原理的内容

保险学原理的内容主要包括以下几个方面:

经济保障领域中的商品性矛盾。作为保险学原理对象的经济保障领域中的商品性矛盾,是保险学原理的中心内容和主体。主要研究经济保障领域中商品性矛盾的性质、特征、表现形式、产生和存在的条件及其运动的规律等一系列的概念和范畴。

经济保障的非商品性矛盾和形式。经济保障领域中的非商品性矛盾和形式,例如,国家后备保障、社会保险、社会福利、社会救济保障、互助合作保障、企业(单位)和个人(家庭)保障等形式,虽然不是保险学原理的对象,但是它们与这一领域中的商品性矛盾之间存在着密切的联系。研究经济保障领域中的商品性矛盾,必然会涉及上述各种保障形式,并且必须是在研究和分析商品性矛盾与非商品性矛盾的相互关系中来研究商品性的矛盾,只有如此,才能揭示商品性矛盾的内在本质及其运动规律。因此,保险学原理中必然会涉及经济保障的各种矛盾和形式。

法律。法律(包括相关的各项法规)不是保险学原理的研究对象,但是它在保险学原理中占有相当的分量和重要的地位。因为,从法学的角度来看,保险行为是一种法律行为,保险关系是一种法律关系,保险形式也是一种法律形式。首先,保险关系是按照国家的保险法律和政府有关保险的法律规定建立和运作的。其次,保险双方按照合同法的规定,以保险合同形式相互建立起权利和义务关系。再次,一旦发生保险合同责任范围内的自然灾害、意外事故和其他责任事故,保险双方都要按照保险合同的规定来处理双方的关系。双方若发生争议,又要通过法律手段以及法律程序加以解决。例如,香港某公司的一位职员,下班后驾驶汽车回家,到家后又驾驶汽车到某地探望亲人。汽车行至香港北角地带,司机下车上厕所,不幸在厕所内摔倒,脚踝骨被摔骨折。该司机起诉香港政府,要求给予经济赔偿,理由是该厕所属于香港政府管理的公共厕所,厕所地面很滑致使司机摔伤,由此造成的经济损失应当由香港政府负责赔偿。香港政府不服,理由是该司机是因为自己不慎摔伤与政府无关,司机的损失及医疗费用,应当由雇主负责赔偿。由于伤者的雇主与司机投保了雇主责任保险,赔偿费应由保险公司赔付。司机的雇主不服,理由是雇主责任保险合同规定,雇员在执行雇主命令或在业余时间内由于为雇主服务发生事故而造成经济损失或人身伤害,应由雇主负责赔付。而该司机是在已经下班且已经到家后,驾车去探亲途中发生意外事故的,因此与雇主无关,雇主不负赔偿责任。而且由于事故的责任不在本人而在政府,就是保险公司赔付了雇主责任保险的赔偿费,也要按照代位追偿权的原则向政府追回赔款。此案最后由香港法院判决由香港政府赔付该司机 20 万港元,理由是该厕所由香港政府管理,由于管理不善,地表面积水,政府又没有发出警告,提醒人们注意"小心地滑",属于失职行为,应当赔偿。从这一案例中可以看出,保险关系与法律有着密切的联系,保险学与法学之间亦互相关联,就现代保险而言,没有法学也就没有保险学。

数学。保险学原理与数学的关系极为密切。数学对保险的意义,可以从宏观和微观两个方面来考察。从宏观上看,概率论及其大数法则,既是保险学原理得以确立的数理基础,又是制定各种保险费率的科学依据,数学使保险关系建立在通过数量计算而形成的合理的保险费率的基础上,使保险关系与商品等价交换关系有机地联系在一起,从而使保险建立在合理的经济利益关系的基础之上,使保险学原理真正成为科学。从微观上看,与保险企业的经营有密切的关系。保险企业经营保险业务,是通过不断地推出新险种得以实现的。而新险种的保险费率的制定是否科学、合理决定着这一险种是否能够推出和发展,以及保险公司最终是否能够继续经营和生存下去。因此,从某种意义上讲,没有数学作依据,就没有科学意义上的保险,更不会有保险科学。

自然科学。保险学原理与自然科学也有密切联系。例如保险学原理与化学的关系就很密切。举个案例:某保险公司承保由大连运往香港的一船大豆的货物运输保险。船到香港之后大豆发了芽,全部大豆都报废了。货主要求赔偿。保险公司经过化验之后证明黄豆是经过淡水浸泡发芽的,而不是海水浸泡所致。按照货物运输保险合同规定,保险公司只负责赔偿海水造成的损失,此案不属于赔偿之列。保险公司据此拒绝赔付,正确地执行了保险合同,维护了保险原理、原则。又如保险学原理与物理学之间的关系也很紧密。举个案例:香港一家保险公司承保一个仓库的火灾保险。仓库里存放的是棉纱。由于邻居发生火灾,在灭火时消防用水浸渍了仓库的棉纱。投保人要求赔偿仓库里储存的全部棉纱。保险公司经过拉力实验证明,只有下层棉纱受水渍,上层棉纱完好无损。而下层的棉纱虽然遭受水渍,但是还没有完全失去使用价值。经过双方协商,最后仅赔付下层储存全部棉纱量的三分之一，这说明物理学对保险的意义，也说明保险学原理与物理学之间的密切联系。

保险学原理还与建筑学、原子技术、电子技术、航空航天技术科学有关。不懂得建筑技术就不能设计和承保建筑工程保险业务；不懂原子技术就无法设计和承保与原子技术相关的保险业务，如原子能发电站和发电设备保险业务；电子计算机在保险业务中是不可缺少的计算手段，不懂得计算技术也不能科学地制定保险费率；不懂得航天技术就不能设计和承保宇宙飞船和卫星保险业务。

总之，保险学原理与自然科学和技术科学均有密切关系，不仅与保险技术有直接关系，而且对于揭示保险原理也是必不可少的学问。因此，保险学原理中会不同程度地涉及这些内容。

此外，生产力科学和经济科学与保险学原理的关系更为密切。因为商品性保障形式的产生和发展既要以生产力发展到一定水平为物质基础，更是以商品经济发展的一定高度和广度为其经济前提。没有剩余产品就不可能有经济保障的任何形式的出现；没有商品经济制度，就没有商品性保障形式的产生。由于在以后有关章节还要专门论述这些道理，在此就不再重复。

虽然相关各门科学的研究成果都不同程度地成为保险学原理的内容，在保险学原理中均占有一定的位置，但是它们均不是保险学原理的对象。保险学原理只是运用这些科学的研究成果，作为研究和揭示保险学原理的方法和手段，而不去研究这些科学本身的内容。因此，不能把保险学原理的对象与保险学原理所涉及的内容混为一谈，误把保险学原理所涉及的全部内容都当作保险学原理的对象，并由此得出保险学原理是一门多对象、多属性、多学科的综合性科学这一不恰当的结论。

（二）保险学原理的方法和结构

1．保险学原理的方法

若以自然科学和社会科学来区分保险学原理的类别，保险学原理属于社会科学范畴；若以文学、史学、哲学和经济科学为区分科学类别标准的话，保险学原理则属于经济科学范畴。保险学原理无论是划归社会科学范畴，还是更具体地划归为经济科学范畴，都需要采用以下几种方法：

辩证唯物主义和历史唯物主义。辩证唯物主义和历史唯物主义既是一种世界观，同时又是一种方法论。它是适于一切科学领域的最一般、最普遍和最重要的方法。保险学原理，当然首先应当运用这种方法。

定性分析和定量分析方法。定性分析和定量分析是任何科学领域经常采用的研究方法。保险学原理也必须采用这种研究方法。特别是保险学原理更要把这两种方法紧密地结合起来加以运用。

历史与逻辑相统一的方法。历史与逻辑相统一的方法,是保险学原理采用的具体方法。从历史发展过程来看,自然灾害、意外事故和人生自然规律所产生的风险是先于保险而存在的普遍现象;其次,由于生产力的发展,商品经济关系的出现,为保险的产生创造了物质基础和经济前提;再次,由于数学特别概率论及其大数法则的发展以及法律的产生和发展,才使保险建立在科学的基础之上,出现了现代保险业。保险产生之后,才有新险种的设计和推广,保险的运行规则、制度及再保险技术等保险自身的发育条件;保险自身的发展便与全社会范围的经济保障体系和整个国民经济之间发生联系并形成一定的关系;随着保险业的发展和保险市场的形成,便产生了对保险业的管理问题。这是保险业产生和发展所经历过的历史过程。

从逻辑关系来看,首先分析保险产生和存在的条件,这些条件包括风险的存在、物质生产力的提高、商品经济关系的建立、数学和法学的发展等,由于有了这些条件才使保险业的产生和存在成为可能,所以,对保险的分析应当从其产生和存在的条件开始;其次,是分析保险自身的性质、功能、保险种类,经营技术,运行环节及运行规则;再分析保险与社会经济保障和整个国民经济之间的联系和关系;最后,再分析国家和社会对保险业的管理问题。通过逻辑关系的分析来揭示保险业运行的基本原理和规律,这是逻辑分析方法的具体运用。而这种逻辑分析方法与保险产生和发展的历史过程是一致的,体现了历史和逻辑的一致性。

2. 保险学原理的结构

任何科学都在不断地发展和完善,保险学原理作为一门新兴科学更是如此。同时,人们在主观上对一门科学的认识要有一个由不成熟到比较成熟的过程,还由于人们认识客观事物的能力和水平所限,很难达到对客观事物完全正确认识的程度。因此,对一门科学的逻辑结构的安排也就很难做到尽善尽美。随着保险这一客观事物存在的条件发展和变化,保险本身也要随之发展和变化,因此,反映这一客观事物的科学本身,也要随之不断地发展和完善。

根据我们现在的认识水平,对保险学原理的结构作如下安排。

全书除绪论外,共分设十二章。这十二章按照其内容归纳为五个相对独立部分。

第一部分是论述保险产生和存在的原理,其中包括保险的风险基础、保险的经济基础、保险的数理基础以及保险的法律性质共四章;第二部分是论述保险的定义、性质和功能,共二章;第三部分论述保险与社会和国民经济之间的联系和关系的一般原理，包括保险在社会经济保障体系中的分工和保险与国民经济共两章；第四部分论述保险品种和保险运行环节、保险运行规则和再保险，共三章；第五部分沦述国家对保险业的监督和管理的原理，共一章。

三、保险学原理与其相近学科的区别

（一）保险学原理所处的学科领域

1. 科学领域的区分

科学领域的区分是由科学研究的对象决定的。由于各门科学都有其特定的研究对象，各门科学的研究对象之间存在着客观关系，因而各门科学都处于特定的学科领域。如果按照客观现象大类来区分，可以把客观现象划分为自然现象和社会现象两大类。与此相适应，可以把研究自然现象的科学称之自然科学，把研究社现象的科学称之为社会科学，由此，可以把科学区分为自然科学和社会科学两大类别。若对社会现象进行更为具体的区分，并以细分后的现象作为研究对象，则在社会科学这个大领域中，又可以区分为文学、历史学、社会学和经济学等若干学科领域。对上述各个学科领域还可以进一步细分为更具体的学科，例如经济学科领域的对象还可以因其矛盾的特殊性质而区分为更为具体的经济现象，对这些更为具体的经济现象的专门研究，又构成经济学科领域中的分支学科，使其处于经济学科体系中的一个特殊的子学科领域。总之，科学领域的划分是以其研究对象所处的领域为依据，而科学领域划分的范围，要视研究对象所包括的范围而定。然而，随着人们认识客观世界能力、水平和手段的不断提高，随着人们认识世界和改造世界的要求不断提高，以及对科学研究的精确度的要求不断提高，科学研究的对象有细分的趋势，因而科学门类有不断增加的趋势。

2. 保险学原理所处的学科领域

保险学原理由于其自身有其特定的研究对象，因而有其特定的研究领域和特定的学科领域。根据上述区分学科的标准和方法，保险学原理属于社会科学领域这一大类，而在社会科学领域中又属于经济学科领域，是经济学科领域中的分支学科领域即经济保障领域中的商品保障形式领域，或者说是经济保障学科领域中的商品保障学科，它是研究经济保障的商品保障形式的科学。

（二）保险学原理与相近学科的区别

1. 保险学原理与保险学

保险学原理与保险学研究的是同一个客观现象或矛盾，即经济保障领域中的商品性矛盾，都是研究经济保障形式中的商品保障形式，因而属于同一门学

科。二者的区别在于各自的研究侧重点和所涉及的范围略有不同。保险学具有保险概论性质，它既包括保险一般原理的内容，又包括保险实务的内容，但对二者均不可能有深入细致的研究和论述；而保险学原理虽然也会涉及一些保险实务的内容，但不作为重点研究对象，而是把保险运行的一般原理作为重点研究对象，把揭示保险领域的一般规律性作为主要任务，为保险实务的研究奠定理论基础。从这个意义来讲，保险学还可以细分为保险原理学和保险实务学两门更为精确更为具体的学科。

2．保险学原理与经济保障学

在现阶段的中国，还没有人将经济保障学作为一个独立的学科提出来，还没有使之真正形成一门科学。然而我们认为，在世界范围内经济保障问题早已经作为一个独立现象被人们所重视，并且已经有了相当的研究成果，在我国虽然尚未被人们作为一门学科而提出，但是在实践中把经济保障作为一个相对独立的整体进行研究已经大有人在，而且已经有了初步的研究成果。

经济保障学的研究对象应当是由一个国家或一个社会的经济保障各种形式所构成的经济保障系统工程体系。它的任务是揭示经济保障这一客观现象所特有的矛盾性及其运动的规律性。保险是经济保障形式体系中的一种特殊形式即经济保障的商品形式。保险学原理是经济保障学中的一个分支学科。

3．保险学原理与保险经济学

保险学原理与保险经济学既有密切的联系，也有原则区别。二者的联系在于保险学原理和保险经济学都是研究保险领域问题的科学，保险学原理和保险经济学在内容上有所交叉，在理论上具有共性。二者的区别在于，各自有其不同的研究对象、任务和范围，保险学原理是以经济保障领域中的商品性矛盾或经济保障的商品形式为对象，其任务是揭示商品性矛盾及商品保障形式产生、存在和发展的一般规律性，其研究范围侧重于保险形式存在的经济、社会、法律、数理等条件。保险经济学是以保险领域中的经济关系为对象，其研究范围侧重于保险的经济利益关系、分配关系、数量关系和效益关系，其任务是揭示保险经济关系的发生、发展及其运动的规律性。从这个角度上讲，保险学原理是保险经济学的理论基础，保险经济学是在保险学原理的基础上对保险经济利益关系进行专门研究的科学。

4．保险学原理与经济学

保险学原理与经济学同属于经济学科。经济学的研究对象是生产关系即经济关系的总体，其中包括生产关系、分配关系、交换关系和消费关系，其任务是揭示生产关系总体的发生、发展和变化的规律性。而保险学原理则是以经济保障关系中的商品性关系为对象，主要揭示经济保障形式中的商品保障形式建立和发展的规律性，其研究对象局限于经济关系领域的一个部门。二者之间的联系在于经济学为保险学原理提供最基本的理论依据，保险学原理则是经济学原理的应用和发展。

（原载于《保险学原理》，南开大学出版社 1989 年版）

关于"社会经济保障学"的构思

我主张建立一门社会经济保障学。产生这个想法已有十多年的时间了。1989年以来，这个想法尤为强烈，其直接原因是由于我国改革开放以来逐步形成的保险市场中存在着不正常的"竞争"状况，其中特别是商业保险与社会保险之间，社会保险与社会的福利、社会救济之间，以及各种自保和互助保险形式与商业保险和社会保险之间的"打乱仗"、"争地盘"的现象所引起的思考。经过思考和初步研究，我发现社会保障问题，不是一个简单的保障形式问题，而是由各种保障形式构成的系统工程体系。各种保障形式之间既有分工，又有协作，共同完成社会保障功能。而往后，通过进一步的研究发现，社会保障不仅是个社会问题，也不仅是由各种保障形式构成的系统工程体系。从本质上说，社会保障的实质是经济保障问题，而且，它是由社会经济保障制度，社会保障机制，社会保障组织和社会保障管理等若干支系统所组成的"社会经济保障系统工程体系"。而对社会经济保障系统工程体系的科学认识和阐明其规律性，则是一个重大的理论问题。研究和阐明社会经济保障系统工程体系，揭示社会经济保障系统工程体系的运行规律，需要一门新的科学。我把这门新科学称之为"社会经济保障学"，并对社会经济保障学的内容、结构、研究对象、任务及其重大的理论意义和实践意义构思如下：

一、总体结构

社会经济保障学是一部为从社会的广度、经济的高度出发，运用现代系统工程体系的思维方式，从宏观上进行风险管理提供理论依据的科学。全书分为上、中、下三编。上编为总论篇，中编为分论篇，下编为管理篇。上编包括导论、社会经济保障学的实践依据和理论基础和社会经济保障系统工程体系三章。中编包括国家保障、社会保障、商业保障、合作（相互）保障、单位（系统）自保和家庭（个人）保障六章。下编包括社会经济保障系统工程体系实施的外部环境、国家对社会经济保障系统工程体系的监督与管理和社会经济保障系统工程体系的自我约束三章。

二、学术价值

社会经济保障学的学术价值在于：提出了学术研究的一个新对象，探索了学术研究的一个新领域，开拓了学术研究的一个新学科。

时至今日，在国内外学术界尚没有人提出过"社会经济保障学"这个概念，更没有人提出建立"社会经济保障学"学科的主张。而社会经济保障学首次提出"社会经济保障学"这一新概念，提出建立"社会经济保障学"这一新主张，这本身就具有创新意义。与已有的有关保障形式（如保险保障形式和社会保险形式）的研究状况和研究成果相比，社会保障经济学具有以下几个特点：

首先，研究对象不同。已有的有关保障的科学研究中有的（如保险学），是以经济保障领域中的商品性矛盾（即要通过等价交换原则的保障形式加以解决的矛盾）为研究对象，有的（如社会保险学）则是以经济保障领域中的社会性矛盾（即由于工业社会所产生的需要通过社会保障形式加以解决的矛盾）为研究对象。而社会经济保障学则是以社会经济保障领域中的"总体性矛盾"作为研究对象，或者说社会经济保险学是以社会经济保障领域中的总体性矛盾作为研究对象的科学。

所谓社会经济保障领域中的"总体性矛盾"，指的是在社会经济生活中各种风险事故的发生所导致的全社会的生产要素（即生产资料和劳动力）的短缺与社会经济正常运转所需要的生产要素的数量之间的矛盾。

其次，研究的领域不同。由于社会经济保障学是以社会经济保障领域中的总体性矛盾作为研究对象，由此，决定了社会经济保障学开拓了一个新的更为广阔的研究领域。保险学是以自然风险为主要对象，而且是立足于个人或企业所面临的风险，以概率论和大数法则为理论基础，以精算学作为工具在同类风险的同项投保人之间均摊损失，而且采取的商业保险的保障形式。社会保险学的研究领域虽然包括自然风险、社会风险和政治风险等多种风险种类，比保险学的研究领域要广泛得多，但是社会保险学也只是限于各类风险对人身的损害的基本保障问题的研究。主要是限于社会保险、社会福利和社会救济三种保障形式。

社会经济保障学所研究的总体风险包括自然风险、社会风险、经济风险，政治风险等人类所面临着的一切风险形式；所研究的保障对象既有人身保障，又有对企业和国民经济的正常运行的保障；所研究的保障形式包括国家财政后备、社会保险、社会福利、社会经济、商业保险、合作（相互）保险、单位自保和家庭（个人）保险等多种保险形式；所研究的内容包括研究各种风险的特殊性质以及各种特殊性质的风险所要求的特殊的保障形式，研究各种保障形式自身的功能和保障的特殊领域，更主要的是从总体上和宏观上研究各种保障形式之间的内在联系、它们之间的分工与协作关系，以及社会经济保障系统工程体系的运行规律。因此，社会经济保障学是从全社会的角度，研究人类所面临的一切风险以及这些风险所导致对人身和财物的一切损失的补偿、给付问题。这是一个有待开垦的新领域。

再次，任务不同。社会经济保障学的任务，是揭示社会经济保障领域总体性矛盾运动的规律性，具体而言，社会经济保障学有以下六项任务：（1）人类社会所面临的风险种类及其特殊性质；（2）各类风险事故与社会生产要素（即劳动力和生产资料）之间的关系；（3）各类风险事故的特殊性质及其所要求的经济保障形式；（4）各类保障形式之间的分工与协作关系；（5）各类保障形式的运动规律；（6）对社会经济保障系统工程体系的监督与管理规则。上述任务既不同于保险学的任务，也不同于社会保险学的任务，具有其自身的特殊性质。

由于社会经济保障学具有特殊的研究对象、特定的研究领域和自身的研究任务，因而，它可以发展成为一个独立的新学科。

三、理论价值

社会经济保障学在理论研究上应取得新的进步和新的创意，因而具有较高的理论价值。其突出的表现有以下两点：

1. 把经济学作为社会经济保障学的理论基础，并以经济学原理为依据，把国家财政保障、社会保障、商业保险、保障合作、相互保障、单位自保和家庭保障等各种形式的保障的本质都上升到经济保障的高度，提出一切保障形式在本质上都是经济保障的见解，确立了一切保障形式的经济性质，树立了一切保障的经济观。其逻辑顺序是：

第一，阐明一切保障的出发点和目的的经济性质。经济学认为，物质资料的生产是一切社会生存和发展的物质基础，也是一切政治活动、社会活动和其他一切活动的物质前提。包括社会保障活动在内的一切活动，都必须有利于和服从于社会物质资料的生产活动。因而，人们所从事的一切保障活动，归根结底是为了发展经济，否则任何保障形式都失去了其存在基础，从而也就失去了其存在的意义。

第二，阐明一切保障形式的保障对象归根结底都是对生产要素即生产的物质要素和人身要素的保障。经济学的一个重要原理认为，生产资料和劳动力是任何社会生产所赖以进行的物质要素和人身要素。但二者若是相互分离或短缺，就只能是可能性的生产要素或短缺了的生产要素。要有现实的生产，就必须使两种生产要素同时具备，并且要使二者结合起来。同样，两种要素必须不间断地同时具备，并且要不间断地结合在一起，才可能有不断的社会再生产。尽管保障的形式多种多样，每个保障形式又有千差万别的具体的保障对象，然而从经济学的角度来考察，各种保障形式的保障对象可以归结为对人的保障和对物的保障。对人的保障实际上是对劳动力再生产的保障；对物的保障归根结底是对生产资料的保障。因此，一切保障对象的实质都是对生产要素的保障，由此也说明了一切保障对象的经济性质。

第三，从实现保障的手段来看，也是经济手段。因为，无论是对财产损失的补偿，还是对人身损害的给付，或者是对特定群体所提供的社会救助或社会福利，都表现为一定数量的货币支付。而货币则是商品的价值形式，是一般等价物，它可以转化成任何具体形态的生产资料或生活资料，借以实现对社会再生产的正常化和人们物质生活的安定的保障作用。

第四，检验各种保障制度的先进与落后，好与坏的最高标准是经济的发展。科学技术是第一生产力。科学技术的不断进步是科学技术的内在规律。在科学技术进步的推动下，社会生产力具有最活跃、最革命的特性，它永远不会停留在某一个时点和某一个水平上，它总是以或快或慢的速度向前发展。而包括社会保障制度在内的一切政治制度、法律制度、经济制度、都要与生产力的性质相适应，都要有利于促进社会生产力的发展。因此，社会生产力就成为检验包括社会保障制度在内的一切制度的唯一标准。凡是符合生产力的性质、有利于社会生产力发展的制度就是先进的制度，就会继续存在和发展下去；凡是不符合社会生产力的性质，阻碍社会生产力向前发展的制度，就是落后的制度，这种落后的制度或快或慢地进行变革，最终被新的、更先进的制度所代替。社会保障制也必须接受社会生产力的检验。以英国、法国、美国、瑞典为代表的欧美国家之所以进行社会保险制度的改革，尽管有多种具体原因，但其最根本的原因在于现行的社会保障制度，具有平均主义倾向，不利于从物质利益上调动人们的生产积极性，阻碍了社会生产力的发展。

社会生产力不仅是对已有的社会保障制度的检验标准，而且也是建立新的社会保障制度的尺度。任何新的社会保障制度的建立都必须首先考虑当地当时的生产力水平，都必须与生产力的性质相适应，而不能脱离生产力的水平和性质，凭主观愿望任意建立所谓的"先进"的保障制度。更不能不顾本国的实际情况，照抄照搬外国的保障制度。

2. 社会经济保障学在理论方面的另一点突破是，把现代系统工程学原理引入社会经济保障领域,提出了社会保障是一个系统工程体系的理论。现代系统的工程学原理认为,任何一个复杂的事物都是由一系列的系统所构成的。所谓系统,就是一种自成体系的组织,这个组织是由相同的或类似的事物按照一定的程序和内在联系组合而成的整体,其各个部分共同完成某项功能。某一系统又与其他系统相结合形成一个更高层次的系统。这个系统完成一个更大的功能。以人的生理系统为例:消化系统是人的生理系统中的一个支系统,它是由口腔、咽喉、食道、胃肠、肝和胰等器官构成的,这些器官共同完成消化和吸收营养的功能。人的机体内有许多系统,如呼吸系统、泌尿系统、血液循环系统等,而所有这些系统又都是在神经系统和体液系统的调节下,互相联系,互相制约,共同完成人身的生理机能活动,保障人身机体新陈代谢的正常运行和生命运动。社会经济保障也是一个系统工程体系,它是国民经济这个大系统中的一个支系统。它是由经济保障制度系统、经济保障机制系统、经济保障组织系统和经济保障管理系统等几个支系统组成的一个整体。每个支系统都独立地完成社会保障的某一项功能。而所有的支系统,又都是在社会保障管理系统的调节下,共同协作,完成社会经济保障这一重要功能。

社会经济保障学运用现代系统工程理论,分析社会经济保障制度,得出现代社会经济保障制度是一个系统工程体系的科学结论,实际上是把现代系统工程学的原理,作为社会经济保障学的一个重要的理论来源和组成部分。

四、应用价值

社会经济保障学不仅要从理论的高度论述社会经济保障的经济性质和系统工程性质,而且还要详细论述和设计社会经济保障系统工程体系的应用蓝图。因此,不仅具有学术价值和理论价值,而且还具有很高的应用价值。

(一)论述社会经济保障系统工程体系的构成以及构成社会经济保障系统工程体系的各个支系统的职能、分工和地位

第一,应明确指出社会经济保障系统工程体系是由经济保障制度系统、经济保障机制系统、经济保障组织系统和经济保障监管系统等四个支系统构成的一个有机整体,共同完成对社会经济的补偿功能,实现对社会经济的保障作用。

第二,要论述各支系统的含义和功能。社会经济保障制度指的是关于经济保障的范围和对象、保障程度和所需资金的来源及其使用原则的规定。经济保障制度受风险的特殊性质和风险所致损失程度以及经济利益关系、经济发展水平、社会历史、文化和伦理观念等因素的制约。社会经济保障制度的基本功能是合理地调整不同阶层社会成员之间的经济利益关系,充分调动各阶层社会成

员的积极性，保持社会安定，促进社会经济发展。社会经济保障机制系统，指的是经济保障资金的筹集和运行形式。经济保障机制的功能，一是积聚经济保障所需的资金，二是通过各种形式的资金运动实现保障基金的保值和增值。社会经济保障组织系统，指的是经营或经办经济保障业务活动的机构体系。经济保障组织受经济保障制度和经济保障机制所制约。经济保障组织的功能，主要是依照经济保障制度的规定筹集各类保障资金，并按照经济保障制度的要求，分配和运用各类保障基金，实现经济保障制度和经济保障机制的要求和职能。经济保险管理机构系统，指的是国家根据有关法律或政策规定而建立的对全社会的经济保险业务活动进行管理和监督的机构体系。经济保障管理系统的主要功能，是依照法律和政策，对社会经济保障活动进行监督和管理，保证社会经济保障活动沿着正确的轨道和方向发展。

第三，要论述各支系统之间的分工和地位。社会经济保障制度系统是整个经济保障系统工程体系的根本，它决定着经济保障的对象、范围、程度和经济保障的资金来源、构成以及经济保障资金的使用原则和方向，进而决定一个国家的经济保障的性质和特点。经济保障机制系统，是整个社会经济保障系统工程体系的基础，它为整个社会经济保障积聚资金，并通过自身的运动使资金保值和增值，为社会经济保障提供经济保证。社会经济保障组织系统，是整个社会经济保障体系的枢纽。社会经济保障的一切活动都要通过社会经济保障组织系统来实现。社会经济保障管理机构系统，是整个社会经济保障系统工程体系的关键，它是依照国家的有关法律和政策规定，对整个社会经济保障活动进行统一规划、协调关系并实行有关的监督和管理，保证社会经济保障活动的正常运行和不断地完善与发展。

（二）还要论述和明确各支系统的内部分工

经济保障制度按其提供保障主体的性质来划分，大致可以分为五大类：一是自我保障制度，二是相互保障制度，三是商业保障制度，四是社会保障制度，五是国家保障制度。自我保障制度主要是为损失或损害较小，个人或单位可以承担的风险损失提供经济保障；相互或合作保障制度主要是为有共同利益关系的部分社会成员可以共同承担的风险提供保障；商业保障制度主要是为有缴费能力的社会有关方面所共有的可以预测和可以经营的风险，提供经济保障；社会保障制度主要是由社会对社会成员普遍存在着的风险提供基本保障；国家保险制度主要是对巨灾、巨损或由于经济发展周期所产生的经济短缺提供经济保障。

经济保障机制系统包括个人（家庭）储备金、企业（单位）储备金、互助

（合作）保险基金、社会福利基金、社会救济基金、社会保险基金、商业保险基金和国家后备基金等八种形式。如果把社会保障机制系统比作一棵大树的话，社会物质资料生产，就是这棵大树根基，它源源不断地为经济保障提供物质资料，保证社会经济保障职能的实现和发展。而上述八种机制就是这棵大树的主干、支干和分支，它们在经济保障机制中承担着各自的分工，实现各自的作用，共同完成社会经济保障的功能。其中国家财政后备基金是社会经济保障机制系统的主体，是经济保障这棵大树的主干。社会保险基金和商业保险基金，是经济保障机制系统的两个支体，是社会经济保障这棵大树的两大支干。社会福利基金、社会救济基金、互助（合作）保险基金以及企业（单位）和个人（家庭）保险资金，是社会经济保障机制系统的辅助机制，是社会经济保障这棵大树的分支。这些辅助机制虽然就每个资金单位而言，其资金数量较小，但是它的数量（个数）众多，它所集中的资金总量是个庞大的数字。因而，它在整个保险机制系统中是必不可少的组成部分，是任何保险机制所不能替代的。

经济保障组织系统，是经济保障系统工程体系各项业务活动的组织和实施的主体。社会经济保障组织、系统按其性质划分，主要有自保组织、互助（合作）保障组织、社会保障组织、国家保障组织和商业保障组织共分五大类别，这五类保障组织之间有分工，又有协作共同实现保障职能。

经济保障管理机构系统是由各级管理机构组成的一个统一体。其中分为多级管理层次，即上层、中层和下层。各个层次有分工，有协作共同完成管理职能。

（三）设计社会经济保障系统工程体系的应用模式

根据上面的论述和分析，社会经济保障学专门设计出社会经济保障系统工程体系的应用蓝图（模式）使其具有应用价值。

在图1和图2中特别突出了对经济保障组织系统内部各种组织形式之间的分工。这也是保险现实生活中最为复杂、最容易混淆界限而发生"争执的问题"。

经济保障的对象可以区分为人身保障和财物保障两大类别。这五种保障组织在人身保障和财物保障之间的地位和作用有所不同。

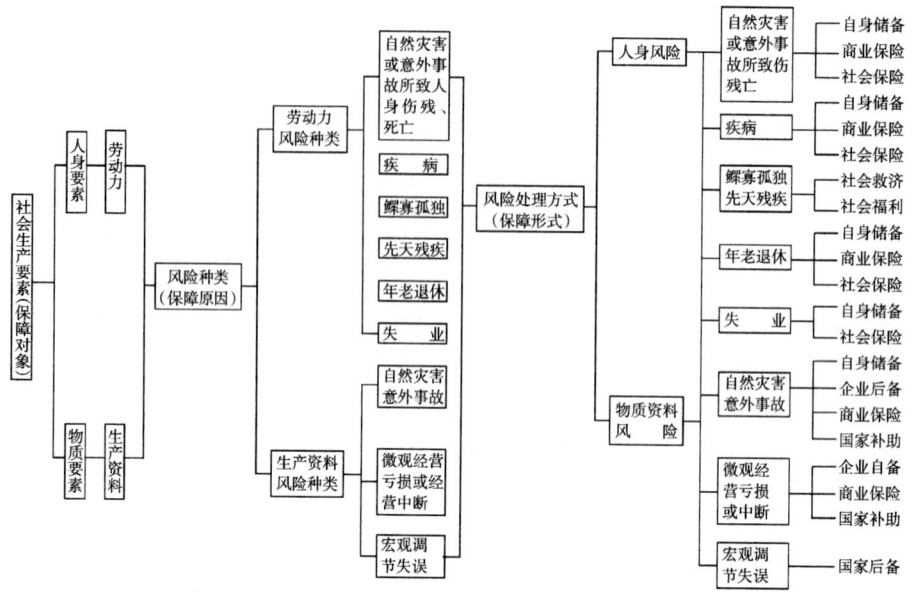

图 1 社会经济保障系统工程体系的内容

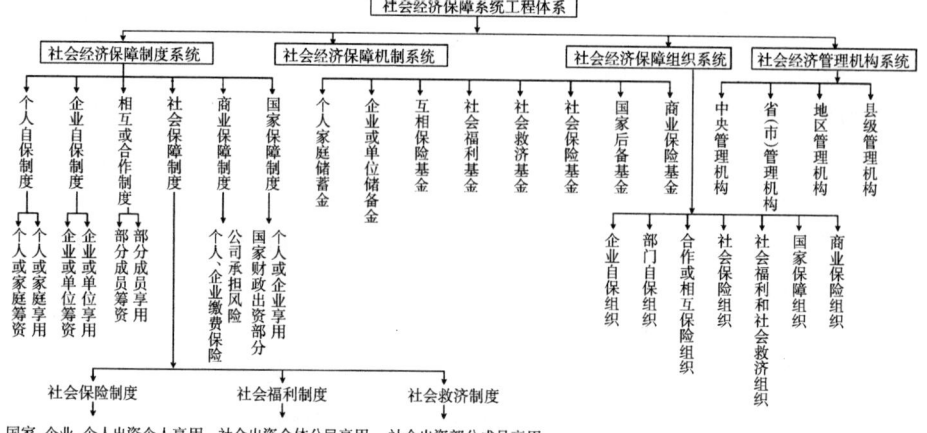

图 2 社会经济保障系统工程体系的结构

就人身保障业务而言可以分为三类：一是社会福利、社会救济等具有福利性质的业务；二是养老、疾病医疗、卫生保健和失业补贴等基本保障业务；三是人寿保险、意外伤害、公共责任以及保障与储蓄相结合性质的业务。在上述三类业务中，第一类业务应由社会保障组织来承办，商业保险公司不应介入；第二类业务中的国家政策规定的强制性部分应由社会保障组织来承办，商业保险公司、互助合作保险组织可以经营非强制性的一部分业务；第三类业务应由商业保险公司经营。国家保障组织只是在遇有大灾、巨灾而在较广泛的范围内对人身及其家庭经济造成损失导致生活困难的情况下，给予一次性的补助，而不经办经常性业务。

在经济保障的物质对象中，包括企、事业单位的财产和居民财产的保障业务，各类社会保障组织不应介入；互助合作保障组织主要是在农村开展农民家财保险和农作物保险业务；国家保险组织只在保险对象主要是国有资产因巨灾、巨损造成经济运行中断或由于经济周期而造成的经济发展不平衡时，给予一次性的经济补助，而不经办经常性业务。企业、单位自保组织承担自留风险所致损失的补偿责任，不承担自留风险以外的风险损失责任。

商业保险公司应当是财产保险业务的主要经营者。互助保险和单位自保组织的能作为商业保险的补充。

五、操作价值

社会经济保障学的分论篇，设立六章分别论述了国家保障、社会保障、商业保障、合作（相互）保障、单位（系统）自保和家庭（个人）保障六种保障形式的性质、职能、地位、作用及实施的程序和步骤，使社会经济保障系统工程体系的建立具有很强的可操作性。

社会经济保障系统工程的建立大致分四步走。

第一，是建立一个组织。这个组织负责社会经济保障系统工程体系的筹建工作，全面负责对社会经济保障系统工程体系筹建过程中的组织和领导工作。

第二，制定法律和政策。把上述理论研究成果用法律或政策的形式规定下来，把理论研究成果变成指导实践活动的政策。就其内容而言，主要应当制定两套法律或法规：一套是关于社会经济保障系统工程中的各种保障形式的性质、保险范围、各自的地位以及各种保障形式之间的相互关系的法律或法规，通过这一法律规定，使人们在政策界限上明确各自活动的领域、活动规范，并且对于故意超越自己的范围侵犯别人的权益的行为，或者违背法律规定的违法行为，作出处罚规定，借以保证各种保障形式正常运行；另一套是关于各种保障形式内部的运行规则的规定。这一法律或法规为各种保障形式内部行为提供规范和依据。借以保证各种保障形式的内部运行规范化。

第三，是建立各种类型的社会经济保障组织。鉴于客观实际上的差别性，社会保障的组织机构，可以根据实际情况区别对待。对已有的组织形式例如商业保险公司和社会保险公司等机构，可以在现有的基础上，根据法律或政策规定的新要求,对原有的组织机构进行改革和创新,使其符合社会经济保障系统工程体系的总体要求。对原来没有建立固定组织机构的保障形式,如国家保障形式、合作(相互)保障形式、单位自保形式等,都要逐步地建立起相应的组织机构,以便于其规范运作和国家对其进行监管管理。

第四,运作、发展和完善。建立完整的社会经济保障系统工程体系之后,按照社会经济保障总体运动的规则要求进行试验性的运作;在运作过程中不断地总结经验,修正体系中的不适用或不正确的内容,补充需要补充的内容,促使社会经济保障系统工程体系不断地发展和完善。

六、管理价值

社会经济保障学的下编论述了社会经济保障系统工程体系运行的思想条件、外部环境和监管机构,为社会经济保障系统工程体系的现实运行,创造必要的条件,对社会经济保障系统工程体系的管理具有重要价值。

(一)树立社会经济保障系统工程观念

社会经济保障系统工程体系是我们刚刚提出来的一个新范畴。人们对这一新范畴还比较陌生。然而,为了在现实生活中建立起社会经济保障系统工程体系,就必须树立起社会经济保障系统工程观念,首先是要在领导层树立这一观念,其次要在管理层树立系统工程体系观念;再其次,要在广大的从事各种形式的社会经济保障业务人员中,树立系统工程体系观念,使各类人员都能自觉地按照社会经济保障系统工程体系的总体要求,运作自身的业务活动,使各方面形成合力,共同完成社会经济保障功能。

(二)培育社会经济保障系统工程体系的运行环境

社会经济保障系统工程体系,是社会整体的一部分,是全社会这个大的系统的一个支系统。它与其他系统之间存在着密切的联系,其他系统成为其自身运行的外部环境。因此,社会经济保障成立工程体系不能脱离其外部环境孤立地运行,而必须有良好的外部环境与其相配合。这里所说外部环境,主要是指社会经济保障系统与国民经济之间的关系。国民经济自身是一个更高层次的大系统,它是由工业系统、农业系统、商业系统、金融系统、信息系统,以及社会经济保障系统等许多支系统所构成的有机整体。社会经济保障系统只是国民经济这个大系统的一个支系统,而整个国民经济各个系统都是社会经济保障系统正常运行的外部环境。因此,社会经济保障系统应当主动与国民经济各支系统相配合,力争自身运行的良好环境。然而,从全社会的高度来看,社会经济保障系统的正常运行对整个国民的发展发挥重要的保障作用,各个支系统应当主动地为社会经济保障系统工程体系的正常运行提供良好的外部条件。

（三）建立社会经济保障系统工程体系管理机构

社会经济保障系统工程体系是一个复杂的有机体，它的运行需要有严密的和现代化的监督和管理体制及管理机构才能达到预期效果。

根据社会经济保障系统工程体系的性质和特点，应当实行集中领导、统一规划、梯次管理和分头经办的体制。集中领导主要是"政出一门"，而不能"政出多门"。也就是由一个领导机关负责统一制定各类保障形式的法律、法规和政策，使各种保障形式所执行的法律和政策之间互相有明确的分工，同时又有衔接性和互补性，形成一个互相配合的法律和法规体系。使各种保障形式的运行目标一致，动作协调，低耗高效。统一规划包括对各支系统的行动目标和步骤的规定、协调和调整各支系统之间的关系，为实现总体功能服务。梯次管理指的是按照各支系统的性质和特点，分别由同一个管理部门的不同层次的管理机构进行管理。分头经办，就是根据不同保障形式的特殊属性，分别由与其相对应的保障组织进行经营或办理。

对社会经济保障系统工程体系的管理机构，应当采取"社会经济保障系统工程管理委员会"的形式。这个委员会负责对整个社会经济保障系统工程体系的全面管理。它可以超脱部门的局部利益而站在全社会的高度从全社会的总体利益出发，管理和协调各个支系统的行动和关系，使各个支系统的运行目标一致，动作协调，达到低耗高效的运行效果。

此外，社会经济保障学，占有大量的历史和现实的、国内的和国外的资料和数据，使社会经济保障学建立在翔实的资料的基础之上。

（原载于《南开经济研究》1998年第6期）

《国际保险学》导论

一、国际保险学的对象和任务

（一）国际保险学的对象

科学原理告诉我们：一门科学的研究对象就是这门科学所研究的现象领域中的某种特殊关系（矛盾），对这种特殊关系的研究，就构成一门科学。

国际保险学研究的是保险领域。但是国际保险学不是研究保险领域中的全部关系，而是研究保险领域中的国际保险关系。因而，国际保险学的对象，是保险领域中的国际保险关系。国际保险学是研究国际保险关系的科学。

所谓国际保险关系，是指国与国之间所发生的保险关系。国与国之间的保险关系形成的主要媒体是保险资源要素在国与国之间的流动和保险经营在国与国之间的活动。国际保险关系就是通过保险资源要素在国与国之间的流动和保险经营在国与国之间的活动所形成的关系。

保险资源要素包括保险产品、保险资本、保险人才、保险技术、保险信息、资料和保险经验等多种要素。因而，保险资源在国与国之间的流动，包括保险产品流动、保险资本流动、保险人才流动、保险技术流动、保险信息资料流动和保险经验流动。上述各项保险资源要素在国与国之间的流动所形成的关系，是国际保险关系的重要组成部分。

保险经营活动包括：保险展业、承保、防灾理赔和再保险以及保险资金运用等各项活动，国际间的保险经营活动，也应当包括国际间的保险展业活动、保险承保活动、保险防灾活动、保险理赔活动、再保险活动及保险资金运用活动。上述活动所形成的国与国之间的保险关系也是构成国际保险关系的重要组成部分。

国际保险关系大致可以分为三个层次。

第一个层次的国际保险关系，是涉外保险关系。所谓涉外保险关系是指本国与另一个国家之间发生的双边保险关系。这一层次的国际保险关系可以是由于各种保险资源要素在国际间的流动形成的国际保险关系，也可以是保险经营活动在国际间形成的国际保险关系。这一层次的国际保险关系是最早出现的、也是最简单的国际保险关系。

第二层次的国际保险关系是除本国以外的两国之间发生的保险关系。这一层次的国际保险关系，同样包括由于保险资源要素流动和保险经营活动形成的保险关系。这一层次的国际保险关系的出现，标志着国际保险关系发展到了较高的阶段。

第三层次的国际保险关系，是在本国境外发生的多国之间的保险关系。例如像欧共体内部形成的统一保险市场关系，以及在世界多国之间形成的区域性的统一市场关系。这一层次的保险关系除包括由于保险资源要素流动和保险经营活动形成的国际保险关系之外，还包括多国之间通过协商而形成的共同遵守的准则、规定等所形成的国际保险关系。

此外，某些保险业历史悠久、技术领先、经验丰富的国家或保险机构，如英国的劳合社等的保险规则、条款、法规和经验，虽然仅在本国内通行，形成国别保险关系而没有直接形成国与国之间的保险关系，但这些条款、法规具有普遍意义，可供其他国家或地区参考或效仿，从广义上讲，也可以将其视为国际保险关系。

像其他任何科学概念都要随着客观条件的变化和自身的发展而不断地丰富和发展一样，国际保险的概念，也将随着社会经济和保险的发展以及国际合作事业的发展而不断地丰富发展。

(二) 国际保险学的任务

从根本上说，任何科学的任务都是相同的，那就是揭示本门科学研究对象的产生、发展及其运动的规律。国际保险学的根本任务，就是揭示国际保险关系产生、发展及其运动的规律性。然而，由于各门科学的研究对象都具有其特殊性质，从而又决定了各门科学具有其特殊任务。国际保险学的具体任务可以大致概括为以下几项：

首先，阐明国际保险关系的含义和性质，明确国际保险关系的内容和范围，为国际保险研究指明方向。

其次，揭示国际保险关系产生、确立和发展的条件，阐明国际保险关系在保险领域乃至在国民经济中的地位和作用，为国际保险业的发展奠定理论基础。

第三，揭示国际保险业生存和发展的内部矛盾和外部环境，提出解决内部矛盾和建立外部环境必须遵循的原理、原则，为在实践中正确处理国际保险业发展中的内外部矛盾提供依据。

第四，揭示与国际保险业紧密相关的主要因素，阐明各项因素对国际保险业发展的作用，借以促进国际保险业的发展。

二、国际保险学的内容和结构

（一）国际保险学的内容

国际保险学的内容与保险学的对象之间是既有联系，又有区别的两个概念。二者之间的联系在于：一方面，国际保险学的对象决定国际保险学的内容，国际保险学的内容必须服务于国际保险学的对象；另一方面，国际保险学的内容又不限于国际保险学的对象，它要比国际保险学的对象广泛得多。为了深入地研究国际保险关系，国际保险学还要围绕着国际保险学的对象，设立一些与国际保险学的实际对象紧密相关的内容。然而，国际保险学的内容又不是随意设立的，它以揭示国际保险学的对象的运动规律为限。

按照上述原则要求，国际保险学主要涉及以下几项内容。

1. 国际风险关系

风险是保险的首要前提。国际风险是国际保险存在和发展的基础和前提，因而国际风险是国际保险学的重要内容。

2. 国际保险关系

国际保险学的对象是国际保险关系。作为国际保险学对象的国际保险关系，当然应成为国际保险学的首要内容。

3. 国际经济关系

保险关系的本质是经济关系。国际保险关系是国际经济关系的一个重要组成部分。国际经济关系是国际保险关系存在和发展的重要外部环境，国际保险是在这个外部环境中发展变化的。国际经济关系的现状、发展及变化的情况制约和推动着国际保险关系的变化和发展。因此，国际经济关系的部分内容，必然成为国际保险学的内容。

4. 国际法律关系

保险关系是以法律的形式存在的。从形式上来看，保险关系是一种法律关系。国际保险关系不仅是以国际法律形式存在的，而且是通过国际保险法律关系来实现的。因而国际保险关系包含着复杂的国际法律关系。只有正确认识和处理好错综复杂的国际法律关系，才有可能实现国际保险关系。因此，与国际保险相关的国际法律关系自然构成国际保险学的重要内容。

5. 国际政治关系

如上所述，国际经济关系和国际保险法律关系都属于国际保险学的内容。而国际经济关系和国际保险法律关系，都直接涉及各个国家的主权关系，并且只有通过各国之间的政治主权的局部让渡才有可能得到。实现各种国际经济关系和国际法律关系的协调和解决，都必然涉及国家之间的政治关系的协调和解决。因此，与国际保险相关的某些国际政治关系也自然是构成国际保险学的主要内容。

6. 国际科技关系

科学和技术的发展和进步与风险之间存在着密切的联系。一方面科技进步有利于识别和预测风险，有利于减少风险事故的发生和事故发生后的施救，从而有利于减少损失；另一方面，科学技术的进步又会产生新的风险因素，会形成巨大的跨国风险。这种巨大的跨国风险会造成巨额的经济损失和人员伤亡。这种跨国界的人为社会风险和人为经济风险是国际保险关系形成的重要基础。因而与国际风险紧密相关的国际科技关系成为国际保险学不可缺少的内容。

除上述关系之外，在国际保险学中还会涉及其他内容，在此不一一列举。

应当指出：虽然国际保险学涉及上述各项内容，但并不是说上述各项内容都要在国际保险学中单独设立章节，各自成为独立的部分进行论述。而是说，在研究和阐述国际保险关系时必然会涉及上述内容。其中有的是国际保险学的核心内容；有的是作为研究国际保险关系的条件或环境；有的是作为研究国际保险关系的基本原理和指导原则；有的可以作为研究国际保险关系的科学方法。

（二）国际保险学的结构

科学意义的国际保险学应当有其自身的内在逻辑结构。这种科学意义上的国际保险学尚在形成过程中，目前大家看到的国际保险学的结构，实际上是这本《国际保险学》教科书的逻辑结构。尽管我们主观上努力运用科学的理论和方法来指导我们的研究和编写活动，力求使我们的主观认识与客观实际相符合，但由于时间较短，更由于我们的水平有限，很难做到主观认识与客观实际完全相一致。

我们运用历史过程与逻辑过程相统一的方法，把《国际保险学》安排为六篇二十一章。即，第一篇 国际保险关系总论；第二篇 国际保险产品；第三篇 国际保险经营；第四篇 国际保险市场；第五篇 国际保险监管；第六篇 国际保险发展趋势。

从历史发展过程来看，由于保险资源的流动，出现了国际保险关系；随着国际保险关系的出现，产生了现代意义上的国际保险产品；国际保险产品的出现，带来了保险企业的国际保险产品经营活动；保险企业的国际保险经营活动形成了国际保险市场；国际保险市场的形成和发展产生了国际保险监管活动；随着国际保险活动的不断创新，便出现了国际保险发展的新趋势。

从逻辑上讲，首先要对国际保险关系的含义和内容给予明确的规定，所以对国际保险的阐述应当从国际保险关系开始；由对国际保险关系的论述必然过渡到对国际保险关系的物质担当者即国际保险产品的分析；对国际保险产品的分析必然发展到对经营国际保险产品的主体：即国际保险企业的经营活动的分析；由对保险企业经营国际保险活动的分析，再到对国际保险市场的分析，这是逻辑的客观要求；保险企业的国际保险经营活动和国际保险市场的经营活动，与国际保险监管活动之间有着必然的内在联系，因而由对国际保险市场的分析发展到对国际保险监管的分析完全符合逻辑的要求；最后对国际保险发展趋势的分析，是逻辑发展的必然。这样就实现了逻辑演绎与历史发展的一致性。

三、《国际保险学》的框架设计

按照上述理论分析，对《国际保险学》这本教材的框架做了如下设计：

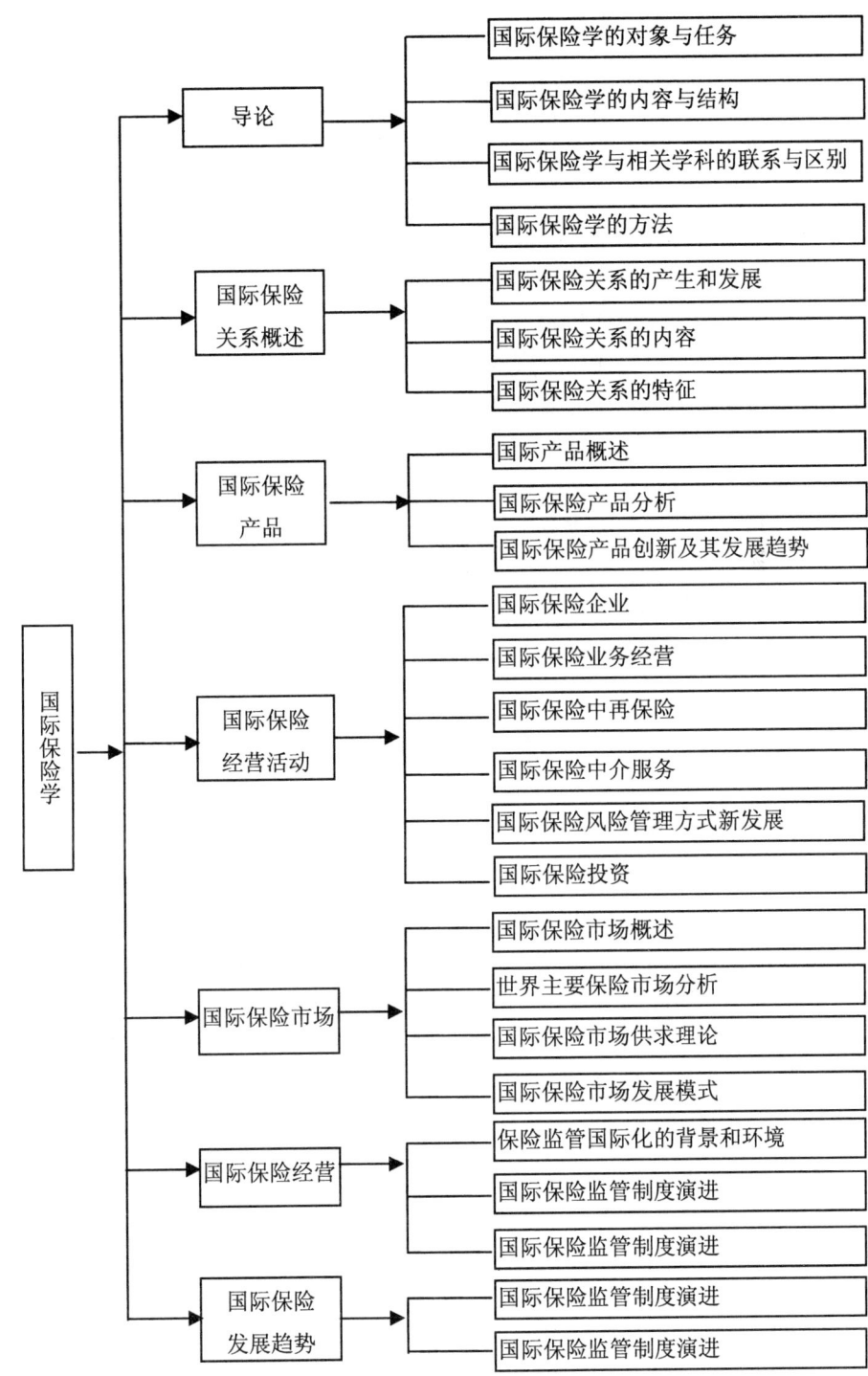

三、国际保险学与相关学科的联系与区别

（一）国际保险学与保险学的联系与区别

国际保险学与保险学是保险科学领域中既相对独立，又有密切联系的两个分支学科。

国际保险学与保险学间的联系在于，由于二者都属于保险科学领域，因而有关保险的基本原理、原则是相通的，国际保险与保险的实务运行亦有相同之处；两门学科所研究的成果和所揭示的规律，可以互相借鉴和共用。

国际保险学与保险学又有很大的区别。首先是研究对象不同。国际保险学的对象是国际保险关系，而保险学的对象是保险关系。其次是研究的领域和范围不同。国际保险学主要是研究国与国之间的保险领域，它是保险领域中的一个特殊领域。而保险学研究的是整个保险领域，或保险的一般领域。从这个意义上说，一方面保险学的研究领域和范围要比国际保险学的研究领域和范围更广泛；另一方面，国际保险学的研究领域和范围又比保险学的研究领域和范围更专一、更深入。第三是任务不同。虽然任何科学的根本任务都在于揭示本门学科研究对象的运动规律；然而，由于研究对象的差别性，又导致各门科学的具体任务的差别性。国际保险学的任务是揭示保险领域中的一个特殊规律，即国际保险关系的运动规律，而保险学的具体任务，则是揭示保险领域中的一般运动规律。

正由于有上述区别，所以国际保险学与保险学只能互相补充，而不能相互替代。

（二）国际保险学与国际金融学的联系与区别

国际保险业和国际金融业是相关度极高、既相互联系又相互独立的两个产业。在现实中，国际保险业务与国际金融业务有许多的融合点、交叉点和结合点。例如，在国际保险产品中的分红产品和投资连结产品等融合性的产品；在国际产品经营中的既经营保险产品又经营金融产品的交叉经营的综合性企业；在保险风险转移方式上的"风险债券"、"风险应急资本"，以及在保险资金运用方面所选用的各种金融工具的结合形式等。由于国际保险与国际金融实务有上述各种联系，决定了在国际保险学与国际金融学之间必然存在着密切的联系，甚至在某些基本理论、原理和原则上亦有共同之处。

国际保险学与国际金融学虽然有着密切的联系，但是二者又具有明显区别。

首先，二者的研究对象不同。国际保险学是以国际保险关系作为研究对象，而国际金融学则是以国际金融关系作为自身的研究对象。其次，研究内容不同。

国际保险学是围绕着国际保险关系这一导线，以研究国际保险关系在现实运行过程中的展业、承保、防灾、理赔以及保险投资等各个环节的运动为主要内容。而国际金融学则是围绕着揭示国际金融关系而设置的研究内容。其中包括国际货币、信用、银行、货币市场和资本市场，等等。其内容要比国际保险学的内容广泛得多。第三，任务不同。国际保险学的任务是揭示国际保险关系的运动规律，其中特别是要揭示国际保险关系的特殊规律，即由于种种国际风险的发生所造成的经济损失而形成的经济要素的短缺与国际经济正常运行所需要的经济要素之不足之间的矛盾，揭示这一矛盾的产生、发展及其运动规律性。而国际金融学的任务则是揭示国际金融关系产生、发展及其运动的规律性。正是由于国际保险学与国际金融学各自都有自身的特殊研究对象、内容和特殊的任务，因而使得二者成为相对独立的两门学科。

（三）国际保险学与国际经济学之间的联系与区别

国际保险学与国际经济学之间有着密切的联系。这是因为国际保险与国际经济之间就存在着密切的联系。国际经济是个极广泛的体系，而国际保险则是国际经济这个大系统中的一个支系统，二者是整体与部分之间的关系。由此决定了国际保险学与国际经济学之间的内在联系。国际经济学是国际经济领域中的基础性、广泛性的科学，它是国际经济领域内的一切分支学科的理论基础，而国际保险学则是国际经济学这个大领域中的分支学科，国际保险学要以国际经济学的基本原理作为自身的理论基础。

国际保险学与国际经济学又有着明显的区别。这些区别主要是二者的对象、内容和任务不同。已如前述国际保险学的对象是国际保险关系，其内容是研究国际保险关系运行的展业、承保、防灾、理赔及保险资金运用等各个环节的特殊性，而国际经济学则是以国际经济关系作为研究对象，是以国际经济关系的各个要素、各个环节和各种条件为研究内容，其任务则是揭示国际经济关系的产生、发展和运动的规律性。

四、国际保险学的方法

国际保险学除适用一般的社会科学研究方法之外，还特别要强调运用以下几种方法。

（一）实证分析与逻辑演绎相结合的方法

国际保险学是一门应用性的学科，它具有很强的实用意义。因此，对国际保险现实的考证是国际保险研究的首要条件。只有通过客观的、实事求是的在国际范围内进行调查，收集大量的国际保险的真实资料和国际保险的真实情况，才有可能对国际保险关系进行科学研究。在占有大量的国际保险的真实资料的基础上，运用逻辑演绎的方法对大量的现实情况进行科学分析，从而上升到理论的高度，才有可能抽象出其内在规律，建立其理论体系。

（二）比较分析方法

国际保险学是研究国际保险关系的科学。国际保险关系是跨国界的保险活动而形成的关系。国与国之间的差异性很大，各国的保险实践活动差异更大，要在众多的差异性的保险实践的基础上，研究和概括出适用于各个国家的统一的保险规律和保险规则，必须对各国的保险实践的差异性进行比较研究；通过比较研究，去掉各国的特殊性，抽象出一般性，才可能建立适用于各国的保险科学理论和规则，才有可能揭示出国际保险的运动规律。

（三）理论与实际相结合的方法

国际保险学所概括出来的一般性规律和原则，是舍掉各国的特殊性，抽象出一般性而建立的。然而各个国家的实际差异很大。因此，必须把国际保险的原理、原则与本国的实际紧密结合起来。把一般原理"国别化"，建立起适应各国国情的保险规则和体系。只有如此，才能指导各国的保险实践活动。

（原载于《国际保险学》，中国金融出版社 2003 年版）

《保险发展学》导言

一、引言

在现实生活中经常可以听到近年来"保险发展很快"的说法；在有关保险的书籍或刊物中，经常可以看到中国以每年平均30%的保险增长速度向前迈进的字样。然而，无论是言者，还是作者都很少对自己所说的"保险发展"和所写的"保险增长"这两个概念在客观上是指何种具体事物作出明确的规定和解释。由此导致人们在语言或文字中经常交替或混合使用"保险增长"和"保险发展"这两个概念，给人们的印象好像是这两个概念表达的是一件事情。这种认识在实践中带来的后果，就是把保险增长的实践活动混同于保险发展活动，甚至从事保险实践活动的人也不明确自己是在从事保险增长活动，还是在从事保险发展活动，使人们的保险实践活动带有一定的盲目性。这就向人们提出这样的问题：什么是保险增长？什么是保险发展？保险增长与保险发展二者之间是什么关系？在以知识经济为基础的高度发达的当代商品市场经济以及今后的经济时代里，保险发展在保险经济活动中处于什么地位？这些都引起了我研究保险发展问题的兴趣，也萌生了创建一门保险发展学科的念头，并尝试着写一本《保险发展学》。

在这本《保险发展学》中，试图研究和回答保险发展中的一些理论问题和实践问题。而在引言这一节里，着重说明以下几个问题。

（一）保险增长

何谓增长？何谓保险增长？按照哲学的观点，所谓增长，是在原质不变的基础上数量的增加、形式的变化、范围的扩大，而没有层次的提高和质的变化。

按照上述理论，结合保险的具体情况，可以把保险增长表述为：在原质不变的基础上，保险数量的增加，保险产品品种和产品形式的变化、范围的扩大、而没有保险层次的提高和质的改变的保险活动。这里的数量增加既包括以保险费为代表的保险价值数量的增加，也包括保险承保物质量的增加；范围的扩大，不仅包括承保范围的扩大，还包括在原质基础上的保险深度的加深和保险密度的提高；形式的变化既包括保险产品形式的变化，同时也包括承保形式等方面的变化。所有这些变化，只要是在原质不变的基础上发生的都属于保险增长的范畴。

从保险的客观实际出发，用科学的发展观来分析保险业内的实际情况，可以把保险增长区分为三种性质的增长。

1. 有益增长

所谓有益增长，是指对国民经济的发展和国民财富的增长具有积极意义的增长。这种增长意味着保险经济效益的提高和"国民财富"的增加；也意味着投入到这类保险增长的劳动包括物化劳动和活劳动，是创造社会财富的劳动。这类保险增长包括在原质不变基础上保险数量的增加、保险产品品种的增长、保险形式的变化、保险范围的扩大、保险深度的加深和保险密度的提高等具体内容。

2. 无益增长

所谓无益增长，是指这类保险增长虽然属于保险增长范畴，其内容包括在原质不变的基础上保险数量的增加、保险产品的增多、保险形式的变化、保险范围的扩大、但没有保险层次的提高和保险质的变化。这类保险增长之所以是无益增长，不是因为其内容不是增长，而是因为其所实现增长的行为和后果不符合科学发展规律的要求所致。具体说，这类保险增长是通过浪费保险资源，破坏保险发展环境，损害保险的协调发展和可持续发展的手段和方式实现的，这种保险增长不仅没有保险经济效益的提高，更没有为全社会增加财富。因而，投入到这种保险增长的物化劳动和活劳动，是一种无益的劳动，这一类型的保险增长属于无益范畴。

3. 有害增长

所谓有害增长，是指以保险之名，搞非保险之实的非保险的保险增长。这种非保险的保险增长之所以是有害的保险增长，是因为这种非保险的保险夸大了保险的实际增长规模和水平，增添了保险增长中的虚假成分，掩盖了保险活动的真实性，混淆了保险与其客观事物之间的界限。这种"保险增长"，无益于保险事业的增长，且损害保险与相关行业的健康发展，不仅没有为国民经济的发展提供保障作用，相反，还会干扰国民经济的发展，因而它不仅不利于社会财富的增长，而且对保险业和整个国民经济的发展是有害的。

这种"保险增长"更深远的害处，还在于它偏离了保险的本质，曲解了保险原理，扭曲了人们头脑中的保险意识，误导了保险的发展大方向。

（二）保险发展

保险发展是指在一定质变基础上保险数量的增加、保险产品品种的增多、保险形式的变化、保险范围的扩大、保险深度的加深和保险密度增大等保险活动。

1. 保险活动一定质变的"内容"

保险活动的一定质变包括以下内容：保险产品性质的升高；保险企业内部治理结构和治理机制的质的改变；保险企业经营管理质的变化；保险市场结构和市场机制性质的改变；保险法律、法规的完善；保险监管的改善质变；保险活动与国民经济之间的关系、保险活动与社会生活关系、保险活动与精神文化之间的关系和协调程度的提高；社会成员特别是保险经营者、管理者和监管者的风险及风险管理意识的提高；等等。

2. 保险发展的特点

保险发展具有宏观性、协调性和持续性的特点。

所谓保险发展的宏观性，包括站在全社会的高度，以整个国民经济发展的要求为中心，以提高全社会的经济效益为宗旨，来安排和指导保险活动。

保险发展的宏观性的特点要求所有的保险活动必须从全社会的角度出发，必须以有利于国民经济的发展为中心，必须以提高全社会的经济效益为最高宗旨。只有具有这种特点的保险活动，才是保险发展活动。

保险发展的协调性是指保险活动必须有利于协调与保险活动紧密相联的各种关系。其中包括保险企业内部各部门之间的关系、保险企业之间的关系、保险业与保险市场之间的关系、保险活动与国民经济发展之间的关系、保险活动与社会活动和文化发展之间的关系、保险活动与保险监管之间的关系以及保险活动与自然环境之间的关系，等等。保险活动与上述各方之间的关系的协调原则是：保险活动必须有利于上述各种关系的协调、必须有利于促进上述各项活动的发展。只有在与上述各种关系协调发展的前提下，保险活动才是保险发展活动，从而保险活动的成果才属于保险发展范畴。

保险发展的持续性，是指从长远的观点来考察保险活动。从长远的观点来看，保险的发展必须是连续不断的，而且是比较均衡的发展，而不是断断续续的发展，或者是呈现很大波动的发展。只有能够保持保险的连续性和稳定性的保险活动，才是保险发展活动，这种保险活动的成果，属于保险发展活动。

3. 保险活动的一定质变的"程度"

保险活动的"一定质变"中的质变程度，包括保险活动性质的局部质变和全部质变两个阶段。

保险活动的局部性质变是伴随保险活动新质的量变过程而逐步发生的。因为在保险活动新质的量变中，就孕育着部分质变的因素，保险活动的量变过程，实际上就是保险活动渐进的质变的过程，只不过还没达到部分质变的程度，在这个阶段上的保险活动属于保险量变活动。当保险活动的量变达到一定程度，保险活动便会发生部分质变。在这个阶段上保险的增长活动便演变成保险的发展活动。这种质的渐变和部分质变的演变过程是一个漫长的过程。所以保险活动总是处于从原质基础上的增长阶段，到部分质变的发展阶段，再到一个部分新质基础上的保险增长阶段，再到一个部分质变基础上保险发展阶段。

保险活动的全部质变过程，是保险活动部分质变活动的积累过程。当保险活动达到一定时期和新质积累到一定程度时，保险活动实现完全的质的变化，这时保险便由原来的事物变成为一种新事物。这种新事物，虽然还称之为保险，但它与原来的保险已经有质的区别，或者称为更高层次的保险。保险活动还会在新质的基础上继续运行，保险这一客观事物在新质的条件下继续发展。

（三）保险增长与保险发展的关系

1. 保险增长与保险发展之间的关系

保险增长与保险发展之间既有严格区别的一面，又有紧密联系的一面。保险增长与保险发展之间的区别，如以上所述，不再重复。保险增长与保险发展之间的联系主要表现在：保险增长（有益增长，以下皆同，不再说明）是保险发展的物质基础；保险发展是保险增长的延续和归宿。所谓保险增长是保险的物质基础，是说前一阶段在一定质的基础上的保险增长的终点，是下一个阶段的在新的部分质变基础的起点。从发展的观点来看，后一个阶段的新的部分质变基础的增长，就是前一个阶段的保险发展。从连续的观点来看，新的部分质变基础上的保险增长，既是前一个阶段保险的发展，又是下一个阶段保险发展的物质基础。

上述关系是从保险增长和保险发展的物质内容的角度来考察保险增长与保险发展之间的关系的，而保险发展与保险增长之间的更大差别，还在于保险发展还涉及保险自身发展与保险发展环境之间的方方面面的关系。从这个角度来看，保险增长与保险发展尚有不协调的一面：某些保险增长可能与周围环境不协调，甚至危害了周围环境，这时的保险增长不仅不利于保险发展，可能还有害于保险发展。因此，会产生有增长无发展，甚至有碍于保险发展的现象。

2. 保险增长和保险发展与社会经济发展之间的关系

保险增长和保险发展与社会经济的发展水平和时期有密切的联系。一般说来，保险增长是与较为不发达经济发展水平和经济时期相伴随的；而保险发展则是与较为发达的经济发展水平和经济时期相联系。例如，在古代的自然经济和小商品经济时代，保险多以原始的互助、合作形式存在，那个时期保险的变化主要是保险增长，也就是说保险的变化主要还是在原有质的基础上的数量的增长、同质产品品种的变化和保险范围的扩大，等等。既很少有保险质的变化，更很少与周围环境发生内在的密切的联系。这表明自然经济和小商品经济时代，保险的变化主要表现为保险增长，较少表现为保险发展。

17世纪以后，特别是精算技术在保险中的应用以后，至19世纪中叶后期（工业革命时期），由于生产力的提高和随之而来的商品经济的产生和发展，则出现了近代商业保险形式。这时的保险比古代保险已经发生了一定的质变，与此同时，保险的变化，也由主要是保险增长活动，转为以保险增长与保险发展相并重的特征。

19世纪后期至20世纪60年代，即知识经济时代之前，工业经济和商品经济得到充分发展，此时的保险活动已由保险增长与保险发展并重，转化为以保险发展为主要活动时期。

上述事实说明，保险增长和保险发展与社会经济发展的不同水平和不同时代相联系。由于经济发展水平和经济时代不同，保险增长与保险发展两种变化形态的地位和作用是不同的。在经济较不发达时代保险增长在保险变化中处于主要地位，是保险变化的主要形式，而保险发展则处于次要地位和次要形式。在发达的经济时代，保险发展在保险变化中处于主导地位，是保险变化的主要形式，而保险增长则处于次要地位和次要形式，在当代，保险发展是保险变化的主旋律。

3. 保险增长与保险发展之间相互关系发展的趋势

20世纪60年代以后，世界经济已经进入了以高新科技进步为主要标志的知识经济时代。在知识经济时代里，世界经济已联结成为一体。经济一体化成为今后经济发展的大趋势。国内经济是世界经济的一部分，它与世界经济之间有着不可分割的联系。这种不可分割的联系表明，无论是国内经济，还是国际经济的运动和发展，都必然与周围环境之间发生种种关系和联系。各种经济的自我发展都会涉及与周围环境的关系，因此，都必须兼顾自身发展与周围环境之间的协调发展。在这种经济环境下，保险的变化更要以保险的发展为主旋律。也就是说，在知识经济时代，保险经济不能只顾自身的增长而不顾周围环境的制约和影响，更不能以牺牲周围环境为代价来实现自身的增长。而必须在有利于周围环境的全面发展条件下，实现保险的有益增长，实现保险的协调和可持续发展，知识经济时代越发展，这种趋势就越强劲。

二、保险发展学的对象

(一)确立保险发展学对象的意义

确立保险发展学的研究对象有非常重要的意义。

1. 使保险发展学成为一门独立的科学

人世间有种种学问,每一种学问都有其自身所要说明的现象。然而,学问并不等于科学,学问所要说明的现象也不能成为一门科学的研究对象,它只是一门科学的可能的研究对象。一门学问要成为一门真正的独立的科学,则必须把这门学问所要说明的现象,即把可能的研究对象升华为现实的研究对象。而要把可能的研究对象升华为现实的研究对象,就必须运用人脑的抽象力,对这门学问所要说明的现象进行"去伪存真"、"去粗取精"的头脑加工过程,把现象形态的研究对象升华到理性的高度,形成理性的概念和理论范畴。通过理性的概念和理论范畴所"再现"的现象,才是这门学问的理性的研究对象,从而也使这门学问升华为一门独立科学。

2. 使保险发展学有明确的研究领域

一门科学的研究对象,是这门科学所要研究的"核心"问题,而不是这门科学所要研究的全部内容。所以,一门科学的研究对象,不等于这门科学的全部研究内容。一门科学的研究内容,要比这门科学的研究对象更加丰富,更加广泛。这是因为,一门科学的研究对象,是这门科学所要解决的核心问题或主要问题,而为了要研究这个核心问题,必然会涉及与其相关的诸多内容。例如,保险经济学的研究对象是保险经济关系。而要研究保险经济关系除了要研究保险经济关系本身外,还会涉及保险的政治关系、保险的社会关系、保险的法律关系,等等。不研究这些关系与保险经济关系之间的联系,就无法研究保险经济关系,更无法揭示保险经济关系的运行规律。因此,在研究保险经济关系的同时,也必然涉及法律关系、政治关系、社会关系等诸方面的关系。所以,保险经济学的研究内容,就不限于保险经济关系,它还涉及与保险紧密联系的各种关系。然而一门科学的研究内容也不是无原则的随意扩大,而是有其必须遵循的原则,这个原则就是:所涉及的内容必须以服从并满足充分研究和揭示这门科学的对象的需要为限,不能随意扩大,也不能随意缩小。这就是说,一门科学的研究对象不仅确立了这门科学的研究核心,同时也制约着这门科学的研究内容和领域。这是确立一门科学研究对象的另一方面的重要意义。

确立保险发展学的研究对象,就是既要确立保险发展学所要研究的核心问题,同时也要确定保险发展学的研究内容和领域。

3. 使保险发展学与相关学科相区分

随着技术的进步和科学的发展，学科的发展趋势是：一方面学科的门类越分越细；另一方面，科学的大类越来越朝着综合性方向发展。学科的细分性和科学的综合性发展趋势，使各门学科之间的联系越来越紧密，甚至出现各学科的内容和领域相互交叉的现象，而科学和技术在实践中的应用却出现越来越专业化的趋势。这就要求每门学科又必须有确定的研究中心，各相关学科之间必须有严格分界，使之相互区分。然而，仅仅从研究所涉及的内容和范围方面，很难准确地区分相关学科的界限，而一门科学的研究对象是其与其他科学或学科相区分的唯一的标准。因此，保险发展学研究对象的确立，是使保险发展学与其相关学科相区分的根本标志，也是确定保险发展学研究的核心问题及研究的基本内容和研究领域的重要标志。

（二）确立保险发展学对象的客观依据

1. 科学对象的客观性质

一门科学的形成不是先起个名字，然后再为这门科学确立研究对象，恰恰相反，先是在客观上有需要通过研究解决的问题，人们才去研究和解决这个问题，在研究和解决问题过程中，逐步形成一门科学。也就是说，科学的研究对象不是人们主观上随意规定的，而是客观存在的，这就是科学研究对象的客观性质。

2. 保险发展学对象的客观性

与一般科学对象是客观存在的问题一样，保险发展学的对象也是客观存在的问题。正因为保险发展领域中存在着需要解决的问题，这些问题需要通过科学研究加以解决，从而产生和形成了保险发展学。所以，保险发展学的研究对象也是客观存在的。

（三）保险发展学对象的科学表述及其内容

1. 保险发展学对象的科学表述

按照一般科学原理关于科学对象区分的论述，可以把一般科学对象表述为：一般科学的对象是某一现象领域中的特殊矛盾或矛盾特殊性质。按照这个原理，我们可以把保险发展学的对象表述为：保险发展学的对象是保险领域中保险发展中的矛盾，矛盾即关系。因此，可以进一步把保险发展学的对象表述为：保险领域中的保险发展关系；而保险发展学则可以表述为是关于保险发展的科学，是研究保险发展关系的科学。

2. 保险发展学对象的内容

从总体上讲，保险发展学的对象可以概括为保险发展关系，根据保险发展

关系的具体状况可以把保险发展关系概括为四个层次的内容:

一是保险商品自身的内部发展关系。保险商品是保险这一客观事物的细胞形态。保险商品包含着保险这一客观事物的全部关系的胚芽形态,其中包括风险的无限性与风险管理的有限性,即保险商品需求无限性与保险供给有限性之间的关系;保险商品质的无限性与量的有限性之间的关系;保险发展的推动力与阻力之间的关系等多种关系。

二是保险企业自身的内部发展关系。保险企业是保险业存在和运行的微观形式。保险企业自身存在着许多方面关系。其中包括保险企业的组织形式、保险企业的组织规模、保险企业的经营方式等多种关系。

三是保险行业自身的内部的发展关系。保险行业是保险业存在的中观形式。保险行业自身也存在着多种关系,其中包括保险企业之间的关系、保险市场的结构与机制之间的关系、保险产业结构关系、保险增长与保险发展之间的关系等多种关系。

四是保险业与外部环境之间的发展关系。保险业与外部环境之间的发展关系实际上是保险发展的宏观层次的关系。其中包括保险发展与国民经济之间的关系、保险发展与社会、文化之间的关系、保险发展与方针政策之间的关系以及保险发展与保险监管之间的关系等多方面的关系。

三、保险发展学的任务

(一)保险发展学的根本任务

一切科学的根本任务都是揭示本门科学所研究的对象的发生、发展及其运行的规律,保险发展学的根本任务与其相同,也是揭示保险发展学研究对象的发生、发展及其运行的规律,即揭示保险发展关系的产生、发展及其运行规律。

科学研究对象的发生、发展及其运行规律,是客观存在的、不以人们的主观意志为转移的客观规律,但是这种客观规律是无形的、看不见摸不着的。因而,是不可能自发地被人们所认识、所接受,更不能自发地成为人们的自觉活动,按照客观规律的要求去办事;而必须通过科学研究揭示出来,并用通俗易懂的科学语言和严谨的概念和范畴表达出来,这就是一门科学的根本任务,也是保险发展学的根本任务。

(二)保险发展学的具体任务

保险发展学的具体任务大致可以概括为以下四个方面:

1. 把客观规律升华为人们可认识、可掌握的理性规律

如上所述,保险发展学的首要任务就是要把客观存在的保险发展的规律性,

运用科学的语言和严谨的逻辑结构表达出来,把客观存在的看不见、摸不着、无形的规律,升华到在人们的头脑中可认识、可掌握、可运用的理性的规律,为人们认识和运用保险发展规律提供可能性。

2. 把客观规律变成人们的主观意识,推动人们按照保险发展规律办事科学本身就具有宣传群众、教育群众的意义

保险发展学通过对客观规律的内容、表现形式及其发挥作用的具体途径的阐述,提高全民的保险意识及对保险发展重大意义的认识水平,为保险的协调、健康和可持续发展奠定坚实的思想认识基础。

3. 为保险经营者和管理者提供思想指导和实际操作方法

保险发展学不仅揭示保险发展的一般规律,而且还揭示和阐明保险发展中的四个层次的关系,并为正确处理这些关系提供原理、原则和基本方法。这就为各个层次的保险经营者和管理者正确认识和处理各层次的保险发展关系提供指导思想和基本原则;同时也为保险经营和管理者采取科学的组织形式、经营方式和管理模式提供指导。

4. 为保险监管者制定监管法律、法规和政策提供理论依据

对保险进行监管是保险发展过程中必不可少的行为。保险监管者对保险的监管是通过制定一定的法律、法规和方针、政策实现的。保险监管者所制定的法律、法规和方针政策,有可能是正确的,也有可能是不完全正确的,甚至还有可能是错误的,其原因就在于保险监管者在制定监管法律、法规和方针、政策时的理论依据是否科学、正确或正确的程度。保险发展学所揭示的科学规律和理论,可以成为保险监管者制定保险监管的法律、法规和方针政策的理论基础和指导思想,为保险监管者制定正确的法律、法规和方针、政策提供可靠的理论依据。

四、保险发展学的方法

保险发展学除适用一般社会科学研究方法之外特别适用以下几种研究方法。

(一)抽象法

抽象法是哲学和社会科学研究中普遍适用的一种基本方法。所谓抽象法,就是一切从客观实际出发(而不是从原则、概念出发),通过广泛的实际调查、收集、占有大量的资料,对占有的资料经过"去伪存真"、"去粗取精"的头脑加工过程,在大量现象中"抽象"出本质的和规律性的东西,反过来再用本质和规律性东西来说明现象,从而达到认识世界和改造世界的目的。

保险发展学研究的是保险发展关系,保险发展关系是一种十分复杂的关系。这种关系是看不见、摸不着的客观存在,它往往会被表面现象所掩盖,而不易被人们所发现。对这种关系的本质的正确认识,既不能用"显微镜",也不能用"化学试剂"的方法,而只能用人们头脑特有的抽象力,把事物本质抽象出来升华为人们的理性认识,并形成科学概念或范畴,运用这些科学的概念或范畴显现出保险发展的客观规律。

(二)理论与实际相结合的方法

理论结合实际是科学研究普遍采用的方法。理论结合实际既包括本国理论与本国、本地区的实际相结合,也包括国外理论与本国、本地区的实际相结合,更包括普遍适用的一般理论与本国、本地区的实际相结合。

保险是理论性和实践性都很强的一种活动。而无论是保险理论,还是保险实践都既具有很强的国际性,又具有很强的国别性的特点。研究保险发展关系既需要运用国际通用的保险发展原理和具有国际性的保险发展实践活动,对保险发展的一般规律进行研究,得出适用指导各国保险发展活动的一般原理、原则,又必须从本国、本地区的客观实际出发,把一般原理、原则与本国、本地区的客观实际紧密地结合起来,制定出适用于本国、本地区具体情况的相关规定,包括宏观上的法律、法规、方针、政策和微观上的企业组织形式、企业经营方式、企业管理模式乃至保险产品设计等,借以指导和推动本国、本地区保险业的发展。

(三)规范研究与实证研究相结合的方法

规范研究与实证研究相结合的方法,是社会科学特别是应用经济学经常采用的重要方法。规范研究是运用已有的科学范畴、概念和合理的程序,通过科学的推理和演绎过程,得出合乎逻辑的结论。实证研究方法是适用大量的经过"去伪存真"、"去粗取精"的加工过程的客观事实,采用科学的程序进行验证,得出与预期相一致的结论。把规范研究与实证研究紧密地结合起来,综合运用、相互印证,是哲学社会科学经常采用的方法,也是保险发展学应当采用的方法。

(四)定性分析与定量分析相结合的方法

定性分析与定量分析相结合的方法是自然科学和社会科学普遍采用的方法。定性分析,就是运用一定范畴概念或手段对客观事物的性质(质的规定性)进行分析,从而对客观事物的质的规定性给予确定。定量分析,就是运用一定方法、手段和模式,对客观事物的数量进行分析,从而对客观事物给予数量上的确定。定性分析与定量分析是紧密相连的两个环节,二者必须紧密结合起来,才能达到对客观事物的科学认识。

保险发展关系，既有质的差别，又有量的不同，因此，必须运用定性分析与定量分析相结合的方法。通过定性分析，能够分辨出不同性质的保险发展关系，从而可以确定各种保险发展关系的性质上的差异，不同性质的发展关系适用于不同的处理原则和方法；通过定量分析，能够分辨出某种保险发展关系发展到某种程度和处于发展过程的某个阶段上，以便采取与之相适应的处理原则和手段。因此，保险发展也必须采用定性分析与定量分析相结合的方法。

（五）比较分析方法

比较分析法是现代科学研究普遍采用的方法。比较分析法是认识和区别客观事物的一种重要方法和手段，没有比较就看不到差别，看不到差别就看不到客观事物的不同特点。另一方面，通过比较又可以认识客观事物的共性，看到共性，就可以认识到事物之间的联系。通过全面运用比较分析的方法，既可以认识客观事物之间的个性（差别），又可以认识客观事物的共性（联系），这就为人们正确处理客观事物提供了客观依据。

保险发展关系是多种多样的。而且在不同的国家之间的保险发展关系更是错综复杂的。就是在同一个国家和同一个国家内的不同地区之间的保险发展关系也是不一样的。无论是对不同国家的保险发展关系，还是对同一个国家不同地区的保险发展关系，都必须进行比较分析。通过比较分析，找出各国之间、同一国家不同地区之间保险关系的差异性和相关性、先进性和后进性，等等。取得这种认识，一方面可以针对不同的情况采取不同的措施；另一方面，又可以取长补短、扬长避短、相互促进、共同发展。

五、保险发展学与相关学科的区别与联系

保险发展学由于其自身的特殊研究对象而与其相关学科相区别，又由于保险发展学与其相关学科同属于一个大的领域，在研究领域或内容方面有相互联系与交叉，因而保险发展学又与其相关学科存在着一定的联系。

（一）保险发展学与保险学之间的区别与联系

1. 保险发展学与保险学的区别

保险发展学与保险学的最根本的区别在于保险发展学的研究对象和要解决的问题不同于保险学的研究对象和所要解决的问题。保险学原理告诉我们保险学的研究对象是社会经济保险领域中，由于自然灾害、意外事故和人生自然规律性（生、老、病、死、残等）风险的发生，所造成的物质资料包括生产资料和生活资料的损失而发生的生产资料和生活资料的短缺与满足不了社会经济的正常进行和社会生活的安定对生产要素和生活要素需要之间的矛盾，简称"短

缺"与"需要"之间的矛盾，保险学的任务，就是揭示这一矛盾发生、发展及其运动的规律性，并揭示解决这一矛盾的正确的形式和手段。而保险发展学研究的对象是保险发展关系，保险发展学所要解决的问题是通过正确认识和处理保险发展过程中的矛盾，推动和促进保险的协调、健康和可持续发展。正是由于存在着上述区别，才使保险发展学与保险学相区别为两门不同的学科。

2. 保险发展学与保险学之间的联系

保险发展学一方面与保险学相区别，另一方面与保险学相联系，二者之间的联系主要表现在二者是属于同一个大领域之中，是研究同一个大领域中的不同的矛盾和问题。这个大领域就是社会经济保障系统领域，它们所要解决的总体问题和总体矛盾是一致的，即都是解决全社会的社会经济保障问题。二者所要解决的问题是社会经济保障系统的工程体系中的两个不同的支系统问题：一个是保险风险的处理及损失补偿问题，另一个是保险发展中的矛盾问题。但都属于社会经济保障体系这个大领域范围之内的问题。保险学所揭示的一些基本原理、原则和基本方法，成为保险发展学的理论基础和基本方法；保险发展学的一些原理、原则和方法，则是对保险学基本原理、原则和方法的具体运用，从而使二者之间发生密切的联系。

（二）保险发展学与保险经济学之间的区别与联系

1. 保险发展学与保险经济学之间的区别

保险发展学与保险经济学之间的区别，也是集中表现在二者的对象和解决的主要问题之间的区别上。保险经济学研究的对象是保险经济关系。所谓保险经济关系包括保险数量经济关系、保险经济利益所有关系、保险经济效益关系和保险经济管理关系等方面的关系。保险经济学的任务是提示保险经济关系的发展规律，通过正确认识和处理保险经济关系，来推动和促进保险的发展，并取得应当取得的最大的经济效益；而保险发展学的研究对象是保险发展关系，其任务是揭示保险发展规律，解决保险发展关系中的问题，促进和推动保险关系的正确发展。保险发展学与保险经济学的研究对象和任务不同，从而使保险发展学与保险经济学相区别。

2. 保险发展学与保险经济学之间的联系

保险发展学与保险经济学都属于保险领域内的两个分支领域，保险领域内所共有的一些基本原理、基本原则和基本方法，对保险经济和保险发展两个分支领域都是适用的，因而使保险发展学与保险经济学之间存在着一定的联系。例如保险经济关系的完善与发展，对保险发展关系会产生积极的影响，反之，如果保险经济关系产生某种缺陷或障碍，也必然会对保险发展关系产生负面影响。

(三) 保险发展学与保险管理学的区别与联系

1. 保险发展学与保险管理学之间的区别

保险发展学与保险管理学之间存在着严格的区别和一定的联系。保险管理学是关于规范保险活动行为的科学。它的研究对象是保险管理关系，其中包括保险企业内部的微观管理关系，保险行业内部的中观管理关系以及国家对保险业的宏观管理关系。这种关系的实际内容是保险活动或行为的规范与不规范之间的矛盾。保险管理学的任务是要揭示保险管理关系发生、发展及其运行规律，保险管理学所要解决的是保险活动和行为的规范与不规范的问题，通过保险管理使人们的保险活动或行为实现规范化。这与保险发展学的研究对象和所要揭示的规律及所要解决的问题都不相同，因而使保险发展学与保险管理学之间存在着严格的区别。

2. 保险发展学与保险管理学之间的联系

保险发展和保险管理是保险这个大领域中的分支领域，且这两个分支领域之间在内容上也会有交叉；保险发展学和保险管理学是保险学这个大学科中的两个分支学科，保险学的基本原理、原则是保险发展学和保险管理学的共同的理论基础，因而，保险发展学与保险管理学之间必然存在着一定的联系，进而促使保险发展关系与保险管理关系之间产生相互影响，而保险管理关系的协调与完善，必然会促进保险发展关系的完善与发展，并且会促进或推动保险的发展；反之，如果保险管理关系的某些方面不协调，也必然会对保险发展关系的完善与发展产生负面的影响，并且会进而影响保险实践的发展。

(原载于《保险发展学》，中国金融出版社 2005 年版)

坚持三个面向培养现代金融人才

培养现代金融人才，是建立和发展我国社会主义市场经济的客观需要，也是我国对外开放和与国际金融市场沟通的需要。所谓现代金融人才，是指从事金融（包括保险）工作的高层次专门人才。他们中间的绝大部分人是从事金融决策、管理、经营和金融实务工作的应用型人才。这一类型的专门人才，除了应当具有较高水平的语文、数学和外语等基础知识之外，还要有坚实的经济和金融方面的基本理论基础、要有广泛的知识领域和合理的知识结构、更要有较强的金融实务的操作技能。这类人才要采取多种形式、通过多条途径、经过若干阶段进行培养。而高等学校教育，则是其中的一种重要形式和关键性的阶段。据我们多年的体会，坚持面向中国、面向世界、面向未来、与国内外有关方面广泛协作和共同培养是高等学校教育阶段培养现代金融人才的一条较好的途径。

一、坚持"三个面向"

面向中国实际，是由我们培养现代金融人才的根本目的所决定的。我们培养现代金融人才的根本目的是要培养为发展我国社会主义市场经济和金融事业服务的人才。因此，我们的教育必须从中国的客观实际出发，根据我国经济和金融事业发展的客观需要，来确立我们专业设置、招生规模和培养目标，以及与上述要求相适应的培养途径。只有如此，才能培养出具有解决中国金融业发展中实际问题能力的有用人才。

面向世界，是因为在现代，各国经济市场化、全球经济一体化已成为世界经济发展的大趋势。因此，在当今世界上，国家无论大小、制度无论异同，都必然以各种不同的形式和不同的程度与世界经济相联系。尤其是金融业就更是如此。因为，各国的金融业虽然其社会性质和具体运行方法具有各自的特点，然而，其运行的一般规律和基本规则则是相通的，由此决定金融业具有国际性和世界性的特点。正因如此，世界上一些发达国家金融业所通行的一些基本理论、基本规则、基本经验以及业务操作的先进方法和技能则具有普遍意义。我们培养现代金融人才应当而且必须学习和掌握这些东西，使我们培养出来的金融人才达到世界先进水平，以适应现代金融业发展对人才的需要。

面向未来，是因为在现代科学技术迅速进步的形势下，现代科技会推动整个世界经济和金融业日新月异的发展，金融领域里的各项业务活动、技术手段、经营技巧和管理制度必将随之不断地更新和变化。因此，我们的教育必须着眼于未来，必须看到未来的发展趋势，并根据未来发展的趋势采用相应的措施，以便培养出具有超前意识和具有较高水平的现代金融人才。

二、与国内有关方面广泛协作

高等院校与国内有关方面协作办学，包括与国内同类院校协作和与用人单位协作办学。其中尤为重要的是与用人单位协作办学。与用人单位协作办学有以下几点好处：一是有利于学校了解和掌握用人单位对人才需要的质量标准和数量以及对人才需要的发展趋势；二是有利于了解用人单位的业务内容和经营管理实际，以便有针对性地进行人才培养；三是有利于调查、收集和掌握教学和研究所需要的实际材料；四是有利于选择既有理论基础又有实践经验的业务人员在学校兼职任教，促进学校师资队伍结构的合理化；五是有利于学校建立教学实习和科研基地；六是有利于用人单位选用所需要的人才；七是有利于学校在办学经费和设备方面得到用人单位的支持和帮助，增强学校的办学实力。在这方面不少学校取得了比较成功的经验。例如南开大学金融系从1982年建立时开始，就与中国人民银行、中国农业银、中国工商银行和中国人民保险公司以及其他金融保险机构进行广泛的协作。上述单位经常与学校交流用人信息，提供对人才需求的动向，接纳教师和学生到其单位进行实习和共同进行调查研究，并为学校推荐既有理论修养又有实践经验的人员到学校兼职授课。同时学校还经常从上述单位获得经济资助。

三、与国外广泛协作办学

与国外协作办学的对象包括两大类：一类是设立相关专业的高等院校，一类是相关的金融和保险组织。与国外相关院校协作办学的内容，主要包括互派教学和科研人员；交流教学和科研经验和成果；互相交流办学经验和培养方法；互相交流教材和资料。与国外金融和保险组织协作的主要内容包括：了解国外金融、保险业发展的情况；为部分教师、科研人员和学生提供到国外考察的费用；争取从国外获得最新教材、资料和设备，等等。上述协作和交流活动，对于吸取国外同类学科的办学经验、扩大师生知识领域、提高教学和科研水平，以及增强学校办学实力等均有重要意义。在这方面南开大学金融系也有过尝试。在国外教育界，该系与美国天普大学、滑铁卢大学、新加坡国立大学、香港中文大学等院校互派访问学者和接受该系教师、学生到上述院校进修、实习；与新加坡国立大学、南洋理工大学联合举办学术研讨会等项活动；在金融和保险实业界，该系与加拿大宏利人寿保险公司协作建立宏利南开精算师资格考试中心；与美国西格纳（CIGNA）保险公司协作建立风险管理师资格考试中心（LOMA），与新加坡恒康保险公司联合举办保险代理人员培训班，等等。此外，加拿大宏利人寿保险公司还向该系提供5万美元的精算师资格考试费用；美国西格纳保险公司向该系提供5万美元的教材出版费；新加坡恒康保险公司为该系提供3万美元的设备购置费，建立了恒康—南开计算机实验室。这些协作活动有力地促进了教学、科研的发展。

四、共同培养

与国内外金融实业部门共同培养现代金融人才，是在协作办学基础上进一步发展的办学形式。共同培养的对象主要是指国内空白或短缺学科，通过与国内外有关部门或组织合作共同为我国培养急需的现代金融、保险人才。实践证明，这是建立和发展我国短缺学科、培养高层次现代金融人才的既经济又迅速的一条捷径。例如，精算学和风险管理学在国外已经是相当发达的应用学科，精算和风险管理的专门人才，在许多国家已经形成为庞大的专业技术人才队伍，在各国的金融和保险的从业人员中居于重要的地位。而在我国，在1988年以前，几乎很少有人了解精算和风险管理这类科学的内容，更谈不上发展这类学科和培养精算和风险管理专门人才了。但是我国金融和保险事业的发展却急需这类高级专门人才。为了适应我国的客观需要，南开大学金融系于1988年与北美精算学会在南开大学共同举办精算研究生班，率先在国内培养精算研究生。截至1995年，该系已经举办五届研究生班，招收48名学生，已毕业27人，其中已有17人通过北美精算学会的精算师资格考试，取得了国际公认的初级精算师资格，填补了我国精算学科和精算学专业人才的空白。中国第一个男精算师和第一个女精算师均在南开大学任教，而其他具有精算师资格的人员到我国金融和保险界任职。此举对我国精算教育和金融保险事业具有开拓意义。继此之后，该系又与美国西格纳保险公司共同举办风险管理研究生班，开始培养我国第一批风险管理研究生，为我国风险管理科学的发展奠定了基础。

（原载于《中国金融教育》1996年第6期）

保险教育要跟着市场走

中国的保险教育，至今已有整整 20 年的时间了。中国的保险教育经历了从无到有、从小到大、从低到高、从少到多、从单项到多项的发展过程，取得了巨大的成绩，培养了大批有用之才，对中国保险业的发展发挥重大的作用。但如果以一种客观的、实事求是的和审慎的态度来思考，特别是从科学发展观的高度来观察，就会发现中国保险教育的发展中，还有许多值得认真思考和着力研究的问题。我个人认为，中国保险教育发展至少有以下几个重要问题需要认真研究和探讨。

中国保险教育的供求结构

所谓保险教育结构，指的是保险人才的需求与供给之间的协调关系问题，也就是保险教育界所培养的人才结构与保险业界对保险人才需求结构之间的协调关系问题。

1. 保险人才需求结构

当代科学发展的趋势和人才需求的要求总的来说是宏观上要求越来越宽；微观上要求越来越专。宽与专相结合是最理想的人才结构。就中国目前保险业界对保险专业人才需求结构来看，大体上包括以下三个方面的层次结构。

一是学历层次结构。目前保险业界所实际招聘和使用的专业人才中包括大专、本科、硕士和博士四个层次的学历结构。从用人单位的实际情况来看，占最大比重的是本科生，其次是研究生，再其次是大专生，最少的是博士生。

二是知识层次结构。作为一个合格的保险专业人才至少应当具有如下知识结构：风险管理学、经济学、金融学、法学、财务会计学、保险学和精算学等学科的知识。就各项知识的层次结构而言，第一层次是风险管理知识，第二层次是经济学知识，第三层次是金融学知识，第四层次是财会学知识，第五层次是保险学知识，第六层次是精算学知识。这六个层次是以基础性到专业性的顺序排列的。至于各个层次的知识所占的权重则并不与知识层次结构相一致，这可视客观情况而定。

三是专业技术层次结构。从目前中国保险业界对保险专业人才的需求和实际情况来看，保险业界需要的专业技能人才有产品开发设计技能人才、保险业务经营技能人才（含展业、承保、防灾、理培等业务）、保险企业内部治理和管理技能人才、保险财务管理技能人才和保险资金运用技能人才。如果更广义一点说，还需要有保险监管技术人才。

2. 保险人才供给结构

学历供给结构。基本上与需求结构相一致。当然，保险业界是否真正需要现在的学历结构还有待于调查研究。但是，从形式上看保险人才学历供给结构与保险需求人才学历结构是基本一致的。

知识结构。也基本上与需求结构相符。

技能结构。保险人才供给与保险人才结构之间的最大差距是供给人才的技能结构不能充分满足人才技能需求的要求。

保险人才供给与保险人才需求之间的最大"缺口"。最大缺口是保险供给人才的技能不能充分满足保险人才需求的要求。这也是保险教育供求结构的最大"症结"。

学历教育与继续教育的衔接

中国保险教育的供求矛盾和缺口问题的解决势在必行。而学历教育与继续教育之间的最佳衔接，我们称之为"双边"教育，则是解决这一矛盾的重要举措之一。

1. 继续教育的必要性

由于保险人才供给与保险人才需求之间产生缺口的根本原因是保险学历教育满足不了保险业界对人才技能结构的需要。因此，需要继续教育与学历教育相衔接。从这个意义上讲，保险教育必然是"双边"教育。只有靠院校教育与继续教育相衔接，才有可能达到保险业界对保险人才的需要。可见，"双边"教育相衔接是培养保险业务未来人才的必由之路。

2. 最佳衔接点

学历教育与继续教育的最佳衔接点是一个需在实践中不断总结、不断研究的问题，这个衔接需要院校方面与保险业界及继续教育界三方面共同努力。从院校方面来说，尽量增强对学生专业技能的培养，使专业技能的缺口缩小；从保险业界来说，要从认识上改变对专业技术人才要求过"专"或过"窄"的观念，正确合理放宽对专业技术人才的技术外延，使专业技术人才的口径"放大"；就继续教育界而言，要把学历教育的不足与业界对专业技术人才的要求，紧密地结合起来，找出最佳衔接点，作为继续教育的起点。

保险前瞻教育日显迫切

1. 前瞻教育构思

中国已经初步进入知识经济时代，随着知识经济发展，中国必将出现新的保险态势，从而必然产生保险前瞻教育的需求。我们可以通过前瞻分析大致掌握保险发展的大趋势，从而可以掌握保险前瞻教育的大方向和基本内容。

保险是跟随风险发展的，风险的特点和状况决定保险发展的状况和特点。所以，对今后科学发展和技术进步的发展趋势的分析与预见，是对未来的经济发展和社会发展以及对未来风险发展的趋势和特征，可以对未来保险的新发展以及对保险人才的需求有一个大致的判断。

随着科技的高度发展和不断进步，高科技的发展渗透到各个领域，对新产品、新设施的开发是必然趋势，这些都预示着不久的将来，风险将朝着两个方向发展：一是风险的系统化；二是风险的个性化。风险的系统化在前几年已经出现，比如索罗斯引起的亚洲金融危机，恐怖主义分子所制造的"9·11"事件，突发性的"SARS"传染病，等等。而个体性风险如卫星发射、宇宙飞船航行、核电站，当然也还有地震等纯自然性的个体风险。

2. 前瞻风险对保险人才的需求

风险的系统化和个性化的发展趋势预示着保险将会朝系统化和个性化的方向发展。而系统化的保险和个性的保险都要求有相应的保险产品开发设计、经营、管理等方面的新人才。保险教育应当针对这种新趋势，进行调查研究，预见和培养这类新人才。

教育资源开发与共享和教育链的构建

1. 保险教育资源的现状

保险教育资源是一种珍贵的且有限的财富。目前，中国的保险教育资源分属于保险业界、保险教育界、保险科研界和保险监管界分割性的占有和使用。从科学发展观的角度来看，中国的教育资源归属于整个国家所有，应当统一规划、综合开发、各方共享、合理利用、力求节省，为中国保险教育的全面协调和可持续发展服务。

2. 保险教育资源状况

从现实情况看，保险教育供求不平衡的主要原因是保险教育院校主动深入实际调查研究不够。教师本身就缺乏保险专业知识和技术，如何能使学生具有这种技能呢？可是，许多教师诚心诚意想到业界、监管界搞调查，就是找不到适当的渠道和对象，很难利用保险业界的保险资源；科研单位与教育界基本相似；反过来说，保险业务和保险监管也需利用教育界和科研界的保险资源，也同样找不到畅通的渠道和合作伙伴。这种不合理利用资源的状况需要解决。

3. 中国保险教育链的构造

解决中国保险教育资源的综合开发、合理利用，以及解决中国保险教育的结构问题，要通过科学和合理的形式，即中国保险教育链。所谓保险教育链，就是有保险业界、保险教育界、保险科研界以及保险监管界共同参加，由保险监管界拳头组成的组织，组成的统一协调中国保险教育的运行机制，建立保险产、学、研及监管结合的保险教育和学术研究基地。这种基地不止一家，可以是两家、三家乃至多家。可以先做试点，逐步推广。

（原载于《中国保险报》2004年12月2日）

关于中国精算业的回顾与展望

——中国精算教育的起源

中国的保险精算业,是中国保险业的重要组成部分。中国保险精算业的成就,是中国保险业改革开放 30 年所取得的光辉成就的重要内容。回顾中国保险精算业的发展历程,总结中国保险精算业所取得的经验,展望中国保险精算业的未来前景,不仅对中国保险精算业的健康发展具有指导作用,而且对于促进中国保险业的全面、协调和可持续发展同样具有借鉴意义。下面是我们作为中国保险业和中国保险精算业发展历程的亲身经历者,从某一个侧面对中国保险精算业的起源和改革开放 30 年来的历程进行一些概要的回顾和展望,就算作我们在纪念中国保险业改革开放 30 年的活动中,应尽的一点微薄之力吧。

我们的回顾与展望包括如下四部分。

一、中国保险精算教育制度的起源与发展

据我们所知,中国的保险精算业源于中国的保险精算教育制度的起源与发展。因此,我们的回顾就要从中国保险精算教育制度的起源和发展开始;然而,中国保险精算教育制度,又源于我们对外国保险精算教育制度引进而形成的中外联合进行保险精算教育模式的起源和发展开始的。

(一)中外联合精算教育模式的产生与发展

"南开—北美"精算教育模式——联合教育模式的产生。中国的保险精算教育是从南开大学引进北美精算教育制度而形成的南开大学与北美精算协会(Society of Actuaries,简称 SOA)联合进行精算教育模式开始的。我们将其简称为"南开—北美"联合精算教育模式。这种模式是新中国保险精算教育的开创性模式,它开创了新中国保险精算教育的先河,代表了新中国保险精算教育的先声,填补了新中国保险精算教育的空白。该项目起始于 20 世纪 80 年代末期,在美籍华人、美国天普大学终生荣誉教授段开龄博士的积极倡导下,时任南开大学校长的滕维藻教授和时任北美精算协会会长的英格汉姆先生的共同努力下,由时任南开大学金融系主任刘茂山教授的具体负责下,南开大学与北美

精算协会于 1987 年 11 月 27 日共同签署了合作协议。协议的核心内容是：由北美精算协会协助南开大学在中国创设"精算学研究生课程"（Graduate Program in Actuarial Science）。协议规定，北美精算协会在南开大学举办三期研究生学程，每期学制为 3 年，每期由北美精算协会选派 10 名具有高水平的精算师前来南开大学授课，课程有"利息理论"、"风险管理"、"寿险精算数学"（上、下）、"数值分析"、"生存模型"、"非寿险精算基础"和"损失分布"等核心课程，全部教材都采用北美经典教材，由北美精算协会无偿提供。同时，SOA 还选派两名教授指导学生的毕业和学位论文。此外，协议还规定由南开大学，配备高水平的师资讲授以国家教委规定的硕士研究生的必修课程。并与北美精算协会的教师共同指导学生的毕业论文。为了落实上述内容，由段开龄教授和时任南开大学金融学系系主任、保险学科学术带头人刘茂山教授，分别担任该项目的北美精算协会和南开大学的项目负责人，负责组织、落实该项目各项内容的执行和实施。并于 1988 年秋季招收了首届共 15 名研究生。他们是：李秀芳、付安平、沈成方、黄新平、黄慎平、卓志、詹肇岚、卢军、李发生、王会军、王德升、徐克、弋雪峰、王光华和李强。

在"南开—北美"联合进行保险精算教育之后，又出现了各种联合培养精算人才的模式，使得联合培养保险精算人才的模式得到了进一步的发展。例如，中央财政金融学院于 1994 年在英国鹰星人寿保险公司的资助下，引进了英国精算教育体系；西南财经大学于 1998 年引进日本精算教育体系，联合培养具有日本特色的保险精算人才，等等。

（二）中国保险精算教育的起源和发展

我们这里所说的中国保险精算教育，是指从中国的特殊国情出发，由中国自主进行的、培养了中国所需要的保险精算人才的教育。其具体内容集中体现在保险精算人才培养目标、保险精算教育体系、保险精算课程体系和内容以及保险精算师资队伍建设等几个方面，都必须体现出中国的特色。据我们亲身体会，中国保险精算教育的起源和发展是一个依据继承与创新相结合的客观规律的要求，遵循由量变到质变的逐步实现的过程。这个过程大体上经过三个阶段，最终达到中国保险精算教育的目标。这三个阶段大致上可以概括为基本上按照外国保险精算教育内容和体系实行联合办学的阶段；以外国为主中国为辅的联合培养办学阶段；中国自主办学。南开大学保险精算教育的发展过程基本上体现了上述发展过程。其具体表现是：南开大学与北美精算协会共进行三期合作办学。第一期是 1988 年至 1991 年。这一期的教学计划、课程设置、课程内容、教学制度和方法基本上是照搬北美的精算体系，核心课程的任课师资都是北美精算协会的外籍教师，南开大学仅配授少量的非精算课程和委派少量的专职管理人员；第二期是1991年至1994年。这一期的办学是以北美精算协会为主，以南开大学为辅，教学计划、课程设置和课程内容还是承用北美精算协会的体系，但南开大学的课程设计、部分课程内容以及部分授课教师都有自己的内容。第三期是从1994年开始，这一期的教学计划、课程设置在保留北美精算教育体系中的核心课程之外，增设了多门适合中国国情的课程，就北美课程的教学内容而言，也结合中国实际需要进行了适当的修订，主要课程中除了个别课程继续请外籍教师授课外，绝大部分课程和毕业论文都由南开大学的教师进行授课和指导。这一期的联合办学是以南开大学为主的自主办学模式。从1995年以后，南开大学虽然与北美精算协会的联合办学模式仍然继续，但已经开始主要依赖自己的力量并逐步向完全自主办学的中国保险教育模式转变。从1995年开始，南开大学的精算硕士生打破了过去三年一届的规律开始每年招生，同时，南开大学不仅自主招收和培养硕士研究生，而且还扩展到招收保险精算本科生和博士生。

继南开大学之后，中央财政金融学院与英国精算师学会的联合办学模式和西南财经大学与日本精算师协会的联合办学模式，在保持原有的内容和形式之外，也都先后不同程度转化为自主办学模式。此外，我国的大多数院校在没有经过联合办学的过程，在借鉴外国精算教育体系和借鉴我国国内一些院校的联合办学的经验的基础上，一开始就采用自主办学的中国保险精算教学路径，使中国保险精算教育迅速发展起来。例如，湖南财经学院选派部分教师到南开大学跟随"南开—北美"研究生课程班进修的基础上，于1991年9月招收精算本科生，中国人民大学于1992年和1993年分别开始招收精算本科生和研究生，复旦大学于1993年开始招收精算研究生，上海财经大学于1994年开始招收精算本科生，华东师范大学于1995年开始招收精算研究生，中山大学和中国科技大学于1996年开始招收精算本科生，北京大学于1997年开始招收精算本科生，天津财经大学、厦门大学、东北大学和首都经贸大学于2000年、2001年、2003年和2005年开始招收精算研究生，而山东大学、南京大学、重庆大学、山东科技大学和南京财经大学均于2000年开始招收精算研究生。

二、中国保险精算业的产生

（一）具有外国保险精算师资格的中国人士的产生

保险精算师是保险精算业的人才基础，没有保险精算师队伍，就不可能有保险精算业的存在。中国保险精算业起始于中国保险精算师的产生和发展，而中国保险精算师队伍则是起源于具有外国精算师资格的中国人士。取得外国精算师资格的中国人员，多数是在外国精算师协会设在中国的精算师考试中心取得。因此，要想证明中国精算师队伍的产生和发展，又必须从外国精算师协会在中国设立精算师资格考试中心谈起。谈到外国精算师资格考试中心事宜，又必须首先提到南开大学与北美精算协会的协作关系。1992年，在加拿大"宏利人寿保险公司"的资金赞助下，南开大学与北美精算协会协作，在南开大学建立了第一个北美精算师资格考试中心。时任南开大学金融系主任的刘茂山教授兼任该中心主任。参加该中心考试的有南开大学首届精算研究生班的毕业生和第二届精算研究生班在学生和部分校内教师，以及国内其他院校的部分师生和国内保险业界人士。从1993年1月开始不断有人通过考试，获得北美精算师协会准精算师资格，其中，最先通过考试资格的有南开大学的罗雨、李奇和李秀芳等人；李秀芳成为中国大陆第一位获得北美精算师协会准精算师资格的女精算师。继南开大学设立北美精算师资格考试中心之后，湖南财经学院、中国人民大学、复旦大学、中山大学、中国科技大学、北京大学、南京大学、重庆大学等国内高等院校从1994年起也先后建立了北美精算协会（SOA）精算师资格考试中心；除了北美精算师考试中心外，中央财政金融学院和上海财经大学分别于1994年和1998年，与英国精算协会（FIA）合作，先后建立了英国精算师资格考试中心；而中国金融学院于1998年建立了日本精算师资格考试中心。上述各院校的SOA、FIA和日本精算师考试中心，都有人参加考试，并均有人通过了各类考试中心的考试要求，分别获得了SOA、FIA和日本精算师资格，其中，SOA又分为ASA和FSA两个层次的资格。至此，在中国大陆有相当数量的北美、英国和日本等国家的国外精算师资格的中国人士。

（二）中国保险精算职业的产生

具有外国精算师资格的中国人士，并不等于中国精算师，虽然其中有些人士在中国保险业界从事保险精算工作，但还不能算作中国保险精算业的产生。要建立中国保险精算业，必须有中国自己的精算师。特别是从1995年10月1日开始实施的《保险法》规定："经营人身保险业务的保险公司，必须聘用经金融监督管理部门认可的精算专业人员，建立精算报告制度"之后，中国精算师队伍的建立成为迫在眉睫的历史任务。至此，当时负责监管保险业的中国人民银行保险司，由时任保险司副司长的魏迎宁先生出面召集和组织包括高等院校、保险业界和保险监管界的精算人员，开始筹建中国精算师资格考试制度和体系。1998年，中国保监会成立伊始，便大力推动中国精算师考试工作，建立中国精算师考试体系。这个体系中分为中国准精算师资格考试体系和中国精算师考试体系。其具体课程体系如下表所示：

中国精算师（准精算师）资格考试体系

科目名称	科目代码	科目名称	科目代码
数学基础Ⅰ	01	生命表基础	06
数学基础Ⅱ	02	寿险精算实务	07
复利数学	03	非寿险精算数学与实务	08
寿险精算数学	04	综合经济基础	09
风险理论	05		

中国精算师（精算师）资格考试体系

科目代码	课程名称	备注
011	保险公司财务管理	必考
012	保险法及相关法规	必考
013	个人寿险与年金精算实务	必考
014	社会保障	选考
015	资产负债管理	选考
016	高级非寿险精算实务	选考
017	团体寿险	选考
018	意外伤害和健康保险	选考
019	高级投资学	选考
020	养老金计划	选考
021	精算职业后续教育（PD）	必修

1999年10月中国保监会组织进行了首次中国保险精算师资格考试，有43人通过了考试，成为第一批中国精算师。2000年，中国保险精算师考试机构首先在北京、天津、上海、武汉等4个城市建立了考试点，从此中国有了自己的精算师考试制度和体系。经过几年的发展，陆续有人通过了考试，成为中国精算师和中国准精算师，他们分别工作在寿险、财产险、健康险和社会保障等各类保险性企业中和保险监管部门，形成了中国保险精算师队伍，为中国保险精算业的发展奠定了人才基础，并在此基础上，初步形成了中国保险精算职业群体。

三、中国保险精算组织的建立

2001年7月9日，在保监会的支持下，经民政部批准，中国精算工作委员会作为中国保险行业协会下的一个二级分会正式成立，英文名称定为SAC（The Society of Actuaries of China），负责推动中国精算制度建设中的各项具体工作。最初的精算工作委员会的组织架构比较简单，内部设置考试教育和规则制度两个工作组，分别负责考试教育工作以及研究并制定精算实务标准、管理制度等。后来，随着中国精算职业考试规模的不断扩大，中国精算实践的不断深入，中国精算实践标准的不断完善以及精算国际交流的需要，为了能够完善精算工作委员会的工作职能，精算工作委员会的组织构架得到了不断的扩展，由原来的两个工作小组发展为5个工作小组，即考试教育小组、生命表小组、评估小组、精算报告小组和对外交流小组。

2003年9月，为进一步加强和推动精算工作的力度，中国保监会成立精算专家组，并实施精算专家会议制度。精算专家组由中国保监会相关领导，海内外精算专家共同组成。每年定期举办会议，议定各阶段精算工作发展目标，明确各阶段任务，是精算工作委员会的领导机构。执行精算专家会议制度后，精算工作委员会的自身建设以及各项精算工作开展均得到了更快的发展。在精算制度建设、向监管部门提供技术支持工作等方面有了重大的突破。

2007年3月，国务院批准"中国精算师协会"筹备组成立。11月10日，中国精算师协会第一次会员大会在北京召开，近100名中国精算师协会的创始会员参加了大会。会议通过了《中国精算师协会章程》（草案）、《中国精算师协会会员管理办法》（草案）、《中国精算师协会会费标准》（草案），选举产生了第一届协会理事会理事。2008年5月9日，中国精算师协会成立大会暨精算与风险管理国际研讨会在北京召开。这标志着中国精算师协会正式成立，精算工作委员会作为中国精算师协会正式成立之前的过渡组织将完成历史使命。

新建立的中国精算师协会，有50家单位会员和218个正式会员，120个准会员。由保监会副主席魏迎宁先生任会长，万峰、祝光建为副会长，利明光为秘书长。第一届理事会由21名理事组成，他们是（以姓氏笔画为序）：万峰、方力、王玲玲、王德升、朱艺、江先学、利明光、张振堂、李达安、李秀芳、李政怀、杨智呈、陈方磊、郑韫瑜、姚众志、祝光建、赵晓强、傅安平、詹肇岚、谭伟民、魏迎宁。中国精算师协会下设五个专业委员会，分别负责相关方面的具体业务。这五个专业委员会及其负责人如下：会员管理委员会，负责人为利明光；教育考试委员会，负责人为李达安；寿险与健康险专业委员会，负责人为杨智呈；产险专业委员会，负责人为王德升和对外交流委员会，负责人为沈成方。

四、思考、展望和建议

通过以上的回顾，引起我们的思考。我们认为中国精算教育的产生和发展、中国精算师的产生和发展、中国精算业的产生和发展，以及中国精算制度和精算体系的产生和发展，是中外结合的产物，也是国内保险教育界、保险业界和保险监管界，紧密结合、共同努力的结果。归根结底是 30 年来中国实行对内改革和对外开放的结果。没有改革开放的总方针，我们就不可能引进外国的保险精算教育制度，不可能创建出联合办学的模式，不可能培养出中国的保险精算人才，更不可能建立起中外结合，符合中国国情的保险精算制度和体系。这也是中国保险业产生和发展的一大特色。

中国的保险精算教育和保险精算职业建设已经取得了可喜的成果，对中国保险业的发展发挥了重大的保证和促进作用。然而，已有的成果与中国保险业发展的需要相比，尚存在着很大的距离。当前，中国保险精算业方兴未艾，中国保险精算业在中国有广阔的发展空间，必将大有作为，中国精算业仍然任重而道远。为了推进中国精算业的发展，我们提出了以下几点建议：

第一，把培养高素质的中国精算人才和完善中国精算师队伍结构作为第一要务。在培养高素质中国精算师人才方面包括两项内容：一是，与高等院校协作共同培养精算理论与精算实务相结合的精算专业人才。高等院校侧重于基础知识、基本方法和基础理论教育，而对于精算实务授予很少，高校出来的人才与精算业务部门对精算人才的需要有较大的差距，而精算协会可以通过派专业人才到高校讲授精算实务课和提供实习基地的方式，来弥补高校教育的缺陷，使二者结合起来，培养出理论与实务并茂的实用人才。二是，对已有的精算师进行定期培训，实行继续教育。培训的内容既包括精算新技术，又包括对精算师的职业道德和服务方向的教育，使精算人才总是处于常新状态，不断地进步，满足发展变化的客观需要。在完善中国精算师队伍结构方面，中国精算师不仅数量明显较少，结构分布与发达国家精算师的分布结果存在较大的差异，具有一定的不合理性。另外，中国精算专业人员兼容 SOA、IOA、IAA 等职业团体。中国精算从业人员是由多个国家的精算师构成的，除了中国精算师和中国准精算师，还包括具有北美精算师协会（SOA）、英国精算师协会（IOA）、澳大利亚精算师协会（IAA）等职业组织的会员、准会员，以及正在参加这些职业组织精算师资格考试的考生。由于中国精算教育与精算职业的发展都具有显著的对外学习的特征，因此，中国精算专业人员的构成相对比较分散，并不是以中国精算师（资格）为绝对的主力，而且有些精算专业人员具有中国和国际精算师双重资格。

中国精算师队伍的建设应该坚持兼容其他精算职业团体的思想，同时应该注重培养更多的中国精算师，逐步将中国精算师资格考试建设成为中国精算力量的核心，使中国的精算团体具有更强的生命力和更大的吸引力，希望更多的有志之士加入到精算师的队伍之中。

第二，不断完善中国精算师资格考试体系。中国精算师资格考试自 2000 年至今已经有 9 年的时间，中国目前的保险环境、精算环境已经发生了巨大的改变，而且国际精算师资格考试体系也在不断地调整和完善，因此，中国目前的考试体系、考试内容都应该进行必要的调整。

由于高级课程建设的要求比较高，应该进一步发挥业界、学界的各自优势，建立明确的课程建设组，每年对课程大纲、内容和方式进行规范和调整，在吸收国际最先进经验的同时，应尽可能加快本土化的进程。

中国精算师资格考试体系在对考试体系、结构、内容进行调整的过程中，应该以中国精算理论与实践为核心，结合国际精算理论与实践的发展，构建更为科学、更全面的资格体系，这将是一项长期的工程。另外，精算师的工作领域不断扩大，在精算师资格体系的建设过程中逐步突出精算在不同领域的应用，使精算师职业不断壮大。在考试体系的调整过程中，应该参考国际资格体系的变化趋势；更加关注能力和经验的培养；更加突出中国精算实践。

第三，把科学研究作为精算协会更高层次的任务。毋庸置疑，精算本身是一门技术性很强的学问，并且精算技术也是发展变化很快的技术，因此组织和参与精算技术研究，则是精算协会的重要工作内容之一。然而，精算本身又不是单纯的技术问题，从宏观上和整个国民经济的高度来看，精算除技术问题之外，还有一个"为谁服务，如何服务"的发展方向和道路问题。因此，从某种意义上来说，组织精算人员，从中国特殊国情出发，吸取国外精算发展经验，研究和探索符合中国国情且具有中国特色的精算业发展道路和途径，则是中国精算协会的更为重要的任务！

（2008 年精算协会成立大会上的发言稿，
此文由刘茂山和李秀芳教授共同完成）

保险科学发展观与保险教育

内容提要：保险科学发展观与保险教育一文分为两大部分：一部分是保险科学发展观的基本内容和核心思想；另一部分是保险科学发展观与保险教育之间的关系。本文的基本观点是：保险科学发展观是经济、社会和自然科学发展现在保险领域的具体化和运用。保险科学发展观包括从客观实际出发，以人为本，全面协调和可持续发展四部分内容；保险科学发展观的核心，是正确认识和处理保险资源的开发利用和保险环境的保护和创造与保险发展之间的关系，以便实现既能够满足当代人对保险的需求，又为满足后代人对保险的需求提供新的资源和良好的环境。

保险科学发展观，是指导保险教育（包括保险学历教育和保险继续教育）的战略思想和指导方针，在保险教育中处于"导线"和"核心"地位。目前，我国的保险教育中远没有把保险科学发展观摆在应有的地位，在保险学历教育和继续教育中，贯彻落实保险科学发展观，是保险教育界的当务之急。

我国提出的科学发展观，是指导我国全面实现经济，社会和自然和谐发展的战略思想和基本指导方针。保险科学发展观是我国提出的整体的科学发展观在保险领域中的应用和具体化，是指导我国保险经济发展的战略思想和指导方针，同时也是我国与保险发展密切相关的所有部门、单位和人员都应当掌握并用以指导各自行动的战略思想和指导方针。而保险教育（包括保险学历教育和保险继续教育——以下皆同）是使保险科学发展观成为与保险密切相关系的所有部门和人员都能掌握并成为指导各自行动的战略思想和指导方针的最重要的方式和途径，也是保险教育的一项根本任务。因而保险科学发展观与保险教育之间有着必然联系。正确认识和处理保险科学发展观与保险教育之间的关系，是我们保险教育界的一项重要任务。本文就保险科学发展观与保险教育的关系问题，进行一些探讨。

一、保险科学发展观的基本内容和核心思想

保险科学发展观是我国经济、社会和自然和谐发展的科学发展观在保险经济领域中的应用和具体化，科学发展观是世界观和方法论的统一，科学方法论自然是科学发展观的重要内容之一。而从客观实际出发，是科学方法论的核心。因而，保险科学发展观的基本内容应当包括从客观实际出发，以人为本，全面协调和可持续发展四部分基本内容。

（一）从客观实际出发，是科学发展观的基础，是经济、社会和自然发展的客观起步点，也是保险发展的起步点

就我国保险发展而言，所谓客观实际既包括国内客观实际，也包括国外客观实际，但归根结底还是要从本国的客观实际出发，中国最大的客观实际，就是处于社会主义初级阶段的发展中国家。从社会、经济和文化制度方面而言，是建立在公有制为主体基础上、多种所有制经济共同发展的基本经济制度；实行按劳分配为主、多种分配方式并行的分配制度；社会各阶层享有公平、公正的权益的社会制度。从社会生产力发展的性质和水平来看，是一个生产力尚不很发达，而且是多层次、东南西北中发展很不平衡的结构。从人口和人文结构来看，我国有近14亿人口，农业人口和乡村人口占将近70%的比重的多民族、多文化、多信仰、多风俗习惯的、风险和意识保险习惯均不发达的国家。从法制建设和社会诚信的角度来看，是一个法制制度不健全，法律意识不强和诚信程度不高，同时也是保险市场和金融市场正在形成的国家。上述状况是我国基本国情，也就是我国保险经济发展的现实出发点。

（二）以人为本是科学发展观的灵魂和根本

它包含着发展经济、发展社会和发展自然的根本目的是从广大人民群众的根本利益出发；发展经济、发展社会和发展自然的决策由广大人民群众来最终决定；发展经济、发展社会和发展自然的任务要由广大人民群众的实践活动来实现；经济发展，社会发展和自然发展的成果，归广大人民群众共同享用等多层含义。就保险科学发展观而言，以人为本可以概述为：任何保险活动都源自于广大人民群众的需求，广大人民群众是保险发展的主体和动力；一切保险活动都必须有利于广大人民群众的根本利益。以人为本的思想体现在保险活动的方方面面，可以说是时时在、处处在。概括起来说，可归纳为保险的微观活动和保险的宏观活动两方面。在微观方面，存在于保险经营者的活动之中，其中包括保险产品设计、保险产品生产和价格合理化及消费群体小型化等活动。其次是在保单服务方面。第三是保险业务服务。第四是体现在保险活动的全部过

程的"精诚"奉献方面。在宏观上，主要包括全社会范围内的保险宏观发展规划、涉及全社会范围的保险法律、法规和方针政策的制定及保险宏观管理等方面。

（三）全面协调是保险科学发展观的关键

保险科学发展观中的全面协调的内容可分为宏观、中观和微观三个层次。在宏观层次方面，需要重点协调的关系有保险资源、保险环境与保险发展之间的关系；保险发展与国民经济发展之间的关系；保险发展与民族风俗习惯之间的关系；保险发展与社会文化之间的关系；保险发展与金融发展之间的关系；保险发展与保险法制和保险监管之间的关系；以及境内保险与境外保险之间的关系等多种关系。

在中观层次方面，需要重点协调的关系主要有保险增长与保险发展之间的关系；保险行业内部各种产权之间的关系；保险行业内部各企业之间的关系；城市保险发展与乡村保险发展之间的关系，以及境内不同区域之间的保险发展关系，等等。

在微观层次上，需要重点协调的关系主要有各种保险企业组织形式之间的关系；各种不同规模的保险企业之间的关系；各种保险经营方式之间的关系，以及各类产品之间的发展关系，等等。

（四）可持续发展是保险科学发展观的落脚点和目标

根据联合国大会通过的《关于可持续发展的声明》中对可持续发展的定义，我们可以把保险可持续发展的含义大体表述为：既能满足当代人对保险的需求，又不对后代人对保险需求的满足构成危害；且能为后代人对保险需求的满足创造更丰富的保险资源和更宽松的保险环境的发展。这种发展需求遵循公平原则（包括代内公平和代际公平）、节制原则和一致性原则。

保险科学发展观的核心和精神实质是通过正确处理保险资源、保险环境与保险发展三者之间的关系实现保险的高质、快速、稳定和持续性发展，为国家的经济、社会和自然的可持续发展提供物质保障，为建立和谐社会提供服务。

二、保险科学发展观与保险教育的关系

（一）保险科学发展观在保险教育中的应有地位

保险教育的根本任务和所要实现的目标，是培养出大批能够促使符合保险科学发展观所要求的保险发展的合格人才。而正确认识和处理科学发展观在保险教育中所处的地位，是实现上述保险教育任务和目标的关键。概括地说，保险科学发展观在保险教育中处于"一线"和"一点"的地位。

所谓"一线"是指保险科学发展观是整个保险教育体系中的一条导线。保险教育必须以保险科学发展观为依据。其中包括保险教育的目标必须以培养能够按照保险科学发展观的要求从事保险工作的保险人才为宗旨；保险人才的知识领域和知识结构应以满足保险科学发展观对保险人才的需要为标准；保险教育课程设置和内容的取舍以及保险教育的方式、方法等都必须服从保险科学发展观对保险人才的需要。总之，保险教育的一切活动应以保险科学发展观对保险发展的要求为导线，都必须服从和围绕保险科学发展观对保险人才的需要来进行。

所谓"一点"是指保险科学保险观的内容，应当作为保险教育内容的组成部分，并且在保险教育内容中处于"核心点"的地位。这是因为，保险教育的内容是很广泛、很丰富的。其中包括作为保险人才所必须具备的经济学、数学、法学、金融学、外语、计算机等与保险业休戚相关的基础知识、基本理论和基本技能方面的内容。就保险业自身而言，应包括保险基础知识、保险基本理论、保险基本技能，保险经营管理和保险监管方面的内容。在这些广泛而丰富的教学内容中必然有主次之分，有核心与外围之分。而保险科学发展观就是在这些教育内容中的核心内容。当然，我们强调保险科学发展观在保险教育中处于核心地位，只是强调保险科学发展观在保险教育中的重要性，强调凡是从事保险活动的人们包括与保险相关的各方面各层次的领导者都必须学习和掌握保险科学发展观，并用以指导自己的行动，推动保险业的发展，而不是说在教学时间上占最多的学时。保险科学发展观在整个保险教育计划中占多少学时，要根据客观需要而定。

（二）保险科学发展观在我国保险教育中的状况分析

总的来说，保险科学发展观在中国保险教育（包括学历教育和继续教育）中，没有得到应有的体现，更没有把保险科学发展观摆在"一线""一点"的地位上。下列一组资料可以证实这一看法。

据本人所了解的情况看，目前全国各个设立保险专业的院校在四年内所开设的课程大致可以划分为五类：一类是大学生所必须了解和掌握的基础知识、基本技能和基本工具课程。如数学、外国语（包括基础外语和专业外语）、体育、计算机及其应用、应用统计、会计，等等。二是大学生必须掌握的基本理论课程。如宏观经济学、微观经济学、政治经济学、哲学、法学、毛泽东思想概论、品德思想修养，等等。三是专业基本理论课程。如保险学、货币银行学、财政学、风险管理学、国际金融学、国际保险，等等。四是保险专业课。如财产保险、人身保险、海上保险、再保险、寿险精算、利息理论、健康保险，等等。

五是保险经营管理与监管课程。如保险经营、保险管理、保险营销和保险监管等课程。在上述各类课程中，除了哲学、宏观经济学、微观经济学中的某些内容可能涉及保险科学发展观的内容之外，其他各类课程与保险科学发展观联系不多。

在继续教育中，大致可以分为三个层次，一是广大员工，二是保险公司高层次的经营管理人员，三是有关保险宏观调控和保险监管人员。在上述三个层次的继续教育中，多为保险知识普及性质或各项专业技术性培训以及高层管理及监管方面的实务性培训，而关于保险科学发展观方面的内容涉及甚少。

出现上述状况是有客观原因的。主要是因为我国提出科学发展观的时间比较短，对科学发展观正处于深刻理解和逐步实施和探索过程中，而把科学发展观具体化为保险经济领域的保险科学发展观尚处于形成过程中，甚至尚未形成共识。在这种条件下出现这种状况是完全可以理解的。然而，在保险领域存在着保险科学发展观，并且必须把保险科学发展观认真落实在保险实践活动中，这一点是毋庸置疑的。

（三）在保险教育领域落实保险科学发展观的建议

为促进保险科学发展观在保险教育领域中的贯彻落实，特此提出以下几点建议。

首先，必须提高保险领域特别是保险教育领域对保险科学发展观在保险领域和保险教育领域的重要地位的认识，更要提高对在保险领域和保险教育领域贯彻落实保险科学发展观的重大意义的认识。要把保险科学发展观提高到指导保险发展的战略思想和基本方针的高度来认识，把保险发展科学发展观提高到是指导保险教育的导线和核心的高度来认识。为此，必须在全国保险领域和保险教育领域开展对保险科学发展观宣传和研究，使大家对保险科学发展观及其重大意义取得共识，并提高大家在保险领域和保险教育领域贯彻落实保险科学发展观的积极性和主动性。

其次，在保险学历（包括专科生、本科生、硕士生和博士生各个层次的学历）教育中，要单独开设一门保险科学发展观课程，并且作为学历教育中的一门核心课程。在大专和本科学历教育中要把保险科学发展观作为一条导线，围绕着这条导线来安排其他相应的各种课程。在硕士生和博士生层次的学历教育中，要把保险科学发展观作为一门研讨性的课程独立开设。目的是使各个层次的保险学历教育的学生都能够掌握保险科学发展观的基本内容和精神实际，使硕士和博士研究生能在掌握保险科学发展观的基本内容和精神实质的基础上，对保险科学发展观能够进行深入研究，取得相应的研究成果，以及丰富和发展保险科学发展观的理论和内容。

第三，在保险继续教育领域中对普通员工的层次，要进行专门的保险科学发展观的培训。在普遍掌握保险科学发展观的基础上，重点是进行在保险活动中"以人为本"的培训，使普通员工牢牢掌握"以人为本"在保险领域的基本内容和精神实质。这是因为，广大普通员工工作在保险活动的第一线，他们每日每时所接触的服务对象都是以人为本中的"人"。保险科学发展观中的"以人为本"的核心思想，是强调人民群众是保险业的主人，人民群众是保险发展的动力，人民群众共同享用保险发展的成果。而保险员工对广大投保客户以最大诚信和爱心，全心全意为投保客户提供优质服务，正是保险科学发展观的具体体现。因此对广大普通保险员工进行"以人为本"的培训和教育，是提高保险服务水平，改善保险服务状况的关键。

第四，在保险继续教育中，在对保险监管人员这一层次进行保险科学发展观普遍教育的基础上，要重点进行"从客观实际出发"和"全面协调"方面的培训。这是因为，保险监管人员，主要是保险发展的方针政策的研究、制定和执行人员。只有从客观实际出发，实事求是地进行调查研究，全面协调与保险相关的各个方面的关系，才能制定出符合本国、本地区客观实际和行之有效的发展保险的方针、政策，才能使保险得到协调发展。

第五，在保险继续教育中，对保险经营管理的高级人员，在进行保险科学发展观普遍教育的基础上，要特别注重进行"可持续发展"的培训。这是因为，可持续发展是保险科学发展观的落脚点和所要实现的目标。而实现可持续发展的基本条件是要正确处理好保险资源的合理开发利用和对保险环境的保护和创造与保险发展之间的关系，实现既能充分满足当代人对保险的需求，又能为满足后代人对保险需求创造更多资源和更好的环境的目标。而保险高级经营管理人员，是利用和保护保险资源、保护和创造保险环境的直接行为人，也是正确处理保险资源和保险环境与保险发展之间关系的主要人员。只有这一层次的人员对保险可持续发展具有深刻认识，充分理解和实现保险可持续发展的高度自觉性，才有可能实现保险可持续发展的客观要求，达到保险可持续发展的目标。

（原载于《第四届保险教育研讨会文选》，2005年9月）

后　记

这本文集，是我在南开大学所从事的半个多世纪之久的包括经济学、金融学和保险精算学三个学科领域的教学和科研活动中所写作的学术论文。这些论文显然够不上什么高水平的优秀作品，充其量也只能是反映我在不同阶段和不同学科领域进行学术研究所取得的一般成果。然而，就是这种一般性成果的取得，也不是我一个人所能完成的，而是在我的老师们的引领下，在我的好友们的帮助下和在我的学生们的支持下，共同完成的。

首先，是我的老师们的教导和引领。他们是：在经济学方面，有南开大学原校长、经济学专家滕维藻教授，南开大学经济系原系主任、经济学专家魏埙教授，南开大学经济学院原院长、经济学专家谷书堂。是他们引领我进入经济学科这个大门。在金融学方面，是我在中国人民大学研修期间，由中国人民大学原校长、金融学专家黄达教授引领我步入金融学领域。在保险学方面，是我在香港考察期间，香港中保集团顾问、保险学专家席乃杰先生专门为我一个人讲授了半年时间的保险学原理和实务，使我进入保险领域。在精算方面，是以北美精算学会原会长、精算学专家英格拉哈姆为首的北美精算学会的专家、学者们，在南开大学开创的中国精算学科研究生教育中讲授精算学，我作为该教育项目的中方负责人，跟学生们一起听课学习，而了解一些精算学科的内容，他们是我的启蒙老师。

其次，是好友们对我的帮助。他们是：中国人民银行原副行长、中国证监会首任主席刘鸿儒教授，中国农业银行原副行长王兰、王景师研究员，中国人民保险公司原总经理秦道夫、原副总经理苑华、潘履孚，香港中保集团原总经理王宪章，中国人民保险集团公司总经理吴焰，中国人民保险公司保险研究所原所长、保险专家魏润泉研究员，香港中保集团人寿保险公司原总经理欧阳天娜女士，中国平安保险集团董事长、总裁马明哲先生，中国太平洋保险集团公司副总经理施解荣先生，新加坡国会议员、国际合作保险协会主席、新加坡职总英康保险公司总裁陈钦亮先生，新加坡美英保险公司总经理黄绍文博士，马来西亚美英保险公司总经理林有才博士，中国保监会原主席吴定富先生，中国保监会副主席李克穆研究员，中国保监会原副主席、中国精算协会会长魏迎宁先生。

再其次，是我原来的学生、现在的同事们对我的支持。他们是：杨明生、刘京生、万峰、孟龙、陈风、王利平、付安平、黄启平、黄新平、汤志江、方春银、吴玉明、祝向军、常颖、熊军红、李政、孙明、张庆、闫东玲、孙秀清、曹勇、曹青扬、赵勃、陶存文、张福伟、冯占军等。

南开大学经济学院历届院长郝寿义、周立群、马君潞、梁琪以及学院其他领导，对本书的出版给予了高度关注和经济上的支持。

在本书的形成和出版过程中，南开大学风险管理与保险学系的领导和老师们付出了许多精力。他们是：江生忠、李秀芳、赵春梅、刘玮、陈伊维、李冰清、陈璐、李勇权、孙佳美。南开大学出版社的编辑们，对本书的出版付出了辛勤的劳动。

在此，对上述各方面人士致以诚挚的谢意！

最后，本书70多万字的文章中，大部分都是在上个世纪60年代至90年代的作品。这些作品基本上是用手工操作完成的。工作量之大和精力、体力付出之繁重是可想而知的，仅就我个人的精力和时间是难以完成的。我的爱人栾秀英女士，除了主持家务和在生活上关照我、在工作上支持我之外，还花费了大量的时间为我文章的写作付出了大量的辛勤劳动。从帮助我搜集、整理资料，到把我用手写的文章草稿，变成方格纸上的正式文稿，大部分工作都是由她完成的。可以说，我的这本文集有她一半的心血；没有她的支持和帮助，就不可能有这本文集的问世。

2013年5月

南开大学出版社网址：http://www.nkup.com.cn

投稿电话及邮箱： 022-23504636　　QQ：1760493289
　　　　　　　　　　　　　　　　QQ：2046170045(对外合作)
邮购部：　　　　022-23507092
发行部：　　　　022-23508339　　Fax：022-23508542

南开教育云：http://www.nkcloud.org

App：南开书店 app

　　南开教育云由南开大学出版社、国家数字出版基地、天津市多媒体教育技术研究会共同开发，主要包括数字出版、数字书店、数字图书馆、数字课堂及数字虚拟校园等内容平台。数字书店提供图书、电子音像产品的在线销售；虚拟校园提供 360 校园实景；数字课堂提供网络多媒体课程及课件、远程双向互动教室和网络会议系统。在线购书可免费使用学习平台，视频教室等扩展功能。